安徽文化年鉴

ANHUI WENHUA NIANJIAN

2018

《安徽文化年鉴》编辑部 编

全国百佳图书出版单位
APGTIME 时代出版
时代出版传媒股份有限公司
安徽人民出版社

图书在版编目（CIP）数据

安徽文化年鉴. 2018 / 《安徽文化年鉴》编辑部编.—合肥：安徽人民出版社，2019.3
ISBN 978-7-212-10298-2
Ⅰ. ①安… Ⅱ. ①安… Ⅲ. ①文化事业—安徽省—2018—年鉴 Ⅳ. ①G127.54-54
中国版本图书馆 CIP 数据核字（2018）第 257145 号

安徽文化年鉴 2018

《安徽文化年鉴》编辑部 编

出 版 人：徐 敏　　**装帧设计：**孺 樑
责任编辑：张 旻 胡小薇　　**责任印制：**董 亮

出版发行：时代出版传媒股份有限公司 http://www.press-mart.com
安徽人民出版社 http://www.ahpeople.com
地　　址：合肥市政务文化新区翡翠路 1118 号出版传媒广场 8 楼　**邮编：**230071
电　　话：0551-63533258　0551-63533292（传真）
编　　务：安徽博远志鉴编务有限公司　**电话（传真）：**0551-62814806
印　　制：合肥精艺印刷有限公司

（如发现印装质量问题，影响阅读，请与印刷厂商联系调换）

开本：889mm×1194mm 1/16　**印张：**31　**彩插：**8 面　**字数：**1000 千字
版次：2019 年 3 月第 1 版　2019 年 3 月第 1 次印刷

IISBN 978-7-212-10298-2　定价：260.00 元

2017 年 3 月 10 日，中共中央政治局常委、国务院总理李克强来到十二届全国人大五次会议安徽代表团，在省委书记李锦斌、省长李国英的陪同下，与代表们握手交谈 。（徐国康/摄）

2017 年 5 月 17 日，中共中央政治局委员、国务院副总理汪洋在安徽省委书记李锦斌、省长李国英的陪同下，巡视第十届中国中部投资贸易博览会展馆。（徐国康　吴文兵/摄）

2017 年 9 月 28 日，全省"讲政治、重规矩、作表率"专题警示教育总结会议在合肥市召开。

（徐国康/摄）

2017 年 11 月 6 日，全省学习宣传贯彻党的十九大精神大会在合肥市召开。

（徐国康　吴文兵/摄）

2017 年 9 月 30 日上午，安徽省暨合肥市在蜀山烈士陵园隆重举行烈士纪念日向烈士纪念碑敬献花篮仪式。省委书记李锦斌、省长李国英、省政协主席徐立全、省委副书记信长星等省党政军领导缓步绕行，瞻仰烈士纪念碑。 （徐国康/摄）

2017 年 11 月 6 日，在省委书记李锦斌领誓下，省委常委等在金寨县革命烈士纪念塔前，面对鲜红的中国共产党党旗，一起重温入党誓词。 （徐国康/摄）

2017 年 4 月 11 日，以“开放的中国：锦绣安徽 迎客天下”为主题的外交部安徽全球推介活动在外交部蓝厅举行。

（徐国康 杨 竹 吴文兵/摄）

2017 年 1 月 10 日，全国 2017 年元旦春节期间“我们的中国梦——文化进万家文化惠民演出活动”在金寨县红军广场开幕。

（徐国康 吴文兵/摄）

2017 年 9 月 15 日晚，第六届中国农民歌会在“大包干”发源地滁州市开幕。

（吴文兵/摄）

2017 年 5 月 11 日，第十三届中国（深圳）国际文化产业博览交易会在深圳会展中心开幕，安徽展区以“美好安徽——文化新皖军 创意新高地”为主题，参展企业和单位共 40 家。

（吴文兵/摄）

2017 年 10 月 29 日，淮北市第一个村级开放式党校——古饶镇赵集社区开放式党校开课，社区党支部书记带领基层党员群众学习党的十九大报告。（岳建文/摄）

2017 年 9 月 6 日，第十三届全运会田径女子 800 米决赛在天津奥林匹克中心体育场举行，安徽省运动员王春雨（120 号）以 2 分 3 秒 49 的成绩获得冠军。（范柏文/摄）

《安徽文化年鉴》编辑人员

总 编 辑：王守亚

副总编辑：刘 哲 王洪灯 胡卫星 邢 军

编辑部主任：王洪灯

副 主 任：张 旻

主任助理：王肇峰

编 辑：秦 劼 胡小薇 万媛媛

美术编辑：孺 樑

编辑说明

一、《安徽文化年鉴》是系统记述安徽文化强省建设进程中文化事业、文化产业发展的资料性工具书。2012年创刊,本卷是第七部。

二、《安徽文化年鉴(2018)》以习近平新时代中国特色社会主义思想为指导,贯彻落实党的十九大精神及习近平总书记视察安徽重要讲话精神，力求准确记录2017年全省文化发展改革情况,弘扬安徽先进文化,展示徽风皖韵特色,为文化强省建设提供翔实丰富的资料支撑,发挥资政、存史、教化作用。

三、本书编纂工作是在省委宣传部领导下,由安徽人民出版社承办,安徽文化年鉴编辑部具体组织编纂,全省各宣传文化单位、各市县(市、区)委宣传部以及各相关部门参加编写。同时,采取约请专家学者撰稿、采集媒体志鉴资料、挖掘历史人文知识等方法,以拓宽资料渠道,丰富年鉴内容。

四、本书采取分类编辑法,全书主体内容按类目、分目、条目三个层次编排,条目是基本单元。类目排在内扉页,由省内书法家题写类名;分目名称双栏排,“专文”“附录”和地级市、省直管县分目通栏排;条目标题加【】,为黑体字。部分类目内容为文章体,未按三个层次编排。

五、全书24个篇目,依次为:专文、安徽文化概览、精神文明建设、哲学社会科学、出版发行印刷、新闻报业、广播电视电影、网络文化、文化产业、文学、舞台艺术、美术书法摄影民间艺术、图书馆博物馆文化馆、文物非遗考古、教育体育、档案党史地方志、民族宗教、旅游、专题文化概览、文化艺术节会、市县区文化概览、人物、宣传文化大事记、附录。为方便读者查阅,书前有详细的目录和英文要目,书后有主题词索引、人名索引和图表索引,并在内扉页上刊登分目名称。

六、本卷主体资料时限为2017年1月1日至12月31日,部分类目资料时间适当上溯。计量单位采用国家公布的公制和国际单位制,少数非统计意义的计量单位仍用市制。

七、本书力求图文并茂,用文字和图片客观记载文化事业、产业发展,展示时代风貌。全书约100万字,选登383幅图片、47张图表资料。

八、本书在编写过程中,得到各相关部门、单位的大力支持,在此一并表示感谢。由于时间紧迫、编辑水平有限,差错肯定还存在,恳请读者批评指正。

《安徽文化年鉴》编辑部

目 录

专 文

安徽文化概览

精神文明建设

哲学 社会科学

出版 发行 印刷

新闻报业

广播 电视 电影

网络文化

文化产业

文　　学

舞台艺术

美术 书法 摄影 民间艺术

图书馆 博物馆 文化馆

文物 非遗 考古

教育　体育

档案 党史 地方志

民族 宗教

旅 游

专题文化概览

文化艺术节会

市县(区)文化概览

人　物

宣传文化大事记

附　录

索　引

Main Contents

□ 着力推动新时代

文化繁荣兴盛

着力推动新时代文化繁荣兴盛

中共安徽省委常委 宣传部部长 虞爱华

党的十九大着眼于中国特色社会主义进入新时代,发出了推动社会主义文化繁荣兴盛的“动员令”,吹响了建设社会主义文化强国的“进军号”,提出了铸就中华文化新辉煌的“路线图”。如何切实担负起这一新的文化使命,需要从以下八个方面来把握和推进。

站在民族复兴的“高度”。党的十九大报告指出:“文化是一个国家、一个民族的灵魂。文化兴国运兴,文化强民族强。没有高度的文化自信,没有文化的繁荣兴盛,就没有中华民族伟大复兴。”宣传文化战线学习贯彻十九大精神,首先需要从民族复兴这一前所未有的高度来认识新时代文化工作,深刻认识推动社会主义文化繁荣兴盛的重大意义,从而以强烈的时代责任感和历史使命感进一步增强责任感和使命感,更加积极主动地做好宣传文化工作,更加认真自觉地担负起新的文化使命。

坚守文化立场的“态度”。党的十九大报告指出,发展中国特色社会主义文化,必须“坚守中华文化立场”。任何一个国家的文化,都有其既有的传统、固有的根本。如果抛弃传统、丢掉根本,就等于割断了自己的精神命脉,就会丧失文化的特质。无论是吸收外来,还是面向未来,前提是不忘本来。对于当今中国来说,坚守中华文化立场,就是要坚定文化自信,坚持以马克思主义为指导,推动中华优秀传统文化创造性转化、创新性发展,继承革命文化,发展社会主义先进文化。在此基础上,借鉴吸收世界优秀文化成果,更好地发展面向现代化、面向世界、面向未来的,民族的科学的大众的社会主义文化。这是我们文化安身立命的根基,是我们在世界文化激荡中站稳脚跟的“定海神针”,必须始终不渝地坚持坚守。

提高群众满意的“程度”。党的十九大报告指出:“满足人民过上美好生活的新期待,必须提供丰富的精神食粮。”如果没有精神文化生活的充实,就不可能有真正幸福的人生和美好的生活。文化工作要深刻把握社会主要矛盾发生变化的新特点,适应人民过上美好生活的新期待,牢固树立以人民为中心的工作导向,把人民对美好生活的向往作为奋斗目标,更好地做到文化述民、文化育民、文化富民、文化便民,努力让人民群众的精神文化生活更丰富,基本文化权益保障更充分,文化获得感幸福感更充实。

提升文艺作品的“温度”。文艺是时代前进的号角。进入新时代,文艺更应感国运之变化、发时代之先声,在满腔热忱地为新时代鼓与呼中,展现新气象,实现新作为。文艺工作者要紧紧围绕讴歌党、讴歌祖国、讴歌人民、讴歌英雄,讲品位、讲格调、讲责任,坚决抵制低俗、庸俗、媚俗,在深入生活、扎根人民中,讲好中国故事,弘扬中国精神,不断推出一批有筋骨、有道德、有温度的精品力作,实现从“高原”到“高峰”的突破。

拓展全民参与的“广度”。十九大报告提出,要“激发全民族文化创新创造活力”,“提高全社会文明程度”,培育和践行社会主义核心价值观,要“坚持全民行动、干部带头,从家庭做起,从娃娃抓起”。我们建设的社会主义文化,是人民大众的文化,人民群众共建共享是其根本特征。在文化建设上,一定要解决好“为了谁、依靠谁”的问题,牢固树立群众观点,真正把人民作为文化建设的主人、文化表现的主体、文化活动的主角、文化评判的主裁,形成人人有文化、人人要文化,人人讲文化、人人建文化的生动局面,让蕴藏于人民中的文化创新创造活力竞相迸发。

保持文化建设的“韧度”。立物易,立心难。文化建设涉及整个精神领域,涉及人们的情感记忆、思维习惯、精神感悟,涉及人们的历史认知、观念认同、理想追求。这些都需要实践的锤炼、时间的淘洗和反复的积累、长期的孕育,是一个“博观而约取,厚积而薄发”的过程。与改造物质世界不同,宣传文化工作是在“头脑”里搞建设,不可能一蹴而就、一劳永逸,具有自身发展的特殊规律,需要保持定力,既要有紧迫感,也要看到长期性,有足够的耐心和韧劲,持之以恒、久久为功,不能心浮气躁、急功近利。

把握问题区分的“尺度”。任何一个时期的文化都是多元一体、多样共生的，其间交织着传统与现代、本来与外来、主流与支流、先进与落后、积极与消极。对待纷繁复杂的文化现象，我们要科学把握工作的尺度，优秀的要传承，正确的要坚持，不足的要改进，陈旧的要创新，落后的要提升，有害的要清理。尤其要按照党的十九大报告指出的，“注意区分政治原则问题、思想认识问题、学术观点问题，旗帜鲜明反对和抵制各种错误观点”，推动文化沿着科学的轨道健康发展。

强化党的领导的“力度”。党的十九大强调，要“牢牢掌握意识形态工作领导权”。党政军民学，东西南北中，党是领导一切的。中国共产党从成立之日起，既是中国先进文化的积极引领者和践行者，又是中华优秀传统文化的忠实传承者和弘扬者。历史已经并将继续证明，中国共产党的领导，是建设社会主义文化强国的根本保证。把坚持党的领导这一重大政治原则落实到文化领域，就是要毫不动摇、毫不含糊地落实全面从严治党的要求，坚持党管宣传、党管意识形态、党管媒体、党管文艺，让主旋律更加响亮，正能量更加强劲。

新思想引领新时代，新使命开启新征程。推动社会主义文化繁荣兴盛，宣传文化战线使命光荣、责任重大，大有可为、大有作为。为此，要切实做到：

既有志趣又有志气。安心热爱，钻研求索，把对宣传文化工作的“志趣”与实现民族复兴的“志气”紧密结合起来，不拘一己之悲欢，感悟气象之万千，把握时代脉搏，担负文化使命，在投身伟大梦想中成就自己的文化理想。

既有意思又有意义。作品是文艺工作者的立身之本。真正优秀的作品必然是“较大的思想深度和意识到的历史内容”，同作品“情节的生动性和丰富性”，即有意义和有意思的完美统一。只有意义没有意思，难以赢得群众“口碑”；只有意思没有意义，难以矗立艺术“丰碑”。

既有大众又有大家。文化若离开人民大众，则根基不稳；文化若没有名家大师，则高峰难立。名家大师要把艺术理想融入党和人民的事业中，做到胸中有大义、心里有人民、肩头有责任、笔下有乾坤，努力为人民大众抒写、抒情、抒怀。同时，在服务人民的实践中，造就一大批德艺双馨的名家大师，培育一大批高水平的创作队伍。

既有创作又有创新。要把创新精神贯穿于文艺创作全过程、各方面，特别是在提高原创力上下功夫，推动创作观念和呈现手段的创新，形成内容和形式相融合、传承和传播相应和、艺术和技术相辉映，推出更多既能立得住、叫得响，又能传得开、留得下的精品力作。

（本文发表于 2017 年 12 月 13 日《中国艺术报》）

中共安徽省委常委、宣传部部长虞爱华会见新疆和田地区宣传文化系统考察团

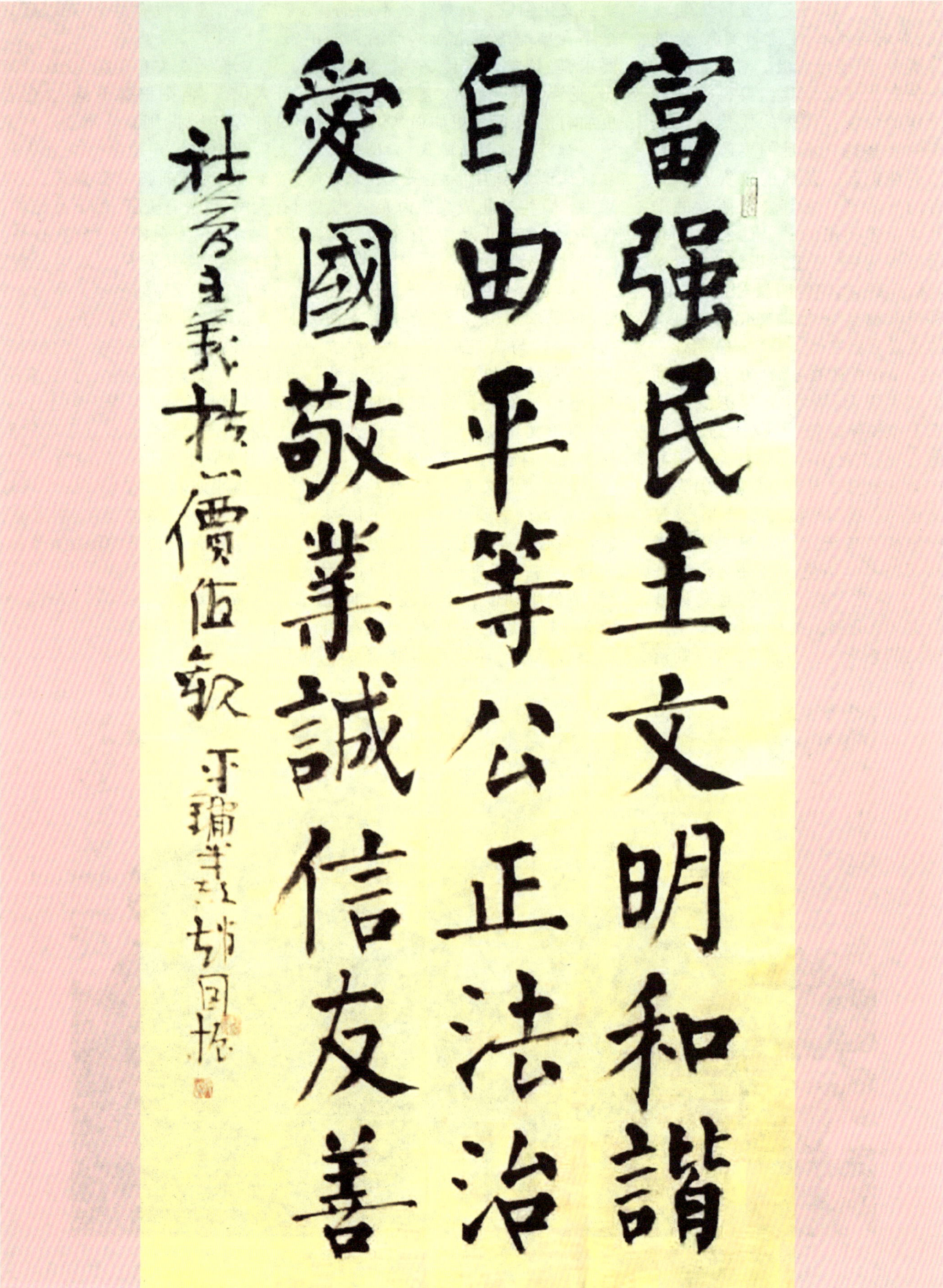

富强民主文明和諧

自由平等公正法治

愛國敬業誠信友善

社會主義核心價值觀

安徽文化概覽

方茂鸿题

- □安徽简况
- □习近平新时代中国特色社会主义思想学习宣讲
- □党的十九大精神理论宣传
- □新闻宣传
- □公共文化服务体系建设
- □优秀传统文化传承发展
- □“五个一工程”
- □文化交流
- □群众文化活动
- □扫黄打非
- □文化遗产
- □安徽之最

安徽简况

黄山云海

【历史】安徽于清康熙六年(1667)建省,取安庆、徽州两府的首字为名,省府为安庆。因境内有皖山、皖水与古皖国,简称皖。1952年,安徽省人民政府在合肥市成立。

史前时期。安徽历史悠久,繁昌县人字洞发现人类活动遗迹距今已有240万年左右,是中国乃至欧亚大陆目前所知最早的旧石器时代人类活动居住点。和县猿人遗址距今有35万年以上。到了新石器时代,安徽淮河、长江两流域出现众多人群聚落;蚌埠双堆遗址中发现有大量的刻画符号和泥塑艺术品,距今约7000年左右;蒙城尉迟寺遗址是5000年前人类文化遗存,被称为"中国原始第一村";安徽新石器时代出土文物丰富,其中有大量的重复表达某种意义的刻画符号,有怀宁孙家城、固镇濠城集大汶口文化古城两个面积较大的城池,在含山凌家滩发现有许多精美绝伦的玉石器等。夏商时期,安徽地区主要是淮夷居住的区域,分布有很多夷族的部落,是中原王朝通往江南地区的主要通道。

先秦时期。随着楚国不断向淮河流域扩展,吴国以及后来越国向北方开拓,以致安徽成为"吴头楚尾"之地,众多小国被兼并。吴越灭亡后,安徽绝大部分地区成为楚国疆域,楚国最后两个都城钜阳(今太和境内)、寿春(今寿县)均设在安徽的淮河流域。宋国的都城也自商丘迁到相(今淮北市相山区),成为皖北地区的政治中心之一,后灭于齐。在先秦时期,安徽诞生了管子(今颍上人)、老子(今涡阳人)、庄子(今蒙城人)、墨子(今淮北市人)等思想家,对中国文化和社会发展产生重要影响。

秦至北宋时期。此一时期是安徽历史发展辉煌壮丽的时期。陈胜、吴广在宿州大泽乡揭竿而起,掀开秦末农民大起义序幕。项羽、刘邦在皖北地区决战,演绎了汉兴楚亡的结局。汉初安徽经济逐渐得到恢复,东汉王景做庐江太守,修复了由春秋时楚相孙叔敖创建的芍陂(后改名安丰塘,位于今寿县境内),教民牛耕,促进江淮地区经济发展。魏晋时期中原人口大批南迁,他们带来的新技术使皖南地区逐渐得到开发。隋唐时期大运河流经皖北之地,沿岸出现许多新的城镇,安徽经济有了较大发展,出现了"天下以江淮为国命"的局面。从西汉到北宋时期,安徽政治军事文化大家辈出:曹操、周瑜、鲁肃等叱咤三国,曹丕建立了三国魏王朝;八公山淝水之战奠定南北朝对峙的基础;砀山人朱温灭唐建后梁,开始了五代十国时期;庐州杨行密在江淮地区建立吴国。汉初淮南王刘安等人创立的"淮南学术"名闻天下,一部《淮南鸿烈》(又名《淮南子》)流传至今;汉末曹操父子为核心的"建安文学",开创文学新局面;汉代相县经学独树一帜,汉魏至南朝庐江何氏礼学名闻遐迩,玄学名士、音乐家嵇康,医学家华佗,教育家文翁,画家戴逵、曹霸、李公麟,名臣吕氏父子(吕夷简、吕公著)、包拯,诗人梅尧臣,经学家程大昌等,皆一时之选,无出其右。李白、刘禹锡、杜牧、白居易、欧阳修、苏轼、王安石等文坛巨匠也在江淮大地留下众多名篇佳句。

南宋至鸦片战争。从南宋开始,安徽长江以北地区成为宋金及宋元争夺的重要战场,城乡残败,人口流失;同时黄河开始不断南泛,夺淮入海,淹没良田,城乡经济严重破坏;再加上元朝统治残暴,社会矛盾激化,导致刘福通、朱元璋等人领导农民大起义。后朱元璋推翻蒙元政权,建立明王朝,跟随朱元璋起事的江淮群雄成为明王朝重臣与贵族。清朝时期,政治舞台上的风云人物有合肥人李天馥,桐城人张英、张廷玉父子;歙县人曹振镛官至宰辅,三朝宰臣、一度监国。从南宋到清代,徽商崛起,促进中国东南地区经济社会发展。这一时期,安徽南部文房四宝(宣纸、徽墨、宣笔、歙砚)、新安画派、新安医学、桐城文派等的兴起并繁盛,深刻影响了中国文化的进程。算学家程大位、梅文鼎,医学家朱楠、汪机,音乐家朱载堉,经学家方以智、钱澄之、毕沅，考据学家戴震、程瑶田，农学家王桢，文学家吴敬梓、施闰章、方苞、姚鼐、刘大櫆，书法家邓石如等在中国文化学术史上皆占有重要地位。

近现代时期。1840年以后，安徽也和全国一样逐渐成为半殖民地半封建社会。由于外国列强的侵略，清朝政府的腐败，引起民怨沸腾。安徽南部成为太平天国的势力范围，北部则是捻军活动的主要地区。晚清的政治舞台上，合肥人李鸿章建立淮军，倡导“洋务运动”，影响晚清政坛40年，促进了中国近代化进程。淮军将领刘铭传出任台湾首任巡抚，为台湾的发展奠定了基础。随着西方新文化的输入、马克思主义的传播，怀宁人陈独秀成为新文化运动的主将、“五四运动”的总司令与中国共产党的主要创始人，绩溪人胡适成为中国新文化运动的骨干。北洋政坛上，以合肥人段祺瑞为首的皖系称雄一时。到了新民主主义革命时期，泾县曾为新四军军部所在地，发生过震惊中外的“皖南事变”；皖北是淮海战役的主战场；渡江战役首先在皖江（长江安徽段）打响。近现代江淮大地名人辈出，产生了表演艺术家程长庚、杨月楼，教育家孙家鼐、吴汝纶、陶行知，军事家冯玉祥、张治中，革命家王稼祥，书画家黄宾虹、林散之，诺贝尔奖获得者杨振宁，“两弹”元勋邓稼先，哲学家方东美，美学家朱光潜、宗白华，作家张恨水、阿英、蒋光慈，实业家周学熙，历史学家徐中舒、周一良等。安徽民俗文化绚烂夺目，出现徽州四雕（砖、石、木、竹）、芜湖铁画、阜阳剪纸、泗州戏、黄梅戏、沿淮花鼓灯、推剧、庐剧等，展现了安徽劳动人民的文化创造力。

【地理】 安徽省沿江近海，为泛长三角地区，与山东、江苏、浙江、江西、湖北、河南六省接壤。面积14万平方千米，其中平原、山区、丘陵、圩区、湖沼洼地分别占25.5%、31.20%、29.5%、5.8%、8.0%。长江、淮河横贯东西，形成平原、丘陵、山地相间排列的格局。全省大致可分为5个自然区域：①淮北平原。黄淮海平原的一部分，地面由西北向东南略有倾斜，海拔20~40米，为全省重要的粮油棉生产基地。②江淮丘陵。地面主要由丘陵、台地和镶嵌其间的河谷平原组成，主要山岭呈东北—西南走向。东部为江、淮水系的分水岭，海拔100~300米；西北部略低，河谷平原宽阔。③大别山区。位于本省与鄂、豫两省交界处，为大别山的主体部分，地势险要，有海拔1700米以上山峰多座。④沿江平原。长江中下游平原的一部分，包括巢湖流域的湖积平原和长江沿岸的冲积平原，海拔多在20米左右，河网密集，土地肥沃。⑤皖南山区。大部分海拔200~400米，山形网浑、秀气。黄山屹立在该区中部，主峰海拔1873米，为本省最高点。

徽州晒秋

河流基本属于长江、淮河两大水系，南部和浙江接壤的小部分地区属新安江（钱塘江）水系。长江在安徽境内呈西南—东北流向，长416千米，两侧重要支流有皖河、秋浦河、运漕河、青弋江、滁河等。长江沿岸湖泊众多，面积较大的有巢湖、大官湖、泊湖、菜子湖等。其中巢湖为全省第一大湖、全国第五大淡水湖，面积约800平方千米。淮河横贯本省北部，省内全长430千米，流域面积6.7万平方千米，两岸支流众多，成不对称的羽毛状水系，重要的有颍河、西淝河、涡河、浍河、淠河等。新安江发源于休宁县境内的怀玉山，为钱塘江的正源，省内干流长约240千米，流域面积6500平方千米。

【资源】 动植物资源。全省植物种类丰富，共有木本植物300余种、草本植物2100余种，其中包括不少珍稀树种和特有树种，如古老孑遗植物银杏、金钱松、鹅掌楸、大别山五针松、琅琊榆、永瓣藤等。野生动物500余种，主要分布在大别山区和皖南山区。其中兽类90多种，鸟类320种，爬行类和两柄类90多种。全省有国家重点保护动物54种，以扬子鳄、白鳍豚最为珍贵。

矿产资源。发现有用矿种138种（含亚矿种），已探明储量的90种。其中煤、铁、铜、硫、明矾石在华东地区甚至全国均占有重要地位。矿产资源分布集中，已探明储量的几种矿产主要是淮南、淮北的煤炭和沿江地区的铁、铜、硫、明矾石及其伴生矿产。优势矿产种类多，储量大，开发利用前景好。伴生矿床多，综合利用价值高。能源矿产主要有煤炭、石煤、泥炭、温泉等，以煤炭最具优势，已探明储量居全国第7位，为华东地区之首。金属矿产中的铁矿和铜矿储量较大，铁矿探明储量15亿吨，分布遍及全省，以马鞍山、当涂、繁昌、庐江等地最为集中。铜矿储量占华东地区的20%，主要集中在铜陵、贵池、怀宁、庐江等地。非金属矿产以硫铁矿、明矾石、石灰石最为突出。

水资源。全省水资源总量580.5亿立方米，其中淮河流域、长江流域和东南诸河分别占44.1%、48.3%和7.6%。天然年径流量533亿立方米，地下水天然补给资源量213亿立方米。由于人口密度大，耕地利用率高，平均每人和每亩耕地占有的径流量低于全国平均水平。水资源分布不平衡，与人口和耕地的分布很不相称，主要表现在山区水资源多，人口、耕地少；平原水资源少，人口、耕地多，尤以淮北平原区矛盾最为突出。河流众多，部分河流水流湍急，落差较大，水力资源的蕴藏量相当丰富。为开发利用水资源，安徽在历史上兴建了许多水利工程设施，以寿县境内的安丰塘(古称芍陂)最为有名。新中国成立以后，除治理淮河外，还建设了淠史杭水利灌溉、驷马山引江灌溉等多项水利工程设施，对全省工农业生产起到重要的保障作用。

旅游资源。安徽旅游资源遍及全省，南部以自然山水风光为主，景区相连成片；北部以历史文物古迹为多，点小而分散。最负盛名的旅游景点为黄山。“五岳归来不看山，黄山归来不看岳”，黄山被称为“天下第一名山”，于1990年被联合国教科文组织列入《世界文化与自然遗产名录》。佛教名山九华山以鳞次栉比、独具特色的寺庙建筑引人入胜，又以秀丽的山水风光使人流连。道教名山齐云山则以其独特的丹霞地貌和摩崖石刻为世人瞩目。滁州琅琊山以宋朝欧阳修《醉翁亭记》一文而名扬天下。天柱山古称“皖山”，汉武帝曾登临此山，称之为南岳，“中天一柱”，凌霄矗立，令人叹为观止。人文旅游资源除国家、省级历史文化名城外，还有世界文化遗产西递、宏村，屯溪的“宋街”，合肥、安庆等地的古建筑，凤阳的中都城和皇陵等。

【气候】安徽的气候属暖温带向亚热带过渡地区。淮河以北属暖温带半温润季风气候，淮河以南属亚热带温润季风气候，四季分明，春暖多变，夏雨集中，秋高气爽，冬季寒冷。全省各地年平均气温在14℃~17℃之间，淮北和大别山区在15摄氏度以下，沿江和皖南南部在16℃以上。冬季淮北和江淮北部极端气温低于-10℃~14℃，夏季全省最高气温可达38℃以上。各地年平均降水量在773~1670毫米之间，南多北少，山区多平原、丘陵地区少，淮北和沿淮地区在773~905毫米，沿江江南在1170~1670毫米。

【人口】根据第六次全国人口普查主要数据公报，2010年11月1日零时，安徽省常住人口为5950万人，同第五次全国人口普查2000年11月1日零时的5986万人相比，10年共减少35.9万人，下降0.6%，年平均下降0.06%。全省净流出到省外半年以上人数为911.9万人。全省普查登记的户籍人口为6862万人，同第五次全国人口普查2000年11月1日零时的6245万人相比，10年共增加616.7万人，增长9.9%，年平均增长0.95%。

截至2017年年底，全省户籍人口7059.2万人，比上年底增加32.2万人；常住人口6254.8万人，增加59.3万人。城镇化率53.5%，比上年提高1.5个百分点。全年人口出生率14.07‰，比上年上升1.05个千分点；自然增长率8.17‰，上升1.11个千分点。

【经济社会发展】2017年，全省地区生产总值(GDP)27519亿元，按可比价格计算，比上年增长8.5%。其中：第一产业增加值2611.7亿元，增长4%；第二产业增加值13486.6亿元，增长8.6%；第三产业增加值11420.4亿元，增长9.7%。三次产业结构由上年的10.5:48.4:41.1调整为9.5:49:41.5。人均GDP44206元(折合6547美元)，比上年增加4645元。

全年粮食总产量3476万吨，比上年增长1.7%。规模以上工业企业20449个，比上年增加1067个；增加值增长9%。固定资产投资29186亿元，按可比口径计算增长11%；其中文化、体育和娱乐业投资254.3亿元，增长11.6%。社会消费品零售额11192.6亿元，比上年增长11.9%；进出口总额536.4亿美元，增长20.8%；财政总收入4858亿元，增长11.1%。

全省常住居民人均可支配收入21863元，比上年增长9.3%，扣除价格因素，实际增长8%。其中：城镇居民人均31640元，增长8.5%；农村居民12758元，增长8.9%。

徽派建筑——马头墙

习近平新时代中国特色社会主义思想学习宣讲

2017年11月11日，安徽省“放飞新时代青春梦——十九大精神走进青年”主题宣讲活动启动仪式暨首场宣讲在安徽农业大学举行。

【概况】2017年，安徽省各级党委把学习宣传贯彻习近平新时代中国特色社会主义思想作为首要政治任务，把开展“大学习、大宣讲”作为重要抓手，突出顶层设计、突出理论武装、突出分众宣讲，推动习近平新时代中国特色社会主义思想家喻户晓、入脑入心。

【省委带头学习宣讲】省委建机制。及时召开省委常委扩大会、省委全委会，研究学习宣传贯彻意见，做出“开展大学习、大宣讲、大培训、大调研、大落实，展现新气象、实现新作为”的“五大两新”部署，在全省各级党委(党组)建立“主要负责同志负总责，班子成员带头学讲干”的工作机制。省委常委作表率。省委常委分赴党建联系点和扶贫联系点开展基层宣讲50多场。省委书记李锦斌深入岳西县冶溪镇罗铺村、潜山县黄铺镇黄铺村、芜湖市鸠江区华强社区、合肥国轩高科动力能源公司等地开展宣讲，并进行走访调研。十九大代表作示范。全省50多名十九大代表第一时间深入机关单位、乡村社区、生产一线等，通过调研互动讲、组织团队讲、网络直播讲等方式，分享大会盛况和参会感悟，全面、准确、深入为基层干部群众解读十九大精神。代表们累计宣讲500多场，受众近70万人。

【理论武装】实施习近平新时代中国特色社会主义思想理论武装计划，持续抓好新思想大学习，展示新气象实现新作为。紧抓领导干部这个“关键少数”，加强对《习近平谈治国理政》《新时代面对面》等重要著作和权威读本的学习，做到原原本本学、原汁原味学，推动学习走深、走实、走心。2017年，共组织开展12次省委中心组学习活动，其中党的十九大精神和新思想学习研讨活动共3次。组织指导各地各单位党委(党组)理论学习中心组认真开展学习，做到全面系统学、及时深入学，定期通报学习情况。以学习型党组织示范创建为抓手，结合“不忘初心，牢记使命”主题教育活动，积极运用新媒体学习平台，线上线下同频共振，推动普通党员干部学习向深度延伸、向广度拓展。依托送理论进基层、社科名家大巡讲、道德讲堂等平台，大力开展面向基层的学习活动。线上线下同步，制作推出网上系列“微宣讲”“微学习”视频、文章等，扩大学习覆盖面，增强学习针对性和吸引力。组织开展习近平新时代中国特色社会主义思想理论宣讲先进推介活动，把典型树起来，把好的做法宣传出去，充分发挥示范带动作用。将习近平新时代中国特色社会主义思想的学习，作为党员干部和理论社科工作者培训的重中之重，列入各级党校、行政学院、各类培训班的必学内容，做到先学一步、深学一层。

【分众宣讲】积极开展全方位、多层次、立体化的宣讲，推动党的十九大精神和习近平新时代中国特色社会主义思想学习贯彻全领域、全行业、全覆盖。截至2017年年底，全省组织各类宣讲7万多场、受众1100多万人次，《人民日报》、人民网、新华网等中央媒体对安徽开展宣讲活动进行深入报道。一是领导干部带头讲。组建由3位省委常委和12位省直部门负责人组成的省委宣讲团，赴各市举办宣讲报告会，并与群众开展面对面、互动式宣讲。共举办宣讲报告会17场，覆盖全部16个市，直接受众1.5万人次，取得了良好效果。二是组织专家深入讲。将习近平新时代中国特色社会主义思想作为宣讲的重点，组织理论工作者编写党的十九大精神宣讲提纲和参阅材料，确保宣讲不跑调、不走样。启动实施“送十九大精神进基层”系列宣讲活动，组织近百名社科名家、理论宣讲专家，面向基层一线宣讲。三是“六团六进”分众讲。省市县三级联动，成立十九大代表、干部、专家、百姓、青年、行业等“六大宣讲团”，围绕学习贯彻习近平新时代中国特色社会思想，开展以“进企业、进农村、进机关、进校园、进社区、进网站”为重点的,面向基层、形式多样的分众化、互动化宣讲活动。四是走进青年深入讲。组建“放飞新时代青春梦——党的十九大精神进青年”宣讲团,分赴各行各业青年群体开展宣讲,引导广大青年在十九大擘画的美好蓝图中找准人生坐标,谱写人生华章。成立“青年宣讲名师”“青年宣讲联盟”和以高校学生会负责人为团长、学生骨干为团员的学生报告团,面向高校广大师生员工宣讲党的十九大精神和习近平新时代中国特色社会主义思想。五是行业系统专题讲。省委政法委、省直机关工委、省委教育工委、省国资委等部门选调理论骨干分别成立行业宣讲团,在本系统开展集中宣讲。江汽集团还在企业经营管理、经销商、供应商、市场营销等队伍群体中开展宣讲工作,切实将十九大精神和习近平新时代中国特色社会主义思想转化成为推动企业发展的内在动力。六是面向百姓生动讲。各地组建“百姓宣讲团”“文艺宣讲队”,依托宣讲基地、“道德讲堂”“百姓大舞台”等阵地,采取“理论+文艺+互动”方式,用群众喜爱的文化艺术形式开展宣讲,打通理论宣讲“最后一公里”。合肥市义城街道组织宣讲员挨家挨户进行宣讲,变普遍漫灌为精准滴灌。阜阳市组织全国理论宣讲先进个人、农民宣讲员李坤池和省级非遗淮河琴书传承人孟颖等一批乡村艺术家,在农村、社区进行艺术化宣讲。亳州市把十九大精神和习近平新时代中国特色社会主义思想融入快板、戏曲、舞蹈等节目之中,创作并演出琴书《十九大精神赞歌颂》、歌曲《不忘初心》等宣讲作品。七是整合资源网上讲。统筹省市主要网站和“两微一端”等新媒体平台,推动宣讲有声有色、出新出彩。中安在线、安徽文明网、“学习安徽APP”等开设网上宣讲专栏,推出一批优秀宣讲报告。淮北市两名十九大代表借助淮北先锋智慧党建平台,面向流动党员开展宣讲,“围观”网民高达2.6万人。省能源集团运检公司通过QQ视频对越南、土耳其和印尼的项目部党支部进行宣讲,并在微信群及时推送党的十九大精神和习近平新时代中国特色社会主义思想的评论文章和视频短片。宁国市南极乡、万家乡等利用“互联网+应急智能广播”的“空中课堂”,将党的十九大好声音传进田间山头。

党的十九大精神理论宣传

2017年11月10日,中央宣讲团党的十九大精神报告会在合肥举行,中央宣讲团成员、国家发展改革委副主任、国家统计局局长宁吉喆作宣讲报告。省委书记李锦斌主持并讲话。

【概况】2017年,安徽省深入学习贯彻习近平新时代中国特色社会主义思想和党的十九大精神,坚持在“解读、解剖、解疑”上开动脑筋,在资源整合、平台建设上创新突破,理论武装工作的引领作用和实践价值与时俱进、品牌效应和社会影响同步提升。中宣部《宣传工作》《每日要情》《情况通报》等多次对安徽省十九大精神学习宣讲工作进行推介。中共中央政治局委员、中宣部部长黄坤明在全国宣传部长会议上对安徽省组织制作的电视理论节目《理响新时代》予以肯定,国家新闻出版广电总局专文推介。

【组织“新理论·新成就”主题宣讲】省市县三级联动、一体推进,集中宣讲十八大以来党的理论成果和实践成就,3个多月宣讲1.4万场,直接受众123万多人次,为迎接党的十九大营造浓厚理论氛围。选树理论宣讲典型,首次全国基层理论宣讲先进集体、先进个人和优秀宣讲报告全部奖项“满堂红”。“派河春晖”理论宣讲团入选中宣部集中宣传的15个先进典型,中央主要媒体集中采访报道。

【打造电视理论节目《理响新时代》】以“新时代、新思想、新论断、新征程、新动力、新部署、新战略、新要求”为主题,打造国内首档综艺化脱口秀理论节目《理响新时代》,邀请全国理论名家和行业精英,分享学习宣传贯彻党的十九大精神的心得体会,开辟学习宣传习近平新时代中国特色社会主义思想和党的十九大精神的新阵地。节目播出后,收视率迅速攀升,同时

2017年12月22日,“十九大·青年说”理论沙龙首期研讨活动。

段排名第二。

【举办论坛沙龙】论坛以贯彻落实新发展理念、建设五大发展美好安徽为主题，组织全省理论社科界100多位专家学者开展研讨。省直主要媒体集中报道论坛活动，及时跟进论坛宣传，专版专题专报推送专家观点。以“践行新思想、建功新时代”为主题，定期组织青年理论专家开展研讨，举办“乡村振兴：理论创新与安徽实践”首场研讨活动。

【理论工作“四大平台”建设】承担并完成中央马克思主义理论研究和建设工程重大课题《党的十八大以来安徽省创新型文化强省建设研究》。深化省中国特色社会主义理论体系研究中心建设,组织专家加强对习近平新时代中国特色社会主义思想和党的十九大精神的研究阐释,2017年以省中国特色社会主义理论体系研究中心名义在中央主要报刊发表理论文章9篇,在省级主要报刊发表理论文章33篇。加强马克思主义学院建设,评选产生10个省重点马克思主义学院,充分发挥重点马院的示范带动作用,大力培养马克思主义理论骨干人才,推进党的十九大精神和习近平新时代中国特色社会主义思想进课堂、进教材、进头脑。倾力打造安徽日报《思想周刊》和安徽理论网,定期刊发一批高质量的理论评论文章,解答时代新问卷,传播安徽好声音,切实提高安徽理论的传播力、引导力、影响力、公信力。

新闻宣传

【综述】2017年,新闻宣传工作13次受到省委、省政府主要领导批示肯定,11次受到中宣部表扬,3次在中宣部、中国记协内部刊物介绍经验。

【重大主题宣传】党的十九大精神宣传。会前,精心谋划策划,出台成龙配套工作方案,构建“1+N”宣传格局。渐次推出“我这五年”“我看这五年”“外国人看安徽这五年”“世界500强看安徽这五年”等4个特色栏目,营造了喜迎十九大胜利召开的浓厚舆论氛围。会中,成立“应急指挥调度中心”和“北京新闻中心”,统一联系代表、统一协调媒体、统一安排采访,受到中宣部点名表扬7次,实现满堂红。会后,策划开展“1284”宣传,即周密组织1次主题采访,精心办好2个特色专栏,创新推出8个专题报道,聚力打造4部电视宣传片,迅速掀起学习宣传贯彻党的十九大精神热潮。

习近平总书记视察安徽一周年宣传。在习近平总书记视察安徽一周年之际,省内各级各类媒体集中开展“创新驱动发展”等主题采访,统一开设《牢记嘱托 喜看变化》专栏,集中时间力量资源,全方位、立体式回顾宣传总书记视察安徽重要讲话精神给全省上下带来的巨大鼓舞、巨大力量和所发生的深刻变化,全媒体、多角度展示安徽勇闯领跑之路的精彩答卷,推出一批大策划、大联动、大制作的系列主题报道,达到分贝高、分量足,数量多、质量优的宣传效果。集中宣传期间,省直新闻媒体共推出专版50多个,刊播相关报道200多篇(条);网络新媒体共推出相关稿件14200多条(篇),H5、VR产品近30个,微视频可视化新闻20余篇。以“习近平总书记视察安徽一周年”为关键词,百度搜索相关网页达23.3万个;在PC端和移动端的连续报道,阅读量突破1000万人次。

五大发展行动计划宣传。按照内宣外宣同步、网上网下联动、深度广度结合的宣传思路,将“五大发展行动计划”宣传贯穿全年。组织省直各新闻单位在重要版面和时段常态化开设《五大发展进行时》总专栏,分设《怎么看怎么办》《撸起袖子加油干》等相关子栏目10余个,刊播消息、通讯、评论、图片等各类报道1500余篇(条),保持长流水、不断线的宣传态势,形成“五大发展安徽在行动”的浓厚舆论氛围。

【专题宣传】精准扶贫宣传。2017年,《人民日报》、新华社等中央主要媒体共刊播安徽脱贫攻坚相关报道60多篇(条),省直主要媒体和网络媒体推出相关报道近8000篇(条),营造全省上下了解扶贫政

"治国理政 闯出新路"论坛

策、关心脱贫工作、参与攻坚行动的良好舆论氛围。①借力中央媒体讲好脱贫攻坚"安徽故事"。《人民日报》刊发《安徽怀宁县产业扶贫发挥资源优势"本土"就是竞争力》等多篇报道，多角度反映安徽扶贫脱贫工作的举措和成效。②组织省直媒体开展脱贫攻坚宣传。《安徽日报》、安徽广播电视台等省直媒体，统一开设《扶贫政策解读》专栏，解读安徽"脱贫攻坚十大工程"等政策和举措。会同省扶贫办集中组织4次典型宣传，推出10个扶贫典型报道。组织省直和16个市的主要媒体近200名记者，开展调研式蹲点采访，陆续推出深度报道。③常年开设《坚决打赢脱贫攻坚战》专栏。保持脱贫攻坚宣传长流水、不断线，及时反映脱贫攻坚的新进展新举措新成效，为扶贫工作队派驻进村工作营造良好舆论氛围。

全面从严治党宣传。紧扣全面从严治党主题，围绕反腐倡廉主线，组织省直主要媒体在重要版面和时段，开设《深入推进反腐倡廉净化优化政治生态》专栏专题，连续推出系列深度报道。安徽日报稿件全部在头版显著位置刊发，每篇2000余字，首篇配发编者按；安徽广播电视台在《安徽新闻联播》《全省新闻联播》栏目播发，每条时长4分钟左右；全面反映省十次党代会以来全省党风廉政建设和反腐败斗争的新探索、新经验、新成效，充分展现省委推进全面从严治党、净化优化政治生态的政治担当和坚定决心，充分反映安徽强化管党治党政治担当、强力推进惩腐治恶、持续优化净化政治生态，由此带来党风政风为之一新、党心民心为之大振的变化，引发广泛持续的网络热议和好评，在全省党员干部和群众中引起强烈反响，对全省加强政治生态建设起到积极推动作用。

五大发展美好安徽宣传。省委宣传部把"五大发展行动计划"宣传作为年度重大主题宣传任务，组织媒体及时报道举措进展，深入挖掘经验做法，保持发稿频率，形成内宣外宣同步、网上网下联动、深度广度结合的宣传格局。

①省直媒体创新报道、生动呈现，凝聚崛起力量。省直各新闻单位在重要版面和时段常设《五大发展进行时》总专栏，分设《怎么看怎么办》系列专访、《撸起袖子加油干》系列巡礼等子专栏，综合运用消息、通讯、评论、图片、现场特写等多种形式，刊播一系列多角度、立体式报道。据统计，截至8月中旬，省直媒体开设相关专栏10余个，刊播各类原创报道600余篇（条），形成了强大的宣传声势。

②中央媒体聚焦亮点、挖掘经验，展示进取形象。2017年，《人民日报》、新华社等中央主要媒体，聚焦安徽发展亮点，挖掘典型经验，围绕自主创新、脱贫攻坚、生态建设、基层医疗改革等主题，刊发70多篇深度报道，立体展示、全面反映安徽推进五大发展的新思路、新探索、新实践和新成效，在省内外产生广泛影响。如《人民日报》、新华社等10多家中央主流媒体齐聚天长采访报道基层医疗改革实践，基层医改的"天长经验"引起全国关注等。

③网络宣传融合创新、多点发力，扩大传播覆盖。中央驻皖及省直多家网络媒体利用网站、手机报、微博、微信、客户端等多个新媒体平台，转发重点报道和评论，制作H5、VR等多种产品，全媒体展现安徽实施五大发展行动计划情况，有效扩大了报道的覆盖面。据不完全统计，累计发稿4300多篇，阅读量2800多万人次。

④对外宣传借力造势、扩大传播，讲好安徽故事。利用外交部安徽全球推介活动、第十届中部博览会和2017中国国际徽商大会等重大活动，对外推介展示五大发展美好安徽，提升安徽良好形象。其中，"开放的中国：锦绣安徽 迎客天下"外交部安徽全球推介活动，网络总阅读量突破3.5亿人次。举办"2017东盟十国主流媒体暨中央重点外宣媒体安徽行"大型集中采访，接待中国外文局"砥砺奋进的五年"全媒体采访团，30多家外媒和中央重点外宣媒体的50余名记者齐聚安徽，挖掘生动故事，传播安徽声音。先后策划组织16场省

政府新闻发布会，中央驻皖及省直等媒体共发原创稿件近300篇。

天长医改经验宣传。根据中宣部安排和省委领导指示，组织《人民日报》、新华社、《光明日报》、中央人民广播电台及省内报刊、广播、电视、网站、“两微一端”等新媒体平台，集中资源、集中力量、集中优势，突出宣传天长市医改经验。截至2月底，中央及省直媒体共刊播稿件230余篇(条)，形成央媒与省媒同步聚焦、网上与网下一体报道的强大宣传合力。

采访中，各媒体搜集精彩故事，挖掘典型事例，使报道具有较强的吸引力感染力。中央主要媒体集中发长稿、发好稿，省直媒体在重要版面、时段、页面，同步推出一批深度报道。《人民日报》在头版推出通讯《老龚就诊记》、2版配发评论《医改，需要一股闯劲》；新华社推出融媒体报道《天长医改：从“弃儿”到“宠儿”》，集文字、图片、视频于一体。这些报道体裁多样、形式新颖，内容厚重、故事性强，总结了可复制、可推广、可持续的天长医改经验，反映了老百姓的获得感幸福感。

省直媒体采用消息、通讯、言论、图片等多种形式，从不同角度、不同侧面讲述天长医改故事。《安徽日报》采取“主打稿件+深度评论+图片报道”的形式，在头版头条位置推出相关报道；安徽广播电视台新闻综合广播、卫视频道分别在新闻联播节目播发综述报道。这些报道或展示亮点成效，或提炼总结经验，或剖析成功原因，或反映积极评价，是一次典型经验宣传的成功范例。中央媒体报道推出后，省内新闻媒体还及时在《中央媒体看安徽》专栏，突出转发相关稿件，扩大了传播声势。

健康脱贫政策宣传。2017年5月，加大对健康脱贫工作宣传报道力度，形成一波关注健康脱贫的舆论热潮。一是争取中宣部安排集中宣传。协调联系中宣部新闻局，及时报送宿州市泗县根据省“351”“180”健康脱贫政策要求、实施健康脱贫工程的新闻素材，争取《人民日报》《光明日报》、中央电视台等中央媒体集中报道。二是专门组织统一采访。4月中旬，中央驻皖及省直新闻媒体记者深入宿州市、县、乡、村四级医疗机构开展集中采访，从不同层面详细了解宿州市实施健康脱贫的典型做法。三是联合推出重头报道。省直媒体统一报道的主题，连续在重要版面、时段和页面同步推出重头稿件，报道宿州市实施健康脱贫工程的新鲜经验和突出成效，在较短时间内形成了宣传合力和强劲声势。这些报道图文并茂、点面结合、信息量大，既有面上推进工作的创新举措，又有点上受益群众的精彩故事，较好反映实施健康脱贫工程的举措成效，为全省推进健康脱贫工作营造良好舆论氛围。

合肥综合性国家科学中心建设宣传。2017年1月10日，国家发改委和科技部批复合肥综合性国家科学中心（以下简称“科学中心”）。省委宣传部专门制定《合肥综合性国家科学中心建设宣传报道方案》，组织媒体开展全方位、立体式、连续性报道。据不完全统计，截至4月17日，中央及省直媒体共刊播相关报道200多篇(条)，其中中央媒体报道10余篇（条），为扎实推进科学中心建设营造了良好舆论氛围。

外交部安徽全球推介活动

【中央媒体看安徽】2017年，《人民日报》、新华社、《光明日报》《经济日报》、中央人民广播电台、中央电视台等6家中央主要新闻媒体广泛深入地报道安徽各项事业发展，共刊播涉皖报道13076篇(条)，其中《人民日报》585篇、新华社9142篇、《光明日报》172篇、《经济日报》244篇、中央电台1387条、中央电视台1546条，头版头条12篇(条)。此外，新华每日电讯、《科技日报》《工人日报》《中国青年报》《中国妇女报》《农民日报》《法制日报》等中央媒体共刊发涉皖头版头条31篇。

【中央媒体在皖重要采访报道活动】对安徽喜迎党的十九大、代表履职、群众反响以及深入学习宣传贯彻十九大精神的报道量足质高。

新闻发布会

会前、会中、会后，中央媒体从喜迎十九大、代表参会履职、群众强烈反响以及深入学习宣传贯彻十九大精神等方面集中报道安徽。会前，《人民日报》推出“砥砺奋进的5年·迎接党的十九大特别报道·安徽篇”，用8个整版的篇幅，全景式、多角度报道安徽；10月7日，中央电视台新闻频道播出迎接十九大特别节目《还看今朝·安徽篇》，节目时长达一个半小时。会中，人民日报10月20日刊发《不忘初心牢记使命》，报道省委书记李锦斌对十九大报告的体会；《光明日报》刊发《安徽代表团：坚定不移实施创新驱动发展战略》等，多角度报道安徽代表积极参会、社会各界群众热议十九大报告的盛况。会后，从10月25日到12月31日，《人民日报》等12家中央主要媒体共刊(播)相关报道551篇(条)。如，《人民日报》11月26日头版头条刊发《小岗村瞄准三年大提升》；新华社11月2日播发《“第一书记”余静代表：有一肚子的好消息想给乡亲们说》，11月17日播发《从“傻子瓜子”到“三只松鼠”——安徽两张“改革名片”见证中国发展变迁》；中央人民广播电台11月27日播发《安徽等地深入基层宣讲党的十九大精神》等。

全国“两会”涉皖报道力度空前。全国“两会”期间，中央主要媒体报道安徽力度空前，《人民日报》等中央主要媒体共刊播涉皖报道220多篇（条），采访报道在皖全国人大代表、政协委员190余人次，做到安徽每天报纸上有文字、广播里有声音、电视中有图像、新媒体上有报道。其中刊播省领导报道31人次28篇（条），省委书记李锦斌的报道达9次，仅《人民日报》刊发李锦斌的相关报道就有3次。《安徽：继承最宝贵最具优势的创新和改革基因》《脱贫攻坚要敢于啃硬骨头》《“三严三实”三周年，全面从严治党向纵深推进 营造风清气正的政治生态》等重点稿件分别聚焦安徽创新改革、脱贫攻坚、践行“三严三实”等主题。

充分报道安徽省科技创新成果，让安徽创新基因声名远播。从1月到12月关于安徽科技创新的报道约有1300多篇(条)，既有动态消息，又有长篇通讯，还有深度解读。《人民日报》刊发《合肥获批综合性国家科学中心》《让计算机成为一流专家》《四问量子通信》，新华社播发《潘建伟 伟大新时代，迎来科研黄金时间》，中央人民广播电台《全球首条最大尺寸液晶屏生产线在合肥投产》，中央电视台“焦点访谈”播出的《铸科学利器 启创新之道》，上述重点报道充分展示了安徽在量子研究、最强磁场、工业设计等领域取得的创新成果，彰显了安徽的创新基因。

精彩讲述安徽脱贫故事。2017年，中央媒体热切关注安徽脱贫攻坚方面取得的新成效新进展，1月至12月，相关报道约300余篇(条)。中央媒体刊播的《六旬老汉刘裕友养羊脱贫》《大别山片区：“量体裁衣”来帮扶“对症下药”促脱贫》等一批报道，从不同的角度、不同层面记录细节，讲述脱贫故事，展示安徽脱贫攻坚工作的新进展、新成效。

为安徽全球推介及中博会营造热烈氛围。2017年4月，安徽省在北京举行“锦绣安徽 迎客天下”全球推介活动，《人民日报》、中央电视台、中央人民广播电台等主要媒体纷纷刊播安徽全球推介的新闻报道，向外界推介安徽。5月，第十届中部投资贸易博览会在合肥举行，《人民日报》、新华社等中央媒体刊发《第十届中部博览会在合肥开幕 汪洋出席并发表主旨演讲》《第十届中国中部投资贸易博览会17日在合肥开幕 中部崛起新机遇》《中博会：科技范儿十足展现企业创新》等一系列稿件紧紧围绕大会主题，全方位、立体化、多角度地展示大会盛况，营造了隆重热烈的氛围。

展现安徽抗洪抢险感人事迹。2017年6、7月份，安徽部分地区发生连续的强降雨过程。中央媒体在报道汛情的同时，也积极反映安徽省有关地方抗洪救灾举措成效。《人民日报》《光明日报》和中央人民广播电台《新闻和报纸摘要》刊播的鲜活报道《他们干出了党员的样子》《抗洪前线，鲜红的旗帜高高飘扬》《抗洪中 他们冲在第一线》等，生动再现了全省多地党员干部带领群众在一线奋战的感人事迹。

深入关注安徽涌现的典型人物。8月，中央媒体集中推出哈佛八博士科研报国的故事，分量厚重，编排突出。中央电视台"新闻联播"头条播出《哈佛八剑客 赤子丹心逐梦最强磁场》,《人民日报》报眼报道《我在祖国,有更大舞台——记中科院强磁场科学中心留学归国博士后集体》,《光明日报》头版头条报道《科学岛,你是一个怎样的强磁场》等。9月,集中报道安徽特警张劼的英雄事迹。《人民日报》第9版头条报道《43秒,穿越生死的抉择》,新华社播发《这才是英雄的模样》,《光明日报》头版报道《血与火的淬炼 生与死的突围》,中央电视台《新闻联播》播出《中宣部授予张劼"时代楷模称号"》等。10月,集中推出安徽砀山女孩李娟身残志坚的感人脱贫故事,《人民日报》第2版刊发《心坚强 断翅的小鸟也能飞》,《光明日报》第4版刊发《水果搭上电商 残疾女孩脱贫》等。

【社会宣传】研究制定十九大精神宣传标语36条,以桁架橱窗、建筑围挡、户外大屏、移动电视、灯杆道旗、条幅横幅、灯箱展板等为载体,广泛张贴刊播,着力打造街头正能量。组织发行中宣部"学习贯彻党的十九大精神"宣传挂图近6万套,并设计制作具有安徽特色的宣传挂图,以图文并茂的形式宣传党的十九大。围绕学习、宣传、贯彻党的十九大精神,先后推出合肥市芜湖路街道、省立医院等一批先进典型,充分发挥其示范带动作用。组织开展2017年度"心动安徽·最美人物"评选活动,进一步鼓舞人心、提振士气、汇聚力量,凝聚起建设五大发展美好安徽的强大正能量。以"新时代 新安徽"为主题,组织开展一系列群众性主题宣传教育活动,主要包括"不忘初心 牢记使命"全省爱教基地讲解员讲红色故事大赛、"新时代 新安徽"十九大精神情景宣讲、"我与十九大"全省电视知识竞赛、"赞成就 话变化"故事分享会、"新时代 新安徽"主题演讲、微视频公益广告征集大赛、手机随手拍以及网上主题宣传教育活动等,使党的十九大宣传热在基层。

【新闻发布】2017年,省政府新闻办以习近平新时代中国特色社会主义思想为指导,认真贯彻落实党的十九大精神,紧紧围绕省委、省政府重大决策部署,加强新闻发布议题设置,着力完善新闻发布制度、拓展新闻发布形式、提升新闻发布效果。省委宣传部、省人民政府办公厅联合下发《关于进一步加强政务公开新闻发布工作的通知》。省政府新闻办联合安徽新媒体集团,打造安徽省人民政府新闻发布"四位一体"(省政府新闻办官网、安徽发布微博、安徽发布微信、中安新闻客户端)平台。在中国人民大学举办安徽省新闻发言人能力提升专题培训班,共有来自全省55家省委部委、省直单位和16个市的近100名新闻发言人或新闻发布工作者参加培训。

俄罗斯楚瓦什共和国文化艺术部部长与参加俄罗斯"全俄艺术节"安徽花鼓灯演员合影

全年共召开新闻发布会83场,比上年增加27%。其中,围绕省政府出台的《关于促进经济平稳健康发展的意见》,省政府新闻办牵头策划的连续16场新闻发布会,以《安徽省现代基础设施体系建设总体规划(2017—2021)》"1+9"专项规划为主题,首次召开的重大政策吹风会,获得省长李国英和省委常委、宣传部部长虞爱华的批示肯定。为喜迎党的十九大,策划举办"砥砺奋进的五年"党务系列新闻发布会。高频次高质量的新闻发布,对及时、准确、客观、全面地传播权威信息,回应社会关切起到积极作用,为现代化五大发展美好安徽建设营造了良好的舆论氛围。

【主要境外媒体在皖采访】5月18—23日,由省委宣传部、中国—东盟中心主办,省政府新闻办、省广播电视台、亚太日报、东盟财经联合承办的"2017东盟十国主流媒体暨中央重点外宣媒体安徽行"大型集中采访活动圆满开展。本次活动是第十届中国中部投资贸易博览会和2017中国国际徽商大会的重点专项活动之一,近30家东盟十国主流媒体和中央重点外宣媒体的40余名记者聚集安徽,先后赴合肥、安庆、池州、宣城4市进行实地采访。此次活动累计刊发各类稿件200余篇,印尼国际日报、文莱星洲日报、泰国TNN电视台、东盟卫视、马来西亚NTV7电视台还将陆续制作、播出活动专题系列报道。

公共文化服务体系建设

【投资概况】2017年，安徽省开工建设各类文化文物项目25个，计划总投资7.68亿元。截至年底，完成投资额4.42亿元。

【重大项目进展】省美术馆建设。工程方面：主体工程全部完工，内装饰正在施工。省美术馆室外工程结构部分、土方、管网施工完成，主楼及艺术MALL金属雨棚等施工完成。省美术馆钢结构工程获“中国建筑工程钢结构金奖”“鲁班奖”创建工作正稳步推进。开馆筹备：完成省美术馆馆标征集宣传推广服务项目招标工作，正式启动标识设计征集活动；建立展览资源库，广泛收集各类美术展览资源。与省编办积极对接省美术馆机构编制申报工作，启动省美术馆专家库组建工作，初步完成徽派版画艺术专家库和安徽民间美术专家库的组建工作，完成全省文物藏品数据库美术作品版画部分资料的筛选、整理及印制工作。

省文化馆新馆建设。2017年，省文化馆新馆建设扎实推进。年初，围绕省文化馆新馆功能定位、项目选址、用地规模、功能分区、规划设计及现有馆舍处置等工作，组织人员赴光东、湖南、深圳、东莞等地调研。5月，与省发改委、省财政厅，合肥市规划局、合肥市包河区政府等有关部门多次会商立项选址、项目论证、可行性研究、规划设计等工作，完成项目注册申报；与安徽省城乡规划设计研究院对接，完成《安徽省文化馆新馆项目建议书》及项目报送和立项申报工作；与北京市建筑设计研究院等3家设计单位对接，完成省文化馆新馆的概念性设计。8月，完成初步设计、审查、施工图设计等部分工作。12月，重新编报省文化馆新馆项目建议书，进一步论证、完善新馆功能定位。

【文化设施建设】2017年，全省五级公共文化服务体系基本形成。省美术馆工程进展顺利，省文化馆新馆列入省政府重点调度项目。市级“三馆一院”、县级“两馆一场”基本实现全覆盖。乡镇(街道)综合文化站1437个，实现全覆盖。着力打通公共文化服务“最后一公里”，在20个国贫县新建村级综合文化服务中心109个，全省已建成村级综合文化服务中心（农民文化乐园)达3742个，成为农村移风易俗、文明建设的重要阵地，央视焦点访谈节目称安徽省农民文化乐园“就像许多村口都有的那棵大树，正在成为村庄的标识、村民的纽带”。

【文化民生工程】公共文化场馆免费开放工作。2017年，全省纳入民生工程免费开放的122个公共图书馆、122个文化馆、1437个乡镇综合文化站、17个美术馆、89个博物馆，总计1787个公共文化场馆向群众提供基本文化服务。全省公共文化场馆投入免费开放资金2.15亿元，全部足额使用到位，保障了群众基本文化权益。各地因地制宜，结合农民文化乐园建设、图书馆总分馆制建设，充分发挥公共文化场馆的阵地优势，组织各具特色的公益文化活动，深受群众欢迎。

文化信息共享工程。以全省15442个行政村文化信息共享工程村级服务点网络设施为基础，做好宽带接入、运行维护及开展文化宣传讲座等有关活动。2017年全省文化信息共享工程完成投资额3245.5万元，完成年度任务的105.09%，每村2000元的经费主要用于基层服务点设备更新、文化娱乐用品购置及相关网络保障等。该项目与农村党员远程教育服务点共建，经过几年努力，已实现全覆盖。

“送戏进万村”文化惠民工程。为丰富农村群众文化生活，通过政府购买服务方式，为全省15442个村购买正规演出服务，每年每个行政村演出不少于1场。全省各地结合本地特点和群众实际需求，制定了采购招标工作方案，并认真开展

2017年10月19日，安徽省文化惠民工程“送戏进万村”活动走进宿松县千岭乡雨福村。

采购信息发布、演艺团体资质审查、演出节目审看、招标及采购合同签订等工作，保证每村4400元的农村文化活动补助资金用足用好。2017年，全省共完成“送戏进万村”演出21014场，丰富了农民文化生活，推进了戏曲传承，促进了乡村文明建设；2017年7月17日，央视大型政论专题片《将改革进行到底》对安徽省“送戏进万村”活动和农民文化乐园建设两项工作给予充分肯定。

2017年10月11日，由省委宣传部、省新闻出版广电局、安徽广播电视台联合主办的2017年“安徽省读书演讲电视大奖赛”总决赛在安徽广播电视台1000平方米演播大厅举行。

【文化扶贫工作】 “文艺扶贫 携手小康”惠民演出活动。由省委宣传部、贫困县所在地市级党委和政府主办，旨在通过惠民演出活动，鼓舞贫困地区干部群众脱贫攻坚的士气，调动广大文艺工作者助力扶贫的积极性，展示当地丰富的文化资源，为决战决胜全面小康、建设五大发展美好安徽营造良好的文化舆论氛围。2017年，活动先后在安庆市岳西县等11个国家级、省级贫困县举办，现场观众达5万多人。

“戏曲进校园”活动。活动由省委宣传部、省文化厅、省教育厅、省财政厅主办，以京剧、徽剧、黄梅戏等为重点，兼及青阳腔、岳西高腔等戏曲剧种，通过“开展一项活动、纳入两种课程、壮大三支队伍、搭建四大平台”，在合肥、安庆等11个市、1个省直管县，大力开展“戏曲进校园”活动，推动中华优秀传统戏曲文化在大中小学校的传播和普及，提高学生的艺术修养和文化素质，弘扬社会主义核心价值观，进一步增强青少年学生的文化自信和文化自觉，着力推动课堂教学和课外实践结合、普及教育与专业教育并进、学校教育和社会教育衔接，不断开创具有安徽特色的戏曲传承发展新局面，为打造创新型文化强省提供重点支撑。截至2017年年底，开展进校园演出12400余场，形成全省全面铺开、院团踊跃演出、学生乐意参与、家长感到满意、社会效果良好的生动局面。与此同时，由省委宣传部、省教育厅、省文化厅主办，组织省、市（县）级艺术院团赴全省高校演出京剧、黄梅戏、庐剧、泗州戏等优秀戏曲作品，全年在省内108所高校演出108场。

【文化信息化建设】 “安徽文化云”平台建设。2017年，为统筹管理全省公共文化服务设施，整合数字文化资源、完善公共文化考评机制，安徽省利用移动互联网、云计算、大数据等新技术，搭建“安徽文化云”公共文化服务管理平台，构建文化服务、数字资源、互动评价、绩效考评4大体系，对全省350多家公共文化场馆免费开放等运行情况，进行实时监控，提高绩效考核的科学性。截至年底，硬件设施已备齐，并准备安装与调试。软件建设包括公众服务系统和监督管理系统建设，公众服务系统已完成手机APP、H5微网站、Web网站页面风格设计和栏目功能设计；监督管理系统已完成业务逻辑架构和数据逻辑架构设计，正在开展图书馆、文化馆、博物馆3个行业绩效评估数据建模工作。

数字图书馆建设。2017年，省图书馆增加全国报刊索引、博看4K触摸屏（包含电子书1.5万册，电子期刊4000种，电子报纸200种，超星期刊平台、武汉三新电子图书）等数字资源，以满足读者多样化数字资源的阅读需求。完成2016年度“中西部贫困地区数字文化服务提档升级”项目设备发放和2017年度项目招标采购。省图书馆建设安图视频APP移动应用平台，为读者提供自主建设、具有安徽地方文化特色的“徽风皖韵看安徽”大型系列文化专题片在线服务。开拓分馆服务模式创新，通过VPN访问方式，为白湖农场分馆安装深信服VPN客户端软件，实现省图书馆interlib业务自动化系统远程访问。

数字文化馆建设。省文化馆是全国第二批数字文化馆试点建设单位之一，并成功入选全国首批省级制播中心（全国10家）。省数字文化馆总体框架已搭建完成，线上平台即国家公共文化云平台——安徽分站（网站、微信公众号和APP）后台开发和资源部署工作均已完成，安徽公共文化云正式开通上线运营。2017年，省文化馆完成艺术演出、培训讲座、文化活动等文化共享直录播14场，并完成所有场次的数字资源采集工作，收集8600分钟、6TB的视频素材。采集视频通过国家公共文化云和中国文化网络电视各端口向全国观众播出，直播活动观看人数共163万余人，累计播放时长4.1万小时。省文化馆在建的数字文化馆线下体验空间由生活之美和艺术之美两个主题组成，具体包括朗读亭、唱吧、书法体验机、AR增强现实等互动体验板块和群星奖、最美安徽等群艺精品展示板块。

数字博物馆建设。积极推进文物预防性及数字化保护，为文物打造“金钟罩”。推行“互联网+文物”展陈手段，强化信息服务与文化共享。安徽博物院利用语音导览设备等可实现在特定的临时展览中提供中、英文两种语言的语音导览服务。安徽中国徽州文化博物馆于2017年启动智慧博物馆建设，以文物数据库建设成果为基础，通过自办网站、微信公众号、微博，完成部分高清照片和视频短片的制作和网络展示；初步搭建360度全景展示、藏品3D展示、语音导览的信息化平台。

【公共文化服务体系示范区(项目)建设】2017年，完成铜陵市创建第三批示范区、亳州市和池州市创建第三批示范项目中期督导。认真做好第四批示范区(项目)推荐、上报等有关工作，9月，蚌埠市、滁州市“社会力量参与公共文化服务”、黄山市“徽州民俗文艺表演示范工程”等项目，申报创建第四批国家公共文化服务体系示范区(项目)。安徽省被文化部评为全国基层文化服务示范省。

【“文化扶贫·携手小康”惠民巡演】2017年9月22日，“文化扶贫·携手小康”——全省惠民巡演乡村行首场演出活动，在六安市翁墩乡杨公村农民文化乐园拉开帷幕。活动在全省31个国贫、省贫县开展，以戏曲、小品、歌舞等方式深入贫困地区演出1900多场，宣传扶贫脱贫典型，发挥文化扶志、助力脱贫攻坚的作用。

【第四届“书香安徽”全民阅读活动】省委宣传部、省新闻出版广电局联合印发《安徽省全民阅读“十三五”发展规划》和《2017年全省全民阅读工作要点》。4月22日上午，第四届“书香安徽”全民阅读活动启动仪式暨第八届“省直机关读书月”游园活动在合肥徽园举行。2017年全省全民阅读活动以“倡导全民阅读，建设书香安徽”为主题，着重突出6项重点群体阅读活动。其中包括大力提倡亲子阅读、少儿阅读、中小学“书香校园”建设、高校大学生阅读、老年人阅读，努力做好残疾人、贫困地区的阅读服务工作，组织开展“安徽省读书演讲电视大奖赛”，表彰“十佳皖版图书”“十佳阅读推广活动”和省直机关“十佳读书案例”“十佳悦读家庭”，组织“移风易俗我先行，全民阅读我带头”倡议签名、文化名家阎崇年读书报告会、经典家书家信诵读、大型书市及知名作家签售赠书、数字阅读体验等读书游园活动。开展“书香”系列评选工作，在全省评选出41个“书香家庭”参加全国“书香之家”的评选，选出110个安徽省“书香之家”，10个“十佳阅读推广活动”、10个“十佳书香社区”、10个“十佳书香之乡(镇)”。

【少儿报刊阅读季】2017年，省新闻出版广电局联合多部门深入开展少儿报刊阅读季活动，制定并印发《安徽省2017年“少儿报刊阅读季”活动方案》。少儿报刊社开展征文、征画、演讲、讲座、论坛等活动，帮助少年儿童从小培育和践行社会主义核心价值观。《少儿画王》杂志举办第九届“党是阳光我是苗”少幼儿书画大赛，大赛吸引全省各地近60万小朋友参赛，孩子们围绕“放飞中国梦，传承红基因”这一主题创作，抒发对党和祖国的热爱。《红蜻蜓》杂志举办“悦读经典·书香童年”读书征文活动，《课外生活》启动“2017寻找小朗读者活动”，《少年博览》围绕“书香绽亮智慧 好刊伴我成长”主题活动，通过寻找最美阅读空间，引领少年走进图书馆，举办各类主题书展等多种形式开展阅读推广活动；《少儿科技》杂志积极开展“我的悦读童年”活动，组织“崇尚科学 爱我中华”

2017年，省委宣传部等主办的“文艺扶贫 携手小康”系列惠民演出活动，先后走进11个贫困县(区)，图为亳州市谯城区活动现场。

第11届全国少儿书画大赛暨青少年发明创新大赛;农村孩子报社举办"金皖御景兰庭"杯少儿书画大赛。组织《少年博览》《小学生导读》《娃娃乐园》等少儿报刊出版单位把优秀报刊送进校园。《少年博览》杂志的14位编辑，全年走进150所学校,《少儿科技》杂志社多次组织小记者进校园采访,把各类活动开展到校园。组织报刊捐赠公益活动,组织报刊出版单位向老少边贫地区儿童、农村少年儿童、留守儿童、城市流动儿童较为集中的乡村小学等进行捐赠,鼓励企事业单位及个人进行捐赠,充分保障弱势群体的阅读权益。2017年,少年博览杂志社向少年儿童捐赠3万本图书,农村孩子报社组织企业和数十名作家爱心赠报活动,向少年儿童赠阅报纸600份;《娃娃乐园》《课外生活》两家编辑部向合肥世界外国语学校捐赠千余册的少儿读物。

【农家书屋】2017年，完成全省农家书屋111.2万册出版物补充更新任务。深化农家书屋延伸服务,提高阅读便利性，提升精准服务,推动数字农家书屋建设,有效破解农家书屋开门难、管理难、活动难的问题。通过推动农家书屋搬入居住密集、活动集中的地方,使农家书屋的服务和乡村综合文化中心、便民服务场所、中小学留守儿童家庭、村邮代办站、文化热心大户等场所结合起来。以农家书屋为载体,积极开展读书演讲、读书征文等形式多样的活动,培养农民群众的阅读习惯,全省累计组织各类活动近1000场次，参与人员100万余人次。精准提供阅读内容,提高农家书屋补充更新出版物的针对性、适用性,解决不同地区、不同群体对需求的差异性,满足农村群众日益增长的文化阅读需求。积极推进农村公共图书服务一体化建设,把农家书屋纳入总分馆制建设,推动馆藏图书和各书屋图书交流置换,畅通补充、更新、交流渠道。争取省文化强省建设专项资金,落实数字农家书屋建设项目,推进农家书屋转型升级。通过搭建数字书屋平台,满足群众多元化、个性化、碎片化的阅读需求,同时提高对实体书屋的管理水平。党的十九大闭幕后,省新闻出版广电局第一时间为全省15442个农家书屋配备61768册十九大学习文件和辅导读物,让农家书屋成为农民群众学习宣传贯彻党的十九大精神的重要平台。

【文艺活动】紧紧围绕"讴歌美好安徽新成就 喜迎党的十九大"主题，省市县三级联动，在全省范围组织开展5900余场文艺活动，声势大、范围广、影响深、效果好。党的十九大召开前，创新举办"欢度国庆节　喜迎十九大"——省暨合肥市大型交响音乐会、全省侨界喜迎党的十九大文艺晚会，为党的十九大胜利召开营造积极健康的文化氛围。党的十九大刚刚闭幕，在全省部署安排"讴歌新时代 宣传十九大"千场文艺活动，以广大群众喜闻乐见的文艺形式，掀起学习贯彻十九大精神的热潮。

优秀传统文化传承发展

2017年11月12日,第五届安徽文化论坛在宣城市举行。

【九大行动】2017年,省委、省政府出台《安徽省实施中华优秀传统文化传承发展工程工作方案》，实施中华优秀传统文化挖掘阐发行动、中华优秀传统文化教育普及行动、文化遗产保护利用行动、民族民间文化传承发展行动、传统工艺保护振兴行动、传统美德培育弘扬行动、红色文化保护展示行动、文艺精品创作生产行动、优秀传统文化走出去行动等九大行动。举办中国·亳州老庄思想与协调发展学术论坛、淮河文化研究·理论与实践·蚌埠峰会、第五届安徽文化论坛。完成《安徽历史名人传记》丛书首批10种图书中4种编纂工作。编撰出版6卷本《合肥通史》、9卷本《安徽名片丛书》。6种古籍入选2011—2020国家古籍整理出版规划项目,4种古籍获国家古籍整理专项资金支持。安徽大学等启动优秀传统文化基础研究工程，近30所院校开设宣纸制作、徽州三雕、花鼓灯艺术等专业,6家职业院校列入全国职业院校民族文化传承与创新示范专业点。中华经典诵读工程纳入《安徽省全民阅读"十三五"时期发展规划》。完成首批国家级非物质文化遗产代表性传承人抢救性记录工作，启动第二批 10 人记录工作。黄梅戏《大清名相》获得第六届中国戏剧奖·曹禺剧本奖、第十五届中国戏剧节"优秀参演剧目"称号。在中国美术馆成功举办锦绣中华——当代新徽派版画作品展，这是继 1984 年首次进京后，安徽版画再度以整体形象进京展示。组织开展"校园大舞台——徽风皖韵进高校""送戏进万村"等活动，其中"送戏进万村"演出 2.1 万场，实现全省每个行政村每年至少观看一场戏曲演出的目标。创新举办第六届中国农民歌会、2017 年安庆"十一"黄梅戏展演周。组织全省稀有剧种（戏曲声腔）展演和安庆地方戏曲剧种（声腔）百年经典演出，30 类剧种（声腔）、36 个选段精彩亮相。建设安徽戏剧网。在全国率先推出"有戏安徽"戏曲专区，打造现场、电视、手机、网络、广播"五位一体"传播模式。出台《关于加快传统村落保护利用发展意见》，完成首批 10 个中国传统村落数字博物馆村落建馆工作。安庆市获批全国首个"中国地方戏曲剧种传承发展基地"。出台《安徽省历史文化名城名镇名村保护办法》《关于进一步加强历史文化街区划定和历史建筑确定工作的通知》，怀宁县石牌戏曲小镇等 7 个特色文化小镇入选首批省级特色小镇。出台《安徽老字号认定规范》，15 家企业、4 个项目入选 2017—2018 国家文化出版重点企业和项目。举办世界中医药大会暨第三届夏季峰会暨大健康博览会，开设新安医学流派示范门诊及二级工作站。规划建设首批 45 个省级研学旅行实践基地、营地。将抢救濒危传统体育项目纳入全民健身工程。成功举办第三届中国非遗传统技艺大展。建立故宫博物院驻黄山市徽派传统工艺工作站，在故宫举办徽匠神韵——安徽徽州传统工艺故宫特展。建立省级传统工艺振兴目录，重点扶持 8 个国家级传统工艺类非遗项目。实施革命旧址维修保护行动计划、馆藏革命文物修复计划。编制《2017—2020 年安徽省红色旅游发展规划》，重点打造 7 条红色旅游精品线路，新增 11 个全国红色旅游经典景区。继续办好《相约花戏楼》等电视栏目，组织历史文化专题纪录片《百年安徽》、动画片《大禹治水》等创作生产。2 个项目入选国家新闻出版广电总局"丝绸之路影视桥工程"项目储备库，18 册图书入选"丝路书香工程"重点翻译资助项目。继续打好"铭传牌""包公牌"，在台湾举办安徽文化周。

"五个一工程"

2017 年 9 月 27 日，全国第十四届精神文明建设"五个一工程"表彰座谈会在北京召开，省委宣传部荣获"组织工作奖"

【概况】2017 年 9 月 27 日，全国第十四届精神文明建设"五个一工程"表彰座谈会在北京召开。安徽报送的广播剧《板车女孩》、歌曲《多想对你说》《走在小康路上》等 3 部作品荣获"优秀作品奖"，省委宣传部荣获"组织工作奖"，省委书记李锦斌专门批示予以肯定。

安徽省第十四届精神文明建设"五个一工程"评选完成。合肥、安庆、六安、滁州、阜阳、蚌埠等 6 市党委宣传部和安徽广播电视台、安徽省文联、安徽演艺集团、安徽出版集团等 4 家单位获省第十四届精神文明建设"五个一工程""组织工作奖"。《邓小平登黄山》等 6 部电影（动画电影）、《生逢灿烂的日子》等 10 部电视剧（电视动画片、电视纪录片）、《大清名相》等 14 部戏剧、《我家的小魔法师》等 5 部广播剧、《六尺巷》等 10 首歌曲、《试飞英雄》等 5 部图书，共 50 部作品获"优秀作品奖"。

文化交流

安徽花鼓灯在埃及“亚非艺术节”演出

【综述】围绕弘扬安徽文化，传播安徽声音，全年共组织对外和对港澳台文化交流项目59批次、参与882人次，涵盖五大洲38个国家和地区。完成“锦绣安徽·迎客天下”外交部全球推介活动非遗展示和演出任务，得到省领导和外宾的称赞。赴澳大利亚、印度尼西亚等国开展“欢乐春节”演出。支持民营院团走出国门，临泉杂技赴埃及、泰国开展文化交流。加强部省对口合作，与开罗中国文化中心举办非遗展示等系列活动。深化“中俄两河流域”文化交流，组织花鼓灯艺术团参加第25届全俄艺术节。在香港、台湾分别举办赖少其艺术作品及历史文献大展、安徽佛教艺术特展，促进了文化认同、民族认同、国家认同。

【皖台文化交流】2月14—20日，应台湾辜公亮文教基金会邀请，安庆再芬黄梅艺术剧院一行74人，在台北市城市舞台演出黄梅戏经典剧目《徽州女人》《女驸马》和折子戏专场共4场。台湾中国国民党荣誉主席吴伯雄向演出活动赠送花篮，台湾海基会董事长林中森、台湾安徽同乡会会长王正典等人观看演出，台湾东森电视台、《联合报》《旺报》等对活动进行报道。安徽博物院赴台湾佛光山举办为期4个月的“佛光恒常——安徽佛教艺术特展”，合肥市政协、黄山风景区、肥西县文广新局、省社会主义学院等单位先后组织摄影、书画、剪纸等文化项目赴台交流。

【皖港、皖澳文化交流】2017年3月，合肥市赖少其艺术馆在香港成功举办“赖少其艺术作品及历史文献大展”，该展为文化部2017年度内地与港澳文化交流重点项目。展览为期18天，香港特别行政区康乐及文化事务署副署长吴志华、香港大学饶宗颐学术馆馆长李焯芬等香港社会各界共约200人出席开幕式，香港《大公报》《文汇报》《香港商报》等主流媒体对活动进行报道。安徽演艺集团、安庆再芬黄梅艺术剧院等单位先后赴香港开展庆祝香港回归20周年演出活动，香港驻沪办事处来皖举办庆祝香港回归20周年成就展。

【徽风皖韵在海外】春节期间，应开罗中国文化中心、曼谷中国文化中心邀请，组织临泉杂技分别赴埃及、泰国开展“欢乐春节”演出活动。活动的开展，增进了中埃、中泰人民之间的友好感情，为中外文化交流增添新的光彩。中国驻埃及大使宋爱国夫妇及埃及旅游部长代表纳赛尔、中国驻泰国文化参赞等参加相关活动。中央电视台、《人民日报》《光明日报》、新华社、广西卫视以及埃及国家电视台、尼罗河电视台等中外媒体分别对相关活动

安徽艺术团参加俄罗斯“全俄艺术节”开幕式

进行全方位报道。安徽演艺集团赴澳大利亚、印度尼西亚开展“欢乐春节”活动，推进安徽特色演艺精品走出去。民营临泉杂技在省文化厅的支持下，首次以政府组团的形式走出国门，取得较好的影响。

【重大文化交流活动】部省对口合作项目。2017年，省文化厅与开罗中国文化中心合作开展为期一年的对口文化交流活动。自春节活动开始，年内先后组织“欢乐春节”杂技演出、凤台花鼓灯舞蹈参加亚非电影旅游节演出、安徽陶艺和泥塑技艺培训、徽州古建筑讲座、安徽文房四宝展等赴埃及文化交流项目，以及埃及古建筑专家、开罗中国文化中心合作伙伴、开罗中国文化中心优秀学员代表来访活动。与此同时，组织省内舞蹈和书法老师，赴泰国曼谷中国文化中心、曼谷新加坡国际学校、泰国吉拉达皇家学校开展舞蹈和书法培训活动。埃及国家电视台、泰国多家媒体、《人民日报》、新华社以及《中国文化报》《安徽日报》等媒体对相关活动进行宣传报道。文化部外联局局长谢金英10月12日在《人民日报》发表署名文章总结过去5年文化外事工作情况时，以图文并茂形式介绍省文化厅在开罗中国文化中心开展的陶艺及泥塑培训活动。

外交部安徽全球推介活动。根据省委、省政府工作安排，2017年4月11日，以“开放的中国：锦绣安徽·迎客天下”为主题的安徽全球推介活动在外交部隆重举行，省文化厅承担的文房四宝、书法、徽州雕刻、芜湖铁画、望江挑花、徽州漆器、洪滨丝画、阜阳剪纸等非遗（工艺品）展览展示项目精彩呈现，民乐、徽剧、黄梅戏演出惊艳四座。展演活动的成功举办，展示了安徽深厚的文化底蕴，使中外来宾对安徽文化有了进一步认知。

中俄“两河流域”文化交流。2017年，圆满完成中俄“两河流域”文化交流项目。组织省花鼓灯艺术团参加在俄罗斯楚瓦什共和国举办的第25届“俄罗斯之源”全俄艺术节，安徽省演出团为楚方邀请的唯一国外演出团组；节后，楚瓦什共和国总统特向安徽省发来感谢信。协助省外办、省教育厅，完成中俄两河流域地方合作理事会、中俄青年论坛及第三届俄罗斯高级公务员培训班相关任务，先后4次在媒体、外宾见面会上向外宾和外国媒体推介安徽文化。省图书馆创新交流方式，与俄罗斯楚瓦什共和国国立图书馆通过网络交换资源，互办少儿绘画展览，取得良好成效。

群众文化活动

2017年12月16日，第二届安徽省群星奖（舞蹈门类）的评选演出在安徽艺术剧院落幕。

【读书活动】2017年9月3日，安徽省图书馆读者俱乐部与合肥读书人俱乐部联合举办“书香满溢合肥阅读丰富人生”百人读书会，读书沙龙已连续组织7期线下活动，形成集好书推荐、好书分享、好书互换、线下互动交流于一体的公益性交流平台；举办5次“助困爱心一日捐”大型募捐活动，已在全省贫困地区和偏远地区建立爱心图书室56个。举办“读者英语沙龙”活动86期，参与1970人次。省图书馆与合肥新华书店合作开展的“你读书我买单”活动，引来众多读者关注。举办第63期残障人士读书文化日、“网络书香·世界读书日”网络直播、少儿假期主题阅读等系列群众读书活动，通过喜闻乐见的读书方式，传播先进文化，弘扬社会正气，塑造美好心灵。

【基层文化活动】第二届安徽省群星奖评选。2017年，召开4次工作会，推进全省群众文艺创作。经各地市初选，共有音乐、舞蹈作品116件作品入围。经专家评审，43件音乐、33件舞蹈作品参加11月和12月的展演。通过安徽省群星奖评选，培育一批高水平创作人才、创作一批弘扬安徽地域特色、反映人民生活的优秀作品。

全省“六一”少儿文艺调演。此次调演共创作800多个节目，1.1万名少儿参与。通过中国文化网络电视直录播，在线点播人次20余万人次，是上年度的4.6倍。30余万网络观众参与投票与点评，是上年度的2.3倍。舞蹈《快乐莲湘娃》以6.5万票荣获“最受观众欢迎节目”。网络直播创造了“互联网+公共文化服务”的成功范式，活动的影响力和辐射力呈几何式增加。

全省少儿艺术大赛舞蹈、音乐教学成果展。本次教学成果展旨在加强和推进全省少年儿童的素质教育，培养少年儿童积极向上的艺术爱好与审美情趣，努力普及和提高全省少儿舞蹈水平，展示全省少儿舞蹈艺术教育的丰硕成果，丰富少儿绚丽多彩的文化生活。成果展分为幼儿组、少儿组等组别，包括古典舞、民族舞、现代舞、爵士舞、国标舞、街舞等舞蹈类别，共有140个节目参加激烈角逐。3000多名“小小舞蹈家”身着盛装，向观众呈现一场精彩的视觉盛宴。

扫黄打非

【概况】2017年，全省“扫黄打非”工作以迎接宣传贯彻党的十九大为主线，紧抓违禁出版物管控重点、突出网上“扫黄打非”工作难点、打造“扫黄打非”进基层亮点，持续开展“扫黄打非”“净网”“秋风”“护苗”等专项行动。入选全国“扫黄打非”进基层示范点数量位居全国第一。中央16家新闻媒体来皖集中采访宣传，省委书记李锦斌、省长李国英先后就“扫黄打非”工作做出批示、给予充分肯定。年度考核中，全省有5家单位和4名个人受到全国表彰，省“扫黄打非”办公室获全国“扫黄打非”先进集体称号。

【文化市场管理】紧抓印制复制、邮运快递、网络、校园周边等关键环节和重点部位，围绕“扫黄打非”专项行动，组织和协调省“扫黄打非”领导小组成员单位先后开展印刷复制和出版物市场清查整治、非法出版物活动源头整治、农村演艺市场专项整治、开展内部资料性出版物专项整治、宗教领域非法出版物专项整治、打击“黑广播”专项整治、2017年秋季教材教辅读物市场专项整治、印刷企业落实五项制度专项检查、迎接党的十九大出版物市场专项检查等各类专项整治行动，牢牢掌握了“扫黄打非”关键环节及阵地的主导权和管控权，确保了文化市场的安全稳定。2017年度全省共出动“扫黄打非”执法人员52.9万人次，检查文化经营单位19.9万家次，收缴各类非法出版物120余万册(盘)。

【网上文化空间净化】建立并运行网上“扫黄打非”联席会议制度，涉网部门工作合力得到有效凝聚。大力开展“净网2017”专项行动、互联网低俗色情信息专项整治，协调成员单位先后开展网站落实主体责任专项检查、出版物网络发行专项整治、网络表演平台排查等工作。全年全省“扫黄打非”成员单位共清理有害信息3万多条，关停严重违法违规网站71家、论坛和微博微信账号2212个，约谈整改违规网站209家，进一步强化企业主体责任，净化了网络环境。

【“扫黄打非”进基层】入选全国“扫黄打非”进基层示范点14个、示范标兵1个（全国仅15个），入选数量位居全国第一。16家中央新闻媒体20多位记者来皖集中采访“扫黄打非”进基层工作成效，一周之内《人民日报》、新华社、中央电视台等中央新闻媒体先后刊发原创新闻作品25篇，百度搜索“安徽扫黄打非进基层”数量达22万条，在全国形成了“扫黄打非”进基层的“安徽模式”“安徽经验”。

【“扫黄打非”案件查办】首次召开全省“扫黄打非”办案经验交流会，公布全省“扫黄打非”十大案件，有效提高“扫黄打非”战线的办案意识和能力。高质量办结28起案件线索，有力督办全国“扫黄打非”办公室挂牌的9起案件，受到全国“扫黄打非”办公室高度肯定，肥西“12·27”侵犯著作权案被中央电视台《朝闻天下》栏目专题报道。制定出台《安徽省“扫黄打非”案件备案及督办办法（修订稿）》《关于进一步做好全国“扫黄打非”案件备案及督办工作的通知》等规范性文件，提升了案件查办实效。2017年，全省共查办各类“扫黄打非”案件1060件，抓获犯罪嫌疑人163人，

2017年4月24日，2017年省暨合肥市侵权盗版及非法出版物集中销毁活动在市政务中心市民广场举行。

有力提升了“扫黄打非”的影响力和震慑力。

【“扫黄打非” 工作基础】积极把“扫黄打非”纳入全省意识形态工作责任制落实巡视内容，纳入《迎接党的十九大宣传工作方案》，进一步提高“扫黄打非”政治站位。组织开展“扫黄打非”专项行动全面督导检查、交叉暗访检查、年度工作考评、评选“扫黄打非”先进集体和先进个人等工作，进一步调动了成员单位和各地的工作积极性主动性。举办全省首届“扫黄打非”动漫大赛，筹拍首部“扫黄打非”微电影，多角度、广渠道加大“扫黄打非”宣传力度，进一步赢得社会各界和人民群众广泛支持。加强“南岭工程”区域协作和苏鲁豫皖“淮海工程”及鄂豫皖“大别山工程”小区域联防协作，先后迎接江苏省、上海市“扫黄打非”办公室来皖督查，组成督查组赴福建、湖南、河南省开展交叉互查，进一步强化了省际合作交流。

【全省侵权盗版及非法出版物集中销毁】4 月 24 日上午，举办 2017 年全省侵权盗版及非法出版物集中销毁活动，省委常委、宣传部部长、省“扫黄打非”领导小组组长虞爱华在合肥市主会场宣布活动开始。当天活动中，全省共销毁侵权盗版及非法出版物 48 万余件，其中主会场销毁 11 万余件，有力地扩大了“扫黄打非”影响力。

【全省“扫黄打非”办案经验交流会召开】10 月 12—13 日，在宿州市召开全省“扫黄打非”办案经验交流会，并公布全省“扫黄打非”十大案件，进一步交流办案经验，增强依法办案的意识和能力。省委宣传部副部长、省“扫黄打非”领导小组副组长刘飞跃出席会议并讲话，省直相关厅局负责人参加。

【全国“扫黄打非”工作小组专职副组长李长江在皖督查】5 月 18 日至 19 日，李长江率全国“扫黄打非”督查组实地考察万家热线网站、安徽顺丰速运有限公司合作化北路营业部、合肥市公安局网安支队、纸的时代书店、华云印务有限责任公司，详细了解安徽“扫黄打非”工作和专项行动开展情况。19 日下午，省委常委、宣传部部长、省“扫黄打非”领导小组组长虞爱华主持召开座谈会，省政府副秘书长、省“扫黄打非”领导小组副组长吴行汇报了安徽 2017 年“扫黄打非”工作开展情况，省网信办、省新闻出版广电局、省文化厅、省工商局、省通信管理局、合肥市“扫黄打非”办公室负责人做补充汇报发言，合肥海关等成员单位提交书面材料。座谈会上，李长江对安徽“扫黄打非”工作给予充分肯定，并提出工作要求。

【全国“扫黄打非”督查组在皖督导检查】9 月 15—16 日，全国“扫黄打非”专项行动第五督查组到安徽督导检查“扫黄打非”工作。督察组先后检查合肥市出版物销售场所、邮政快递企业、合肥海关查验现场，抽查了两家印刷企业，实地复核两个全国“扫黄打非”进基层示范点候选单位——合肥市包河区常青街道和瑶海区绿苑社区，并召开座谈会，详细了解“扫黄打非”专项行动开展情况、行业监管制度落实情况和有关单位“扫黄打非”工作履职尽责情况。督查组对安徽开展“扫黄打非”专项行动工作给予充分肯定，并提出新的要求。

文化遗产

皖南民居

【物质文化遗产】安徽历史文化悠久，文物品类齐全，内涵丰富，特色鲜明，有各种不可移动文物 25005 处，其中全国重点文物保护单位 130 处、省级文物保护单位 708 处、市县级文物保护单位 3000 多处。有世界文化遗产 3 处，国家历史文化名城 5 个，中国历史文化名镇名村 27 个，省级历史文化名城 9 个，省级历史文化名镇名村 37

安徽省非物质文化遗产般派面塑

个,中国传统村落111个,省级传统村落363个。

安徽不可移动文物具有以下特点:①古遗址遍布大江南北,源远流长。这些遗址包括古文化遗址、古城址、古窑址、古矿冶遗址等。②古墓葬星罗棋布,数量众多。上至新石器时代,下历明清,墓葬制式多样。③古建筑种类繁多,特色各异。其中以皖南明清建筑为最,其民居、牌坊、祠堂号称徽派建筑三绝,仅黄山市就有现存明清民居四五千幢。④古代石刻浩如烟海,遍布各地。其中尤以黄山、九华山、齐云山、天柱山、浮山、齐山、琅琊山等地摩崖石刻最为著名,留下历代名家题刻,颇具史料价值和艺术价值。⑤革命旧址和纪念建筑物数量众多、主题突出,集中反映了近现代安徽革命斗争的史迹。

安徽现有各类博物馆、纪念馆共230个,国有收藏单位有394家,共登录文物藏品303994件(套),实际数量1158334件,藏品保存状况良好。安徽文物藏品以商周青铜器、文房四宝、古代书画、徽州雕刻、明清徽州契约文书等最具特色。这些文物有以下特点:①历史悠久,绵延不断。从240万年前繁昌人字洞遗址出土的旧石器到含山凌家滩的新石器,从夏商周、秦汉时期的上古文物到明清、近现代文物,尚无缺环,具有延续性。②各种文物品类齐全,内涵丰富。有金属器(青铜、金银、铁器等)、陶瓷器、玉石器、书画、善本文书、杂项(漆器、竹木、牙雕等),各类文物琳琅满目,洋洋大观。③文物品位高,价值大。和县猿人头盖骨,龙虎尊,楚金币,楚大鼎,鄂君启金节,凌家滩玉鹰、玉人、玉龙等特别珍贵,全国罕见。④文物独具一格,自成流派。新安画派书画、徽州版画等风格独特,影响深远;江淮方国铜器和楚系铜器、寿州窑和繁昌窑瓷器、潘玉良画作等在全国占有重要地位。

【非物质文化遗产】安徽襟江带淮,吴头楚尾,承东启西,地形地貌南北迥异,复杂多样。由于地形地貌的多样,安徽各地生产、生活习俗亦各有差异,又由于不同地方迁徙来的移民带入的外来文化和土生土长原生态文化的融合、变异,使安徽文化呈现出中华文化特有的丰富性与多元性:皖江地区有吴楚文化的瑰丽多姿,徽州是儒家文化的缩本,皖北是儒释道合流的思想源地,故吴越文化、三楚文化、儒家文化和佛道文化构成安徽非物质文化遗产独特的韵味。

安徽是非物质文化遗产资源大省,现有世界级非遗3项,国家级非遗88项,省级非遗478项,普查非遗线索1万余条;有国家级非遗传承人120人,省级非遗传承人576人;有国家级非遗生产性保护基地3个,国家级非遗研究基地1个,国家级传统工艺工作站1个;有省级非遗传习基地68个,省级非遗教育传习基地30个,省级非遗传习所19个;有国家级文化生态保护区1个(徽州文化生态保护区);有各类专题博物馆、民俗博物馆、专题展示厅约313个。

安徽省非物质文化遗产徽笔制作技艺

安徽之最

中国农村改革发源地——凤阳县小岗村
中国第一个国家生态经济示范区——池州市
中国最大的电解铜生产基地——铜陵市
世界自然和文化遗产——黄山
中国第一亭——琅琊山醉翁亭
中国最大的牌坊群落——歙县棠樾牌坊群

中国最多名茶省份——黄山毛峰、太平猴魁、祁门红茶、六安瓜片、霍山黄芽等
全国最多火车站的城市——淮南(境内 16 个火车站)
中国最大的中药材集散地——亳州市
中国最早通电话的市——安庆市
中国最大的内河煤港——芜湖市港
中国黄梅戏之乡——安庆市
中国傩戏第一乡——池州市
中国最大的"文房四宝"产业基地——宣城市
中国历史上最早、传承时间最长的健身走活动——全椒县正月十六走太平民俗活动

新中国第一坝——佛子岭水库大坝
京九铁路最大枢纽站——阜阳市站
全省面积最大的县——金寨县(3814 平方千米)
全省面积最小的县——繁昌县(590 平方千米)
全省人口最多的县——临泉县(237 万人)
全省人口最少的县——黟县(9.55 万人)
省内海拔最高点——黄山莲花峰(1865 米)

综　述

【概况】2017 年，全省精神文明建设以习近平新时代中国特色社会主义思想和党的十九大精神为指引，以培育和践行社会主义核心价值观为根本，以争创全国文明城市为龙头，全面发力、多点突破、纵深推进，为建设现代化五大发展美好安徽提供了强大的精神动力。

【文明城市创建】紧扣全国文明城市测评体系，坚持问题导向，组织模拟测评、反馈点评、暗访督查等，指导全国提名城市对标对表。在第五届全国文明城市评选中，淮北、蚌埠、宣城、安庆 4 个参评城市全部当选，新当选数位居全国第一；合肥、马鞍山、铜陵、芜湖 4 市通过复查，安徽省全国文明城市总数由全国第 15 位跃居第 3 位。首次开评县级全国文明城市 50 个，安徽省当涂、天长、巢湖 3 个参评县(市)全部当选。安徽作为唯一省级代表在全国创建文明城市工作经验交流会发言，中央文明委大力推介安徽“五个一”(“一把手”主抓、“一条线”贯穿、“一体化”推进、“一把尺”衡量、“一竿子”到底)做法。评选表彰安徽省文明城市、文明县城、文明城区，推出一批创建工作先进典型。创新建立“文明帮提名、先发带后发”结对共建机制，打造争创共同体，推动形成梯次推进、全域争创的创建格局。健全完善媒体曝光、后进约谈、荣誉退出制度，督促基层注重日常、经常、平常，保持创建工作常态长效。

【公民道德建设】大力培育和践行社会主义核心价值观，深化“践行核心价值、打造好人安徽”主题实践活动，开展“我推荐我评议身边好人”活动，推出一批道德模范、身边好人，100 人荣登“中国好人榜”；全省上榜总数 1192 人，继续高居全国榜首。陈贤、曹旭、罗腊英、许启金 4 人当选第六届全国道德模范，当选总数达到 19 人，新当选数和当选总数全国“双第一”。实施道德信贷工程，向道德模范和身边好人发放贷款 11 亿多元，常态化帮扶资助先进人物，强化德者有得、好人好报的价值导向。深化未成年人思想道德建设，编撰《青少年文明礼仪读本》，争取中央财政经费新建乡村学校少年宫 66 所。成功承办全国道德模范与身边好人(宣城)现场交流活动，首次启动省级道德模范与身边好人现场交流活动，创新开展“好人看安徽”系列活动。开设《安徽好人在身边》《好人天天见》等专题专栏，制作百集《好人》微广播剧，开展《家风安徽》故事系列展播，学好人、做好人、尊好人蔚然成风。“道德建设的安徽现象”引发关注，仅第六届全国道德模范评选期间，新华社、《人民日报》《法制日报》和央视新闻频道等推出安徽省候选人事迹报道 40 多篇(次)。

【文明风尚活动】深入开展各类群众性精神文明创建活动，61 个村镇当选全国文明村镇，当选数位居全国前列。80 个单位当选全国文明单位，21 所学校当选首届全国文明校园；其中安徽大学、合肥工业大学两所高校当选，当选数并列全国第一。12 个家庭当选首届全国文明家庭，当选数位居全国第七，《人民日报》专题推介安徽家风建设做法。深化文明交通行动，持续开展“无积分、有奖励”活动，文明行走、文明行车意识逐步增强；深化文明餐桌行动，评选文明餐桌示范点，俭以养德餐饮理念逐步深入；深化文明旅游行动，开展“最美导游”“旅游工匠”等创建活动，文明旅游意识逐步提升。深入推进社区星级志愿服务广场创建活动，坚持月评“十佳”志愿服务典型，15 个典型入选全国志愿服务“四个 100”，位居全国第五。

2017 年 3 月 3 日，中国好人榜发布仪式暨全国道德模范与身边好人(安徽宣城)现场交流活动，中央文明办中国文明网总编辑董青为第 1 万名中国好人周东红颁发证书。

【城乡环境】以美丽乡村建设为主题,配合农村厕所垃圾污水专项整治“三大革命”,持续开展“三线三边”环境治理,改善城乡环境面貌。开展移风易俗弘扬时代新风行动,出台党员干部带头开展移风易俗弘扬时代新风的指导意见,倡导婚事新办、丧事简办、喜事小办或不办,反对铺张浪费、攀比炫富。出台农村文明创建行动计划,不断深化文明村镇、文明集市、星级文明户创建,指导各地建立村民议事会、红白理事会、道德评议会和禁毒禁赌会等自治组织,引导群众自我管理、自我服务。巢湖市、当涂县入选全国农村精神文明建设工作示范点。

2017年获评全国文明城市、文明村镇、文明单位、文明校园名单

【第五届全国文明城市(7个)】市级(4个):淮北市、蚌埠市、宣城市、安庆市。

县级(3个):当涂县、天长市、巢湖市。

复查保留的往届全国文明城市(4个):

马鞍山市、合肥市、铜陵市、芜湖市。

【第五届全国文明村镇(61个)】合肥市包河区大圩镇沈福村、肥西县丰乐镇、长丰县陶楼镇陶西村、长丰县造甲乡宋岗村、巢湖市烔炀镇中李村、淮北市相山区渠沟镇郭王村、淮北市杜集区矿山集街道南山村、淮北市杜集区高岳街道双楼村、濉溪县百善镇黄新庄村、亳州市谯城区十河镇大周村、涡阳县高炉镇单集中心村、利辛县程家集镇赵桥村、宿州市埇桥区符离镇沈圩村、砀山县曹庄镇许庄回族村、萧县龙城镇李台村、蚌埠市禹会区长青乡宗洼村、怀远县榴城镇何巷村、五河县头铺镇安淮村、固镇县王庄镇南屯村、阜阳市颍东区正午镇吴寨村、界首市王集镇李彬庄村、太和县马集乡港集村、淮南市田家庵区安成镇连岗村、淮南市八公山区山王镇闪冲村、寿县堰口镇魏岗村、天长市杨村镇光华村、全椒县石沛镇黄栗树村、凤阳县大庙镇东陵村、六安市裕安区苏埠镇南楼村、金寨县油坊店乡面冲村、舒城县干汊河镇洪宕村、马鞍山市花山区濮塘镇濮塘村、含山县运漕镇、和县善厚镇凤台村、当涂县乌溪镇七房村、芜湖县六郎镇、芜湖县花桥镇九十殿村、无为县泉塘镇得胜村、南陵县家发镇联三村、宣城市宣州区澄江街道花园村、宁国市南山街道万福村、泾县桃花潭镇查济村、旌德县孙村镇玉屏村、广德县邱村镇施村村、铜陵市义安区钟鸣镇泉栏村、铜陵市义安区天门镇郎坑村、铜陵市郊区安庆矿区办事处牧岭村、枞阳县老洲镇、池州市贵池区涓桥镇紫岩村、池州市九华山风景区九华乡二圣村、青阳县陵阳镇谢村村、桐城市金神镇、潜山县黄铺镇黄铺村、望江县鸦滩镇望马楼村、安庆市大观区山口乡联胜村、宿松县北浴乡迎宾村、黄山市屯溪区奕棋镇朱村、休宁县蓝田镇、歙县深渡镇定潭村、歙县溪头镇溪头村、黟县宏村镇宏村村。

【复查保留的全国文明村镇(100个)】肥西县铭传乡启明村、肥东县长临河镇、庐江县汤池镇果树村、巢湖市烔炀镇、淮北市烈山区烈山镇榴园村、淮北市杜集区石台镇、亳州市谯城区十八里镇、蒙城县小辛集乡李大塘村、灵璧县渔沟镇、萧县白土镇费村、宿州市埇桥区桃园镇光明村、怀远县万福镇、固镇县新马桥镇水利村、阜阳市颍泉区伍明镇梁营村、淮南市潘集区祁集镇、淮南市大通区洛河镇王庄村、滁州市南谯区腰铺镇姑塘村、全椒县襄河镇、金寨县梅山镇、霍邱县龙潭镇、当涂县太白镇、含山县陶厂镇、繁昌县平铺镇、南陵县三里镇、芜湖市鸠江区沈巷镇、绩溪县华阳镇、郎溪县建平镇、铜陵市义安区顺安镇(原铜陵县顺安镇)、铜陵市义安区西联镇犁桥村(原铜陵县西联乡犁桥村)、池州市贵池区里山街道元四村、池州市九华山风景区九华镇、安庆市宜秀区罗岭镇黄梅村、怀宁县平山镇、枞阳县浮山镇、黄山市黄山区汤口镇、黟县西递镇、黄山市徽州区潜口镇坤沙村、广德县桃州镇、广德县卢村乡、宿松县洲头乡、固镇县刘集镇、临泉县白庙镇鲁阁村、凤台县新集镇、马鞍山市博望区博望镇、铜陵市铜官区西湖镇农林村(原铜陵市狮子山区西湖镇农林村)、凤台县城关镇(原凤台县县城)、合肥市包河区大圩镇、合肥市庐阳区三十岗乡东瞿村、肥西县山南镇小井庄村、淮北市杜集区高岳街道任庄村、淮北市相山区渠沟镇桥头村、蒙城县许疃镇许疃村、利辛县王人镇曹店村、宿州市埇桥区夹沟镇夏刘寨村、蚌埠市淮上区小蚌埠镇、凤阳县小溪河镇小岗村、滁州市南谯区沙河镇新塘村、六安市金安区三十铺镇、舒城县城关镇幸福村、当涂县太白镇宁兴村、马鞍山承接产业转移示范园区年陡镇大仓村、含山县陶厂镇卜李村、无为县开城镇羊山村、南陵县籍山镇、芜湖县六郎镇永和村、郎溪县新发镇、绩溪县瀛洲镇龙川村、池州市九华山风景区九华乡代村村、青阳县庙前镇高源村、桐城市新渡

镇、怀宁县高河镇谢山村、祁门县闪里镇、黄山市黄山区汤口镇山岔村、黄山市徽州区潜口镇潜口村、铜陵市义安区五松镇(原铜陵县县城)、繁昌县繁阳镇（原繁昌县县城)、歙县徽城镇(原歙县县城)、肥西县三河镇、肥东县石塘镇、合肥市蜀山区井岗镇、淮北市烈山区烈山镇洪庄村、濉溪县刘桥镇、蒙城县城关镇、砀山县葛集镇白腊园村、固镇县城关镇、颍上县八里河镇、淮南市毛集实验区毛集镇、天长市秦栏镇、霍山县衡山镇、舒城县城关镇、马鞍山市雨山区采石街道芦场村(原马鞍山市雨山区佳山乡芦场村)、无为县高沟镇、繁昌县孙村镇、芜湖县湾沚镇、宣城市宣州区水东镇、铜陵市郊区大通镇、池州市贵池区梅村镇霄坑村、太湖县弥陀镇、潜山县源潭镇、黄山市黄山区耿城镇。

【第五届全国文明单位名单(80个)】巢湖市地方税务局、合肥市肥西县国家税务局、合肥经济技术开发区管理委员会、合肥市发展和改革委员会、合肥公交集团有限公司、上海铁路局合肥站、中共淮北市委办公室、淮北市国家税务局、淮北市相山区相南街道春秋社区、亳州市国家税务局、国网安徽省电力公司亳州供电公司、宿州市气象局、宿州市城市管理行政执法局、中国兵器工业第214研究所、国网安徽省电力公司蚌埠供电公司、蚌埠市经济开发区碧水蓝天社区、阜阳市公共交通总公司、阜阳市工商行政管理局、淮南市潘集区人民法院、国网安徽省电力公司淮南供电公司、琅琊山国家级风景名胜区、天长市市场监督管理局、滁州市人民政府政务服务中心、明光市明光街道龙山社区、六安市中级人民法院、六安市金安区人民检察院、六安市万佛湖景区、六安市金寨县卫生和计划生育委员会、六安市霍山县地方税务局、中国电信股份有限公司马鞍山分公司、中国人民银行马鞍山市中心支行、马鞍山市财政局、马鞍山市当涂县地方税务局、安徽运泰交通发展股份有限公司芜湖汽车客运站、芜湖市气象局、国网安徽省电力公司芜湖供电公司、宣城市宣州区鳌峰街道锦城社区、宣城市人民医院、宣城市郎溪县人民法院、中共宁国市委组织部、宣城市地方税务局、中共铜陵市委党校、国电铜陵发电公司、国网安徽省电力公司枞阳县供电公司、池州日报社、池州市东至县国家税务局、池州市公安局、安庆市人民检察院、安庆市气象局、安徽省交通控股集团有限公司合安公路管理处、中国建设银行黄山市分行、黄山市公安局、宏村西递世界文化遗产景区、黄山市祁门县地方税务局、中共安徽省委党校（机关)、合肥海关(机关)、中国电信股份有限公司安徽分公司(本部)、安徽省信用担保集团有限公司（本部)、皖能合肥发电有限公司、安徽长丰双凤经济开发区管理委员会、皖北煤电集团恒源股份恒源煤矿、安徽省交通控股集团有限公司宿州管理处、宿州市财政局、蚌埠市气象局、蚌埠市公共交通集团有限公司、中国邮政集团公司淮南市分公司、淮南市寿县气象局、黄山市屯溪区昱中街道徽山路社区、安徽出入境检验检疫局(机关)、安徽省烟草专卖局(中国烟草总公司安徽省公司)(本部)、国元农业保险股份有限公司(本部)、安徽省民政厅(机关)、中国建设银行怀宁支行。

【复查保留的全国文明单位(134个)】阜阳市地方税务局、阜阳市供水总公司、淮南市人民检察院、安徽中烟滁州卷烟厂、滁州市国家税务局、天长市人民检察院、淮北市审计局、中国移动通信集团淮北分公司、淮北市相山区南黎街道桂苑社区、涡阳县气象局、淮南市国家税务局、国网当涂县供电公司、合肥市包河区滨湖世纪社区、合肥邮区中心局、肥东县国家税务局、淮北市妇女联合会、亳州市地方税务局、亳州市汽车南站、六安市财政局、六安市裕安区国土资源局、马鞍山市国家税务局、中国建设银行马鞍山市分行、马鞍山市花山区金家庄街道新风社区、马鞍山老年医疗保健研究所、安徽地勘局第二水文院、徽商银行芜湖分行、中国邮政集团公司芜湖市分公司、芜湖市鸠江区星辰社区、中国建设银行宣城市分行、国网铜陵供电公司、铜陵市气象局、铜陵市铜官山区阳光社区、中国人民银行池州市中心支行、池州市财政局、安庆市国家税务局、黄山市屯溪现代实验学校、黄山旅游管理学校、安徽省广德中学、淮南矿业集团顾桥煤矿、中国能源建设集团安徽电建一公司、宣城市气象局、黄山市徽州区国家税务局、安徽省地矿局311地质队、宣城市烟草专卖局、安徽省地矿局321地质队、齐云山风景名胜区、天堂寨风景名胜区、中国移动安徽公司(本部)、铜陵市地方税务局、中国工商银行安徽省分行(本部)、国网濉溪县供电公司、阜阳长途汽车中心站、六安市国家税务局、安徽华电六安发电有限公司、宁国市社会福利院、岳西县自来水公司、国网歙县供电公司、安徽省地矿局332地质队、中国移动通信集团黄山分公司、安徽交通集团黄山高速管理公司、安徽省机关事务管理局(机关)、马钢集团南山矿业公司、铜陵有色铜冠物流公司、中国建设银行宿松支行;淮北市相山区相南街道海宫社区、芜湖市镜湖区弋矶山街道周家山社区、铜陵市铜官山区朝阳社区、安徽省财政厅(机关)、安徽省审计厅(机关)、安徽省国家税务局(机关)、滁州学院、淮北矿业集团铁路运输处、合肥燃气集团有限公司、合肥百货大楼集团股份有限公司、合肥市财政局、合肥市国家税务局(机关)、中国人民银行合肥中心支行(机关)、国网合肥供电公司、淮北市城市管理综合执法局、淮北市地方税务局(机关)、蒙城县国家税务局、中国移动通信集团安徽有限公司亳州分公司、国网宿州供电公司、宿州市国家税务局(机关)、蚌埠市国家税务局(机关)、蚌埠市高新技术产业开发区管委会、上海铁路局阜阳车务段、淮南市地方税务局(机关)、滁州市地方税务局(机关)、中国移动安徽有限公司滁州分公司、徽商银行六安分行、马鞍山市地方税务局(机关)、安徽星马汽车集团有限公司、芜湖市国家税务局(机关)、安徽省核工业勘查技术总院、国网宣城供电公司、安徽六国化工股份有限公司、铜陵市第一中学、池州市烟草专卖局、池州市地方税务局(机关)、安徽省高速公路控股集团有限公司高界公路管理处、国网安庆供电公司、安庆市地方税务局(机关)、国网黄山供电公司、天柱山风景名胜区、合肥市蜀山区三里庵街道竹荫里社区、马鞍山市雨山区半山花园社区、合肥供水集团有限公司、合肥市第一人民医院、合肥市地方税务局(机关)、国网淮北供电公司、宿州市地方税务局(机关)、安徽中烟蚌埠卷烟厂、蚌埠市地方税务局(机关)、蚌埠市财政局、国网阜阳供电公司、中国邮政集团公司阜阳分公司、滁州汽车中心站、六安市地方税务局(机关)、国网马鞍山供电公司、中国电信股份有限公司芜湖分公司、芜湖市镜湖区人民法院、中国人民银行宣城市中心支行、铜陵市人民医院、铜陵市国家税务局(机关)、池州市气象局、国网供电公司、安徽华茂集团有限公司、中国电子科技集团第三十八研究所、安徽省气象局(机关)、安徽省地方税务局(机关)、巢湖学院、黄山风景名胜区,九华山风景名胜区。

【第一届全国文明校园(21个)】合肥工业大学、安徽大学、蚌埠市第二中学、马鞍山市第二中学、宣城中学、安庆市第一中学、黄山市屯溪第一中学、合肥市屯溪路小学、淮北市首府实验小学、亳州学院附属小学南校三义路校区、宿州市雪枫小学、蚌埠市第二实验小学、阜阳市铁路学校、淮南师范附属小学、滁州市全椒县江海小学、马鞍山市当涂县太白中心学校、芜湖市镜湖小学、宣城市实验小学、铜陵市人民小学、池州市东至县至德小学、安庆市华中路第一小学。

家风家训

黄山市篁墩村程姓家训

程姓家训全文:凡治家,宜起早。粗布衣,菜饭饱。夫与妻,要和好。亲良朋,敬师长。世间事,耕读好。赌博场,莫去跑。沙薄地,功要好。学技艺,手要巧。有良心,莫奸狡。官钱粮,早完了。闲是非,不可晓。败家子,钱如草。戒骄傲,防倾倒。减色欲,增寿老。光阴快,人易老。但为人,要学好。读一遍,好不少。孝父母,敬哥嫂。桌要擦,地要扫。睦邻里,恤贫老。一家过,莫要吵。种田地,勤锄草。学贤圣,行正道。做买卖,要公道。养猪羊,莫玩鸟。出人情,亲自到。忍耐些,省烦恼。胆要大,心要小。成家子,粪如宝。启青年,创家道。钱难赚,莫费了。依我劝,福不小。盘心血,直到老。

程姓家训解读:程姓家训"三字经"浅显易懂,朗朗上口,容易记忆,凝聚了老一辈人对人生的深切体验,处处体现着长者对后辈的殷切希望,为程氏子孙订立了详细的行为准则。

篁墩村程姓来源简介:篁墩村至少在2000多年前就有人在这居住生息,黄、程二姓在东晋初年就世居于此;唐末"黄巢之乱"时,更是有许多的氏族纷纷迁居于此。明程尚宽著《新安名族志》中综录了由外地迁入徽州的家族88个,其中,可考其具体迁徽时间、地点的有56个家族。究其过程,有三大迁徙高潮,即魏晋时期的"永嘉之乱"、唐末的"黄巢之乱"、两宋之际的"靖康南渡",尤以唐末"黄巢之乱"最盛,一次迁居来的家族达20个左右。

程姓是徽州的大姓,也是最古的一个姓。民国《歙县志》记载:"邑中各姓以程、汪最古,族亦最繁。"据明程尚宽著《新安名族志》记载:"程姓出黄帝重黎之后,自周大司马曰休父,佐宣王中兴,封程伯,子孙因以国氏,望安定。其后曰婴,仕晋平公,有立赵孤之德,封忠诚君,再望广平。汉末曰普者,从孙氏定江东、破曹操,赐第于建业,为都亭侯。"

程普之后曰程元谭,永嘉之乱时,佐琅琊王起建业,为新安太守,有善政,民请留之,赐第黄墩,遂世居此。程元谭即为新安程氏一世祖。新安程氏传至13世出一显赫人物程灵洗。他曾被梁元帝任命为谯州刺史兼领新安郡太守,后被陈武帝任命为兰陵太守,封遂安县侯,以后因军功先后升任豫州刺史、左骑将军、中护军、云麾将军、重安县公等职，为陈朝栋梁之一，卒后赠镇西将军，谥“忠壮”，配享武帝庙庭。因侯景之乱时，程灵洗曾率领乡人保卫乡土有功，对此，徽州人十分崇仰，死后尊封他为“邑神”。传说程灵洗有22个儿子，由篁墩先后扩散到徽州及全国各地，他们皆以自己为“忠壮公”之裔而自豪。

金寨蒋氏家训

原文：

孝父母　宜兄弟　和夫妇　尊师友　敬尊长

睦宗族　教子弟　务正业　重读书　息争讼

释义：孝父母。诗曰：哀哀父母，生我够劳，孝之宜尽也，岂待问哉。是无论厚实者，当鸡豚致养，即贫困者亦当菽水承欢，第健康豪富父母尤易事，而哀惫之父母更宜加意。具庆之父母易事，而孤单之父母更宜尽情。语云：“孝顺还生孝顺子，忤逆定生忤逆儿，不信但看檐前水，点点滴滴不差移。”

宜兄弟。兄弟形与相联，气与相通，虽有先后之羿，要无彼此之分；纵有贤愚之殊，要无贵贱之别。凡今之人，莫如兄弟，读棠棣一篇而益晓然矣。急难莫如兄弟，御侮莫如兄弟，饮酒孔嘉，和乐且耽，亦莫如兄弟。相好无尤，无如之迭奏，莫远具尔，如花萼之交辉。慎毋以微隙而致参商也。

和夫妇。夫妇休同天地，象拟日月，阴阳配合，缺一不可。男正外，女正内，内肃斯门户整。夫为倡，妇为随，倡随行，斯家道兴。故夫妇为人伦之首，闺门实为万化之原。而故有夫不循礼以处，妇致令阴阳两相伤，妇不本敬以事夫，而牝鸡贻诮者。夫妇之道几不可问矣。是必情之感，不介乎仪容，宴安之私，不形诸动静。庶几举按齐眉，相敬如宾，尚有合于古道云。

尊师友。自古学成、名成、艺成，各有其师，师即宜敬。尊之敬斯，师之于我，教之诲之弥殷。而欲学之成，名之成，艺之成也，尚何难哉。至朋友亦五伦之一，勿貳昵比匪，须有端方，勿逐声华，须示心，勿贰二而叁三，勿凶终而隙末。庶无愧管鲍之知心，雷陈之固结已也。

敬尊长。乡党之间，为齿为尊，至于宗族，尚齿而又不仅尚齿者也。未出服内者，如遇祖辈当尊为某爷，遇叔辈当尊为某叔，遇兄辈，当尊为某哥；若出服外者，则加名号一字上曰：某几爷，某几叔，某几哥。若后辈年长于我，其子与孙年与我俱长，不防尊以某几哥称呼，固宜循恭敬，尤必根心，奉椅授杖，徐行后长，随他制宜，著为谦让，庶尊卑别而长幼序。

睦宗族。宗族之中与我分派系，不与我殊本原。今日之宗支溯厥原由突出同母弟昆也。而以强凌弱，以众欺寡，以贵傲贱，以富骄贫，虽施之秦越人不可也。况骨肉乎，是必敦睦和洽，情意恳挚，而上质祖宗而无愧。古人鲕酒燕乐，肆筵尽欢，亲亲之道，可嘉可慕。凡我同宗，毋废懿亲，庶和气致祥，而宗风丕振矣。

教子弟。盖闻父史之教不先，则子弟之率不谨。任其乖巧听其游戏非为之事，渐溃成风。势必至于罹法纲，犯刑章，为父兄者，独能晏然乎？是宜严为训诫，各务正业，庶几遗绪长家风振矣。

务正业。正业有利身家，而其端不外士农工贾。为士者服习六经，穷年。为农者，树艺五谷，勤勤终岁。工则专一以求其精巧。贾则交易而出以公平。利身利家，莫大于是，族之人其各勉。

重读书。家塾党庠，随地立教，春夏腹有读书气自华。是读书顾可不重乎？人圣贤，化气质，耀祖考，裕子孙，胥于是乎？在读书人不贱，后起者其郑重之。

息争讼。格言云：居家戒争讼，讼则终凶。虽与异性争讼且不可，况同宗乎？一族之中，兄弟叔侄，一脉流行，纵有逆理，遗之情喻之，不得已只宜投家长，族人以折之。谚曰：户倒如石山，何必鸣之官府也。况处宗族，须见得我有不是，则不炽自息矣。慎勿听挑唆而情谊可也。

背景链接

1917年（中华民国六年）秋，六安蒋氏续修宗谱。蒋光慈和父亲蒋敦芳分别写了序文。蒋父写的是《源流亭》，蒋光慈写的是《续修谱序》。这是迄今所能见到的蒋光慈写得最早的文章了。令人感到意外的是，蒋氏在六安、金寨一带也是一个大族，族中人才济济。《续修谱序》这类文章，一般多由族中德高望重的耄耋老者操笔撰写，可是蒋氏却把此任务交给一个刚满16岁的蒋光慈来承担，足见他的少年才名之盛了。

中国无产阶级文学的奠基人之一蒋光慈，是安徽霍邱南乡白塔畈（今属金寨）人。他诞生于1901年9月11日，逝世于1931年8月31日，终年还不足30岁。

寿县孙氏家规家训

孙氏宗祠牌楼和大门

淮南寿县孙氏家族是名门望族，孙蟠、孙家鼐是古寿州名宦，名载史册；孙家族人行载邑志者众，向来有良好口碑。名门望族的形成有着深刻的社会背景，但也离不开其世代相继的文化传承，其中《寿州孙氏家训》尤其值得重视。《寿州孙氏家训》十条，形成于寿州孙氏声名鹊起之前，时间大约是公元1700年前后。

寿州孙氏族谱记述，其先祖来自山东济宁。因年代久远，家族播迁史除世代口耳相传外，也吸收了淮南地区普遍存在的氏族文化传说。七世祖孙珆在乾隆二年修订族谱时，把明正德、嘉靖年间见载邑志的孙极、孙相、孙用兄弟3人订为二世祖，家族历史也从这时开始明晰。

孙珆、孙蟠是寿州孙氏声名鹊起的关键性人物。孙珆是寿州孙氏七世祖，字汉倬，主持修纂家谱，制定家训。孙蟠是孙珆的侄子，字石舟，寿州知名学者，官至二品，义行见载于邑志，课徒子孙，业绩昭彰。著有《群经析疑》《读书十八则》《十洲诗文抄》《南游记程》《浪游凄响》《旅窗晴课》《乐老堂百廿寿印谱》等书卷，获钦赠“盛世醇良”匾额，是寿州孙氏家族发展史上的标志性人物。他利用营商所得，倡建宗祠。通过修建宗祠，制定家训，把孙氏的“诗礼传家，耕读为本，敬慎家风，醇良世泽”的传统，用族规、家训的形式固定下来。他们选拔一些聪慧子弟入学攻读经史，走“学而优则仕”之路。清代乾隆、嘉庆、道光、咸丰四朝中，家族得到空前发展，出了1名状元、10名进士、13名举人，声名显赫。第十一世孙家鼐以一甲一名进士，状元及第，而达到巅峰。时人对寿州孙氏家族，以“孙半城”称之。

附：《寿州孙氏家训》

一、父慈子孝兄友弟恭。

二、丧葬必遵家礼。随家道之丰歉勿奢俭致敬致哀。

三、祖宗虽远祭祀不可不诚。春露秋霜君子履之必有凄怆怵惕之心。每年庙祭春祭必于春二月、秋八月择日，各具衣冠同集宗祠庙。祭墓毕必有酒食，一以展孝敬之思，一以展敦睦之宜（谊）。

四、和睦九族。念祖宗一派流传各宜相亲相爱，勿恃强凌弱，勿以智欺愚。有事告于同族处分，不可因小忿构讼以伤族好。

五、尊卑长幼礼节不可紊乱疏忽不讲。

六、居家宜戒奢靡。崇勤俭，或耕或读，务正业，以培根本。

七、居心要存仁厚。勿事残刻奸巧，上亏祖德，下剥削子孙。

八、平日宜敬师傅，亲正人。不可呼朋引众、聚饮赌博，有坠家声。

九、族中子弟有聪俊者，宜教品读书以期上达。不得问外事交结官府。

十、婚姻要择门第，不许论财。

贵池茅坦杜氏家训

茅坦杜氏族训第四条《为学》：“尊师重道，学伴终身；奋志芸窗，循序渐进；长少贵贱，不耻下问；惜时如金，勤勉且恒；博观约取，绎趣悉蕴；学思结合，见解出新；学以致用，必有大成。”

贵池旧时名门望族甚多，若以科举中蟾宫折桂者之多，当排茅坦杜氏为第一。明清两朝茅坦杜氏共出文武进士4名，其中状元1人、举人12名，至于贡生、廪生、痒生、秀才难计其数。茅坦杜氏先祖是晚唐诗人杜荀鹤。杜荀鹤乃高才诗人，其后代继承遗志，发愤图强，英才崭露，贤良辈出。杜荀鹤32世孙杜宗鹤一举惊世，成为清朝第一位状元。他自幼聪慧，广泛涉猎，精心钻研，熟文析理，融会贯通，果然学业飞进。廷试被顺治皇帝擢为第一名即钦点状元。杜宗鹤为官清廉，致仕回乡后，以一介平民的身份生活在乡亲中。他屏远尘、绝喧嚣，携诸弟侄辈吟咏诗赋，联句答对。后人赞曰：唐宋以降，历朝历代擢巍科者多矣，擢巍科登高第者亦多矣，其能如宗鹤之廉静自持而恬退可见者，能有几哉！

临泉县王氏家族祖训

临泉县高塘镇贾王村王氏家族祖训：三槐世第，及至于今，英才辈出，卓尔不群。孝悌为先，忠信为本，惟耕惟读，恩泽子孙。自强自立，处事以忍，广结贤良，不谋非分。勿以诱善，祸及自身，勿以亲恶，招惹公忿。祖灵在天，察尔甚真，阴诛阳谴，追究必深。一谦受益，一满招损，神灵有鉴，莫辱斯文。不肖为贤，浪子如金，振兴美族，直上青云。百世不竭，积厚且纯，张德扬惠，守规遵训。

安徽省当选第六届全国道德模范及提名名单

序号	姓名	类别	市别
1	许启金	敬业奉献	宿州市
2	陈贤、曹旭夫妇	助人为乐	滁州市
3	罗腊英	见义勇为	池州市
4	高思杰	敬业奉献	阜阳市
5	周凤珍	助人为乐	淮北市
6	崔万志	诚实守信	合肥市
7	李济仁	敬业奉献	芜湖市
8	彭　寿	敬业奉献	蚌埠市
9	肖　霞	孝老爱亲	安庆市
10	胡振球	敬业奉献	宿州市
11	师丰收	孝老爱亲	宣城市

2017 年 3 月 3 日，全国道德模范与身边好人现场交流活动在宣城举行。

安徽省入选2017年"中国好人"名单

序号	姓 名	类 型	市 别	序号	姓 名	类 型	市 别
1	吴建龙	敬业奉献	宣城市	45	陈 雷	敬业奉献	阜阳市
2	陈道玉	敬业奉献	合肥市	46	樊西堂	诚实守信	淮南市
3	李荣芳	孝老爱亲	亳州市	47	黄春燕	敬业奉献	六安市
4	李 璐	敬业奉献	淮南市	48	黄军华	助人为乐	铜陵市
5	王保村	敬业奉献	淮北市	49	陈凤云	孝老爱亲	淮北市
6	周东红	敬业奉献	宣城市	50	代传华	诚实守信	芜湖市
7	刘 海	助人为乐	合肥市	51	金一亮	诚实守信	池州市
8	丁凌云	助人为乐	淮北市	52	胡江林	孝老爱亲	合肥市
9	孙以侨	助人为乐	淮南市	53	焦超超	见义勇为	淮北市
10	余 峰	敬业奉献	滁州市	54	朱晓丽	敬业奉献	亳州市
11	杜 勇	敬业奉献	宣城市	55	何荣芳	孝老爱亲	蚌埠市
12	薛小妹	孝老爱亲	宣城市	56	许其兰	孝老爱亲	马鞍山市
13	刘士英	孝老爱亲	亳州市	57	王亚楠	敬业奉献	宿州市
14	陈春芳	敬业奉献	合肥市	58	邹 侠	敬业奉献	阜阳市
15	马 震	见义勇为	宿州市	59	丁定明	敬业奉献	芜湖市
16	汪 敏	敬业奉献	淮南市	60	李 娟	助人为乐	宿州市
17	陆青山	见义勇为	亳州市	61	刘 勇	孝老爱亲	亳州市
18	夏玉桥	敬业奉献	蚌埠市	62	陈 伟	见义勇为	池州市
19	王玉美	孝老爱亲	淮北市	63	万小六	孝老爱亲	蚌埠市
20	黄淑云	助人为乐	合肥市	64	宋淑萍	敬业奉献	淮北市
21	王爱民	敬业奉献	亳州市	65	李坤池	敬业奉献	阜阳市
22	荣海峰	敬业奉献	马鞍山市	66	刘 琴	敬业奉献	马鞍山市
23	杜银玲	孝老爱亲	淮北市	67	李怀富	助人为乐	合肥市
24	刘谋久	孝老爱亲	铜陵市	68	夏月松	见义勇为	芜湖市
25	王计划、吴彩霞夫妇	见义勇为	淮北市	69	鲁中祝	助人为乐	淮南市
26	董得兰	孝老爱亲	合肥市	70	李朝阳	敬业奉献	池州市
27	李炳倩、信玲夫妇	助人为乐	亳州市	71	吴松年	助人为乐	蚌埠市
28	李文传、李学成、李杰(祖孙三人)	诚实守信	淮南市	72	马迎涛	见义勇为	阜阳市
29	丁俊苗	敬业奉献	铜陵市	73	宁 亮	诚实守信	亳州市
30	陈祥元	敬业奉献	滁州市	74	严经纬	助人为乐	马鞍山市
31	葛 彬	助人为乐	宣城市	75	兰克平	见义勇为	淮北市
32	李济仁	敬业奉献	芜湖市	76	宋国强	助人为乐	合肥市
33	王红旗	敬业奉献	淮北市	77	胡文钊	敬业奉献	芜湖市
34	李玲利	孝老爱亲	亳州市	78	王广发	助人为乐	蚌埠市
35	王光晋	诚实守信	阜阳市	79	王庆九	助人为乐	合肥市
36	吴贤秀	孝老爱亲	合肥市	80	刘文贵、杨秀荣夫妇	助人为乐	亳州市
37	许圣杰	孝老爱亲	淮南市	81	黄梅英	孝老爱亲	淮北市
38	沈贤军	敬业奉献	六安市	82	夏云兴	敬业奉献	芜湖市
39	杨 凡	助人为乐	滁州市	83	李德福	敬业奉献	淮南市
40	胡士红	诚实守信	铜陵市	84	李立兰	孝老爱亲	马鞍山市
41	李义水	敬业奉献	合肥市	85	卢湘君	助人为乐	宿州市
42	赵亮亮	见义勇为	亳州市	86	周家玲	助人为乐	阜阳市
43	陈 昕	见义勇为	池州市	87	刘运英	助人为乐	合肥市
44	曹 旭	助人为乐	滁州市	88	陈海涛	助人为乐	宿州市

（续表）

序号	姓 名	类 型	市 别	序号	姓 名	类 型	市 别
89	林 逸	见义勇为	淮南市	93	赵剑平	敬业奉献	马鞍山市
90	李仁强	敬业奉献	蚌埠市	94	李玉明	敬业奉献	淮北市
91	张 萍	敬业奉献	亳州市	95	方秀春	孝老爱亲	池州市
92	吕存鑫	敬业奉献	阜阳市				

2010—2017 年安徽省文化事业一览表

指标名称	计量单位	2010 年	2015 年	2016 年	2017 年
主要文化机构					
艺术表演团体	个	55	1615	1878	2639
艺术表演场所	个	60	76	88	91
文化馆	个	120	122	121	123
文化站	个	1389	1437	1438	1438
公共图书馆	个	88	122	123	124
公共图书馆总藏量	万册	1235.8	1942.4	2162.5	2537.1
公共图书馆总流通人次	万人	760	1739	1994.4	2376.3
博物馆	个	120	171	171	196
国家综合档案馆	个	123	155	158	152
广播、电视、网络基本情况					
广播节目综合人口覆盖率	%	97.31	98.77	98.89	99.04
电视节目综合人口覆盖率	%	97.5	98.93	99.03	99.19
广播电视节目制作时间					
#广播	小时	228141	169776	162808	177955
电视	小时	82427	77470	72526	76538
公共节目播出时间					
#广播	小时	503775	540463	525668	521135
电视	小时	641055	613867	595885	632992
出版业基本情况					
图书出版种类	种	5646	8902	9441	9745
图书总印张	万印张	163954	207650	182768	30704
杂志出版种类	种	178	180	180	180
杂志总印张	万印张	23115	24574	23305	4399
报纸出版总数	种	98	98	98	98
报纸总印张	万印张	470953	375622	201261	71577
国有书店及国有发行点	个	579	630	650	586
网上书店	个	1	77	172	608
居民文化消费					
城镇居民家庭人均文化娱乐支出	元	1479.75	1913.27	2233.3	2372
农村居民家庭人均文教娱乐用品及服务支出	元	363.92	834.39	949.1	1075

注：由于文化部统计指标口径的变化，艺术表演团体 2012 年和 2014 年包括文化部门系统以外部分。

□社科规划与研究

□理论宣讲

□新型智库建设

□安徽省社会科学界联合会

□安徽省社会科学院

社科规划与研究

2017 年 5 月 9 日，“治国理政·闯出新路”论坛首次研讨会在合肥召开。省委常委、宣传部部长虞爱华出席并讲话。

【社科规划】 强化社科规划与管理。2017 年，《中共安徽省委关于加快构建中国特色哲学社会科学的实施意见》出台，围绕构建中国特色、安徽特点哲学社会科学，提出任务要求，出台具体举措。制发 2017 年度安徽省哲学社会科学规划项目课题指南，评审立项省社科规划课题 306 项，资助经费 600 万元。强化课题管理，修订省社科规划课题资助经费管理办法，做好到期项目清理工作，全年办理国家课题结项 95 项、省课题结项 162 项。

国家社科基金项目立项数大幅增长。针对性出台激励举措，实行国、省社科项目增减挂钩，年度项目立项 94 个，比上年增长 17.5%；获得项目经费 2445 万元，创 4 年来新高。《群舒文化比较研究》入选国家哲学社会科学成果文库，是考古学学科全国唯一入选成果。

加强社科人才和成果宣传推介。开展社科人才“一周一星”推介活动，传统媒体和新兴媒体同步宣传，推出优秀社科人才 27 人。在安徽社科网开辟专栏，宣传推介安徽省国家和省社科项目中的高质量成果。

推进社科人才培养。制定全省习近平总书记哲学社会科学工作座谈会重要讲话（简称“5·17”讲话）精神专题培训实施方案，推动社科战线和宣传思想战线全员参加、分层分类进行，全年举办哲学社会科学骨干研修班 4 期，培训学员 280 人。

【社科研究】 2017 年，安徽省国家社科基金项目研究成果丰硕，共发表论文 1250 篇（其中 CSSCI 学术论文 599 篇），形成研究报告 58 篇，出版专著 27 部。中国科学技术大学周垂日主持的《“双柠檬市场”中的中国再制造管理机制、发展路径和政策模拟研究》，发表的论文入选 2017 年全国百篇优秀案例。安徽工程大学孙丽芳主持的《思想政治教育话语转型研究》，发表论文 11 篇，其中 CSSCI 学术论文 3 篇，并荣获第十七届全国高校青年德育工作者论坛一等奖。安庆师范大学闵永新主持的《整体性视野中大学生思想政治教育系统化研究》，发表论文 22 篇，其中 CSSCI 学术论文 11 篇。安徽财经大学胡建主持的《农村土地融资担保法律问题研究》，发表论文 18 篇，其中 CSSCI 学术论文 11 篇，并荣获中国法学会第十一届中国法学家论坛

安徽省社科院专家应邀到高校作深入学习习近平新时代中国特色社会主义思想专题报告

三等奖和安徽省法学优秀成果一等奖。安徽大学解光宇主持的《中韩儒学发展路径与现状比较研究》，发表论文33篇，其中CSSCI学术论文8篇。安徽医科大学何成森主持的《公立医院医患关系风险预警机制及危机应对体系研究》，发表论文19篇，其中CSSCI学术论文2篇，并出版专著1部。安徽财经大学袁平红主持的《基于全球价值链的中国流通业对外直接投资研究》，发表的论文荣获中国商业经济学会2016年学术年会征文二等奖。安徽大学梁雯主持的《新型城镇化背景下小城镇电子商务物流发展研究》，发表论文8篇，其中CSSCI学术论文2篇，均被《人大复印报刊资料》转载。省委党校华兴顺主持的《新型城镇化与农业现代化互动协调机制研究》，形成研究报告1篇，并被分管副省长批示。安徽大学姚王信主持的《创新要素投资有效性评价及其与知识产权融资绩效的关系研究》，发表的CSSCI学术论文荣获"科技进步论坛暨第四届中国产学研合作论坛"二等奖和中国社会科学院2017年度研究生优秀学术论文三等奖。

2017年，省社科规划项目主要围绕习近平新时代中国特色社会主义思想、党的十八届六中全会精神和安徽省经济社会发展重大理论和现实问题开展研究，推出一批高质量学术成果和高价值应用文章，全年发表论文908篇，其中C刊227篇；推出研究报告96篇、专著16本。安徽财经大学赵新龙主持的《农村集体资产股份权的法理构造及其实现机制研究》获得中国法学会第十届中部崛起法治论坛二等奖、浙江省法学会"农村集体产权制度改革与法律制度建设研讨会"优秀论文一等奖。安徽大学李保民主持的《全球价值链视角下的安徽外贸企业转型升级研究》荣获中国国际贸易学会优秀论文奖。铜陵学院吴孔军主持的《当代乡村家族组织的衍变及其现代化路径研究》论文被《新华文摘》论点摘编。安徽大学贺文慧主持的《农业社会化服务政府购买风险及其防范机制研究》获得2017年度全省高校社科联"三项课题"研究成果一等奖。马鞍山师范高等专科学校昂娟主持的《移动自媒体时代网络舆论传播与引导机制研究》获得省社会科学界第十二届学术年会论文评比优秀奖。安徽理工大学高旭主持的《〈淮南子〉中儒家政治哲学及其儒学史意义研究》获得2016年、2017年安徽省社会科学界联合会"三项课题"优秀成果三等奖。安徽师范大学何晔主持的《新时期安徽农村社会治理机制及其创新路径研究》获得省社科联2017年度"三项课题"研究优秀成果三等奖。

理论宣讲

【概况】2017年，安徽省围绕迎接学习宣传贯彻党的十九大这条主线，共完成各类理论宣讲6.25万场，直接听众488.84万人；其中，党的十九大精神宣讲2.7万场，直接听众219万人。

构建全省"上下联动"宣讲大格局。围绕学习宣传贯彻党的十九大精神，省委提出"集中组织大宣讲，省委常委率先带头开展宣讲，在组织好省委宣讲团赴各地各部门宣讲的同时，开展好'送十九大精神进基层'系列宣讲，组织十九大代表、专家、干部、百姓、青年等宣讲团，有序有计划推进对象化、分众化、互动化宣讲"等要求和任务。省委常委率先示范，分赴党建联系点和扶贫联系点带头开展"五进"基层宣讲，累计宣讲50多场；组建由3位省委常委和12位省直部门负责人组成的省委宣讲团，赴各市和省直机关、高等院校、企事业单位开展17场宣讲报告会，覆盖全部16个市，直接受众1.5万人，引领各级各类宣讲全面铺开，全党全社会大合唱、齐上阵，实现"六团六进"的良好开局。省委讲师团根据要求制订并上报《全省党的

学习贯彻十九大精神省委宣讲团进基层

安徽省学习贯彻党的十九大精神骨干培训班

十九大精神宣讲工作方案》，推动大宣讲工作扎实有效落实。

做优“送理论进基层”宣讲大品牌。2017年，省委讲师团先后以“新理论·新成就”和学习贯彻党的十九大精神为主题，组织编写《安徽省学习贯彻党的十九大精神》宣讲提纲，提供宣讲参考资料，举办宣讲培训班，以省、市、县三级联动的方式，开展第八期、第九期“送理论进基层”集中宣讲活动，直接组织500余场。加强宣讲对重点对象青年群体覆盖，省委讲师团以“送理论进基层”为依托，与省委宣传部、团省委首次共同创立“放飞新时代青春梦——十九大精神走进青年”百人宣讲团，共宣讲412场，现场和网络受众人数达111270人。

讲好基层理论宣讲“地方话”。全省各地结合实际，创新方式方法，开展内容丰富、形式多样的各类宣讲活动，如安庆的“家书、家训、家风”主题宣讲，亳州的扶贫政策专题宣讲，阜阳的“五大专项行动”微宣讲，合肥的“点对点”菜单式宣讲，淮南的“敢担当、有作为”百人巡回宣讲，黄山的“圆梦中国人”百姓宣讲和宣城的党支部骨干宣讲，蚌埠的十九大精神进校园宣讲，池州的市县乡三级联动宣讲，滁州的百团千人万场大宣讲，淮北的开放式党校宣讲、六安的“红色六安”宣讲，马鞍山的“小马先锋”微信公众号宣讲，宿州的劳模、巾帼、青年宣讲，铜陵的少先队微队课宣讲，省直工委讲师团的“双百双进”宣讲，皖北煤电集团的“微党课”宣讲，等等，丰富了宣讲形式，强化了宣讲阵地。

抓好宣讲体制机制建设“创新点”。制定出台《安徽省委讲师团理论宣讲示范基地管理办法》《安徽省委讲师团专家库管理办法》，为科学化、规范化、标准化推进宣讲工作提供制度保障。坚持典型带动思路，在全省遴选确定首批18个理论宣讲示范基地；经过层层申报和遴选，新增第三批理论宣讲专家23人入库，专家库力量得到加强；组建青年宣讲百人联盟，一批高校马克思主义学院中的青年教师等社会各界优秀青年加入宣讲队伍，为常态化制度化开展理论宣讲奠定坚实基础。在中宣部开展的基层理论宣讲先进集体、先进个人、优秀宣讲报告评选表彰中实现“满堂彩”，省委讲师团申报的《贯彻〈中国共产党党委(党组)理论学习中心组学习规则〉》获评优秀理论宣讲报告，这在全省尚属首次；肥西派河春晖理论宣讲团获评先进集体，《人民日报》以《快板上讲台、道理说出来》作专门报道。连续两年开展全省表彰，省委讲师团对10个基层理论宣讲先进集体、20名基层理论宣讲先进个人、10篇优秀理论宣讲报告予以表彰。

推动宣讲线上线下一体化。持续发力新媒体宣传，重点是搞好“学习安徽”APP内容建设，优化版块设置，抓好学习头条、理论前沿、微讲堂和专题聚焦等主打栏目。及时推送学习贯彻党的十九大精神中央宣讲团来皖宣讲视频、省委宣讲团宣讲视频和知名专家学者宣

学习贯彻党的十九大精神宿州市委讲师团报告会

讲精彩视频片段以及中央主流媒体解读十九大精神的专题节目视频等。全年“学习安徽”APP使用人数新增1.3万人，累计达2.9万人，发布理论信息、理论文章和理论视频新增1万篇（条），累计1.8万篇（条），多个宣讲微视频点击量超过5000次，单个宣讲微视频最高点击量达26310次，初步形成较大覆盖面和较强影响力。

深化课题研究提升宣讲理论性。坚持科研助力宣讲的思路，省委讲师团围绕理论武装工作，立项17个课题，各地也立足自身优势，开展各类课题研究和学术活动。编撰出版《理论武装论策2015—2016》，全书共40篇文章，约30万字，对2015年和2016年安徽省理论武装工作现状、经验、亮点进行系统总结并积极探索未来发展路径，有助于提高全省理论宣讲者业务素质和宣讲水平。汇编《党委理论学习中心组报告精选(2017)》。《基层理论宣讲创新研究》课题成功申报2017年度安徽省社科规划重点项目，《全国党委讲师团系统体制机制建设调查研究》《用供给侧改革思维引领理论宣讲创新》获评2016年度全省宣传思想文化系统优秀调研报告。

显著提升宣讲工作影响力。在全省党委讲师团系统的共同努力下，2017年度理论宣讲工作各项任务圆满完成，得到各级党委和人民群众的高度认可，宣讲工作自身的影响力和社会反响度也越来越大。新华社、《人民日报》、央视等央媒有关安徽十九大精神学习宣讲的各类新闻报道中，以讲师团系统开展的工作作为点反映安徽整个宣讲工作面上的代表素材，多次出现在有关新闻综述、专栏和专题新闻中。各级主流媒体报道反映宣讲工作成效、准备各类新闻报道的宣讲素材、邀请专家学者出镜接受采访、解读党的十九大精神等，及时联系讲师团这个部门成为常态。

新型智库建设

2017年7月14日，全省新型智库建设现场推进会在安徽大学召开。

【概况】2017年，省委宣传部组织召开全省新型智库建设现场推进会，推动重点智库加强规范化建设。建立和健全重点智库管理办法、经费管理办法、考核评估办法等3项制度，构建重点智库“1+3”制度框架体系。聚焦重大理论和实践问题，在全国率先开展“部门出题、智库解题”活动。面向省直有关单位征集选题46个，甄选38项课题交给省重点智库和重点培育智库开展研究，多数选题紧扣全省经济社会发展的热点、难点以及长期想解决的痛点问题，具有重要研究价值。省委宣传部帮助智库和出题部门进行联系对接，明确出题单位和解题智库的职责，建立相互支持配合机制，协调解决有关问题。各智库承接任务后，及时调集精干力量组成研究团队，深入出题部门和所属系统、基层一线开展调查研究。出题部门主动配合、协同作战，为课题研究创造条件、提供便利，积极参与到课题研究之中。在双方共同努力下，截至2017年年底，共形成34份研究报告，经出题部门和有关专家评审，评出11份优秀报告，并推出诸如《建立有效防范返贫机制研究》《利用信息技术提升社会治理现代化水平研究》《国有企业基层党组织标准化建设问题研究》《安徽文化产业创新发展战略研究》等研究成果。

安徽省社会科学界联合会

2017 年 5 月 24 日，2017 年全国社科联联席会议在合肥召开。

【学术活动】推进省社会科学创新发展课题研究。经过严格评审，立项课题 117 项，其中重大项目 21 项，攻关研究项目 96 项。将意识形态问题研究放在首要位置，其中“党的十八大以来安徽省践行治国理政新理念新思想新战略的重大举措和关键性工程研究”作为重大选题研究排在第一位，“精神文明建设与社会主义核心价值观研究”等被列为重大研究项目；“从优秀文化传承发展看党内政治文化建设”“国家价值与安徽特色相融合的创新型文化强省建设理论与实践”“安徽推动哲学社会科学发展格局及其重大工程研究”等选题被列为创新发展攻关研究项目。对立项课题跟踪管理，召开结项评审会严格把关，确保课题质量。

继续在团体会员中开展“三项课题”研究。以 2017 年 1 号文件的形式，发布继续在团体会员中开展“三项课题”研究的通知。团体会员共提交 850 余项成果，《加强基层党组织标准化建设研究》《话说社会主义核心价值观》《岳西红色文化资源保护利用的现状与对策探析》等成果获得一等奖，取得较好的社会效益。

聚焦安徽传统文化与政治生态。8 月 8 日，省委常委、宣传部部长虞爱华在省社科联主持召开座谈会，调研安徽传统文化与党内政治文化建设。省政协副主席李修松等省内知名专家学者结合自己的学术研究，从积极和消极两个方面阐述安徽传统文化对政治文化的影响，建议进一步深入挖掘整理、创新传承安徽优秀传统文化中的宝贵资源，努力建设正气充盈的党内政治文化。

推进安徽三大地域文化研究。与亳州学院联合举办的第九届淮河文化研讨会 8 月 5 日在亳州召开，主题为“淮河文化传统与文化自信”。研讨会上，与会专家学者从考古学、历史学、民俗学等视角对淮河流域的经济社会发展、历史人物、文化典籍、文学艺术、医药养生等进行广泛交流与探讨。8 月 18—20 日，省社科联参与举办中国·亳州老庄思想与协调发展学术论坛。组织知名徽学专家对徽学研究现状进行系统梳理。《第七届（2016）皖江地区历史文化研讨会论文集》如期出版。省管子研究会举办“第十二届全国管子学术研讨会”，省语言学会公开出版《安徽方言研究丛书》等。

【社科普及】围绕学习宣传贯彻习近平新时代中国特色社会主义思想和党的十九大精神，运用分众化、精准化的方式，采用贴近性、接地气的话语，推进马克思主义大众化。

开展党的十九大精神安徽社科名家宣讲活动。2017 年 11 月下旬组建学习宣传贯彻党的十九大精神安徽社科名家宣讲团，作为安徽省“六团六进”工作的重要组成部分，到各市开展社科名家大巡讲活动。每个市安排 1 场宣讲报告会，共开展宣讲活动 16 场，

2017 年 6 月 11 日，安徽人文讲坛第 132 期讲述《姜夔的合肥情缘》。

直接受众8000人。与此同时，全省社科联系统具备条件的单位组建十九大精神宣讲团，深入基层宣讲，为广大群众学懂、弄通、做实十九大精神发挥了社科名家的咨询服务作用。

开展第十三届社科知识普及活动月。9月9日，由省社科联和合肥市人民政府共同举办的安徽省第十三届社会科学知识普及活动月开幕式在安徽名人馆举行。省委常委、宣传部部长虞爱华出席宣布开幕并讲话。各地开展以“提升人文素养，建设美好安徽”为主题的社科普及活动，广大社科工作者围绕中心，创新普及载体、丰富普及内容、扩大社科普及的覆盖面和影响力，深入宣传解读习总书记“7·26”重要讲话精神。

“安徽人文讲坛”每月如期举办。以习近平新时代中国特色社会主义思想为重点，紧扣决胜全面建成小康社会、全面从严治党、量子通信等颠覆性科技知识、优秀传统文化等重大主题，组织开展专题讲座，“坚定文化自信，繁荣社会科学”“从严治党，从心开始，从行实践”“量子通信与大众生活”“二十四节气的创立和传承”以及“特色小镇：理想的城乡乐园”等场讲座，深受听众喜爱，社会反响热烈，直接受众3000人次，间接受众上百万人次。

发布和评审安徽省社科知识普及规划项目。2017年围绕研究、阐释和普及党的十八大以来党中央治国理政新理念新思想新战略，体现中国特色、安徽特点的哲学社会科学的重要理论成果，安徽五大发展行动计划等选题，向全省发布安徽省社科知识普及规划项目。经专家评审，资助立项40多项，资助立项率达15%。11月7日，召开结项评审会，有近30个项目通过结项评审，结项率和项目质量均较往年有较大提高。

2017年9月9日，安徽省第十三届社会科学知识普及活动月开幕。

继续推进社科知识普及基地建设。合肥、宣城、安庆、池州、黄山、六安、淮南等市社科联提交设立省级社科普及基地申请，各市在上年基础上进一步开展社科普及基地的培育工作，已建成的社科普及基地，按照《暂行办法》加强管理，并根据年度社科普及活动的主题，配合全省统一部署，积极开展活动。经过各方面的努力，社科普及基地基本上覆盖全省，成为社科普及工作的重要支撑，社科普及基地的工作逐渐走上常态化。

开展理论社科巡讲活动。各市社科联、社科普及基地按照年初的工作部署，组建由省、市社科专家和安徽人文讲坛有关讲席教授组成的宣讲团，根据统一部署和社会需求，深入农村、企业、机关、社区、学校等开展理论社科巡讲活动。全省举办社科名家大巡讲专场报告会近100场，直接受众近5万人，间接受众也比上年大幅度增长。

【社科评奖】根据5月初省政府印发的《安徽省社会科学奖奖励办法》，评奖工作领导小组办公室设在省社科联。省社科联立即启动有关筹备工作，就评奖工作与兄弟省区市社科联、省直有关单位进行沟通，在此基础上拟定实施方案，经10月26日召开的省社会科学奖奖励工作领导小组第一次会议审议并原则通过。此后，组织填报安徽省人文社科专家有关情况统计表，并根据领导小组会议纪要进一步细化工作方案，协调有关方面，力争早日开评。

【全国社科联联席会议（2017）】5月24—26日，由省社科联承办的2017年全国社科联联席会议在合肥召开，虞爱华出席大会并讲话。本次会议的主题是：进一步深入学习贯彻习近平总书记哲学社会科学工作座谈会重要讲话精神，贯彻落实中共中央《关于加快构建中国特色哲学社会科学的意见》，努力做好2017年工作。会议还举办了“繁荣社科事业与坚定文化自信”和“建立科学权威、公开透明的社科成果评价体系”两个专题论坛。

【全省社科类社会组织标准化建设】开展对省属社科类社会组织的调查摸底，注意研究社科类社会组织的发展趋势和规律，抓住管理的关键环节，进一步完善分片管理、分类指导的工作手段，拟定进一步规范管理的办法。坚持政治办会，探索在省属社科类社会组织中成立党组织，努力做到组织和活动“两个全覆盖”，启用“安徽省非公有制经济和社会组织党建工作信息管理平台”，119家社科组织进行网上登记注册和开展社会组织党建情况网上填报、审核工作。突出加强对民办社科研究机构的管理，要求重大事项及时报告，并经常深入督促检查。还要求团体会员单位中的社科组织建立自己的网站，宣传推介工作，扩大学会影响。审批成立省时代战略研究院等7家社科类社会组织，注销2家社科类社会组织。省管子研究会等5个学术团体获得“全国先进社会组织”称号，省循环经济研究院等5个社会组织获得“全国创建新型智库先进社会组织”称号，张爱萍等5人获评“全国优秀社会组织工作者”。

【业务指导】省社科联班子成员分赴宿州、滁州、合肥、阜阳、淮北等市调研推进市县社科联建设。南陵县社科联3月份成立，至此全省县级社科联达15家。亳州市社科联12月6日召开第二次代表大会。9月27日召开全省高校社科联工作交流会，围绕进一步贯彻落实全国和全省哲学社会科学工作座谈会精神，加快构建中国特色、安徽特点的哲学社会科学进行交流研讨，推进高校社科联建设。

安徽省社会科学院

【概况】安徽省社会科学院（简称省社科院）是安徽省人民政府直属事业单位，是全省哲学社会科学综合研究机构、从事经济社会发展战略决策咨询的专门机构，是省委、省政府的思想库和智囊团。2017年，省社科院共有在职人员147人，其中正高职称26人，副高职称36人；内设8个职能处室、10个研究所、3个杂志社。

【理论研究】2017年，省社科院共获得国家社科基金一般项目和青年项目立项5项，单位立项位居全省第二，人均立项数在全省处于领先地位。全年共获得各类省级科研项目18项，其他类别项目20余项，无论是立项数还是资助金额都比往年有较大幅度增长。中央马克思主义理论研究和建设工程重大实践经验总结课题《党的十八大以来安徽省创新型文化强省建设研究》于2017年3月开题。全院共发表学术论文、研究报告400余篇，出版专著10余部。在《人民日报》《光明日报》等中央权威报刊发表文章近10篇，多篇学术论文被人大复印资料、新华文摘全文转载。《江淮论坛》《安徽史学》等学术刊物在三大期刊评价体系中，办刊质量和综合排名稳中有进，据“中国人民大学人文社科成果评价发布论坛”公布，安徽省社科院成功入选“复印报刊资料重要转载来源机构”。

【对外交流合作】推进与中国社科院、安徽大学、安徽财大、安徽省政府参事室等单位的深度合作，协同推进新型智库建设；与淮北、黄山市委合作，先后组建了省社科院淮北分院和省社科院黄山分院，并分别于5月18日和10月11日举行揭牌仪式。

【学术影响力提升】调动各方力量搭建更多学术平台，将学术活动做大，扩大品牌影响。切实加强报告会、研讨会、论坛讲坛等意识形态阵地有效管理。2017年，主办的第五届安徽文化论坛、华东六省一市社科院院长论坛均以“学习阐释习近平新时代中国特色社会主义思想”为主题。组织召开学习习近平总书记“7·26”重要讲话研讨会、学习十九大报告专题讨论会，主办全国社科院图书馆馆长协作会议、老庄思想与协调发展学术论坛、“八项规定”精神学术研讨会、“淮河文化研究·理论与实践·蚌埠峰会”，充分发挥学术理论的社会服务功能，进一步提升学术影响力和话语权。

【队伍建设】2017年，省社科院引进3名博士，公开招聘4名硕士、1名本科生，安置接收1名军队转业干部，创新用人制度，所有新进人员在行政处室跨岗锻炼1年。

2017年12月2日，省社科院相关人员赴岳西县古坊乡上坊村开展十九大宣讲和走访帮扶活动。

□出　　版

□发　　行

□印　　刷

□《江淮》杂志

□《学术界》杂志

出版发行印刷

刘云鹤

出 版

2017 年 1 月 23 日，省新闻出版广电局组织《恋爱婚姻家庭》《少年博览》《保健与生活》《娃娃乐园》《安徽文学》《传奇传记文学选刊》等期刊社长总编到肥东县四顶社区农家书屋慰问。

【**概况**】2017 年，全省出版图书9745 种，其中新出版图书 4864 种；图书总印数 30704 万册，其中少儿图书 5117 万册，出版总印张235287 万印张。全省有杂志种类180 种，平均期印数 259 万册，总印数 4399 万册，总印张数 20008 万印张；全省有报纸 98 种，平均期印数 325 万份，总印数 71577 万份，总印张数 155571 万印张；少儿期刊总印数 1582 万册，少儿音像制品总 3.31 万盒(张)。

2017 年，全省新闻出版行业实际创收 1041.85 亿元，比上年增长12.58%。其中报纸创收 9.5 亿元，增加 0.11%；期刊收入 2.78 亿元，增长 9.45%。

【**新闻报刊管理**】2017 年，省新闻出版广电局开展全面检查和规范报刊出版活动，加强和改进报纸、期刊年度核验，上半年完成 98 种报纸、180 种期刊的年度核验工作，对 13 家报纸列入缓验名单进行整改。规范全省新闻记者证管理，对参加新闻记者证年度核验的 160 家新闻单位、7700 名新闻记者，逐一审核申报材料，注销 603 名不符合持证条件人员的新闻记者证，被国家新闻出版广电总局、省委、省政府表扬。大力整治新闻报刊秩序，严厉查处报刊出版违规活动，全年查处违规案件 10 起，立案查处宣城日报社违规出版问题和颍上县广播电视台无证新闻采编人员单独从事新闻采访活动以及其“剪刀手”事件。开展报刊出版单位“互查互评互学互促”专项活动。制定出台《安徽省新闻单位驻地方机构管理实施办法》，规范对新闻单位驻地方机构的日常监管。开展“秋风行动”，印发《安徽省新闻出版广电局关于开展打击新闻敲诈、“新闻四假”专项行动的通知》。对全省 16 家、384 本期刊缩短刊期期刊进行专项审读，审读字数达 6000 万余字，这在全国尚属首次，获国家新闻出版广电总局高度肯定，《人民日报》《中国新闻出版广电报》、新华网、人民网等 20 余家主流媒体进行专门报道。开展新闻报道“标题党”专项治理行动，对 10 家都市报的新闻报道标题进行专项审读。

【**报纸期刊出版**】2017 年，省新闻出版广电局组织省内优秀报刊社参加第三届全国“百强报刊”评选活动。《娃娃乐园》《少年博览》入选2017 年度全国少年儿童喜爱的百种优秀报刊，《少儿科技》杂志入选《中小学图书馆馆配期刊目录》。《清明》杂志社入选第四届中国出版政府奖先进出版单位，《恋爱·婚姻·家庭》杂志社总编入选第四届中国出版政府奖优秀出版人物，《新安晚报》《合肥晚报》双双入围“2016—2017 中国报刊经营价值排行榜”的“全国晚报二十强”。在2017 年度中国报协举办的“媒体融合创新应用项目”评比中，安徽法制报社、淮北日报社荣获二等奖、市场星报社荣获三等奖。《传奇·传记文学选刊》一篇文章荣获全省“深入生活、扎根人民”创作成果评选三等奖。《安徽文学》小说、散文、随笔、诗歌等 60 余篇作品，先后被《新华文摘》《小说选刊》《小说月报》等国内知名选刊转载。国家新闻出版广电总局公布全国 174 种少儿类报刊编校质量的检查结果中，安徽省《少儿科技》《少儿画王》《红蜻蜓》《课外生活》4 种期刊在检查中编校差错率为零，零差错期刊在数量上位居全国第二。

【**精品图书出版**】2017 年，在第四届中国出版政府奖评选中，《昆曲艺术大典》《兔子作家》2 种图书获奖，同时有 4 种出版物获提名奖，获奖总数列全国省份第六名；第六届中华优秀出版物奖评选中，《徽州刻书史长编》等 5 种出版物获奖，同时有 11 种出版物获提名奖，获奖总数居全国省份第二名。国家新闻出版广电总局2017年向全国青少年推荐的百种优秀出版物中，全省有5种图书音像电子出版物入选，入选总数列全国省份第3名。省新闻出版广电局正式启动徽文化、红色文化、遗产文化“三大出版工程”；完成国家“十三五”重点出版物增补项目申报工作，入选15种，数量居全国省份第四名。《试飞英雄》《匠心——走近中国院士》分别入选2017年度全国重点主题出版物和迎接党的十九大重点主题出版物。12个出版项目分获国家出版基金、古籍整理出版资金资助680万元，省新闻出版广电局获国家出版基金资助项目年检绩效考评通报表扬。

【印刷复制管理】2017年，省新闻出版广电局开展出版物网络发行、内部资料、图书排行榜3个专题整治行动。开展迎接党的十九大重点主题出版物展示展销活动，组织全省405家实体书店设立专柜专区，展示展销迎接党的十九大重点主题出版物，完成党的十九大文件及辅导读物出版发行任务，省委常委、省委宣传部部长虞爱华出席安徽首发式。完成国家统编三科教材出版发行任务。制订全年印刷发行监管工作方案，加强印刷发行监管，双随机执法抽查印刷企业11家、出版物发行单位170家，对存在问题的2家印刷企业、15家出版物发行单位进行处理。开展内部资料专题整治，审查审读编印质量，责令整改17家连续性内部资料，注销14家连续性内部资料，责令4市局整改并予通报。开展“3·15”印刷质量抽检活动，强化印刷质量监管，抽检图书110种2200册、教材教辅材料148种1634册，19种不合格品所涉出版承印单位被通报，行政处罚3种质量不合格品所涉的3家出版社。建立境外出版物进口审查机制，跟踪监控承印境外出版物成品，审查境外捐赠出版物，抽查进口出版物，查处擅自承印、擅自受捐境外出版物行为2起。

【出版管理】2017年，省新闻出版广电局组织“质量管理2017”专项行动、出版物“三审三校”“问题地图”专项检查和“双随机”抽查；全年完成3763种选题的审核论证工作，其中撤销19种，暂缓17种，重大选题备案46种，版前审读425种，选题把关更严。全年抽查出版物132种，书稿档案120种，通报批评8种不合格或问题出版物，对2家出版单位予以行政警告处罚，结束多年来图书出版管理“只通报不处罚”的历史。制定并发布《安徽省全民阅读“十三五”时期发展规划》，将“书香安徽阅读季”活动组委会调整为“书香安徽”全民阅读活动组委会，委托第三方开展2017年全省居民全民阅读状况调查。

2017年12月4日，《赵孟頫书画全集》新书发布会在故宫博物院举行。

【出版物市场管理】2017年，省新闻出版广电局开展“扫黄打非”专项行动，查办非法出版活动案件195起，查缴非法和违禁出版物95万余册(张、盘、条)。开展印刷复制和出版物市场清查整治行动，明察暗访经营单位（或场所)430个(次)，针对检查中发现的问题，督促各地依法依规予以查处，适时回访，确保整改到位。开展宗教领域非法出版物专项治理专项行动，重点抽查420个涉宗教出版物的宗教团体、宗教院校、宗教活动场所和书店，清理收缴处理非法出版物85万余册，非法音像制品515份。开展中小学校周边出版物市场专项治理行动，检查经营单位2918家，收缴各类非法出版物10715册，光盘2004张。全年直接查证案件41起，指导办案22起。

【数字出版管理】2017年，省新闻出版广电局加强网络出版监管，关闭违规网站4家，删除网络出版物18部，封堵违规网站3家。加强监管重点网站，通过搜索引擎、重点网站人工巡查等多种手段，发现、审读违规线索20余条，相关网站自查整改，删除非法网络出版物7000余部。利用系统终端设备首次组织开展网络游戏出版运营情况检查，检查3家网络游戏出版服务单位63款游戏出版运营情况。开展网络出版服务单位双随机检查，检查安徽少儿出版社、安徽师范大学出版社和合肥乐堂动漫网络有限公司等3家网络出版服务单位。组织全省新闻出版广电系统安全大检查，抽查3家网络出版服务单位，提出整改意见，落实保障工作。首次开展全省网络游戏出版运营情况检查。首次举办全省网络出版编辑业务培训会，来自全省网络出版服务单位的编辑人员，安徽国家数字出版基地合肥园区、芜湖园区以及各市、省直管县部分相关企业和网站编辑业务人员100余人参会。全省网络游戏出版服务单位增加至4家，出版运营的游戏达68款。由安徽新华电子音像社出版的移动游戏《大头儿子大冒险》入选2016年“中国原创游戏精品出版工程”，这是安徽出版的游戏首次获得入选，2017年向国家新闻出版广电总局推荐8款原创游戏精品。

【版权管理】2017年，省新闻出版广电局部署开展“剑网2017”专项行动，打击各类侵权盗版活动特别是网络侵权盗版活动，制定《安徽省开展打击网络侵权盗版“剑网2017”专项行动实施方案》，加强新闻、影视类作品、APP领域、电子商务平台三类领域版权秩序的专项整治，立案查处重点典型版权案件28起，其中刑事案件4起，办结1起，2起案件获国家版权局、公安部等五部门联合挂牌督办。行政立案18起，办结14起，行政处罚12起，省版权局接到权利人各类投诉举报6起。通过主动监管、劝诫、说服教育等纠正网络侵权行为30余起。组织开展宿州、淮北、芜湖、宣城4个市“双打”工作督查、考核工作。全省有120家各类企业完成软件正版化整改工作，采购各类正版软件59000多套，购置资金5300万元。全省创建“全国版权示范单位(基地)”8家，软件正版化国家级示范单位1家。省级版权示范单位10家，在全国位居前列。安徽漂牛网络科技有限公司荣获“全国版权示范单位”称号，安徽江淮汽车集团股份有限公司荣获“软件正版化全国版权示范单位”称号，安徽新媒体集团有限公司被中国版权协会授予“2017年中国版权最具影响力企业”称号。著作权登记数量7000多件，比2016年数量增长120%；在黄山、宿州、马鞍山等著作权资源集中区域增设著作权登记代办点，并开通远程网络登记服务。全年举办10期培训班，其中3期执法培训、1期社会服务、6期正版化培训，参训人数达620人。

【图书出口】2017年，省新闻出版广电局组织参加第24届北京国际图书博览会，展出精品出版物412种2000多册，举办交流活动9项，组织版贸洽谈66场，签署输出与合作协议517项。省新闻出版广电局荣获博览会优秀组织奖，安徽出版集团荣获优秀版权贸易输出奖，“唱响主旋律迎接十九大暨主题出版物丝路行签约仪式”活动荣获优秀活动奖。安徽出版集团推动首家“一带一路”海外实体图书专柜项目落地新加坡，安徽新华发行集团与美国有关合作方顺利签约中国文化交流中心项目。

发　　行

【实体书店】2017年，省新闻出版广电局组织全省1071家实体书店开展全省图书惠民月活动，惠民金额2017.18万元。组织召开全省推进实体书店发展交流现场会，部署各地进一步落实全省《关于支持实体书店发展的实施意见》，推动实体书店发展。争取中央和省财政资金500万元，对全省70家实体书店进行扶持。

【版权输出】2017年，全省输出图书版权总数450种，其中对台湾地区输出版权108种；图书版权引进总数125种，其中从台湾地区引进版权15种。省新闻出版广电局组织第24届北京国际图书博览会参展工作，全省版权输出再次位居全国第一，获得“十连冠”；省新闻出版广电局荣获博览会优秀组织奖，安徽出版集团荣获优秀版权贸易输出奖。

印　　刷

【概况】2017年，全省完成年度报告的印刷企业3104家。其中：出版物印刷企业271家，包装装潢印刷品印刷企业1508家，其他印刷品印刷企业1270家，排版、制版、装订专项印刷企业31家，数字印刷专营企业24家；国家印刷示范企业4家，上市印刷企业4家，外商投资印刷企业19家；年印刷总产值5000万元以上印刷企业150家，丝网印刷企业300家，拥有印刷商务网络平台的印刷企业23家，通过绿色印刷认证企业29家；2017年新设立印刷企业129家。全省共有合肥出版物印刷产业园、阜阳印刷包装产业园、桐城印刷包装产业园、滁州印刷包装产业园等4个印刷产业园区。

2017年，全省印刷企业资产总额466.03亿元，比上年增长5.8%；工业总产值377.52亿元，增长5.29%；销售收入364.32亿元，增长5.67%；利润总额24.95亿元，增长0.81%；对外加工贸易额11.9亿元，下降1.26%；从业人员数量8.05万人。全省因主动申请注销、停产、许可证逾期等原因注销印刷企业202家，由于未进行年度报告、存在重大违法行为等原因纳入重点监管对象印刷企业150家。

省新闻出版广电局对安徽新华印刷股份有限公司、安徽安泰新型包装材料有限公司、安徽金辉印务有限公司、黄山永新股份有限公司等全省4家国家印刷示范企业进行实地察看、现场考评。经考核,保留4家企业的国家印刷示范企业称号。

2017年,全省核发一次性内部资料性出版物准印证224个,核发连续性内部资料性出版物准印证513个。

《江淮》杂志

【概况】《江淮》杂志是安徽省委主管主办的党刊,为省委直属副厅级事业单位。2004年1月,由原《党员生活》和《安徽工作》两刊合并组建而成。

《江淮》杂志社主要职责是编辑、出版、发行《江淮》杂志;后相继承办省委宣传部部刊《安徽宣传》和省文化产业发展促进会会刊《安徽文化产业》,并创办《江淮·文摘》和江淮新闻网、官方微博等。

2017年,《江淮》杂志社按照服务大局、把握大势、着眼大事的要求,深入学习宣传贯彻习近平新时代中国特色社会主义思想和党的十九大精神,以及省委省政府重大决策部署,紧跟省委,贴近读者,求真务实,开拓创新,党刊的传播力、引导力和影响力有新提高,各项工作取得新进展。

全力办好省委党刊。一是强化深度报道。在习总书记视察安徽一周年之际,《江淮》第四期推出"春天的汇报"专题策划,为广大读者学习贯彻习总书记重要讲话精神、推进美好安徽建设加油鼓劲。党的十九大胜利闭幕后,《江淮》第十期及时推出专刊,全面系统地宣传报道十九大精神,为学习贯彻党的十九大精神提供党刊读本,受到广大读者的充分肯定。打赢脱贫攻坚战是党对人民的庄严承诺,《江淮》第七期推出"党旗辉映脱贫路"特别策划,点面结合,见人见事,助力脱贫攻坚。二是突出评论宣传。以正确的价值观为导向,紧扣上下关注的结合点,推出一批质量比较高的评论文章,如《官员要心中有"怕"》《"定力"之中见党性》《走出扶贫形式主义的泥淖》《担当从敢讲真话开始》等一批评论,说理透彻,引导有力,彰显了党刊正面引导的高度和力度。三是注重典型宣传。《党建巡礼》《支部园地》等栏目持续推出一批党建工作典型,《时代先锋》《践行社会主义核心价值观》栏目推出一批先进人物典型,这些典型工作中有创新,平凡中见精神,具有很强的认可度,起到比较好的示范引领作用。2017年,《江淮》杂志被评为第六届华东地区优秀期刊。

积极拓展党刊事业。在做好主业的同时,注重发挥优势,积极办好部刊、会刊和文摘,加强新老媒体融合发展。江淮新闻网进一步加强原创新闻,突出主题宣传,围绕"建设五大发展美好安徽""推进合肥综合性国家科学中心建设""学习贯彻党的十九大精神"等重大主题推出专题、专区,深化了网络宣传的广度和深度。"江淮杂志微博"发布各类资讯千余条,"江淮文明创建展示平台"则提炼独家新闻,凝聚党刊合力,比较好地展示了党刊形象。《安徽文化产业》围绕文化皖军精彩亮相深博会等主题进行深度报道,突出了对产业发展的思考和基层亮点的展示,比较好地发挥了文化产业改革发展的平台作用。《江淮·文摘》着力在思想性、故事性、知识性上下功夫,精选体现人文关怀、反映真善美的精品文章,引导读者观察世界、感受生活、品味人生,读者认同度不断提高。

努力稳定发行经营。在省委的关心重视下,在组宣部门的大力支持下,2018年度《江淮》杂志期发行量达到33.9万份,基本覆盖全省各级党组织和广大党员干部,比较好地发挥了主渠道主阵地作用。

《学术界》杂志

【概况】《学术界》是由安徽省社会科学界联合会主管主办的面向全国人文社会科学界的大型综合性学术期刊,1986 年创办,每月一期,每期 288 页,另加 8 个彩页,其中英文版 64 页。是深度学术信息和综合学术信息最多的国内知名学术期刊之一,已入编“全国中文核心期刊”“中国人文社会科学 AMI 核心期刊”“中文社会科学引文索引来源期刊(CSSCI)”。2012 年被中宣部遴选为首批“国家社科基金资助期刊”,也是安徽省唯一获得国家社科基金资助的期刊。

《学术界》杂志坚持正确的舆论导向,坚持马克思主义的立场和方法,以“弘扬人文精神、推动社会进步”为办刊宗旨,坚持以宪法精神和创新理念为指导,坚持思想性和学术性并重,努力追求学术创新、学术自由和学术规范。杂志发稿内容涵盖了人文社会科学的各个方面,并兼顾各个学科的合理分布,对交叉学科也同样予以重视。注重选题策划,紧密跟踪学科前沿问题,关注重大现实问题,力求刊发的文章能聚焦与发展相关的关系到国计民生的人文社会科学领域的重大问题,并给出理论上的分析与制度上的建议。

《学术界》杂志采用特色栏目方式记录全国学术界具有学术探索价值的问题和成果。现开设的特色栏目主要有:《学术探索》《学科前沿》《学术批评》《学人论语》《学者专论》《学术史谭》《学界观察》等。除了在常规栏目下刊发规范的学术研究论文之外,每期专门设置《论点摘编》《学界荐书》《学术信息》3 个特色版块,定期向读者推荐全国人文社会科学期刊及高等院校名刊中的精品文章,推介学术界最新出版的人文社科类专著,及时传递重要学术会议等信息。此外,为了适应刊物国际化发展的时代趋势,《学术界》杂志自 2010 年以来,以刊中刊的形式,每期设置 60 余页的英文版面,为向域外传播中国声音,扩大本刊学术研究成果的学术传播途径和方式,推动中国学术“走出去”进行了有益的探索。

党的十八大以来,《学术界》杂志积极顺应时代要求抓住机遇,充分利用新的技术载体和传播平台,深度融合新媒体,从而为期刊赢得更大的生存空间和发展前景。在巩固网站(www.xueshujie.net.cn)建设成果的同时,投入了更多的人力物力财力在微信公众号(xueshujie1986)的建立和推广上,并致力于微信公众号的功能开发,深入挖掘其在作者查稿、专家审稿、过刊浏览、期刊订阅等方面的潜在优势,积极搭建期刊和作者、读者互动沟通的便捷平台。同时,《学术界》杂志一直加强与知网、万方、超星、维普等文献检索数据库的合作,每期及时将刊物的电子版传送至数据平台,在方便作者和读者查询阅读的同时尽可能地提高刊物的在线访问量和下载量。持续与《中国社会科学报》建立目录引介合作,每期刊登文章的目录均刊载于《中国社会科学报》,为读者提供便捷的文献索引服务。此外,在多措并举把纸版期刊做优做精的基础上,坚持为《新华文摘》《人大复印资料》《中国社会科学文摘》等文摘类期刊推荐并输送优秀的学术成果。杂志发表的文章每年都有多篇被以上刊物转载,且年转载总量呈持续上升趋势。

2017 年,《学术界》杂志总计刊发中文稿 273 篇,英文稿 84 篇,共计 440 余万字。在内容上紧紧围绕宣传贯彻落实党的十九大精神和构建中国特色哲学社会科学话语体系这两条主线,立足刊物优势,积极策划专栏,推进主题宣传,组织刊发一大批有较高思想性和学术性的名篇佳作,产生了较大影响。《学术界》杂志被中宣部列为全国重点期刊,并相继荣获安徽省优秀期刊奖、特色栏目奖、华东地区优秀期刊奖等。在中国编辑学会、中国期刊协会联合开展的第二届“期刊主题宣传好文章”推荐活动中,全国共有 17 篇(组)文章入选,《学术界》杂志 2017 年第 9 期刊发的《中国改革和发展不断成功的原因》荣列其中。该论文刊发后被《新华文摘》转载。

新闻报业

刘云鹤

□安徽日报报业集团综述

□宣传报道

□融合发展

□重大活动

□媒体特色栏目

□新闻传播理论研究

安徽日报报业集团综述

【概况】2017 年，安徽日报报业集团深入学习宣传贯彻落实习近平新时代中国特色社会主义思想、习近平总书记关于新闻舆论工作的重要论述和党的十九大精神，始终坚持新闻舆论工作的党性原则，忠诚履行新闻舆论工作“48 字”的职责与使命，紧紧围绕中心、服务大局，以习近平新时代中国特色社会主义思想、十九大精神、中央和省委省政府的各项决策部署和重要工作为宣传重点、报道主线，对十九大、习近平总书记视察安徽一周年、全国及省两会、全面从严治党、加快建设现代化五大发展美好安徽、打赢脱贫攻坚战等重点主题，加强组织、创新策划、精心安排，做到重大主题宣传浓墨重彩，重要活动宣传厚重有力，重点工作宣传深入到位，民生报道生动贴近，舆论引导和舆论监督有力有效，一系列策划报道、重点报道鲜活生动、特色鲜明，在社会上和受众中产生广泛积极的影响，凝聚起加快建设现代化五大发展美好安徽的磅礴精神力量，多次受到中宣部的表扬和省领导的批示肯定。集团媒体融合发展步伐明显加快，新闻舆论传播力引导力影响力公信力得到不断提高。报业经营发展稳中有进。

在具体工作中，以安徽日报为首的报业集团各媒体，以习近平新时代中国特色社会主义思想和习近平总书记关于新闻舆论工作的重要论述为科学指南，深入宣传贯彻十九大精神，主动积极作为，加强策划，精心组织，积极践行“走转改”，开设众多有影响、有深度、有力度的主题宣传重点栏目，推出一系列有新意、有特色、有创新的自主策划报道，刊发一大批有思想、有温度、有品质的新闻作品，为推动贯彻落实党中央和省委省政府的各项决策部署、加快建设现代化五大发展美好安徽营造良好舆论氛围。《安徽日报》以及《新安晚报》《安徽商报》《文摘周刊》《安徽日报农村版》《江淮时报》《安徽法制报》《亳州晚报》《新闻世界》《徽商》杂志等集团媒体，紧紧围绕党委政府的中心工作，紧密结合广大群众的关注点和社会热点，充分发挥自身优势和特色，在宣传报道上突出创新、主动策划，推出一批党委政府关心、广大人民群众关注，主题突出、内容鲜活、文风贴近的报道，产生广泛的社会影响，舆论引导力公信力不断增强，影响力引导力不断扩大，集团各媒体美誉度不断得到提升。

2017 年，报业集团新闻宣传工作获得了上级的多次表彰和多项行业荣誉。据统计，《中国新闻出版广电报》《三项学习教育通讯》、中国记协网及微信平台等中央媒体，刊发 37 篇次经验报道，推介安徽日报等集团媒体经验做法；共获省委宣传部《新闻阅评》、省级内刊《安徽新闻界》表扬 42 次。如安徽日报《新时代 新气象 新作为》专栏获中宣部点名肯定，认为报道“标题醒目、版面突出、内容鲜活”。在第 27 届中国新闻奖评选中，安徽日报的《探秘“墨子号”》《摆脱先进性 增强穿透性》和新安晚报的《引江济淮为候鸟调整方案》获得 2017 年度中国新闻奖三等奖。在安徽新闻奖评选中，报业集团所属媒体作品获一等奖 22 篇、二等奖 36 篇、三等奖 30 篇。

为进一步提高党报集团的新闻舆论引导力、传播力、影响力和传播力，集团党委认真贯彻落实省委宣传部相关会议精神，扎实推进媒体融合工作，以“安徽日报报业集团媒体融合总项目”和 9 个子项目为主要抓手，扎实推进集团媒体融合工作，积极策划融媒体报道产品，筑牢、拓宽主流舆论阵地。

安徽日报报业集团记者一线调研让“天线”更接地气

宣传报道

【概况】2017年,集团媒体以迎接、宣传、贯彻党的十九大为宣传报道主线,积极作为,加强策划,准确解读党的十九大精神,有力有效引导舆论。在宣传报道中,以安徽日报为龙头,集团媒体全媒出击、抱团发力,在会前、会中、会后三个阶段上,大手笔策划、大规模采集,大版面推出、大篇幅呈现,主动推出习近平总书记视察安徽一周年、党的十九大、加快建设现代化五大发展美好安徽等系列大型重点主题宣传报道,开设了《勇闯新路的安徽答卷——习近平总书记视察安徽一年来》《十九大精神在江淮》《十九大精神与我们这一行》《新时代 新气象 新作为》《砥砺奋进的五年》等一批特色鲜明、重点突出的报道栏目,在省内外产生广泛热烈的反响,受到社会各界广泛好评,进一步强化党报新闻舆论的喉舌作用、阵地作用。加强舆论引导,对社会热点问题,开展深入调查、分析,及时回应群众关切,强化舆论监督,为群众解决生产生活中的实际问题,强化反对“四风”报道,弘扬社会主义核心价值观,对网络上的不实消息和错误观点,积极回应、有力批驳,积极引导舆论,凝聚强大社会正能量。

【重大事项宣传】2017年有很多大事、要事,安徽日报等集团各媒体提前谋划、主动作为、创新策划、积极组织,以一个又一个漂亮的新闻宣传“胜仗”提升了媒体的新闻传播力和品牌影响力。

党的十九大精神宣传。2017年,安徽日报将做好十九大宣传作为年度宣传工作第一要务、最大的政治任务,精心组织,加强策划,严格把关,精心融合。会前:安徽日报策划推出了《砥砺奋进的五年》系列报道,反映十八大以来政治经济社会文化生态方面取得的显著成就、百姓生活发生的巨大变化。开设《我看这五年》《外国人看安徽这五年》《500强看安徽这五年》等系列栏目,从个体、外国友人、跨国企业负责人的视角、经历和感受,反映五年来安徽发生的巨变,角度新、构思妙,让人眼前一亮、耳目一新。“一线调研”系列从一人一物一事切入,突出小视野、小角度、小故事,讲述十八大以来百姓生产、生活巨变,展示经济社会发展的亮点闪光点。十九大召开前夕,安徽日报策划推出《安徽勇闯新路》等4篇特别报道、56个整版的喜迎十九大特刊、《砥砺奋进的五年》各市篇大型系列特刊,稿件以小见大、以点带面,综合反映安徽及各地五年来的辉煌成就。会中:《安徽日报》头版整版报道大会开、闭幕消息;19日的开幕会,《安徽日报》2、3版跨版、4版整版三个版刊登习近平代表第十八届中央委员会向大会作的报告摘登,共推出10个版的“十九大特别报道”,有力体现了党报引领舆论的分量充足、浓墨重彩。安徽日报还策划推出包括71个整版《党的十九大专题报道》、22个整版《学报告 看安徽》在内的一系列专版,《十九大本报北京专电》专题和《十九大时光》等13个系列重点栏目。推出《撸起袖子加油干 共创美好新生活》等报道239篇,展现广大干群聆听十九大报告的喜悦之情和迈进新时代、阔步新征程的壮志豪情,展现五年来省委省政府推动全省经济社会发展的一步步坚实脚印、一个个突出成效,印证十九大报告的新论断。十九大开幕当天,安徽日报还派20多路记者分赴全省各地、各条战线与全省干群一起收听收看十九大报告,及时报道党员干部、普通群众、先进模范等对十九大的积极评价和对十九大报告的强烈反响。自19日至24日,《安徽日报》连续6天,每天至少1个整版,分地域、分块面、分系统、分主题全方位报道安徽广大干群认真学习十九大报告的热烈场面。安徽日报新媒体全力做好报道,“两微”每天实时直播大会盛况,并在新媒体上及时推送报告的主要内容。会议期间,新媒体开设众多子栏目,通过直播、代表采访、话题讨论等,推出一大批技术新、内容活、形式生动的新媒体报道作品,会议期间,新媒体90%的报道作品都是十九大内容。会后,安徽日报策划和报道重点聚焦在各地学习贯彻习近平新时代中国特色社会主义思想和十九大精神的新思路、新谋划、新举措和新成效上,开设《十九大精神在江淮》《十九大精神与我们这一行》等系列重点栏目,组织记者奔赴各地,反映全省上下和各行各业学习贯彻新思想、新精神的热潮和实际行动、显著成效。策划推出系列理论专栏专版和评论文章,深化人们的思想认识,提高学习贯彻的精神自觉。推出《在习近平新时代中国特色社会主义思想指引下——新时代新作为新篇章》专栏,深入报道各地和各行业领域贯彻落实习近平新时代中国特色社会主义思想和十九大精神的热烈景象和巨大变化,报道内容厚重、贴近实际,用数据和事例对比的方式,有很强的感染力、说服力。安徽日报还充分发挥报网融合优势,统筹采编力量,打通“报微”两端,多部门联动配合,开展全媒体报道。安徽日报

"两微"同步推出《砥砺奋进的五年》《喜迎十九大》主题报道栏目，推出多个音视频、航拍、VR(虚拟现实)新媒体产品，"看"百姓生活变化、"晒"安徽巨大成就，引发众多网站、微博微信和客户端转载。《为家乡点赞》栏目聚焦安徽省以及各个地市的发展成就，推进报道向纵深发展，广大网友、受众眼纷纷留言点赞。十九大期间，安徽日报"两微"完成十九大开幕会、闭幕会、安徽代表团媒体开放日、三场"党代表通道"、六场中外记者招待会以及十九大新闻发言人新闻发布会等各类直播10余次，创重大主题视频直播数量之最。制作推出《十九大代表风采》视频，《学报告谈体会》视频，设置"新时代，你有什么新期待？""一起畅聊，你眼中的现代化"等互动话题，有针对性组织网民参与讨论，提升传统媒体和新媒体的影响力和传播力。仅会议期间，安徽日报"两微"就发稿287条，平均阅读量1.5万人次，最高单条阅读量9.1万人次，为十九大营造浓烈的舆论氛围。《新安晚报》开辟《十九大特别报道》专栏，十九大期间平均每天用6至7个版进行报道。安徽网累计发稿近百篇，点击率超过800万人次。大皖客户端滚动转发权威媒体大会报道，每日推送多条十九大报道。官方微博开设《十九大》《微观十九大》等栏目，累计发布消息上百条。《安徽商报》重磅推出《十九大专题报道》专版，及时报道大会动态、重要报告、重要讲话、会议公报，并对十九大报告进行深入解读。网站、手机端、微博等平台注重时效性和传播速度，实时转播开幕式、新闻发布会和闭幕式等重点直播。《安徽日报农村版》推出"喜庆十九大 说说心里话"特别策划，让广大读者吐露心声，牵头举办"乡村振兴战略"研讨会，邀请专家学者积极建言献策，探寻落实十九大精神、振兴乡村"安徽方案"。《安徽法制报》推出《庆祝十九大胜利召开》特别报道，以及《聚焦十九大政法干警看盛会》《十九大精神进校园》《十九大精神进军营》等栏目，报道社会各界贯彻落实十九大精神的新思路、新举措。《江淮时报》精心策划、创新版面设计，推出多篇重点报道，取得了良好效果。徽商杂志开设《500强看安徽这五年》《热议企业家精神》等专栏，积极报道多地安徽商会党支部"喜迎十九大"的学习活动，进一步强化了党员企业家的党性观念。

全国及省"两会"报道。在2017年全国及省"两会"宣传报道上，集团各媒体加强报道策划、加强媒体融合报道力度，在高质量地做好规定性、程序性报道的同时，围绕两会重点以及报告"关键词"等，策划推出一批主题鲜明、内容丰富、形式灵活的报道。《安徽日报》除了对大会各项议程进行大篇幅、多版面报道外，还创新报道手段、创新报道形式，推出了一大批自主策划报道。在省"两会"报道中，紧扣"关键词"，挑出"亮点"，结合数据和成效，配合会外报道和过去一年发展亮点，策划推出《践行新理念，创造五大发展崭新业绩》等系列专版报道，使"两会"报道更丰富、鲜活。推出融合报道《两会朋友圈》栏目，就网上网下群众关注、代表委员关心的问题，让代表委员与网友互动讨论。在全国"两会"报道中，安徽日报推出《撸起袖子加油干 勇闯新路这一年》等系列报道、系列主题专版，有力展示了安徽勇于改革、实干奋进的形象。安徽日报新媒体打造的"今天，世界瞩目安徽"H5特别报道，引来大量粉丝围观。《新安晚报》《安徽商报》特派多名记者专程赴北京对全国"两会"进行全媒体采访，通过旗下的报纸、网站以及两微一端产品，对两会盛况进行了全媒体、全方位、立体式、多维度报道，设置了履职这五年、在现场、微建言、微话筒、会传真、议政录、两会部长说事等栏目，发稿超过50个版，发稿近200条。2017年的省"两会"上，新安晚报、安徽商报以鲜明的主题、多元的视角全力做好相关宣传报道，关注民生，反映成绩，增强报道的亲和力。《江淮时报》在省"两会"期间共出版5期会议专刊，受到省政协委员的一致好评，得到省政协的高度赞扬。在2017年全国两会期间，该报派骨干力量赴京采访，采写、拍摄一批生动鲜活的好新闻、好图片。会后，省政协办公厅发来感谢信，对江淮时报提出表扬。

"外交部安徽全球推介活动"、中博会和徽商大会等重要活动报道。2017年4月，安徽省在外交部举办全球推介活动，这是安徽省向国内外展示形象的重要活动。安徽日报推出"打造内陆开放新高地"系列报道，用一大批综述、典型报道、专访报道，反映全省对外开放取得的巨大成就。在推介活动次日，重磅推出8个版的策划专刊，全景反映推介会实况和活动取得的成果，赢得广泛好评。在中博会和徽商大会报道上，安徽日报先期也做了仔细筹划，连续推出《在开放合作中携手崛起》等6个整版的系列报道，报道聚焦不同主题，及时反映大会取得的显著成果。

《新安晚报》《安徽商报》积极策划，为盛会的成功举办营造浓厚氛围。安徽商报推出新闻策划《缘结徽商大会》，以两个整版的篇幅，对既往徽商大会签约项目及2017年新推介项目进行报道，体现了徽商大会平台对项目落地、对推动经济增长所发挥的强大作用。中博会期间，以"'徽''耀'中华"为栏头连贯推出各种动态报道，浓墨重彩大篇幅重点报道。自主策划与动态报道相携并进，营造良好的大会气氛。5月20日，再推出新闻策划《合肥——一个合作发财的地方》。《徽商》杂志结合自身特点，推出“中博会和徽商大会特刊”，主题策划《安徽九年 激荡领跑》以中博会2009年第一次来到安徽至今为时间轴，多角度多维度多侧面展示安徽经济社会发展的变迁；策划《中部有力量 会长齐登场》专题报道，展示来自中部六省优秀组织和徽商企业家的形象，为大会的成功举办营造积极舆论氛围。

【主题宣传报道】2017年，集团各媒体始终高度重视重大主题宣传报道，积极谋划、创新策划，力求做实做精做出彩，将加快建设现代化五大发展美好安徽的崭新形象呈现出来，将创新发展的“安徽实践”展现出来，为读者受众奉上一道道耐读耐看的“新闻大餐”。

全力做好习近平总书记视察安徽一周年的宣传报道。在习近平总书记视察安徽一周年之际，《安徽日报》综合运用特稿、社论、通讯、评论员文章、H5、航拍、视频等多种手段，强化报道效果。组织推出了《勇闯新路的安徽答卷——习近平总书记视察安徽一年来》系列报道。精心推出《勇闯领跑之路》《不负重托的“安徽答卷”》等系列特别报道。策划推出《奋发有为开新篇》等专版报道。组织推出《旗帜鲜明讲政治 五大发展见行动》深入学习贯彻习近平总书记视察安徽重要讲话精神系列体会文章。与此同时，各系列报相继发力，形成强大的宣传声势。4月21日起，《新安晚报》开设《勇闯新路的安徽答卷——习近平总书记视察安徽一年来》专栏，连续15天在重要版面推出15个整版的重磅报道。《安徽商报》推出12个整版报道，稿件从小处入手，从民生感强的现场入手，坚持都市报采写特点，使读者阅读起来亲切感人，报道效果更加深入人心。

认真做好“加快建设现代化五大发展美好安徽”的宣传报道。省第十次党代会对安徽经济社会的未来发展做“建设五大发展美好安徽”的全面部署。《安徽日报》精心谋划、加强策划，开设《建设‘五大发展’美好安徽》《五大发展进行时》等重点报道栏目，连续推出一批动态报道、综合报道、深度报道。同时，策划推出“扎实推进五大发展行动计划”“我省近期重大经济政策评述”等一批评论、述评。推出“怎么看 怎么办”系列专访，针对具体工作，专访省相关重点部门负责人，对指导各地贯彻落实党代会精神起到推动作用。《新安晚报》《安徽商报》结合自身特色，开设《五大发展进行时》栏目，共发稿百余条(组)，有力有效地宣传安徽省贯彻五大发展理念的生动实践。其中，安徽商报启动以来接连推出8个主题策划，每个策划使用版面为2~3个版。如4月15日推出的策划《与全世界做生意》，以一带一路背景下安徽不断拓展对外开放的生动实践为例，刊发深度报道；推出的策划《黑科技》，报道会听话的鼠标、改变树叶颜色的神奇药水等安徽最新创新科研成果，展示了创新发展的“安徽实践”。

扎实做好全面从严治党的宣传报道。围绕十八届六中全会、习近平总书记系列重要讲话精神以及安徽省的重要部署，在全面从严治党宣传报道上，《安徽日报》加强报道力度：一是策划推出专题报道。推出“‘净化优化政治生态’系列谈”“扎实推进‘两学一做’学习教育常态化制度化”等系列评论，提高人们的思想认识，明确从严治党的具体要求，推动从严治党向纵深开展。二是强化报道效果。开设《讲政治、重规矩、作表率》《深入推进全面从严治党》等重点专栏。三是强化典型报道传力度。开设《争创先进党支部 争当优秀共产党员》《全省农村基层党建巡礼》等栏目，围绕基层涌现出来的先进典型，推出一大批优秀党员和基层党支部先进事迹的报道，报道从事例和故事入手，用成绩成效说话，令人信服，贴近性、感染力强。四是强化报道深度。策划推出“深入推进反腐倡廉 净化优化政治生态”系列述评，连推7篇。

精心做好打赢脱贫攻坚战的宣传报道。在前期宣传报道的基础上，2017年《安徽日报》对脱贫攻坚的报道进行改进创新，在及时进行动态报道基础上，加强政策解读，深入宣传扶贫政策。安徽日报开设《扶贫政策解读》栏目，每天推出1篇，集中连续报道20余篇，以贫困人口关注的视角，深入宣传、细致解读各项扶贫政策。开设《一线调研 坚决打赢脱贫攻坚战——首战首胜之后怎么干》等专栏，在报道脱贫攻坚成绩成效的同时，强化问题意识，使报道更加客观全面、内容更加深刻、引导更加有力。《安徽日报》还组织记者到一线深入调查采访，推出众多来自一线的现场采访报道，报道数量众多，既有深度调查，也有现场特写，既有综合报道，也有点上事例，既有经验探寻，也有成效报道。《安徽日报》农村版结合“新春走基层”活动，集中力量推出以扶贫脱贫为内容的重大主题策划。该策划落实过程中，报社编辑记者全员上阵，深入基层，推出三个整版报道，从扶贫脱贫的各个侧面，深度展现了基层干群合力攻坚的精神风貌。

积极做好“环保督察在行动”的宣传报道。中央环保督察期间，《安徽日报》在完成规定动作的同时，认真梳理选题、组织现场采访，以消息、通讯、评论等多种形式，组织推出多篇报道，做到自选动作每天见报1篇以上。自主推出综述、动态消息、监督报道、成效报道、评论言论等各类新闻报道近80篇，集中刊发群众信访举报件及地方查处情况一览表136个版。

有力做好推进农村环境“三大革命”的宣传报道。围绕全省美丽乡村建设推进会的精神和要求，《安徽日报》精心组织推进农村环境“三大革命”宣传报道。报道从强化思想入手，策划推出“推进农村环境‘三大革命’系列评论”3篇，推动人们思想观念的转变；策划推出系列专访，专访相关部门负责人，反映推进农村环境“三大革命”的具体要求；组织推出现场报道，综合报道全省各地农村发生的明显变化。《安徽日报》农村版利用微信平台，发起“征集‘三大革命’金点子”活动，动员广大网友支招农村环境整治，并推出相关报道，在全省乡村营造了浓厚的“推进农村环境三大革命”工作舆论氛围。

【融合报道舆论引导】伴随“网微端”平台建设，2017年，安徽日报以创新传播形式为抓手，以打造名栏目为重点，以扩大影响力为目标，大力推进媒体融合，按照“移动优先、首先发端、优稿落报”的原则，《安徽日报》成立“重大宣传融合报道小组”，积极运用H5、VR等技术，推出一批到达率、点赞率、转发率高的融媒体精品。提升安徽日报新闻舆论“四力”。在党的十九大宣传中，《安徽日报》充分发挥报网融合优势，统筹采编力量，打通“报微”两端，多部门联动配合，开展全媒体报道。在中国报业十九大融合传播峰会上，《为了总书记的嘱托》特刊和《学报告看安徽》系列报道，分获“中国报业十九大融合传播优秀作品报道类十佳”和“中国报业十九大融合传播优秀作品”奖。在习近平总书记视察安徽一周年宣传中，《安徽日报》创新传播形式，推出“总书记，我想对您说”微视频、H5和VR，全景展现总书记的安徽足记，多角度展现江淮儿女一年来在总书记讲话精神指引下干事业的精气神，实现多媒体表达、可视化呈现、数据化解析、互动式传播，引起强烈反响，进而实现报道的创新和飞跃。《勇闯领跑之路》等特别报道，受到全国数十家网站和130多个客户端转载。为做好外交部安徽推介会宣传，推出“开放的中国：锦绣安徽 迎客天下”主题宣传，《省委书记、省长精彩发言》《安徽，明明可以靠“颜值”，却敢担当拼实力》《先睹为快！VR带你抢鲜体验“安徽主场”》《外交部“蓝厅”长啥样?》《综合展区都有啥？》《各国驻华大使盛赞安徽》等新媒体作品，直观展现了安徽的新形象。相关报道一经推出，即引发广泛关注，省内省外、网上网下，热议如潮、好评不断。安徽省网宣办表扬道：“在此次推介活动的宣传报道中，你们精心策划、精细安排、精准实施，报道用心用功、传播有力有效，为展示安徽新形象、讲好安徽故事发挥了重要作用。”全国两会期间，《安徽日报》新媒体开设栏目“两会朋友圈”，发布热点话题，引起网友热议。同时，《安徽日报》集纳代表委员和网友的好声音，形成了良好的报网互动在省级媒体“两微”排名中，《安徽日报》9次入围前十、3次入围前五、1次夺冠，综合排名前五的好成绩。省“两会”期间，《安徽日报》微直播省“两会”，第一时间发布《政府工作报告》等内容，引起省内外媒体纷纷转载，引起强烈反响。这些报道，覆盖面广，影响力大，产生的效果好，有力引领了舆论。

【自主策划报道】安徽日报推出“一线调研”等系列策划。2017年，安徽日报加大“走转改”活动的力度，持续深入开展“一线调研”，策划推出“实体经济发展状况系列调查”“坚决打赢脱贫攻坚战——首站首胜之后怎么干”“农业供给侧结构性改革系列调查”等多个系列、30余篇的深度调研报道。这些调研报道紧紧围绕当前工作重点、难点，及时抓住社会热点，主题重大、思想深刻、内容新鲜、文风活泼，提升了宣传报道的质量，增强了主题宣传的效果。

《新安晚报》策划推出“主流媒体总编辑安徽行”活动，在全国主流媒体上掀起“安徽热”；推出“大城蝶变”策划，深入挖掘合肥科学发展的丰富实践，全面展现近年来的建设成就，省委常委、合肥市委书记宋国权对特刊专门做出批示，对报道给予点赞；推出“皖港二十年”策划，抓住香港回归20周年的时间节点，报道香港回归以来皖港两地之间各领域日益紧密的交流情况。《安徽商报》推出6000期志庆特刊《时间的力量》，156个版的总量刷新了安徽平面媒体近年来的出版纪录；策划推出《爱心面对面》公益栏目，共制作46期，先后组织开展“有爱有改变”慈善音乐会、“守护生命，安全童行”安全教育系列公益讲座、培根助学、爱心图书室、“爱在重阳”“暖冬行动”等30多场公益活动，帮助老弱病残等困难群众及贫困学生数百人，社会各界捐款捐物总价值数十万元。《安徽日报》农村版开设《党员工作室》和《你问我答》专栏，专栏互动性强，深受农民读者喜欢；重点推出“采茶搭桥”和“衣旧情深 爱心搭桥”两个策划活动，募集到各地爱心人士捐赠的衣被等近2000套，送往新疆皮山县。《安徽法制报》策划“法学专家面对面”活动，邀请专家、学者，围绕社会关注的热点、难点、焦点问题，从专业角度进行研讨、答疑释惑；筹划并推出“法律进校园”和“法苑书香伴我行”活动，深得广大读者和学生的喜爱。《徽商》杂志策划推出第四届徽商奥斯卡全球年度盛典活动，通过对登榜企业和企业家的报道，展示了徽商的时代风采。

【践行“走转改”活动】2017年，报业集团各媒体认真学习贯彻习近平总书记在党的新闻舆论工作座谈会上的重要讲话精神，加强政治学习，恪守从业准则，切实改进作风，深入推进“走转改”，自觉树立和维护党报集团新闻工作者良好形象。

《安徽日报》等集团媒体以迎接、宣传、贯彻十九大为主题主线，深入推进“两学一做”学习教育常态化制度化，开展“讲政治 重规矩 作表率”专题警示教育，教育采编人员增强“四个意识”，坚定“四个自信”。通过“报业大讲堂”“采编例会”、在线教育、“学习日”等多种形式，开展政治学习和业务研讨。开展“学系列讲话 做党和人民信赖的新闻工作者”专题活动，引导采编人员以“四向四做”为职业标杆，忠诚担当，履职尽责。对新进人员，统一安排进行职业道德准则集中教育、集中谈话，坚持从严从实，锤炼党报集团过硬队伍。《安徽日报》《新安晚报》《安徽商报》等媒体以栏目为抓手，通过开设《一线调研》《记者走江淮》《新春走基层》等栏目，组织采编人员沉到一线，走进基层抓活素材、提实思想，做到“身到、情到、心到”，自觉扑下身子与基层群众打成一片。安徽日报“基层党建”“乡村振兴”“徽文化保护”等调研成果，受到有关部门肯定和广大读者好评。《安徽日报农村版》《江淮时报》《安徽法制报》《徽商》等集团行业性、专业性媒体，也结合自身特点，有针对性地开展“走转改”和新春走基层活动。

融合发展

安徽日报报业集团记者在黄山经济开发区考察

【概况】2017年，报业集团扎实推进媒体融合工作，积极策划融媒体报道产品，在“融合发展总项目”统领下，着力推动安徽日报新媒体中心建设、安徽日报“网微端”平台建设，大力扶持新安晚报“大皖”客户端等系列报刊融合项目建设。截至年底，安徽日报新媒体中心筹建完成，安徽日报新闻大数据平台建立，安徽日报“两微”传播能力水平全面提升，安徽日报客户端试运行完成，安徽新闻网·视觉频道试运行完成，集团各媒体积极搭建“网微端”传播新矩阵，进一步提高党报集团的舆论引导力、影响力、传播力和公信力，筑牢、拓宽主流舆论阵地。

【融合项目传播成效显著】《新安晚报》基本建成联通报纸、网络、移动、户外、音视频的全媒体数字业务平台，完成采编流程、采编装备、新闻产品、采编理念、采编考核“五个再造”；推出全新“大皖新闻”客户端，新闻在品种、报道、制作、时效、介质、受众等方面，进入一个全面创新阶段。截至2017年年底，《新安晚报》和安徽网的官方微博微信的粉丝量已累计达500多万，“大皖客户端”下载量已超过5万。推出弘扬安徽优秀地域文化的客户端频道“徽派”，全力打造《闫红说》《直播》两个品牌栏目。“徽派”的报纸、网站和客户端受众达100多万人，成为现象级文化产品，入选2017年度安徽省宣传思想文化工作创新范例。《安徽商报》加入新华社“现场云”，开发安徽商报电子报，打造报网融合栏目《第e时间》，全力打造全媒体报道业态。《合肥网第e时间》栏目，借助纸媒专业记者团队优势，突破传统媒体界限的思维和能力，打造一种采、写、摄、录、编、网络技能运用于一体的全媒体现场报道模式。截至年底，《安徽商报》“无线合肥”APP下载量达33.03万，跻身“2016—2017全国新媒体100强”榜单。《安徽法制报》“村里”APP已在全省400个行政村推广，总下载量达180000户、客户端活跃用户数达50000户；在全国记协举办的中国传媒“移动优先”峰会上，“村里”荣获“媒体融合创新项目”二等奖。《安徽法制报》还大力发展微视频业务，通过广播电视节目制作许可，微电影《三十六封家书》获安徽省禁毒微视频比赛一等奖，微视频《时空警察》获弘扬社会主义核心价值观共筑中国梦网络视听节目评比二等奖。《安徽日报》农村版推出安徽农村网，微信公号粉丝上升至14万人。《徽商》传媒徽商网与110余家徽商企业、50余家全国异地安徽商会形成友情互链；提升徽商传媒微信公众号发稿量，收获超过50万阅读量；落户“头条号”、腾讯视频账号平台、网络直播平台，多平台汇聚流量，“头条号”平台上收获40余万阅读量。

重大活动

【“十九大精神在江淮”大型采访活动】党的十九大召开后，安徽日报聚焦各地学习贯彻习近平新时代中国特色社会主义思想和十九大精神的新思路、新谋划、新举措和新成效，开设《十九大精神在江淮》栏目。安徽日报组织记者奔赴各地，深入社区、企业、车间、部队以及田间地头，记录全省上下和各行各业学习贯彻新思想、新精神的热潮和实际行动、显著成效。

【“一线调研”活动】2017年，《安徽日报》加大“走转改”活动力度，深入开展“一线调研”，动员采编人员深入一线基层，紧紧围绕当前工作重点、难点，以问题为导向，开展主题调研。推出“实体经济发展状况系列调查”“坚决打赢脱贫攻坚战——首站首胜之后怎么干”“农业供给侧结构性改革系列调查”等多个系列、30余篇解决难点问题的思考性、探讨性调查报道，对改进创新主题宣传、打造和形成党报核心竞争力是重要推动和有益尝试。

【《安徽日报》“双十”评选活动】《安徽日报》在年末开展一年一度的安徽“十大新闻”“十大新闻人物”评选活动，回顾一年来值得载入安徽史册的新闻事件和新闻人物，展示安徽各项事业发展取得的光辉成就，展现江淮儿女矢志创新创业创造的崭新风貌。2017年评选出“深入学习宣传贯彻党的十九大精神，全面开创现代化五大发展美好安徽建设新局面”“合肥综合性国家科学中心建设方案获批并取得重大进展”“我省新入选全国文明城市、全国道德模范居全国第一”等十大新闻和潘建伟、“哈佛八博士”等十大新闻人物，把准时代脉搏，展现现代化五大发展美好安徽建设的累累硕果，彰显了时代精神与昂扬向上的风貌，展现了江淮优秀儿女的风采。

【集团系列媒体活动】2017年，《新安晚报》举办“安徽旅游全国主流媒体宣传推广活动”，带领来自全国30多家主流媒体的社长、总编详细考察安徽旅游资源的现状和近年来的创新成果。新安晚报对本次活动进行全媒体、全方位的报道，在全国主流媒体上纷纷掀起“安徽热”。《安徽法制报》打造首届“法苑书香”校园悦读分享赛。赛事立足普法前沿阵地，以全民阅读为切入点，精准定位“七五”普法规划的重点对象——青少年。首届分享赛通过选拔，来自全省8所有法律院系高校的16名学生参加比赛。《徽商》传媒主办“第四届徽商奥斯卡全球年度盛典”，在举办活动同时，对著名企业和企业家进行报道，展示了徽商时代风采。

媒体特色栏目

【《安徽日报》特色栏目】江淮观察：《江淮观察》栏目围绕党中央、国务院和省委、省政府的各项政策、决策、部署，在重要的时间节点，结合大量最新的权威数据、有代表性的事例和当前社会关注的热点，对我省政治、经济、文化、社会、生态环境等各个方面政策、形势，进行深入剖析、透视，旨在准确分析形势，切实把准方向，提出解决思路和办法，引导人们树立和提高分析问题、把握问题、解决问题的能力。专栏在头版重要位置不定期推出，每篇或每个系列聚焦一个问题或某方面的问题，用大众化的语言，以分析性、实证性、思辨性、辩证性为主要特色，注重分析、体现深度、确保效果。如《牵紧强农富农“牛鼻子”》，是针对刚召开的全省农村工作会议提出的深入推进农业供给侧结构性改革，用大量数据和事例，谈推进农业供给侧结构性改革，如何加快培育农业农村发展新动能这个主题。再如该栏目推出的“净化优化政治生态”系列谈，围绕贯彻习近平总书记关于全面从严治党系列重要指示精神和省委“讲政治、重规矩、作表率”专题教育，结合社会现实和党建重点工作，提出推动以积极健康的政治文化涵养风清气正的政治生态，加快建设五大发展美好安徽，以更加优异的成绩迎接党的十九大胜利召开。该栏目因主题重大、分析论述精准到位，已成为安徽日报重点栏目、特色栏目。

江淮时评：《江淮时评》是安徽日报重要评论栏目，在头版显著位置推出。该栏目结合当前中央和省委中心工作和重大社会热点，对重大主题、重要工作、重大事件进行深度评论，该栏目注重主题的重要性、分析的深入性、鲜明的时效性，以关注当下、凝聚共识、集聚精神力量为评论宗旨，引导人们的思想认识，有效引领舆论。2017年，《江淮时评》围绕“五大发展行动”“推进‘两学一做’学习教育常态化制度化”“推进农村环境‘三大革命’”“深入学习贯彻党的十九大及省委十届六次全会精神”等主题，策划推出多个主题的系列评论。如“五个维度看安徽经济基本面”系列评论，聚焦刚“出炉”的上半年全省经济运行数据，从稳增长、调结构、促改革、谋创新、惠民生5个方面，阐述分析全年安徽省经济发展形势和特点，通过科学分析安徽经济基本面，提出进一步贯彻落实中央和省委政府决策部署，改进创新、优化发展结构、聚焦解决短板等，激发发展新动能、增强发展新活力。因为主体重大、论述精辟、观点鲜明，很多文章被网站大量转发，收到良好效果。

徽风：《徽风》是安徽日报精心打造的短平快评论栏目，在头版推出，每篇三四百字，对新近发生的受到社会广泛关注的新闻事件和社会现象进行及时评论，一事一议，以小见大，观点鲜明，点到即止。栏目文风以节奏快、语言犀利、语句短小为主要特色。如《帮扶，莫等上级发话才行动》《部门开会讲成绩也应讲问题》《领导干部应少练嘴多跑腿》《切莫把警示当“故事”》《谨防“换届冲动”坏事》等，抓住新闻点、抓住事物的要害，及时亮出观点。因时效性强、善于以小见大、直击要害、文风泼辣犀利，广受社会和读者好评，起到了匡正时弊、弘扬正气、引导舆论的作用。

一线调研：《一线调研》为安徽日报践行“走转改”、提高党报影响力、大兴一线调查之风的重点深度报道栏目。栏目以记者深入一线调查调研的形式，通过第一手的材料，以事实为依据，以典型事例和人物现身说法的形式，深度反映当前党委政府和民众关心关注的话题，报道典型现象，分析突出问题，体现社会发展主流。报道以通讯的形式，通过记者实地采访，就基层某种新生事物、新的社会风尚、基层新颖的创新做法、当地有影响的生动人物等，生动地进行现场和深度报道，体现各地基层昂扬向上的精神风貌和勇于创新的时代精神。

【《新安晚报》特色栏目】《家·晚霞》栏目：关注老年人生活的方方面面，紧密结合社会热点，兼顾新闻性、时效性和服务性，每一期稿件都有最新的新闻事件或热点话题为新闻源，定位为老年人提供资讯和服务的专栏，采访相关人物，有故事、有观点，还有专家说法，同时配上记者的问卷调查，文图编排美观，制作精良，形成专栏固定特色，深受老年读者的阅读喜爱。

【《安徽商报》特色栏目】《魅力安徽》专版：刊发于美国《侨报》和法国《欧洲时报》，《侨报》出版46期、《欧洲时报》出版42期。与往年不同的是，2017年《魅力安徽》专版抓住习近平视察安徽工作一周年契机，做好回头巩固宣传工作；抓住十九大召开的契机，提升外宣宣传水平，尽最大可能扩大安徽影响力、辐射力，提升安徽知名度、美誉度。

《数读》栏目：重点打造的财经新闻栏目，结合新近社会热点，每期设立一个主题，涵盖政经、产经、民生消费等多领域。围绕主题，以社会调查的形式，收集有效数据，进行新闻分析，最终以调查图表的形式呈现。该栏目获得2017年度安徽新闻奖一等奖。

【《文摘周刊》特色栏目】《坊间微说》栏目：刊登有趣的世相故事，加以诙谐点评，导向正确。

《夕阳漫话》栏目：刊登关于老年人的言论，贴近性强。

【《江淮时报》特色栏目】《政协江淮行》：派出记者上山下乡，走基层、接地气，图文并茂地采访报道政协系统、民主党派、工商联履职尽责、献策出力，推动全省经济社会发展的积极作为。

【《安徽法制报》特色栏目】《公益普法故事会》栏目：立足校园普法，开展“法律进校园”普法活动中开设的一项公益性普法专栏。通过采编人员亲历的法治事件和法治实践，讲述法治故事和真实案例，普及法律知识，积极引导同学们读法学法，故事会每次一个小专题，以新颖、鲜活、丰富多彩的方式呈现，深受广大师生好评。

【《徽商》杂志特色栏目】《徽商新势力》栏目：以每期一至两位“双创”典型人物的报道的方式，让读者了解当下创业创新的新产业、新模式及创业者的酸甜苦辣。栏目旨在发掘新徽商面孔，助力“双创”热潮持续发酵，聚焦拥有新技术或新商业模式的创业企业，从“新”出发，挖掘了一批有风投进场、有持续创新力和盈利能力的创业公司。

【《亳州晚报》特色栏目】 融媒体《直播亳州》栏目：《亳州晚报》在力推报端网微深度融合的基础上，打造“融媒体时代”的直播模式，2017年，在旗下的亳州头条APP开设《直播亳州》栏目，相继对2017高考现场、涡河建安隧道围堰回水、老庄思想与协调发展论坛、国际健身五禽戏交流大赛、华佗中医式祭祀大典、中国（亳州）国际半马大赛、“健康安徽”江淮骑行大赛、好老师讲好故事以及重要案件庭审等16项活动进行现场直播。

《扶贫日记》专栏：自2016年7月开始，《亳州晚报》在现场版推出《扶贫日记》专栏，以平均每周一期的频率，邀请奋斗在扶贫一线的驻村扶贫工作队成员以及村扶贫干部，以日记体的形式，展现他们在扶贫工作中的所见所闻、经验做法、思考见解、帮扶成效等,在讲述扶贫故事、分享扶贫感悟的同时，传递脱贫攻坚正能量。

新闻传播理论研究

【概况】2017年，报业集团新闻理论研究紧紧把握媒体格局、舆论生态发生的深刻变化,以提升党报主流媒体的传播力、引导力、影响力和公信力为方向,总结新闻舆论工作实践,探讨“策采编发”业务得失,促进经验、理论到业务的“无缝对接”,构建了理论到实践的“绿色通道”。

新闻阅评工作强化业务研讨。2017年,集团将新闻阅评工作作为把好政治导向、提升业务水平的重要抓手,加强理论研究,强化业务研讨，营造浓厚的新闻业务氛围。全年共编发《阅评简报》21期,共计51篇阅评稿件。这些阅评稿件既有围绕重点报道、重点系列策划而做的综合研究评价,也有就集团媒体的单组策划、单篇报道而推出的具体分析。如《安徽日报〈一线调研〉系列报道述评》将安徽日报的特色栏目《一线调研》作为研究分析对象，从新闻策划和传播学角度,研究党报在新形势下做好调研报道、加强舆论引导的新做法、新成效；《“融起来”的报道更给力》,针对安徽日报一个特别报道的具体案例,总结安徽日报通过一体策划、一体采编、融合报道、全媒传播,使报道“融起来、深下去、火起来”的创新经验。“新闻阅评”紧扣策划及报道特色亮点，深度剖析报道的导向、新闻价值、传播特点和社会影响,提炼其在策划上、报道上、采访上、写作上的优秀经验做法,为报业集团开展新闻策划、推进媒体融合提供了有益借鉴和参考。

新闻理论研究指导舆论引导工作。2017年,集团强化以新闻理论研究指导舆情研判、舆情分析,全年出台实施意见十多个,发出宣传指令800多件(条),为集团各媒体平稳有序引导舆论,稳妥全面做好新闻宣传工作提供有力指导。十九大召开期间,报业集团每日开展策划研究会、报道讨论会,加强选题分析和内容研究,确保各媒体十九大宣传工作稳妥及时,防止出现失误差错。在大量调研基础上,制定出台系列审核把关制度,为各媒体有力引导舆论,进一步讲好中国故事、传播好中国声音、展示好安徽形象提供理论支撑和业务指导。

新闻舆论工作经验总结推介。2017年,安徽日报的新闻宣传工作受到上级部门多次表扬和行业普遍关注,《中国新闻出版广电报》《三项学习教育通讯》、中国记协网及微信平台等中央媒体、内刊上刊发安徽日报经验报道37篇次;集团媒体共获省级内刊《宣传工作》《新闻阅评》《舆情专报》《安徽新闻界》表扬50余次。安徽日报十九大新闻宣传工作在中宣部新闻协调会上受到3次表扬;安徽日报《新时代新气象新作为》专栏获中宣部点名肯定。为进一步总结经验、指导业务，报业集团编发业务简报《编务指导》31期、共计47篇,将在中央媒体上刊发的经验报道做全面集纳。报道经验有力指导各媒体的新闻策划、舆论引导和媒体融合等工作。

理论研究成果。2017年,集团《党报新发展有了新指引》《不忘党报初心 勇担党报使命》等数十篇论文发表于《新闻战线》《中国报业》《青年记者》《中国新闻出版报》《三项学习教育通讯》等中央媒体、刊物和新闻核心理论刊物，以及《新闻世界》等省级主要专业理论期刊上。2017年,报业集团共有《深度报道，媒体融合中纸媒逆袭之本》等7篇论文获2017年度安徽新闻奖新闻论文奖。

廣播電視電影

谢道祐题

□广播 电视

□电　　影

□安徽广播电视台

广播 电视

"阅读经典 不忘初心"——2017 安徽省读书演讲电视大奖赛活动

【概况】2017 年，全省有省级广播电视台 1 座、市级广播电视台 16 座,县级广播电视台 61 座。开办公共广播节目 104 套,全年制作各类广播节目 177955 小时，总播出时间 521135 小时；开办公共电视节目 109 套,全年制作各类电视节目 76538 小时,总播出时间 632992 小时。全省有中波广播发射台和转播台 25 座、调频、电视发射台和转播台 167 座、微波站 92 座,广播人口综合覆盖率 99.04%、电视人口综合覆盖率 99.19%。全省微波线路总长 3399 千米，省级干线网总长 5942 千米,市级干线网 4614 千米,县级及县级以下干线网 22382 千米。全省有线电视用户 837.39 万户,入户率 39.09%。广播电视从业人员 33832 人,其中省级广播影视机构从业人员 9555 人。

【经济效益】2017 年，全省广播影视行业实际创收收入累计 90.46 亿元,比上年增长 2.4%。其中广播电视创收 74.56 亿元,下降 0.61%；影院票房收入 15.9 亿元，增长 19.37%。广播电视创收收入中,省级 58.63 亿元,下降 0.95%。全省广播电视广告收入 32.66 亿元，下降 5.88%。其中省级 25.82 亿元,下降 7.42%。全省有线电视网络收入 15.07 亿元,下降 7.6%。其中,有线电视收视费收入 8.18 亿元，付费数字电视收入 1.04 亿元。全省广播电视其他收入 26.83 亿元，增长 11.74%。全年电影放映总场次 368.7 万场，观影总人数 5507.7 万人，分别比上年增长 28%、21.3%；城市票房 15.97 亿元,增长 19.1%，全国排名第 12 位。

【广电新闻宣传】2017 年，全省各类媒体在中央人民广播电台、中央电视台等中央主要媒体发稿继续保持领先。安徽广播电视台在中央电台年度新闻发稿量再次排名全国省级台第一,这是省台连续七年获此殊荣。安徽广播电视台在中国之声全年用稿 1952 篇,其中在《新闻和报纸摘要》《全国新闻联播》用稿 388 篇、头条 34 篇。全国"两会"期间,在中央电台播发"两会"报道 120 篇,发稿篇数、质量均创历史同期最高水平，稳居省级台第一位，《砥砺奋进的五年》《十九大时光》等专题专栏获得中宣部和国家新闻出版广电总局表扬。全年制作广播电视公益广告 4200 多条、展播 260 万余条次，总时长 330 万余分钟。组织开展 2016 年度广播电视公益广告扶持项目征集评选活动，评选出优秀作品 26 件、优秀传播机构 6 个。举办"静安杯"安徽省首届扶残助残公益广告大赛,开展知识产权、敬老养老助老、节能、环保、税收等公益广告作品征集及展播活动,全省有 8 件作品获得国家新闻出版广电总局表彰,2 家广播电视台被国家新闻出版广电总局评为优秀传播机构并获得资金扶持。开展 2017 年"弘扬社会主义核心价值观 共筑中国梦" 主题原创网络视听节目征集推选和展播活动。俄语版外宣专栏《今日安徽》在俄罗斯巴什科尔托斯坦共和国卫星频道播出。

【全省读书演讲电视大奖赛】2017 年 10 月,省委宣传部、省新闻出版广电局、安徽广播电视台联合主办"阅读经典 不忘初心——2017 安徽省读书演讲电视大奖赛" 活动，全省组建 20 支代表队参加电视大奖赛活动，最终 15 支代表队进入决赛，决赛在安徽广播电视台举行。参赛选手紧紧围绕"阅读经典、不忘初心"的主题,结合自己的读书经历和工作生活阅历,讲述读书对自身成长进步的重要意义,分享读书的快乐，抒发对读书的热爱，倡导大家养成爱读书、读好书、善读书的良好习惯。来自六安市广播电视台的选手邵乐猛等 15 人分获一、二、三等奖。

【农村户户通工程】2017 年直播卫

星户户通整省推进工程全面实施，全省69个任务县(区)全面启动户户通设备订货和安装工作，累计安装开通52.3万户，群众可免费收听收看47套广播和58套电视节目。指导各县(区)建立县级户户通服务网点，探索乡镇网点服务，结合政府购买广播电视村村通服务谋划长效运营。2017年全国直播卫星户户通推进工程开通设备111.1万户，全省占全国总数的47%，受到国家新闻出版广电总局表扬。2017年中央暨全省广播电视节目无线数字化覆盖工程一期工程78个台站建设任务全部完成，二期工程40个台站建设任务准备实施政府采购招标。

【**网络视听节目管理**】2017年，省新闻出版广电局围绕迎接学习贯彻党的十九大这条主线进行工作部署，指导各网络视听持证及备案机构开设《喜迎十九大》专栏专区，集中报道十八大以来改革发展辉煌成就，宣传十九大盛况。组织开展迎接十九大优秀视听节目展播展映，扎实开展习近平总书记系列重要讲话精神、扶贫攻坚等重点专题宣传。依托全省网络视听节目和数字出版综合监管平台，加强对全省境内互联网视听网站日常巡查频次和力度，及时查处、关停违规内容网站4家；开展网络整治专项行动，排查网络直播平台，封堵政治有害和淫秽色情信息，遏制不良内容的网上传播，守好网络阵地；开展双随机检查，检查持证备案机构制度落实情况和传播内容情况，强化主体责任；组织对涉医药广告进行全面清理和严格审核。推进三网融合工作进展，进行集成播控平台的施工建设，推进电信用户的切转和总分平台的对接。组织全省部分单位参加长三角三网融合创新产品大赛，省广电传媒产业集团的“融合网络智能终端”产品获大赛一等奖。

【**广播影视管理**】2017年，省新闻出版广电局组织开展全省广播电视节目制作经营机构和《电视剧制作许可证(甲种)》持证机构年度业绩审核工作，对全省280家广播电视节目制作经营机构进行逐一核查，严格实行退出制度，对27家机构给予审核“不合格”结论或注销许可证处理。首次在省政务窗口开展许可证集中换证工作，进一步提高政务服务水平，全年新增节目制作机构130家，增幅达46%。开展规范频率频道管理工作，严肃查处擅自开办频率频道、调整呼号、承包转租为重点，查处违规问题5起，关停23套违规传送节目。

【**查处违规广告**】严格实行养生类节目备案管理制度，停播10档未经备案或违规播出广告的医疗养生类节目。对网络热点的“四大神医”广告开展全面普查，停播10家播出机构、19个频道播出的7条广告。禁播“养心通脉方”“苗仙咳喘方”等50条违规广告。组织开展迎接十九大广播电视广告播出情况专项检查，依托网络视听节目监管中心先后15次组织专家对全省播出机构和广告播出情况进行集中监听监看，对发现的违规问题，采取编发通报、责令整改、整改结果公示、编发管理提示等措施，形成管理闭环。畅通举报渠道，办理各类投诉举报36起，全年下发《整改通知书》103份，查处违规广告90余条。

【**治理低俗现象**】督促全省广播电视台严格落实三审制和重播重审制度、进一步规范舆论监督类节目栏目管理、加强对节目低俗炒作虚假失实现象管理、对部分市教育电视台未转播央视《新闻联播》的问题进行整改、督促各级广播电视台对其节目网络传播行为加强管理。组织广播电视创作人员参加国家新闻出版广电总局举办的优秀节目经验交流相关培训。

【**打击违法行为**】在全省组织开展集中打击治理“黑广播”专项行动，建立周报告月小结制度，实现对全省16个市、2个省直管县督查全覆盖。运用公安、无线电管理、广电等

时任省委宣传部常务副部长、省新闻出版广电局局长车敦安为“安徽省十佳播音主持奖”获奖选手颁奖

部门协调联动机制，查处、取缔“黑广播”82个。开展非法卫星地面接收设施整治工作，检查各类经营场所4240余个。

【制定相关政策】制定《繁荣我省“三大文化”系列影视作品实施方案》和《安徽省影视作品拍摄推进跟踪管理服务暂行办法》，从剧本扶持、题材引导等方面进一步推动影视作品质量提升；制定《安徽省省级国家电影事业发展专项资金管理办法》，进一步加大影视精品创作生产扶持力度；制定影视审片专家分库建库和评审专家入库原则，调整充实影视审查专家库，提高电影电视剧审查水平。

【广播电视精品创作】2017年，省新闻出版广电局开展迎接党的十九大重点纪录片、动画片和优秀节目创作和展播展映工作，组织各级广播电视台策划一批弘扬主旋律、传播正能量的优秀节目(栏目)。其中，省台电视专栏《砥砺奋进的五年》、国学励志节目《少年国学派》等多个栏目获国家新闻出版广电总局多次表扬，《听见：扶贫正攻坚》被国家新闻出版广电总局评为2016年度全国广播电视创新创优节目；《耳畔中国》《少年国学派》分别获2017年度全国第一、三季度广播电视创新创优节目，被国家新闻出版广电总局推荐在全国卫视播出。广播剧《板车女孩》荣获中宣部“五个一”工程奖，这是安徽省广播剧连续九届获得中宣部“五个一”工程奖，实现“九连冠”；广播电视节目《听见：扶贫正攻坚》《耳畔中国》和《少年国学派》获得国家新闻出版广电总局创新创优节目扶持资金。2017年度，安徽省对多部优秀广播电视作品给予配套奖励或前期扶持。2017年度中国广播影视大奖中，由安徽省广播电影电视联合会推荐的《新一轮农村改革的安徽模式》《扶贫要精准 谨防养懒人》分获“消息类”和“评论类”广播类节目大奖。

【应急广播建设】2017年，省新闻出版广电局编制完成《安徽省应急广播规划和总体方案》，强化规范标准，建立安全防范措施，实现国家、省、市、县四级应急信息联动和贯通。制定完善应急广播省级平台技术方案。建立由省新闻出版广电局和省应急办牵头的应急广播联席会议制度，成立“全省应急广播平台建设领导小组”，启动舒城、泗县、休宁等7个应急广播试点，并在全国首次实现中央应急广播内容信息和调度指令，通过省级仿真平台和县、乡、村级平台直接唤醒村民组的大喇叭播出。省财政投入建设资金1384万元的应急广播省级调度控制平台建设有序推进，完成测试验收并投入运行。各试点县进展顺利，舒城县实现全区域覆盖，应急广播建设整体工作走在全国前列。

【频率、频道一览】(见表一、表二)

表一 安徽广播电视台广播频率

台名	频率名称	开播时间
安徽广播电视台	安徽新闻综合广播频率	1952年6月1日开播，2003年9月由原安徽人民广播电台改版为新闻综合广播
	安徽经济广播频率	1994年1月
	安徽音乐广播频率	1999年3月
	安徽生活广播频率	2002年5月
	安徽交通广播频率	2004年1月
	安徽农村广播频率	2005年7月
	安徽小说评书广播频率	2007年9月
	安徽戏曲广播频率	2008年7月
	安徽旅游广播频率	2009年3月

表二 安徽广播电视台电视频道

台名	频道名称	开播时间
安徽广播电视台	新闻综合频道(安徽卫视)	1960年9月30日开播 1997年10月6日上星
	影视频道	1993年12月
	经济生活频道	2001年7月
	综艺频道	2001年7月文体频道开播，2010年1月1日改版为综艺频道
	公共频道	2002年7月
	科教频道	2003年12月
	家家购物数字付费频道	2004年11月
	安徽移动电视频道	2005年5月
	人物数字付费频道	2006年12月
	国际频道	2009年3月

【广播节目时间表】

2017年新闻综合频率节目时间表

时 段	周一到周五	周六	周 日	播出方式
04:00—05:00	重播《健康100分》(55)+《公益广告+频宣》(5)			录 播
05:00—06:00	健康新概念(60)			录 播
06:00—06:02	广 告(2)			定 点
06:02—06:28	早听天下(26)			直 播
06:28—06:30	广 告(2)			定 点
06:30—07:00	★新闻和报纸摘要(30)			增音室转播
07:00—07:30	全省新闻联播(30)			录 播
07:30—07:58	新闻早高峰(28)			直 播
07:58—08:00	广 告(2)			定 点
08:00—08:28	新闻早高峰(28)			直 播
08:28—08:30	广 告(2)			定 点
08:30—08:58	新闻早高峰(28)			直 播
08:58—09:00	广 告(2)			定 点
09:00—10:00	《新闻锐搜索》(5)+《1036健康苑》(55)			直 播
10:00—11:00	《新闻锐搜索》(5)+《健康有约专题》(55)			直 播
11:00—11:02	广 告(2)			定 点
11:02—11:58	《新闻锐搜索》(5)+《政风行风热线》(51)			直 播
11:58—12:00	广 告(2)			定 点
12:00—12:28	《新闻锐搜索》(5)+《趣·旅行》(23)			直 播
12:28—12:30	广 告(2)			定 点
12:30—12:58	《趣·旅行》(28分钟)			直 播
12:58—13:00	广 告(2)			定 点
13:00—13:28	《新闻锐搜索》(5)+《健康100分》(23)			直 播
13:28—13:30	广 告(2)			定 点
13:30—13:58	《健康100分》(28分钟)			直 播
13:58—14:00	广 告(2)			定 点
14:00—15:00	《新闻锐搜索》(5)+《健康有约专题》(55)			直 播
15:00—15:28	《新闻锐搜索》(5)+《1036朋友圈》(23)			直 播
15:28—15:30	广 告(2)			定 点
15:30—15:58	《1036朋友圈》(28)			直 播
15:58—16:00	广 告(2)			定 点
16:00—17:00	《新闻锐搜索》(5)+《健康有约专题》(55)			直 播
17:00—17:28	《新闻锐搜索》(5)+《爱你在路上》(23)			直 播
17:28—17:30	广 告(2)			定 点
17:30—17:58	《爱你在路上》(28)			直 播
17:58—18:00	广 告(2)			定 点
18:00—18:28	《爱你在路上》(28)			直 播
18:28—18:30	广 告(2)			定 点
18:30—18:58	《爱你在路上》(28)			直 播
18:58—19:00	广 告(2)			定 点
19:00—20:00	《新闻锐搜索》(5)+《健康有约专题》(55)			直 播
20:00—21:00	《健康新概念》(60)			直 播
21:00—22:00	《1036夜动听》(60)			录 播
22:00—24:00	《城市不打YOUNG》(120)			
00:00—01:00	重播《趣·旅行》(55)+《公益广告+频宣》(5)			录 播
01:00—02:00	重播《1036夜动听》(60)			录 播
	02:00结束			
备注：	每周二晚间23:00至凌晨04:00停机检修，每月最后一个周二14:00—17:00停机检修。			

【电视节目时间表】

2017 年安徽卫视节目时间表

<table>
<tr><th>时 段</th><th>周一</th><th>周二</th><th>周三</th><th>周四</th><th>周五</th><th>周六</th><th>周日</th></tr>
<tr><td>6:30</td><td colspan="7">超级新闻场</td></tr>
<tr><td>7:30</td><td colspan="4">纪录片+动画片</td><td>安徽好人+
相约花戏楼
+动画片</td><td colspan="2">纪录片+动画片</td></tr>
<tr><td>9:00</td><td colspan="7">万家剧场(3 集)</td></tr>
<tr><td>11:45</td><td colspan="7">男生女生向前冲</td></tr>
<tr><td></td><td colspan="7">真情剧场(5 集)</td></tr>
<tr><td>18:00</td><td colspan="7">每日新闻报+安徽新闻联播+CCTV 新闻联播</td></tr>
<tr><td>19:30</td><td colspan="7">海豚第一剧场(2 集)</td></tr>
<tr><td></td><td colspan="7">贴剧节目:国剧演义(7.16 日起播出)</td></tr>
<tr><td>920 档</td><td>拜托了
妈妈</td><td>Q1 最佳选择
精编版
Q2 朋友圈健
康说
Q3 最佳选择
精编版
Q4 家风中华</td><td>悦美食</td><td>Q1 心动的味道
Q2 家有厨神
Q3 去逛全世界
Q4 今夜欢乐颂</td><td rowspan="3">Q1 耳畔中国
Q2 星星的礼物
第三季
Q3 空间魔法师
Q4 星星的礼物
R</td><td rowspan="3">Q1 非常驾期
Q2 星星的礼物
第三季 R
Q3 我们的征途
Q4 星星的礼物</td><td>百家姓精编版</td></tr>
<tr><td>22:10</td><td colspan="3">海豚周播剧场(2 集)</td><td>Q1 耳畔中国 R
Q2 谁是你的菜
第三季
Q3 谁是你的菜
第三季 R
Q4 蜜食记
第二季</td><td>Q1 喜福会精编
Q2 蜜食记
Q3 少年国学派
Q4 蜜食记
第二季</td></tr>
<tr><td>23:30</td><td>美丽俏佳人</td><td>美丽俏佳人</td><td>悦宝贝</td><td></td><td>美丽俏佳人</td></tr>
<tr><td colspan="8">新安夜空+纪录片+夜间雄风剧场</td></tr>
</table>

注:标注 R 的为复播。

2017 年 1 月 16 日,“口子窖·我们的奋斗 2016 第十届安徽年度经济人物颁奖盛典”录制现场。

电　　影

安徽省农村电影放映员技能大赛在合肥举办

【电影创作生产】 2017年，全省电影备案56部，通过国家新闻出版广电总局公示51部，通过率91%，较上年提高24个百分点；制作完成25部。电影剧本《采薇》获2017夏衍杯“优秀电影剧本”奖；电影《红剪花》获第五届温哥华华语电影节“最佳影片”“最佳女主角”奖；电影《忠爱无言》豆瓣评分一度高达8.9，总票房达2500多万元，创皖产电影票房新高。

【城市数字影院建设】 2017年，全省城市数字影院建设发展趋势良好，正常营运影院340家，其中新增影院55家，银幕总数2113块，座位数321623个。电影专资支持影院建设成效明显。全省继续严格落实电影专资支持影院建设的相关政策，有231家影院享受到电影专资奖补政策，中央级国家电影专资拨付4962万元，省级电影专资拨付5019万元。

【网络视听节目】 2017年度，省新闻出版广电局开展“弘扬社会主义核心价值观 共筑中国梦”主题原创网络视听节目征集活动，征集到微电影、动画片等网络视听节目161个。

【农村电影放映】 2017年，全省放映农村公益电影19.49万场，新片率达56%以上，远超国家1/3的新片比例要求。在开展“迎接党的十九大·共圆小康中国梦”优秀国产影片主题放映活动中，放映优秀国产影片4409场，观影人数68万多人次。贯彻落实《安徽省农村电影放映管理办法》，抓质量，促管理。围绕热点主题，举办“迎接党的十九大”、法制宣传等专题展映活动，为党的十九大胜利召开营造良好的社会氛围。组织参加全国“我们的中国梦·文化进万家”“三下乡”等活动，把电影送到基层，丰富群众的精神文化需求。制定《安徽省农村电影固定放映点建设方案（暂行）》《安徽省农村电影固定放映点建设实施标准（暂行）》，推行农村电影由室外转向室内、由流动转向固定的放映模式，提升群众的观影舒适度，更好地满足农民群众的观影需求。联合省教育厅印发《关于进一步加强全省中小学生爱国主义影视教育的通知》《关于做好“戏曲电影进校园”的通知》，为爱国主义教育电影进校园放映提供有力的政策支持，发挥农村电影放映工程在中小学生思想教育、文化传承方面的宣传作用，同时也给基层放映单位增加经济来源，反哺公益电影放映。

岳西县店前镇店前村新街社区农民正在观看公益电影

安徽广播电视台

【概况】安徽广播电视台成立于2010年12月，由原安徽人民广播电台、安徽电视台、安徽广播电视传输发射总台合并重组而成，是集广播、电视、报纸、网络、新媒体等多种业务为一体的省级广播电视综合传媒机构。截至2017年年底，拥有10个电视频道、9套广播频率，15座传输发射台站、1家报社以及网络广播电视台、移动电视、手机电视等新媒体。

【重大宣传】2017年，围绕“五位一体”总体布局、“四个全面”战略布局、社会主义核心价值观、“两学一做”学习教育常态化制度化、五大发展行动计划等重大主题，习近平总书记视察安徽一周年、建军90周年等重要时间节点，安徽广播电视台开设《勇闯领跑之路》《五大发展进行时》《德润中国》《坚决打赢脱贫攻坚战》《环保督察在行动》等专题专栏160多个，广播发稿2000余篇、电视播出新闻超过3.8万条，奋力奏响了安徽创新发展的时代乐章。全年先后20余次获中宣部、国家新闻出版广电总局、省委宣传部点评表扬。

【舆论引导】全年《安徽新闻联播》90%以上的时政新闻都是当天采制、当天播发，《全省新闻联播》开设100多个专栏专题，交通广播、公共频道充分发挥省级应急平台作用，在节假日交通路况、低温雨雪冰冻灾害天气等突发事件报道中，通过无人机视频巡航、VR全景技术拍摄、4G视频连线报道等方式，及时发声，引导舆论；广播频率积极推动“可视化”，采用“水滴直播室+直播车”的形式，反映民生，报道热点，显著提升了平台的吸引力、传播力和引导力。

【中央媒体用稿】全年在中央电台发稿1980篇，其中在《新闻和报纸摘要》《全国新闻联播》等重点栏目发稿占比超过30%，继续蝉联全国省级电台第一位；在中央电视台发稿1390条，其中《新闻联播》发稿172条，头条13条、单条36条。党的十九大召开期间，8天时间在央视发稿22条。

安徽广播电视台《两会面对面》在北京演播室现场录制

【对外宣传】外宣片《开放的中国：锦绣安徽 迎客天下》在外交部举办的安徽全球推介会上得到各国驻华使节和国内外媒体高度关注，一周内网络媒体点击量突破3.5亿次，被中国外文局评为“2017年度对外传播十大优秀案例”。《今日安徽》《中国安徽之声》等节目长期在美国、澳大利亚、加拿大等落地覆盖，《感知中国安徽》在俄罗斯主流电视台正式播出，被国家新闻出版广电总局列为“丝绸之路影视桥工程”和“中俄媒体交流年”重点项目，宣传片《魅力安徽》获全国电视外宣“彩桥”节目一等奖。

【平台创建】以安徽卫视为龙头，以地面频道和广播频率为两翼，全力提升平台影响力。安徽卫视在35中心城市组全天收视份额达到1.275%，居省级卫视第7位，获得“TV地标(2017)年度最具成长性省级卫视”“年度融合创新十大品牌影响力卫视”等称号。地面频道群在省网、合肥市网收视稳健，经视、影视、公共、综艺等全天收视排名均进入省市网前10位。广播各频率收听率继续保持省内强势地位，在全省及合肥市均占据50%以上市场份额。交通广播市场份额达23.98%，较上年同期提升30%。

【品牌创优】《男生女生向前冲》继“上高原”“闯天涯”之后，踏雪北上冬奥会主赛场，创新推出《男生女生冰雪大冲关》，受到国家体育总局好评。《国剧盛典》《金色年华安徽卫视上星20周年庆典晚会》致敬匠心，《2017安徽卫视春节联欢晚会》领跑收视，成为卫视年度经典。《星星的礼物》《蜜食记2》《谁是你的菜3》《政风行风热线》等一系列节目日新日进，取得良好的收视收听表现。

【节目创新】《家风中华》赋予家风故事新时代内涵，中宣部、广电总局专文称赞，省委领导批示表扬。《理响新时代》一经推出就获得充分认可，总局“收听收看日报”专文评析表扬，中宣部领导给予肯定。《耳畔中国》彰显精致的视听质感与深厚的文化底蕴，《少年国学派》激励青少年有行有慧，分别被总局评为2017年第一季度、第三季度“广播电视创新创优节目”。《我们的征途》致力于践行“一带一路”中国精神，探寻人与自然和谐共处的方法，平均收视居省级卫视同时段第4位。

【精品创作】广播剧《板车女孩》获得第十五届全国“五个一工程”奖。安徽广电荣获安徽省第十四届“五个一工程”组织工作奖。《中国文房四宝》《隐秘战士》《黄山短尾猴》分别获国际短片电影展纪录片优秀作品奖、第23届中国纪录片系列片好作品奖和“金熊猫”国际纪录片奖。

2018年9月12日，安徽广播电视台召开部分县市融媒体中心建设工作座谈会。

【提质扩面】积极推进安徽卫视标清和高清频道在全国的深度覆盖，最大限度降低成本，保证覆盖质量，全国入网率达99.79%，可接收人口11.28亿，继续保持全国领先水平。着眼于有效覆盖，避免重复冗余和相互干扰，调整部分广播中波覆盖点，布局更加科学合理，总体效益进一步提升。

【安全保障】把“安全工作大如天”的理念贯穿到新闻宣传和安全播出的全过程、各环节，始终确保导向正确、播出安全。全年无播出事故，广播和电视播控停播率均为零秒，传输发射台站停播率为0.28秒/百小时，远低于总局规定的10秒/百小时的标准。在十九大安全保障过程中，宣传部门、管理部门、技术部门和传输台站等通力协作，技术维护、供电消防、动力保障、安全保卫等坚强给力，圆满打赢安全优质播出攻坚战。

安徽广播电视台全媒体中心《两会新看点》栏目录制现场

【广告创收】面对新兴媒体分流加速、同行业竞争加剧的严峻形势，积极闯出创变融合之路，全年新增品牌投放189家、增量投放品牌32家，《我们的征途》等重点综艺、《白鹿原》等大剧好剧均有新品牌引入，并实现企业新品上市与广告投播的深度融合。

【产业发展】海豚新媒体公司聚焦视听主业，强化资源整合，上市工作稳步推进，重点打造的“三个千万级”用户媒体业务平台已经初具规模，其中，IPTV业务实现与省内主流通讯运营商合作的全覆盖，业务营收首次突破亿元；海豚TV业务完成产品和商业模式规划，运营主体安徽新辉传媒有限公司注册成立；微信矩阵业务累计用户超过600万，统一运营平台建设正在推进。电子商务、演播厅对外经营、教育培训、高速应急服务等经营活动蓬勃开展，多元化发展之路越走越宽。

【融媒建设】 制定《关于加快推进媒体深度融合发展的实施方案》，完成融合媒体平台指挥调度系统项目建设，成功上线全省第一款音视频政务 APP“海豚视界”。“交通广播”“沸闻天下”“K 维度”“达耳闻”等移动客户端和微信公众号互动效果好、吸粉能力强，大屏带小屏、小屏促大屏，下载量、点击率、到达率不断创出新高。

【版权运营】 制定《安徽广播电视台版权管理办法(试行)》，与爱奇艺、腾讯、PPTV、搜狐等视频网站达成合作协议，实现重点节目栏目版权销售常态化。《2018 国剧盛典》微博直播热度爆表，在线观看人数超过 1000 万，话题阅读量达到 45.3 亿次。与今日头条、一点资讯等平台深度合作，存量节目资源得以开发利用，版权运营增长点有效延展。

【机关党建】 强化理论武装，发挥领导干部领学作用，台党委中心组集中学习 27 次、专题研讨 6 次，组织 106 名党务干部分别赴清华大学、复旦大学专题研修学习。认真开展“两学一做”学习教育常态化制度化，从抓好“关键少数”、抓实基层支部入手，突出基础在“学”、关键在“做”、重点在“改”，推动学习教育融入日常、抓在经常。精心组织“讲重作”专题教育、专题警示教育，通过学思提高促警醒、查摆问题促警觉、整改建制促警戒，增强全体党员特别是党员领导干部受教育、知敬畏、存戒惧、守底线的思想自觉和行动自觉。巩固巡视整改成果，扎实推进“管党治党宽松软”专项治理，加强基层党组织标准化建设，建成 18 个党员活动室，38 个基层党组织申报首批达标。“海豚大讲堂”开讲、“海豚先锋”发布常态化长效化，成为全台党建工作的靓丽名片。

安徽广播电视台首届少儿春晚海选

【机构改革与人员调整】 稳步推进组织机构改革，经过不懈协调争取，新增 1 个正处级建制制作中心；完成办公室、总编室、节目研发中心整合，组建新闻中心；完成播控中心、经济生活频道、新闻综合广播频率等 34 个部门“定职责、定机构、定人员”方案，50 个内设机构整合工作基本完成。坚持正确用人导向，落实 20 字好干部标准，规范提名动议、民主推荐、组织考察等重要环节，注重加强纪检监察全过程监督，全年选拔任用、调配干部 209 人，其中，提拔任用正处级干部 5 人、副处级干部 3 人、科级干部 21 人。完成 241 名专业技术人员岗位聘任。

【党风廉政建设】 认真贯彻执行中央八项规定及其实施细则，落实党风廉政建设党委主体责任和纪委监督责任，坚持管党治党力度不减、反对“四风”节奏不变、严惩腐败尺度不松，制定出台《廉政谈话暂行办法》《内部审计暂行办法》，逐级签订《加强党风廉政建设责任书》，加大内部审计力度，开展“双主动”专项行动。全年谈话函询 150 人次，协助相关司法部门查办严重违纪及涉嫌违法人员 16 名，组织诫勉谈话 1 人，党纪处理 12 人，收到退缴不当所得近 80 万元。

網络文化

谢道祐题

□网络监督管理

□网络文化建设

□网络安全与信息化建设

□重点网站选介

网络监督管理

2017年6月13日，省委宣传部副部长、网信办主任范荣晖和省民政厅相关负责人为省网络媒体协会揭牌。

【网络概况】截至2017年年底，全省网民3000万人，备案网站14.9万个，微信公众号96万个，微博月活用户1353万人。

省互联网宣传管理办公室（省互联网信息办公室）以迎接学习宣传贯彻党的十九大为全年工作主线，始终坚持“正能量是总要求，管得住是硬道理”，紧紧围绕省委、省政府中心工作，不断提升网上宣传水平，切实加强网络监督管理，持续推进网络安全和信息化进程，为建设现代化五大发展美好安徽营造良好网上舆论环境。

省网信办注重专项整治和日常巡查结合、网站自律和社会监督并重，切实履行监管职能，夯实互联网管理基础、提高依法管网水平、扎实开展专项行动、强化网上内容监管、做好网络举报工作。

【网络空间治理】为落实《互联网新闻信息服务管理规定》有关要求，进一步规范互联网新闻信息传播秩序，2017年10月，省网信办迅速布置、实地指导、认真审核、严格把关，对已获新闻信息服务许可的安徽广播电视台、安徽新媒体集团、合肥报业传媒集团、芜湖日报报业集团、安庆日报社等5家单位完成换证工作。按照中央网信办统一部署，精心组织10余项网上专项整治行动，继续开展“净网”“固边”“清源”“秋风”“护苗”等10余项联合专项行动，约谈整改网站180余家，清理关闭涉及传播色情赌博违法违规网站160余家，下架违规移动应用程序330余款，进一步净化网络环境。

【网络举报】2017年，省网信办进一步增强“双基双责”意识，大力推进网络举报工作，建设快捷举报通道，加大安徽省互联网违法和不良信息举报平台宣传力度，提高网民举报的积极性和踊跃性，全年共受理912条举报信息，受理的举报数量比上年大幅攀升。积极拓展网络举报渠道，省内10家重点网站纳入全国前三批公布举报受理渠道网站范围。

【省网络媒体协会成立】面对全省互联网以及各类网站、新媒体快速发展的状况，为适应新形势，发挥全省网信领域社会组织的作用，2016年年底开始，安徽省网络媒体协会筹备工作正式启动。2017年2月21日，省网信办组织召开省网络媒体协会第一次筹备会议，安徽新媒体集团、人民网安徽频道、新浪安徽等10家发起单位参会，会议讨论了协会章程（草案）有关情况、LOGO设计、拟任负责人名单等事宜。6月13日，安徽省网络媒体协会第一次会员大会暨成立大会在合肥举行，101家会员单位代表参会。会上，全体代表审议表决了《安徽省网络媒体协会章程（草案）》，选举产生省网络媒体协会第一届理事会理事和监事，选举协会轮值会长、副会长和秘书长，安徽新媒体集团副总经理许海龙当选为首任轮值会长。

淮北师范大学举办第三届安徽省“互联网+”大学生创新创业大赛选拔赛

网络文化建设

2017 年 11 月 17 日，学习贯彻党的十九大精神全国网信系统宣讲报告会走进中国声谷。

【十九大主题学习宣传贯彻活动】2017 年，全省网络媒体聚焦十九大、突出十九大，紧扣宣传主题、发挥网络优势，分时段分节点推出"砥砺奋进的五年""新起点·新征途""十九大精神在江淮""新时代新气象新作为""学思践悟十九大"等专题专栏 80 多个，编发相关稿件 1.1 万篇条。全省各新媒体创作推出《安徽人听报告》等 40 多件融媒体产品，4 件产品入围"十九大融合报道精品 100 展示"。

11 月 8 日和 17 日，按照中央网信办统一部署，党的十九大精神宣讲团先后来到省网信部门、新媒体集团及合肥中国声谷，举行 3 场宣讲报告会。省网信办高度重视，精心组织，结合中央宣讲"七进"的要求，3 场宣讲受众分别定位为省网信办全体干部、省网信领导小组成员单位网络安全与信息化部门负责人、各市网信办主任，省内主要新闻网站骨干、商业网站负责人，以及部分互联网企业职工，现场参加学习人数达 550 余人。宣讲结束后，组织省内各大媒体对活动进行宣传报道。同时，利用网站、微博、微信等平台把宣讲情况在网上展示，实现宣讲活动全网跟进、全网推送，有效延伸了宣讲活动触角。

【网上正面宣传引导】网上宣传整体呈现"氛围浓、导向正、形式新、接地气、互动强"的显著特点。省网信办先后统筹协调省内外网络媒体，精心策划、精细安排、精准推进，组织实施总书记视察安徽一周年、五大发展美好安徽、外交部安徽全球推介会、中博会和国际徽商大会、"温暖中国"网络媒体新春走基层等一系列重大主题网上宣传，全方位、多侧面、立体式地展现安徽凝心聚力促改革、一心一意谋发展的生动实践。特别是外交部安徽全球推介活动，网上总发稿量超过 3 万篇(条)，总阅读量突破 3.5 亿次，成为全省首个阅读量突破 3 亿次的"现象级"网上宣传案例。

开展 2017 年度安徽新闻奖网络新闻作品评选，收到各市(直管县)网宣办、中央新闻网站安徽频道、省直网络媒体推荐参评作品共 186 件，经过两轮盲评，最终选出一等奖 10 件、二等奖 20 件、三等奖 30 件。

【主题采访活动】2017 年 2 月，省网信办组织中央新闻网站安徽频道、省直新闻网站共 14 家网络媒体，赴天长市采访医改工作，全面反映天长在医疗领域大刀阔斧改革的新经验、新成效，对基层改革发展的成果宣传，唱响网上宣传主

2017 年 4 月 24 日，省委常委、宣传部部长虞爱华为"网聚美好安徽 见证喜人变化"——2017 全国网络媒体大型集中采访活动网络媒体记者代表授旗。

旋律。4月,省网信办组织策划“网聚美好安徽 见证喜人变化”——2017全国网络媒体大型集中采访活动,邀请中央网信办传播局、部分兄弟省网信办、中央重点新闻网站、全国知名商业网站、各省区市重点新闻网站共67人组成采访团,先后深入合肥、金寨县、凤阳县小岗村、黄山,沿着总书记2016年视察过的地方和单位,采访一年来贯彻落实总书记视察安徽时重要讲话精神的新举措、取得的新成效和地方干部群众的新状态。从先进制造业到科研机构,从扶贫工作到红色经典,从城市建设到文明旅游,来自全国各地的媒体见证了安徽的喜人变化。7月,省网信办承办“共舞长江经济带——探访长江经济带区域协同生态发展之路”网络主题活动,组织20名记者编辑,深入合肥、铜陵、芜湖3市,探访八百里皖江发展新路,报道三地在深度融入长江经济带战略、推进区域生态建设等方面的经验和做法。

【举办全省网上宣传管理见学班】 2017年6月,省网信办、省委宣传部新闻处在杭州举办全省媒体融合见学班。省直新闻单位、网络媒体负责人以及各地市网宣办主任、市委宣传部新闻科科长共57人参加培训。见学班主题突出、内容丰富,以专家授课和现场参观相结合的方式,让各位学员学习知识、开阔眼界、拓宽思路,提升能力。

【推进“争做中国好网民工程”】 深入贯彻习近平总书记重要指示精神,认真落实中央网信办工作部署要求,先后开展网络原创优秀文化作品评选活动、签名活动、知识竞答、“点亮网络安全灯”等活动,重点提升网民政治素养、安全素养、法治素养、文明素养。

3月,省网信办广泛征求省教育厅、省总工会、团省委、省妇联及中央驻皖网站、省直网站和各市网信办的意见建议,牵头制定《关于开展2017年度安徽省“争做中国好网民”活动的通知》《关于印发〈2017年安徽省“争做中国好网民”系列网络文化活动方案〉的通知》,对活动开展作统筹安排。

4月,组织开展2017“建设五大发展美好安徽 争做中国好网民”网络原创优秀文化作品评选活动。通过线上线下向全省各地和广大网民征集优秀网络H5、微网文、微视频、网言网语4类作品,共征集作品205件,推出一批具有安徽特质、彰显民族气度的网络文学作品,《老子道源》《水墨谯城》《三个细节观大宋》分获网络十大国学微视频、音乐、文字作品奖项。

4月至8月,以“贯彻党的十九大精神 建设五大发展美好安徽”为主题,开展包括故事篇、梦想篇、印象篇、文明篇、公益篇、传承篇6大篇章共25项主题活动,组织各网站开设20余个专题专栏,运用图片、微视频、H5页面、漫画等形式进行宣传推介。

6月,坚持用社会主义核心价值观和中国传统理念滋养网络文化,策划组织“树新风 我践行”百万网民移风易俗签名活动,深化移风易俗,传播文明风尚,160余万网民参与留言签名,相关网页专题、H5产品转发量逾60万次。开展文明网站评选及网络公益品牌评选活动,组织实施“我们的节日·网络中国节”宣传活动,累计刊发、转载各类宣传报道10万余条。

【开展“网络中国节”系列活动】 在春节、元宵节、清明节、端午节、中秋节、重阳节等重要传统节日,结合安徽本土实际,开展“网络中国节‘徽’声‘徽’色”系列网络文化活动,用新时代语言解读传统节日文化,在网络上大力体现中华文明的深厚底蕴。

网络安全与信息化建设

【举办网络安全宣传培训系列活动】 为推动《网络安全法》在全省贯彻落实,提升全省人民网络安全意识和防护技能,省网信办会同有关单位注重创新,抓住重心,多措并举,在全省开展一系列活动。

《网络安全法》系列宣传教育活动。2017年5月10日,省网信办会同省通信管理局、省公安厅举办《网络安全法》专题培训会,并通过视频会议形式各市设立分会场,共1400多人参加现场培训,各地各单位结合《网络安全法》普法宣传教育活动,同步组织开展网络安全法专题培训。在中安在线网站首页位置推出“安徽省贯彻落实网络安全法”专题网页,全省100多家重点新闻和商业网站,在首页显著位置积极转载《网络安全法》宣传活动和解读材料。累计向移动用户推送公益短信750余万条,张贴海报标语、公益广告2000多幅。依托省干部网络学院网络教育资源平台,将《网络安全法》等互联网法律法规解读纳入全省干部职工在线教育必修课程,并对学员学习情况进行跟踪考察。

“安徽省第四届网络安全宣传周活动”。根据中央网信办部署,9月16—24日,省网信办牵头联合省教育厅、省公安厅、省通管局等10家单位,共同举办以“网络安全为人民 网络安全靠人民”为主题的“安徽省第四届网络安全宣传周活动”。全省主流媒体、微博、微信和新闻客户端以公益广告、案例剖

《网络安全法》专题培训会主会场

析、微视频、点“灯”接力等形式，加强与网民互动，形成有效二次传播。宣传周期间，全省举办相关活动1000多场次，发放宣传册8万余册，向全省手机用户精准推送公益短信3条(累计1亿多人次收到短信)，电子屏滚动播出宣传标语2万余次，网站、“两微一端”发布相关稿件6700余篇(条)。

“全国网信普法进校园”合肥站活动。11月15日，省网信办联合省教育厅、国家工业信息安全发展研究中心承办“全国网信普法进校园”合肥站活动，邀请专家学者走进中国科技大学、安徽大学，为高校师生讲解辅导网信法律法规，增强高校师生及公众对网信法律制度的了解，弘扬网信法制文化。

【网络安全检查】按照“网信牵头统筹，职能部门共同参与，责任单位主动作为”总体要求，2017年6月底，在全省范围组织开展网络安全专项检查。

关键信息基础设施网络安全检查。结合关键信息基础设施保护、网络安全等级保护，省委网信办联合省公安厅，对省人社厅、省教育厅、省卫计委等21家单位的关键信息基础设施安全防护情况，组织开展网络安全现场检查。各地党委网信办会同有关单位，同步开展检查。

政务类网站安全防护专项检查。省委网信办联合省政府办公厅、省经信委等4家单位开展政务类网络安全专项检查，现场检查省科技厅、省物价局等10个省直单位和芜湖、蚌埠等13个市的政务类网站。

移动客户端网络安全专项检查。针对移动客户端网络安全这一薄弱环节，对全省涉政务、媒体、交通等重要领域的68个移动客户端，可能存在的动态注入攻击、界面劫持等46项风险隐患进行远程扫描检查。

【搭建网络安全态势感知平台】按照“以技术对技术、以技术管技术”要求，省委网信办科学谋划，主动作为，依托中科大先进技术研究院网络空间安全态势感知联合实验室技术优势，建设完成以“防攻击、防病毒、防篡改、防瘫痪、防泄密”为重点，集风险漏洞扫描、模拟攻击测试、运行状态监测为一体的网络安全态势感知平台，对全省1800多个政务类和媒体类网站进行动态监测，并利用该平台组织开展网络安全远程扫描专项检查和通报整改工作。2017年，累计发布通报870期，网络安全预警提示11次。

【全省首次网络安全攻防应急演练】为提升网络安全事件应急处置能力，2017年9月，省网信办利用已建成的网络安全应急指挥平台，在全省网信系统内，组织开展网络安全事件应急演练。此次演练实行练兵与实战相结合、演练与观摩相兼顾，严格按照《安徽省网络安全事件应急预案》的要求，通过模拟实战、随机攻击、现场指挥、应急处置等方式，演练了限时删除、篡改修复、漏洞修补等3种网络安全事件应急处置。演练过程中，态势感知、预警通报、应急指挥三大平台全程响应，全省16个市网信办全员视频观摩，各平台反应灵敏、各部门处置迅速、各环节衔接顺畅，有效促进了全省应急处置水平的整体提升。

重点网站选介

【中安在线】中安在线是安徽省唯一的重点新闻门户网站，始终坚持高标准规划、高起点建设，拥有安徽日报报业集团十报三刊和全省各地新闻信息资源，以新闻为主，文字、图片与视频、音频结合，每天提供权威、及时的安徽新闻，并汇集了安徽社会、经济、文化、生活等各个方面最新信息资讯，是当今安徽最具权威性最快捷全面的大型对外宣传网络信息平台。开设新闻、安徽、全媒体、网视、访谈、直播等30多个新闻和信息资讯频道，并提供功能完善的社区服务和大型活动网络视频直播业务，日更新新闻资讯近7000条。2017年，累计创作出十九大相关图说、H5、视频、动漫、评论文章等各类作品 5000 余件，阅读量过亿次；建成中央厨房，完成融媒体自采报道 1700 余篇，近百件作品获中央和省直宣口单位表彰表扬；圆满完成全国“两会”、省“两会”、外交部安徽全球推介会等 9 项重大宣传活动；全年获得“2017 全国党媒优秀原创视频十佳视觉奖”“温暖中国主题作品优秀奖”等各类奖项 29 个。开通中安在线合肥、安庆等 9 个地方频道；新承接省纪委、合肥市政府等 10 余家“双微”运营项目。

【安徽网络广播电视台】安徽网络广播电视台由原安徽广播电视台所属安徽广播网和安徽网络电视台整合成立，是安徽广播电视台主办的新闻门户网站，为全台新媒体事业综合运营机构。2017 年，网络广播电视台紧扣工作职能，坚持正确舆论导向，以习近平总书记系列重要讲话精神宣传及党的十九大胜利召开宣传为工作主线，下辖多个平台同时发力，全程参与全年各个重大节点宣传工作，推出专题专栏和 H5 等融媒体作品 100 多个。认真落实新媒体事业发展和媒体融合工作，积极推进广电媒体与新兴媒体深度融合发展，制定《关于加快推进媒体深度融合发展的实施方案》，完成媒体深度融合指挥部机构建设，统筹推进全台媒体深度融合发展的具体工作。完成安徽广播电视台融合媒体（中央厨房）技术方案，确立方案整体设计，建立媒体“中央厨房”的基本标准。按照中央关于媒体深度融合发展中提出的移动优先发展战略，7 月 16 日，“海豚视界”客户端完成开发，正式上线。

【合肥在线】合肥在线成立于 2001 年，由合肥报业传媒集团主办，是国务院新闻办公室批准的合肥市唯一新闻网站、安徽省重点新闻网站，拥有合肥报业传媒集团旗下《合肥日报》《合肥晚报》《江淮晨报》及《今日生活报》四大平媒资讯。2017 年，合肥在线网站共制作各类专题 58 个、图说 396 个，进行图文直播 104 次、视频直播 91 次，观看人次达 2800 多万。其中，《万盏河灯七夕映三河》直播累计观看人数近 500 万。获评中央网信办“2016 年度全国网络举报工作先进集体”，网络专题《我愿为他买单》获 2016 年安徽网络新闻奖一等奖。合肥在线微信公众号粉丝 23.5 万，开展直播 47 次，制作海报 71 张，活动投票 12 次。合肥在线官方微博粉丝 96 万，设置话题近 700 个，流量达 1.4 亿人次，被新浪微博评选为安徽最佳地方官微。“合肥 365”新闻客户端发布稿件近 4000 条，参与活动直播 61 次，共有近 1000 万人次的点击量。合肥在线的“新闻早知道——送电子阅报栏进社区”项目全部落地部署完毕。

安徽网络广播电视台组织党员到银河社区党员志愿服务亭参观交流学习

【安庆新闻网】安庆新闻网为安庆市委宣传部主管、安庆日报社主办的网站。网站主要分为三大板块：新闻、论坛、资讯，在推出安庆本地新闻和国际国内重大新闻的同时，突出安庆地方人文的宣传，同时注重汽车、房产、财经等资讯的发布。2017 年，安庆新闻网聚焦重大主题、社会热点，开设《砥砺奋进的五年》《齐心共创全国文明城市》《喜迎十九大》等 30 余个专题，编发新闻稿件 3 万余篇。全力推进“两微一端”建设，新媒体用户总量超过 90 万。安庆新闻网微博粉丝量由 2016 年的 10.2 万上升至 17.8 万，“安庆之声”粉丝量上升至 10 万，安庆晚报微信公众号粉丝量达到 18 万，“安庆快报”新闻客户端用户量持续增长。安庆新闻网获评“2016 安徽年度突破力政务新媒体”“十佳创新应用与传播案例”。

【芜湖新闻网】芜湖新闻网由芜湖日报报业集团主办，经省委宣传部批准、国务院新闻办备案的综合性地方新闻门户网站，拥有芜湖日报报业集团三报一刊和各地新闻信息资源，以新闻为主，文字、图片与视频、音频结合，每天提供权威、及时的芜湖新闻，并汇集了芜湖社会、经济、文化、生活等各个方面最新信息资讯，是芜湖最具权威性最快捷全面的大型对外宣传网络信息平台。2017 年，芜湖新闻网坚持正确的政治方向，开辟“两会”“砥砺奋进的五年”等专题专栏 60 多个。创新报道形式，充分运用网络技术，推出市“两会”开幕式、市第十五届人大八次会议以及全年中江大讲堂、芜湖工业机器人大赛等一系列视频新闻。举办网络安全进校园、“弋江区喜迎十九大全民健身大型展示”等 11 场线下活动。

文化產業

韋斯琴题

□文化产业发展综述

□文化产业重大项目

□文化消费

□文化会展

□文化园区（基地）

□文化贸易

□文化产业示范基地建设

□安徽出版集团

□安徽新华发行集团

□安徽广电传媒产业集团

□安徽新媒体集团

□2017 年百强民营文化企业

文化产业发展综述

【概况】2017年全省文化及相关产业增加值1088.3亿元，比上年增长11.47%，占全省国内生产总值比重4.02%。重大项目投资实现增长。410个文化项目列入省重点投资计划，当年计划投资597.10亿元，实际完成投资844.81亿元，完成投资额比上年增长27.86%，为年度计划的141.49%。文化产业招商有序推进。发布文化产业招商项目267个，其中33个项目入选《2017中国文化产业重点项目手册》，入选项目数并列全国第一。文化市场主体培育成效明显。全省2354家规模以上文化企业营业收入2631亿元，比上年增长12.7%(未扣除价格因素)，比全国、中部地区分别高1.9个和1.6个百分点。省属文化企业集团营业收入、利润总额分别为545.03亿元和18.97亿元。安徽出版集团、安徽新华发行集团入选全国文化企业30强。民营文化100强入选企业2017年累计主营业务收入302.43亿元、利润总额37.65亿元。文化产业园区建设持续推进。2017年省创意文化产业集聚发展(合肥)基地产值575亿元，税收16.5亿元，固定资产投资128亿元，主要经济指标均完成省政府下达的年度目标考核任务。产业转型步伐进一步加快。全省新增文化类高新技术企业139家，比上年增长26.36%；获得新认或再认文化类全国驰名商标和安徽省著名商标72件，增长67.44%；新增代表核心知识产权的文化产业发明专利1182件，增加9件。成功举办第四届安徽文化惠民消费季活动。全省113.04万人次享受财政补贴1236.58万元，直接拉动消费1.37亿元，分别比上届提高43.42%、38.89%和38.61%。首次实现市级财政参与“五看”消费直补，首次对国家级贫困县“五看”消费补贴实行精准化重点倾斜，首次将“文化乐万家 惠民下基层”活动覆盖面扩大到全省99.5%的乡镇(比上年提高27.8个百分点)。第十三届深圳文博会安徽文化产业活动成效凸显，安徽馆共接洽客商47万人次，比上年增加62%。现场销售金额289.5万元，与125家客商达成采购或投资意向(含合同)；签约金额6.04亿元，签约金额比上年增加133.2%。安徽省展团共获23项“中国工艺美术创意奖”，比上年增加15%。省委宣传部获优秀组织奖，安徽展团等4家单位获优秀展示奖。

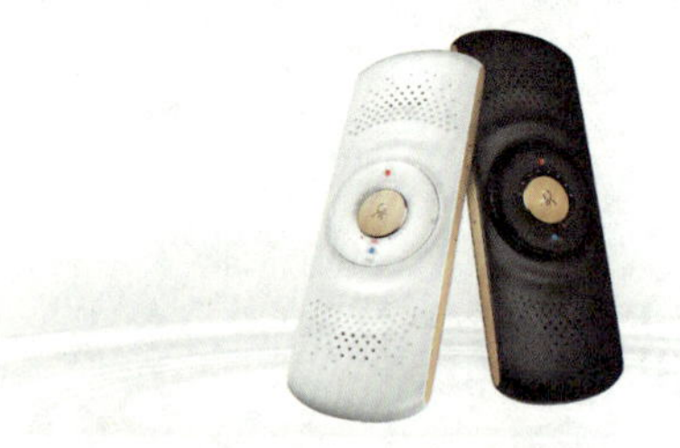

科大讯飞晓译翻译机

克洛斯威智能钢琴

徽派竹雕

铜陵中盛画材

阜阳程氏剪纸

文化产业重大项目

【概况】2017年列入文化产业省重点投资和储备计划的项目共711个，其中投资计划项目410个，储备计划项目301个。年度计划投资597.1亿元，全年完成投资844.81亿元，比上年增长27.86%；计划新开工项目154个，已开工项目165个，增长24.06%；计划竣工项目60个，已竣工项目96个，增长43.28%。文化休闲娱乐服务类项目436个，完成投资574.79亿元，为年度计划的155.47%；合肥万达文化旅游城、宣城龙川旅游综合开发(二期)等48个项目竣工。文化创意和设计服务类项目58个，完成投资91.15亿元，为年度计划的136.67%；铜陵万象文化创意产业集聚区、合肥讯飞语音云交互服务平台研发和产业化等10个项目竣工。文化艺术服务类项目132个，完成投资88.66亿元，为年度计划的100.74%；六安市四馆及青少年活动中心建设、明光市中心路历史文化街区改造等13个项目竣工。文化产品生产的辅助生产类项目22个，完成投资25.02亿元，为年度计划的108.08%；芜湖德邦印刷产业园、滁州绿色数字化印刷生产等11个项目竣工。文化用品的生产类项目16个，完成投资23.56亿元，为年度计划的208.89%；宣城宣纸生产基地升级技术改造、滁州年产100万台电动玩具等文化娱乐用品等7个项目竣工。工艺美术品的生产类项目19个，完成投资15.94亿元，为年度计划的106.8%；阜阳朝阳古玩城等3个项目竣工。新闻出版发行服务类项目5个，完成投资15.87亿元，为年度计划的109.3%；淮南安徽中图文轩电商产业园、安徽出版集团“数字与新媒体产业技术创新战略联盟”数字内容服务平台2个项目竣工。广播电视电影服务类项目20个，完成投资7.47亿元，为年度计划的106.41%。文化信息传输服务类项目2个，完成投资2亿元，为年度计划的142.86%；马鞍山博望区爱涛未来文化创业园一期等2个项目竣工。文化专用设备的生产类项目1个，完成投资0.36亿元，为年度计划的90%。

安徽省2017年重点项目投资计划文化产业项目(总投资前五位)

单位：亿元

序号	项目名称	建设地点	总投资	截至2016年年底累计完成投资	2017年计划投资	项目进展情况	建设单位
1	祥源颍淮生态文化旅游区项目	阜阳颍泉区	450.00	35.00	10.00	在建	祥源颍淮生态文化旅游区开发有限公司
2	合肥万达文化旅游城	合肥包河区	190.00	88.00	47.00	已竣工	合肥万达文化投资有限公司
3	亳州北关历史文化街区保护与利用项目	亳州谯城区	109.00	0.00	2.12	在建	建安集团
4	大公斤数蓝宝石晶体(≥100kg)	安庆开发区	80.77	1.00	3.20	在建	安徽润晶新材料有限公司
5	萧县红色旅游景区建设	宿州萧县	70.00	4.93	3.60	在建	萧县文广新局

文化消费

2017 年 8 月 26 日，“喜迎十九大 文化乐万家”第四届安徽文化惠民消费季启动仪式在灵璧县举行。省委常委、宣传部部长虞爱华出席并宣布活动启动。

【第四届安徽文化惠民消费季】 2017 年 8 月 26 日至 11 月 26 日，第四届安徽文化惠民消费季活动在全省展开。根据中国银联大数据显示的安徽刷卡文化消费情况，消费季期间，全省累计参与文化消费人数 10807.3 万人次，消费总额 215.8 亿元，比上届分别增长 23.70%和 28.76%。

向基层和国贫县倾斜延伸，为脱贫攻坚助力。一是财政资金直补“五看”文化消费者，继续实行县以下补贴比例为城市 1.2 倍的倾斜政策，并由省组委会牵头组织开展“文化乐万家 惠民下基层”活动，将有财政补贴的图书、报刊和有线电视送到基层群众家门口，活动覆盖全省 99.5%的乡镇。二是加大财政资金直补向国家级贫困县倾斜力度，首次给 20 个国家级贫困县专门设立资金池，按上年实际补贴金额的 3 倍予以保障，将补贴比例提高到城市居民的 2 倍。活动期间，20 个国家级贫困县共计 11.27 万人次享受财政“五看”补贴近 230 万元。

提升文化消费品质，丰富人民精神文化生活。在满足人民“五看”（看书、看报、看戏、看电影、看电视）基本文化需求的基础上，省直和各市承办 70 多项文化惠民重点活动，包含多种文化消费类型，内容丰富、形式多样、经济实惠。一方面注重传承发展优秀传统文化，聚集了徽风皖韵进高校、“唱黄梅 游安庆”、文南词艺术戏曲展演、皖南花鼓戏巡演、庐剧经典好戏大家看、非遗戏曲展演、百年家风系列展示展演、宣纸文化体验月、徽州竹刻优惠等活动，促进传统曲艺传承发展，彰显徽派文化特色。另一方面注重扩大文化消费新供给，加入了“手机 iTV”惠民、数字创意“四季童耕探索乐园”、手工创意节、文化产品创新创意展等多项新业态、新体验。

“送”“种”结合，让文化在基层扎根。在 8 月 26 日启动仪式现场，社会各界向灵璧县捐赠价值 360 余万元的文化产品和服务。在“送”产品的同时，注重“送”“种”结合，以文化的力量促进贫困地区经济社会可持续发展。活动期间，5000 份手机报灵璧版、21 家红领巾邮局、22 台智能钢琴以及智慧课堂等全部送到基层。

文化会展

【概况】 2017 年 5 月 11—15 日，第十三届中国国际文化产业博览交易会在深圳举行，安徽文化产业展销及招商活动取得圆满成功。1635.5 平方米安徽馆以“美好安徽——文化新皖军创意新高地”为主题，展示文化科技融合、结构优化升级和传统文化传承创新三大板块新成果、新业态、新创意。据统计，安徽馆共接洽客商 47 万人次，比上年增加 62%；现场销售金额 289.5 万元，与 125 家客商达成采购或投资意向（含合同），签约金额 6.04 亿元，签约金额比上年增加 133.2%。安徽展团共获得大会颁发的“中国工艺美术创意奖”23 项（特别金奖 2 项、金奖 3 项、银奖 9 项、铜奖 9 项），总数比上年增加 15%。其中，洪滨丝画手工艺术有限公司袁洪滨的“杭州 G20 峰会 20 幅 20 国首脑肖像”和黄山市竹溪堂徽雕艺术有限公司洪建华的竹刻笔筒

"皖南村居图"获特别金奖，这是安徽省首次在深圳文博会上获得此项大奖。省委宣传部获大会组委会颁发的优秀组织奖，安徽展团、黄山徽州竹艺轩雕刻有限公司、三味砚斋、黄山市屯溪区李红旗砚雕工作室获大会组委会颁发的优秀展示奖，优秀展示奖比上年增加2个。

文化园区(基地)

【概况】安徽省文化产业园区（基地)类型众多,其中国家级(产业集聚类）文化产业示范园区（基地）5家、省战略性新兴产业集聚发展基地1家。2017年，5家国家级园区、1家省战新基地实现主营业务收入957.7亿元，完成投资263.2亿元，缴纳税金44.3亿元；现有企业3058家，其中百亿元产值企业2家;拥有省级以上科创平台130家。

【国家级文化与科技融合示范基地(合肥)】2012年5月18日，合肥被科技部、中宣部、文化部、广电总局、新闻出版总署等5部门授予首批"国家级文化和科技融合示范基地"。合肥国家级文化和科技融合示范基地以高新区为基地承载主体,依托合肥丰富的历史文化资源和雄厚的科技创新力量,重点发展动漫游戏、影视投资制作、智能语音、数字出版、文化旅游、广告会展等重点领域,集聚了以安徽广电集团、科大讯飞、五星东方、金诺数码等300多家文化科技企业。合肥高新区出台"2+2"政策体系,以产业政策和自主创新政策为主线,以人才政策和金融服务政策为重要支撑，构建企业发展全方位支持政策。公共财政不断加大文化产业建设投入及扶持力度，加强政策引导,从产业布局、龙头项目、土地供给、税收优惠、财政扶持、金融支持、平台建设、人才培养等多方面给予支持，支持文化产业做大做强,很好地营造了支持文化企业发展的氛围。

【国家数字出版基地(合肥、芜湖)】2012年12月，国家新闻出版总署批准建设的第十个国家数字出版基地落户安徽。安徽国家数字出版基地以"一基地两园区"的形式设立合肥、芜湖两个园区。合肥数字出版基地总体规划95.3公顷,总投资126.5亿元。基地规划建设共分为两期，一期已于2010年全面投入使用，二期于2014年底逐步投入使用。建成后的合肥国家数字出版基地,分为延伸区和综合配套服务区,包括员工公寓、银行、邮局、休闲等商务服务区和商业楼盘、商务公寓、大型购物中心和大型酒店等配套服务设施。合肥数字出版基地重点发展动漫游戏、影视投资制作、智能语音、数字出版、文化旅游、广告会展等领域,集聚了以安徽广电集团、时代出版、科大讯飞等为核心的100多家数字出版企业。芜湖园区坚持数字出版与科技融合发展,以1个园区3个核心区(华强文化科技产业园、芜湖市文化创意产业园、芜湖市服务外包产业园)的建设布局,加快推进园区建设、全面扶持企业发展,基础设施建设稳步推进,成功举办中国国际动漫创意产业交易会,数字出版产业发展势头良好,已形成以数字动漫、数字电影、终端阅读器、网游、动漫衍生品等为主的数字出版产业链,数字动漫、数字电影、网络游戏产业在全国范围内优势明显。芜湖市、鸠江区出台《关于促进数字出版产业发展的若干意见》《关于芜湖广告产业园扶持政策的暂行办法》等，支持相关产业发展。2017年2月安徽国家数字出版基地被国家新闻出版广电总局评为2016年度优秀基地（园区）。2017年主营业务收入214.5亿元，实现税收26.55亿元。

【国家广播影视科技创新实验基地(合肥)】国家广播影视科技创新实验基地是经国家新闻出版广电总局批准的全国唯一的广播影视科技创新实验基地,承担了全国广播影视产业采、编、播、存、用的全产业链及产、学、研一体的集聚功能。基地位于安徽省合肥市包河区,资源富集,优势独特,发展势头强劲。国家新闻出版广电总局广播科学研究院、广播电视规划院、中广电广播电影电视设计研究院"三院",作为国内最核心、最权威、最专业、最高级别的三大国字号研究机构,同时在基地设立分院,提供全方位技术支撑和方向引领,集聚一大批行业龙头企业和领军人才。环巢湖广播电视综合实验网,是经国家新闻出版广电总局批准的国家广播影视科技创新实验基地科技发展规划中的主要建设项目之一,是国家广播影视科技创新实验基地五大平台之一的有线、无线、卫星协同覆盖试验平台的研发、测试和应用中心。该项目将在国家广播影视科技创新实验基地建成一个集下一代广播电视网络核心技术研发、交换设备生产、智能应用终端配套一体的综合试验平台,建设一个覆盖环巢湖地区约100万用户的大型无线移动互联网通道，开展以互动数字电视、宽带上网、融合通信为代表的三网融合业务应用示范,探索全国广播电视网有线、无线、卫星一体化融合发展的创新模式。

【文化创意产业园广告产业示范园(芜湖)】芜湖文化创意产业园广告产业示范园总占地近3公顷,建筑面积12.58万平方米,是集广告传媒、文化创意办公、艺术展示、交易等功能于一体的综合性文化创意园区。2014年被国家工商总局和财政部认定为国家广告产业园试点园区,2017年被国家工商总局正式认定为3个国家广告产业园之一。2017年广告园新引进文化创意企业27家,清退低成长企业17家;新增二级及以上广告资质企业5家,其中国家一级广告资质企业2家;主营业务收入约8亿元,税收约1500万元。

【大禹文化产业示范园(蚌埠)】蚌埠大禹文化产业园区于2014年12月26日被文化部正式命名为国家文化产业示范园区,实现了安徽省零的突破。园区环蚌埠市区,东起高铁南站外联凤阳,南靠黄山路直接合徐高速,西抱天河邻淮河,北跨淮河连宁洛高速等区域。园区规划总面积55平方千米,共分为3个集聚区:一是以文化旅游、山水观光、特色演艺、包装印刷、影视服务等大禹元素为主导的荆涂文化产业集聚区;二是以创意设计、互联网信息、休闲娱乐、节庆会展等为主导的龙子湖文化产业集聚区;三是以艺术品研发生产、历史文化旅游、湿地观光、文化用品博览等为主导的双墩文化产业集聚区。园区形成以文化创意业、动漫游戏产业、文化旅游业、艺术品业、出版印刷业、文化娱乐业、传媒广告业、文博会展业八大门类为主的文化产业体系。2017年,园区实现主营业务收入140亿元,税收1.12亿元。

【省创意文化产业集聚发展(合肥)基地】全省首个文化产业类战新基地——省创意文化产业集聚发展(合肥)基地坐落在包河,初步形成广播影视、数字出版、创意设计、创意休闲四大集聚板块。基地规划建设“滨湖卓越城”,位于巢湖北岸,自然资源禀赋优良,规划总面积16.2平方千米,按照“多规合一”要求,强化功能、空间、产业、土地、设施的统筹设计,突出“生态、科技、文化”三大特色,坚持高品质、低容积率、生态型、国际化为方向,着力培育创意文化、科技创新、现代金融、健康休闲等产业。滨湖卓越城启动项目文华园一期工程(总面积约20万平方米,由合肥包河文广产业投资有限公司投资建设)已于2017年3月正式开工,主要建设广电科技中心、下一代广播电视网、数字创意中心和企业服务中心等内容,将为创意文化及相关联产业提供集群化发展载体。2017年,基地共完成主营业务收入594.8亿元,税收16.5亿元。

绩溪县龙川景区旅游综合开发

文化贸易

2017 年 12 月,第五届中国国际动漫创意产业交易会在芜湖市举办。

【第五届中国国际动漫创意产业交易会】 2017 年 12 月，第五届中国国际动漫创意产业交易会在芜湖市举办。中国国际动漫创意产业交易会由国家新闻出版广电总局、安徽省人民政府共同主办，安徽省新闻出版广电局、芜湖市人民政府承办。

主会场展览总面积 38000 平方米，展区设置贯彻“展览有创意、交易有成效”的宗旨，推出“原动力”中国原创动漫出版扶持计划精选作品展和中国绘本精品展，开设动漫产业交易及代理洽谈区、数码科技区、动漫房车区、动漫企业展示区、动漫场景展览区、动漫同人周边区、徽文化与艺术区、芜湖动漫产业展览区、数码互动娱乐展览体验区等 9 个主题展区，同时设置芜湖华强方特、新华联海洋公园、雨耕山文化产业园、大砻坊文化产业园、芜湖美术馆、安师大等 9 个分会场。

参加本届动漫交易会的有境内外知名动漫机构和文化创意企业、游戏及科技研发企业、出版发行企业、动漫衍生产品研发生产和经营商、供片发包机构、采片购片机构、境内外投融资、传媒、教育培训机构、动漫界知名人士。来自美国、法国、丹麦、日本、韩国等国家，中国香港、中国澳门、中国台湾等地区，以及北京、上海、广州、深圳、杭州、南京、武汉、西安、厦门等 530 多家企业、超过 4300 个品种的产品参会和参展，展示一线 IP 64 个，包括国内 IP 42 个、国际 IP 22 个；展览设展位 509 个，其中特展 59 个，标展 450 个，有近千名外地客商参会，逾 12 万人次进馆参观。动漫交易会涉及交易金额 23 亿余元，其中 5000 万元以上的项目 12 个，1 亿元以上的项目 7 个，3 亿元以上项目 4 个，带动相关消费 4.5 亿多元。

文化产业示范基地建设

2017 年 8 月,举办第四届“安徽文化惠民消费季 好戏大家看”系列展演展示活动。

【文化产业示范基地建设概况】 推动蚌埠大禹国家级文化产业示范园区进一步聚合发展、扩大辐射和带动效应,2017 年园区新增文化产业项目 32 个,计划投资 73.4 亿元;大明文化园开园营业,花鼓灯嘉年华二期热浪岛建成并投入运营。开展了国家文化产业示范园区和集聚性基地的巡检,推荐、辅导芜湖鸠江文化创意产业园申报 2017 年国家级文化产业示范园区。

包河战新基地卓越城文化园一期夜景

【文化产业项目】2017年，共向文化部推荐重大项目18个、优秀基层戏曲院团70个，最终获批重大项目10个，补助金额3950万元；获批优秀基层院团33个，补助金额1070万元。全年获补助总额5020万元,约占文化部总补助资金的十分之一,居全国第一。

【引导拉动文化消费】2017年8月,举办第四届“安徽文化惠民消费季·好戏大家看”系列展演展示活动,荟萃戏曲、音乐、歌舞、杂技、童话剧等一批优秀作品，推出2000余场、3大系列展演展览进乡村、进社区、进校园，丰富了文化产品供给，培育了居民消费习惯，拉动了社会文化消费。积极推动合肥、芜湖开展国家文化消费试点工作,合肥市拉动文化消费近30万人次。

【扶持民营艺术院团】2017年,全省共申报百佳院团77个、十大名团33个、十大名剧15个、十大名角25个、十大演出经纪机构10个。经评审公示,命名22个百佳院团、9个名团、9个名剧、6个名角和9个演出经纪机构。全省现有民营院团1800多家（占全国总数的1/10),从业人员约5万人,已成为吸引社会资本投入演艺事业、大众创新创业、繁荣城乡演出市场的重要生力军。

安徽出版集团

【概况】安徽出版集团成立于2005年11月，是全国第一家完成转企改制的国有大型文化企业。2008年,组建时代出版传媒股份有限公司并登陆公开资本市场,是全国第一家以出版为主业整体上市的文化企业。2017年,出版集团总资产(按所持有的股权市值测算)270亿元；实现汇总销售收入220亿元，利润总额6亿元,在中国服务行业500强中居第218位。截至2017年年底，时代出版传媒股份有限公司市场占有率居全国出版企业第10位,安徽教育出版社、安徽少儿出版社、安徽美术出版社、黄山书社等4家出版社的经济规模居各细分类别图书出版单位前10位。

【出版主业】2017年，安徽出版集团坚持把社会效益放在首位,实现社会效益和经济效益相统一。2017年，获第四届中国出版政府奖10项,13种出版物获第六届中华优秀出版物奖;推出《赵孟頫书画全集》等一批精品图书。深入推进出版供给侧改革,坚持控规模、提质量、增效益。全年出版图书6651种,图书市场占有率稳步提升。设立编辑委员会及其所属重大出版工程办公室(“高峰办”)、审读室,坚持正确政治立场,严把出版导向关、内容关。设立出版专项基金引导,加大重点项目扶持力度。2017年,14个项目入选国家出版基金资助项目、主题出版重点选题项目和文艺原创精品工程,60余项图书分别获国家级奖项和入选国家级重点规划。

【融合发展】2017年,贯彻落实中央和安徽省委关于融合发展的决策部署,以出版为龙头,积极向产业链上下游延伸。与“懒人听书”及其控股股东阅文集团开展资本和业务双重合作,充分利用“懒人听书”的优质平台资源,打通版权资源转化为有声读物和在线运营高端渠道。教育资源动态数字出版实验室等2家国家级出版融合发展重点实验室挂牌。停刊8年的《安徽画报》复刊,与“掌中安徽”客户端、安徽财经网、《市场星报》共同构建“报、刊、网、微、视、端”六位一体传播格局。“智慧校园”产品在淮北、阜阳等市建立19所试点学校50个试点班。“豚宝宝”电子教材在全国18个省85个城市建立销售服务网点。时代出版传媒股份公司新增专利、软件著作权28项,另有22项发明专利进入实质审查。安徽省新华印刷公司入选全国首批“推

第 24 届北京国际图书博览会“唱响主旋律，迎接十九大主题出版物丝路行”签约仪式

进绿色印刷标兵企业”。

【文化“走出去”】 保持全国文化“走出去”工作领先地位不动摇。在内容输出、渠道建设、合作伙伴等方面提质扩面，全年完成版权输出 485 项，在“中国图书对外推广计划”排名中综合指标位列全国第二。北京国际图书博览会上连续 9 年图书版权输出居全国第一，2 名海外子公司负责人荣获中华图书特殊贡献奖。安泰科技公司在埃塞俄比亚、保加利亚新设子公司。华文国际公司规模稳定，产品结构不断优化，文化贸易比重提升，2017 年，实现销售收入 103 亿元、贸易总额 14.73 亿美元，利润比上年增长 85%。

【资本运作】 2017 年短融、超短融募集资金 30.9 亿元，可交换公司债券募集 6.5 亿元。出版集团财务公司获准筹建。安泰科技公司由新三板上市企业转主板上市工作紧锣密鼓开展。五千年文博园公司上市工作有序推进。集团参与发起并设立由安徽省政府主导的安华创新风险投资基金。与中兴通讯公司、北京电影学院、华润健康集团等签署战略合作协议，实现集团文化产业转型升级。

【多元发展】 大力实施“文化+”战略，落实创新发展理念，文化与教育、旅游、医疗、智慧产业多元融合，新兴业态成果丰硕。五千年文博园知名度大幅提升，经济效益增长明显。文博园二期大型光影剧、太湖县山泉水、黟县屏水非遗小镇等项目稳步推进。安泰科技公司发展迅速，2017 年，销售收入增长 37%、净利润增长 27%，自主研发的“智慧能源”“智慧建筑”平台分别接入 1000 多家单位。庐江县智慧城市项目落地，增资控股西南智慧时代公司，科大立安公司“智慧消防”平台进入市场并产生良好的经济效益，“三维数字化消防平台”研发成功，获得公安部充分肯定。发起成立安徽健康文化旅游产业促进会，与上下游企业探索合作运营健康养老基地。

【人力资源管理】 落实《“十三五”人才工作规划》，按照上年度工资总额的 1.5%提取专项资金，选拔培养第二批 32 名“四个一批”人才。深入推进干部轮岗，集团中层干部轮岗交流使用 32 人次，时代出版传媒股份公司本部各部门主要负责人全部轮岗。委托第三方机构向社会公开招聘，走进 985 高校举办人才招聘会优选人才。选拔 49 名中层后备干部，遴选首席编辑 2 人，成立名编辑工作室 3 个。举办编辑继续教育培训班、新进员工培训班。选派 16 名青年骨干到英国参加数字出版专业培训、4 名业务骨干赴香港参加全媒体融合培训。委托管理咨询公司制定《集团薪酬体系和绩效考核办法》。“翼基金”拿出 100 万元资助 8 个项目。加强创新型企业文化建设，举办首届职工运动会、职工书画摄影展等群众性文体活动，弘扬正气，提振士气，增强企业凝聚力。

安徽新华发行集团

【概况】 2017 年，安徽新华发行集团聚焦核心主业，提升发展质量，取得发展新突破。销售收入、利润总额、资产总额比上年分别增长 18.65%、4.91%、14.80%，在全国同行业的领先地位进一步巩固。再次作为全国出版发行行业唯一一家单位入选“中国企业 500 强”，列第 422 位，比上年排名上升 73 位；总体经济实力连续 4 年保持全国同行第一；第九次入选“全国文化企业 30 强”，获第四届中国出版政府奖。皖新传媒作为安徽省唯一入选 MSCI（美国明晟指数公司）的传媒股，获得国际权威认证。

【出版物发行】 集团以高度的政治责任感做好党的十九大文件及学习辅导读物的宣传征订发行工作。发行《全面从严治党：理论热点面

党的十九大文件及学习辅导读物安徽首发式

对面 2017》《习近平的七年知青岁月》、十九大学习材料《党章》《报告》《文件汇编》《辅导读本》《习近平谈治国理政》(第二卷)等重要读物。其中,十九大文件及系列读物合计发行 570.71 万册,全国排名第 5,《全面从严治党:理论热点面对面 2017》全省发行 20 万册,全国排名第 10。在各级党政机关、企事业单位、高校中开展宣传征订发行工作,充分发挥新华书店国有主渠道作用。

【主营业务】新开肥东阅生活店、前言后记安庆劝业场店等项目,已成为当地文化新地标。加强城乡实体书店网点建设,2017 年新增 9 个大中小型书店,新增经营面积 12662 平方米。图书发行网点达 440 个,比上年增长 2.09%。合肥三孝口 24 小时书店和铜陵图书馆店被全国新华书店协会评为"全国最美新华书店"。成功中标北大校园书店经营权,前言后记店首次入驻北大校园。在"送书到校,分书到班"全覆盖的基础上,推行"服务到生",不断提升教育服务标准。在全国率先完成 2017 年秋季"三科教材"发行工作,荣获国家新闻出版广电总局表彰。获得全国首批中小学教科书新发行资质(全国只有 3 家发行单位获批)。受国家新闻出版广电总局委托,牵头制定全国教材发行服务标准。

【科技融合】"阅+"平台积累粉丝数达 302 万,互联网生态圈初步成型。2017 年 7 月 16 日,"阅+"平台推出全球首创共享书店模式,以基于移动互联网便捷式、体验式的创新,实现阅读服务的转型升级。截至 2017 年年底,"阅+"共享书店已在合肥、北京、上海等地共开设 28 家。打造全球领先的数字教科书,研发与出版"美丽科学"系列数字教材,数字教科书研发屡获国际大奖,《自然》《科学》杂志分别刊文介绍。上线"皖新十分钟学校",为高中全学段全学科提供国际领先的优质高效解决方案。引入人工智能技术,AI 学智慧教育平台在省内外 65 个班级开展试点工作,并成功进入人大附中,北师大附中全国体系建议采购目录。

【资本驱动】围绕文化教育领域,整合产业资本、资产、资源,构建产业生态圈。与在艺术领域全美排名第一的加州艺术学院成功签约合作;与国内一流的产业金融平台招商局资本签约,出资 100 多亿元在泛教育领域进行控股式收购。承办第二届中法文化论坛凤凰书店分会场活动。与迪士尼合作拍摄的以徽文化为背景的动画系列片《安玲与史迪奇》,先后入选国新办外宣影视项目、文化部弘扬社会主义核心价值观项目、国家新闻出版改革示范项目,安徽省第十四届精神文明建设"五个一工程"优秀作品奖。投资建设位于美国纽约曼哈顿中城区的中国文化交流中心。共同发

2017 年 7 月 16 日,全球首家共享书店发布会在合肥三孝口新华书店举行。

2017年10月9日，中以数字教育峰会暨皖新十分钟学校上线仪式在中国科技大学先进技术研究院举行。

起设立“头头是道”等一批产业投资基金，在泛文娱、新媒体、新零售等领域布局产业资源。发行银行间市场首单REITs项目，收获现金流超过11亿元，实现净收益超过8亿元。

【双效统一】以增强老百姓获得感为根本，始终坚持把社会效益放在首位、实现社会效益和经济效益相统一。打造品牌文化教育服务活动，开启全国首个校园足球青岛研学专列，推进海外研学业务，荣获“安徽十大旅游品牌企业”称号。开展“院士进校园”公益活动，组织第四届“安徽青少年科技发明大赛暨以色列创新之旅”，打造公益性组织平台“皖新传媒百校论坛”。承接公共文化设施建设，探索推进公共文化事业和文化产业深度融合。在怀宁石牌镇、金寨南溪镇进行乡文化站建设运营试点。承接安徽省国家级非遗代表性传承人信息记录工程项目，集团申报的“季氏古籍修复技艺”入选省级非物质文化遗产代表名录。制作发行专题纪录片《长征中的安徽人》，获国家新闻出版广电总局播映许可；纪录片《新四军在安徽》被评为国家出版基金2017年主题出版项目，并获得第24届北京国际图书博览会安徽展团优秀展品奖。推进脱贫攻坚实效行动，通过文化扶贫、科技扶贫、产业扶贫和爱心扶贫等措施推进脱贫攻坚实效行动，定点帮扶阜阳颍东区牛庙村、武郢村实现精准脱贫。

安徽广电传媒产业集团

【概况】2017年，是集团转型升级、创新发展的关键之年，也是实施“十三五”规划的重要一年。集团认真落实“四改”要求，坚定不移走转型发展之路，不断深化改革，创新融合发展，全年实现营业收入34.64亿元，利润0.41亿元，实现社会效益、经济效益有机统一。

【信息网络】网络基础不断加固，新建城区（乡镇）光缆网和光纤到户、双向网改造等工程项目2815个；截至2017年年末，共建设城区光节点56730个，满足双向业务的53834个，占比95%；建设城区光缆线路24193千米、管道4398千米，覆盖用户423万户。共建设农村光节点40122个，双向覆盖11960个，建设光缆线路37214千米，联网乡镇758个、行政村5023个，覆盖农网住户422万户。积极推进三网融合和业务转型，大力发展互联网业务，宽带和互动用户拓展净增长率分别达55.97%、45.04%。内容不断优化丰富，引进乐视、优酷等互动节目。增值业务承载能力稳步增强，推进省干线及市县环网OTN项目建设，与中广电、国安广视合作建设运营OTT平台，提升线路传输能力和平台支撑能力。行业信息化应用服务大力实施，完成涡阳县、亳州市谯城区和利辛县天网工程建设，敷设光缆1.38万千米，覆盖1.79万个监控点位。“智慧铜陵”项目完成智慧社区、智慧党建、智慧人社、广电慧眼等平台建设，智慧社区正式上线运行。旌德县应急广播项目完成987个广播终端安装。完成淮南市潘集区三务公开、金寨县电视扶贫、砀山县应急广播等项目平台开发。安全播出保障能力不断提升，完成元旦、春节、两会、“一带一路”高峰论坛、党的十九大等重要保障期的安全播出任务。

【传媒广告】地面频道向开放式融媒体转型，活动营销不断创新，帮助更多企业实现深耕市场，贴地动销。合肥地铁网络化运营成效初显，1号线包公园站廉政主题通道成为安徽省廉政教育示范基地，“包公廉政主题”全景内包车和卡通包公形象深入人心，并作为优秀案例在中纪委官方网站刊登。2号线合作积极推进，整合营销影响力持续扩大。金鹏聚力发挥北京核心优势，布局一线城市拓展全国客户，打通多类广告“带货”渠道和全媒体播出平台，成功服务省旅发委、碧桂园等一批指标性客户。

【视频购物】电视购物打通全网覆盖，进驻上海、新疆、山西等省市

2017 年 12 月 24 日，中国红色微电影盛典启动仪式在人民大会堂举行。

IPTV 及 OTT 新渠道，“双十一”实现订单销售额 6079 万元，同比增长 105.8%。互联网融合步伐加快，新增联营 POP 店铺、淘宝 UGC 联营机构等 5 家，创新户外直播，打造网台联动直播，观看人数最高峰达 16.5 万人。创新 T2O2O 运营模式，试水汽车、旅游、保险、跨境等特色商品销售。电商平台改造升级，建成 B2B2C 商城项目，实现移动终端购物与 POP 购物融合运营，消费购物体验全面提升。

【影视制作】 摄制十九大献礼片《生逢灿烂的日子》，在北京卫视、东方卫视和爱奇艺播出，收视排名全国卫视晚间黄金档第一，爱奇艺 VIP 点播突破 16 亿次，实现了良好的社会效益和经济效益。《生逢灿烂的日子》《国家底线》《中国文房四宝》荣获省“五个一工程奖”，《国家底线》荣获省新闻出版广电局“精品工程奖”，《虎口拔牙》获评“第十届全国电视制片业十佳优秀电视剧”，微电影《萤儿飞》《露天电影》荣获 2017 年“弘扬社会主义核心价值观、共筑中国梦”主题原创网络视听活动“安徽省一等奖”，《萤儿飞》荣获第五届亚洲微电影艺术节“金海棠好作品奖”、2017 年美丽乡村国际微电影艺术节“优秀作品奖”等。电视剧《半为苍生半美人》《上线下线》《啼笑书香》多渠道推动网台发行。电影《进京城》2018 年公映。纪录片《天下徽商》将登陆央视和安徽卫视。6 部网络大电影上线发行。摄制《安徽省地质遗迹》《萤儿飞》等 8 部微电影。制片人工作室制度推行。

【电影院线】 确立“一线两盟”发展战略，打造星空院线品牌，新增加盟影城 2 家，签约合作影城 52 家。推进影城特色经营，拓展“影城+”业务，筹建六安新都会影城红色影城，推进艺术影城加入全国艺术电影放映联盟。创新推出“校园院线”“中国红色微电影盛典”“星空院线市场联盟”“变形金刚”等项目，在人民大会堂举办红色微电影盛典启动仪式，与省内 9 所高（党）校签订校园院线合作协议。新安院线完成年度订片任务的 111.8%，两项指标进入全国前十。实施公益放映民政项目，开展“喜迎十九大”主题放映活动。

【文旅文创】 文创园 6 月正式开园，首批入园 30 余家优质文创企业，汇聚 600 多名各个领域的精英创业人才，形成文创产业集聚发展生态圈。推进歙县项目建设开发，提升歙县文旅品质，夯实文旅业务基础。与含山县战略合作拓展旅游项目。

【文化金融】 持续推进集团整体上市工作。布局汽车消费金融领域，适时引进汽车金融项目，成立好车到家公司，实现集团汽车销售、汽

2017 年 11 月 16 日，《生逢灿烂的日子》在北京举行新闻发布会。

车信贷、汽车保险等业态联动发展；拓展与省内16市227家汽车经销商合作，累计放款规模2989.5万元。跟进项目投后管理，万达影视股权回购部分实现投资收益450万元。为上海最会保公司提供投后增值服务。文化金融公司、安广创投公司股权转让及银鹃公司、广行公司增资和股权转让完成。

【品牌建设】与中科大先进院共建的大数据实验室获批省重点实验室。金鹃传媒公司获批“合肥市消费者数据应用分析工程技术中心”“口子窖·跨越时光的坚守”等3个广告案例荣获“中国广告长城奖金奖”，《华然快乐家装节》荣获“ADMEN国际大奖活动营销类实战金奖”，《文房四宝》《合肥轨道交通1号线“小包公”廉政主题示范内包车》等揽获第23届“黄山杯”优秀广告2个金奖、2个铜奖。家家购物公司“家家严选”项目荣获安徽省文明行业“优质服务优质品牌”。好车到家公司荣获2017“中国汽车互联网+创新百强企业”，基于行业创新的反欺诈业务系统建设荣获2017“创响中国安徽省创新创业大赛优秀奖”。广行公司网络智能终端“小柚盒子”荣获2017年“长三角三网融合创新产品大赛总决赛一等奖”。

【对外合作】集团开放合作步伐不断加快，合作交流领域不断拓宽。坚持引进来和走出去并重，推行更加积极主动、互利共赢的开放战略。积极响应国家“一带一路”倡议，实现外贸总额2965万元。电视剧《开封府传奇》在日本银河电视台播出，并发行至新加坡、马来西亚等海外17个国家与地区。积极推进安徽首部中外合作好莱坞电影《阿洛夏》落地。与芜湖保税区合作跨境电商业务，延伸发展“全球购”经济，打造进口产品电购直销平台。与南京趣去文化旅游发展公司等合作成立安徽优歌国际旅行社，开展出入境旅游业务。积极对外推介招商，精心组织“心愿果实”项目推介会，不断拓宽招商渠道，推动剧目宣传发行。各业态整体亮相第十三届中国（深圳）国际文化产业博览交易会，积极打造安徽品牌。

安徽新媒体集团

安徽新媒体集团政务移动矩阵覆盖全省

【概况】2017年，安徽新媒体集团在深化媒体融合，壮大主流舆论方面持续用力，获得“2017全国党媒优秀原创视频十佳视觉奖”“全国党媒十九大融合报道最受网友欢迎作品”“温暖中国主题作品优秀奖”及“安徽新闻奖一等奖”等各类奖项29个。其中，获评由中国版权协会颁发的“中国最具影响力版权企业”，成为安徽省2017年唯一一个获此殊荣的单位。

【党的十九大新闻宣传】一是大型集成式报道立体呈现。十九大期间，中安在线网站制作推出《聚焦中国共产党第十九次全国代表大会》，采取Flash、3D动画等数字技术，用文字、视频、声音等形式全景展现会场内外，让网友能以多种形式了解会议动态。二是“两微一端”凸显互动式盛会。微博、微信、客户端发挥快捷、互动优势。安徽发布微博和微信分别推出关注党的十九大和“聚焦十九大”话题；省人民政府发布微博开设献礼十九大话题；中安在线微博微信推出组图、图说等产品，集中展现十八大以后全省各项工作取得的进展和成绩；“中安新闻”客户端开设《喜迎十九大》专题。三是安徽手机报传递会议“好声音”。手机报在每日的早、晚报中开设《关注十九大》专题，开设《会议动态》《安徽代表团》《代表声音》《报告解读》等子栏目，从不同角度、不同层次、不同侧面全方位展现大会盛况。十九大期间，集团各媒体平台共开设专题专栏20余个，推出原创文字稿件400余篇、图片600余幅、视频50余条、网评文章60多篇、H5作品20多

安徽新媒体集团全国两会新闻中心前方报道组策划、讨论选题

件。手机报刊发信息 400 余条，微博微信整合信息推送 1000 余篇，安徽发布“徽观十九大”话题阅读数过千万人次。

【**媒体融合发展**】研究制定《安徽新媒体集团关于媒体深度融合发展的实施方案》，明确提出“一厨一室三工程三朵云”目标任务。融媒体中央厨房建成使用。完成融媒体自采报道 1700 余篇，近百件作品获中宣部中央网信办、国家新闻出版广电局及省委宣传部、省广电局等表扬表彰。在安徽省被中央网信办全网推荐推送的融媒体产品中，安徽新媒体集团占半数以上。徽喜鹊工作室示范作用彰显。2017 年共推出 200 余篇融媒体产品。中安在线传播力持续提升。中安在线安徽新闻、市厅领导动态、网络评论及安徽非遗网、中安书画网、英文网等成为省内相关资讯的策源地。中安新闻客户端改造升级顺利完成。10 余件作品获评全省优秀网络新闻作品，其中《合肥人过年的“老三样”》荣获由中央网信办颁发的“温暖中国”主题活动优秀作品奖。《安徽手机报》成功改版。在内容创新上，突出时政报道，在平台升级上，研发“手机报可视化指挥系统”，实现不同信息在全省通播、多市联播、定点直播。在突发或重大事件处置时，可以直接用该系统实现精准传播。

【**新闻宣传活动**】2017 年，集团先后研究策划、部署落实一系列重大宣传活动，如“温暖中国——安徽网络媒体新春走基层”、省“两会”、全国“两会”“锦绣安徽迎客天下”外交部安徽全球推介活动、第十届中博会和 2017 徽商大会、“网聚美好安徽 见证喜人变化——2017 全国网媒采访活动”、网络中国节各类节庆网络宣传活动、安徽推进合肥综合性国家科学中心建设、喜迎党的十九大等，多次获得省委宣传部以及省网宣办的表彰。特别是集团十九大宣传——“突出六个度、唱响最强音”（六个度即精心调度、强化力度、加快速度、创新角度、提升热度、传递温度），受到中宣部的点名表扬。

【**现代化传媒集团建设**】一是经营业绩稳步增长。2017 年，集团主动适应经济发展新态势，充分利用内部各种积极因素，立足省直主要新闻单位和省属重点文化企业属性，大力夯实传统广告、技术合作、政务服务，积极拓展非媒产业，着力提升集团盈利能力和可持续发展能力。全年营业收入 6430.25 万元，比上年增长 32.91%；实现利润 912.9 万元，增长 7.76%。二是产业布局渐趋合理。根据发展需要，集团已有 5 个一级子公司、7 个二级合资公司，业务范围涵盖新媒体政务服务、文化创意、互联网技术研发与应用等领域，成功运维一大批具有较大影响力的新媒体项目。如安徽发布、省政府发布等 20 余项政务双微服务项目，“特色小镇网”“全景安徽 VR 视频”“互联网电子商务学院”等经营项目，初步形成传统广告、技术合作、政务服务、非媒产业等多种业态均衡良性发展态势。三是合规化建设有力推进。根据现代企业管理要求，遵循培育新媒体行业领军企业目标，大力引进法务专家、第三方评价机构对集团各级公司从法人治理结构、股权结构、内部机构设置等方面提出意见建议，持续推进集团现代化、合规化、标准化建设。四是产业集聚效应初步显现。2017 年，集团完成位于包河经开区互联网产业园近 6000 平方米办公场地的装修及软硬件设施购置，旗下经济实体已全部迁入产业园区内，新媒体产业园平台搭建基本完成，各级公司初步实现一个平台办公、多级资源共享，各类经营发展资源得到有力整合，为集团规模化经营奠定坚实基础。

【**发展持续能力增强**】一是地方频道建设快步推进。已建成使用合肥、安庆、六安、芜湖、蚌埠、亳州、池州、滁州、宿州 9 个地方频道，阜阳、宣城等频道正在推进落实。二是手机报发行稳步增长。安徽手机报纳入安徽文化惠民消费季“五看”优惠活动，2017 年新发展用户

19.4 万户；全年共发行行业报 18.5 万份，其中先锋手机报达16 万份。三是政务服务云建设成效显著。以做优安徽发布、安徽省政府发布两大平台为牵引，已建成在全国有权威性和影响力的政务新媒体综合服务平台，承接了安徽纪检监察、省国资委、省财政厅等近 20 家政务微博微信平台，直接覆盖用户超过千万。四是媒体服务云建设平稳推进。集团自主搭建的媒体服务云，完成技术平台建设工作，开展市场推广运营，接入了省纪委、池州日报、宿州电视台、灵璧县发布、廉政贵池等合作单位。五是安全服务云建设快速启动。在省网信办指导下，集团已邀请相关专家进行安全服务云项目研讨论证，招聘引进安全技术人才，初步建成一支拥有网络安全经验的核心技术团队。六是舆情服务业已成熟。引进先进技术，开发舆情监控系统，已为省公安厅、省质监局等 10 余家单位提供舆情服务。

【服务扶贫攻坚工作】 2017 年底，集团定点帮扶的灵璧县朱集乡湖光村已顺利通过省第三方出列评估，并入选灵璧县第二批精神脱贫示范村。从 2017 年 5 月起，集团派出扶贫工作队员 3 人，投入扶贫资金 33.5 万元，争取配套扶贫资金 28 万元，集团党委召开支持扶贫工作专题会议 3 次，集团领导班子成员赴湖光村看望慰问困难群众 2 次，发放各类慰问品和慰问金价值合计 10000 元。自集团扶贫工作队进驻以来，湖光村已有 58 户、203 人成功脱贫，新建了占地 300 平方米的党群服务中心和 1300 平方米的村文化广场，新修水泥道路 4100 米，安装路灯 180 盏，扶持和引进产业项目 4 个，累计带动投资 370 万余元，受益村民 200 余人。

2017 年百强民营文化企业

【安徽省百强民营文化企业概况】 2017 年，安徽省入围 100 强民营文化企业主营业务收入合计 302.43 亿元、利润总额 37.65 亿元、净资产 238.41 亿元。其中，营业收入超 1 亿元企业 72 家，利润总额超 1 亿元企业 7 家，净资产超 1 亿元企业 47 家。

【2017 年百强民营文化企业名单】
（按企业所在城市排名）

合肥(13 家)：
科大讯飞股份有限公司
合肥掌悦网络科技有限公司
安徽地平线建筑设计事务所股份有限公司
合肥安达创展科技股份有限公司
合肥探奥自动化有限公司
安徽华博胜讯信息科技股份有限公司
合肥金诺数码科技股份有限公司
安徽阿里巴巴文化娱乐有限公司
安徽东方嘉典文化艺术品有限公司
安徽安泰新型包装材料有限公司
合肥国源展览展示有限公司
安徽华米信息科技有限公司
科大国创软件股份有限公司
淮北(1 家)：
淮北市莱博特相框制造有限公司
亳州(1 家)：
安徽凯尊文化传播有限公司
宿州(7 家)：
安徽百鹿影业有限公司
宿州迅游移动信息技术服务有限公司
宿州鹏翔网络技术有限公司
宿州市齐游网络技术有限公司
安徽省萧县林平纸业有限公司
宿州市朗欣实业有限公司
宿州市信诺电子科技有限公司
蚌埠(8 家)：
蚌埠星宇文化创意产业(集团)有限公司
安徽大明园旅游发展股份有限公司
安徽禾泉农庄生态农业有限公司
安徽巨润玉文化创意有限公司
蚌埠金黄山凹版印刷有限公司
蚌埠高华电子股份有限公司
安徽心里程科技有限公司
晟光科技股份有限公司
阜阳(10 家)：
临泉宏扬实业有限公司
阜南县天亿工艺品有限公司
安徽金源家居工艺品有限公司
阜南县方柳工艺品有限公司
阜南县金源柳木工艺品有限公司
安徽富泰发饰文化股份有限公司
安徽姜尚工艺品股份有限公司
安徽金辉印务有限公司
临泉县亚泰包装有限公司
安徽中亚纸业有限公司
淮南(3 家)：
淮南市鑫海紫金石工艺品有限公司
淮南市乐森黑马乐器有限公司
安徽景丰纸业有限公司
滁州(10 家)：
安徽亿众文化传媒有限公司
龙利得包装印刷股份有限公司
滁州华艺柔印环保科技有限公司
安徽创源文化发展有限公司
安徽省中彩印务有限公司
安徽图强文具股份有限公司
天长市双丰文化用品有限公司
安徽省长兴工艺玩具集团有限责任公司
安徽艳阳电气集团有限公司
明光瑞智电子科技有限公司

六安(5家)：
安徽未来文化传播有限公司
华安发展金寨股份有限公司
安徽悠然蓝溪旅游开发有限公司
安徽美佳印务有限公司
安徽酷豆丁儿童用品有限公司
马鞍山(2家)：
经纶传媒股份有限公司
马鞍山百助网络科技有限公司
芜湖(7家)：
芜湖乐思网络科技有限公司
安徽新芜文化创意企业孵化器有限公司
安徽大浦新农村旅游开发有限公司
安徽丫山花海石林旅游股份有限公司
芜湖新华联文化旅游投资管理有限公司
华强方特(芜湖)文化科技有限公司
芜湖影星巨幕有限公司
宣城(7家)：
安徽明德竹木工艺制品有限公司
安徽省绩溪胡开文墨业有限公司
安徽檀雨玩具有限公司
安徽泾县千年古宣宣纸有限公司
安徽恒星宣纸有限公司
宣城英特颜料有限公司
安徽强邦印刷材料有限公司
铜陵(8家)：
铜陵市金时代科技有限责任公司
安徽百舟互娱网络股份有限公司
安徽新视野科教文化股份有限公司
安徽江南文旅集团有限公司
国盛文化发展集团有限公司
铜陵市中盛纺织品有限责任公司
安徽扬帆充气游乐设备制造有限公司
超彩环保新材料科技有限公司
池州(1家)：
安徽九华山投资开发集团有限公司
安庆(9家)：
安徽再芬黄梅文化艺术股份有限公司
安庆市五千年文博园投资有限责任公司
桐城市仙龙湖文化旅游发展有限公司
安徽小龙山生态旅游发展有限公司
安庆帝雅艺术品有限公司
桐城市佛光铜质工艺品有限公司
安徽集友新材料股份有限公司
安徽金科印务有限责任公司
安庆永大体育文化有限公司
黄山(8家)：
黄山京黟旅游开发有限公司
黄山文化旅游股份公司
黄山市竹溪堂徽雕艺术有限公司
黄山徽州竹艺轩雕刻有限公司
黄山永新股份有限公司
黄山金仕特种包装材料有限公司
黄山加佳荧光材料有限公司
黄山精工凹印制版有限公司

文学

□文学综述

□文学创作

□文艺理论

□文学活动

文学综述

2017 安徽文学大讲堂暨全省地方文学刊物主编联席会议

【概况】2017 年，安徽省贯彻践行文化强省战略，文学活动丰富多彩，文学原创繁荣，尤其是中短篇小说创作呈现良好发展态势，佳作频出。一批中青年小说作者在全国重点文学期刊崭露头角。年初，许春樵、李凤群荣登中国小说学会 2016 年度中国小说排行榜。4 月，陈先发获华语传媒大奖年度诗人奖。全年计有百余篇次作品被《小说选刊》《中篇小说选刊》《小说月报》《诗选刊》《散文选刊》等刊物选载及入选各种年度选本，是历年来安徽省文学作品在国家级刊物刊出选载等最好最多年份。安徽省作协启动“走淮河”“诗韵百里”“秋浦河”“爱情隧道”等 10 多项文学创作采风活动，共有 600 多位作家积极参与，一大批优秀作品涌现。5 月，安徽文学杂志社在肥西举办《安徽文学》第二届年度期刊文学奖。

周旗、刘鹏艳合作的长篇报告文学《赤澜》和季宇的长篇小说《家族的秘密》列入 2017 年中国作家协会重点作品扶持选题名单，陈斌先、苗秀侠入选中国作家协会 2017 年度定点深入生活项目。赵宏兴的小说《伙牛》获全国梁斌小说二等奖，许诺晨的《灾难求生——地标震动模式》获 2017 年冰心儿童图书奖，曹潇的小说集《卡农曲》入选中国作协“21 世纪文学之星丛书”（2017 年卷）。

2017 年，共发展省级作协会员 185 人；向中国作协推荐 50 余位省作协会员，被批准吸收 17 人，是历年最多一次。截至 2017 年年底，全省省作家协会会员 3395 人，中国作家协会会员 227 人。

党的十九大召开后，省作协召开主席团会议，全面学习习近平新时代中国特色社会主义思想，学习党的十九大报告，以习总书记关于社会主义文艺的有关重要讲话统一思想，明确责任和任务。

文学创作

【小说】2017 年全省作家文学原创呈现良好态势，不少作品在全国重要文学期刊推出。2016 年年底开展第三届安徽省中、长篇小说精品扶持工程的作品征集，共征集长篇小说 81 部、中篇小说 74 部；其中有 20 部中长篇作品入选，并正式签订扶持合同。扶持作品中，有 10 部中篇小说刊发于《十月·增刊》《绿洲》《小说月报·原创版》等国内文学期刊；长篇小说已全部完成初稿，其中赵丰超的《滚滚淮河》由中国文联出版社出版发行。

洪放的中篇小说《柏庄谋杀》发表于《山西文学》2017 年第 5 期，被《小说月报》中篇小说专号选载，并进入中国小说四季评；中篇小说《绘声绘色》发表于《红豆》2017 年 12 期头条。赵宏兴的小说《伙牛》获全国梁斌小说二等奖，曹潇的小说集《卡农曲》入选中国作协“21 世纪文学之星丛书”(2017 年卷)。朱斌峰的《碉堡成群》发表于《钟山》2017 年第 2 期，入选《中篇小说选刊》2017 年第 3 期；李国彬的中篇小说《朵的城》发表于《广州文艺》2017 年第 7 期，被《北京文学·中篇小说月报》2017 年第 8 期选载；李云的中篇小说《伏羊咩咩》在《小说月报·原创版》发表后，又被《北京文学·中篇小说月报》第 8 期选载；余同友短篇小说《雾月的灰马》在《雨花》头条发表后，被《小说选刊》2017 年第 8 期选载。

全年计有 30 余篇次作品被《小说选刊》《中篇小说选刊》《小说

月报》等选载及入选各种年度选本。

长篇小说。2017年度长篇小说创作取得较好成绩。曹多勇的《淮水谣》由安徽文艺出版社出版。《淮水谣》勾勒的是淮水河畔大河湾村的日常生活景象。大河湾村是个被淮河水四周围困的小村庄，韩立海一家六口，生活在大河湾村的庄台上。曹多勇对韩立海一家六口人的婚嫁生子及求学求职的日常生活描写，呈现出当代中国现代化进程中一个重大且无法回避的主题，即人与土地关系的变化。当代农村题材的作品，在表达人与土地这层关系时，读者看到较多的是匍匐、挣扎在土地上的人，而能够站起来、直立在土地上的人并不多。

苗秀侠的长篇小说《皖北大地》由安徽文艺出版社出版。这部作品直面中国当下乡村，抒写了农民对土地的热爱和精神皈依，写出了土地的经营收入不断下降给农民带来的困惑，再现了传统农业与冷峻现实的相悖，揭示了农民对土地的怀疑和忧伤的复杂感情。书中主人公农瓦房和老尾巴，代表两代农民形象，通过一波三折的故事发展，真实而立体地呈现出他们身上固有的勤劳和梦想、狡黠和质朴、固执和顽劣。安玉枫和杨二香，则是当下新型农民的代表，他们冲破传统小农业的桎梏，视野开阔，思维敏捷，站在时代的高度，以科技的力量创造现代大农业。而乡镇干部安玉椿，则是基层干部无所不能无所不为的辛劳和苦恼的真实写照。棉花娘、刘学习、安守财等乡村人物，各具特色，鲜活生动，是中国农民群生相的集中展示。《皖北大地》主题宏大，叙事奔放，深度关注“三农”，置入土地流转、农村合作社、秸秆禁烧、循环农业等现代元素，紧密切入中国大农业的课题，书写了现代大农业的精彩篇章，时代感鲜明。同时，小说语言极具皖北地域特色，真实反映了中国乡村在现代化进程中的尖锐矛盾，描写了当下中国乡村的困惑，并对这些困惑提出了可贵的思考，呈现了作家有所担当的时代精神。

陈斌先的长篇小说《响郢》由作家出版社出版。《响郢》通过董、孙、廖三家跌宕起伏的人物命运，告诫世人对“仁义礼智信、德行孝悌廉”等人生道义的坚持才是家族兴盛的根本。《响郢》前后共计10章，从总体艺术结构的角度来看，其实可以被切割为两大部分。从一到七章，为第一部分。这一部分的叙事过程中，作家虽然也偶然会跳出响郢，穿插交代外部世界发生的一些重要变化，但主体笔触却一直停留在响郢内部，叙述着董、孙、廖三家曾经的与现在的响郢，在彼此碰撞和争斗的过程中，如何想方设法地扩大自家的产业和势力。

舒寒冰的长篇小说《纸房子》在2017年第3期《百花洲》杂志上重磅头条推出。《纸房子》是一个隐喻，是一部以2008年金融危机以及城镇化为背景的小说，是一部既关心人的肉体安居也关心灵魂栖居的小说，是一部讲述消费时代灵魂痛苦挣扎与绝望抗争、人格高度分裂与危险平衡的小说，也是一部以相对现实主义手法写绝对荒诞之事的小说。

王建平的长篇小说《沉浮之间》由安徽文艺出版社出版。该小说讲述了两种不同的选择和人生，紧扣时代脉搏，弘扬主旋律。作家以农村改革和精准扶贫为背景，通过两个年轻干部下基层的经历，揭示了他们在时代洪流中的命运沉浮，刻画出乡土政治生态和道德伦理的复杂性，展示了新时期农村变革的深刻性。

中篇小说。2017年中篇小说创作亮点频闪，在数量与质量上都有新的突破。朱斌峰的中篇小说《碉堡成群》发表于《钟山》2017年第2期，《中篇小说选刊》2017年第3期选发。小说以第一人称视角回忆儿时伙伴小傻父亲意外失踪的故事，用三段带有一定魔幻色彩的传闻，探寻小傻的父亲失踪的原因，塑造出20世纪七八十年代一个鲜活苦闷的煤矿文艺青年的形象。叙述视角独特，情节新颖，结尾给读者留下广阔的后阅读空间。

李云的中篇小说《伏羊咩咩》发表于《小说月报·原创版》2017年第7期，《北京文学》2017年第8期转载。《伏羊咩咩》是一篇充满悲悯意识的小说，具有打动人心的力量。羊与人的关系构成小说的主体，但人其实也是羊，在面对更大的命运的残酷时，人和待宰的羊一样，没有分别。作者并不纠结于具体的世俗人事纠葛，而是站在一个更高的角度，体味、同情人世间的苦难，但也并不拔高，小说中的僧人果慈是悲悯的化身，他身上既有神性的光芒，也有凡俗的无奈。

曹多勇的中篇小说《介入》发表于《山花》2017年7期，纯纪实的手法，没有过度的技术设计，却有深刻的人生无奈与苦痛，写出了命运无常和顾影自怜，似是而非的老者介入，将小说密度很大的叙事打开了一个缺口。

李国彬的中篇小说《朵的城》发表于《广州文艺》2017年第7期，被《北京文学·中篇小说月报》2017年第8期选载。高考落榜的女生朵来到城市追梦，在一个使用连环骗术的婚介所落脚，成为婚托。她一边经受着良心的拷问，一边却要以此维持自己的生存，万般纠结与矛盾中，却对一贫穷的客户心生情愫，真诚相待。然而男青年在调查中却怀疑起朵扑朔迷离的身份，并毅然离开了朵。朵最终逃离了城市，想回到故乡的农村却并没有回到，这无疑是农村男女青年融入城市过程中的某种隐喻，具有现实性与普遍性。

陈斌先的中篇小说《我不叫周永民》发表于《鸭绿江》2017 年第 7 期,《中华文学选刊》2017 年第 8 期被点评。《我不叫周永民》写的是 20 世纪八九十年代乡村常见的改名应考的故事。改名,改了身份,亦改了命运,当事人往往终身与一个不相干的姓名贴合在一起。本篇小说写出了这种名与人的纠缠,以及对命运的暗示。

刘鹏艳的中篇小说《谛听》发表于《绿洲》2017 年第 2 期,小说最大的特点是大量运用联想、夸张、直觉等叙事元素,小说叙述充满张力,给小说增添官场以外的意涵,提供另一种声音,使其又不同于一般的官场小说。

另外,本年度还有孙长江的中篇小说《地下商场的少年》(2017 年 8 期《啄木鸟》)、朱东波的中篇小说《蒲溜三爷》(2017 年 9 期《中国铁路文艺》)、孙明华的中篇小说《抬头仰望》(2017 年第 6 期《啄木鸟》)、张诗群的中篇小说《再见,芭提雅》(2017 年第 4 期《小说月报。原创版》)、江成进的中篇小说《悲歌》(2017 年 12 期《飞天》头条)等也在文本表达及题材选择上做出一定探索。

短篇小说。2017 年短篇小说创作取得不错的成绩,但相对于中篇小说的繁荣,数量上略显不够。季宇短篇小说《六贤庙》发表于《上海文学》2017 年第 7 期,《中华文学选刊》2017 年第 9 期转载,《小说月报》2017 年第 9 期转载。《六贤庙》挖掘的是中国传统血脉里的士大夫精神,这是一种舍生取义的精神,是明知不可为而为之的精神,是刀剑加身不改其志甘愿自我牺牲的精神,邹义安更为这种精神赋予了忍辱负重的含义,无愧位列“六贤”。这种精神不应在历史的长河中湮灭,作为当代文人,我们有传承这种精神的义务。

余同友的短篇小说《雾月的灰马》发表于《雨花》2017 年第 6 期,2017 年第 8 期《小说选刊》转载。先锋品质,魔幻叙事,虚实两条线,内外双视角,是一部精心构思、深度打造的小说。雾月灰马与黑陶的听觉和幻觉构成了一种相互融解的关系,而王小海父子和村民们则是作为雾月灰马的反向意志出现。孤独与无家可归的隐形命题由雾月灰马和养马人拆解,并在黑陶的听觉和幻觉里得到佐证。而王小海和村民们是无法理解和感受到心灵困境所繁衍出的压迫与疼痛的。雾的朦胧与马的自由显现的是一个现代社会里几乎不可能的传奇,具有生命的体温,诗意而灵动,也在现代都市人密不透风的日常生活中扎破一个孔。小说对于雾和马的写作,其实是对于早已逝去的农业社会温情的留恋向往。

何荣芳短篇小说《小镜子》发表于《广州文艺》2017 年 12 期。《小镜子》写的是一个儿童眼中的成人世界,充满童趣,而所写的却是成人世界的秘密与悲剧,而当成人世界的悲剧真正坍塌下来,也是童真结束之时,从此有了成长的烦恼。以俏皮灵动的语言,写沉重的现实,也使小说充满张力,增加了作品的悲剧感。

杨小凡的短篇小说《武松的爱情》发表于《作品》2017 年 11 期,2017 年 12 期《中华文学选刊》转载,一个充满想象力的故事,一个弥漫着文化冲突的小说。小说从故事到构思设计都有新意,而且内涵也比较丰富。

武稚的短篇小说《武家纪事》刊登于大型文学期刊《红岩》2017 年第 4 期。《武家纪事》讲述的是退休的爸爸决定要修家谱,围绕哪些事可写,哪些事不可写,家里平静的生活掀起了波澜,后来在子女的调解下,爸爸终于完成了写家谱的愿望。小说既描写了家庭的温馨,又描写了家庭的矛盾,刻画了爸爸执拗而柔韧的文化人形象。

安徽省第三届中长篇小说精品扶持工程签约会

【散文】安徽是散文大省,全省有大批散文、随笔创作者,如许辉、潘小平、赵焰、苏北、杨四海、闫红、钱红丽、程耀恺、王晖、项丽敏、许冬林、储劲松、江少宾、胡竹峰、苍耳、许俊文、老鱼、许含章,等等,分别在《散文》《人民文学》《青年文学》等发表大量散文作品。

许辉的《人人都爱在水边》由北京十月文艺出版社出版,作者通过近百篇精炼、诗意、哲理、富有情趣和意境的短散文或散文诗,记叙、描绘了作者在水边行走、观察、读书和思考的见闻与心得。作品还用文学笔法，重点描写了水边的植物以及水生植物，使这本图文并茂、意趣盎然的散文集散发着休闲的迷人魅力。书中有大量作者随手绘就的手绘图，手绘图虽然简单不专业，但却极有趣味，体现了作者富有情趣、热爱生活、拥抱天地的人生态度。许辉的另一本新作《每一个日子都温暖如春》由北京时代华文书局出版，这既是一本散文随笔集，又是一本诗词解读集。以春天、生活、温暖等为主题，在一篇篇优雅的文字中融进对生活的理解和热爱。当日常的生活不再成为一成不变的疲惫，这本书以真挚的情感表达，让读者体会到只要有一颗纯真之心，每一个平凡的日子都是温暖的春日。

潘小平的《读书的女人不会老》是一本随笔集，以生活琐屑入文，用笔大胆泼辣，语言活泼犀利，有人形容“犹如一盆活蹦乱跳的鱼。”深厚的学院背景和人文储备，赋予潘小平独特的文人气质和文字功力；而率性而为，大马金刀的处事作风，又让她的文字狂放不羁，充满个性。让读者和她一起，回顾这些年来，作为一个女人她如何缝衣、如何做饭、如何读书、如何治学，领略她快人快语、大俗大雅的话语风格和深入浅出、一针见血的思想能力。

近年来，苍耳、胡竹峰等的散文随笔创作势头颇猛。苍耳的《“饥饿”收藏者》原载《山东文学》(上半月)2017年第1期，入选《2017中国最佳随笔》(辽宁人民出版社)；随笔《银色杀手》原载《随笔》杂志2017年第2期，入选《2017年中国最佳杂文》(辽宁人民出版社)、《2017年中国杂文精选》(长江文艺出版社)；散文《生灵簿》含五篇：《当猫从空中跳下来》《并非寓言》《蛙泳》《斑点，还是斑点》《它们飞》，原载《安徽文学》2017年第2期，全部入选《中国散文年度佳作2017》(山西人民出版社)；随笔《牡蛎和霾》《银色杀手》，原载《随笔》杂志2017年第2期，入选《2017中国随笔排行榜》(北京工业大学出版社)。胡竹峰在2017年度出版有散文集《闲饮茶》，谈生活况味，笔锋摇曳，见情见性；发表于《天涯》杂志的《中国文章》，在“中国文章”这一宏大主题中，指点江山，探讨文章之道；发表于《人民文学》的《日子》，洋洋洒洒万字，切入日常；发表于《大家》的《大是懵懂》，写八大山人，一以贯之的是胡竹峰的文体追求与美学追求；另外在《天津文学》《山花》《清明》《草原》等20多家报刊发表有《竹简精神》《遗珠篇》《果乎》等散文随笔十多万字，并获得林语堂散文奖与草原文学奖。

【诗歌】2017年《诗歌月刊》杂志社、安徽省作家协会诗歌创作委员会、安徽诗歌学会、地方政府和有关企业等，组织开展一系列诗歌活动，对诗人之间思想的交流和碰撞、诗人创作热情的激发、创作题材的提供以及作品的推出起到推动作用。重要的诗歌活动有：第29届马鞍山中国国际李白诗歌节、第三届中国·桃花潭国际诗歌周、第七届中国·肥西紫蓬山诗歌节、第四届曹植诗歌节、第四届“三月三”敬亭山诗会、“三月三”秋浦河李白诗歌节等。

全省2017年诗歌创作继续保持旺健的态势，继陈先发获得第十五届华语文学传媒大奖年度诗人奖之后，第五期《诗刊》“双子星座”栏目又联袂推出安徽青年诗人方楠、木叶。同时推出的两名诗人都出自同一省份，这在该栏目历史上是没有过的。

陈先发的《九章》由安徽教育出版社出版；《养鹤问题》(英文版)由香港牛津大学出版社出版；《五人诗选》(陈先发、雷平阳等五人合集）由华东师范大学出版社出版；《新五人诗选》(陈先发、臧棣等五人合集）由花城出版社出版；《江南七子诗选》(陈先发、杨键等七人合集）由北岳文艺出版社出版；2017年4月，陈先发以诗集《裂隙与巨眼》获华语文学传媒大奖年度诗人奖。

江耶《山顶上》发表于《诗刊》第5期；木叶《虚影》组诗发表于《诗刊》第5期；张建新《春日迟迟》组诗发表于《诗刊》第7期；吴少东《雨中直立的鱼》发表于《中国作家》第8期；八零的《近况》组诗发表于《诗刊》第8期；李云多组诗歌发表于《人民文学》《诗刊》《诗选刊》《延河》等；程绿叶先后在《2016年·中国网络诗歌精选》《诗选刊》2017年3期上半月刊及《中国作家》2017年第6期发表诗作；夭夭先后在《诗刊》《诗选刊》《诗歌月刊》《扬子江》《诗潮》《山东文学》《广西文学》等刊发表诗歌87首。

纪开芹的诗集《修得一颗柔软之心》由中国青年出版社出版诗集，并参加《诗刊》社2017年第33届青春诗会，入围第七届“诗探索·中国红高粱诗歌奖”，获《诗刊》社“我为三沙写首诗”征文优秀奖。获中国诗歌学会主办首届“万年浦江·千年月泉”全球华语诗歌大赛二等奖。

孙启放的诗集《伪古典》在宁夏人民出版社出版，借用古典诗歌的体式，抒发现代诗性之幽思；赋予传统诗歌意象以全新的美学意义，又把自己的生命体验融入其中，使诗集《伪古典》别具一格。

另外，2017年，《金国泉诗选》由现代出版社出版，李东《我和司机都错了》由团结出版社出版，陈荣来诗集《在地平线上燃烧》由四川民族出版社出版，田斌诗集《潜行低吟》由合肥工业大学出版社出版。

【报告文学和儿童作品】周旗、刘鹏艳合作的长篇报告文学《赤澜》被列入2017年中国作家协会重点作品扶持选题名单，许诺晨的《灾难求生——地标震动模式》获2017年冰心儿童图书奖。

文艺理论

【概述】2017年，安徽省文艺理论界认真学习党的十九大精神和习近平新时代中国特色社会主义思想，坚持以人民为中心的创作导向，举办2017年安徽文艺评论年度推优活动，其中彭正声、杨四平、郑炎贵、王健、王晴飞、陈忠强、江飞等分获一二三等奖，推荐参加第二届“啄木鸟杯”中国文艺评论年度推优活动，杨四平获中国文艺评论优秀作品奖。省文艺评论家协会与安徽书法研究院和安徽省书协学术委员会联合主办了“寿春松”——余国松书法作品研讨会。出版多部专著，在《文学评论》《小说评论》《文艺研究》《学术界》《文艺报》等重要报刊上发表多篇论文，王达敏、方维保、丁放、江飞、徐玉松等的论文被中国人民大学《复印报刊资料》转载，切实发挥了文艺理论在引导创作、提高审美能力方面的重要作用。

【美学与文艺理论】安徽省文艺评论家协会主席钱念孙继续致力于君子文化的研究，分别在2017年3月15日的《文艺报》上发表《让中华优秀传统文化入心入脑》，2017年3月13日的《中国艺术报》上发表《培育君子人格是传扬中华优秀传统文化的重要目标》，2017年1月的《学术界》上发表《君子文化在传统文化中的地位和影响》、2017年11月13日的《北京日报》上发表《中华民族历久弥新的人格基因》。

安徽大学副教授韩清玉在2017年9月的《文学评论》上发表论文《马克思主义对文艺研究方法论的启示——论T·J·克拉克的艺术批评》。该文系中国博士后科学基金第10批特别资助项目——“当代艺术哲学视域中艺术与美的关系研究”、安徽大学哲学学科“固本强基”基金项目的阶段性成果。

余国松书法学术作品研讨会

【外国文学研究】安庆师范大学文学院副教授江飞的论文《流动的“文学性”——雅各布森“主导”诗学思想论》被中国人民大学《复印报刊资料〈外国文学研究〉》2017年第2期转载。该文系国家社科基金重大项目“20世纪中国美学史”、安徽省哲学社会科学规划青年项目“朱光潜语言诗学思想研究”、安徽省2016年高校优秀青年人才支持计划重点项目的阶段性成果。

【古代文学研究】安徽大学文学院教授丁放的论文《论青词与唐诗》，被中国人民大学《复印报刊资料〈中国古代、近代文学研究〉》2017年第6期转载。该文阐述了青词的文学价值、史料价值，论述了青词与唐诗互相影响的状况，指出了研究青词与唐诗的关系，具有诗学和宗教学双重意义。

【现当代文学研究】安徽师范大学教授方维保、杨四平主编的《中国现当代文学的学科观念与教学实践》2017年3月由安徽师范大学出版社出版。该书内容包括：中国现当代文学教学与大学生人文素质培养、中国现当代文学教学与文学史的建构、中国现当代文学的本科教学实践、中国现当代文学本科教学与语文教育教学等。

方维保、柳拂桥主编的《芜湖文艺评论(2015)》2017年4月由安徽师范大学出版社出版。该书内容主要包括诗歌评论、小说评论、艺术评论、文艺创作谈、艺文序跋等方面。书稿所收文章重视对文本的细致阅读和分析，特别是对作品所展示的艺术价值、风格的形成等方面进行切实的、细致的分析和探讨。

唐先田、韩新东编的《严阵文学创作评论集》2017年6月由安徽文艺出版社出版。该书分诗歌评论、小说评论、散文评论三部分，收录了《严阵新诗对古典诗歌传统的再发现》《严阵诗歌的艺术特色》《严阵中篇小说的叙事品格》《我与严阵的一段友谊》《严阵：使命感是诗人的灵魂》等文章。

安徽大学文学院教授王达敏的论文《反思“土改”暴力的第三种写法——方方长篇小说〈软埋〉阐释》被中国人民大学《复印报刊资料〈中国现代、当代文学研究〉》2017年第5期转载。该文通过《软埋》与《古船》和《生死疲劳》的对比阐释，揭示了《软埋》的三重思想意义：一是揭示了“土改”暴力的残酷性、持久性和遗传性；二是不仅记录了丁子桃们的生存经验，也是我们的自画像；三是虽然写的是遗忘的故事，却告诉读者如何拒绝遗忘。

安徽师范大学文学院教授方维保的论文《现代文学史的“时点”叙述模式与历史突变论》被中国人民大学《复印报刊资料〈中国现代、当代文学研究〉》2017年第2期转载。该文把中国现代文学史断代的时间点大略分为10个年代：“1840年”“1917年”“1919年”“1921年”“1925年”“1927年”“1936年”“1941年”“1942年”“1949年”，并考察了现代文学史断代时间点的确立包含怎样的文化意义和文学意义。

亳州学院中文与传媒系副教授徐玉松的论文《从“自然主义”到革命历史传奇——论〈腹地〉的版本之变兼及“十七年”文学批评的规范功能》被中国人民大学《复印报刊资料〈中国现代、当代文学研究〉》2017年第3期转载。该文通过对王林长篇小说《腹地》的两个不同版本的解读，论述了《腹地》的改写在“十七年”时期文学作品的“无定本”现象中具有代表性，它呈现了作家积极融入体制的姿态，也微观呈现了文学批评规范下的文学生产景观。

安徽师范大学教授杨四平致力于新诗研究，2017年4月10日在《中国社会科学报》发表论文《新诗叙事研究的动态演进》，2017年11月6日在《中国艺术报》发表论文《新诗叙事的诗意生成及其诗学反思》，2017年3月在《广西师范大学学报（哲学社会科学版）》发表论文《现代汉诗听觉段位的隐喻性叙事》。

文学活动

陈先发作品《九章》研讨会

【安徽当代原创文学系列研讨会】 2017年，为提升安徽作家全国性影响力，助推文学皖军再崛起，安徽省委宣传部、省文联、省作协每季度推出一届安徽当代文学原创评论会。全年共成功召开四届原创文学研讨会，分别对作家许春樵的《麦子熟了》、李凤群的《大风》、曹多勇的《淮水谣》、苗秀侠的《皖北大地》以及余同友、朱斌峰的中短篇小说、陈先发的新诗作《九章》和陈斌先的新长篇《响郢》进行研讨。这些研讨会的成功举办给安徽作家作品艺术研究带来新的思考和提升契机。

【安徽省第三届中、长篇小说精品扶持工程签约会在合肥召开】 2017年5月5日，安徽省第三届中、长篇小说精品扶持工程签约会在合肥召开。省文联主席吴雪，省作协主席许辉，省作协副主席潘小平、许春樵、曹多勇、赵焰等参加，会议由省作协秘书长李云主持。据悉，全省作协共申报中篇小说74部、长篇小说81部，经省内外专家两轮审读，最后评定入选扶持工程的中篇小说10部、长篇小说10部。省作协秘书长李云代表省作协与20位作家进行签约。

【省作协开展“走淮河”大型文学采风活动】 2017年6月到9月之间，安徽省作家协会在河南、江苏两省

安徽省作协开展“走淮河”主题创作活动

作协的帮助下，成功开展了“走淮河”大型文学采风活动。活动由“安徽段”“河南段”“江苏段”三部分组成，安徽省众多一线实力作家通过深入采访、探讨，了解当地的地理环境、历史文化和经济发展，用所见所观所闻触发对淮河沿岸的真实感受，掌握众多鲜活的一手资料，积累了丰富的创作素材。省作协开展“走淮河”主题创作活动，收到小说、诗歌、散文、报告文学等各类作品近百件，这些作品从历史文化、自然生态、社会经济发展等多个角度对淮河进行深度的文学表达。省作协还积极与有关方面联系，向重点文学报刊推荐“走淮河”主题创作的优秀作品。

【吉狄马加来皖调研作协工作】 2017 年 7 月 6 日，中国作协党组成员、书记处书记、副主席、著名诗人吉狄马加在安徽就安徽作协学习贯彻习近平总书记在中国文联十大、中国作协九大上重要讲话精神情况，加强作协工作的创新举措等进行调研。省文联主席吴雪作专题汇报，季宇、许辉、许春樵等作家代表参加调研座谈会，大家就如何繁荣安徽文学原创、做好作协工作进行深入探讨。

【第二期安徽省中国作协会员学习习近平文艺座谈会重要讲话精神培训班在肥举办】 2017 年 7 月 31 日至 8 月 3 日，由中国作协主办、安徽省作协承办的第二期安徽省中国作协会员深入学习贯彻习近平总书记文艺工作座谈会重要讲话精神培训研讨班在合肥举行。来自省直单位、阜阳、宿州、淮北、淮南、合肥、宣城、芜湖、池州、安庆等地市的 100 多名中国作协会员参加培训研讨。

【安徽文学大讲堂暨全省地方文学刊物主编联席会议在固镇召开】 2017 年 10 月 28—29 日，2017 安徽文学大讲堂暨全省地方文学刊物主编联席会议在固镇县举行，来自全省 60 余家地方文学刊物主编及重点作家 160 余人参加会议。会议颁发“金穗文学奖”和 2016 年“安徽作家看怀远”征文奖，并发布“安徽作家看固镇”征文启事，鼓励全省各地作家写好固镇、宣传固镇历史文化和社会发展新面貌。

【安徽省作协召开学习贯彻党的十九大精神座谈会】 2017 年 11 月 6 日，安徽省作家协会在合肥召开学习贯彻党的十九大精神座谈会，省作协主席团部分成员、《清明》《安徽文学》《诗歌月刊》《传奇传记文学选刊》等杂志社负责人及部分市县作家代表 20 余人参加。大家集中学习了十九大报告，并交流学习体会。与会人员一致表示，党的十九大胜利召开为文学界今后的工作指明了方向，作为作家要坚定文化自信，努力创作出更多思想精深、艺术精湛、制作精良的优秀作品，为建设社会主义文化强国做出新的更大贡献。

【《诗歌月刊》开展系列文学活动】 2017 年，《诗歌月刊》开展“歌吟新时代”诗歌作品征集和出版工作，在杂志上刊登了“歌吟新时代，喜庆十九大”诗歌彩版专辑。2017 年 8 月《诗歌月刊》和省作协联合举办首届“安徽新青年诗人作品改稿会”，20 位安徽青年诗人参加首届改稿会，其中八零和星芽分别获得首届“诗探索·中国诗歌发现奖”及 2017 年柔刚诗歌奖校园奖。《诗刊》《诗选刊》等多家诗刊推出改稿会成员的诗歌作品。诗歌月刊杂志社还开展第四届“太仓七夕杯”全国爱情诗大赛和第五届“铜铃山杯”全国诗歌大赛活动。

舞臺藝術

□综　　述
□戏　　剧
□曲　　艺
□舞　　蹈
□音　　乐
□杂　　技
□安徽演艺集团
□艺术研究与教育
□安徽黄梅戏艺术职业学院

综　述

【概况】2017年,聚焦中国梦,讲好安徽故事,加强美丽乡村建设、扶贫、改革等现实题材,创作的10台大戏、10部小戏年内全部投排,在全省展演。其中黄梅戏《太白醉》《凤鸣宏村》入选第二届黄梅戏艺术周展演,黄梅戏《青山鉴》入选2017年全国基层院团戏曲会演,花鼓灯吹打乐《古韵淮河》入选第二届中国民族器乐民间乐种组合展演,梆子戏《风涌大运河》入选第四届中国豫剧节,舞剧《大禹》入选第四届丝绸之路国际艺术节,黄梅戏《大清名相》入选全国地方戏曲南方会演。黄梅戏《邓稼先》、舞剧《李白》两项大型舞台剧获国家艺术基金资助。泗州大戏《哥哥莫要过河来》、黄梅小戏《桃花谣》、梆子小戏《唐三彩》入选文化部2017年度戏曲剧本孵化计划。马鞍山市文艺创作室朱雯娟、合肥市"岁岁杜鹃红"剧组李雪鸪、阜阳市演艺有限公司李奎升、省黄梅戏剧院周升慧、滁州演艺集团梁成安、省徽京剧院王昆、省徽京剧院程勇、省杂技团蔡燕平、省艺术研究院吴海肖入选文化部人才引进项目。

2017年,安徽省共申报国家艺术基金项目249个,最终25个项目成功入选,共获资助金额1590万元。入选项目分别是黄梅戏《邓稼先》、民族舞剧《李白》、独幕剧《永远的牵挂》《共有这片蓝天》、小戏曲《七斤》《琴声悠悠》《坚守》《柳凤英开店》《一根筋》《小店春来早》、歌曲《徽州姑娘》《那古道》、徽州漆艺作品丹麦展览、"农民工·我的兄弟姐妹"摄影作品展、"铁骨画魂铸新梦"芜湖铁画艺术作品展、中国黄梅戏数字资源库建设、皖南地区代表性古村落历史文化的数字化仿真实现、黄梅戏青年旦角演员培养、庐剧作曲人才培养、徽州砖雕艺术创意设计人才培养、徽州传统村落活化创意设计人才培养、纪五林(编剧)、巫澜(雕塑)、郭兵要(雕塑)、项颂(工艺美术)。

【展演与展示】安庆"十一"黄梅戏展演周。展演周于2017年9月28日至10月8日举行,10天演出15台大戏共30场。开幕式"梨园寻根"戏曲专场,由中国台湾、新加坡以及省内外黄梅戏院团共同参加演出。

全省稀有剧种(戏曲声腔)展演。本次展演共有19个剧种、3个声腔的28个节目入选。展演分3场进行,二夹弦、桐城歌、岳西高腔、梨簧戏、洪山戏、目连戏、嗨子戏、坠子戏等16个剧种节目依次登台。古老的腔调、浓郁的地方特色、各具特色的演绎形式,展现全省戏曲剧种的艺术风采,检阅戏曲剧种生产发展的现状,深受群众欢迎。

全省优秀中青年戏曲演员展演。展演于2017年9月20日在安庆举行,演出2场,来自全省各地国有、民营戏曲院团的30名戏曲演员参加演出。参演演员均为所在院团的业务骨干,具有一定的演出实践经验和表演功力,演出的唱段、服装、道具、伴演以及乐队等都体现了较高艺术水准。

第六届中国农民歌会农村题材剧目展演。展演于2017年9月16日至22日在滁州大剧院举行,演出3台现代戏,1台抗战戏,分别是黄梅戏《青山鉴》《寸草心》《芳满松萝》和豫剧《我的土地》展演。题材多样,各有特色,受到观众热烈欢迎。抗战戏《寸草心》演出时,适逢"9·18"纪念日,其鲜明的主题,深刻的内涵,引起观众强烈反响。

戏　剧

【概况】2017年发展省级会员56人,增加国家级会员38人。截至2017年年底,全省有省戏剧家协会会员2210人、中国戏剧家协会会员369人。在剧目创作、对外交流、学术讨论等方面得到显著提升:承办中国戏剧家协会全国会员培训安徽培训会,来自全省的100余名中国剧协及中青年文艺骨干人才参加培训;推出一批思想境界高、艺术水平强且体现时代精神的精品力作:主要大戏有现代泗州戏《哥哥莫要过河来》、原创民族舞剧《立夏》、黄梅戏《遍地月光》、京剧《抗倭将军戚继光》、黄梅戏《孔雀西北飞》、梆剧《永远的大别山》、民族舞剧《李白》、儿童剧《豆丁的玩具王国》、儿童剧《汪汪梦工厂之猫和老鼠》、庐剧《美丽村官》、黄梅戏《御史夫人》、徽剧《包拯出山》等,小戏有《拆灶台》《万家灯火》《春华秋也实》《养牛风波》《茶谷情》《健康扶贫路上》《过生日》《动物论坛》等。

省剧协努力整合现有地方戏剧戏曲资源,积极参与安徽地方戏曲保护、传承,致力于黄梅戏、泗州戏、梆子戏等优秀剧目在全国范围内的推介。推荐的徽剧演员汪育殊凭借在徽剧《惊魂记》中精湛的演技,荣登第28届中国戏剧梅花奖榜首。成功举办第二届中国(亳州)

京剧《抗倭英雄戚继光》剧照

徽剧《惊魂记》剧照

二夹弦精品剧目展演、“金色十月徽园文化艺术月”戏曲专场等各类戏剧演出活动。并同步组织开展大别山采风、金寨汤家汇采风等系列采风活动。组织省戏剧工作者和业务骨干深入基层，重温红色历史，坚定理想信念，学习革命先烈的崇高精神。

【戏剧演出活动】 安徽省徽京剧院。大型京剧《抗倭将军戚继光》作为第八届中国京剧艺术界祝贺演出剧目，在南京紫金大戏院惊艳亮相，向全国观众展示了安徽京剧风采。在“传承百年 致敬经典”徽剧专场演出中，《水淹七军·观书》《贵妃醉酒》《临江会》《拾玉镯》4出徽剧折子戏，精彩亮相安徽艺术剧场、北京长安大戏院。新编徽剧《武松杀嫂》《拾玉镯》参加由省文化厅主办的“宣传十九大、文化进基层”——2017全省优秀现代小戏会演。徽剧《惊魂记》及徽剧、京剧折子戏专场参加由省委宣传部、省文化厅、省教育厅主办的2017校园大舞台·徽风皖韵进高校演出。省剧协与安徽省振兴京剧艺术交流中心共同主办2017安徽省京剧票友艺术节。12月上旬，派遣演出小分队前往贵州，与贵州省京剧院共同合作，在贵阳方舟戏台联合演出经典徽剧、京剧传统折子戏专场。

宿州市泗州戏剧团。与山东省临沂柳琴戏传承保护中心在业务上进行相互交流，并参加由山东省剧协在枣庄举办的柳琴戏传承演唱会。11月赴宁夏回族自治区银川市进行两地文化交流演出。演出的剧目是以乾隆下江南故事情节创作的大型剧目《三审奇石》。宿州市泗州戏剧团常年坚持“三下乡”演出、商业演出、接待演出、惠民演出与进校园演出等等，全年演出200多场。演出剧目有：《灵堂花烛》《三审奇石》《四换妻》《白玉楼》《贫女泪》《休丁香》、小戏《过生日》《动物论坛》《拙大姐》《三婆媳》《拾棉花》《走娘家》《赶会》，等等。

合肥市庐剧院。2017年参与安徽名人馆“徽黄庐泗花”（戏曲综艺）演出80余场，参与第十届“庐州放歌”百场文艺下基层巡演庐剧专场（小戏、折子戏）100场，大型庐剧现代戏《村长娘子》汇报演出及巡演20场，参与合肥市“戏曲进校园”巡演庐剧专场14场，参与校园大舞台“徽风皖韵”庐剧专场（小戏、折子戏）进高校演出5场，进行庐剧现代小戏《春华秋也实》汇报演出2场，此外还参与了上海国际艺术节分会场庐剧专场演出。

合肥演艺股份有限公司。舞剧《立夏》在2017中国（合肥）4月24日演出交易会开幕式首演，10月29日在第十九届上海国际艺术节、11月10日在第十九届上海国际艺术节合肥分会场闭幕式展演。

阜阳市演艺有限公司。协办阜阳市“2017元旦晚会”，承办2017阜阳市春节联欢晚会、阜阳市新春团拜会、花博会开幕式、第三届安徽省剪纸艺术节暨第二届阜阳市文博会开幕式、第十三届阜阳市运动会开幕式等。截至11月8日，共演出194场，其中“扶贫扶智”演出

40 场、“文化进军营” 演出 10 场、“文化进校园” 演出 6 场、“文化惠民”演出 138 场。

马鞍山市艺术剧院。全年完成演出 320 场，其中完成文艺下基层演出 101 场、市区 “送戏进万村” 演出服务 48 场、外埠演出 80 场、重大节庆活动文艺演出及其他政府指令性演出 100 余场。3 月，黄梅戏《凤鸣宏村》赴北京国家大剧院参加第二届“黄梅戏艺术周”展演。自 5 月始，原创儿童剧《豆丁的玩具王国》在马鞍山人民会堂首演 7 场，赴江苏巡演 40 场，全年演出 60 场次。和中国歌舞剧院联合创排的舞剧《李白》10 月在北京天桥艺术中心剧场首演，11 月参加第 29 届中国李白诗歌节在马鞍山大剧院上演；该剧入选国家艺术基金设专项资金项目。儿童剧《牛背上的歌》赴合肥参加由省文化厅举办的 2017“文化惠民消费季. 好戏大家看”展演活动。

安徽省话剧院。《天堂里的老师》于 2017 年 3 月全国巡演，并将该剧送进校园，在上海各大学校园演出 40 场，获得圆满成功。8 月，该剧赴北京参加第七届中国儿童戏剧节优秀剧目展演。

安徽省黄梅戏剧院。参加省委宣传部、省教育厅、省文化厅共同主办的 2017“校园大舞台——徽风皖韵进高校”活动，黄梅戏经典小戏折子戏专场、黄梅戏现代戏《遍地月光》、黄梅音乐演唱会《唐诗宋词》等剧目先后走进十余所高校。分别与合肥市蜀山区人民政府、合肥市庐阳区人民政府先后携手推出“1912 天仙配大舞台”惠民演出和“天仙配茶戏楼”惠民演出，为合肥本地的文化建设做出了应有贡献。2017 年，剧院还相继走进山东临沂，上海松江、闵行，广东深圳、佛山和中山，安徽金寨、安庆，浙江金华、杭州，江苏镇江和句容等地。6 月，发展基金会、安徽广播电视台《相约花戏楼》栏目、安徽广播电视台戏曲广播频率和恒品文化·戏缘 APP 联合承办的“首届全国青少年戏曲嘉年华”活动在合肥安徽大剧院盛大开幕，剧院参与了为期 3 天的展演。演出涵盖京剧、徽剧、黄梅戏、越剧、豫剧、庐剧、越调等多个剧种，共计 5 场 70 多个节目。7 月在“1912 天仙配大舞台”开展“文化惠民送清凉”活动，相继组织《遍地月光》《风尘女画家》《不越雷池》3 台大型剧目的演出，每台剧目连续上演 10 场。创排黄梅戏小戏《雨中的阳光》和大型黄梅戏现代戏《孔雀西北飞》、黄梅戏小戏《最美洗脚妹》。10 月中下旬，在由安徽演艺集团主办的 “喜庆十九大 忠诚献给党”2017“黄梅飘香”演出季中，推出“明日之星”黄梅金曲演唱会、黄梅音乐演唱会《唐诗宋词》、现代戏《遍地月光》、新创剧目《不越雷池》、新视觉黄梅戏《龙女》5 台剧目总计 11 场演出。11 月，由“文化扶贫 助力金寨”——安徽演艺集团助推老区扶贫攻坚走进金寨乡镇文艺演出活动中，演出 5 场。12 月，由剧院指导排演的合肥市瑶海区裕兴小学的《黄梅戏经典唱段联唱》代表全省唯一节目，参加在中国戏曲学院举行的第八届 “国戏杯”学生戏曲大赛，并荣获“表演奖”“优秀组织奖”和“优秀指导老

泗州戏《哥哥莫要过河来》剧照

黄梅戏《凤鸣宏村》赴京展演剧照

师奖”3项大奖。

潜山县黄梅戏剧团。全年各类演出176场次。国庆黄金周期间在天柱山主景区与七仙女大酒店开展“山上看景,山下看戏”专题演出活动。

六安市金安黄梅戏演艺有限公司。创排歌伴舞《九十里山水画金安》《桃花朵朵开》参加金安区桃花节文艺演出。为迎接党的十九大召开,于2017年9月27日在金安大剧院举行扶贫题材剧目大型现代黄梅戏《在那桃花盛开的地方》汇报演出。

再芬剧院。1月参加国家大剧院举办的“第二届黄梅戏艺术周”,演出《徽州女人》《女驸马》。2月,在江西新余昌坊度假村演出《女驸马》《春江月》《五女拜寿》《罗帕记》《天仙配》,在庐江大剧院演出《五女拜寿》(青春版),韩再芬、吴美莲联袂演出《女驸马》。4月,再芬剧院先后走进9所高校,演出黄梅戏《五女拜寿》(青春版),共演出9场。5月,参加“戏曲进校园”活动,分别走进安庆一中、安庆四中、九一六中学、安庆外国语学校,共演出4场经典折子戏专场。8月,与安庆市文广新局、岳西县文化委联合开展“文化扶贫走进乡村”活动,赴岳西县店前镇司空村、菖蒲镇岩河村演出2场折子戏专场,观众人数约2000人。8月,“再芬黄梅·盛夏演出季(第三季)”在安庆黄梅戏艺术中心举行,演出《桃李无言》《天仙配》(青春版)。9月,在2017年“十一”黄梅戏展演周期间,演出《罗帕记》《天仙配》(青春版)及折子戏。10月,分别走进安庆医药高等专科学校、安徽卫生健康职业学院演出折子戏专场,共演出2场。11月,先后走进10所高校,演出黄梅戏《女驸马》。12月,“再芬黄梅·合肥演出季(第七季)”在安徽大剧院举行,演出《天仙配》(青春版)、《女驸马》和《春江月》。

儿童剧《牛背上的歌》剧照

“校园大舞台——徽风皖韵进高校”《黄梅戏经典唱段联唱》剧照

【戏曲进校园】2017年,省委宣传部、省文化厅、省教育厅等单位抽调人员组成督查组,专项督查戏曲进校园试点市、县工作。从督查结果看,各试点市、县均成立“戏曲进校园”活动领导小组,将活动纳入文明创建考评指标体系。合肥市还将全市少年宫纳入戏曲传承活动,开设戏曲兴趣班,每年安排专项经费,打造10个学校戏曲传承基地。芜湖市将“戏曲进校园”活动纳入全市目标责任考核内容,市本级财政拨付70万元专项经费,保障“戏曲进校园”演出的正常开展。淮北市结合戏曲进校园,在学生中开展“明礼知耻”活动,让学生从传统文化中感悟道德力量。与此同时,专业戏曲院团与学校对接,开展传统戏曲教育普及活动,建立戏曲传习基地。安庆再芬黄梅艺术剧院在安徽大学、安庆师范大学建立黄梅戏教育传承基地,省黄梅戏剧院、省徽京剧院在省会合肥市多所小学建立戏曲学习基地。各级学校在普及戏曲知识的基础上,还组建学生戏曲兴趣小组和戏曲社团,着力培养爱戏曲、有潜力的学生,推动戏曲传承发展。

【全省戏曲普查完成】2017年6月底，如期完成全国戏曲剧种安徽省普查工作，共录入表格2563份、图片2158张。此次对全省31个戏曲剧种(本土剧种24个、外来剧种7个)及皮影戏、木偶戏进行普查，涉及戏曲从业人员13000余人、演出团体422家(其中，国办团体10家、改制转企团体39家、民营团体298家、民间班社75家)、创研机构21家、教育培训机构8家、制作机构4家，摸清了全省戏曲家底，为相关部门制定有关政策提供了依据。

【获奖情况】安徽省徽京剧院。在广州举办的梅花奖终评中，汪育殊荣登第28届中国戏剧梅花奖榜首。徽剧小戏《小店春来早》获得国家艺术基金"舞台艺术创作"小戏曲项目艺术基金资助。

宿州市泗州戏剧团。创作演出小戏《文明乡村》获评"国家精品小戏"资金扶持项目。现代农村生活小戏《过生日》参加"全省优秀现代小戏会演"活动。参评"安徽省群星奖"剧目《动物论坛》荣获"演出二等奖"。

阜阳市演艺有限公司。大型淮北梆子戏《花好月圆》荣获阜阳市大剧本创作二等奖、第十四届安徽省"五个一工程"奖、第十五届中国人口文化奖艺术类三等奖。小戏《圆梦》荣获省文联"我们的沃土我们的梦"千名文艺家下基层"金寨红"采风创作表演一等奖。

马鞍山市艺术剧院。小品《远亲不如近邻》参加由安徽省文联曲艺家协会举办的小品小戏三书比赛，荣获一等奖。新创小品《远亲不如近邻》、相声《我们的大学爱情》获得安徽省曲艺家协会、芜湖市人民政府联合主办的安徽省首届"相声、小品、三书"大赛一等奖和三等奖。复排大型黄梅戏《凤鸣宏村》获得省委宣传部2014—2017年度"五个一工程"奖，并获得市政府"太白文学艺术奖"艺术类一等奖。儿童剧《青蛙王子》获得"太白文学奖"艺术类三等奖小品。儿童剧《牛背上的歌》获得省委宣传部2014—2017年度"五个一工程"奖，主演王红获得"太白文学奖"艺术类三等奖。入围2017中国儿童剧机构十强，市艺术剧院新编儿童剧《青蛙王子》入围2017中国大剧场儿童剧票房十强、《狐狸孵蛋》获评小剧场演出前5名。

再芬剧院。原创黄梅戏影视剧《后台很火》获2017年安庆市黄梅戏原创网络视听原创节目一等奖。原创黄梅戏电影《长相知》获安徽省第十四届精神文明建设"五个一工程"奖。公司获"第六届安徽省文化产业示范基地"称号。韩再芬入选年度"名家传戏——当代戏曲名家收徒传艺"工程专项扶持项目。

黄梅戏《邓稼先》剧照

六安市皖西演艺传媒有限公司。大型青春庐剧《美丽村官》入选安徽省文化厅2017年度戏曲创作孵化计划(大戏)项目。扶贫题材相声《我要当队长》在安徽省首届相声小品、三书优秀作品展演中荣获二等奖。大型庐剧现代戏《又见桂花开》荣获安徽省第十四届精神文明建设"五个一工程"优秀作品奖。

【对外交流】安徽省徽京剧院。6月，徽剧《惊魂记》赴保加利亚、马其顿参加第25届"瓦尔纳之夏"国际戏剧节、第11届索菲亚世界艺术节、第四届2017年MNT艺术节。7月22日，受国际剧协邀请，在集团党委副书记、总经理李梅梅的带领下，徽剧《惊魂记》参加在西班牙举办的第35届世界剧协大会。

马鞍山市艺术剧院。4月11日，剧院乐团赴外交部参加安徽全球推介活动。

安徽省黄梅戏剧院。7月下旬，经典剧目《天仙配》在丹麦趣伏里公园大剧院参加"哥本哈根——童话之夜"演出。8月下旬，受埃莱夫西纳市之邀，经典剧目《天仙配》赴希腊，参加在埃莱夫西纳市举办的2017年"AISXYLIA文化节"。

再芬剧院。2月赴台湾在台北城市舞台演出《徽州女人》2场、《女驸马》1场及经典折子戏专场1场。7月，再芬黄梅访演团一行61人在加拿大多伦多访演，演出《女驸马》1场、折子戏专场1场。11月，为庆祝香港回归20周年，在香港演艺学院演出《徽州女人》《女驸马》。

【学术讨论】宿州市泗州戏剧团。由宿州市泗州戏剧团主编、张友鹤执笔撰写的理论专著《泗州戏声腔艺术研究》，已与苏州大学出版集团签订出版合同，将于2018年出版发行。

曲 艺

【概况】2017年，安徽省曲艺家协会发展新会员73人，推荐加入中国曲艺家协会19人；截至2017年年底，全省有省曲艺家协会会员729人、中国曲艺家协会会员219人。依照安徽省文联整体安排，安徽省曲协制定“大淮河”采风方案，组织主席团成员及部分专家、曲艺工作者近100人次，先后赴安徽天长、颍上、宿州埇桥、濉溪、太和、蒙城进行采风创作活动。举办安徽颍上淮河流域长篇鼓书（蔓子书）展演。来自全省12位民间曲艺艺术家参加展演。党的十九大召开之后，省曲协立即召开五届五次主席团会议，深入学习十九大工作报告和习近平新时代中国特色社会主义思想。

【曲艺活动】2017年5月6—8日颍上县举办“淮河流域长篇鼓曲书目展演”，2017年11月13—16日濉溪县“举办大运河流域曲艺展演”。通过这些曲艺平台，筛选出部分优秀作品，邀请专家评审组进行再度加工，编辑制作《2017年度安徽曲艺主题创作采风作品集》。9月4—7日，安徽省曲协在蒙城承办第八届中部6省曲艺展演。本次展演是在国家实施中部崛起战略背景下，由中国曲协与中部地区有关省份共同举办的一项区域性曲艺展演活动。通过承办活动，促进了安徽省曲艺事业发展和曲协工作能力的提高。展演期间，举办安徽省地方曲种创作培训班，对省内地方曲种淮河琴书、淮北大鼓、东路坠子民间艺人进行系统培训。同时，举办“淮河情”——淮河琴书优秀曲目创作研讨会和淮河琴书专场汇报演出。

2017年11月28日，由中国文艺志愿者协会、安徽省文联主办，安徽省曲协承办的“到人民中去”——《姜昆“说“相声》巡演安徽专场，在安徽大剧院成功举办。现场千余名安徽观众乐享相声名家姜昆带来的欢笑盛宴。2017年12月21—22日，由安徽省曲协、芜湖市文化委员会主办的贯彻落实十九大精神——首届全省相声、小品、三书优秀作品展演活动在芜湖举办。2017年，省曲协先后组织“欢歌笑语”“曲苑新声代”“送欢乐下基层”等主题演出5场。

【获奖情况】陈璐璐创作的相声《找爷爷》入选第五届全国相声小品优秀节目展演；于福海、张宏友创作的太和清音《让座》，吴棣创作的相声《好人赞》，刘丙福创作的山东快书《认亲》等5个作品入选第八届中部六省曲艺展演；李娟表演的河南坠子《古城会》入选第十四届马街书会全国优秀曲艺节目展演等全国性曲艺展演展示活动；吴棣创作的淮河琴书《心里真乐呵》被邀多次参加各类文化惠民演出；以安徽脱贫攻坚成果为题材创作的淮河琴书《说说咱村新变化》，受到广大群众喜爱，安徽省委省政府主要领导对该作品给予高度评价。

【基地建设】2017年12月13日，经过有序规划和长期不懈的努力，蒙城县通过中国曲协专家组考核验收，成功创建继凤阳之后的安徽省第二个“中国曲艺之乡”。2017年颍上县、濉溪县成功创建“安徽曲艺之乡”。安徽曲艺之乡创建工作梯队分明、链条清晰、有序有力有度，呈现出制度化规范化发展方向。2017年省曲协以各曲艺之乡为龙头，指导颍上、濉溪、蒙城、宿州埇桥成立曲艺社团。

《姜昆“说”相声》巡演安徽专场剧照

舞　蹈

深入学习贯彻习近平总书记文艺工作座谈会重要讲话精神专题研讨班

【概况】2017年，发展省舞蹈家协会会员61人，推荐加入中国舞协会员8人。截至2017年年底，全省有省舞蹈家协会会员1546人、中国舞协会员258人。全年承办《中国舞蹈考级》教师培训班47期，参培学员1446人获得中国舞协颁发的教师资格证书。完成6万多人的舞蹈考级工作，编辑2017年度《安徽舞蹈》会刊1期。

【培训学习】3月27—31日，选送6名编导赴天津参加中国舞协、天津市文联联合主办的"第九届'小荷风采'全国少儿舞蹈创作研修班"学习。6月19—23日，由中国舞蹈家协会主办、安徽省舞蹈家协会承办的中国舞协、中国影协、中国书协、中国视协深入学习贯彻习近平总书记文艺工作座谈会重要讲话精神专题研讨班在合肥开班，来自全省200多名全国会员参加培训。9月19—23日，推选3名编导赴重庆参加由中国舞协、中国文联人事部、中国文学艺术基金会、重庆市文联共同主办的"第三届全国中青年舞蹈人才创编高级研修班"学习。10月25日、30日上午，省舞协牵头联系中国舞协、上海舞协分别在北京、上海召开合肥演艺股份有限公司原创民族舞剧《立夏》专家研讨会。中国舞协主席冯双白、上海音乐出版社舞蹈编辑部主任黄惠民等到会专家、编导对舞剧的进一步打磨提升提出宝贵意见。10月7日，省舞协在合肥徽园世纪广场组织"艺术为人民·金色徽园文化惠民艺术月"舞蹈专场演出。11月13—24日，选送5位省级会员赴北京参加中国舞协中国舞蹈考级4~6级金牌教师培训并获得中国舞协金牌教师资质证书。

【舞蹈赛事】5月7日，省舞协在合肥安徽艺术剧场主办"第九届安徽省少儿舞蹈会演"，全省28个原创少儿舞蹈作品参加会演，舞蹈《小小板凳龙》等6个节目获表演一等奖，《徽鹊儿》等8个节目获表演二等奖，《棒鼓娃》等13个节目获表演三等奖，黄山市舞蹈家协会等10家单位获得优秀组织奖。10月21日，由省文联主办、省舞蹈家协会承办的第七届安徽省"杜鹃花奖"中老年社区舞蹈展演在安徽大剧院举行，来自各地市舞协、中老年舞蹈艺术团、社区街道表演队的26支队伍参加展演，《赶灯场·扭呀扭》等3个作品获表演特等奖，《又见桂花开》等5个舞蹈获表演一等奖，《歌邀天下》等7个舞蹈获表演二等奖，《婆婆的幸福生活》等10个舞蹈获表演三等奖。展演还评出优秀创作奖5个，优秀组织奖20个。4月29日，省舞协与广州STO CREW(决战中国)在合肥徽园世纪广场共同主办"2017决战中国国际街舞大师赛(安徽赛区)"。本届大师赛共有来自全国的200多位选手参赛，经过激烈角逐，来自安徽合肥、天长、江苏和广西的4位选手获得冠亚军。7月13—15日，由中国舞协社会舞蹈教育委员会、安徽舞协共同主办的"喜迎十九大、童心永向党"2017中国舞协教学成果展演在合肥安徽大剧院举行，来自全省社会舞蹈培训机构291个节目、近6000名小舞者参加演出。展演节目最终获得中国舞协颁发的最佳表演奖60个、最佳才艺奖95个、最具潜力奖136个。

【获奖情况】原创民族舞剧《立夏》获得第十四届安徽省精神文明建设"五个一工程"优秀作品奖、省文联"我们的沃土我们的梦"安徽文艺界2017年"深入生活、扎根人民"暨"大淮河"采风创作成果表演艺术类一等奖。

舞蹈《赶灯场·扭呀扭》获中国舞蹈家协会主办的"首届'戴爱莲杯'全国舞蹈展演""魅力之星""魅力编导"称号，省舞协获得"星级组织"称号；获安徽省文联"我们的沃土我们的梦"安徽文艺界2017年"深入生活、扎根人民"暨"大淮河"采风创作成果表演艺术类一等奖。

少儿舞蹈《翻菱角》《暖暖的麦田》获中国文联、中国舞协主办的第九届“小荷风采”全国少儿舞蹈展演“小荷之星”称号，《小小板凳龙》《我爱我的小尾巴》获得“小荷新秀”称号，省舞协获得“杰出组织奖”。

舞蹈《下河底》《淮河岸边玩灯人》获中国文联、中国舞蹈家协会主办的第十一届中国舞蹈“荷花奖”民族民间舞蹈评奖展演。

【花鼓灯舞蹈】省舞协、蚌埠市蚌山区文化馆新创花鼓灯舞蹈《赶灯场·扭呀扭》参加中国舞蹈家协会“首届‘戴爱莲杯’全国舞蹈展演”；群舞《下河底》、少儿花鼓灯舞蹈《翻菱角》参加中国文联、中国舞协主办的第十一届中国舞蹈“荷花奖”民族民间舞评奖展演和第九届“小荷风采”全国少儿舞蹈展演。

音　　乐

【概况】2017 年发展省级会员 143 人，新加入国家级会员 33 人。截至年底，全省有省音乐家协会会员 3472 人、中国音乐家协会会员 526 人。

【音乐活动】2017 年 3 月 26—31 日，应安徽省音协邀请，中国音协管乐学会主席、中国人民解放军军乐团原团长、著名指挥家于海在皖培训管乐指挥。3 月 30 日，安徽省音乐家协会主席、作曲家盘龙赴宿松县指导“国培计划(2016)义务教育阶段音乐学科送教下乡”培训活动，并对来自全县 100 多位中小学音乐教师及当地词曲作者做关于《当前中国社会音乐文化生态环境及歌曲创作》的专题学术讲座。5 月 24 日，由安徽省音乐家协会主办的上海歌剧院艺术总监、上海师范大学音乐学院院长、著名歌唱家魏松声乐教学大师班合肥举行。6 月 21—26 日，安徽省音乐家协会主席、作曲家盘龙、词作家陈玉国应西藏自治区山南市邀请，担任“2017 年藏源山南全国歌曲创作大赛”评委会主任，加强了藏皖两地音乐界的交流。9 月 6 日，为贯彻落实《一流学科专业与高水平大学建设五年行动计划》，安徽师范大学音乐学院受省教育厅委托牵头成立“安徽省普通本科高校音乐与舞蹈类专业合作委员会”。中国音乐家协会副主席、教育部高等学校艺术类专业教学指导委员会主任委员、中国音乐学院教授、博士生导师赵塔里木出席成立大会。

12 月 19—25 日，由中国音乐家协会、安徽省文联联合主办，安徽省音乐家协会承办的“全国著名词曲名家看安徽”采风创作活动座谈会在凤阳县小岗村召开。座谈会上，来自全国及安徽省内的 20 余位词曲作家结合自身创作实践发言。活动期间，来自全国各地的著名词曲创作者先后走进科大讯飞、科学岛、黄梅戏博物馆、小岗村等地交流采访，以艺术家的视角近距离观察安徽近年来发生的变化。本次采风实践活动系中国文联艺术基金资助项目，并以此拉开由中共安徽省委宣传部、安徽省文联主办的“全国文艺名家看安徽”系列活动的序幕。

【音乐创作】2017 年 11 月 16 日，安徽省音乐家协会组织举办“听见中国听见你”2017 年度安徽省优秀歌曲评选活动，遴选《一盏灯》《战士昨夜出发》《亲一亲我的大别山》《让梦飞》《桂花》5 首歌曲作品报送中国音协参加全国“听见中国听见你”作品评选。

2017 年 11 月 11 日，由安徽大学艺术与传媒学院组织创作的原创民族歌剧《包青天》音乐会版在合肥大剧院音乐厅首演，该剧由莫凡编剧并作曲，其演员主要来自全省艺术院校及省直院团。歌剧《包青天》创作项目于 2016 年启动，依托安徽省高等教育振兴计划高校领军人才团队引进资助项目实施。

2017 年 12 月，由安徽省文联主办、安徽省音乐家协会承办的“我们的沃土我们的梦”千名文艺家下基层，深入生活、扎根人民采风创作的“金寨红——安徽省原创歌曲创作”14 首歌曲录制完成。14

“全国著名词曲名家看安徽”采风创作活动

“第十一届中国音乐金钟奖声乐比赛”安徽赛区选拔赛

首作品是:《亲一亲我的大别山》(陈玉国词、田晓耕曲)、《大别山的思念》(峻松词、冯世全曲)、《红满人间》(小海词、熊纬曲)、《桂花儿香了》(许冬子词、杨林曲)、《生命的赞歌》(峻松词、段继抒曲)、《桂花》(张跃进词、李需民曲)、《英雄大别山》(程安国词、李恋曲)、《你就是大别山》(高文献词、李亚盟曲)、《山水情》(陈兴玲词、陈虹曲)、《啊!我的大别山》(王和泉词、谢林义曲)、《将军昨夜出发》(马忠词、谢国华曲、混声合唱)、《战士昨夜出发》(马忠词、徐兴民曲)、《情中情》(李春吟词、王凯东曲)、《这就是金寨》(夏子词、王凯东曲)。

2017 年 9 月,由中共安徽省委宣传部报送的歌曲《多想对你说》获中宣部第十四届精神文明建设“五个一工程”优秀作品奖。《六尺巷》(安庆市委宣传部)、《幸福花鼓》(省文联、滁州市委宣传部)、《朗朗包公祠》(芜湖市委宣传部)、《嗬儿隆咚飘一飘》(滁州市委宣传部)、《诗的城》(马鞍山市委宣传部)、《握住兄弟的手》(省文联)、《那古道》(黄山市委宣传部)、《远方的爸妈你们好吗》(阜阳市委宣传部)、《巢湖美》(合肥市委宣传部)、《家风谣》(六安市委宣传部)10 首作品获安徽省第十四届精神文明建设“五个一工程”优秀作品奖。

【音乐赛事】 2017 年 5 月 21—27 日,安徽省音乐家协会、安徽广播电视台新闻综合广播频率、安徽师范大学音乐学院联合举办第十一届中国音乐金钟奖声乐、钢琴、古筝比赛安徽赛区选拔赛。该选拔赛旨在推动全省专业声乐、古筝、钢琴艺术的发展,奖掖和表彰优秀青年歌唱、古筝、钢琴演奏人才,并遴选出优秀青年歌唱家和钢琴、古筝演奏家代表安徽参加全国金钟奖比赛。选拔赛邀请著名歌唱家郁钧剑、魏松、王莉和著名古筝教育家闫爱华以及本省音乐家担任评委。美声组田园获金奖,张霖霄、张月获银奖,宁艺轩、肖磊、刘娜获铜奖;民族组牛悦敏获金奖,周杨、庄云龙获银奖,吴梦雪、亢怿、张芸获铜奖;李卓、汪荣钦获最佳钢琴伴奏奖。最终田园、张霖霄、牛悦敏、庄云龙 4 名选手入围金钟奖全国复赛。钢琴选拔赛叶尚松获金奖,汪荣钦获银奖,王香君、周雨歆获铜奖。最终叶尚松、汪荣钦获得报送中国音协参加全国复赛的差额评选资格。本次古筝选拔赛共有 34 名选手参加,经过紧张角逐,参赛选手杨奕、赵晨爽获得报送中国音协参加全国复赛的差额评选资格。中国音乐金钟奖是由中共中央宣传部批准设立、全国唯一常设的综合性专家大奖,每两年一届,是与戏剧梅花奖、电影金鸡奖并列的国家级艺术大奖。

2017 年 7 月 22—23 日,由安徽省音乐家协会西洋管乐专业委员会举办的“第八届安徽省西洋管乐大赛”在合肥举行。安徽省西洋管乐大赛每两年一届,旨在促进全省管乐人才的成长,奖掖和表彰全省优秀的西洋管乐演奏者。本次大赛设萨克斯、长笛、单簧管、小号、巴松、圆号、双簧管 7 个组别,吸引全省近 700 名选手报名参赛。大赛

“我们的队伍向太阳”——梦之交响管乐专场音乐会

特邀中国小号联合会副会长韩宴庭，中国爱乐乐团双簧管首席张正地，著名萨克斯演奏家、国家一级演奏员尹志发，中国单簧管学会副会长、南京艺术学院教授王振先，深圳交响乐团长笛首席马勇，中国爱乐乐团小号首席鲁潇霖，中国国家歌剧院交响乐团客座长号演奏家、长号教育家翰琳担任专家评委。比赛经两天激烈角逐，各组别分别评选出一、二、三等奖，优秀奖及指导教师奖。

2017年10月2—4日，由安徽省音乐家协会二胡、琵琶专业委员会举办的“安徽第三届二胡、琵琶大赛”在合肥开赛。本次大赛吸引全省600余名不同年龄段的二胡、琵琶选手参加。大赛特别邀请著名琵琶演奏家、教育家、上海音乐学院民族音乐系原主任李锦侠，西安音乐学院民族器乐系弹拨教研室主任任畅，武汉音乐学院中国器乐系副教授刘洋，上海大学音乐学院青年二胡演奏家任华清及安徽省内音乐家担任评委。经过激烈角逐，最终评选出少儿A组、少儿B组、青少年A组、青少年B组、成人组和齐奏、重奏组的一等奖、二等奖、三等奖以及优秀教师奖。

2017年11月11日，安徽艺术职业学院青年声乐教师朱晓慧获“长江之星——全国歌手大赛”最具潜力歌手奖，该大赛由重庆市音乐家协会等全国25个省级音协联合在重庆举办。

【音乐演出】2017年4月26日，安徽省音乐家协会声乐专业委员会在安徽大学艺术剧场举办“春之声——艺术歌曲演唱会”，由21位优秀音乐工作者演唱了24首经典的外国艺术歌曲。2017年5月1日，安徽省音乐家协会管乐重奏团参加“艺术为人民——2017徽园五一生活艺术节”活动，为游园的群众献上管乐合奏、萨克斯四重奏、铜管重奏等各种组合形式的管乐经典曲目。2017年5月12日，由中共安徽省委宣传部、安徽省文化厅、安徽省新闻出版广电局联合主办，安徽演艺集团联合安徽广电集团、安徽新媒体集团共同承办的“春之韵·2017安徽文艺精品进万家”徽派精华版歌剧《原野》在安徽大剧院上演。该剧由安徽省歌舞剧院、安徽乐团联合演出。2017年7月4日，为迎接党的十九大召开、隆重纪念建军90周年，安徽省音乐家协会主办的“我们的队伍向太阳——梦之交响管乐专场音乐会”在合肥大剧院举行。音乐会邀请中国音乐家协会管乐学会主席、中国人民解放军军乐团原团长、著名指挥家于海，上海音协管乐学会副会长兼秘书长曹化勤，合肥市民交响乐团指挥管晓毛指挥，来自全省各地的音乐工作者和音乐爱好者以及驻皖部队官兵观看了演出。2017年7月18日，安徽省音乐家协在马鞍山保利剧院举办“中华情·强军梦——安徽省老歌唱家演唱会”。

2017年9月30日，由马鞍山市艺术剧院青年作曲家、音乐制作人王瀚仪作曲，王永林作词，云朵、柏文演唱的原创歌曲《一盏灯》，被选上中央电视台《祖国颂——2017年国庆特别节目》。

杂　　技

参加第16届中国吴桥杂技艺术节开幕式

【概况】2017年，全省新增省杂技家协会会员10人，新增中国杂技家协会会员1人。截至年底，全省有省杂技家协会会员345人、中国杂技家协会会员153人。

【杂技活动】3月8—22日，在安徽省委宣传部和青海省委宣传部的共同策划和指导下，由安徽省杂技团与青海玉树藏族自治州歌舞团合作演出的杂技剧《雪豹王子》在青海玉树高原成功上演。5月8日、9日晚，由安徽省杂技团倾力打造的原创大型杂技晚会“中国风”在安徽大剧院隆重上演，参加由安徽演艺集团推出的“春之韵——2017安徽文艺精品进万家”系列优秀剧目展演。5月28日、29日、30日，品牌栏目《魔幻之旅》亲子专场连续第三年在省话剧院剧场精彩上演，该剧以少年儿童为人群，集杂技、魔术、滑稽等表演形式，深受孩子们的喜爱，是近年来着力打造的一台“走市场”品牌剧目，再创省话剧院小剧场多项新高纪录。9月13日,《顶板凳》节目及“明日之星”班学员参加中国吴桥国际杂技节开幕式演出。国庆期间,参加由省文联、省杂协主办的徽园文化惠民演出。

8月23日,安徽省杂技团与安徽省黄梅戏艺术职业学院联办的“明日之星”学员班以教育扶贫的方式招收泗县大庄镇东风村两名家庭贫困学生，除免去全部学杂费外，每月还给予适当生活费补助。11月23日，“汇爱联盟”公益捐赠活动在安徽省杂技团“明日之星班”举行，向学员们首批捐赠了书籍、练功服及保暖羽绒服等。12月下旬，参与汇爱联盟行动，赴肥东县八斗镇慰问当地困难群众。

【对外交流和商演】2017全年,安徽省杂技团赴印尼、日本、美国进行商业演出210余场。9月20日至12月31日,新版杂技剧《美丽·梦》赴美国驻点及巡回演出170余场,精彩的演出深受观众喜爱,为精品剧目进入美国主流演出市场打下良好的基础。

2017年10月，安徽省杂技团随省侨联“亲情中华·美好安徽”艺术团赴美国、日本、新加坡进行慰问演出,演员们用精湛的表演为海外华人华侨送去一场场文艺盛宴,受到团驻外领馆及当地华人华侨的赞扬。

安徽省杂技团在美国休斯敦侨联演出

【获奖及研讨活动】《雪豹王子》获2016年度安徽省十大演艺品牌、安徽省文联“我们的沃土我们的梦”千名文艺家下基层暨“金寨红”表演类一等奖;2017年度获安徽、青海两省“五个一工程”奖。3月30日,在中国杂技家协会七届三次理事会上,陈坚团长当选中杂协艺术创作委员会副主任兼秘书长,并获得中国杂技家协会“2017年度先进个人”称号,省杂协获中杂协2017年度优秀协会奖。3月25—29日,中国戏剧家协会、中国杂技家协会全国会员深入学习贯彻习总书记文艺工作座谈会重要讲话精神安徽专题研讨班在合肥举办。来自安徽全省的200余名中国剧协、中国杂协会员及中青年文艺骨干人才参加研讨。5月,安徽省杂技团《美丽·梦》剧组获2015年度“全省青年文明号”称号,安徽省杂技团共青团总支获2016年度“五四红旗团总支”称号,何卉获2015—2016年度省直机关“优秀共青团员”称号。11月16—28日,临泉·第四届安徽民间杂技艺术节在安徽省临泉县举办。艺术节期间,由安徽省杂协承办的中国杂技家协会会员单位培训班在临泉举办,由河北省政协副主席、中国文联副主席、中杂协主席边发吉为来自全国各杂协负责人授课。

安徽演艺集团

【概况】 2017年，集团在安徽省委、省政府的坚强领导下,认真学习贯彻落实习近平新时代中国特色社会主义思想和党的十九大精神,扎实推进“两学一做”常态化制度化和“讲重做”专题警示教育。坚持人民为中心的创作导向,全面加强党的建设,开展基层党组织标准化建设,大力推进干部队伍建设和人才工作。持续推进改革,着力加快创新创造,取得良好的社会效益和经济效益。全年11个集体或个人获安徽省文明单位、省直五一劳动奖状、全省青年文明号荣誉称号。汪育殊获第28届梅花奖并荣登榜首,7人入选第十二届省政协委员。

精品创作取得成就。创作排演大型杂技晚会《中国风》、音乐剧《中华礼仪之旅》、综艺《梨园寻根》，完成黄梅现代戏《孔雀西北风》、徽剧《包拯出山》、话剧《一个都不能少》等创作论证。独幕话剧《永远的牵挂》《共有这片蓝天》和小戏曲《小店春来早》入选国家艺术基金2017年度创作资助项目，黄梅戏《不越雷池》、杂技剧《雪豹王子》获安徽省"五个一工程"奖，集团获安徽省"五个一工程"组织工作奖。

营销传播实现突破。2017年，在全国首创"有戏安徽"专区，构建"剧场、电视、手机、网络"四位一体传播新模式；演出季品牌影响力持续提升；"春之韵——2017安徽文艺精品进万家"影响广泛；"梦之声合唱节"成功举办；"黄梅飘香"演出季精彩纷呈；演艺院线、安徽大剧院"演艺+培训"项目取得显著成效；"1912天仙配大舞台""天仙配茶戏楼""双休日儿童剧"剧场定点惠民演出常态化。安徽大剧院成功运作国内外演出团体来肥商演50余场次。

社会效益持续彰显。全年开展惠民演出600余场次。"文化扶贫、助力金寨"慰问演出深受好评，"文艺扶贫、携手小康"惠民演出影响广泛，"红色文艺轻骑兵"基层慰问演出广受欢迎，"送文化年货"慰问演出丰富多彩，戏曲进校园成效显著。积极履行社会责任，对口帮扶泗县和驻点扶贫东风村成绩显著。

对外交流影响广泛。大力开拓海外演出市场。2017年先后走进澳洲、欧洲、美洲及亚洲等四大洲11个国家和地区开展商业演出和文化交流活动。其中徽剧《惊魂记》赴保加利亚、马其顿、西班牙的演出，黄梅戏《天仙配》赴丹麦、希腊的交流演出，新版《美丽·梦》等杂技剧目赴印尼、日本、美国等国的商业演出，成为当地文化领域的热点，得到广泛的好评和赞誉。

【安徽省黄梅戏剧院】 *艺术创作*。复排红色经典黄梅交响清唱剧《红梅赞》和传统经典剧目《龙女》；创排的黄梅小戏《雨中的阳光》在"2017全省优秀现代小戏会演"中获一致好评；创排大型黄梅现代戏《孔雀西北飞》获得2018年度国家艺术基金资助。

演出市场。2017年，安徽省黄梅戏剧院传统经典、当代精品及新创优秀剧目等多部大型剧目相继在第二届国家大剧院"黄梅戏艺术周"、第五届中华优秀戏曲文化艺术节、第35届中国洛阳牡丹文化节优秀剧目展演月、2017年第十三届中国(深圳)文化产业博览会、首届山西艺术节、2017泰州"梅兰芳艺术节"、第四届安徽文化惠民消费季"好戏大家看"系列展演、"戏码头——全国戏曲名家名团武汉行"等活动中展现风采，用黄梅戏这一艺术形式传播中华优秀文化、民族传统美德和社会主义核心价值观，丰富了广大人民群众的精神文化生活。同时，安徽省黄梅戏剧院还相继走进山东临沂，上海松江、闵行，广东深圳、佛山和中山，安徽金寨、安庆，浙江金华、杭州，江苏镇江、句容等地演出，扩大黄梅戏的影响，树立剧院的品牌，实现社会效益和经济效益的有机统一。

10月中旬至月底，在由安徽演艺集团主办，安徽省黄梅戏剧院承办的"喜庆十九大 忠诚献给党"2017"黄梅飘香"演出季中，省黄梅戏剧院共推出《"明日之星"黄梅金曲演唱会》、黄梅音乐演唱会《唐诗宋词》、现代戏《遍地月光》、新创剧目《不越雷池》、新视觉黄梅戏《龙女》等5台剧目共11场演出，为党的十九大献上一份精美艺术贺礼，展现该院近年来艺术创作的丰硕成果，为年轻演员提供成长与展示的平台。

海外交流。7月下旬，携经典剧目《天仙配》赴丹麦，在丹麦趣伏里公园大剧院与同样来自中国的昆曲、越剧参加了"哥本哈根——童话之夜"的演出。8月下旬，受埃莱夫西纳市之邀，由安徽演艺集团党委书记、董事长董庆率队，一行32人携经典剧目《天仙配》赴希腊，参加在该市举办的2017年"Aisxylia文化节"。演出受到埃莱夫西纳市市长、中国驻希腊使馆文化参赞及来自世界各地观众的热烈欢迎和高度关注，传播了中华民族优秀传统文化，提升了中国黄梅戏艺术的国际声誉。

"戏曲进校园"活动。3月下旬，

泗州戏《三审奇石》剧照

安徽省黄梅戏剧院与合肥市瑶海区共16所中小学签订“戏曲进校园”合作协议。截至年底,已在合肥市30余所大、中、小学及幼儿园开展“戏曲进校园”活动,取得阶段性成效:孩子们对黄梅戏有了初步的认知和了解,培养了孩子们对戏曲艺术和传统文化的兴趣和情感。

6月上旬，由安徽演艺集团主办,安徽省黄梅戏剧院携手安徽省黄梅戏艺术发展基金会、安徽广播电视台《相约花戏楼》栏目、安徽广播电视台戏曲广播频率和恒品文化·戏缘APP联合承办的“首届全国青少年戏曲嘉年华”在安徽大剧院盛大开幕。演出涵盖京剧、徽剧、黄梅戏、越剧、豫剧、庐剧、越调等多个剧种,并展演3天共计5场70多个节目。

12月初,由该院指导排演的合肥市瑶海区裕兴小学的《黄梅戏经典唱段联唱》代表安徽省唯一节目,参加在中国戏曲学院举行的第八届“国戏杯”学生戏曲大赛,获“表演奖”“优秀组织奖”和“优秀指导老师奖”3项大奖。

在由省委宣传部、省教育厅、省文化厅共同主办的2017“校园大舞台——徽风皖韵进高校”活动中,安徽省黄梅戏剧院分别携《黄梅戏经典小戏折子戏专场》、黄梅现代戏《遍地月光》、黄梅音乐演唱会《唐诗宋词》等剧(节)目先后走进安徽大学、合肥师范学院、安徽理工大学、安徽工业大学、中国科技大学等10余所高校。在“校园大舞台”这一特殊的平台上,将学术与艺术相融合,引领广大师生徜徉在传统艺术的圣殿,近距离接触了解感受传统艺术,丰富师生们的精神文化生活,促进当代大学生们的全面发展。

【安徽省歌舞剧院】 艺术生产。2017年5月12日，徽派精华版歌剧《原野》在安徽大剧院上演。该剧经过4个月的精心准备,在原版歌剧的基础上选取精华,删减了一些合唱,增加了一些舞蹈,场景布置融入徽派建筑元素,安徽交响乐团全程现场伴奏,受到社会各界的广泛好评。

重大演出。1月10日,由中宣部、文化部、国家新闻出版广电总局、中国文联联合举办的全国2017年元旦春节“我们的中国梦”——文化进万家文化惠民演出活动在革命老区金寨县举行。中宣部副部长景俊海致辞并宣布活动开始;文化部副部长董伟,中国文联副主席左中一,安徽省委常委、六安市委书记孙云飞出席活动；省委常委、宣传部部长虞爱华致辞。

安徽省杂技团赴印尼演出

6月18—19日,受第十三届中国(深圳)文博会艺术节组委会邀请,舞剧《徽班》在深圳大剧院隆重上演。跌宕起伏的故事情节,精彩绝伦的舞蹈语言,气势磅礴的舞台效果，展现了徽人的文化情怀,演出受到艺术节组委会的高度赞扬,赢得深圳观众的拍手称赞。

7月1日，香港荃湾各界庆祝香港回归20周年庆典晚会在荃湾大会堂隆重举行,这是安徽省歌舞剧院首次参加香港回归庆典演出。本次演出,向香港人民展现安徽省歌舞剧院的风采,大大促进安徽与香港两地的文化交流。

由安徽省委宣传部主办,安徽演艺集团、安徽广播电视台承办的“文艺扶贫 携手小康”——惠民演出活动,先后走进岳西、亳州谯城、寿县、怀远、界首、泗县、石台、灵璧、舒城、宿松、定远、金寨共12个贫困县(市、区)。

开展“明日之星”系列演出。2月13日，由安徽演艺集团主办的“明日之星”系列演出“春之声”魅力民歌专场音乐会在安徽艺术剧场上演。歌剧团的青年演员们演唱四川民歌《太阳出来喜洋洋》、湖南民歌《刘海砍樵》、安徽民歌《王三姐赶集》等14首独具魅力的民族歌曲,赢得现场观众的交口称赞。2月14日，由安徽演艺集团主办的“明日之星”系列演出“春之舞”舞蹈作品专场演出在安徽艺术剧场上演。舞蹈团的青年演员们表演一批既有民族特色,又符合时代潮流的舞蹈作品,整场演出洋溢着一股青春的气息。

拓展演出市场。应中央文明办、内蒙古科右中旗旗委邀请,安徽省歌舞剧院奔赴科右中旗对2017“全旗脱贫攻坚奖”表彰主题晚会进行前期策划与沟通指导。另外，还积极参与万达集团2017新春联欢会、苏州菲比集团年会、合肥万达乐园“女神节”活动系列演出、2017年太极藿香聚力前行安徽汇报演出、中华颂·长丰杯——第八届全国小戏小品曲艺大展开幕式、临泉第四届安徽省民间杂技艺术节开幕式等演出活动，与主办方建立了友好的合作关系，为下一步的长期合作打下基础。

徽派精华版歌剧《原野》剧照

【安徽省杂技团】新创精品剧目。杂技剧《雪豹王子》赴青海玉树成功演出。2017年3月8—22日，在安徽省委宣传部和青海省委宣传部共同策划和指导下，由安徽省杂技团与青海玉树藏族自治州歌舞团合作演出的杂技剧《雪豹王子》在青海玉树高原成功上演。“中国风”杂技晚会隆重推出。5月8日、9日晚，安徽演艺集团推出的“春之韵”——2017安徽文艺精品进万家系列优秀剧目展演期间，安徽省杂技团倾力打造的原创大型杂技晚会“中国风”在安徽大剧院隆重上演，晚会包含浓郁的中国元素，将技巧与艺术、传统与时尚和美轮美奂的音乐完美结合，令观众耳目一新，反响热烈。《魔幻之旅》亲子专场精彩上演。5月28日、29日、30日，安徽省技团创作的品牌栏目《魔幻之旅》亲子专场连续第三年在省话剧院剧场精彩上演，该剧以少年儿童为主要观众，集杂技、魔术、滑稽为主要内容，表演形式活泼，深受孩子们的喜爱，是该团近年来着力打造的一台“走市场”品牌剧目，创安徽省话剧小剧场多项新纪录。

夏季文化演出季活动。5月28—30日，在省话小剧场演出6场亲子专场——《魔幻之旅》，演出收入近3万元；7月2—5日，与安徽大剧院合作演出3场“中国风”杂技晚会，票房收入18万元；7月13—14日，与保利院线合作在合肥大剧院演出2场杂技剧《美丽·梦》，票房收入7万元。安徽杂剧团此次夏季演出季丰富群众对高雅艺术的需求，同时通过纯商演的运作模式，为开拓国内演出市场积累了宝贵的经验，坚定闯市场的信心与决心。

“三下乡”及扶贫慰问演出。6月14—16日，参加由安徽演艺集团主办，安徽省杂技团、中共金寨县委宣传部承办的“文化扶贫、助力金寨”——助推老区扶贫攻坚走进金寨乡镇文艺演出，分别在吴家店镇长源村、斑竹园镇漆店村、沙河乡和果子园乡进行为期3天的扶贫慰问演出。将杂技演出送到基层，给乡镇居民、空巢老人、留守儿童送去一场场美轮美奂的文化大餐。2017年该团先后赴金寨、界首、泗县、石台、灵璧、舒城、宿松、定远等县市演出30余场，受到当地群众的热烈欢迎。

对外文化交流和商演。2017年10月，安徽省杂技团随省侨联“亲情中华·美好安徽”艺术团赴美国、日本、新加坡进行慰问演出，演员们用精湛的表演为海外华人华侨送去一场场文艺盛宴，受到中国驻外使领馆及当地华人华侨的赞扬。2017年先后赴印尼、日本、美国进行商业演出210余场。其中，新版杂技剧《美丽·梦》在美国驻点演出170场，精彩的演出深受当地观众的喜爱。

【安徽省话剧院】优秀剧目展演。2017年3月15日至6月7日，第三届中国原创话剧邀请展在北京开演。本次活动以“原创、艺术、人民、时代”为主题，以“重视原创，紧跟时代、艺术精湛、服务人民”为宗旨，共有20台大戏和15台小剧场戏参与演出135场。安徽省话剧院创作的大型话剧《淮河新娘》以精湛的演技、完美的舞台呈现，入围本届20台剧目。9月28日、29日，《徽商传奇》参加由国家艺术基金举办的入选滚动资金资助剧目展演，在上海艺海剧场进行演出。

优秀剧目送到上海、送进校园。与上海浦东区进行联系，将获得国家艺术基金资助剧目《天堂里的老师》送到基层、送进校园，走进浦东40座中小学，得到师生们的一致好评。8月3日，《天堂里的老师》参加第七届中国儿童戏剧节，在北京中国儿艺剧场演出。

深入基层，惠民演出。先后与

海南海口龙华区文化馆联合，在海南省歌舞剧院剧场演出8场《美女与野兽》；与寿县县委宣传部联合，在寿春大剧院演出4场《三个小和尚》《儿童团智斗龟田小队长》《半夜鸡叫》等优秀剧目；深入合肥市四河小学、包河万慈小学、合肥学院、颍上解放电影院、浙江兰溪大剧院等地惠民演出，上演《海的女儿》《大笨熊》《口香糖历险记》等脍炙人口的剧目，深受观众的欢迎。同时，在中铁四局礼堂为机关干部、社区群众演出《淮河新娘》。11月6日、7日《天堂里的老师》赴金寨南溪中学、技师学院、青山中学、金寨一中扶贫演出。

节假日儿童剧剧场演出常态化。除重大演出活动耽误几场演出外，基本保证节假日正常公演。2017年国庆期间，在小剧场惠民演出，上演《天堂里的老师》《海的女儿》《小二郎叽里咕噜》。同时邀请安徽省杂技团“魔幻之旅”来到小剧院参与演出，丰富剧目演出内容。

【安徽省徽京剧院】积极参加评选展演，展示徽剧魅力。2017年5月22日晚，在广州举办的梅花奖终评中，安徽省徽京剧院汪育殊凭借在徽剧《惊魂记》中精湛的演技，荣登第28届中国戏剧梅花奖榜首。2018年初，汪育殊被评选为2017年度“安徽十大新闻人物”。

5月26日晚，创排的大型京剧《抗倭将军戚继光》作为第八届中国京剧艺术界祝贺演出剧目，在南京紫金大戏院惊艳亮相，赢得现场观众阵阵掌声，向全国观众展示安徽京剧风采。

安徽徽京剧院申报的徽剧小戏《小店春来早》获得国家艺术基金“舞台艺术创作”小戏曲项目艺术基金资助。

6月29日，在“传承百年 致敬经典”徽剧专场演出中，安徽省徽京剧院排练的《水淹七军·观书》《贵妃醉酒》《临江会》《拾玉镯》4出徽剧折子戏，精彩亮相安徽艺术剧场、北京长安大戏院。

同时，京剧《抗倭将军戚继光》和徽剧《惊魂记》两出大型戏曲节目，参加由安徽演艺集团举办的“春之韵——2017安徽文化精品进万家”展演活动。新编徽剧《武松杀嫂》《拾玉镯》还参加由省文化厅主办的“宣传十九大 文化进基层”——2017全省优秀现代小戏会演。与贵州省京剧院合作，在贵阳方舟戏台联合演出经典徽剧、京剧传统折子戏专场，受到贵阳观众、贵州商会友人特别是戏迷们的热烈欢迎。

积极加强对外文化交流，弘扬优秀传统文化。2017年6月，徽剧《惊魂记》分别赴保加利亚、马其顿参加第25届“瓦尔纳之夏”国际戏剧节、第11届索菲亚世界艺术节和第四届2017年MNT艺术节。7月22日，受国际剧协邀请，徽剧《惊魂记》参加在西班牙举办的第35届世界剧协大会。演出受到当地华人华侨及中国文化爱好者的热烈欢迎，获得高度评价，取得圆满成功。

积极推进戏曲进校园，传承优秀传统文化。在由省委宣传部、省文化厅、省教育厅主办的2017校园大舞台·徽风皖韵进高校演出中，徽剧《惊魂记》及徽剧、京剧折子戏专场为亳州职业技术学院、淮北职业技术学院等省内18所高校的师生献上一场戏曲盛宴。积极推进戏曲走进中小学，艺术家们走进中小学课堂传授徽剧、京剧艺术，进一步深化中小学学生对中国传统文化的了解和热爱。7月21日，安徽省徽京剧院老中青三代戏曲人参加中加夏令营，为两国孩子们带去精彩的戏曲演出和亲身体验。12月27日，举办安徽省艺术职业学院2016级徽京班首次剧目考试会演，学生们精彩的演绎，交出一份满意的答卷。

【安徽乐团】坚持正确导向，传播正能量。2017年初，安徽乐团携手安徽省歌舞剧院，抽调精兵强将组建主创团队，制作完成由中宣部等主办的“全国2017年‘我们的中国梦’文化进万家惠民演出”，走进革命老区金寨县演出。

全年精心谋划、认真制作，高质量完成“文艺扶贫，携手小康”惠民演出活动，走进岳西、亳州谯城、寿县、怀远、界首、泗县、石台、灵璧、舒城、宿松、定远等11个贫困县。同时，乐团还深入到金寨县古碑镇、花石乡、槐树湾乡、桃岭乡，为当地干部群众送去精彩表演。通过文艺的形式，展示革命老区脱贫攻坚成果和广大干部群众奋战在脱贫攻坚一线的精神风貌，传递党和政府对老区人民的关怀和深情厚谊。

按照省委宣传部和安徽演艺集团的工作部署，安徽乐团领衔并联合安徽省歌舞剧院等多家单位，推出“欢度国庆节，喜迎十九大”省暨合肥市大型交响音乐会，2017年9月29日晚在安徽大剧院隆重上演。演出主题鲜明、创意新颖、气势恢宏，得到省委书记李锦斌、省长李国英等省暨合肥市党政军负责人的高度评价，社会各界代表共1200多人在现场观看，安徽卫视转播了这场大型演出。

2017年12月26日，“新时代新安徽”——2018新年音乐会在安徽大剧院上演。演出主题鲜明、气势磅礴、激情四射、鼓舞人心，达到展示特色、展现状态的艺术效果。再次获得安徽省暨合肥市党政军负责人等1200名观众的热烈欢迎和高度称赞。

打破固有思维，坚持艺术创新。“春之韵”——2017新春民族音乐会暨胡琴专场音乐会采用“说新闻”式的主持风格，单元化灯光营造的艺术情境，将民族乐器与电声乐队、西洋乐器完美结合，受到现场观众的热烈欢迎。

举办“欢度国庆节，喜迎十九大”——省暨合肥市大型交响音乐会，推动中国当代主旋律与西方艺术、现代科技的结合。大胆打破固定思维，在传统音乐会的基础上将多种艺术形式跨界融合，开辟6个层次、8个空间的表演空间，打破单调不变的表现形式，丰富表现内容，增强视听效果。

通过“新时代 新安徽”——2018新年音乐会，着力创新意、出新歌、推新人、展新风。以情境音画的视听艺术手法，注入时代感，创新舞台表现形式，做到音乐好听、画面好看、调度新颖、形式多样。

坚持双效并举，积极融入市场。2017年，举办郎朗音乐会、“阎师高徒”——阎维文民族声乐师生音乐会。与兄弟乐团合作，上演大型历史京剧《抗倭将军戚继光》，联合推出大型黄梅交响清唱剧《红梅赞》、徽派精华版歌剧《原野》、原创民族歌剧《包青天》等大型精品力作，均获得圆满成功，拓宽生存空间。

参加重大赛事，提升乐团影响。2017年5月，汪荣钦获得“第十一届中国音乐金钟奖声乐比赛”安徽赛区选拔赛最佳钢琴伴奏奖。6月汪荣钦再获“第十一届中国音乐金钟奖钢琴比赛”安徽赛区选拔赛银奖。7月，安徽乐团“徽之韵”组合入选文化部、海南省人民政府主办的第二届中国民族器乐民间乐种组合展演，并在海口、三亚、琼海、澄迈巡演。12月，安徽乐团参加由江苏省文学艺术界联合会主办、江苏省音乐家协会承办、上海音乐家协会和浙江省音乐家协会协办的2017海内外江南丝竹邀请赛，获得专业组二等奖及新作品创作奖。

艺术研究与教育

【安徽省艺术研究院概况】 安徽省艺术研究院成立于1978年，时名“安徽省戏剧创作研究室”，1980年更名为安徽省文学艺术研究所，1984年定名为安徽省艺术研究所。1987年经省编委批准成立安徽省剧目工作室，挂靠安徽省艺术研究所，实行一个机构、两块牌子；2008年更名为安徽省艺术研究院。2013年2月，省文化厅成立安徽省艺术科研规划领导小组，办公室设在安徽省艺术研究院，承担领导小组日常工作。

研究院内设研究部、创作部、编辑部、办公室4个部门；现有在职人员31人，其中正高职称2人、副高职称7人，享受国务院特殊津贴1人、省学术带头人1人、省宣传文化系统拔尖人才1人、青年英才1人。

【国家艺术基金项目“黄梅戏作曲人才培养”完成】 2017年4月，研究院承担的国家艺术基金人才培养项目“黄梅戏作曲人才培养”成功结项。该项目于2016年开始实施，来自安徽、湖北、江西、上海4省市的24名学员全部获得结业证书，为黄梅戏培养、储备一批中青年作曲人才。参训学员毕业作品两度参加安徽省文化消费季演出。

【艺术科研】 2017年，研究院成功申报文化部文化艺术智库项目“黄梅戏生产与消费双向激励模式研究”，全国仅10家单位获得立项。文化部项目“陆洪非研究”“黄新德与新时期以来黄梅戏表演艺术研究”“黄梅戏的跨文化互动与传播”等项目的研究工作有序推进。

【艺术规划领导小组办公室工作】 作为安徽省艺术科学规划领导小组办公室，完成本年度全国艺术学规划项目申报工作，申报项目103个，获艺术学规划项目一般项目5项、文化部项目1项；完成国家艺术学专家库的申报、遴选、汇总工作；完成6个艺术学项目结项工作，其中“基于文化视野的新媒体交互艺术研究”阶段性研究成果“政府网站外观设计标准化规范化研究”，被安徽省人民政府办公厅采纳，上报国务院办公厅并被采用。

安徽黄梅戏艺术职业学院

【安徽黄梅戏艺术职业学院概况】 安徽黄梅戏艺术职业学院是全国唯一一所以戏曲剧种命名的艺术类高职院校，其前身为1958年创建的安徽黄梅戏学校，2011年4月由教育部和安徽省人民政府批准设立。学院是“非物质文化遗产传习基地”“京剧梅派人才传承基地”“皖南国际文化旅游示范区重点支持单位”“中国戏曲教育联盟成员单位”“中国戏曲学院生源基地和教学实践基地”“黄梅戏进校园教师培训基地”。

学院占地10.4公顷，建筑总面积5万平方米，建有多媒体教室、练功房、琴房、剧场、专业录播室等。现学院图书馆有图书8万余册，2015年纳入安庆市图书馆总分馆体系，与安庆市图书馆合作共建。至2017年，学院设有表演、音乐、美术、综艺、舞蹈5个系，22个专业。其中中央财政支持建设专业1个、省级特色专业5个、院级特色专业6个。现有在校生1133人、教职员工145名。其中，时白林、韩再芬、黄新德、王长安、侯露、陈精耕等戏曲名家分别受聘担任名誉院长和客座教授。除开办庐剧定向班、彭泽定向班、安庆黄梅戏艺术剧院定向班外，还先后和省内外有关院团合作开设"花鼓戏""泗州戏""庐剧""岳西高腔""睦剧"等戏曲表演专业定向班。各专业开设的课程包括公共基础课、专业基础课、专业能力课、素质拓展课等4个模块，实践教学时数占总学时比例超过50%。建设有校外实习实训基地50多个，校内实践基地7个。与安庆市黄梅戏艺术剧院、安徽省黄梅戏剧院、北京中航天使教育集团、杨丽萍艺术发展有限公司、南京"舞之源"歌舞团、南京"舞之魂"歌舞团、广州军区战士杂技团、浙江淳安千岛湖旅游集团、福建福祥集团、江西景德镇高速公路有限公司、安徽省演艺集团、安徽省杂技团、江苏省杂技团、合安高速等国内几十家大中型企业签订协议，扩大学生就业实习基地。

2017年，学院加强教学督导，成立教学督导委员会，聘请3位校外专家和多位校内副高职称以上的教师担任教学督导，随机对学院教师的教学环节规范、教学方法手段运用等进行督导，并提出建议，规范教师教学，提高教学质量。加强教研科研，推进教学改革，学院制定《质量工程项目管理及奖励办法》等制度，鼓励并引导广大教师开展教学科研工作。2016—2017学年度，学院成功申报国家艺术基金项目2项、省级质量工程项目14项、省级科研项目8项、省级文化强省项目1项、市级文化强市项目2项。拓展地方戏曲剧种的人才培养范围，深化合作办学、订单办学，加强校企合作、院团合作，积极探索艺术类院校发展新思路，打通对外交流合作渠道，进一步加强与波兰肖邦音乐学院、罗兹音乐学院等国外艺术名校的合作关系。

【素质教育培养】 加强职业道德教育，注重教师业务培训，提升师资水平和教师专业素质，改善师资队伍结构，加大对青年教师的培养力度。2017年，学院引进高层次人才1人；录取来自中国戏曲学院、中央音乐学院等知名院校的优秀毕业生6名。规范教师职称评聘程序，全年取得副教授职称资格的有5人、讲师22人、助教4人；艺术系列2人取得高级职称，2人取得中级职称。学院国家一级演员、表演系副主任熊筠入选第六批省学术和技术带头人。邀请著名黄梅戏作曲家时白林先生，中国戏曲学院表演系主任、硕士研究生导师王绍军教授，文化部优秀专家、安徽师范大学硕士生导师陈惠龙，著名萨克斯演奏家伍迪等专家教授来学院讲学，提升师生文艺素养。

学院6名学子获第21届中国少儿戏曲小梅花称号

【教学成果】 4名学生获第五届全国黄梅戏青年演员电视大赛"黄梅新星"称号，6名学生获第21届中国少儿戏曲小梅花称号，破历史纪录。由学院参与演出的大型现代黄梅戏《芳满松萝》参加第六届中国农民歌会，2名学生在第八届"外研社杯"全国高职高专英语写作大赛（安徽赛区）复赛中获一等奖和三等奖，6名学生在安庆市首届健身气功展示大赛中获青年组二等奖，1名学生在第十二届"讯飞杯"大学生诗文朗诵专业组比赛中获二等奖，2名学生在2017年安徽省职业院校技能大赛（高职组）中国舞表演决赛中分获二等奖、三等奖，2名学生获中央人民广播电视台第五届"夏青杯"朗诵比赛安徽赛区成人组三等奖。4名学生参加"昆山花桥杯"第十一届安徽省大学生职业规划设计大赛暨大学生创业大赛，获"安徽省大学生职业规划之星（铜奖）"（2个），学院获大赛"组织奖"；3名学生在2017年安徽省大学生互联网+创业大赛中获铜奖。

□美　　术

□书法(篆刻)

□摄　　影

□民间艺术

美術書法攝影民間藝術

李士傑

美 术

【概况】2017 年，申报省级美术家协会会员 402 人，批准 327 人；申报国家级会员 80 人，批准 40 人。截至年底，全省有省级美协会员 5350 人、中国美协会员 509 人。2017 年，省美协获得“中国百家金陵画展”优秀组织奖。

【主要活动】2017 年 1 月 22 日，根据省委宣传部、省文联统一部署，省美术家协会主席团开展“我们的中国梦——文化进万家”活动，走进科大讯飞，让艺术家感受科技的魅力，增加创作的灵感。4 月 29 日至 5 月 6 日，“艺术为人民——徽园‘五一’生活艺术节”活动在徽园安徽文联美术馆和安徽省书法馆举办。省美协通过征集精品画作，鼓励动员美术家参与艺术惠民活动，“五一”活动征集的作品均以低于市场价、老百姓能接受的价格进行拍卖，现场竞价。5 月 25 日至 6 月 9 日，为深入贯彻省文联“深入生活、扎根人民”主题实践活动，组织“我们的沃土·我们的梦”安徽文艺界 2017 年“深入生活、扎根人民”暨“大淮河”主题创作采风，艺术家分三批走近淮河流域深入基层，活动拓宽了艺术视野，激发了创作灵感，促进了更多、更好、更贴近人民群众生活的优秀作品产生。6 月中旬至 7 月下旬，为迎接党的十九大召开，根据中宣部、中国文联的指示，应中国美术家协会与中央军委机关事务管理局之邀，省美协精心筹备、组织艺术家张松、刘有成、谢宗君共同绘制《黄山松云图》，展现了安徽艺术家立足安徽秀美山水、继承传统、勇于创新的精神，作品已交付京西宾馆永久收藏展示。

9 月 29 日，举行“翰墨寄情·助力扶贫——安徽当代书画艺术精品助力扶贫捐赠活动”。省美协动员全省美术工作者积极发挥自身优势，投身脱贫攻坚的主战场，活动得到全省书画艺术家的积极响应，共收到美术捐赠作品 400 余件。

11 月 18 日，为深入贯彻党的十九大精神，经省文联批准，由安徽师范大学牵头成立安徽省美术家协会漆画艺术委员会。12 月 5 日，举行“中央美术学院校友办安徽联络处成立会”暨“尽精微、致广大·迎接中央美术学院建校一百周年——安徽校友作品展”，中央美院院长范迪安赴皖出席活动，这在中央美院校友活动中尚属首次。展览展示了新时代皖籍央美校友的精彩作品，对安徽美术队伍建设起到积极的推动作用。

2017 年底，为迅速落实弘扬“乌兰牧骑”的优良传统，省美协组织十余个小分队共 50 多人次到六安、金寨、泾县、淮北、黄山、合肥、长丰、阜阳、太和等地“送文化年货”，到工厂、农村、社区、街道和贫困家庭送福字、写对联、现场创作精美作品、赠送中堂画等。

【美术展览】2017 年 3 月 8—18 日，由中共合肥市委宣传部、省美术家协会、合肥市文联主办的“心灵畅享·李碧霞中国画作品展”在亚明艺术馆举行。3 月 18 日至 4 月 20 日，由中国美术家协会艺委会、省美术家协会、芜湖市文化委员会、芜湖市文联主办的“庆贺安徽省美术家协会综合材料绘画艺术委员会成立特展‘周而复始——综合材料绘画研究展’”在芜湖市博物馆举办。7 月 1—18 日，“‘新海派，新徽派’中国画名家邀请展”在上海市文联展厅开展。上海展览后，12 月 26 日在合肥亚明艺术馆展出，两地联展梳理和讨论了海派和徽派艺术的嬗变及新时代下的流派传承发展状况。7 月 14—26 日，由省美术家协会主办的“庆祝香港回归祖国 20 周年——安徽省美术作品展”在安徽文联美术馆开幕，展览共展出庆祝香港回归、反映主题精神的精品力作 100 余幅，涵盖中国画、油画、版画、水彩、雕塑等多个画种。7 月 28 日，“庆祝中国人民解放军建军 90 周年——安徽省美术作品展”于徽园安徽文联

“锦绣中华——当代新徽派版画作品展”在中国美术馆开幕

美术馆开幕。此次展览由安徽省美术家协会主办，共收到全省各市美术家投稿320余幅，经过专家评委初评、复评，共展出庆祝建军90周年、歌颂祖国和人民军队的精品力作140余幅，涵盖中国画、油画、版画、水彩、雕塑等多个画种，集中体现了安徽省艺术家的主题创作实力。8月13日，“锦绣中华——当代新徽派版画作品展”在中国美术馆开幕，这是继1983年“安徽版画展”、2007年“黄山魂·新徽派版画展”之后，当代新徽派版画创作成果的又一次整体面世，展览呈现了当代新徽派版画艺术的最新探索与审美追求。8月25日至9月1日，由河南省委宣传部、河南省文联、安徽省文联主办，河南省美术家协会、安徽省美术家协会承办的“中原画风——河南省优秀美术作品巡展”在安徽合肥中国徽文化艺术馆开幕。8月28日，由安徽省美术家协会和安徽省文联老干部处共同主办的“夕阳红·中国梦”第二届安徽省老美术家作品展在徽园内安徽文联美术馆展出，展览意在弘扬中国优秀传统文化，推动全省老美术家创作出更多表现时代风貌、引领时代风尚的优秀作品。9月18—24日，由中国美术家协会、安徽省文联主办的“艺术为人民借自然而化艺境——鲍加油画作品展”在中国文艺家之家展览馆举办，晋京展结束后，作品于10月16日至11月1日在安徽文联美术馆继续展出，北京—合肥两地联展引起热烈反响。10月1日，由中华文化促进会公共艺术委员会、安徽省雕塑协会、六安市裕安区宣传部主办的“乡约独山——安徽·裕安首届国际当代艺术作品展”在独山镇茶主题公园开幕。展览共有18个国家及地区的艺术家投稿，国内艺术家110余人，共展出133名艺术家的200余件作品。11月5日，省美协巾帼书画会“庆祝党的十九大胜利

“新海派，新徽派”中国画名家邀请展（上海）开幕式

召开 梦之舞——彩墨小品画作品展”在徽园安徽文联美术馆开幕，此次彩墨小品画展是以会员展的形式作汇报展览，反映了新时代女性艺术家对生活的体验和思考。11月17—25日，“我的青春·我们的梦——安徽省大学生美术作品展”在徽园安徽文联美术馆展出，展览通知发出后，在各艺术院校积极的组织下，在校大学生们踊跃参加，共收到作品921件，评选出入选作品131件，获奖作品52件。11月28日，“2017安徽美术新人新作展”在徽园安徽文联美术馆展出，本次展览通知发出后共收到作品1403件，包括国画、油画、版画、雕塑、水彩、粉画、艺术设计等多个画种，经各画种专家评委初评、复评选出优秀作者80位，共240件美术作品入选。12月19日，“泾上丹青·全国中国画作品展暨当代中国名人名家精品展”在安徽泾县中国宣纸博物馆举行。展览由中国美术家协会、安徽省文联主办，省美协、中国宣纸股份有限公司承办，旨在更好地研究、探索、发展以宣纸为主的中国画材料与艺术表现的关系，传承弘扬中国画优秀传统，推动中国画艺术创新发展。

安徽美术大展是两年一届的全省美术作品展览，2017年是“第六届安徽美术大展”年。自下半年起，省美协统一部署各艺委会开展包括中国画、油画、版画、雕塑、水彩粉画、艺术设计、壁画、综合材料、陶艺、儿童美术、漫画等画种在内的评选和展览活动。

【国画创作】2017年，钱玲萍国画《沐春风》入选“白山黑水·美丽四平全国中国画作品展”并获入会资格；国画《晨曦渐露》入选“泾上丹青·全国中国画作品展”并获入会资格；国画《天籁之夜》入选“女性与时代——百年中国女性艺术大展·特展”。

洪日国画《2016.9.4的下午》入选“悲鸿精神第二届全国中国画作品展”并获入会资格；国画《跃过云端伴鸟飞》入选“第九届中国体育美术作品展”并获入会资格；国画《观·自在》入选“逐梦·威海卫全国中国画作品展”。

宋玉国画作品《潇湘初雪》入展“东营尚意全国美术作品展”，并获入会资格；国画《烟雨融春潮》入展“悲鸿精神全国美术作品展”。

娄晓波国画入选“吉祥五台山全国中国画作品展”。段云峰国画《清风佳音》入选“泾上丹青·全国中国画作品展”并获入会资格。阮勇国画《莫明题记》入选“第二届陆

泾上丹青·全国中国画作品展暨当代中国名人名家精品展(泾县)开幕式

俪少奖全国中国画展”。

阮利文国画《风在聆听岁月的声音》入展“悲鸿精神第二届全国中国画作品展”并获入会资格;国画《舞动青春》入展“第九届中国体育美术作品展”并获入会资格;国画《花样年华》入展“万年浦江全国中国画人物作品展”;国画《花·语》入选“2017泾上丹青·全国中国画作品展”并获入会资格。

李广越国画《远方的呼唤》入选“2017全国中国画展——当代中国画的创作生态与时代走向”并被收藏;国画《明天更美好》入选“乡风墨韵——全国中国画作品展”并被收藏;国画《落入心底的时光》入选“泾上丹青·全国中国画作品展”。

殷晓溪国画《冬日暖阳》入选“悲鸿精神第二届全国中国画作品展”;国画《初雪》入选“2017年全国中国画作品展——当代中国画的创作生态与时代走向”,获入会资格;国画《井冈颂》入选“写意中国——大美辽宁第二届中国画水墨大展”;国画《水木清华》入选“尚意2017全国中国画(写意)作品展”。

林钊国画《春山晨光》、肖伯红国画《战地黄花分外香》、洪森国画《舞风》分别入选“白山黑水·美丽四平全国中国画作品展”并获入会资格。

汪军书国画《一路繁花盛开》入选“2017年香港回归20周年全国中国画展”;国画《盛世年华》入选“逐梦·威海卫——全国中国画作品展”

席蜜国画《熟读深思子自知》入选首届“白山黑水·美丽四平全国中国画作品展”;国画《听一夜花开细语》在翰墨青州·2017全国中国画作品展获优秀奖;国画《行到水穷处,坐看云起时》入选“写意中国·大美辽宁——第二届中国画水墨大展”;国画《从前时光很慢》入选“泾上丹青·全国中国画作品展”。

张瀚东国画《烟雨朦胧》入选“逐梦·威海卫——2017全国中国画展”;国画《陪你一起到草原》入选“中国梦2017艺术草原全国中国画、油画作品展”;国画《溪山清幽》入选“壮丽内蒙古亮丽风景线——第十届西部大地情中国画油画作品展”;国画《老区》入选“2017年全国中国画展——当代中国画的创作生态与走向”;国画《风情太行》入选“尚意·2017全国中国画(写意)作品展”。

王林青国画《让我们战士好好睡一觉》入选“庆祝中国人民解放军建军90周年全国美术作品展览暨第13届全军美术作品展览”,获入会资格;国画《轻蹄奏天籁,柔风送归人》入选“尚意·2017全国中国画(写意)作品展”并获入会资格;国画《丝路壮歌》入选“丝绸之路 翰墨通渭第二届全国中国画油画展”;国画《西域圣境系列之二》入选“2017年全国中国画作展——当代中国画的创作生态与时代走向”;国画《自有清风对碧流》入选“首届白山黑水,美丽四平全国中国画作品展”;国画《梦想从这里放飞》入选“重温经典,第三届娄东(太仓)全国山水画双年展”;国画《最喜泾上千尺水,犹闻古岸踏歌声》入选“泾上丹青·全国中国画作品展”。

李太阳国画《雲壑流泉》、马亚伊国画《苍穹牧歌》分别入选“泾上丹青·全国中国画作品展”。高飞国画《实习生》参加“北京国际双年展”。常俊国画《岁月如歌》入选中美协举办的“万年浦江——全国中国画展”。张玥国画《鱼水情》入选“中国(南昌)军事美术作品展”。

张陈城国画《深蓝》、胡玉国画《九色梦》分别入选“泾上丹青·全国中国画作品展”,均获入会资格。

李俊香国画《聚秋》入选“丹青扬州”第三届全国工笔重彩画展,获入会资格。许云《暖阳》入选“丹青扬州”第三届全国工笔重彩画展。曹丽梅《城市之·余晖》入选“丹青扬州”第三届全国工笔重彩画展。

沈文媛国画《思·觅觅》入选“工·在当代”第十届中国工笔画作品展并入编画集;《静谧月夜》入选“悲鸿精神·第二届全国中国画作品展”。

刘晓萍国画《D时代》入选“庆祝香港回归20周年——全国中国画作品展”并获入会资格;国画

《别》入选“中国(南昌)军事美术作品展”。

施文虎国画《清音》入选首届“白山黑水·美丽四平 全国中国画作品展”;国画《家园》入选“翰墨青州·2017全国中国画作品展”;国画《乐在其中》入选“乡风墨韵·全国中国画作品展”。

汤华国画《寻梦——新安山水印象》入选首届“白山黑水,美丽四平”全国中国画作品展;国画《盛世新景——太平湖畔》入选重温经典——第三届太仓娄东全国山水画双年展;国画《黄山脚下太平湖之夏印象》入选“第二届丝绸之路、翰墨通渭全国中国画、油画作品展”,并获入会资格;国画《新节奏——盛世新景》入选“第九届中国体育美术作品展”获入会资格;国画《晨——我们的节奏》入选“2017全国中国画作品展——当代中国画创作状态与时代走向作品展”,并获入会资格。

汪良国画《故园秋》入选“八大山人全国中国画作品展”并获入会资格。洪波国画《画中故园》入选“重温经典”全国山水画作品双年展并获入会资格。

徐建斌国画《人烟村市幽》入选2017香港回归祖国20周年全国中国画展;国画《口迸明珠》入选2017年全国中国画展;国画《晨露滴幽林》入选纪念叶浅予诞辰110周年全国中国画展;国画《归田风趣》入选八大山人全国写意画作品展。

赵宇作品《徽乡》入选“逐梦·威海卫”全国中国画作品展;《祥和家园》入选“尚意·2017年全国中国画作品展”并获入会资格。

詹志强国画《荷塘清韵》入选纪念叶浅予诞辰110周年全国中国画展;国画《故园秋意浓》入选“泾上丹青·全国中国画展”。

吴定玉国画《休渔海域》、王昱国画作品分别入选纪念叶浅予诞辰110周年全国中国画展。朱蓓蕾国画《大别山的镰荚声》入选“乡风墨韵·全国中国画作品展”。朱格亮国画《刀锋》入选第十三届全军展。江冰国画《行者丝绸路》入选“第七届北京国际美术双年展”。

蔡正宝国画《溪山春晖》入选“第三届朝圣敦煌全国美术作品展”;《秋风吹过》入选“泾上丹青·全国中国画作品展”。

毛珠明国画《中国梦——天军》和《中国梦——嫦娥奔月》两件作品入选“庆祝中国人民解放军建军90周年全国美术作品展览暨第13届全军美术作品展览”。

郑志超国画《朝圣》入选“写意中国、大美辽宁第二届中国画水墨大展”;国画《陇山清秋》入选“壮美内蒙古 亮丽风景线”第十届中国西部大地情中国画、油画作品展;国画《晚风轻轻吹》入围“万年浦江——全国中国画人物作品展”。

苏年丰国画《空谷传声》入选“中国(南昌)军事美术作品展”;《珉山横渡》入选“全国娄东第二届全国山水画双年展”;《东方之子》入选“泾上丹青·全国中国画大展”。

周长武国画《巢》入选“逐梦·威海卫”2017全国中国画作品展;国画《窗外有雨》“白山黑水·美丽四平 全国中国画作品展”。

周恩贤国画《竹林鸣禽》、李小龙国画《自在自然》、李宁国画《云中美人雾里山》分别入选“泾上丹青·全国中国画展”。朱壁桢国画《彤云染就烟霞起》入选“尚意·2017全国中国画(写意)作品展”。

汪健国画《出征》入选“中国(南昌)军事美术作品展”并获入会资格;国画《阳光下》入选“逐梦·威海卫2017全国中国画作品展”并获入会资格。

【油画创作】陶明油画《我的葵园》入展“壮美内蒙古 亮丽风景线”第十届中国西部大地情中国画、油画作品展,获入会资格。李国顺油画《绿荫》入选“中国(南昌)军事美展”。任辉油画《圣域 祥云之一》入选“中国精神第四届中国油画展”获入会资格。任辉油画《尘起忆事》入选“全国优秀青年艺术(书画)人才展”。李士友油画《阳光体育——越》入选“第九届中国体育美术作品展”。丁勇油画《星期天》入展“2017年金陵百家展”;油画《星期天》入展“全国中青年油画精品展”。陶小陵油画《赛马节之三》入选“中国梦·2017艺术草原全国中国画、油画作品展”。

【版画创作】金云版画入选“2018波兰罗滋国际版画双年展”。高义珍创作的版画《工厂一角》入选“中国工业版画第五回年展”。白启忠《水墨家园》入选“第二十二届全国版画展”。童兆源、王伟合作《时代工匠》入选“第二十二届全国版画展”。

【水彩粉画】任辉粉画《秋语》入选“第三届粉画展”并获入会资格。李松雷水彩《祖源印象》入选“第三届全国水彩画展”。江冰水彩《重走光明路》入选“第十一届全国水彩·粉画作品展”。王彪水彩画《收工之七十七》入选“感知中国、最美中国人”中德建交45周年走近德国柏林艺术展;《收工之七十八》入选“第四届丝绸之路国际美术邀请展”。

【雕塑创作】巫澜的雕塑《梦回徽州》入选2017年度国家艺术基金青年艺术创作人才资助项目。郭兵要的雕塑项目《六尺巷》入选2017年度国家艺术基金青年艺术创作人才资助项目。

书法(篆刻)

“喜庆十九大·墨舞新华章”全省书法作品展合肥首展

【概述】2017年省书协共发展省级会员252人,新增中国书协会员15人。截至年底,全省有省书协会员4731人、中书协会员593人。2017年,省书法家协会以大力推进全省书法艺术的繁荣发展为己任,认真学习党的十九大精神,团结带领各地市书协及各专业委员会,积极开展书法创作和理论研究,以墨会友,以笔联谊,在组织管理、艺术创作、人才培养、学术交流、服务社会等方面取得较好成绩,赢得社会的广泛赞誉。

【书法创作】2017年1月25日,安徽省书法家协会举办少儿迎新春楹联作品展,共计采选作品百余幅。4月22日,安徽省书法家协会历届主席团成员暨名家邀请展在徽园书法馆开展。此次展出的80件精品力作,或雄浑厚重,或刚柔并济,或灵动飘逸,或挥洒奔放,书体兼备,风格多样,不仅保持了徽皖书法传统本色,在形式制作和取法丰富性等方面集中展现了当今徽派书法创作的艺术水平和精神风貌。

2017年6月,由省书协副主席刘廷龙等数十名省内知名书家组成的安徽省书法代表团前往日本高知县参加第十七届安徽省——高知县中日书法友好交流展。此次展览,由省书协组织,面向主席团及各地市书法名家征集,从近百幅中挑选出80幅精品参加展览交流。

6月22日,由安徽省书法家协会、安徽省书法院联合举办的首届安徽省老年书法大展在合肥市宿州大厦开展。7月11日,由安徽省文联主办,安徽省书法家协会、安徽省书法院承办的“喜迎十九大、共筑中国梦——墨舞初心·中国书法大厦全国书法名家邀请展”在新落成的中国书法大厦开幕。此次展览得到广大书家的热烈响应,共展出中国书协五、六、七届理事作品207幅,展览作者遍及全国各省市自治区和港澳台地区。7月13日,由安徽省书法家协会、安徽省书法院联合举办的首届安徽省教师书法大展在宿州大厦开展。7月18日,省书协举行“安徽省书法家协会历届主席团成员书法作品捐赠仪式”在合肥市政务区赖少其艺术馆举行。9月28日,大型文化公益项目——“霞客行·沈鹏草书《徐霞客歌》暨当代著名书法家书《徐霞客游记》全国巡回展”在安徽合肥中国书法大厦举行。由沈鹏先生捐资发起成立的沈鹏艺术基金对安徽书法成就突出的10位优秀中青年书家进行了表彰。11月8日,由安徽省书法家协会,安徽省书法院主办,安徽省书协隶书委员会、亳州谯城区申创筹备“中国书法之乡”领导小组办公室承办的安徽省第二届隶书大展在安徽省书法院展厅隆重开幕。12月15日,由中国书法家协会、保利文化集团、安徽省文学艺术界联合会主办,安徽省书法家协会、保利艺术中心、保利艺术博物馆承办的“徽风国韵——张良勋书法展”在北京东城区保利艺术博物馆隆重开幕。12月24日,安徽省第三届现代刻字艺术展在合肥中国书法大厦隆重开幕,展出刻字作品280件。12月29日,“喜庆十九大·墨舞新华章”安徽省书法家协会喜庆党的十九大全省书法作品展合肥首展在中国徽文化艺术馆拉开帷幕。另外,此次全省书法作品展还先后在滁州、宣城、淮北市巡回展出。

【书法活动】2017年元旦春节期间,省书协组织书法家先后赴青阳县、金寨县、固镇县、合肥滨湖新区等地下军营、赴乡镇为当地百姓和官兵书写春联。其中在固镇县消防大队和濠城镇开展“书法送万福进万家”暨“三下乡送春联”活动中,为驻地官兵和群众挥毫泼墨,现场创作数百幅春联、“福”字,还深入乡镇文化站指导乡村书法爱好者开展书法创作,送去新春祝福和温暖。同时,各地市书协也积极配合省书协送文化活动,两节期间,送

"福"送春联如火如荼,在中书协表彰的"送万'福'进万家"书法公益活动中,省书协及淮北市书协、明光市书协、铜陵市书协获评先进集体,1人获评先进个人。

在农历丁酉年春节来临之际,省书协、省书法院联合各地市(省直)书协主席、秘书长,对全省中书协、省书协会员中的27名贫困书家进行送温暖慰问活动,为他们送去米、油等生活用品及慰问金。

1月22日,省书协在徽园书法馆举办了"崇德尚艺·身残志坚——程振德、赵靖、杨峰、丁文你书法作品展"暨义卖活动。社会各界百余位爱心人士参与此次活动,参加义卖的80余幅作品全部售出。

2017年"五一"和"十一"黄金周期间,省书协在徽园书法馆开展文化惠民月活动。活动期间馆内展品丰富,征集了省书协部分主席团成员及省内知名书家的书法作品百余件,并邀请名家现场书写,部分展品还在活动期间进行惠民拍卖。

省书协积极响应省文联"我们的沃土我们的梦"暨"大淮河"主题创作采风深扎活动倡议,先后组织2支小分队,在7—9月分赴滁州、蚌埠、淮北三地开展采风活动。

8月3日,安徽省书法家协会五届四次理事会议在中国书法大厦召开。11月4日,省书协主席李士杰主持召开主席团会议,传达学习党的十九大会议精神,并研究贯彻落实意见。

安徽省书法家协会历届主席团成员书法作品捐赠仪式

【获奖和入展情况】2017年,省书协除自身组织办展外,还积极组织鼓动广大会员参与中国书协举办的各类展赛,通过全体会员的共同努力,取得不俗的成绩。据统计,全省共67人(次)入展,1人(次)论文入选。其中,全国第四届隶书作品展共有18人入展,全国排名第三,实现安徽书坛历史性的新突破。全国第二届楷书作品展7人入展,全国第四届草书作品展8人入展,全国第二届书法临帖作品展8人入展,全国第四届青年书法篆刻作品展9人入展,全国书法楹联作品展11人入展,全国第二届行书作品展6人入展;全国第十一届书学讨论会评审入选论文中,安徽1人入选。

【书法培训】2017年5月,安徽省书协以"出精品、出人才"为抓手,通过书法培训、品牌项目,持续推进人才队伍培养和精品战略,在总结近两年书法培训工作的基础上,筹办安徽省书法家协会培训中心优秀学员作品展,全面展示省书协培训中心创作的整体面貌和新的艺术水准。

8月4日,安徽省书法家协会"第六届中国书法兰亭奖"培训(冲刺)班在合肥成功举行。

2017年全年,省书协在合肥、滁州和宿州3市开办4期非会员书法培训班,在合肥举办6期篆刻培训班。

2017年8月3日,安徽省书法家协会五届四次理事会议在中国书法大厦召开。

摄 影

【概况】2017年，省摄影家协会发展省级会员2800人，新增国家级会员146人。截至年底，全省有省摄影家协会会员15200人、中国摄影家协会会员1066人。

2017年，省摄影家协会组织4次100人以上大规模摄影采风创作活动，其中最具代表性的活动有：3月10—13日"皖北风情"摄影采风创作，4月7—10日"大美青阳·富贵陵阳"摄影采风创作，5月12—15日"魅力太湖"采风创作，10月13—16日"千年歙县 徽州古城"采风创作。

经协会同各地相关部门联络协调，以黄山、九华山、天柱山、宣城等地为代表的省内多个景区、景点继续给予安徽省摄协会员采风创作免除门票、索道票的待遇，为广大会员摄影创作提供便捷服务。

协会与中国摄影家协会所属报刊、北京摄影函授学院及各地政府、景区、行业、企事业单位开展合作，全年共举办摄影比赛、摄影讲座、影友联谊会等多种形式的摄影活动30余项。

协会长期重视网络文化建设，搭建沟通共享展示的新型网络平台。协会官网"安徽摄影家网"注册会员人数持续增长，在全国各省级摄协网站中，安徽省注册人数、交流人员和发帖量名列前三位；安徽省摄影家协会微信公众号、官方微博的关注量均已突破万次。

【主要活动】2017年2月16日，安徽省第二十届摄影艺术展览在合肥中国徽文化艺术馆隆重开幕。展出的近300幅作品把握时代需求，深化中国梦内涵，在以社会主义核心价值观为中心的前提下，兼具思想性、艺术性、创新性，弘扬中国精神主旋律、展示美好安徽建设丰硕成果，反映出全省摄影家坚持以人民为中心的创作导向，运用不同摄影语言独立思考创作优秀摄影作品，也彰显了近年来安徽摄影水平的有效提升及摄影事业的蓬勃发展。

5月20—23日，全省近350名中国摄协会员、部分摄影骨干参加中国摄协、省摄协共同举办的深入学习贯彻习近平总书记文艺工作座谈会重要讲话精神专题研讨班。研讨班通过聆听名家讲座、观看先进事迹、交流学习心得，培育广大摄影家自觉践行社会主义核心价值观。

7月至10月，省摄协先后面向部分驻皖部队和广大市民举办了"喜迎党的十九大 献礼建军90周年"主题图片展、"最美安徽人"笑脸图片展、安徽古城镇暨优秀徽派古建筑摄影大展等一系列摄影艺术展览，充分展示五大发展美好安徽建设取得的显著成绩和江淮儿女积极向上的精神面貌，为党的十九大胜利召开营造良好的文化氛围。

8月11日，第三届"农民工·我的兄弟姐妹"摄影大展完成作品终评，时任中国摄影家协会主席王瑶等国家及省内专家共评选出120幅(组)入展作品。大展继续受到国内文化界、摄影界和新闻界的高度关注，共收到来自全国31个省、市、自治区上万名摄影家的8万余幅作品。展览获得国家艺术基金2017年度资助项目立项，这也是省级文艺家协会首次获得国家艺术基金的资助。

9月1—3日，在中国摄影家协会第九次全国代表大会上，安徽参会代表乐卫星、许国、李晓红当选中国摄协第九届理事会理事。9月12日，安徽摄协召开学习贯彻中国

"大淮河"主题摄影采风

“魅力安徽”摄影图片展在希腊首都雅典隆重举办

摄协九代会精神座谈会，传达中国摄协九代会精神。

9月26日，由《中国摄影》杂志社、安徽省摄影家协会、《安徽画报》社联合主办的“卢施福摄影暨安徽摄影——史料与史识研讨会”在合肥召开，安徽省文联主席吴雪，原中国摄影出版社副社长、《中国摄影史》作者陈申，《中国摄影》杂志主编晋永权等专家学者们从学术上对安徽著名摄影家卢施福的摄影创作及其生活经历进行了分析，并就安徽摄影史中摄影的传入、流布、演变和现状等问题进行了交流与探讨，为安徽摄影史乃至中国摄影史的发展历程提供了真切的佐证。

10月16日，党的十九大召开前夕，“大淮河”摄影大展在合肥徽园举办，展出的百余幅作品真实记录了淮河沿岸历史文化、经济社会发展新成果、引江济淮重点工程、新农村建设及脱贫攻坚进程。“大淮河”主题采风活动作为省文联年度重要文艺活动之一，受到全省摄影界高度关注，共征集到来自全省各地摄影家投送的5000余幅作品。省摄协组织多次采风创作，并首次组织航拍采风分队“飞赴”淮河沿岸各地市，采用无人机航拍独特视角开展摄影创作。

2017年，安徽省摄协积极响应省文联倡议，开展“我们的沃土我们的梦”千名文艺家再出发下基层活动，组织各地摄影家深入基层，开展摄影惠民公益活动，向部分镇村和老乡赠送历届省影展获奖作品，拓展摄影艺术的群众基础，同时举办多场展览，向民众展示全省摄影家长期深入生活、扎根人民的创作成果。

10月26日，以中希文化交流与文化产业合作年为契机，省摄影家协会与希腊摄影协会共同主办的“魅力安徽”摄影图片展在希腊首都雅典隆重举办，展出的近60幅作品展示了江淮大地的秀丽风光和徽文化的独特魅力，反映了安徽经济社会发展新成就和人民群众的美好生活，进一步加大了魅力安徽外宣力度，推动更多更好的安徽本土优秀摄影作品走出国门。

【获奖情况】 2017年，全省摄影家在《中国摄影》《大众摄影》《中国摄影报》《中国摄影家》《照相机》《人民摄影》等国内知名摄影刊物上发表多幅摄影佳作。在中国摄影家协会主办的第26届全国摄影艺术展览中，安徽省共有13位作者的14件作品入展，入展数量再次排名全国前列，安徽摄协获得“26届全国摄影艺术展览优秀组织工作”称号，协会自2007年起连续五届国展获得该称号。

安徽摄影人在境外摄影展赛中也有所收获。在2016—2017尼康国际摄影大赛中，安徽摄影家田园园的作品《休》获得特等奖。在第一届希腊摄影协会国际摄影作品巡回展中，由安徽摄协选送的作品获得4金1银2铜、入选124件的优异成绩，其中安徽摄影家刘宁获得最佳妇女摄影家、中国荣誉金摄影家大使等称号，刘宁《飞溅》、李森亮《观樱花》分获国际摄影艺术联合会银奖、国际摄影家联盟金奖。

【专业人才队伍建设】 2017年，为推动全省摄影艺术事业多维度专业化蓬勃发展，适应摄影事业发展的新形势新要求，陆续成立了器材与大画幅委员会、后期制作委员会、外联活动委员会、航拍器与技术咨询委员会，并由相关主席团成员分别担任各专业委员会主任，充分发挥主席团作用，更大限度地发挥摄影专业人才在行业内的影响力，建立权威、专业的学术氛围，同已成立的专业委员会一起为摄影艺术发展和协会建设提供专业支撑和服务，推动各自摄影领域的创新健康发展。

2017年，安徽省摄协会员人数持续增长，整体水平不断提高，截至年底，会员人数超过15000人，是省文联各文艺家协会中会员人数最多的协会。安徽省加入中国摄影家协会、中国摄影著作权协会人数稳居全国各省市前列，安徽摄协也连续3年获得中国摄影著作权协会“年度优秀首席代表处”称号。

"大淮河"摄影大展入选作品——高先祥《雪霁白马尖》

"大淮河"摄影大展入选作品
——苗地《高速动力》

"大淮河"摄影大展入选作品——王诸沛《佛子岭水库》

第三届"农民工·我的兄弟姐妹"摄影大展入展作品
——蔡熙《战严寒》

第三届"农民工·我的兄弟姐妹"摄影大展入展作品——吴怀球《风雪无阻》

民间艺术

大淮河采风活动

【概况】2017年，安徽省民间文艺家协会发展会员共计21人，推荐加入中国民间文艺家协会共计25人。截至年底，全省有安徽省民间文艺家协会会员1297人、中国民间文艺家协会会员255人。

2017年，选送优秀工艺传承人参加中国民间手工艺传承人高级研修班。推荐省优秀民间工艺师及文艺家参加各项全国及全省重要民间文艺活动，推介青年工艺师及文艺家致力于工艺精品作品创作，产生一大批青年工艺大师并多次获得各种奖项。

【主要活动】2017年2月，省民协推荐的寿州锣鼓《淝水流韵》在广州入围“第十三届中国民间文艺山花奖·优秀民间艺术表演作品”，进入“山花奖”终评评选。8月，省民协组织4位民间艺术家参加广州博览会，其中洪建华竹雕作品《皖南山居》入围“第十三届中国民间文艺山花奖·优秀民间工艺美术作品”，进入“山花奖”终评评选。9月，省民协组织参加“中国精神·中国梦”全国农民画创作展，安徽艺术家谢冬梅作品《百鸟朝凤》、沈扬林作品《喜读新报》、周贵根作品《徽乡迎新年》入选并在中国美术馆展览；省民协组织全省19位民间艺术家参加烟台博览会，其中温鑫砚雕作品《大好新安》和方惠雄砖雕作品《福禄寿禧》入围“第十三届中国民间文艺山花奖·优秀民间工艺美术作品”，进入“山花奖”终评评选。10月，安徽民协推选的寿州锣鼓《盛世吉祥》在延安洛川参加中国文联主办的“我们的节日——喜迎十九大·全国优秀民间欢庆锣鼓展演”活动；省民协推荐的袁洪滨丝绵画作品《杭州G20峰会20国首脑肖像》在杭州入围“第十三届中国民间文艺山花奖·优秀民间工艺美术作品”，可进入“山花奖”终评评选活动。

2017年6月，按照省文联党组的部署和要求，省民协组织近40名民间艺术家赴淮河流域开展采风创作活动，以安徽丰富的文化资源和经济建设为依托，以“大淮河”为创作重点，书写安徽故事，传播安徽声音。截至2017年11月30日，共收到剪纸类主题作品119件，并在徽园举办“淮河采风成果精品展”。

按照省文联徽园“五一”和国庆惠民展销活动总体部署，省民协

凤阳县谢冬梅创作的《百鸟朝凤》

积极组织在劳动节、国庆节开展民间手工技艺惠民展销活动，活动共组织全省民间技艺项目23项、民间艺术家25人参与惠民活动。活动内容有民间艺术品惠民展销、民间技艺现场互动体验，免费有奖猜灯谜等。尤其在十一活动期间，还邀请古琴表演艺术家现场演奏“胡笳十八拍”“流水”“梅花三弄”“广陵散”等曲目，既提高了活动品味又活跃现场气氛。据不完全统计，活动期间参与民间技艺体验的人数有200多人，参与现场有奖猜灯谜的群众达1500人，免费发放灯谜礼品800件。

2017年10月31日至11月5日，中国民协、中国文艺志愿服务中心、安徽省文联在太和县举办“文艺扶贫奔小康”示范县民间文艺人才培训班。省民协与中国民协主动对接，与组联处共同承办培训班工作。培训班针对贫困县文艺人才的实际需求设置了6场专家讲座，60多位民间文艺家代表参加培训活动。

【剪纸艺术】2017年11月，由安徽省文联、阜阳市人民政府主办，省民协承办的第三届安徽省剪纸艺术节暨全省民间工艺精品展在阜阳市举办。活动经过长达3个多月的精心筹备，共收到356件民间艺术参评参展作品，经初评、终评，评选产生剪纸一类优秀作品4件、二类优秀作品8件、三类优秀作品30件，评选产生民间工艺一类优秀作品8件、二类作品优秀12件、三类优秀作品45件。

寿州锣鼓《淝水流韵》

安徽省第三届剪纸艺术节参赛作品获奖名单

编号	姓名	地区	作品名称	类型	奖项
1	周康乐	宿州	花鼓声声唱新歌	剪纸	优秀奖
2	程兴红	阜阳	淮上人家	剪纸	金奖
3	程小娟	阜阳	颍淮风光	剪纸	优秀奖
4	肖淑勤　杜　平	阜阳	颍州西湖赋	剪纸	银奖
5	卢　芬	宿州	淮河情	剪纸	优秀奖
6	闵　霞	亳州	故乡土.淮河情	剪纸	优秀奖
7	王炳华	亳州	淮河之水润田园	剪纸	铜奖
8	钱　瑛	铜陵	王家坝	剪纸	优秀奖
9	张孜淑	铜陵	中流砥柱	剪纸	铜奖
10	谢冬梅	滁州	韵在淮上	农民画	优秀奖
11	唐家善	滁州	凤鸣花鼓乡	剪纸	银奖
12	吴笑梅	黄山	我们的沃土，我们的梦	剪纸	铜奖
13	周　琴	淮南	留犊淮南	剪纸	优秀奖
14	张学华	马鞍山	幸福淮河	剪纸	优秀奖
15	陈国斌	淮北	淮河汉子	剪纸	优秀奖

□图书馆

□博物馆(纪念馆)

□文化馆

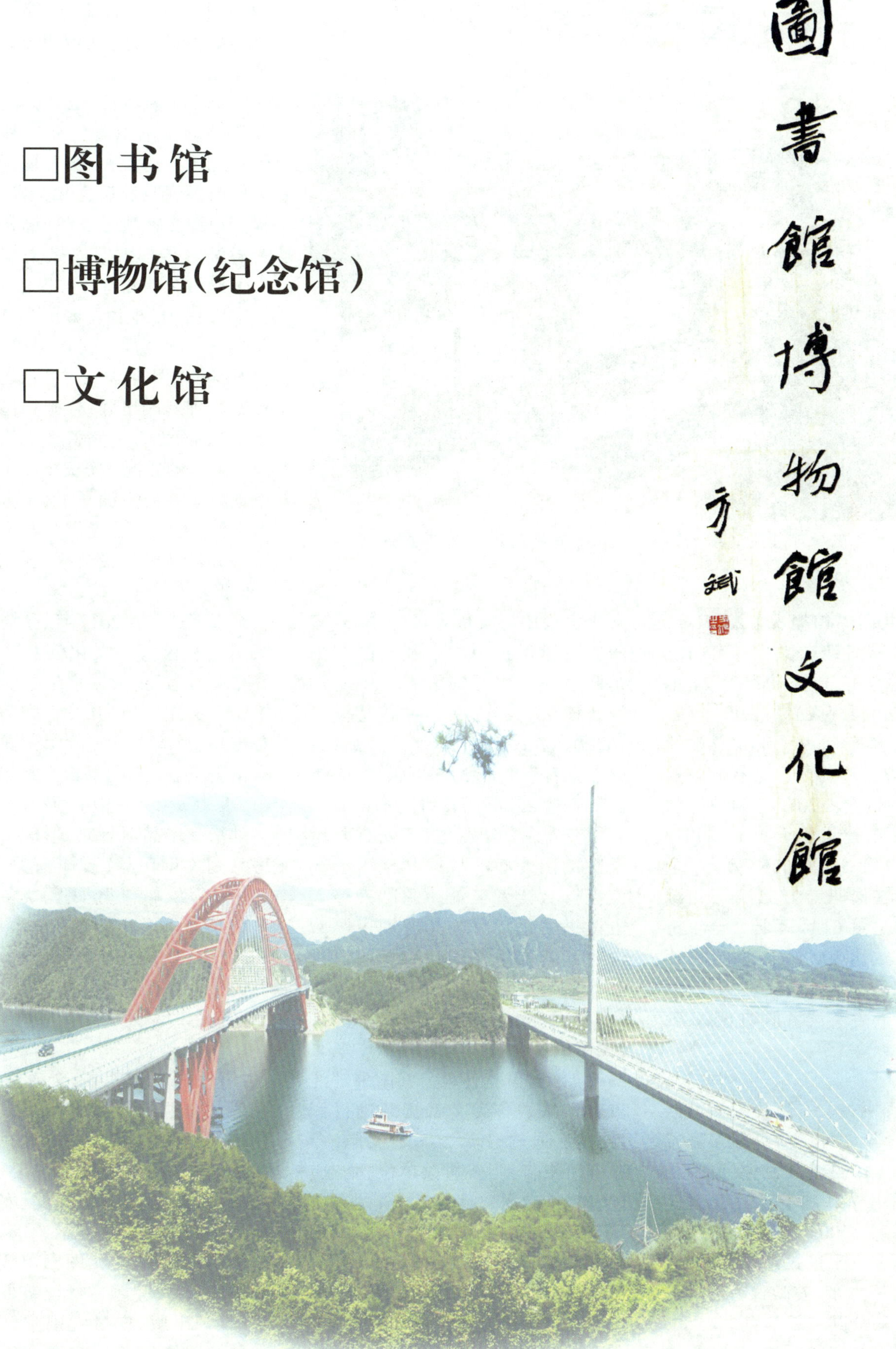

图书馆

安徽省文化厅厅长袁华一行在合肥市树呆熊网咖月儿高店调研网吧行业转型升级情况

【全省公共图书馆概况】2017年，安徽省共有各级公共图书馆122个，其中省级馆1个、市级馆21个(含少儿馆)、县(区)级馆95个(含少儿馆)。各级公共图书馆总建筑面积54.37万平方米，共有分馆及服务点3783个。2017年财政拨款用于图书馆建设运营共计34003万元，其中购书经费5257万元。全省图书馆在岗职工1555人，馆藏图书资料总量6134万册。全年持证读者总数达192万人，共接待读者2128万人次，外借文献1658万册次，举办各类读者活动6500多场次。

【安徽省图书馆】安徽省图书馆创建于1913年2月，前身是安徽省立图书馆。1953年4月，在原皖北区合肥图书馆基础上正式建立安徽省图书馆。2003年11月12日，原址扩建完成，正式对外开放，面积3.69万平方米。安徽省图书馆是全省最大的公共文献信息中心，中国数字图书馆安徽分馆、全国公共文化发展中心安徽省级分中心、安徽省古籍保护中心以及全国图书馆联合编目中心安徽省分中心均设在该馆。2017年，共接待读者168万人次，书刊外借142万册次；办理读者借阅证2.95万张，有效持证读者达22.3万人。省图书馆有八大服务品牌，分别是“新安百姓讲堂”“助困爱心一日捐”“优秀书刊漂流行”“读者英语沙龙”“残障人士读书文化日”“少儿假期主题阅读”“读者俱乐部”和“馆员妈妈讲故事”。

【图书馆资源开发与利用】专题文献服务。安徽省各级公共图书馆注重对馆藏的各类文献资源进行深度开发，通过编制二、三次文献、专题调研报告，为各机关单位、企业、读者提供专题文献服务。省图书馆编制《文化剪报》《文化聚焦》《信息参考》等二、三次文献共51期，为文化部门提供专题文献参考。合肥市图书馆报纸阅览室创建名为《老合肥》的索引，分政治、文物、人物、地名、地理、小吃、出版、老字号、开建(场馆马路)、合肥造、综合等大类，从1957年至2017年，共回溯整理45677条。

地方文献利用。2017年，全省各级公共图书馆着力完善地方文献资源体系建设，积极开展地方文献的整理、挖掘、研究和开发工作，提高地方文献利用水平。省图书馆为省委宣传部编写安徽文学相关专著提供文献支持，共提供文献5批次、138册。提供馆藏图书200余册参与第十二届“文津图书奖”获奖及推荐图书展览。合肥市图书馆重新整理影印出版《合肥相国七十赐寿图·附寿言》，完整重现当年李鸿章寿言的盛况。安庆市图书馆为市地方志办公室编写《安庆800年人文简读》等专著提供馆藏文献支持，共计提供相关馆藏文献5批、206册。

文创开发。2017年，全省公共图书馆积极落实文化创意产品开发相关政策，最大限度地挖掘图书馆馆藏文化资源，开发各类文化创意产品，形成了丰富的馆藏典籍元素衍生产品。省图书馆立足馆藏资源，大力开发“安徽省图书馆馆藏文献衍生产品项目”，形成安图书房系列文创用品(装饰画类、本册类、书签类、布包类、书写类——红木钢笔)、电子出版物《安徽非遗》《安徽古建》和整理出版《安徽省图书馆特藏章氏捐赠书志》，打造出独具特色的系列文化产品。

【古籍保护】2017年，全省完成63家公藏单位的80270部古籍普查登记，占全省公藏单位古籍总量的98.2%。推进省古籍保护中心二审，向国家图书馆出版社提交《安徽博物院馆藏古籍普查目录》审定稿，出版《安徽师范大学图书馆藏古籍普查目录》。完善古籍分级保护制度，整理出版《安徽省国家珍贵古籍名录图录》《首批安徽省珍贵古籍名录图录》。

【图书馆建设】分馆与服务点建设。安徽省各级公共图书馆立足阵地服务，加强服务网络与基础业务建设，截至2017年年底，联盟成员馆共122个，各级成员馆共建设分馆及服务点3783个，满足了广大读者基本的信息需求、阅读需求。

资源建设。2017年，安徽省各级公共图书馆文献新增藏量619.6万册，文献馆藏总量达到6178.9万册；开展公共数字文化工程资源建设项目11项，其中4个项目已基本完成，7个项目正在实施。

人才建设。安徽省公共图书馆联盟始终将业务培训与辅导工作作为联盟建设的重点工作之一，2017年，联盟通过举办业务培训班、网络培训、业务技能竞赛等形式，建立联盟综合培训体系，提高职工业务素质和综合能力，为联盟发展提供人才支持。2017年12月联盟举办的"安徽省公共图书馆联盟首届业务技能大赛"，锤炼了从业人员专业服务技能，激发了爱岗敬业的工作责任心。省图书馆调整部门设置，专门成立"研究辅导部"和"社会教育部"，强化教育培训职能。2017年举办第六次县级以上公共图书馆评估定级工作培训班、公共数字文化工程建设培训班、文化助盲志愿者骨干培训班，开展公共数字文化工程、古籍普查、数字资源平台建设、联合编目等业务培训。培训得到各成员馆高度重视，积极派出业务骨干参加。

以评促建。2017年是全国公共图书馆评估定级年，全省县以上122个公共图书馆有120个申请参评。12月14—16日，全国第六次公共图书馆评估第七专家组到省馆进行现场评估，并实地抽查合肥市图书馆、歙县图书馆和繁昌县图书馆。通过评估，各联盟成员馆总分馆体系建设不断推进，参与联盟活动主动性增强，各地办馆的政策保障、经费保障、资源保障水平不断提高，学术活动及业务研究有序开展，图书馆服务手段不断创新，服务绩效得到提升。

"宣传十九大　讴歌新时代"诗文朗诵会

【公共服务】2017年安徽省公共图书馆联盟全面推进联盟工作向纵深发展，多管齐下，提升公共服务能力。

拓展服务维度。制定了联盟学习宣传党的十九大精神系列主题活动方案，并举办启动仪式和首场诗文朗诵会；召开2017年安徽省公共图书馆联盟总结大会，并邀请中图学会秘书长到会解读《中华人民共和国公共图书馆法》。"两节"期间在全省公共图书馆系统开展"共读共享、共度书香年"系列活动，与青阳县图书馆合作举办"华夏韵·家乡情"经典朗读晚会等。开展"青春校园·悦读书香——优秀书刊漂流阅读活动及阅读推广讲座进校园""安徽省图书馆数字阅读体验推广活动""助困爱心一日捐"等其他阅读推广活动30余场。

创新服务方式。2017年，联盟各成员馆的服务方式不断创新，服务网络逐步扩展，读者服务体验的便利感进一步增强。合肥市图书馆诞生全省第一家手机图书馆，创建读者QQ群、官方微博、微信等多渠道的网络平台。芜湖市各成员馆不断创新服务模式，延长服务时间，最大限度为读者提供良好的学习阅读环境。滁州市图书馆与市武警支队、琅琊区派出所、老年大学合作设立新的阅读点，扩大图书馆的影响力和知名度。铜陵市图书馆通过引入VR、AR、3D、动漫等创业孵化团队，建立铜图文创空间，为创客们提供线上线下作品分享、交换平台，激发创造活力，促进创客资源整合。

打造服务品牌。2017年，联盟各成员馆根据本地文化特点和自身优势，精心打造"一馆一品"服务品牌。淮南市图书馆打造"百姓文化大讲堂"和"淮河文化讲堂"公益文化品牌，邀请省内外知名学者专家、作家等开展系列公益讲座100余场。蚌埠市图书馆打造倍受读者喜爱的"冉冉姐姐故事会""妙趣手工坊""科学大讲堂"等多个特色活动品牌。马鞍山市图书馆通过"周末大讲坛"公益讲座品牌，从家庭教育、阅读人生、健康保健、人文历史等市民关注的话题为切入点，共开展各类公益讲座16场，免费服务市民近万人次。

【学术研究与对外交流】学术研

究。2017 年,联盟依托安徽省图书馆学会,深化联盟学术研究,不断提高联盟学术研究水平。省图书馆学会举办 2017 年学术年会征文活动,联盟各成员馆按照要求,积极组织本馆人员撰写学术论文,踊跃参与。省图书馆恢复停办多年的“安徽省图书馆年度学术研讨会”,鼓励员工撰写、发表学术论文。

对外交流。2017 年,安徽省公共图书馆联盟继续嫁接湘鄂赣皖四省联盟,共享四省联盟讲座展览资源,开展“湘鄂赣皖 4 省公共图书馆联盟”业务合作与交流。4 省共同策划开展的“湘鄂赣皖四省公共图书馆联盟廉政文献巡展”活动,《安徽纪检监察信息》作专题报道。省图书馆与俄罗斯楚瓦什共和国国家图书馆联合举办“童话世界的友谊”国际少儿书画展,分别在省图书馆、楚瓦什共和国国立图书馆展出。与美国驻上海总领事馆联合举办“通向和谐之路——中美交往史图片展”“黑人音乐在安徽”展演等。

【图书馆活动】2017 年联盟各成员馆精心策划组织,全年共开展形式多样、内容丰富的阅读推广活动 6500 余场,发挥公共图书馆在构建现代公共文化服务体系中的重要作用。省图书馆发挥龙头馆作用,举办“品书香、赏年俗”文化展、第十一届“文津图书奖”图片展、“回望马克思·重温《资本论》”图文展、“掌声聚民心 开启新时代——十九大报告图文展”等公益性基层巡展 67 次,开展省公共图书馆阅读推广联盟基层巡讲 48 场。展览通过“线上+线下”宣传平台对外进行预告发布,以漂流巡展的方式在联盟各成员馆展出,在全省范围内营造出流动的文化传播氛围。

各成员馆充分利用自身优势,上下联动,积极开展区域特色阅读推广活动。合肥市图书馆在“大湖名城·悦读合肥”活动中成为主力军,承办协办半数以上的项目,取得良好的社会效益。滁州市图书馆举办“文化惠民暖人心——春节系列文化活动”、“4·23”图书漂流活动、迎端午庆六一等活动 25 场,累计参与活动人数 4000 余人。淮南市图书馆开展图书馆服务宣传月活动,以“红五月·读好书”为主题,开展以书会友、精品书目推荐、经典书刊互换、精品书目海报展、传统文化讲座、读书之星评选等系列活动。铜陵市图书馆“你读书、我买单——点读平台”在皖新传媒铜陵市新华书店正式上线服务以来,共点借图书达 2 万册,总价值 42 万元,受到广大读者的认可和欢迎。

博物馆(纪念馆)

【全省博物馆概况】2017 年,安徽省共有登记备案的各级各类博物馆、纪念馆 230 座,其中国有博物馆 150 座、非国有博物馆 80 座;纳入中央免费开放的博物馆、纪念馆 89 座。有国家一级博物馆 2 座(安徽博物院、安徽中国徽州文化博物馆),二级馆 7 座(安徽中国黄梅戏博物馆、安庆市革命文物陈列馆暨黄镇生平事迹陈列馆、寿县博物馆、新四军军部旧址纪念馆、淮北市博物馆、淮南市博物馆、皖西博物馆),三级馆 22 座(阜阳市博物馆、宣城市博物馆、巢湖市博物馆、亳州市博物馆、天长市博物馆、桐城市博物馆、金寨县革命博物馆、歙县博物馆、潜山县博物馆、祁门县博物馆、合肥市李鸿章故居陈列馆、朱然家族墓地博物馆、渡江战役总前委旧址纪念馆、中共淮海战役总前委旧址纪念馆、马鞍山市博物馆、宿州市博物馆、铜陵市博物馆、池州市秀山门博物馆、广德县博物馆、萧县博物馆、黄山区博物馆、淮北市刘开渠纪念馆)。

【安徽博物院】安徽省博物馆成立于 1956 年 11 月 14 日,2010 年 12 月 28 日更名为安徽博物院,2011 年 9 月 29 日新馆建成开放。安徽博物院是党的三代领导集体核心视察过的博物馆、国家一级博物馆、全国古籍重点保护单位。现有馆藏文物 31 万余件套,建筑面积 6.4 万平方米,分新、老两馆。常设展览包括“安徽文明史陈列”“徽州古建筑”“安徽文房四宝”“江淮撷珍”和“欧豪年美术馆”等。2017 年完成基本陈列“安徽文明史陈列”改陈提升。全年推出展览 24 个,包括 3 个原创展览、5 个引进展览、16 个输出展览。“纪念建军 90 周年暨全面抗战爆发 80 周年”展览成功入选国家文物局主题展览推介项目。创新展览模式,建成“徽州古建筑陈列”数字化展览,在线观看人数 45 万人次;通过网络直播推介 5 个特色展览,30 余万人次点击收看。全年展览受众 213 万人次(其中到馆观众 66 万余人次,外送展 146 万余人次)。

【陈列展览】全省博物馆每年基本陈列和临时展览 800 多个,展览联盟推出展览 28 个,包括 6 个原创展览、5 个引进展览、17 个输出展览。从捷克引进“玻璃攸华·旷世良工——欧洲玻璃艺术珍品展”,遴选 14 件套珍贵文物参加“唯一的汉字唯一的美”赴日展览。从故宫引进“盛世琳琅——故宫博物院珍藏清代宫廷玉器特展”。“佛光恒常——安徽佛教文物精品展”赴台湾展出,“徽州古建筑雕刻艺术展”亮相京华。与无锡博物馆联合举办“先生姓黄——安徽博物院院藏黄宾虹书画展”,在重庆中国三峡博物馆举办“关于爱的‘情书’——潘玉良的绘画世界”。联合非国有博物馆将“神工意匠——徽州古建筑雕刻艺术展”推往北京中国园林博物馆展出。安徽博物院“战地黄花分外香——安徽军民抗战宣传画展”入选国家文物局“纪念建军90周年、抗战全面爆发80周年”主题展览项目(全国10个)。

“镜里乾坤——铜镜背后的故事”“家山如画——‘新安画派’精典回顾”“妙手灵心——安徽民间剪纸艺术展”“岸芷汀兰——台北故宫博物院经典书画展”“紫泥春华——安徽博物院院藏当代优秀中青年紫砂艺术家捐赠作品展”“新安张氏三代书画捐赠展”等展览在有关市、县博物馆巡展,“潘玉良美术作品”展在芜湖市博物馆展出。

【**非国有博物馆**】截至2017年年底,全省现有非国有博物馆共80家,占全省博物馆、纪念馆的34.78%。全省非国有博物馆的发展进程不断加快,2017年新增非国有博物馆6家;新增博物馆多为专题性博物馆,整体水平较高。非国有博物馆的主要特点表现在四个方面:一是以企业产品为依托,宣传企业品牌,如祁门红茶博物馆、谢裕大茶业博物馆、乌金园猪文化博物馆、黄山蕲蛇博物馆、滁州金丝楠木博物馆。二是以徽文化为主题,重点突出本地区文化特色,如徽墨文房博物馆、徽派雕刻博物馆、万安罗经文化博物馆、临泉毛笔博物馆。三是重点突出某一门类的专题性博物馆,如黄山奇石博物馆、马鞍山德化堂古床博物馆。四是突出本地区民俗风情,展现劳动光荣传统,如三河民俗博物馆、南陵丫山民俗文化馆、国盛民俗博物馆。

【**学术研究与对外交流**】2017年,省博物馆系统有2项省社会科学普及规划项目获准立项,2项成果获得省社科联优秀成果二等奖、1项成果获优秀奖。安徽博物院完成年度社科普及规划项目及“三项课题”项目申报,获2016—2017年度安徽省社会科学普及工作先进单位称号。

编辑出版《新中国捐献文物精品全集·孙大光卷(三)》《盛世琳琅——故宫博物院珍藏清代宫廷玉器特展》等图录4册、《许承尧未刊稿整理研究》《文物背后的皖江历史文化》《文物科技保护研究与实践》等专著3部及《佛心流芳——池州民间佛像艺术》图录,《柳孜运河遗址第二次考古发掘报告》《六安城东墓地——巨鹰墓地发掘报告》《泊如斋重修考古图》等,完成《安徽博物院馆藏墨》图录藏品遴选和撰写工作。与合肥市地方志办公室合作的馆藏清稿本《香花墩志》完成点校和专家审核。潜口民宅博物馆编辑出版《潜口民宅搬迁修缮工程报告》,这是安徽省第一部文物维修工程报告,得到国家文物局经费支持。

从捷克引进“玻璃攸华·旷世良工——欧洲玻璃艺术珍品展”,此次展览共展出200余件欧洲古代至20世纪初的玻璃艺术精品,是欧洲玻璃艺术珍品巡回展在中国的收官之展。

【**公共服务与博物馆活动**】2017年,全省89家博物馆、纪念馆纳入省民生工程,实施免费开放绩效考评,博物馆公共服务设施、环境、展陈内容、讲解水平、服务能力等有了新提升。

2017年,安徽博物院开展社会教育活动72场次,重点推出红色记忆等五大系列主题社教活动,举办“丝绸之路上的古代玻璃”等“安徽文博讲堂”5期,讲解接待1887批次,开展免费讲解时间段242场。参加全省讲解员大赛,7人获奖;代表安徽参加全国博物馆讲解大赛,3人获奖。招募志愿者30名,志愿者团队荣获学雷锋志愿服务“四个100”先进典型、“最佳志愿者服务组织”和“全省优秀群众文化志愿辅导服务团队”称号。安徽博物院志愿者工作起步于2007年,10年来志愿服务时间累计65360小时,免费服务观众近20万人次。与合肥市少年宫等4家单位结成共建基地,与安徽博物院共建单位达30家。持续开展进校园、进社区等“五进”活动,进行党的十九大精神、红色主题和优秀传统文化宣讲。与社会媒体广泛建立合作关系,用活新媒体自媒体,安徽博物院获“文博行业2017年度最具创新力官微”和“文博多媒体内容优秀案例”奖。

故宫博物院驻安徽黄山徽派传统工艺工作站设立

文化馆

【全省文化馆概况】 截至2017年年底，全省共有各级文化馆120个、乡镇(街道)综合文化站1438个、公共电子阅览室1632个,村级文化活动室全覆盖。全省有上等级文化馆98个,上等级率为83%;其中一级馆45个、二级馆30个、三级馆23个;有上等级乡镇(街道)综合文化站1276个，上等级率为89%,其中一级站354个、二级站448个、三级站474个。

【安徽省文化馆】 安徽省文化馆建于1959年，原名安徽省群众艺术馆,2006年5月更名为安徽省文化馆。2017年,安徽画廊共举办24期展览，共接待书画、摄影爱好者9.16万人次，群众满意率达98%。组织开展“美好安徽”外宣作品(摄影)征稿、第三届“法润江淮·共筑美丽安徽”法治漫画故事微视频作品征集大赛、第四届中国文化馆年会征文、“文化中国”微视频征集等4场征集活动，共征集新创作的各类群众文艺作品2000余件。全省群众文艺工作网络进一步完善,创作生产机制更加健全,群众参与的主动性和积极性明显提高。

【文化服务】 数字文化服务。将50%市、县(区)文化馆对接安徽公共文化云平台落地应用,积极申报场馆信息、品牌活动、文艺演出、特色团队、辅导教师等数字文化资源,实现公共文化,云端共享。开展百姓大舞台共享直播。以“百姓大舞台”品牌项目为契机,发挥好省文化馆全国首批制播工作点的示范引领作用,完成全省优秀群众文化品牌活动直、录播工作。做好地方资源建设,完成年度地方资源建设之艺术慕课——安徽民歌和花鼓灯舞蹈、文化超市、欢乐少儿听遍安徽、群众文艺网络征集、美术馆藏——小画笔画世界等5个项目建设。

文化惠民服务。大力弘扬“红色文艺轻骑兵”精神,组织广大群众文化工作者深入基层,开展送文化下乡活动。围绕改革开放四十周年等重要时间节点,组织“乡村春晚”“文化扶贫·携手小康——全省惠民巡演乡村行”“改革开放四十周年安徽省合唱周”等系列文化活动,举办群星奖优秀作品基层巡演丰富群众精神文化生活。深化群众文化辅导工作,加强人才培训和活动组织,进一步发挥文化志愿者作用,引导基层文化活动开展。

【文化队伍建设】 全省文化馆(站)等公共文化服务单位现有从业人员10046人,2017年举办了全省乡镇综合文化站广场舞、美术创作等群众文化培训班。全省群众文化辅导员队伍已超过1万人,成为全省公共文化服务队伍的有益补充。全年评选表彰167名优秀辅导员、26个优秀组织单位(团队)、23个优秀服务项目,晋升省一级群众文化辅导员9名、二级群众文化辅导员167名。通过政府购买服务方式,招募文化协管员（文物保护员)2800多名,为破解基层文化人才不足问题进行了积极探索。

【省文化馆活动】 皖江八市群艺(小品）大赛。此次活动在芜湖举办,八市选送17个节目参加角逐。大赛由省文化馆、皖江八市文广新局(文化委、旅委)主办,皖江八市文化馆承办，芜湖市文化委执行主办、芜湖市文化馆执行承办,芜湖市艺术剧院协办。大赛分2场进行,参赛作品具有强烈的教育和警示作用,主题鲜明,内容健康,贴近现实,短小精悍,具有鲜明的时代特色、浓郁的生活气息和较高的艺术品位。最终9个项目获得金奖。

2017·ABDA首届国标舞全国公开赛和首届艺术表演舞大赛。5月13日,由安徽省文化馆主办、安徽省国标舞协会承办的2017·ABDA首届国际标准舞全国公开赛暨第二十八届国际标准舞安徽公开赛在合肥体育中心隆重开幕。来自全国各地以及俄罗斯的85支代表队逾5000名选手在本次大赛期间进行为期两天的精彩角逐。本届赛事集专业性和群众性于一体,具有权威性强、规模超大、水准较高等特点,成为重要的国标舞选手交流、展示和竞技的舞台,在促进安徽省国标舞事业蓬勃发展、传承与弘扬国标舞文化、塑造安徽省文化品牌、促进省文化产业经济发展等方面起到重要的促进作用。

第六届中国农民歌会全国农民画作品展。本次画展面向全国近30个农民画之乡征集作品,经专家评审,选出218件作品参展。农民画乡土气息浓郁,是中国农民独创的绘画形式,大胆、自由地运用夸张、变形等手法,虚中见实,拙中见美。展出作品围绕“喜迎十九大、讴歌新时代”的主题,聚焦“三农”,融思想性、艺术性、观赏性于一体,突出美丽家园、脱贫攻坚、中国梦等内容。作品题材丰富,内容多样,有《秋收》《庆丰年》等展现农村劳动生活场面的作品,《希望的田野》《乡村巨变》表现了党的政策带给新农村的深刻变化,《农民文化乐园》《幸福一家》等反映了新农民丰富的文化生活和对幸福美好生活的追求和向往。通过展览,可以看到新农村、新气象,新农民、新生活,感受到广大农民对土地的深厚感情和全面建成小康的道路上中国农民的精神风貌与壮志豪情。

□文　　物

□非遗保护

□考　　古

文物非遗考古

方斌

文　　物

国家大遗址公园——安徽凤阳明中都遗址

【概况】2017年，安徽省编制上报11处国保单位文物保护规划，实施20多项国保省保文物保护工程。推进大遗址保护利用，国家考古遗址公园建设取得突破性进展；全省国家考古遗址公园数量增加到5个，居全国第五位。完成泾县黄田、徽州区呈坎古建筑群文物保护样板工程等一批文物保护单位本体维修保护工程，实施国保省保集中成片传统村落保护利用工程。大运河文化带建设稳步推进，大别山革命文物整体纳入国家片区保护。

【文物保护与管理】第八批省保单位申报工作。4月21日，省文化厅召开全省文物保护单位申报工作会议，启动第八批省级文物保护单位申报工作。制定第八批省保单位申报工作方案，布置开展申报工作。截至年底，共有369处文保单位申报第八批省保单位，其中古遗址67处、古墓葬17处、古建筑180处、石窟寺及石刻5处、其他7处，涉及83个县市区。

文物项目管理。适应国家文物局项目审批改革政策转变，举办全省文物工程管理培训班，督促各地开展项目申报，31个国保文物保护项目计划获得批准同意实施。组织召开70多个国保省保的保护规划、方案等论证会，审核审批114个国保省保项目方案。全年共争取国家文物保护项目129个、经费2.3亿元；安排省级项目54个、经费2500万元。制定《关于进一步加强文物保护工程管理的意见》，加强文物保护工程管理。举办全省文物保护工程培训班，来自全省100多家文物保护工程资质单位的400多人参加培训。

社会文物管理。会同省工商局开展文物流通市场专项督查、整顿行动，并对重点市县进行督查，按时报送专项行动工作报告至国家工商总局、国家文物局。规范程序，审核批准安徽观复拍卖有限公司等从事第一、二、三类文物的拍卖。审核批复安徽盘龙企业拍卖集团有限公司等开展艺术品拍卖和古陶瓷品鉴会交流活动。批复同意正德、中观、东歌等多家公司拍卖活动，交易额达1.3亿元。省文物总店举办“第三届全国文物艺术品交流会”，全国近百家国有、民营文物艺术品经营单位参会。省文物总店举办“文房雅赏——安徽省文物总店典藏文具展”，并在安徽博物院、芜湖和马鞍山市博物馆巡展。

文物安全工作。召开全省文物安全工作会议，深入贯彻习近平总书记重要指示批示和全国文物安全电视电话会议精神，健全落实文物安全责任制，明确地方政府主体责任，将文物安全纳入各级政府目标考核。以政府购买服务的方式聘用基层文物保护员。加强日常检查巡查，严防安全隐患。扎实开展文物安全状况大排查、法人违法治理、打击文物犯罪、流通市场整治、

省文物总店举办的“文房雅赏——安徽省文物总店典藏文具展”在安徽博物院、芜湖和马鞍山市博物馆巡展

"问题地图"等专项整治行动。分皖南皖北皖中3个组开展文物安全大排查督查,顺利完成国家文物局检查;依法督办望江朝阳庵遭拆毁等13起文物违法案件。

文物法治建设。全省各级人大、政府重视文物法规制定工作,一批地方性文物法规出台,《合肥市文物保护办法》《淮南市寿州古城保护条例》《亳州国家历史文化名城保护条例》《黄山市徽州古建筑保护条例》先后颁布施行。

【文物利用】国家考古遗址公园等大遗址保护利用。凤阳明中都皇故城正式挂牌国家大遗址公园(全国12个),寿县寿春城、蚌埠双墩和禹会村等3个大遗址获得立项(全国32个),至此全省建成、在建及立项国家大遗址公园共5个,总数列全国第三。大遗址公园的建设,将成为发掘、呈现安徽深厚历史文化资源的重要载体。加强大运河文化带建设,成立省大运河文化带建设领导小组,启动规划编制,召开专题座谈会,梳理大运河文化带文物、非遗、演艺等各类资源。

大别山革命文物保护利用。通过积极争取,大别山革命遗址已纳入国家革命文物重点保护片区规划,中央财政对片区革命文物保护经费的支持将由国保单位扩大到省保和市县保单位。召开大别山区革命文物保护利用工作座谈会,开展大别山革命文物资源、保护状况调查。委托中国文化遗产研究院编制《大别山革命文物保护利用发展规划(2017—2025)》,将六安市、安庆市、寿县、枞阳县等市县级以上革命文物全部纳入保护规划。国家文物局领导多次赴金寨等地调研革命文物保护,邀请国家文物局专家指导金寨革命博物馆改扩建工作。

传统村落保护利用。完成泾县黄田村古建筑群11处、徽州区呈坎村古建筑群17处维修工程以及黟县屏山村等5个省保集中成片传统村落21处文物维修项目,审批泾县查济村6处古建筑修缮方案。2017年争取中央公共文化服务体系建设(传统村落保护)专项资金2786万元,用于岳西县请水寨村等5个传统村落的文物维修保护。加强历史文化名城、名镇、名村保护,省政府出台《安徽省历史文化名城名镇名村保护办法》。会同省住建厅开展历史文化名镇、名村检查和规划评审,推荐申报第三批中国传统村落名单。

【文保重要活动】承办全国文物局长座谈会。7月13日,全国文物局长座谈会在马鞍山市召开。会前,文化部部长雒树刚调研凤阳明中都城、滁州琅琊山石刻及碑刻等文物保护工作,国家文物局局长刘玉珠两次到安徽调研(金寨革命文物和马鞍山凌家滩遗址等),国家文物局副局长顾玉才、宋新潮、刘曙光也先后到安徽调研文物工作

贯彻落实全国文物安全电视电话会议精神。7月25日,省政府领导在省分会场出席全国文物安全电视电话会议并就贯彻落实全国会议精神进行部署。8月11日,省文化厅在合肥召开全省文物安全工作会议,深入学习贯彻习近平总书记关于文物安全工作的重要指示精神,传达全国文物安全电视电话会议精神,部署全省文物安全工作。9月9日,国务院办公厅印发《关于进一步加强文物安全工作的实施意见》,安徽及时制定印发《贯彻落实国务院办公厅〈关于进一步加强文物安全工作的实施意见〉的工作方案》。

非遗保护

2017年4月10日,由故宫博物院、安徽省文化厅、黄山市政府主办,故宫博物院驻安徽黄山市徽派传统工艺工作站承办的"徽匠神韵——安徽徽州传统工艺故宫特展"开幕式在故宫博物院永寿宫前举行。

【概况】2017年,安徽省认真贯彻"保护为主,抢救第一,合理利用,传承发展"的非物质文化遗产保护工作方针,创新思路,抢抓机遇,基

祁门红茶入展故宫博物院

础工作务实高效,重点工作亮点频出。有效保护一批珍贵的非物质文化遗产,开展一系列影响广泛的特色非遗活动,营造一个非遗保护深入人心、社会尊重优秀传统文化的良好氛围。

【与故宫博物院开展战略合作】 2017年1月,故宫博物院驻安徽黄山市徽派传统工艺工作站、故宫学院徽州分院、故宫博物院博士后工作站(徽州)在黄山市正式落地挂牌。工作站成立之后,积极探索与故宫博物院互动合作,成果显著。“徽匠神韵——安徽徽州传统工艺故宫特展”在京开幕,20名传承人、85件精品在故宫展出。安徽省政府与故宫博物院共同签署推进优秀传统文化传承发展合作协议,就双方共同开发文创产品、加强展览展示等内容达成多项合作意向。首期“徽匠进故宫”研修班开班,20名学员参加研修,收集整理34件学员文创作品设计图及样品。故宫贡茶和十二生肖木雕等文创产品研发工作有条不紊推进。成功举办“明月清风——故宫博物院藏新安八家书画展”。工作站在皖成立及随后推出的多项活动引起省、部领导,社会各界高度关注,吸引央视等60余家媒体密集报道,网络搜索条目上万条。

【非遗传承人群研修研培计划稳步实施】 文化部、教育部启动“中国非物质文化遗产传承人群研修培训计划”,是当代中国非遗保护与发展的创新战略部署。2017年初,中国科学技术大学和黄山职业技术学院共同入选2017年度中国非遗传承人群研修研培计划实施院校。6月和8月,联合两校成功举办“安徽泾县宣纸传承与发展专题研修班”和“歙砚制作技艺培训班”,共培训学员60人。安徽省传承人群研培工作得到文化部非遗司的充分肯定,服务意识、服务水平得到研培实施院校及参培学员的一致好评。

【非遗传承人抢救性记录工程扎实推进】 2017年度第二批国家级非遗代表性传承人抢救性记录工程于年初启动,10名国家级非遗传承人纳入本次抢救性采录实施计划。7月至9月,全方位采集和收集传承人信息,针对每个传承人拍摄制作3部文献片和1部综述片,拍摄工作主体基本完工,共形成文字稿110万字,收集文献资料数据10TB,视频资料50小时1900GB,拍摄照片1685张。10月,根据文化部要求,组织2个省级专家组对2016年已抢救性采录成果进行省级验收。经文化部验收小组评审,安徽省非遗保护中心主持拍摄的《李济仁——张一帖内科疗法》入选文化部传承人抢救性记录工程优秀成果名单,作为传统医药类的纪录片范本于7月6日在京展映。

【第五批省级非遗代表性项目评审工作有效完成】 组织召开全省非物质文化遗产保护工作厅际联席会议,省发改委、财政厅等9家联席会议成员单位代表听取省文化厅关于第五批省级非遗代表性项目评审情况汇报,一致通过第五批省级非遗代表性项目专家推荐名单,通过网上公示,向全社会征求意见。多次组织专家召开论证会,对拟公布非遗项目名录进行再梳理再完善,同时进一步扩大意见征求范围,经确认后报请省政府批准公布(共135项,其中,新入选项目123项,扩展项目12项)。

【传统工艺振兴计划启动实施】 以故宫博物院驻安徽黄山市徽派传统工艺工作站建设为契机,打造全省传统工艺振兴示范性载体。以中国科学技术大学、黄山职业技术学院实施的中国非遗传承人群研修研培计划为重点,推动传统工艺传承人群能力建设和队伍建设。建立全省传统工艺振兴目录。通过申请中央非遗专项经费,支持重点项目设立工作室或传习中心,开展传习、研发、生产活动。2017年申请中央资金320万元用于扶持纸笺加工技艺、柳编、杜氏刻铜、漆器髹饰技艺、徽州竹雕、芜湖铁画锻制技艺、宣笔制作技艺和桑皮纸制作技艺等8个国家级传统工艺类非遗项目开展传统工艺振兴,申请200万元用于扶持故宫博物院驻安徽黄山市徽派传统工艺工作站建设。

【非遗展演交流活动】多措并举,积极开展形式多样的非遗展演和文化交流活动。鼓励各市、县在传统节日或文化遗产日期间,组织开展丰富多彩的非遗展演展示活动。2017年文化遗产日蚌埠主场活动以“展绝活、品美食、看民俗、促传承”为主线,精心策划7个活动板块,吸引数万市民参与,形成群众亲近非遗、了解非遗、自觉保护非遗的社会氛围。推荐优秀非遗项目走出去,2017年遴选徽州三雕、徽州漆器髹饰技艺、芜湖铁画锻制技艺等50余项具有特色的国家、省级非遗项目先后参加成都国际非遗节、外交部安徽全球推介活动、北京国际文化创意产业博览会、第二届长江非遗大展等近10个大型文化展会。配合外事部门,推荐多个非遗项目和传承人走出去,赴美国、埃及和香港、台湾等多个国家和地区开展非遗展演展示活动。

【徽州文化生态保护区建设持续推进】持续厚植生态文化优势,坚持保护与利用并举、传承与创新并重,推动徽州文化创造性转化、创新性发展。发挥故宫博物院驻安徽黄山徽派传统工艺工作站平台作用,举办“徽匠进故宫”等研培活动,提升传承人传承能力和实践水平。推进黎阳老街等8个综合性强、功能性全的非遗综合性传习中心建设。建设“徽州乡贤馆”“徽州非遗馆”“中国家训展示馆”“中国徽班纪念馆”等国有传统文化展示展览馆,完善提升万安罗经文化博物馆、屯溪区徽墨文房博物馆等民间非遗展示馆,打造胡开文、竹艺轩、竹溪堂等一批全国知名非遗文化品牌,多层次非遗传播体系初步形成。

考 古

凤阳明中都皇故城考古发掘

【概况】全年开展考古调查、勘探、发掘项目156个,勘探面积50万平方米,出土文物2000多件。配合考古遗址公园建设、引江济淮、基本建设工程等开展考古发掘工作,出版多部考古发掘专著和文物考古年报等书刊,发表相关学术研究报告、专业论文,开展考古培训。经国家文物局批准的考古发掘项目14个,包括配合考古遗址公园建设,开展凤阳明中都奉天殿、承天门,凌家滩外壕沟、南半坎,寿春城西圈墓地等考古发掘。开展濉溪临涣城址、郎溪磨盘山遗址、萧县金寨遗址、白土寨窑址等主动性考古发掘。配合商合杭高铁、郑阜高铁、合安高铁、蚌固高速、池祁高速、芜宣高速、合安高速、定远江巷水库、安庆下浒山水库建设工程以及淮南、六安、滁州、淮北、安庆、宿州、马鞍山等地城建项目,开展考古勘探和发掘工作。完成引江济淮工程考古调查及考古发掘前期准备工作,编制《引江济淮工程(初步设计阶段)文物考古调查报告》,确定44个文物点。

【重大考古发现】凤阳明中都皇故城考古发掘。2017年5月至12月,安徽省文物考古研究所对明中都承天门遗址、奉天殿遗址、宫城城墙与护城河、内金水河和禁垣内窑址群开展考古发掘工作,发掘面积约2950平方米。除承天门的城门、禁垣墙与奉天殿遗址的宫殿台基、金水河河道、宫城城墙与护城

凌家滩遗址考古发掘

河外，还清理明清时期窑址 4 座、沟 4 条、水井 3 口、灰坑 14 个、路 5 条、房址 2 座、灶 3 个、建筑墙基(包含基槽)6 条，出土铜、铁、瓷、石、骨、陶器等 160 余件。此次发掘基本弄清了承天门的城台结构、规制、建造过程和建筑工艺，在奉天殿遗址、城墙、水系、窑址的发掘中也取得重要进展，不仅为遗址的保护、展示设计提供了依据，同时也为研究明中都皇城的布局、规制、建筑工艺等坚实了基础。

凌家滩遗址考古发掘。2017 年度发掘分为春夏、秋冬两季。两次历时近 5 个月，共发掘面积近 600 平方米，布探沟 8 条，探方 4 个，发现灰坑、红烧土遗迹、红烧土坑、房址等遗迹，出土较多石器（含砺石)、陶器及少量玉器。西山河段重点解决了外壕沟的年代、结构问题，通过发掘确认外壕沟的沟内堆积可分为 3 个大的时期：新石器时代、汉代、明清，始建年代为凌家滩文化时期，距今 5000 多年。南半坎的 2 个探方发现一处建筑迹象。后河大堤段发现数量较多的灰坑、红烧土堆积等，该处堆积以凌家滩晚期偏晚为主，甚至一部分可能晚于目前所认识的凌家滩文化时期，是本次较为重要的成果之一。

寿春城遗址西圈墓地考古发掘。拟定发掘墓葬 45 座，目的是为了解决蔡国墓地的分布、墓葬的文化内涵、特征以及楚蔡之间的关系等问题。本次发掘以寿县中心工作站内的已知点为测量原点，将整个寿春城遗址全部纳入设定的坐标系内，确保所有的田野工作能够准确地定位。由于天气原因，未能按计划完成 2017 年度工作，截至年底，合计发掘墓葬 35 座，其中春秋晚期至战国早期墓葬 10 座。其中以 M25 保存最为完好，为典型的长方形土坑墓，没有墓道，结构为一椁重棺，出土大量的精美文物，其中 1 件错金铭文“蔡侯产之用戈”的出土尤为重要。同时，通过大规模探方发掘法的揭露，还发现战国晚期遗迹如房址、灰坑等与春秋晚期墓葬之间的叠压打破关系，对于完善寿春城遗址的陶器编年有重要意义。

萧县白土寨窑址考古发掘。2017 年 3—7 月，安徽省文物考古研究所联合武汉大学、萧县博物馆对萧县白土寨窑址进行主动性考古发掘。发掘面积 478 平方米，清理出唐宋时期各类遗迹 70 处，其中包括窑址 3 座、料池 4 座、储灰池 7 座、房址 10 座、灰坑 29 个、柱洞类遗迹 12 个、灶类遗迹 3 处和路基 2 条，出土保存完整的小件遗物近 800 件。本次发掘进一步丰富了对萧窑中心窑厂分布区内文化内涵的认识。从产品的种类和品相来说，除了日用器物外，还出土有瓷质明器、佛像砖、佛像面瓦当等，此外大量围棋子、骰子的出土反映了宋时当地居民窑工的日常娱乐生活。碗形间隔具与船形间隔具等窑具的使用方式在这次发掘中有实物可以印证，对萧窑的装烧工艺研究具有十分重要的意义。

合肥大雁墩遗址考古发掘。为配合合肥普天合电新能源科技园项目建设，2017 年 2—7 月，安徽省文物考古研究所联合安徽大学历史系对大雁墩遗址进行抢救性考古发掘。本次发掘面积 1000 平方米，共发现各类遗迹 30 处，其中有灰坑 12 处、灰沟 1 条、房址 6 处、墓葬 6 座。出土遗物主要有石器、陶器、青铜小件、骨角器、卜甲等，另外发现有少量青铜炼渣。大雁墩遗址的发掘为研究江淮之间西周聚落遗址的陶器文化面貌、生业经济形式、墓葬形制、葬俗和居民精神信仰提供了珍贵资料。

萧县白土寨窑址考古发掘

□教　　育

□体　　育

教育體育

戊戌金秋吴玉昌题

教　育

2017年6月22日，安徽城市管理职业学院举办"新时代、新思想、新青年"马克思主义经典及习近平新时代中国特色社会主义思想相关著作诵读会。

【教育综述】1949年，皖北、皖南行署文教处先后成立。1952年合并成立安徽省教育厅。1985年，成立安徽省教育委员会。1990年，成立中共安徽省委高等学校工作委员会。1994年，在省委高校工委的基础上，成立中共安徽省委教育工作委员会，与省教育委员会合署办公，一个机构两块牌子。2000年，省教委更名为省教育厅，主管全省教育事业和语言文字工作。

2017年，安徽共有义务教育阶段学校10918所，高中教育阶段学校1021所，普通高校109所(另有10所独立学院)。义务教育阶段、高中教育阶段、普通本专科在校生分别为642.7万人、184.6万人、114.7万人。有幼儿园8257所，在园幼儿200.9万人。此外，有研究生培养单位21个，在学研究生5.8万人；成人高校6所，成人高等教育在校生18.1万人；特殊教育学校72所，在校生2.7万人。各级各类学校专任教师65.4万人。全省学前教育毛入园率、九年义务教育巩固率、高中阶段毛入学率、高等教育毛入学率分别为85.9%、93.8%、90.5%、47.7%，分别比上年提高1.6、0.4、0.5、0.8个百分点。

【基础教育】2017年，全省共有独立设置小学8108所，初中2810所，普通高中662所；小学在校生440.5万人，初中在校生202.2万人，普通高中在校生108.5万人。2017年，全省基础教育工作以办好公平优质教育为主题，全面落实立德树人根本任务，深化基础教育教学和考试评价改革，着力提高教育质量、促进教育公平，统筹推进县域内城乡义务教育一体化改革发展，促进学前、高中和特殊教育事业协调发展，人民群众对基础教育工作的满意度进一步提升。

学前教育促进工程纳入省民生工程，2017年新建、改扩建公办幼儿园372所，增加学位8.16万个；公办和普惠性民办园覆盖率达66.2%，比2016年提高2.2个百分点。出台《安徽省第三期学前教育行动计划实施方案(2017—2020年)》和《关于规范和扶持普惠性幼儿园发展的意见》，提出到2020年，学前教育"985"发展目标，明确了增加普惠性幼儿园供给、完善体制机制建设和政策保障体系、提升保育教育质量等重要任务。组织开展第七届学前教育宣传月、全省第一届游戏活动周、第三届"娃娃乐"故事会、六一儿童节幼儿游戏展示等活动，持续推动科学保教工作向农村延伸、向民办幼儿园延伸，有效促进了办园水平的整体提升。

全省105个县(区)全部通过国家评估认定，县域内小学差异系数控制在0.225~0.631之间，初中综合差异系数在0.198~0.513之间，安徽成为中西部地区第一个、全国第九个实现义务教育均衡发展全覆盖的省份，提前三年完成省政府和教育部签署的《备忘录》任务。印发《关于统筹推进县域内城乡义务教育一体化改革发展的实施意见》，明确城乡一体化发展的任务和要求。印发《安徽省控制和消除义务教育学校大班额专项规划》，截至2017年年底，全省义务教育超大班额、大班额比例分别为3.6%和11.3%，分别比上年下降1.4和6.5个百分点，超额完成年度目标任务。制定《义务教育阶段学校管理标准》，启动实施新一轮义务教育标准化学校建设提升工程。全面改善义务教育薄弱学校基本办学条件，投入30.6亿元，建设校舍和运动场433万平方米，项目进度位居全国第一。

印发实施《安徽省高中阶段学校考试招生制度改革实施意见》及其配套文件，推进普通初、高中学业水平考试，完善学生综合素质评价平台建设和制度设计。指导马鞍山市、铜陵市制定高中阶段学校考试招生制度改革实施方案，启动试点工作。针对全省高中阶段教育资源分布不均问题，实施高中阶段教育普及攻坚计划(2017—2020年)，规划建设项目766个，提出到2020

年全省高中阶段教育毛入学率达到92%以上,国家集中连片特困地区毛入学率不低于90%,消除大班额和减少大规模学校的目标。

组织实施第二期特殊教育提升计划,开展适龄残疾儿童少年学籍注册工作,对12805名义务教育未入学残疾儿童进行筛查,部署各地采取送教上门、远程教育等多种方式"一人一案"解决就学问题。对义务教育在校残疾儿童接受扶贫资助进行统计。在义务教育起始年级启用盲聋培智三科国家统编教材。

投入专项资金200万元,改善民族乡和各级各类民族中小学校、幼儿园基础设施建设。开展新一轮民族学校认定工作,争取项目和资金倾斜。组织合肥168中学与西藏山南第二高级中学协议结对帮扶,组织15个市的中小学校主要负责人赴新疆与皮山县24所学校开展"心连心·手拉手"结对活动。首次开办山南初中代培班。

聚焦乱收费、乱补课、乱招生、乱办班、乱发补习资料等五乱问题,开展暗访和专项督查,对群众举报的学校和教师办班补课问题直查直办。下发督办单48份,派出暗访组4个,对7所违规补课的学校,分别给予取消省级示范高中称号、黄牌警告和通报批评等形式的处理。现场核查六安毛坦厂中学及其参与举办的民办学校和社会培训机构。加强中小学电子学籍管理,新增中考招生分数线控制功能。

中小学教师"无校籍管理"和"县管校聘"制度全面实施,县域内义务教育学校校长教师交流轮岗推进,全省已累计交流轮岗3.9万人。深化中小学教师职称制度改革,分类制定中小学教师职称评审标准。中小学教师资格定期注册全面推开。招聘特岗教师3395人,选派1117名教师赴贫困地区驻点支教。实施乡村教师定向培养计划,连续5年每年培养2500名全科型乡村教师。为乡村教师发放生活补助1.05亿元,继续实行乡村教师荣誉制度。组织实施"国培计划""省培计划",其中培训乡村教师104966人。

【职业教育】2017年,安徽共有中职学校359所,其中普通中专147所,职业高中171所,成人中专41所,中职在校生76.1万人,高中阶段招生职普比为4.5:5.5。2017年,安徽省职业教育按照"围绕中心、服务大局,稳中求进、内涵发展,问题导向、创新推动,真抓实干、注重实效"的工作思路,着力补齐短板、抓好重点、攻克难点,加快构建现代职业教育体系,继续强化职业教育市级统筹和资源整合,深化产教融合、校企合作,深化人才培养模式改革,着力提升职业教育办学水平和提高人才培养质量。

落实加强职业教育市级统筹的指导意见,进一步简政放权,出台《安徽省中等职业学历教育学生学籍管理及电子注册实施细则(试行)》,将普通中等职业学校学籍管理权限下放市级教育行政部门。会同发改、财政部门指导全省完成全省中职教育布局结构调整规划编制工作,并共同组织省内外专家对全省18个市(直管县)中等职业教育布局结构调整规划进行审核、答辩、咨询,形成审核意见,促进区域内学历教育和各类技能培训等要素资源整合。

完善安徽省中职学校网上招生录取平台功能,持续推行"知识+技能"考核办法和技能拔尖人才免试入学政策。拓宽中职毕业生对口升学通道,5.6万名中职学校毕业生进入高职或本科院校继续深造学习。提升专业建设服务产业发展能力,发布2016年中职教育专业情况分析报告,引导各市各校对接区域产业发展动态调整设置专业。组织开展2017年度中等职业学历教育办学资质清查工作,共有331所中职学校的3353个专业点具备招生资格。全省职业院校新增地方经济社会发展急需专业点410个,停招停办不适应专业点180个,职业院校专业布点与三次产业发展趋势基本相符。

积极支持第三方机构开展评估,推行中职教育质量年度报告制度,省、16个市、2个直管县以及

2017年4月17日,阜阳师范学院主办的西湖创客创业讲堂在F楼报告厅举行。

285 所中职学校主动对外发布年度质量报告，进一步健全职业教育质量保障体系。组建全省职业院校教学工作诊断与改进专家委员会，印发《安徽省中等职业学校教学诊断与改进实施方案》《安徽省高职院校教学诊断与改进工作实施计划(2017—2020 年)》，建立职业院校教学工作诊断与改进制度。

实施文化育人创新行动，举办全省第十三届中职学校“文明风采”竞赛，61%的中职学校 5.6 万份作品参赛，在全国比赛中获得奖项 245 个，安徽省竞赛组委会获组织贡献奖。组织开展全省职业院校中职组技能大赛，以赛促教、以赛促学、以赛促创，继续实施技能大赛与技能等级资格认证挂钩制度，80 名选手获相应工种高级工资格证书；在全国比赛中获得奖项 89 个，获奖率 74.34%。评选 25 所省级创业学院，在资金、融资、创业和资源方面给予重点支持。数字校园建设稳步推进，8 所中职学校入选国家级“职业院校数字校园建设实验校”项目。全年共投入信息化建设资金 3 亿元，202 所中职学校基本建成数字校园，其中省示范以上中职学校 127 所。举办 2017 年全省中职学校信息化教学大赛，在全国中职组信息化教学大赛中获一等奖 1 个、二等奖 5 个、三等奖 3 个。

深化人才培养模式改革，促进校企深度合作。联合合肥市人民政府举办第八届皖江城市带职业教育办学模式改革校企对接会，进一步完善校企合作长效机制。组织职业教育校企合作典型案例征集和主题征文活动。会同省经济和信息化委、省国资委遴选 64 个安徽省首批校企合作示范基地并授牌，强化校企协同育人。全省 229 所中等职业学校开展校企合作，2831 家企业参与，本地企业建立兼具生产与教学功能公共实训基地 833 个，校企共建技术工艺中心 26 个、产品开发中心 22 个、实验实训平台 100 个、技能大师工作室 95 个。积极探索以“招工即招生、入厂即入校、校企双师联合培养”为主要内容的现代学徒制，77 所中职学校开展市级试点，42 所中职学校开展省级试点，2 所中职学校获批国家级试点，试点专业数达 144 个，试点学生数达 1.2 万人。组建省现代学徒制工作专家指导委员会。试点工作启动一年多来，省、市、校、企多方联动，积极探索，共同推进，试点学校联合 99 家合作企业共同研究制定人才培养方案 90 个、开发课程 111 门、校本教材 95 本、研制实施招生招工方案 88 个。规范职业教育集团的管理机制，实行职教集团办学备案制度，首批 41 家职教集团获准备案，346 所本专科中职院校以及 1134 家省内外企业、238 家行业协会研究所及有关机关事业单位加入其中。2017 年，职教集团内校企联合开展生产技术攻关项目 284 个，可共享实习实训设备资产总值 33.34 亿元，集团内企业对学校实训基地建设投入资金 1.49 亿元，开展“订单培养”72533 人，开展工学结合、顶岗实习 151120 人，接受教师实践锻炼 9006 人，集团内学校为企业培训职工 137967 人。

2017 年 9 月 8 日，安徽电子信息职业学院提前谋划，周密安排，精心准备，为简化报到流程，所有接待部门集中办公，进行一站式注册报到。图为新生入学排队使用录取通知书通过财务系统进行缴费注册。

推进职业教育质量提升工程实施，分解下达中央财政和省级 2017 年现代职业教育质量提升计划及中职专项资金 3.9 亿元，改善中职学校办学条件。加大对项目建设任务书的省级审核备案力度。开展中期评估，启用质量提升工程管理平台，强化对项目实施进度、建设质量的检查监督和信息化管理。继续实施职业教育产教融合发展工程，开展 2017 年度项目遴选工作，7 个中职项目共争取中央资金 1.33 亿元。

加强对农村职业教育和成人教育示范县创建工作指导，蒙城县被认定为第二批国家级示范县，金寨县、界首市成功入围第四批国家级示范县创建名单。帮扶皖北地区职业教育发展，组织安徽职业技术学院在专业建设、课程建设、管理制度建设、实训基地建设、骨干教师队伍建设、教科研等方面开展对口帮扶临泉职业教育工作。在安排中央职业教育质量提升计划专项资金、省级中职教育质量提升工程专项经费时，将分配因素比例提高 20%对临泉县进行支持倾斜。积极开展抓金寨促全省扶贫开发工作，支持安徽金寨职业学校创建技师学校，推进学校深化教学改革；以省教育体制改革领导小组名义在金寨县召开全省中职教育工作会议，推介金寨职业学校发展经验，推动全省中职教育发展。继续办好内地新疆中职班，2017年接收内职班新生358人，共有在校生978人，协调落实办班工作省级补助经费713.9万元。继续实施南疆职业教育对口支援工作，以专业、课程、实训基地和师资队伍建设为核心，组织安徽职业技术学院、安徽机电职业技术学院、合肥铁路工程学校的专家赴新疆和田地区指导职业学校教学工作及技能大赛。

2017年，职业院校开展各级各类职业技能培训超过80万人次。学习型城市建设加快推进，联合合肥市人民政府承办全国"全民学习活动周"总开幕式，5人入选国家"百姓学习之星"、10个项目入选国家"终身教育品牌项目"，6个单位入选全国"优秀成人继续教育院校(培训机构)"。积极申报第五批全国学习型城市建设联盟成员城市。大力发展社区教育，举办全省社区教育工作培训班。印发《关于加快"十三五"期间老年教育发展的实施意见》，明确安徽省发展老年教育的总体目标、主要任务、重点推进计划和保障措施。依托"安徽全民终身学习网"建设老年教育相关课程资源近3000门。

办好职业教育活动周，组织开展校园开放、为民服务、共谋发展、全员宣传、职教故事、校企联手、技能风采等系列专题活动。

2018年1月，铜陵市举办中小学戏曲进校园优秀节目展演。

【高等教育】2017年，全省共有研究生培养单位21个，普通高校109所(另有10所独立学院)，成人高校6所。在学研究生5.8万人，普通本专科在校生114.7万人，成人本专科在校生18.1万人 。2017年，全省高等教育战线抓住培养社会主义建设者和接班人这个根本，坚持社会主义办学方向，加快"双一流"和高水平大学建设，坚定不移推进高等教育内涵式发展，具有安徽特色的地方应用型高等教育体系进一步完善，为经济社会发展提供有力支撑。

中国科学技术大学、合肥工业大学、安徽大学等3所高校、13个学科入选国家"双一流"建设。遴选建设省级特色高水平大学4所、应用型高水平大学2所和44个高职院校实习实训基地项目。安庆师范大学、皖南医学院、合肥学院3所高校增加本科第一批次招生专业。推动普通高校向应用型深度转变，专业设置与经济社会发展契合度进一步提高，应用型、复合型、技能型专业占比达80%以上。全省高校获批国家级大学生创新创业项目3022个，立项数居全国第一名，连续6年名列全国前两位。健全教学常态监测机制，加强本科教学工作审核评估、高职院校人才培养工作评估、本科专业评估等，高等教育质量保障体系已初步形成。合肥市经开区投资建设的中德青年学生创业孵化中心装修改造工程即将竣工投入使用。中德教育合作基地与德国奥斯纳布吕克应用科学大学和博戈公司签订共建"物流4.0实验室"战略协议，开展"无人工厂"探索。教育部和安徽省联合呈报的《中德教育合作基地建设方案》已经国务院同意。

推动普通高校向应用型深度转变取得新进步。近年来在全省高校先后调整4753个专业点，其中停招停办2074个专业点，占专业点总数的43.1%；大幅增设地方经济社会发展急需专业点2679个，占现有专业点总数的55.7%。专业设置与经济社会发展契合度更加接近，应用型专业占比达75%以上。大力实施卓越应用型人才培养计划。安徽师范大学成功申报国家级推进实施卓越中学教师培养项目；蚌埠医学院成为新增推荐优秀本科毕业生免试攻读研究生高等学校。

建立开放的人才培养体制。会同省委政法委积极推动实施高等学校与法律实务部门人员互聘"双千计划"，全年共从安徽建筑大学、安徽财经大学等高校遴选4名教师到法律实务部门挂职。会同省卫计委，落实全省2017年安徽医科大学等7所医学高校承担350名免费医学生培养任务。2017年，会同省交通运输厅、省旅发委、省邮政局等部门申报全国职业院校示范专业点。安徽获批6个全国职业

2017年11月11日、12日，“剧传经典文化 歌颂廉政旋律”——安徽大学艺术与传媒学院原创歌剧《包青天》在合肥大剧院盛大公演。

院校示范专业点。推进现代学徒制试点。按照《教育部办公厅关于做好2017年度现代学徒制试点工作的通知》，开展2016年备案的第一批3个现代学徒制试点的年检工作，遴选确定7个第二批现代学徒制试点单位报教育部。加快建设30个省级学徒制试点。

积极推进“安徽高校继续教育网络园区”建设。截至年底，已有41所省内外高校入驻“园区”，上线注册学习者已超过12万人，平台总访问量突破5000万人次。印发《安徽省教育厅关于推进高等学历继续教育学分认定和转换工作的实施意见》，依托园区建设课程超市和继续教育学分银行，开展继续教育学分认定和转换工作。到年底，通过园区平台向社会开放100门左右的公共共享课程资源。

推进职业院校分类考试招生制度改革。在院校自愿申报的基础上，2017年开展分类考试招生工作的高职院校扩大到72所。72所高职院校制定了分类考试招生工作方案，申报招生专业(类)点由2016年1225个扩大到1481个；招生计划100011个，比2016年增加2400多个。共录取73143人。

开展博士硕士学位授权审核，推荐新增博士单位1个、硕士单位1个，新增学位授权点171个。其中，博士学位授权一级学科52个，硕士学位授权一级学科73个，博士专业学位授权点4个，硕士专业学位授权点42个。开展2017年学位点动态调整工作，中国科学技术大学等2所高校共5个学位授权点申请开展动态调整。编制发布2016年度全省学位与研究生教育质量报告，共抽检2016届全日制硕士学位论文558篇，涉及91个一级学科、244个二级学科，合格率98.6%。

【艺术体育教育】各地各学校举办学生喜闻乐见的各类体育比赛。省本级举办大学生篮球、排球、足球、羽毛球、田径、乒乓球等6大项比赛，以及初中、高中校园足球联赛活动。校园足球四级联赛，全省参赛的学生数达50多万人次，其中参加省级联赛人数达3000多人次。高校体育比赛，在全国率先进行扩大奖励范围的改革，所有比赛项目均奖励前16名，1—3名为一等奖，4—8名为二等奖，9—16名为三等奖，不足16支参赛队或16人的项目，减一录取。此举激发了师生参赛的热情，受到广大师生的热烈欢迎。

在各地各学校的大力工作下，全省中小学生体质健康水平有明显提升。根据抽查监测的数据，2017年全省中小学生体质健康优秀率5.19%，超过2016年的3.36%。全省普通高校加大学校体育工作力度，重视学生身体素质锻炼。合肥学院开展的体育俱乐部教育模式已经初见成效；在新一轮高水平运动队建设中，安徽大学成功获得高水平运动队举办资格，合肥工业大学、安徽师范大学等高校积极拓展高水平运动队建设项目；安徽师范大学为鼓励学生晨起长跑锻炼，在全校推广校内学生早起晨跑兑换免费早餐券的做法，受到学生的热烈欢迎和好评；安徽师范大学、淮北师范大学、合肥学院等高校积极开展校园马拉松长跑活动，并规定学生在校期间必须完成一定数量的马拉松长跑才能毕业的做法有效激发学生参加体育锻炼的积极性。

安徽在全国率先成立3所足球学院，编制足球学院发展规划，并给每所足球学院2000万元的专项经费支持；创建全国校园足球特色学校903所，全国校园足球试点县区3个。组织开展对全国校园足球特色学校专项检查工作。积极开展校园足球国际交流与合作，引进5名足球外教到合肥市、蚌埠市、铜陵市、芜湖市的中小学校开展足球教学与训练工作，与德国门兴格拉德等足球俱乐部建立战略合作关系。安徽成为全国15个全国校园篮球试点省区之一。合肥市、马鞍山市、宿州市成为全国校园篮球试点城市；肥东县第三中学等130所学校成为全国青少年校园篮球特色学校；组织130名校园篮球特色学校教师参加上海交通大学和浙江嘉兴学院组织的全国校园篮球教师培训；举办2017年安徽省高中男子校园篮球比赛，3个试点城市的12支篮球队参加比赛。

全省有序推进学校体育场地

向社会开放，落实健康中国战略、推动全民健身工作深入开展。全省各级各类学校在保障学校体育教学、课余训练和比赛的前提下，积极开放学校体育场地，形成“政府主导、部门配合、学校负责、社区参与、循序渐进、齐抓共管”的工作局面，取得很好的效果。合肥市庐阳区利用信息技术建设“智慧健身”平台，通过招投标，引进第三方管理，将庐阳区内体育健身场馆统一纳入管理平台，居民可通过官方微信公众号，实时查询庐阳区的健身场所、场地预订、赛事报名和健身知识学习等相关内容。

全省持续加强中华优秀传统文化教育，组织各地各校围绕中华优秀传统文化传承开展丰富多彩的艺术教育活动，对学生加强爱国主义教育，培育深厚的民族情感。在端午、中秋、春节、元宵节、清明等传统节日，用微电影等形式记录并展现各地学生传承中华优秀传统文化的成果，受到广大师生的好评。推进戏曲教育进校园、“校园大舞台——徽风皖韵进高校”活动，全年共演出108场，有16所省级专业文艺院团、地方高水平文艺院团赴高校演出黄梅戏、徽剧、徽剧经典折子戏、京剧经典折子戏、庐剧（庐剧小折子戏专场）、泗州戏（泗州戏小戏折子戏专场）、梆子戏（梆子小戏折子戏专场）、二夹弦小戏折子戏等具有安徽特色的戏剧（目），学生观众近140万人。扎实开展高雅艺术进校园活动。国家京剧院传统京剧《桃花村》、中央民族乐团民族音乐会《凤凰台上忆吹箫》、浙江越剧团越剧《长乐宫》《越剧经典折子戏转场》分别在安徽大学等12所高校进行专场演出。全国艺术教育专家讲学团3位专家在安徽师范大学等9所高校进行讲学；安徽师范大学青年交响乐团、滁州学院花鼓艺术团和安庆师范学院黄梅戏艺术团分别在安徽农业大学等10所高校进行专场会演。开展以“理想与信念”为主题的全省第五届大学生艺术展演活动。此次活动坚持先进文化导向、坚持面向全体学生、坚持普及与提高相结合，把社会主义核心价值观有机融入展演活动全过程，按照学校开展活动、省选调专家评审和现场集中展演的工作模式有序推进。为展现当代大学生朝气蓬勃的青春风貌，展示全省高等学校艺术教育的成果，11月下旬，在滁州学院举办省第五届大学生艺术展演活动艺术表演节目现场集中展演，推动了高校美育改革发展。

【语言文字工作】2017年安徽省语言文字工作贯彻落实党的十八大和十八届历次全会、党的十九大精神，大力推广普及国家通用语言文字（普通和规范汉字），积极传承中华语言文字文化，科学保护省内方言，取得显著成效。

以全国“推广普通话宣传周”为契机和平台，大力宣传推广普通话和规范字，传承中华优秀传统文化。下发《安徽省语委等九部门转发教育部等九部门关于开展第20届全国推广普通话宣传周活动的通知》，对活动做出全面部署。对长期从事语言文字工作做出突出贡献的先进集体和工作者进行表彰。组织第十二届全省大学生经典诗文朗诵大赛、中小学“中华优秀传统文化知识大赛”“庆祝十九大”中小学师生规范汉字书法大赛和中小学“爱家乡、爱母语”小讲解员普通话大赛，展现全省学生良好的普通话表达能力。各地广泛开展走向街头社区、农村文化广场向社会宣传国家语言文字方针政策、大力推广普通话的活动；各市、县、校开展丰富多彩的公益广告宣传，以及经典诵读、演讲、辩论、书法等比赛和展示活动，在全社会引起广泛反响。

以学校为语言文字工作的主阵地，积极开展县、市、省三级语言文字规范化示范校活动，新评选认定29所省级语言文字规范化示范校（幼儿园）。

截至2017年年底，全省已有9个市全部完成县级城市语言文字工作达标评估。在探索中开展县域社会用语（普通话普及情况）监测工作，完成对全省89个县（区、市）社会用于抽样检测和数据统计，初步建立全省县域社会

2018年9月1日，皖南医学院喜迎2018级新同学，热情、温馨、周到的服务，充分彰显皖医魅力形象。

2017 年 5 月 30 日，肥西县举行第二届校园戏曲比赛，小演员亮相惊艳全场。

用于检测体系。

【党的创新理论成果进教材、进课堂、进头脑】从党的十九大召开到年底，共举办十九大精神培训班 46 期、培训 4000 人，组织 13 位专家赴 16 个市集中宣讲，30 名优秀辅导员在全省高校巡讲，听众 20000 余人。打造 1000 个十九大精神学习示范课堂，成立 10000 个十九大精神学习小组，推进习近平新时代中国特色社会主义思想进教材进课堂进头脑。大力开展理论研究，省内 10 余所高校成立“习近平新时代中国特色社会主义思想研究中心”，安师大中心教师团队入选首批“黄大年式教师团队”，是唯一的全国新思想研究中心。“不忘初心、牢记使命”主题晚会巡演、“学习宣传十九大，我看高教新变化”高校教师演讲比赛深入校园，反响热烈。深化“中国梦”宣传教育，开展 2017 年“弘扬核心价值观 共筑中国梦”主题原创网络视听节目征选展播，影响广泛。

将社会主义核心价值观融入教育教学、校园文化和师德师风建设全过程，涌现出铜陵学院“绿拇指金拇指双点赞行动”等一批经典案例。全国首届文明校园 495 所，全省有 21 所学校入选，居全国前列。其中，全国首届高校文明校园 39 所，合肥工业大学、安徽大学成功入选，入选数并列全国第一。全省大学生开展学雷锋志愿服务、暑期社会实践、礼敬中华优秀传统文化等活动。在寻找“最美家庭”活动中，教育系统 25 个家庭被评为 2017 年全省“最美家庭”。第六届全国高校廉政文化作品征集有 5 件作品获金奖，居全国前列。

为打好思政理论课教学质量年攻坚战，开展大调研，先后组织了思政课课堂教学、实践教学等 6 个专题调研，形成调研报告。省委书记李锦斌、省长李国英分别到中国科技大学、合肥工业大学作党的十九大精神报告和调研。组织大听课，协助国家教指委专家听思政理论课 120 节，组织全省高校党委书记、校长和其他班子成员听思政课 838 节、组织省思政课教指委成员听课 505 节。举办思政理论课优秀骨干教师提高班，邀请全国知名专家授课，深化思政理论课教学改革，推广情景教学法、案例教学法等一批典型教学方法，产生积极反响。启动大建设，全省高校建起 33 所马克思主义学院(其中本科 29 所)，基本实现公办本科高校全覆盖。

【校园文化】安徽是全国中小学研学旅行最早开展的省份之一，合肥市被国家选定为全国“研学旅行试验区”。从 2013 年开始，省教育厅制定方案，部署研学旅行试点，各市分层推进，具体实施。截至 2017 年年底，全省参加研学旅行试点学校已达 700 多所，参与学生 400 多万人次，参与面实现了所有县(区)全覆盖。六安、池州、宣城、黄山、合

校园文化丰富多彩

肥等地形成以红色旅游为特色、市情县情乡情为主体的研学旅行模式,全省打造精品红色研学旅行路线数20多条;着力打造渡江战役纪念馆、安徽名人馆、宣城岭军事旅游区、新四军军部旧址纪念馆、池州青少年红色教育基地、萧县蔡洼淮海战役红色旅游景区、金寨红军广场景区等一批红色景区,使红色旅游景区成为研学旅行的品牌基地,为研学旅行提供基地支撑。

心理健康教育扎实推进。省教育厅成立全省中小学心理健康教育指导委员会,制定《安徽省中小学心理健康教育工作实施指导意见》,各市成立相应的组织。推动全省心理健康教育工作走向正规化、科学化。按照国家规定开设心理健康课程,16个市均将心理健康教育纳入课程体系,开足心理健康教育课;全省各地普遍建立功能齐全、设施齐备的中小学心理健康咨询室,并配备专(兼)职的心理健康教育咨询人员,为学生提供服务。同时,在教育部组织开展的两届全国中小学心理健康教育特色学校评选中,全省共有合肥市八中、合肥市三十五中学、淮南师范附属小学等15所学校入选全国特色校,35所学校被评为"全省中小学心理健康教育特色学校",淮南市被评为"首批全国中小学心理健康教育示范区"。全省各级教育行政部门通过会议、论坛、调研、座谈等方式搭建校际交流平台超过20次,强化特色学校的传、帮、带作用,效果明显,发挥了特色学校的示范作用。

近年来,中央彩票公益金支持安徽建成102个青少年校外活动中心(含6个市级示范性综合实践基地)。据统计,全省校外活动中心每年接待中小学生超过1000万人次,覆盖中心所在城区和部分农村学校。全省校外活动中心开发课程总数在200门以上,平均每个中心开设课程20门以上,其中庐阳区青少年校外活动中心开设课程数近60门,包括各类特长培训类,例如绘画、声乐、舞蹈等;专题教育类,包括禁毒教育、环境保护教育、科技教育等;实践活动类,例如剪纸、茶艺等;公益性活动类,包括爱国主义读书征文活动、看望留守儿童等。各地还结合实际,充分利用当地特色开展素质教育,同时为解决当前校外活动中心运行当中存在的一些问题。

2017年4月17日,"童声梨园传 戏曲进校园" 安徽大学艺术与传媒学院走进肥东县店埠学区中心学校。

安徽连续三年开展"少年传承中华美德"活动,共计向国家推荐优秀书法作品120余件,百家讲坛作品40余件,获得国家一、二等奖作品数量居全国前列。开展微电影征集活动,围绕"多彩中国梦"的主题,面向全省征集作品60余件,精选10部推荐至教育部;持续开展"圆梦蒲公英"暑期主题活动,2017年全省累计组织观看优秀影片45部;开展乡村学生看县城活动、走进科学活动等,受到乡村、贫困地区学生的欢迎,暑期活动参与率高达90%。法制教育、家庭教育、校外实践等各类教育活动蓬勃开展,异彩纷呈。

【**高校社科研究**】2017年,召开全省本科高校哲学社会科学工作会议,对高校下一阶段哲学社会科学重点工作作出部署。立项建设1100项安徽省2017年度高校人文社会科学研究项目;组织61所高校申报教育部人文社科一般项目763项;遴选申报2017年度教育部哲学社会科学研究后期资助项目6项。印发贯彻落实《高等学校哲学社会科学繁荣计划专项资金管理办法》的通知。在《安徽日报》特约发表《在构建中国特色哲学社会科学学科体系中彰显"安徽特点"》主题稿件。

【**安徽省教育科学研究院成果丰硕**】2017年,省教育科学研究院坚持深化课程改革,扎实开展义务教育三科统编教材培训,共培训528场次50537名教师。围绕考试评价改革与教育教学管理改革,举办全省骨干教研员专题研修班,328名教研员参加研修。做好新高考新课程改革背景下普通高中学校教学管理工作指导意见的贯彻落实工作,指导各地积极开展适应新课改、新高考需要的教学改革实验,在部分省级示范高中探索推进分层教学、走班选课的多元化教学形态,增强课程的多样性和选择性。加强资源平台建设,促进信息技术与教育教学深度融合，安徽基础教育资源应用平台资源总量达到160TB，教师注册率和学生注册率均达100%；用户上传资源总数2133万条，下载资源总数2588万次。开发、上线优质课评审系统，增开特殊教育资源栏目，逐步实现特教资源的共建共享。完成2016—2017年度“一师一优课 一课一名师”省级评审，征集省级优课8300节，获部级优课856节。全省共有38万多名教师参与晒课，晒课数60.7万节，晒课教师数、晒课数、实录课数均列全国第一位。举办安徽省第二届中小学微课大赛和首届乡村教师信息化应用竞赛。组织开展教育科学研究省级课题评审，确定107项课题为2017年安徽省教育科学研究项目。

体　育

【体育综述】1953年9月18日，安徽省体育运动委员会成立。1969年9月改为安徽省体育运动革命委员会，1972年5月恢复原名，2000年6月改组为安徽省体育局。截至2017年年底，全省共有体育行政管理机构122个，体育系统从业人员4301人，体育教练员632人，优秀运动员677人。

2017年，在天津第十三届全运会上，安徽省竞体项目获得6枚金牌、12枚银牌、11枚铜牌。安徽省在国际国内重大体育比赛中共获得38枚金牌、38枚银牌、51枚铜牌，其中在国际重大比赛共获得5枚金牌、1枚银牌、4枚铜牌。群众体育蓬勃发展。举办以“我要上全运”省级选拔赛，参加第十三届全国运动会群众比赛项目，取得1金、3银、1个第四名、3个第五名、2个第六名、1个第八名。全省全年共组织百人以上群众体育活动2508次，直接参与人数达305万人次。体育产业成果丰硕。在2017年“两博会”上，全省共有10个项目获体育旅游精品项目奖，其中3个获评“十佳”精品项目。推进体育与旅游、健康、科技、金融等产业融合发展，黄山国际登山大会等自主品牌赛事活动影响力扩大。2017年全省16个市举办（承办）各种体育赛事超过1200场次，参赛运动员超过100万人次。全年销售体育彩票60.37亿元，为国家筹集公益金14.46亿元。为推进青少年体教结合工作，安徽省体育局和安徽省教育厅签署《体教结合工作备忘录》。省体育局与省教育厅共同组队参加第十三届全国学生运动会，获得1金2银2铜。

【体育强省建设全面启动】2017年体育强省建设全面启动。召开安徽省体育强省建设动员大会。会上对合肥市等6个创强示范市、巢湖市等18个创强示范县（市、区）进行命名，合肥市、亳州市、太和县、天长市、太湖县政府的分管领导作交流表态发言，会上对体育强省建设进行全面动员和部署。制定出台《安徽省体育强省建设实施方案》《安徽省体育强省、强市、强县（市、区）指标体系（2016—2025年）》《安徽省体育局关于命名创建体育强市示范市、强县示范县的决定》《安徽省体育强省建设专项资金管理暂行办法》《安徽省省级体育彩票公益金使用管理办法》《安徽省公共体育设施补短板实施方案》《安徽省体育强省建设领导小组办公室会议制度》等文件。亳州市、阜阳市、六安市、安庆市、巢湖市、太和县、舒城县、太湖县、芜湖县等地结合本地实际，制定出台具体方案。省体育局领导赴部分市和所辖示范县（市、区），围绕体育创强工作开展专题调研。高维岭局长在省委党校出席“健康安徽建设工程”专题培训班并以“建设体育强省，打造健康安徽”主题做专题讲座。围绕“全民健身抓普及、竞技体育创佳绩、体育产业大发展、青少年体育增后劲、党建保障上水平”5个方面的具体任务，制定《安徽省体育

安徽省体育代表团参加第十三届全国运动会

发展五大任务行动计划》，明确体育强省建设的路线图和施工图。确定合肥、淮北、蚌埠、淮南、马鞍山、宣城、铜陵、安庆等8个市体育行政部门为“2017年度安徽省创建体育强市达标先进单位”；亳州、宿州、阜阳、滁州、六安、芜湖、池州、黄山等8个市体育行政部门为“2017年度安徽省创建体育强市达标单位”。

【对外体育交流】2017年自主组团派出12个批次，118人出访意大利、德国、法国等9个国家，涉及运动项目为：柔道、击剑、手球、田径等；参加国家体育总局等双跨组团派出42批、67人出访澳大利亚、俄罗斯等28个国家和地区。接待来自美国、德国、韩国等7个国家90人次来访。

【全民健身实施计划全面完成】2016年12月30日，省政府第95次常务会审议通过了《安徽省全民健身实施计划（2016—2020年）》。《安徽省全民健身实施计划(2016—2020年)》是“十三五”时期安徽省开展全民健身工作的总体规划和行动纲领。2017年各市均制定颁布《全民健身实施计划》，为指导和推动新周期全民健身工作提供了纲领性文件。省全民健身委员会成员单位开展了《安徽省全民健身实施计划(2016—2020年)》贯彻落实情况自查和互查，政府职能部门履行全民健身公共服务职能的作用得到进一步发挥。

【“我要上全运”省级选拔赛】“我要上全运”第十三届全运会群众比赛是国家体育总局深化全运会“全运惠民，健康中国”的理念，对全运会进行改革的重大举措，首次设置龙舟、乒乓球、羽毛球、滑板、攀岩、马拉松等19个群众比赛项目。安徽省举办以“我要上全运”为主题的省级选拔赛，参与人数近3000人。通过选拔赛，有398人（含领队、教练、工作人员）的代表队参加全部19个项目比赛。除马拉松直接参加决赛外，经过全国预赛选拔，围棋、象棋、国际象棋、国际跳棋、桥牌、柔力球、太极拳、航空模型、健身气功、轮滑（滑板）、攀岩、羽毛球等12个项目44名运动员获得参加决赛资格。在第十三届全运会群众比赛决赛中，安徽代表队获得1金（女子象棋）、3银（女子太极拳、柔力球网式混双、健身气功五禽戏）、1个第四名（男子马拉松）、3个第五名（男子马拉松、柔力球网式男子单打、象棋成年男子）、2个第六名（男子太极拳、航空模型遥控固定翼双机编队）、1个第八名（围棋业余混合团体）的成绩。

【安徽省第一届健身休闲大会】由安徽省体育局、安徽省体育总会、黄山市人民政府主办，安徽省社会体育指导中心、黄山市体育局、各相关单位和运动协会承办的安徽省第一届健身休闲大会于9月17日在黄山市开幕。本届健身休闲大会以“健身融入生活，运动促进健康”为主题，以大众喜爱、亲近自然、贴近生活的赛事活动为内容，设置龙舟、登山、徒步、钓鱼、越野行走、定向越野、户外拓展、骑行、健身气功、健身瑜伽、广场操舞等11个竞赛项目和漂流、动力滑翔伞2个体验项目。休闲大会自9月中旬开始，至11月结束，时间两个月。赛事地点分布在黄山市及所辖区、县。健身休闲大会充分依托黄山市山水资源，通过在户外举办各类赛事活动，促进赛事与自然融合，设置群众喜闻乐见的日常健身项目，将各单项赛事安排在节假双休日，丰富健身群众假日生活，进一步普及健身休闲运动。本次健身休闲大会参赛人群除了以16个省辖市、省直机关体育联合会为单位组队设置甲组参赛外，还设置乙组，向社会开放，允许以单项运动协会、体育俱乐部、行业体协、企业、学校为单位组队参赛，允许周边省市组队参赛。扩大参赛年龄范围，参与比赛人数超万人。本届健身休闲大会最大的亮点是改革创新、健身健康，最大的特点是体育与旅游、文化深度融合，最大的看点是运动与自然融入一体、健身与健心和谐统一，力求通过“六性”，即依托山水资源，彰显自然性；扩大参赛范围，注重参与性；强调贴近生活，重视休闲性；探讨办赛宗旨，突出理论性；营造宣传氛围，扩大引导性；弘扬地方特色，体现文化性，把本届健身休闲大会办成具有健身、休闲、地域、山水、人文特色于一体的全民健身嘉年华，为进一步打造体育强省、建设“五大发展”美好安徽做出积极贡献。

【第七届全国绿色运动健身大赛】由国家体育总局社会体育指导中心、安徽省体育局、池州市人民政府主办，安徽省社会体育指导中心、池州市教育体育局承办的第七届全国绿色运动健身大赛于3—12月在池州举行。本届大赛以“绿色运动·共享健康”为主题，设置“大赛绿运、人文绿运、多彩绿运、健康绿运、共享绿运”5大板块。健身大会举办第七届全国绿色运动健身大赛新闻发布会和绿色运动发展峰会、绿色池州文化行走、中国门球公开赛、第二届太极文化与健身气功国际论坛、海峡两岸及港澳地区群众体育健身交流大会、全国健身气功站点联赛总决赛、中国气排球公开赛、全国健身瑜伽总决赛、第二届中国钓鱼节“龙王根·天问钓耳”杯大奖赛（池州站）、苏皖掼蛋争霸赛、第三届安徽省社会体育指导员交流展示大赛、池州国际马拉松等50余项赛事活动。赛事规

第十三届全运会安徽体育代表团获得冠军运动员风采

模、办赛模式较往年实现升级,参与人数达到5万多人,直接消费达5000多万元,带动旅游等相关产业收入增加2.15亿元。人民日报、新华社、中央电视台、中国体育报、安徽电视台、中安在线等30余家中央、省级媒体对大赛进行报道,发稿600余篇(幅)。经过国家体育总局社体中心、安徽省体育局和池州市人民政府三方不断探索和实践创新,全国绿色运动健身大会已成为全国知名的体育品牌赛事。

【全民健身日·全国老年人体育健身主题示范活动暨第三届全国老年人体育健身大会健身气功交流活动】由国家体育总局、全国老龄委办公室、中国老年人体育协会、安徽省体育局、池州市政府主办的全民健身日·全国老年人体育健身主题示范活动暨第三届全国老年人体育健身大会健身气功交流活动于8月7日在池州市开幕。国家体育总局、安徽省人民政府、省直有关部门等领导出席开幕式并共同推杆启动示范活动。本次活动主题是:“以积极体育健身,乐享幸福晚年。搭建健身平台,服务老年群众”。参加第三届老健会健身气功交流活动2000余人,在庆祝第九个全国全民健身日,感受老年健身氛围,用实际行动诠释老、健、美。全国老年人体育健身大会四年举办一届,第三届全国老年人体育健身大会设置气排球、柔力球、门球、太极拳(剑)、健身气功、棋牌、健身球操、网球、健身秧歌、乒乓球、持杖健走、钓鱼等12个项目,全国在安徽池州、贵州兴义、河南焦作、江西婺源等地设13个分赛场。第三届全国老年人体育健身大会历时近半年,分别在13个地、县城市举办。有42个省(市、区)单位近8000人报名参加本届老健会,规模超过上届老健会。承办城市重视、服务保障周到、赛会秩序规范有序,交流氛围激烈和谐。本届全国健身主题示范活动的开展是应对人口加速老龄化,提高老年人生活品质和健康水平,落实全民健身国家战略,加快体育产业发展,推动老年体育工作创新发展重要举措。

【合肥国际马拉松赛】由中国田径协会、安徽省体育局、合肥市人民政府主办,合肥市体育局、合肥市旅游局、包河区人民政府、安徽省田径协会承办的2017合肥国际马拉松赛暨全国马拉松锦标赛(合肥站)于11月12日在合肥开赛。比赛设全程、半程、6公里“迷你马拉松”和2.5公里“亲子跑”四个项目,来自韩国、加拿大、巴基斯坦、德国、新加坡、罗马尼亚、荷兰、阿根廷、马来西亚、美国、肯尼亚、埃塞俄比亚、巴林等15个国家和港澳台地区,以及31个省、市、自治区的28000名选手报名参赛。此外,全国马拉松锦标赛有来自7个省市、自治区代表队的15名选手参赛。赛事路线较2016年有所调整、全程马拉松线路为:滨湖国际会展中心→锦绣大道→徽州大道→珠江路→环湖北路(西)→环湖北路(西)折返→环湖北路(东)→环湖北路(东)折返→包河大道→包河大道折返→南宁路→庐州大道→嘉陵江路→徽州大道→锦绣大道→终点滨湖国际会展中心。来自巴林的Abdi Ibrahim Abdo摘得男子全程冠军,成绩为2小时12分;埃塞俄比亚的选手Hayimanot Alemayehu Shewe以2小时36分20秒获得女子全程冠军;中国选手吴向东夺得男子半程冠军,成绩为1小时5分41秒;车锦华夺得女子半程冠军，成绩为1小时26分53秒。

【登山健身大会】由中国登山协会、安徽省体育局、黄山市人民政府主办，黄山风景区管理委员会、黄山市体育局、黄山区人民政府承办的2017年全国群众登山健身大会暨第十三届中国黄山国际登山大会、安徽省第一届健身休闲大会登山比赛于11月12日在黄山风景区举办。登山大会的活动主题是："全民健身促健康，同心共筑中国梦"。来自牙买加、哈萨克斯坦、坦桑尼亚、科特迪瓦、巴基斯坦等多个国家近200名外国友人加盟。比赛设立全程组与半程组两个组别，途经黄山核心景区二芙公路、芙蓉岭、翡翠池等景点；半程组以太平索道为终点，全程组至北海广场止。其中半程组（短距离体验组）是本届登山大会与往届最大的区别，路线难度降低，旨在让没有运动经验的普通人士，能够积极加入全民健身的队伍当中，体验登山的快乐。登山活动吸引3000多名热爱登山、热爱户外、热爱体育的国内群众参与，赛事在深度践行全民健身理念的同时，促进了文化交流。

【第三届中国（亳州）国际健身气功博览会暨2017年国际健身气功五禽戏交流比赛】由国家体育总局健身气功管理中心、中国健身气功协会、安徽省体育局、亳州市人民政府主办，安徽省社会体育指导中心、亳州市体育局承办，亳州市外办、亳州市药博办、亳州市健身气功协会、亳州市华佗五禽戏协会协办的第三届中国（亳州）国际健身气功博览会暨2017年国际健身气功五禽戏交流比赛于9月5—7日在亳州市举行。来自国内外45支代表队近200名运动员参加本次活动，其中，国内代表队25支、国外代表队20支，俄罗斯、泰国、马来西亚、印度尼西亚、巴基斯坦、也门、阿富汗等健身气功爱好者参加。赛事进行了国际健身气功五禽戏交流比赛，比赛活动分为集体赛和个人赛，选手们在比赛中各自展现了健身气功的风采。安徽省合肥、亳州、蚌埠、黄山、马鞍山、淮南市（代表安徽队）参加比赛，合肥市代表队获得集体项目易筋经一等奖；安徽省代表队、亳州市代表队分别获得五禽戏集体赛项目的一等奖；亳州市代表队获得六字诀集体赛一等奖。亳州运动员陈静、王晖、张龙龙、徐小龙分别在个人项目易筋经、五禽戏、六子诀、八段锦男女比赛中获得第一名。比赛期间开展了校园五禽戏现场教学交流、健身气功传统文化论坛暨全民健身科学大讲坛活动、健身气功五禽戏书画展、走进华佗故里认知五禽戏等系列活动。亳州市已连续举办三届国际健身气功博览会，在全国及国际上产生良好的反响。健身气功是中华民族传统文化的重要组成部分，在千百年的风雨传承中彰显独特的文化魅力，倡导了健康和谐的生活理念，弘扬了中国优秀文化精髓。

【安徽省第五届茉莉花全民健身展示大赛】由安徽省体育局、安徽省体育总会主办，安徽省社会体育指导中心、滁州市教育体育局、天长市全民健身工作委员会承办的安徽省第五届茉莉花全民健身展示大赛暨滁州市第一届全民健身运动会启动仪式于5月6日在天长市体育中心开幕。500多名骑行爱好者、自行车运动协会成员共同开启"乐享绿色骑行 畅游美丽乡村"骑行活动。骑行路线从天长市体育中心出发，途径天长街道祝涧村、万寿镇汉河村、红草湖湿地公园，全程约30千米。在骑行终点处，全省16个市的全民健身志愿服务队以及20佳优秀社会体育指导员展示健身节目。展示大赛还开展安徽省国民体质监测活动、滁州市全民健身特色项目展示、滁州市第一届全民健身运动会篮球赛、天长市第二届广场舞大赛、"茉莉元素"展示以及体育健身器材、书籍、服装捐赠活动等，达到点、线、面的融合，在全市营造了浓厚的全民健身氛围。自2013年起，"茉莉花"体育节已在天长市连续举办五届。本届展示大赛以"健康安徽 魅力天长"为主题，以"茉莉花" 健身系列项目为元素，以 "首届全民健身运动

"亳州论剑"国际武术大赛

会”为主线，以“全民健身志愿服务进基层”为形式，以“乐享绿色骑行 畅游美丽乡村”为特色，通过开展形式多样的全民健身系列赛事活动，全面展示天长市茉莉花全民健身品牌的魅力，为天长市争创全省体育强县奠定基础，同时也为社会各界运动健身爱好者们提供一个学习健身、展示交流的平台，让群众通过参与体育运动增强获得感和幸福感，分享体育事业发展成果。

【安徽省“谁是舞王”广场舞民间争霸赛】由安徽省体育局、安徽省体育总会、亳州市人民政府主办的安徽省“谁是舞王”广场舞民间争霸赛于2月25日在亳州市举行。来自全省16个市的“舞王”代表队379名广场舞爱好者参加“谁是舞王”安徽赛区大赛。参赛选手为业余选手，比赛分规定和自选套路，规定套路是国家体育总局和文化部联合推广的12套广场健身操舞。安徽省首届“谁是舞王”比赛包含预赛和决赛两个阶段，预赛阶段各市广大健身爱好者踊跃参赛，在全省掀起全民健身的热潮，传递正能量，推动全民健身生活化。决赛阶段，合肥市、亳州市、淮北市分别获得前三名，合肥市队夺得“安徽舞王”，代表安徽省参加“中国广场舞民间争霸赛”大区赛。广场舞在城市社区、乡镇广场，已发展成为深受群众欢迎、参与人数众多、很具健身效果的全民健身活动。广大健身爱好者舞出健康、舞出活力、舞出自信，促进了邻里交往、家庭和睦、社会稳定。举办广场舞比赛，是完善全民健身服务体系、全民健身抓普及的重要创新举措。

【全国群众登山健身大会暨金寨红色越野赛】由中国登山协会、安徽省体育局、六安市人民政府主办，金寨县人民政府承办的2017年全国群众登山健身大会暨“安徽正和”杯金寨红色越野赛于5月20日在金寨县举办。本次活动将“全国群众登山健身大会”全民健身活动品牌赛事和“金寨红色越野赛”本土赛事相结合，吸引了来自湖北、江西、湖南、河南、浙江、云南、安徽等10多个省市的专业选手300余人参赛，其中还包括4名外籍运动员。来自肯尼亚籍的两名运动员分别获得男、女专业组冠军。比赛还在各乡镇设立22个分会场，参与人数近万人，实现全县联动、城乡同步，大众参与的健身目标，达到了展示乡镇旅游与体育深度融合的效果。

安徽省第五届茉莉花全民健身展示大赛开幕式

【第九届“美丽乡村”农民篮球大赛总决赛】由安徽省体育局、安徽省农业委员会主办，安徽省篮球协会、马鞍山市体育局、马鞍山市农委、当涂县人民政府承办，当涂县体育局、太白镇人民政府协办的安徽省第九届“美丽乡村”农民篮球大赛总决赛于11月1—3日在马鞍山市当涂县太白镇举行。来自全省19支队伍近200名选手参加比赛。本届大赛项目设置新颖，在上一届篮球(男子)三对三比赛、个人三分投篮比赛基础上，增设了个人技巧比赛和南北对抗赛。赛事充分利用移动互联网的渠道，在省体育局战略合作伙伴徽动体育新媒体官方平台(微信公众号)上，对比赛进行全程网络视频直播，让更多的人了解农民篮球赛。全省农民篮球大赛已连续举办9届，成为深受广大农民群众欢迎的省级“农”字号品牌赛事。

【安徽省少数民族传统体育运动陀螺项目邀请赛】由安徽省民族事务委员会、安徽省体育局主办的安徽省少数民族传统体育运动陀螺项目邀请赛于10月21日在桐城市同安小学举行。来自全省各地的8支代表队57名选手参加邀请赛。比赛分男子单打、双打和女子单打、双打。根据比赛规程，赛事采用单循环方式，决出各单项前三名给予奖励。赛场上，选手们意气风发，小小陀螺在空中飞舞，在场上旋转，精彩纷呈。少数民族传统体育活动的开展，为各民族搭建了相互交流、相互了解的桥梁，促进了各民族的大团结。

【安徽省《国家体育锻炼标准》达标赛】由安徽省体育局主办，安徽省体育科学技术研究所、宁国市人民政府承办的安徽省《国家体育锻炼标准》达标赛总决赛于12月12—15日在宁国市宁国中学举办。经过南区(黄山市)、北区(蚌埠市)两站分区赛的选拔，来自全省16个市代表队的优秀选手200余人参加总决赛。本次比赛根据年龄层次不同,设置了青年组、壮年1组、壮年2组、老年组4个组别,比赛项目参照《国家体育锻炼标准试行办法》,设置5个类别共6个参赛项目。每个组别根据年龄分别从坐位体前屈、闭眼单脚站立、仰卧起坐、俯卧撑、立定跳远、实心球投掷、引体向上、十字象限跳、曲线托球跑、3000米快走、800米和1000米跑等项目中选择6个项目进行测试,对柔韧素质、平衡能力、肌肉力量、灵敏素质、心肺功能进行全面测评。比赛期间，还举办科学健身大讲堂,邀请省内专家解读《国家体育锻炼标准》和《全民健身指南》,传授科学健身知识。

【安徽省群众冬季运动推广普及培训班】由安徽省体育局主办,马鞍山市郑蒲港新区现代产业园区、马鞍山市体育局承办，和县体育局、启迪乔波冰雪世界协办的安徽省群众冬季运动推广普及培训班于12月7日在马鞍山市和县举办。来自全省16个市教练员、运动员、体育教师、健身爱好者以及有意投资冰雪运动的企业法人,马鞍山市三县三区等98名学员参加开班仪式,开展雪上培训项目。2017年安徽省群众冬季运动推广普及培训班是贯彻落实全民健身国家战略、推动健康中国建设、推广普及冰雪运动的新举措,旨在发展安徽群众冰雪运动,推动冰雪运动在安徽的普及推广,传播积极健康的生活方式,引领全民健身新时尚。

【中国群体交流团访问韩国】以国家体育总局对外交流中心、安徽省社会体育指导中心组成的中国群众体育交流团一行59人于11月23—27日赴韩国首尔进行交流访问。代表团组成人员由安徽省篮球、乒乓球、网球、羽毛球、保龄球5个协会选拔的群体骨干组成。代表团访问韩国首尔期间受到了大韩体育会、首尔体育会和首尔各相关协会的热烈欢迎,5个项目队分别与首尔5个协会进行共同训练、交流比赛,其中羽毛球队还参加首尔市城东区的羽毛球比赛,保龄球队参加首尔市第三十届保龄球比赛。经过交流比赛,由安徽省队员组成的中国群体交流团获得篮球团体赛第一名，乒乓球男单第一名、女单第一名、团体赛第一名,羽毛球男双40、50岁组第一名、混双40岁组第一名,保龄球第三场比赛第一名,网球男双第一名、女双第一名等成绩。经过友好协商与洽谈,安徽省网球协会、篮球协会、保龄球协会还和首尔市的相关协会正式签订双边交流合作协议,安徽省体育总会也与韩国光州广域市体育会达成今后开展群众体育交流的合作意向。代表团在首尔访问期间还参加韩国民俗文化的体验活动,出席韩国传统体育活动博览会开幕式等活动。交流活动促进了中韩两国群众体育事业的发展、加强友好交流与合作、增进两国人民的相互了解与互信。

【体育社会组织壮大】2017年新成立体育社会组织180个,发展会员47166人。省市县三级体育总会基本实现全覆盖，省社会体育指导员、省老年体育、省健身气功、省足球4个协会实现省市全覆盖,万人以上会员规模的协会比往年增加。合肥新成立了9个市级体育单项协会，市级单项运动协会达到52个;宣城市教体局与市民政局联合举办了宣城市体育类社团组织培训班；蚌埠市建成“体育社团之家”;其他市也通过政府购买服务、社团等级评估、协调保障资源、鼓励举办活动等举措对各类体育社团进行分类指导、培育扶持,激发发展活力。截至年底,全省体育社团总数2155个,会员总数154.4万人。

【社会体育指导员培训】2017年培训各级社会体育指导员16959人，其中国家级252人、一级3333人、二级5137人、三级8237人。社会体育指导员培训重点:一是加大与社会公共服务部门的联合,继续做好大学生村干部、残疾人专干、社区文体工作者、学校体育老师等特殊群体社会体育指导员的培训。二是培训老百姓喜闻乐见的健身运动项目,增加健身秧歌、舞龙舞狮等民族传统项目的培训。三是培养一专多能人才,增加培训班的实践内容、项目,理论课内容增设《国家体育锻炼标准》及法律法规学习,培养适应全民健身发展需要的组织、管理、研究、健康指导、志愿服务、宣传推广等方面的人才队伍。四是在培训模式上，实行管办分离,把一些培训任务交给一些积极性高、具备培训条件的高校一级培训基地或各地社团组织承担。2017年先后组织了6次社会体育指导员进乡村开展志愿服务活动,赠送社会体育活动器材和教材,义务为当地群众现场指导和免费教学,与当地群众现场互动，相互交流学习,取得良好的社会效益。

【科学健身指导服务能力和水平提升】《2014年安徽省第四次国民体质监测报告》出版发行。全省第六批12个县级国民体质监测站建设加快,经费、场地、人员等配套、保障工作落实。举办二批县级国民体质监测技术骨干培训班,培训基层从事体质测试与科学健身指导的专业技术骨干198名。省体育局派员赴省直16个厅局开展省直机关送健康体质测试与科学健身指导活动,全省全年为各类人群测试达

93031人次。体医融合迈出新步伐，合肥市庐阳区启动体医融合慢病干预试点工作，探索体育部门、卫生部门、运营企业三方协作，对慢病人群进行健康干预的组织、跟踪、评价、激励的运营管理模式，探索一套可复制、可推广的工作模式。

【健身气功管理方式改革试点工作推进】2016年安徽省被国家体育总局批准为全国首批5个健身气功管理方式改革试点省。2017年组织实施健身气功管理方式改革试点工作。实现市级健身气功协会全覆盖，全省16个市实现市级健身气功协会全覆盖，试点市协会全部向县、区延伸，成立26个区县协会。筹建健身气功站点服务中心。亳州市建立21个健身气功站点服务中心；马鞍山建立7个健身气功服务中心；蚌埠市在建立市级站点活动中心的基础上，积极为区、县一级健身气功活动中心选择场地，建立社区站点服务中心，与社区开展全民健身工作相结合，满足不同人群的需求；黄山市体育局在市区中心建立服务中心，联络广大群众习练健身气功；合肥市筹建3个站点服务中心，积极组织健身气功赛事培训展示活动；2017年全省举办第三届中国亳州国际健身气功博览会、全国百城千村健身气功交流展示活动、世界健身气功日活动等。截至年底，全省有健身气功站点数1343个，习练人口122万人。

【传承雷锋精神 志愿服务基层】由安徽省体育局直属机关团工委主办，安徽省体操击剑运动管理中心团总支、长丰县杨庙镇人民政府承办，安徽省体育科学技术研究所、安徽省社会体育指导中心、安徽省武术拳击运动管理中心团总支、安徽省田径游泳运动管理中心团支部、安徽省体育中心团支部等单位协办的“青春志愿行”主题志愿服务于3月3日在长丰县杨庙镇举行。举办此次活动的目的是进一步传承雷锋精神，弘扬“奉献、友爱、互助、进步”的理念，服务基层，服务百姓，服务体育文化事业发展，发挥共青团组织在培育和践行社会主义核心价值中作用。在杨庙镇敬老院，“青春志愿行” 团队发挥“体育”优势，展现“体育”特色，开展了体育文化节目表演，体操舞蹈《我是冠军》《唐古拉风》，技巧舞蹈《狼图腾》，武术表演，现代舞《再见青春》，以及黄梅戏、个人独唱等10余个精彩节目获得现场观众的阵阵热烈掌声。在镇政府，“青春志愿行”团队开展国民体质测试，为当地职工50余人开展体质测试，开出运动处方，宣传科学健身理念和科普知识。“青春志愿行”团队向杨庙镇敬老院捐赠价值5000元的慰问品，向杨庙镇政府捐赠价值10000元的体育文化用品。此次活动内容丰富，特色鲜明，务实简约，反响良好。

【参加第十三届全运会】2017年8月27日，第十三届全运会在天津举行。安徽体育代表团308名运动员参加27个大项、190个小项的决赛，获得6枚金牌、12枚银牌、11枚铜牌，圆满完成“全面超上届”的目标任务，实现了安徽省竞技体育新“三步走”发展战略“提升”阶段的目标，获“体育道德风尚奖”，取得运动成绩和精神文明双丰收。本届全运会安徽体育代表团参赛有以下几个特点：一是规模创新高。参赛大项、小项和人数均超过上届，并创安徽省参加全运会历史的新高。二是成绩有突破，总体竞争实力有比较明显的提升。三是结构有优化。本届全运会安徽省所获成绩中，田游、水上、举重等基础大项成绩比较突出，进步比较明显，四是潜力增厚度。获得本届全运会6枚金牌的运动员是第一次在全运会上获得冠军，赛艇男子双人单桨的冠军，是本省水上项目培养的运动员首次获得全运会金牌。一批新人新秀涌现，队伍人才厚度有所增强。

【足球改革深化】2017年召开省足球改革发展厅际联席会议第一次会议，通过议事规则，审议《安徽省足球改革中长期发展规划(2016—2050)》和《安徽省足球场地设施建设规划(2016—2020)》等文件。会后印发会议纪要，并以省体育局、省发改委、省教育厅和省足球改革发展厅际联席会议办公室的名义联合印发了两个规划。4月6日，省体育局印发《安徽省足球协会改革调整实施方案》，协调指导省足球协会调整改革工作。

【职业体育俱乐部培育】拟定《安徽省推进职业体育俱乐部发展实施办法(试行)》。推动职业体育俱乐部培育工作，开展跨界跨项选材工作，推进冰雪项目和极限运动的开展；协助和协调文一篮球俱乐部青年篮球队参加全运会比赛并做好2017年NBL联赛；对省队市办羽毛球队进行调研评估，协助运动队向解放军队输送优秀人才，有3名运动员入伍以跨单位组队方式参加全运会决赛，获得羽毛球男子双打第五名，女子团体第七名；指导安徽工业大学组织男子橄榄球队训练参赛工作，在第十三届全运会决赛中，安徽省男子橄榄球队获得第七名。同时对省队校办情况进行调研，为下一步工作开展做好铺垫。

【淮北师范大学足球学院揭牌】淮北师范大学足球学院于2017年5月27日揭牌，淮北师范大学足球学院成为皖北首个、安徽省第二个足球学院。安徽省教育厅提出在皖南、皖中和皖北各建1所足球学院，分别由安徽师范大学、合肥师范学院、淮北师范大学3所高校承担。其中，合肥师范学院足球学院已于2016年底揭牌。淮北师范大学长期以来重视足球专业学生培养，先后成立男子足球队、女子足球队，启动足球人才培养计划。淮北师范大学足球学院成立，推动了全省足球教育事业发展。淮北师范大学足球学院计划在2018年秋季对口招生足球专业学生，致力于培养中小学足球师资、高水平的足球管理和科研人才，以及教练员、裁判员队伍，把足球学院打造成安徽省青少年训练基地，支持皖北地区中小学足球特色学校建设，发挥高校力量，践行社会责任。

【斐济女子橄榄球队来皖训练】6月12—28日，安徽女子橄榄球队邀请斐济女子橄榄球队到皖共同训练。通过实战训练，交流和对抗比赛，学习对方长处，寻找自身不足，积累实战经验，为全运决战夯实基础。安徽女子橄榄球队于2010年5月组建，上届沈阳全运会首次设立橄榄球项目，安徽女子橄榄球队获得铜牌。2013年9月，安徽女子橄榄球队代表中国参加了亚洲七人制橄榄系列赛泰国站比赛，夺得了冠军。2015年，获得全国总冠军。2017年，安徽女子橄榄球队获得第十三届全国运动会橄榄球铜牌。斐济橄榄球水平属于世界一流，男子橄榄球队曾获得2016年里约奥运会金牌。安徽女子橄榄球队现任教练托马斯先生为斐济橄榄球大使，斐济女子橄榄球队到皖共同训练为中斐两国之间的体育文化交流中起到积极的推广和发展作用。

【国际手联手球学院(滁州)】国际手联手球学院(滁州)于2016年挂牌。双方主要致力于手球发展与推广、场馆建设、人才交流、专业培训、文献引进与翻译等多方面进行合作。2017年3月，国际手联主席Hassan Moustafa博士访华与国家体育总局局长苟仲文会见。国际手联主席一行与中国手协、北京体育大学、滁州市政府、安徽省体育局在北京体育大学就国际手联手球学院(滁州)挂牌一年来的工作推进进行交流。国际手球联合会专家、执委会委员Frantisek Taborsky、国际手球联合会专家、教练委员会主席Dietrich Walter Spate，与中国手协、安徽省体育局、滁州市政府在滁州会谈，就国际手联手球学院(滁州)的发展等方面进行深入探讨。两位国际手联专家在滁州举办国际手联初级教练员课程培训，来自全省近180名教练员、中小学手球教师参加培训。2017年11月安徽省体育局、安徽省手球协会与国际手联执委、教委会主席在江苏常州进行会谈，再次就国际手联手球学院(滁州)的建设、培训以及安徽省体育局和省手球协会与国际手联、欧洲手联、欧洲相关职业俱乐部的交流合作、人才引进等方面进行深入交流并初步达成一致。

【体教结合工作】省政府召开体教结合工作联席会议，省体育局和省教育厅在会上签署《体教结合工作备忘录》，对合作宗旨、双方职责、合作机制等作了进一步明确。2017年省体育局与省教育厅共同组队参加第十三届全国学生运动会，114名运动员参加田径、游泳、健美操、网球、乒乓球、武术等6个大项决赛，获得1金2银2铜。同时组织177名体育教师参加全国和全省传统项目学校体育教师专项技能培训。

【青少年体育公共服务体系建设完善】加强青少年体育组织建设，全省新增省级青少年体育俱乐部18所、市级青少年体育俱乐部59所、市级体育传统项目学校65所。组织开展了青少年体育俱乐部调查工作，完善体育传统项目学校考核奖惩机制。广泛开展青少年阳光体育活动，组织300余名运动员参加全国青少年“未来之星”阳光体育大会等21项次活动。会同省教育厅、团省委联合举办第七届全省“未来之星”青少年阳光体育大会，实现市级青少年阳光体育大会全覆盖。举办全省青少年“笼式足球”精英赛，推动“笼式足球”运动普及推广。

【美国埃弗特网球学院到皖考察访问】2017年2月20日美国埃弗特网球学院院长约翰·埃弗特一行5人到皖考察访问。安徽省体育局局长与美国埃弗特网球培训学院院长进行交流座谈。安徽省体育局局长高维岭介绍安徽体育情况，重点介绍安徽省网球发展情况。美国埃弗特网球学院院长约翰·埃弗特介绍美国埃弗特网球学院的基本情况，建设黄山埃弗特网球培训中心项目情况。美国埃弗特网球学院一行还到省全民健身中心二期网球新馆与安徽网球队的教练员和运动员进行了网球交流活动。

【全国青少年“未来之星”阳光体育大会安徽分会场暨全省青少年“未来之星”阳光体育大会】由安徽省体育局、安徽省教育厅、共青团安徽省委主办，芜湖市体育局、芜湖市教育局、共青团芜湖市委、芜湖县人民政府承办的2017年全国青少年“未来之星”阳光体育大会安徽分会场暨全省青少年“未来之星”阳光体育大会于7月10—14日在芜湖县举行。来自全省16个市、2个省直管县、2个战略合作县的20个代表队，269名运动员、领队、教练员参加5天的活动。本次

中国群体交流团访问韩国篮球比赛

活动邀请 2008 年北京奥运会、2012 年伦敦奥运会女子体操冠军邓琳琳，跳水世界冠军、2008 年北京奥运会亚军周吕鑫作为体育明星代表与参赛运动员互动交流。此次活动选取了青少年学生喜闻乐见、易于普及的项目开展活动，设置三人制篮球、五人制足球、跳绳、拔河、素质拓展、定向越野等六个项目比赛。大会还开展青少年阳光体育活动成果展示，举办青少年科学健身知识讲座，组织青少年参观芜湖县航空产业园。全国青少年“未来之星”阳光体育大会是全国规模最大、影响最广的青少年大型综合性体育活动。安徽省已连续七年举办省级阳光体育大会，并连续三年纳入全国分会场，与主会场活动联动，进一步扩大活动的覆盖面，鼓励更多的青少年参与其中。

【第十五届全国大学生攀岩锦标赛】由中国大学生体育协会主办，合肥财经职业学院承办的第十五届全国大学生攀岩锦标赛于 11 月 25 日在合肥财经职业学院举行。本届锦标赛设有男女速度赛、男女难度赛和男女攀石赛、男女速度混合接力赛等项目，赛程 4 天。来自上海体育学院、浙江大学、澳门大学等全国各地大学生运动员、教练员、裁判员近 500 人。合肥财经职业学院是安徽省优秀攀岩运动员训练基地，建有被誉为“中国高校攀岩第一墙”的攀岩墙，曾举办过第九届全国大学生攀岩锦标赛、安徽省“我要上全运”攀岩选拔赛等全国和地区的攀岩赛事。在 2017 年 8 月第十三届全运会群众比赛攀岩决赛中，该院攀岩队队员代表安徽省攀岩队，获得了 2 个全国第九。中央电视台体育频道对本届赛事进行播报，教育部大体协组织现场网络直播。

【“健康中国少儿强 太极功夫公益行”活动(安徽站)】由中华全国体育基金会发起，安徽省体育事业发展基金会、安徽省体育科学技术研究所、安徽省体育人才服务中心、合肥市南门小学森林城校区等单位协办的“健康中国少儿强 太极功夫公益行”活动(安徽站)于 12 月 7 日在合肥市南门小学森林城校区启动。本次活动在河北、内蒙古、黑龙江、江苏、安徽、福建、河南、湖北、广东、贵州 10 个省的省会城市举办，安徽省是第 8 站。“健康中国少儿强 太极功夫公益行”活动来到合肥市南门小学森林城校区，在一个月的时间内，邀请武当太极弟子教授学生们太极功夫。武当太极拳以柔克刚、以静制动，后发先至，武当太极弟子一招一式引来孩子们阵阵叫好声。此次活动还将太极功夫与国学相融合，通过公益课程方式，在学校进行推广。此次太极功夫公益行活动，通过中华传统武术的展示，促进中华优秀传统文化在青少年儿童中传播。

【体育产业发展】2017 年体育产业纳入省委省政府重点工作。体育特色小镇和体育生态公园规划建设工作列入省委省政府五大发展行动计划。省人大主任会议专题听取全省体育产业发展情况汇报。省人大和省政协多次组织专题调研，并向省政府提出工作建议，省政府参事室把体育产业列为专项课题组织研究，分管省领导做出专门批示。体育产业规模扩大，2016 年全省体育产业总规模连跨 400 亿、500 亿元大关，增速超过 40%。省政府及 16 个市政府出台《关于加快发展健身休闲产业的实施意见》。省体育局等 10 个省直厅局出台《安徽省健身休闲产业发展规划(2017—2025 年)》。黄山市徽州区、安徽兴茂置业有限公司(六安南山体育特色小镇)、安徽九华山体育健康产业园（九华山瑜伽小镇)获批国家体育产业示范基地(单位和项目)，在 2017 年“两博会”上，安徽省共有 10 个项目获体育旅游精品项目奖，其中 3 个获评“十佳”精品项目，获奖数量位居全国前列。奇瑞途居露营公司作为中国房车露营概念第一股获批全国首批五星级汽车自驾运动营地，有自营营地 7 个，加盟营地 47 个，规模列全国第一。

2017 年，安徽省体育局积极推进体育与旅游、健康、科技、金融等产业融合发展，召开全省首届体育旅游产业发展大会和全省体育特色小镇规划建设工作推进会。出台《健康安徽体育惠民工程121行动计划》《关于推进体育特色小镇建设的指导意见》，全省规划建设体育特色小镇超过40个，意向投资超过260亿元；在建及规划建设体育公园超过90个，意向投资超过200亿元。与徽商银行签订合作协议，在试点发放健身休闲联名卡，设立安徽省体育产业发展基金和提供授信等方面开展合作；与华体集团签订合作协议，在体育特色小镇、体育生态公园等重大项目上开展合作。推动地方政府和社会力量合作，促成亳州市与华体集团在全国率先采用PPP模式打造20个社区文体中心。积极参与承办中部省份大健康产业论坛和安徽户外休闲运动用品展览会。指导六安市金安区制定安徽省首个县域体育产业发展规划。"健康安徽"环江淮万人骑行大赛、合肥国际马拉松赛、黟县国际山地车节、齐云山万人徒步大会、黄山国际登山大会等自主品牌赛事活动影响力持续扩大。2017年全省16个市共举办(承办)各种体育赛事超过1200场次，参赛运动员超过100万人次，其中境外运动员近万人次。

【第四届长三角运动休闲体验季活动】2017年第四届长三角运动休闲体验季活动由安徽省体育局、江苏省体育局、浙江省体育局、上海市体育局共同主办。安徽省承办徽州和岳西两站。徽州站于5月6—7日举行，来自浙江、江苏、安徽、上海的200余名媒体记者、运动爱好者、体育旅游企业人士参加。活动以"健康中国、文明旅游"为主题，线路贯穿全域旅游大景区，游览唐模、呈坎、岩寺新四军军部旧址纪念馆，体验徽州绿道骑行、灵金古道徒步及灵山水街寻宝，参与者体验运动+休闲+旅游+文化的魅力。近年来，徽州区依托得天独厚的旅游、文化、生态资源，推进"旅游+体育"，着力将体育旅游休闲新业态培育成徽州区新的经济增长点，以惠民健身的绿色健康和品质生活助推产业，相继举办两届黄山徽州马拉松赛、三届中国徽州国际乡村慢步大会。岳西站于6月10—11日举行。来自安徽、浙江、江苏和上海等地200多名运动爱好者、媒体记者和体育旅游企业人士参加。活动以"相约别山丽水，亲近梦幻彩虹"为主题，分别在安庆岳西大别山彩虹瀑布和天峡景区进行。在彩虹瀑布景区举行4.6千米的"乐山、乐水、见彩虹、行好运"徒步穿越活动及1.7千米的猴河漂流冲浪比赛；在天峡景区举行登山和打水漂比赛。活动中人们领略了岳西灵山秀水、天然氧吧的雄奇瑰丽和梦幻仙境，体验人与自然和谐交融。岳西是国家级生态示范区，境内自然资源丰富，森林覆盖率达74.1%，山清水秀，风光旖旎，四季见景，被专家称为一座生态保存发育完好的天然花园。全县境内拥有5个国家4A级旅游景区，2个国家级水利风景区，鹞落坪国家级自然保护区和妙道山国家森林公园，更有久负"奥运福地、冠军摇篮"盛名的石关国家体育训练基地，先后有数十位奥运冠军和世界冠军多次在这里集训。通过长三角携手联动活动，深入挖掘江浙沪皖的运动休闲资源，展现长三角不同地区的运动休闲风貌，促进长三角地区体育产业之间的合作与交流，实现体育产业全面发展，推广各地旅游资源，实现体育产业全面发展。

【安徽启迪乔波滑雪世界建成】安徽启迪乔波滑雪世界于11月23日在马鞍山郑蒲港新区落成。安徽启迪乔波滑雪世界是由启迪乔波(北京)文化体育发展有限公司与马鞍山郑蒲港新区建设投资有限公司共同出资兴建，由前速滑世界冠军叶乔波女士倡导并冠名，安徽启迪乔波滑雪世界是"启迪乔波冰雪世界"在全国范围内的连锁企业之一。安徽启迪乔波冰雪世界一期项目占地2.6公顷，场馆面积16000平方米，年接待能力达到90万人次，是安徽地区首个特大型室内冰雪运动、冰雪娱乐、冰雪旅游、冰雪文化、冰雪商业综合项目。室内滑雪馆采用国际先进的制冷及造雪技术，场馆积雪厚度常年保持半米以上，温度保持在零下2摄氏度左右，引进拖引设备"魔毯"，使初级滑雪爱好者在保证安全、便捷的情况下，充分体验滑雪的魅力。除了有初学者滑雪道，中高级休闲雪道外，场地内还为儿童特别打造了梦幻冰雪精灵城等戏雪设施，一年四季为市民提供不一样的滑雪乐趣。项目的落成开放，让南方城市民众足不出城可享受冰雪激情、体验冬奥运动，同时推动并践行习总书记"三亿人参加冰雪运动"的号召，响应国家体育总局"北冰南移、北雪南展"的发展纲要，力求打造成一个四季如冬的滑雪旅游项目，为安徽省冰雪体育项目的训练提供了场地，对推广冰雪运动和选拔冰雪项目人才具有重要意义。

【黄山市江心洲体育生态公园】黄山市江心洲体育生态公园是全省首批省级体育生态公园，位于黄山市屯溪区中部偏南的新安江市区段中游，地处市中心繁华地段，占地面积近8公顷。江心洲广场整体提升改造工程包括建设1个标准足球场、2个室外篮球场、4个门球场及观景广场、健身路径、环岛健身步道等。2017年，江心洲体育生态公园承载的城市服务功能更加丰富，不仅适合开展体育运动，同时也是休闲娱乐的好地方，受到市民普遍欢迎。

安徽省第九届"美丽乡村"农民篮球大赛总决赛

【九华山瑜伽小镇】九华山瑜伽小镇是首批国家运动休闲特色小镇。小镇位于池州市青阳县，地理区位优越，交通发达便捷。小镇充分发挥池州山水人文生态区位综合优势，积极打造中国国际健身气功交流比赛大会、海峡两岸暨港澳地区群众健身交流大会和全国健身瑜伽总决赛等体育赛事品牌，已规划建设健身气功国际培训基地、九华山健身瑜伽营地和九华山体育产业园等重大体育产业项目。九华山瑜伽小镇在促进体育与旅游、文化等产业融合发展上做出了积极有益的探索。

【"健康安徽"环江淮万人骑行大赛】由安徽省体育局、安徽省旅游发展委员会、安徽新媒体集团主办，安徽省竞赛管理中心、各市体育局承办。"健康安徽"环江淮万人骑行大赛是由高水平业余运动员和自行车爱好者参与的全省十佳体育品牌赛事，旨在推动全民健身与全民健康深度融合，展示赛事举办地优美风光和悠久文化，推动旅游和体育产业发展。大赛在安徽省13个地市分15个站进行，首站为颍上，其他站点依次为蚌埠、霍山、泾县、合肥、旌德、六安市裕安区、含山、桐城、砀山、淮北、铜陵、全椒、黄山市黄山区，总决赛设在亳州。总参赛人数15000人，赛程近7个月，赛事设置男子组、女子组精英赛，男子大众组和男女中老年组。站点赛道设在当地特色路段，与当地自然风光和人文景点有机结合。赛事还结合地方传统文化活动，举办时间安排在双休日，营造了热烈氛围。

【全国马术耐力赛巡回赛砀山站】由中国马术协会、安徽省体育局主办，宿州市人民政府承办的2017全国马术耐力赛巡回赛砀山站比赛于4月8—9日在砀山举行。来自北京、天津、河北、黑龙江、内蒙古、新疆、江苏、浙江、山东等地的10余支代表队，东道主砀山"葫芦娃"赛马队参赛。有国内外近200匹马，观众每日均达到10万人以上。马术比赛是一项汇人气、接地气、提士气的赛事，此次全国马术耐力巡回赛首站落户砀山，是对砀山优越地理位置、优良生态环境、优秀办赛经验肯定。赛场上，骑手们以精湛的骑术，呈现出了激情壮观的赛马场面，赢得观众的惊叹和喝彩声。此次马术比赛的举办，带动了当地体育旅游和文化产业的发展，打造砀山城市名片效应，展示城市美好形象。

【第十二届中国黄山(黟县)国际山地车公开赛】由中国自行车运动协会、安徽省体育局、黄山市人民政府主办的第十二届中国黄山（黟县）国际山地车公开赛于3月25日在黟县宏村开幕。大赛的主题是"骑行画里乡村·感受梦幻黄山"。始办于2006年的中国黄山（黟县）国际山地车公开赛已连续举办12届，在国内外享有较高的知名度，是黄山(黟县)乃至皖南国际旅游示范区的标志性名片。来自国内外山地车选手约1500人(其中外籍选手约100人)参加了此次比赛。赛道途经宏村、塔川、协里3个景区，比赛期间黟县油菜花盛开，沿途风光美不胜收。本次赛事是加快发展体育产业，落实全民健身国家战略的重要举措。

【中国热气球挑战赛（半汤站)】由国家体育总局航管中心、中国航空运动协会主办，合肥巢湖经济开发区、合肥市体育局承办的2017中国热气球挑战赛(半汤站)于4月27日在巢湖举行。大赛包含指定目标、自选目标、游荡华尔兹、猎狗追兔、飞往主会场、蜻蜓点水、投标效率等竞赛科目。本次赛事特别邀请国家女子跳伞队员表演高空跳伞，以及三角翼飞行器、动力伞、极限运动表演等，比赛全程免费对市民开放。

【第四届"鑫泰杯"中国(舒城·万佛湖)国际库钓大奖赛】由安徽省体育局、六安市人民政府主办，六安市文广新局、舒城县人民政府承办，万佛湖管委会、舒城县体育局、县旅游局协办的第四届"鑫泰杯"

中国(舒城·万佛湖)国际库钓大奖赛于9月6日在万佛湖举行。运动员、裁判员、志愿者和新闻媒体记者近400余人参加了开幕式。来自国内外100支队伍300多名选手参加比赛。大赛历时52小时不间断垂钓。其中来自土库曼斯坦、老挝、尼日利亚、赤道几内亚等国外留学生代表队参加了这次大奖赛。此次垂钓比赛设立大奖:混合鱼种总重冠军奖励人民币10万元,单尾最重冠军奖励人民币1万元。经过比赛,合肥碧波开沃精工钓具队以148.8斤的成绩获得混合鱼种总重冠军;合肥依肯库战一队以17.3斤的重量摘得单尾最重冠军。

【黄山论剑·国际武术大赛】由国家体育总局武术运动管理中心、中国武术协会、安徽省体育局、黄山市人民政府主办,安徽省武术拳击运动管理中心、安徽省武术协会、黄山市体育局承办,黄山市体育中心、黄山新奥体育发展有限公司协办的2017年黄山论剑·国际武术大赛于8月3—7日在黄山市举行。本次比赛的主题是:“以武会友,论剑黄山”。来自全国21个省市116支队伍及境外27个国家和地区近1200多名运动员,参加传统拳术、太极拳、南拳、单器械、长器械、短器械等项目的比赛。比赛设159个小项,录取个人项目、对练项目、集体项目一、二、三等奖和团体项目前六名,颁发寿星奖、童星奖和武德风尚奖。近年来,黄山市围绕打造世界体育旅游目的地目标,先后举办了世界传统武术锦标赛、亚洲青年摔跤锦标赛、中国黄山国际登山大会等50余项国内外颇具影响的体育赛事活动,吸引了来自30多个国家和地区以及国内各省市参赛选手、亲友团及客商参加活动。本次大赛的举办,对丰富群众精神文化生活,促进武术运动普及和提高,推动体育与旅游文化深度融合发展具有重要意义。

【中国·桃花潭第四届龙舟赛】由安徽省体育局、中共宣城市委、宣城市人民政府主办,泾县人民政府承办的2017中国·桃花潭第四届龙舟赛于5月29日在宣城市泾县桃花潭镇举行。本次活动主题是:梦寻千百度,情醉桃花潭。比赛设置男子龙舟400米直道竞速比赛,有23支龙舟代表队900余人参赛,比赛设一等奖一名、二等奖二至三名、三等奖四至六名和最佳号子奖、道德风尚奖、最佳组织奖等15名。比赛其间还表演了桃花潭传统“龙舟号子”、文艺会演,在桃花潭镇满孙公祠广场、桃花潭畔水墨艺术田园乡村大舞台举办“送戏下乡”活动。桃花潭赛龙舟是一项传统的民间习俗,最早可追溯到明朝,已有近千年的历史,深受当地群众喜爱。此次举办桃花潭龙舟赛,对丰富群众文化生活,传承、发扬桃花潭独特的龙舟文化,推动泾县“一县一地一品”全民健身品牌活动,促进体育与文化旅游产业融合发展起到重要作用。

【安徽参展中国体育文化·体育旅游博览会】2017中国体育文化·体育旅游博览会于9月23日在内蒙古包头开幕。安徽省共有70多个项目参展,包括精品景区、精品线路、精品赛事、特色小镇、体育旅游目的地、体育用品等。安徽展区独特新颖的设计风格、丰富精彩的展示内容、动静结合的展示方式,受到参观者称赞。安徽有10个项目获体育旅游精品项目奖,其中太平湖景区被评为“中国体育旅游十佳精品景区”;中国黄山(黟县)山地车节被评为“中国体育旅游十佳精品赛事”;徽杭古道连续5年被评为“中国体育旅游十佳精品线路”;马鞍山甑山体育旅游度假区、中露联天柱山露营地、皖南川藏线、齐云万人徒步大会、健身气功博览会暨华佗五禽戏养生健身节、中国黄山国际登山大会被评为“体育旅游精品项目”,六安市被评为“中国体育旅游目的地”。安徽省体育局被组委会评为“优秀组织奖”和“最佳展示奖”。

【大中型公共体育场馆及场地设施建设】2017年,全省新建公共体育场馆4个,分别是太湖县体育场、绩溪县体育场、岳西县室内游泳池、固镇县全民健身活动中心。截至2017年年底全省建有公共体育场馆419个(不包括学校场馆和场地及农民健身工程篮球场)。建成乡镇级全民健身广场121个、全民健身苑407个、社区体育俱乐部98个、晨晚练点886个、社区多功能运动场18个。

【公共体育场馆开放】2017年,安徽省大型体育场馆免费低收费开放,中央补助资金3108万元,主要用于体育场馆日常维护、能源费用、公益性体育活动举办、设施设备更新、运营环境改善等。按照《全民健身管理条例》和《大型体育场馆免费低收费开放补助资金管理办法》等有关规定,全省各级体育场馆在8月8日全民健身日和重大节假日均全部对公众免费开放,大部分体育场馆在工作日上午均免费开放,其他非高峰时段实行低收费开放,少数体育场馆基本免费或极低价格向社会开放。经统计,全省各级体育场馆全年平均开放355天以上、平均每周开放70小时以上、举办公益性体育赛事活动累计500多次、体育讲座和展览累计300多次、开展体育健身技能培训累计24万多人次、免费进行国民体质监测11万多人次。

安徽体育代表团全国十三届运动会竞体项目成绩一览表

序号	运动员	项目	小项	名次	总分	成绩	备注
1	孟苏平	举重	女子+75 公斤级	1	13	142+187	
2	王志伟	空手道	男子 67 公斤级	1	13		
3	程勋满	赛艇	男子双人单桨	1	13	6:38.76	跨单位组队
4	王春雨	田径	女子 800 米	1	13	2:03.49	
5	陶亚男	田径青少年	女子 4×100 米接力	1	13	44.84	跨单位组队
6	牛春格	田径青少年	女子撑竿跳高	1	13	4.05	
1	程　飞	空手道	男子 67 公斤级	2	11		
2	杨栋栋	赛艇	男子双人单桨	2	11	6:39.21	跨单位组队
3	王晓菁	射击	飞碟多向混合团体	2	11		军地共同培养
4	孙来苗　沈　萍 刘晓妹　杜机娟 班晨晨　司　艳 周雪婷　李　瑶 周　婷　王婵婵 徐仕媛　李　兵 朱莉珍　陶丹扬 赵江川　张天洁	手球	女子手球	2	11		
5	田企业	摔跤	男子古典 59 公斤级	2	11		
6	张　峰	摔跤	男子自由式 86 公斤级	2	11		
7	刘凯琪	跆拳道	女子 49 公斤级	2	11		
8	王春雨　伏　娜	田径	女子 4×400 米接力	2	11	3:32.37	跨单位组队
9	佘宸瑶	田径青少年	女子撑竿跳高	2	11	4.00	
10	王紫薇	跳水	女子团体	2	11	2171.98	军地共同培养
11	左佩佩　李志勤 李　园	武术散打	女子小团体	2	11		
12	赖晓晓	武术套路	女子长拳枪剑全能	2	11	29.086	
1	童雪琴　沈蕾蕾 马　鸣　张苗苗 宋　华　李　娟 陆媛媛　赵　爽 王一桢　吴　娟 易珍珠　吴诗晨	橄榄球	女子橄榄球	3	10		
2	汤玲玲	空手道	女子+61 公斤级	3	9.5		
3	储友勇	皮划艇	男子 200 米单人皮艇	3	10		
4	朱宣光	拳击	男子 69 公斤级	3	9.5		
5	黄言辉	拳击	男子 75 公斤级	3	9.5		
6	赵　佳	柔道	女子 70 公斤级	3	9.5		
7	丁嘉伟	射击	男子 10 米气步枪	3	10	625.9+226.1	
8	白传涛	跆拳道	男子 80 公斤级	3	9.5		
9	姚　捷	田径	男子撑竿跳高	3	10	5.50	
10	朱　琳	网球	女子双打	3	9.5		
11	朱　琳	网球	女子单打	3	9.5		跨单位组队
1	吴向东	全能	男子跑游全能	4	9	40:35	

（续表）

序号	运动员	项目	小项	名次	总分	成绩	备注
2	吴　英　张杰杰	赛艇	女子双人单桨	4	9	:28.47	
3	伏　娜	田径	女子 400 米	4	9	53.25	
4	王　鹏　王自豪	跳水	男子双人三米板	4	9	415.47	
5	刘　鑫	空手道	男子 67 公斤级	5	6.5		
6	张亚豪	空手道	男子 75 公斤级	5	6.5		
7	周博雯	空手道	女子个人型	5	6.5		
8	许祥伍	空手道	男子+75 公斤级	5	6.5		
9	许祥先	空手道	男子+75 公斤级	5	6.5		
10	吴亚男	皮划艇	女子 200 米单人皮艇	5	8		
11	储友勇	皮划艇	男子 200 米双人皮艇	5	8		跨单位组队
12	方　波	拳击	男子 52 公斤级	5	6.5		
13	王　龙	拳击	男子 56 公斤级	5	6.5		
14	李立杰	拳击	男子 64 公斤级	5	6.5		
15	徐海洋	拳击	男子 91 公斤级	5	6.5		
16	史　倩	拳击	女子 51 公斤级	5	6.5		
17	田洪杰	柔道	女子 57 公斤级	5	7.5		
18	方红远	柔道	男子 73 公斤级	5	7.5		
19	程勋满　杨栋栋	赛艇	男子四人单桨	5	8	5:56.88	跨单位组队
20	袁宗明　张　浩	射击	男子十米气手枪团体	5	8	1721-52X	
	娄祥武					1869.4	
21	丁嘉伟　梁小虎	射击	男子 10 米气步枪团体	5	8	1249.1	
	田翔宇						
22	李亚蔚　朱亚楠	射击	女子十米气步枪团体	5	8		
	许　重					44:08	
23	唐小嘎	摔跤	男子自由式 125 公斤级	5	7.5	3.40	
24	邵芬芬	跆拳道	女子 57 公斤级	5	6.5	305.58	
25	罗国庆	田径青少年	男子 10 公里竞走	5	8		
26	刘　雪	田径青少年	女子撑竿跳高	5	8		
27	王紫薇	跳水	女子双人十米台	5	8		军地共同培养
28	朱　琳　赵倩倩	网球	女子团体	5	6.5		
	蔚湛蓝　朱婉宁					28.975	
	邹胡伟　吴康乐					57.847	
29	牛志强　王立祥	武术散打	男子大团体	5	6.5		
	杨　站					3204	
30	王啸东	武术散打	男子 60 公斤级	5	6.5		
31	沈　李	武术散打	男子 75 公斤级	5	6.5		
32	王　雪	武术套路	女子长拳枪剑全能	5	8	4.15	
	邵明广　周城城					12.12	
33	刘宝虎　钱晓乐	武术套路	团体	5	8	7:33.44	
	王晨晨　宋　淼					1:48:36	
	赵　爽						
34	谭　强	羽毛球	男子双打	5	8	165+200	军地共同培养
35	彭爱媛	游泳少年	女子 13~14 岁组蛙泳全能	5	8		

（续表）

序号	运动员	项目	小项	名次	总分	成绩	备注
36	张亮亮 周志乐 李华 毛本年	击剑	男子花剑团体	6	7 7		
37	吴雨婷 洪士俊	皮划艇	女子500米双人划艇	6	7		
38	宋婷婷	田径	女子撑竿跳高	6	7	4.15	
39	陶亚男	田径青少年	女子100米	6	7	12.12	
40	左泽芳	游泳	男子4×200米自由泳接力	6	7	7:33.44	跨单位组队
41	姬建华	自行车	男子山地越野	6	6	1:48.36	
42	李新义 李晟 王诗学 曹帅帅 王伯峰 李响 王圣时 王玮 耿奇 杨思远 章然 李宝	橄榄球	男子橄榄球	7	6		
43	王海	举重	男子94公斤级	7	6	165+200	军地共同培养
44	周宇	皮划艇	男子1000米双人划艇	7	6		跨单位组队
45	吴亚男	皮划艇	女子500米单人皮艇	7	5.5		
46	王曼	柔道	女子57公斤级	7	5.5		
47	周兵	柔道	男子81公斤级	7	6		
48	周越	赛艇	女子单人双桨	7	6	8:05.30	
49	宗丹	田径	女子链球	7	6	63.39	
50	刘志杰	田径青少年	男子撑竿跳高	7	6	4.3	
51	郭昊宇	跳水	男子全能	7	6	918.35	
52	王自豪	跳水	男子单人三米板	7	6	459.4	
53	余雪盈	羽毛球	女子团体	7	5		军地共同培养
54	翟祥龙	举重	男子105公斤级	8	5		
55	吴雨婷	皮划艇	女子200米单人划艇	8	5		
56	徐安格 郭世伟 李双 王巨柱 李明 陈开勇 曾猷辰 于敏清 杨洋 曹青福临 史小帆 陈强龙 黎涛 董智景 姚雄敏 严龙	手球	男子手球	8	5		
57	蒋礼	摔跤	男子古典59公斤级	8	5		
58	吴子健	摔跤	男子自由式86公斤级	8	5		
59	吴向东	田径	男子马拉松	8	5	2:22.54	
60	王晨	田径	女子400米栏	8	5	59.05	
61	李倩 陶亚男 朱盼盼 詹晴晴	田径	女子4×100米接力	8	5	52.99	
62	王鹏 王自豪 王源郭 昊宇 李亮 罗斌 黄睿	跳水	男子团体	8	5	2607.35	

□档　　案

□党史研究

□地 方 志

档案党史地方志

档　　案

首届全省档案工作者学术年会

【概况】1959 年，国务院批准成立安徽省档案管理局。1980 年，成立省档案局，与省档案馆一套机构、两块牌子。2003 年，确定为省委、省政府直属单位。主要职能是：负责制定全省档案工作的规章制度、业务标准和技术规范，并组织实施；依法开展档案行政执法监督；负责制定全省档案事业发展的中长期规划和专项计划，并组织实施；负责接收、收集和保管省直各单位和其他组织按规定移交进馆的档案资料；征集散存在社会上的珍贵档案资料；负责审定综合档案馆、专门档案馆、部门档案馆档案资料接收和收集范围；负责指导、协调省直和市、县及专项档案业务工作。2017 年，全省共有档案行政管理机构 123 个，各级各类档案馆 137 个。全省各级各类档案馆、室共藏有纸质档案 12899.21 万卷(件)，共接待利用者 151.35 万人次，提供利用档案 331.29 万卷(件)。

【服务经济社会发展】2017 年，省档案局履行省土地确权登记颁证工作专项领导小组成员单位职责，承担土地确权登记颁证试点成果省级检查验收组长单位工作，牵头完成凤台、田家庵等 7 个县区的检查验收工作，包市完成芜湖、马鞍山两市检查验收问题整改督查工作。与省扶贫办联发《关于进一步做好精准扶贫档案工作的实施意见》，为决战脱贫攻坚提供档案服务。办理省人大代表建议、省政协委员提案，规范土地确权和精准扶贫档案管理。联合省国资委开展省属企业档案工作调研指导，组织开展国有企业资产与产权变动中档案处置情况调查。制定《安徽省民营企业档案工作协作组规则》，组建全省民营企业档案工作协作组，在铜陵召开全省民营企业档案工作协作组成立会议。印发《安徽省开发区档案管理暂行办法》《安徽省会计档案整理要求及案卷格式》。组织对合肥轨道交通 1 号线等 15 个重大建设项目档案进行专项验收，对商合杭高铁等重大建设项目档案工作进行检查指导，对阜阳、宿州、滁州、马鞍山、芜湖 5 市区域内建设项目档案工作进行检查。充实全省建设项目档案验收专家库，召开建设项目档案工作座谈会和援疆、援藏档案工作座谈会，开展建设项目档案业务培训。与省民政厅联发《安徽省孤儿档案管理办法》，《人民日报》进行报道。

【服务文化强省建设】2017 年，省档案局完成《清代南陵司法档案选编》《安徽省志·档案志》和《安徽改革开放实录》丛书档案工作内容编写。参与《抗日战争档案汇编》编纂工程，组织全省各级国家综合档案馆抗战档案目录筛查、审核、汇总和上报，完成安徽抗战档案清查、《日军侵略安徽图集》编辑工作。协助省委党校建成党性教育馆，联合举办党性教育展。2017 年度，省档案馆为社会提供利用档案 1226 人次、13126 卷(件、册)。

【档案法治建设】2017 年，档案工作列入省委对省直机关领导班子和领导干部综合考核、省政府对各市政府目标管理绩效考核工作内容。省档案局印发《各市档案工作目标管理绩效考核实施办法》及《评分细则》，组织对 16 个市开展档案工作目标管理绩效考核。省政府常务会议研究通过《安徽省档案条例》修改决定。省档案局参与完成省政府文件全面清理工作、“放管服”改革涉及的规章规范性文件清理工作。重新编印省档案局窗口服务指南和告知单，3 个窗口事项全部纳入“最多跑一次”事项清单。在安庆召开全省档案事业依法管理现场会。印发《关于进一步加强档案行政执法督查工作的通知》，组织对 2016 年档案行政执法督查中挂牌督办单位开展“回头看”。督查淮南、六安、铜陵、黄山 4 市履行档案行政执法职责情况，对省直 30 家单位开展档案行政执法检查。联合省民政厅，对黄山、宣城、阜阳、淮南4市民政部门婚姻登记、收养和孤儿等民生档案工作开展专项执法检查。联合省教育厅,对10所高等学校档案工作开展专项执法检查。

新四军政治部主任袁国平之子、原中国人民解放军海军指挥学院博士生导师、文职少将袁振威前往安徽省档案馆,查阅有关新四军档案资料,为编辑《袁国平传》补充相关材料、核实有关史实,解决了《新四军军歌》词作者争议问题。

【档案宣传培训】2017年,省档案局组织开展"6·9"国际档案日集中宣传周系列活动,举办《2016年度安徽省档案事业发展研究报告》在线访谈、"毛泽东文稿的故事"专题讲座、宣传挂图巡展、全网发送档案法治短信。完成全省"档案与民生"征文及评选工作。在"安徽省档案局"网站开通"我在安徽用档案"微视频栏目,展示安徽省档案利用效果。与省委组织部联合举办全省档案工作专题培训班,举办第一期全省新任档案局馆长培训班。

【档案基础业务建设】省档案局印发《关于规范全宗设置和全宗号管理的通知》,规范属省档案馆接收范围的立档单位全宗管理。开展徽墨口述历史建档,专题采访制墨大师冯良才,建立良才墨业制作工艺数字记忆。征集民国时期原国民政府军事委员会委员长侍从室少将组长梅嶙高先生档案3291件,多件档案填补馆藏空白。建立八路军新四军老战士、远征军等265人口述历史档案。启动《我的高考——恢复高考四十周年》口述历史专题片摄制工作。2017年,国家档案局批复安徽省国家重点档案目录基础体系建设项目1个、围绕社会关切的重点档案保护与开发项目10个,下达国家重点档案保护与开发专项资金总预算849万元。省档案局与国家档案局签订项目任务委托书,及时转发《国家重点档案专项资金管理办法》《国家重点档案保护与开发项目管理细则(试行)》,将资金额度和绩效目标下达具体任务承担单位。组织对六安、淮南、濉溪等市、县档案馆承担项目进行实地督查调研。截至2017年年底,全省完成民国档案目录著录70万条。

首届全省档案依法管理现场会在安庆市召开

【档案馆库建设及安全管理】2017年,省档案馆新馆主体封顶,进入内部装修阶段,库房档案装具、档案展示馆布展和屏蔽机房、屏蔽库房、智能低温冷冻杀虫库等9个项目列入预算。开展新馆智能化系统优化设计,进行新馆外立面材料变更。省档案馆老馆完成监控系统改造升级,加强档案安全风险防控。实行24小时专业值守,落实领导节假日在岗带班制度。组织安全大检查,编制《安徽省档案局计算机网络系统应急响应预案》,严格规范档案数字化外包管理,严格执行保密流程,杜绝档案信息失泄密。

【档案信息化建设】2017年,省档案局承担的国家档案局科技项目

《电子文件长期有效性保证的研究》通过鉴定，接收1万多件、33GB归档电子文件进馆。修订出台《馆藏中华人民共和国成立后档案数字化部分问题的处理意见》等业务规定，截至2017年年底，累计完成目录数字化325万条、全文数字化2532万页。参与的《量子保密通信技术在数字档案馆和馆际互联互通中的应用》通过国家档案局科技项目立项。省档案馆对数字档案馆一期工程的数字档案管理系统、二期工程的办公自动化系统进行完善并上线运行，同时开展以数字档案室和档案信息共享利用为主要内容的数字档案馆三期工程建设。省档案局接入全国档案业务管理系统，参与国家开放档案信息资源共享平台建设，对馆藏民国档案安徽省政府教育类全宗进行开放鉴定，鉴定完成可开放档案6万余件。

党史研究

2017年6月26日至28日，省党史研究室赴寿县小甸集镇开展“走基层 访一线 服务五大发展”蹲点调研实践活动。

【概况】中共安徽省委党史研究室既是省委党史研究部门，又是主管党史业务的工作部门。2017年，在省委的正确领导和中央党史研究室的精心指导下，省党史研究室深入学习贯彻习近平新时代中国特色社会主义思想和党的十九大精神，认真学习贯彻省委书记李锦斌重要批示和省委副书记信长星在听取省委党史研究室汇报时的讲话精神，在党史研究、宣传教育、纪念活动等方面都取得新的成绩。

【理论武装】按照中央和省委的统一部署，充分发挥党史部门的优势，精心做好迎接党的十九大胜利召开和学习宣传贯彻党的十九大精神的有关工作。在十九大召开前，深入学习习近平系列重要讲话精神特别是关于党的历史和党史工作的重要论述精神，向全省党史干部发放并组织学习《习近平论党史》一书，《党史纵览》出版《喜迎党的十九大》专刊，开设《砥砺奋进——安徽五年发展辉煌成就》《党代会与安徽》等专栏，集中展示党的十八大以来安徽取得的历史性成就和发生的历史性变革，为迎接十九大胜利召开营造良好的舆论氛围。在十九大召开后，迅速掀起学习宣传贯彻十九大精神热潮。印发《中共安徽省委党史研究室关于扎实推进党的十九大精神学习宣传贯彻工作的实施意见》，举办全省党史干部学习贯彻党的十九大精神培训班，积极开展讲党课、学党章、瞻仰革命旧址、参观党史展览、重温入党誓词等活动，切实把思想和行动统一到习近平新时代中国特色社会主义思想和党的十九大精神上来。

【党史编研】认真贯彻“一突出、两跟进”要求，把开创和发展中国特色社会主义时间段历史研究放在更加突出的位置。“实现一个中心突破”，就是实现党史正本编撰特别是《中国共产党安徽历史(第三卷)》(1978—2002)编撰的突破。按照编写“全面反映党的辉煌发展的正史、深刻总结历史经验教训的良史、经得起时间和历史检验的信史”的要求，加快《三卷》编写工作，并以《三卷》编撰为龙头，推进坚持和发展中国特色社会主义时间段历史研究。根据中央党史研究室统一部署，迅速启动《中国共产党安徽历史(第一卷)》修订工作，并完成修订任务。“打造三个系列精品”，就是以打造红皖、探索和改革开放三个系列党史精品为龙头，扎实推进党史专题研究的不断深化。编写出版《红皖英烈》(第三卷)，展现曹渊等38位著名皖籍烈士的英勇事迹和崇高品质，讲好红色故事，弘扬革命文化。编写出版《安徽省委书记执政录》(1952—1980)，记录曾希圣、李葆华、李德生、万里4位省委书记执政事迹，真实反映他们为安徽的建设和发展作出的艰辛探索和取得的历史成就。编写出版《上海知青在安徽口述实录》(下)，作为十多万上海赴皖知青的缩影，收录34位知青口述，真实反映时代大背景下一代人曲折坎坷的经历和积极乐观的精神风貌。编写出版《安徽改革开放实录》(第四辑)，通过23个重要党史专题，展示安徽改革开放的历史成就，总结历史经验，弘扬安徽人民锐意进取、改革创新的时代精神。扎实做好《红皖撷英》专刊编发工作，推出“红皖家书”专题，选取王稼祥、王步文、袁国平、彭雪枫、陈原道等革命先辈的10封家书，展示革命先辈的坚定信仰、崇高风范、家国情怀和文化底蕴，为“两学一做”学习教育常态化制度化和“讲重作”专题教育提供生动鲜活的党史学习资料，发挥革命文化的育人作用。“夯实一个史料基础”，就是继续征集新民主主义革命时期、社会主义革命和建设时期党史资料，重点征集中国特色社会主义时间段党史资料。部署开展中共安徽抗日战争口述史料征集、整理和研究工程，启动《改革开放口述史料》征编工作，征编《姚依林的家乡情》，完成正省级领导干部口述史《亲历岁月——孟富林回忆录》采访编辑工作。

【党史宣传教育】“七一”期间，与省委组织部联合，以“纪念建党96周年，回顾学习党的历史，大力弘扬光荣传统、喜迎十九大召开”为主题，通过组织领导干部到党史教育基地参观学习、参观党史图片展、开展党史宣讲、举办党史专题学习座谈会等多种形式，深入开展第八个“全省领导干部党史教育日”活动。与省电视台联合拍摄6集电视专题片《刘邓大军在安徽的足迹》，在安徽新闻联播栏目播出。按照省委要求，做好召开纪念姚依林诞辰100周年座谈会的有关工作。与省外宣办联合，以“砥砺奋进资政育人”为主题，就党的十八大以来安徽党史工作创新发展进行专场新闻发布，中央及省市媒体50余名记者参加新闻发布会，并参观党史精品成果展示。办好《党史纵览》刊物，坚持正确导向，精心选题策划，强化宣传发行，大力讲好党史故事特别是红皖故事，刊物综合效益位列全国党史期刊前列，有效发挥了党史宣传教育的窗口作用。做好《安徽党史网》升级改版、信息更新、安全维护工作，网站点击率、影响力进一步提升。

地方志

2017年8月15—16日，安徽省地方志办公室在岳西县召开全省地方志机构新进人员培训班。

【概况】安徽省地方志编纂委员会办公室成立于1981年，是省政府直属事业单位。主要职能是：制定全省地方志编纂长期规划及年度实施计划，组织编纂安徽省志和综合性年鉴，负责省辖市地方志稿的审定工作，指导市、县(市区)地方志书和年鉴编纂工作，组织整理旧志，收集、整理和开发利用地情资料等。

2017年，省地方志办公室贯彻落实《全国地方志事业发展规划纲要(2015—2020年)》和《安徽省地方志事业发展规划(2016—2020年)》，努力推进全省地方志工作“一纳入、八到位”，全力讲好中国故事安徽篇，更好发挥地方志工作在“提升地方文化影响力和竞争力”中的作用。

【《安徽省志》编纂工作强力推进】坚持分类指导，挂图作战，把《安徽省志》编纂分成“已出版、出版社已审稿、尚未送审”三种状态，制定《安徽省志》完成目标路线图，针对不同进度明确领导分工和专人负责跟踪进度。两次召开15部分志承编单位出版印刷推进会，分析存在的问题和改进工作进度方法，在确保质量基础上尽快成书。截至年底，88部分志已正式出版43部，进入印刷出版阶段29部，6部志稿已送审，7部志稿已评议后正在修改中，3部正在编纂中。

【名村名镇志编纂工作有序推进】继列入全省二轮志书编纂的132部市县（市、区）志（山湖志）于2015年已全部完成出版任务后，在有条件的地区开展三轮志书编纂试点工作，其中《田家庵区志》《叶集区志》《颍上县志(2011—2015)》已完成评议稿，《濉溪县志》完成篇目设计，正处于资料收集阶段。

中国名镇志《汤池镇志》已出

2017 年 12 月 14—16 日,全省镇村志编纂业务培训班在合肥举办。

版发行,《仁里村志》《黄里村志》列入第一批中国名村志出版。六安市全面启动乡镇志和名村志编纂。铜陵、宣城、淮南、安庆、阜阳、淮北、黄山等市大面积开展镇村志编纂工作。

组织省内村志主编赴上海参加全国名村志编纂业务培训班;赴宁夏、甘肃开展地方志乡土文化建设和名山志编纂工作交流。分别举办全省地方志系统新进人员培训班和全省镇、村志编纂业务培训班,260 多人参加培训。

【年鉴工作不断创新】 召开《安徽年鉴(2017 年卷)》编纂工作会议,培训作者 200 多人。完成《安徽年鉴》2017 年卷编纂出版工作。开展全省年鉴编纂出版质量评比活动,共评出年鉴综合特等奖 10 部、一等奖 18 部、二等奖 22 部;另评出年鉴框架设计、条目编写、装帧印刷、编校质量 4 个专项奖若干部。省市县综合年鉴编纂工作实现全覆盖,对全省各市县区地方综合年鉴编纂情况进行调查统计。组织推荐全省 15 部地方综合年鉴和 1 部专业年鉴参加中国地方志指导小组办公室于 2017 年 7 月举办“全国地方志优秀成果(年鉴类)评比活动”,共有 2 部获特等奖,1 部获一等奖,4 部获二等奖,3 部获三等奖。开展年鉴编纂改革创新研究。《安徽年鉴》在内容上扩大信息资料选收范围,注意信息资料当中各项实据的客观性和完整性;改革当前年鉴以文字叙述为主的表达方式,大多数常设内容采用格式化、模块化和表格化表达方式,直接反映信息资料实据,为读者更好的服务,使年鉴内容更加贴近社会、贴近大众。

【旧志整理工作继续推进】 全省规划整理旧志 95 部已全部完成。为进一步挖掘安徽省优秀传统文化,将合肥市清代李恩绶版《香花墩志》,亳州市《亳州志》(清·顺治)和《亳州志》(明·嘉靖)、《涡阳县志》(民国乙丑刊),池州市《池州府志》(明·嘉靖),宣城市《宁国府志》(明·嘉靖)、《宁国府志》(明·万历),黄山市《徽州府志》(清·道光)等充实到规划中,有的已经出版。

【地情研究工作取得新成果】 发挥《安徽地方志》、地方志网站等理论研究交流平台作用。完成 2017 年《安徽大事记》月刊的编辑审稿及上网工作和《2016 年·安徽大事记》出版印刷工作。全省各地利用各种载体加强地情研究,讲好各地故事。合肥市编纂《环巢湖十二镇》完成初稿;蚌埠市编纂出版《求索·问道——新四军老战士李奉三与蚌埠》,完成 25 个即将消失村(乡)部分文字、图片、影像、实物等资料收集整理工作;安庆市编纂出版《安庆纪事》《安庆八百年人文简读》《安庆家训》;滁州市编纂出版《滁州农业大包干》《人文滁州》;淮北市编纂《淮北文化》杂志;黄山市编纂《徽州历史上的地震》;宣城市编印周刊《宣城历史文化研究》。

2017 年 9 月 22 日,安徽方志馆第二次《展陈大纲》专家评审会在合肥市召开。

民族宗教

□民　　族

□宗　　教

民　　族

唱支山歌给党听文艺展演

【少数民族概况】安徽省属少数民族散居省份。据2010年第六次全国人口普查，安徽省有55个少数民族成分，少数民族常住人口39.56万人，占全省总人口的0.66%。世居少数民族有回族、满族和畲族。其中回族人口最多，有32.81万人，占全省少数民族总人口82.92%。少数民族呈“大分散、小聚居”状分布，沿淮淮北多且相对集中，沿江江南少而分散。有9个民族乡、1个民族农场、1个民族街道（享受民族乡待遇）、135个少数民族聚居村、102所民族中小学。

【安徽省民族团结进步宣传月启动仪式暨“唱支山歌给党听”全省少数民族文艺展演在合肥举行】2017年8月30日，由省委宣传部、省委统战部、省教育厅、省民委4部门共同主办的2017年全省民族团结进步宣传月启动仪式暨“唱支山歌给党听”全省少数民族文艺展演在安徽省歌舞剧院隆重举行。省人大常委会副主任王翠凤，副省长李建中，各市民委负责人、领队、工作人员、参演人员、合肥市各族群众代表等500余人参加。

启动仪式上，省委统战部副部长、省民委主任孙丽芳就开展2017年全省民族团结进步宣传月活动进行动员部署。随后，“民族一家亲”爱心企业代表向联合攻坚行动帮扶的34个少数民族贫困村学生代表捐赠扶贫助学金。省、市领导向10名全省城市外来少数民族经商务工人员代表赠送民族团结宣传读物。省人大常委会副主任王翠凤宣布2017年全省民族团结进步宣传月启动仪式暨“唱支山歌给党听”少数民族文艺展演正式开始。16个市的参演队伍演出16个各具特色的民族文艺节目，给大家献上一场精彩纷呈的民族团结视觉盛宴。最后，所有演员上台合唱一曲《没有共产党就没有新中国》，启动仪式暨文艺展演在激昂澎湃的氛围中落下帷幕。

【合肥幼儿师范高等专科学校新疆班学生在皖迎新年】2017年1月初，合肥幼儿师范高等专科学校举办“中华情，皖疆亲”迎新年元旦晚会。合肥幼专领导新疆内派教师、新疆班班主任、学前系师生代表等参加晚会。在安徽经典民歌《摘石榴》声中拉开了演出的序幕。维汉共舞，心潮澎湃，民族融合，热血沸腾。各具特色的表演传递了民族之间的友谊，也表达了合肥幼儿师范高等专科学校维汉师生学子对新的一年的美好期盼。

【安徽省2017年高中阶段招生少数民族政策性加分标准出台】4月1日，安徽2017年高中阶段招生加分政策公布，同一考生如符合多项加分条件，只取其中最高一项分值加分，不得重复加分。教育厅要求各地进一步清理有违公平公正原则的高中阶段招生加分政策。其中少数民族考生在其初中学业水平

蹴球邀请赛

考试成绩基础上增加5分投档。

【合肥铁路工程学校召开新疆学生座谈会】4月6日下午，安徽新疆籍少数民族学生服务管理工作协调站调研组到合肥铁路工程学校召开新疆学生代表座谈会。安徽省新疆籍少数民族学生服务管理工作协调站站长阿黑哈提·伊马什等出席，省教育厅、协调站、新疆班班主任及内派教师等参加座谈。会上，阿黑哈提·伊马什向与会师生介绍了本次座谈会的目的与意义，充分肯定该校过去几年安徽内地新疆中职班的工作，并对同学们提出要求和希望。随后，调研组一行还与同学们进行了交流，大家纷纷就校园生活和学习情况发言，现场气氛热烈。

【民族学校开展认定备案工作】近年来，由于安徽部分地区行政区划调整、部分民族学校撤并及教育教学任务调整等原因，全省民族学校的数量和部分学校学制有了较大变化。为进一步推动全省民族教育事业发展，规范民族中小学校认定标准和程序，准确掌握当前全省各级各类民族学校建设情况，并为有关教育规划及项目建设提供依据，9月初，省民委、省教育厅对全省民族学校进行认定备案工作。此次认定备案工作，2013年已认定备案的民族学校，在学校自愿申请的基础上，各地原则上应予以认定。对其中现已变更为教学点的，不予认定。新申请认定的学校必须是在少数民族聚居地区设立的中、小学且少数民族学生数达到学生总数30%以上。

【"心连心、手拉手"皖疆中小学校签订帮扶协议】10月16日，为深入贯彻落实第二次中央新疆工作座谈会和中央文件精神，提升全省教育援疆的服务水平，根据教育部关于开展新疆和援疆省市学校"千校手拉手"的活动精神，省教育厅组织全省15个市的24个学校与新疆和田皮山县16个学校开展"心连心 手拉手"活动。在启动仪式上，两地学校签订帮扶协议书。按照协议规定，安徽学校将与新疆皮山县学校就学校管理、教育教学、教师队伍建设等方面开展互帮互助、交融交流。在疆期间，全省24位中小学校长分赴各帮扶学校进行实地考察，认真调研，对各被帮扶学校办学条件、教师队伍、管理情况等进行了深入了解，为下一步帮扶工作打下了良好基础。

陀螺邀请赛

【全民健身五年计划重视少数民族和民族地区全民健身事业发展】1月初，《安徽省全民健身实施计划(2016—2020年)》正式发布，根据目标要求，将以乡镇、农村社区为重点促进全省基本公共体育服务均等化，同时依照普惠性、保基本、兜底线、可持续、因地制宜的原则，重点扶持大别山革命老区、皖北地区、贫困地区及少数民族聚居地区加快发展全民健身事业。按照《计划》，到2020年，安徽半数以上的民族乡镇(街道)建成1个小型室内健身中心、1个全民健身广场、1个多功能球类运动场。100%的民族村建有公共体育设施。

【蹴球项目邀请赛在肥东县举办】4月25日，2017年全省少数民族传统体育运动蹴球项目邀请赛在肥东县隆重开幕。省委统战部副部长、省民委主任孙丽芳，合肥市副市长吴春梅及省体育局、合肥市民委、合肥市体育局以及肥东县政府有关负责人出席开幕式。开幕式在激昂嘹亮的国歌声中拉开帷幕。肥东县人民政府县长孙良鸿致欢迎词，省体育局人事处负责人致开幕词。运动员和裁判员代表分别宣誓。最后孙丽芳宣布蹴球项目邀请赛开幕。在简短而庄重的仪式后，运动员们开始了紧张而激烈的比赛。4月26日，蹴球项目邀请赛闭幕，并举行颁奖仪式。

蹴球邀请赛共产生蹴球男单、女单和混双项目一等奖3个、二等奖3个和三等奖6个。全省共有11个市组团参加，5个市派员观摩学习，共约130人。来自全省11个市的少数民族运动员秉承"团结、友谊、拼搏、创新”的精神，力争在赛场上赛出水平，赛出风格。

此次比赛是安徽首次举办少数民族传统体育运动蹴球项目邀请赛，既是推动全省民族团结进步事业创新发展的重要举措，更是贯彻 2017 年省政府重点工作的具体任务，意义十分重大。在赛前筹备工作中，省民委、省体育局于 3 月 21 日下发《关于举办全省少数民族传统体育有关项目邀请赛的通知》，对三项邀请赛进行了部署。

【毽球项目邀请赛在太和县举办】 7 月 11 日，2017 年全省少数民族传统体育运动毽球项目邀请赛暨太和县首届少数民族运动会在太和县隆重开幕。省委统战部副部长、省民委主任孙丽芳，阜阳市副市长李红及阜阳市民委、阜阳市体育局、太和县委县政府有关负责人出席了开幕式。太和县县长刘牧愚致欢迎词，孙丽芳致开幕词并宣布运动会开幕。运动员和裁判员代表分别宣誓。在太和县各族群众献上精彩纷呈的文艺表演后，运动员们开始紧张而激烈的比赛。7 月 12 日举行闭幕式暨颁奖仪式。

毽球邀请赛共产生毽球男子团体、女子团体一等奖 2 个、二等奖 4 个和三等奖 6 个，其中蚌埠市获得男子团体一等奖，阜阳市获得女子团体一等奖。此次运动会，是 2017 年全省少数民族传统体育运动三大项目系列邀请赛之一。来自全省 7 个市和 1 所高校的少数民族运动员秉承“团结、友谊、拼搏、创新”的精神，在上赛场上赛出水平，赛出风格，给大家带来一场场精彩的视觉盛宴。

【陀螺项目邀请赛在桐城市举办】 10 月 21 日，2017 年全省少数民族传统体育运动陀螺项目邀请赛在桐城市隆重开幕。省委统战部副部长、省民委主任孙丽芳，省体育局副局长甄国栋，安庆市政府副市长黄杰及省民委、省体育局、安庆市民委、安庆市教体局、桐城市委市政府有关负责人出席开幕式。桐城市委常委、副市长戴波致欢迎词，甄国栋致开幕词，运动员和裁判员代表分别宣誓。孙丽芳宣布 2017 年全省少数民族传统体育运动陀螺项目邀请赛开幕。此次比赛既是安徽首次举办少数民族传统体育运动陀螺项目邀请赛，又是 2017 年全省少数民族传统体育运动三大项目系列邀请赛的最后一项。全省 8 个市 9 支代表队参赛，8 个市派员观摩学习，共计 100 余人参加。

10 月 22 日举行闭幕式，并举行颁奖仪式，出席闭幕式的各部门负责人给获奖运动员分别颁发奖牌和证书。陀螺邀请赛为期 3 天，陀螺项目男单、女单，男双、女双分别产生一等奖 1 个、二等奖 2 个和三等奖 3 个，其中池州市包揽男单、女单，男双、女双全部一等奖。

【安徽省第八届少数民族传统体育运动会第一次筹备工作会议在合肥召开】 12 月 27 日，省民委、省体育局在合肥市召开运动会第一次筹备工作会议。省民委副主任罗曙生，全省 16 个市民族、体育工作部门有关负责人和业务科长以及省民委、省体育局有关处室负责人出席会议。会上，省体育局群体处负责人介绍了安徽省第八届少数民族传统体育运动会竞赛项目规程，参会代表就运动会总规程、单项规程及运动会其他具体事宜进行了热烈讨论。最后，罗曙生提出要求：要突出团结进步的主题，打造民族体育品牌，全力以赴扎实抓好全省民族运动会的筹备工作。

毽球邀请赛

宗　　教

安徽省宗教界举办学习宣传贯彻党的十九大精神座谈会

【宗教概况】安徽省佛教、道教、伊斯兰教、天主教、基督教俱全，并在新时期都获得不同程度的发展。截至 2017 年年底，安徽省大约有信教群众 320 万人。省宗教团体有省佛教协会、省道教协会、省伊斯兰教协会、省天主教爱国委员会、省天主教教务委员会、天主教安徽教区、省基督教三自爱国运动委员会、省基督教协会；有国务院颁布的全国重点寺庙 14 座，分别是合肥市明教寺、安庆市迎江寺、潜山县乾元禅寺、滁州市琅琊寺、芜湖市广济寺、九华山的化城寺、肉身殿、百岁宫、甘露寺、祇园寺、天台寺、旃檀林、慧居寺、上禅堂。九华山为中国佛教四大名山之一，齐云山为全国道教四大名山之一，佛教禅宗二祖寺、三祖寺都在安徽境内，司空山被誉为中国禅宗第一山。

【宗教界开展“我们的价值观·我们的中国梦”文艺会演活动】为贯彻落实全国、全省宗教工作会议精神，坚定宗教界汇聚正能量、实现“中国梦”的理想信念，省宗教局在全省宗教界开展“我们的价值观·我们的中国梦”文艺会演活动。各级宗教工作部门引导宗教界紧紧围绕培育和践行社会主义核心价值观、实现中华民族伟大复兴中国梦、建设五大发展美好安徽等主题，编排形式多样、能充分反应安徽省宗教界正面形象的节目。通过层层推荐和审核，以各教为单位，由各全省性宗教团体组织预演。省宗教局在各宗教预演和遴选推荐的基础上，组织开展全省宗教界“我们的价值观·我们的中国梦”文艺会演，并评选优秀节目予以鼓励。

【宗教界开展培育和践行社会主义核心价值观示范点创建活动】3 月，省宗教局下发《关于在全省创建宗教界培育和践行社会主义核心价值观示范点的通知》，在全省宗教界开展以“四进”(国旗国歌进场所、宣传标识进场所、法制教育进场所、道德典范进场所)、“四有”(有主题活动、有专题讲稿、有规章制度、有社会服务)为主要内容的社会主义核心价值观示范点创建活动。活动得到全省宗教界的积极响应，有条件的宗教团体、宗教活动场所和宗教院校纷纷行动起来，开辟多种途径、创新方式方法，积极践行社会主义核心价值观，做到爱国爱教、教风端正、利益人群、服务社会，在社会上和信教群众中树立了良好形象。9 月，经过层层推荐、严格评审、社会公示，省宗教局决定将合肥市明教寺等 221 个爱国宗教团体、宗教活动场所和宗教院校命名为“安徽省宗教界培育和践行社会主义核心价值观示范点”。

省伊协举办社会主义核心价值观培训班

【全省性宗教团体分别开展主题讲经讲道活动】2017 年，在省宗教局支持鼓励下，全省性宗教团体都将社会主义核心价值观纳入年度培训的重要内容，开展各有特点的宗教思想建设和宣讲活动，探索宗教思想与社会主义核心价值观相融相通的契合点，对教规教义做出符合时代进步要求的阐释。其中，省佛教协会和省基督教两会从教规教义中引经据典，对社会主义核心价值观 12 个词逐个进行阐释和解读；省道教协会以社会主义核心价值观为主题，开展玄门讲经征文活动；省伊斯兰协会组织编印《新编卧尔兹演讲集》，并发放至全省清真寺；省天主教两会精选与社会主义核心价值观相融通的教规教义编入年历。此外，省内两所宗教院校——九华山佛学院和安徽神学院，明确要求每名教师至少撰写 1 篇主题讲经讲道稿纳入教学内容。

【宗教界举办学习宣传贯彻党的十九大精神座谈会】11 月 27 日，全省宗教界学习宣传贯彻党的十九大精神座谈会在合肥召开，各全省性宗教团体主要负责人、秘书长（总干事）、专职副秘书长及部分市级宗教团体负责人 30 余人参加会议，省宗教局局长孙丽芳出席会议并讲话，10 名宗教团体负责人做大会交流。

安徽省宗教界积极开展培育和践行社会主义核心价值观示范点创建活动。图为六安市双河道观升国旗活动。

安徽省宗教局在合肥举办“我们的价值观 我们的中国梦”文艺会演

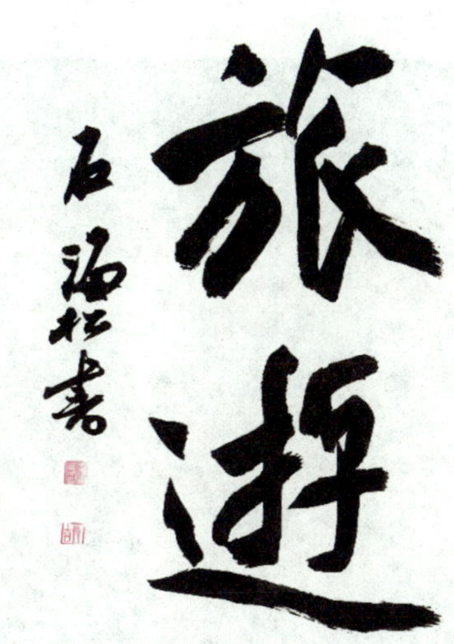

□综　　述

□重大旅游活动

□国内旅游

□出入境旅游

□旅游监督管理

□旅游公共服务

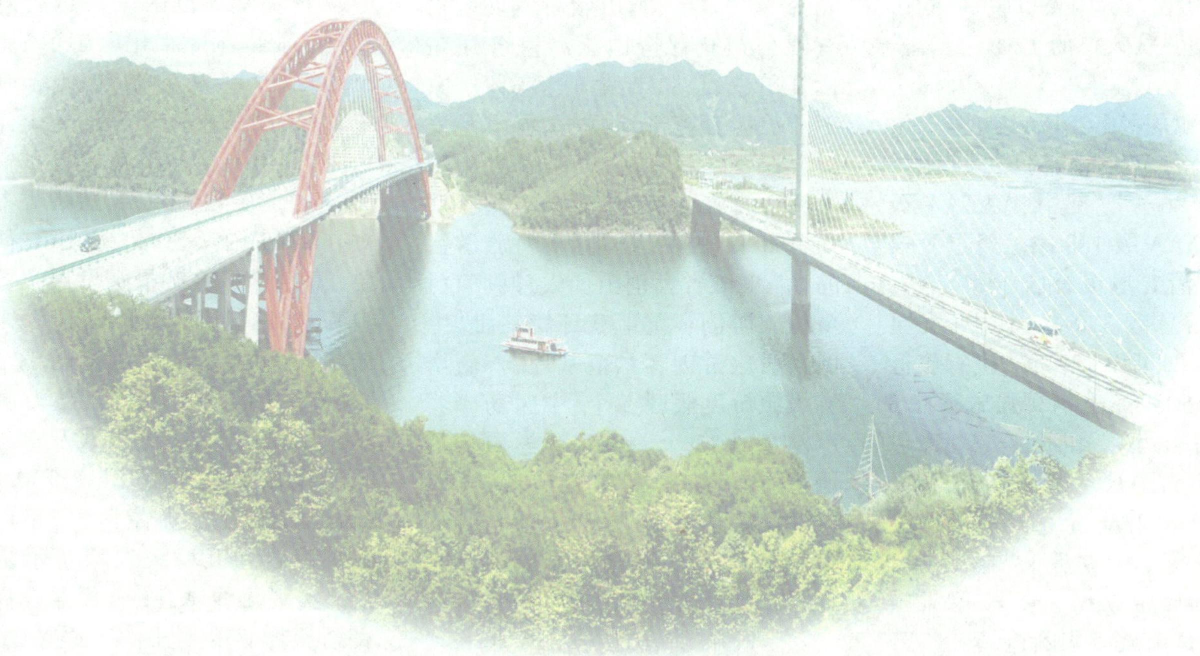

综　述

“你是最美的风景——2017 安徽旅游行业风采展”在合肥隆重举办

【旅游业发展概况】2017 年，安徽省接待入境游客 549 万人次，比上年增长 13.1%；入境旅游收入 28.8 亿美元，增长 13.3%。接待国内游客 6.26 亿人次，增长 19.9%；国内旅游收入 6002 亿元，增长 26%。实现旅游总收入 6197 亿元，增长 25.6%。旅游业对住宿、餐饮、民航、铁路客运业的贡献超过 80%，旅游直接和间接从业人员 448 万人，占全社会就业人数的 10.2%、占第三产业就业人数的 25.6%。旅游业发展带动 45.5 万贫困人口脱贫，约占全省同期脱贫人口的 12%。

【旅游行业规模】2017 年，全省旅游生产经营单位超 2 万家。A 级景区总数 586 家，其中，AAAAA 级 11 家、AAAA 级 188 家。经过复核检查，取消五星级饭店 1 家，全省星级饭店总数 370 家，其中，五星级 24 家、四星级 127 家。全省旅行社总数 1508 家(全国百强旅行社 3 家)，其中出境游组团社 73 家(包括赴台游组团社 7 家)。全省星级农家乐总数 2346 家，其中四星级以上 937 家。全省营业收入超过 1 亿元的涉旅企业 62 家，安徽省旅游集团、黄山旅游集团连续 8 年跻身“中国旅游集团 20 强”。全省主板上市旅游企业 2 家，一批中小旅游企业在新三板上市，省股权托管交易中心文旅板黄山专板开板。首创推出“安徽旅游服务质量江淮行”活动。安徽饭店客房服务班、阜阳生态乐园热带植物园、马鞍山青年国际旅行社导游部 3 个集体获“全国青年文明号”称号。安徽好之旅长江路门店获评“全国巾帼文明岗”，黄山玉屏客运索道有限责任公司被全国总工会授予“全国工人先锋号”称号。黄山旅游发展股份有限公司获评全国旅游服务质量标杆单位，合肥市荣事达获评国家工业旅游示范基地，中国科学院安徽合肥董铺科学岛获评“首批中国十大科技旅游基地”，黄山市黟县获评首批“中国优秀国际乡村旅游目的地”，安徽省大别山仙人冲画家村乡村旅游创客基地获评第三批“中国乡村旅游创客示范基地”。新增省级旅游度假区 5 个、中医药康养示范基地 13 个、省级研学旅行基地 15 个。截至 2017 年年底，全省创建旅游强县 16 个，优秀旅游乡镇 255 个，乡村旅游示范村 496 个。

【全域旅游和皖南国际文化旅游示范区建设】截至 2017 年年底，全省共有 3 个市、16 个县(市、区)列入国家全域旅游示范区创建单位名单。举办全域旅游和旅游品牌创建培训班，制定出台《安徽省“国家全域旅游示范区创建”工作评估监测指数及细则》。19 个创建国家全域旅游示范区的市县(区)均制定创建工作实施方案，13 个单位完成全域旅游发展规划编制。皖南示范区的黄山、池州、宣城市和安庆市的潜山、太湖、岳西、宜秀等县区召开全域旅游创建动员会或推进会。黄山市委印发《国家旅游全域旅游示范区创建实施方案》，将其作为全市重点工作调度安排；池州发布实施《2017 年全域旅游发展行动计划》，并在市和县区(管委会)共确定 7 个全域旅游“一号工程”强力攻坚。未整体列入创建的安庆、马鞍山市和铜陵市义安区等地对照全域旅游示范区标准主动创建。

召开皖南国际文化旅游示范区第三次联席会议。皖南国际文化旅游示范区旅游发展规划编制工作完成，在全省乡村旅游扶贫、文化旅游、山地旅游、旅游小镇、温泉旅游、自驾车房车营地等专项规划中均对皖南示范区发展进行规划安排。皖南国际文化旅游示范区 7 个市 2017 年在建旅游项目 1072 个，完成投资 859.5 亿元，比上年增长 10.4%，占全省旅游项目投资总额的比重为 42.2%。省旅发委参与协办 2017 国家公园（黄山）研讨会、2017 全域旅游投资发展（齐云山）高峰论坛等重要会议。深入推进“厕所革命”，皖南示范区 7 个市 2017 年新建改扩建完工旅游厕所 566 座。在国省干道沿线及重点景区建设旅游交通标识牌 730 块。AAAA 级以上旅游景区、四星以上旅游饭店和五星级农家乐示范点全部实现无线 WIFI 全覆盖。禅源太湖旅游区创建国家 AAAAA 级

3 月 20 日，第三届全国导游大赛在安徽省黄山市盛大开幕。

旅游景区待最后验收；齐云山景区通过 AAAAA 级景区景观质量评估。牯牛降联合申报 AAAAA 级景区工作达成一致意见；采石矶、查济等景区创建 AAAAA 级旅游景区工作启动。天柱山景区综合整治提升工程完工，国家旅游局警告处理撤销。黟县被评为中国优秀国际乡村旅游目的地。宣城徽杭古道景区被评为国家体育旅游产业示范基地。与省体育局联合在黄山市召开首届全省体育旅游发展大会。潜山县获评全国休闲农业和乡村旅游示范县，东至县获评省级休闲农业和乡村旅游示范县。马鞍山、宣城、铜陵 3 市成立市级国有控股的文化旅游投资公司，强化政府主导，加大旅游发展投入。马鞍山市提出牵头打造李白寻踪游精品线路，池州市启动平天湖水上环线及平天半岛大酒店二期项目。宣城市启动“皖南最美川藏线”综合改造项目。黄山市启动“168 徒步旅游黄金线”“黄山 218 线”精品线路建设打造工程。2017 年 5 月 19 日成立皖南示范区旅游营销联盟。6 月 19 日，组织示范区 7 个市在杭州开展“美丽安徽行”旅游联合营销活动。通过国际旅行商大会、央视省级卫视专题宣传等平台，强势推出皖南世界遗产精品游线路、皖江黄金水道游线路、天柱生态养生游线路、最美高铁浪漫游线、皖南“川藏线”等品牌线路。2017 年皖南示范区（预估数）实现旅游总收入 3532.44 亿元、接待入境游客 447.92 万人次、国内游客 3.14 亿人次，比上年分别增长 25.4%、12.5%和 19.2%，占全省比重分别达到 52.48%、81.57%和 50.14%。

2017 年 6 月 29 日，皖南国际文化旅游示范区第三次联席会暨皖南片区旅游工作调度会在旌德县召开。

【皖南国际文化旅游示范区第三次联席会】 2017 年 6 月 29 日，皖南国际文化旅游示范区第三次联席会暨皖南片区旅游工作调度会在旌德县召开。安徽省副省长、省促进旅游业改革发展领导小组组长张曙光出席会议并讲话。省促进旅游业改革发展领导小组副组长陈强主持会议。皖南示范区 7 市、旌德县以及省发展改革委、省住房城乡建设厅负责人汇报推进皖南示范区建设情况及下一步工作安排。省促进旅游业改革发展领导小组成员单位主要负责人，皖南国际文化旅游示范区 7 市政府负责人等参加会议。

【安徽省旅游局更名为安徽省旅游发展委员会】 根据中央编办的批复，安徽省旅游局更名为安徽省旅游发展委员会，并由省政府直属机构调整为省政府组成部门。9 月 29 日，安徽省十二届人大常委会第四十次会议决定任命万以学为安徽省旅游发展委员会主任。

重大旅游活动

4 月 26—27 日,2017"八里河杯"国际运动风筝赛在颍上举行。

【第三届全国导游大赛在黄山举办】3 月 20 日,第三届全国导游大赛在黄山市举办。大赛由国家旅游局、共青团中央、全国妇联、中国财贸工会主办,安徽省旅游局、黄山市人民政府、旅游卫视承办。安徽省政府副省长张曙光,国家旅游局副局长王晓峰、魏洪涛,安徽省旅游局局长万以学,黄山市委书记任泽锋、市长孔晓宏以及共青团中央、全国妇联、中国财贸工会等相关单位负责人出席开幕式。张曙光、王晓峰分别致辞,魏洪涛为评委颁发聘书。来自全国的 63 名选手参加决赛。经过多轮竞比,4 月 20 日在北京举办的第三届全国导游大赛总决赛及颁奖典礼上,安徽省旅游局获"最佳组织奖"和"突出贡献奖",安徽省选送的 2 名选手全部获奖,其中李国鸣获得银奖,候选国家旅游局和共青团中央联合授予的"全国青年岗位能手"称号,程浩获得铜奖和最佳人气奖。

【《安徽省旅游条例》修订草案通过】新修订的《安徽省旅游条例》经省十二届人大常委会第三十七次会议通过,于 2017 年 6 月 1 日起施行。新修订的《条例》分为总则、旅游规划与发展、旅游业态创新、旅游者的权利与义务、旅游服务与经营、旅游安全与监管、法律责任、附则 8 章 70 条。新《条例》提出要将旅游业培育成战略性支柱产业,明确发展"智慧旅游",鼓励旅游业态创新,进一步强化对旅游者和旅游经营者合法权益的保障。新《条例》明确,省人民政府应当推进旅游业供给侧结构性改革,加大对旅游业的政策支持和扶持力度,建设旅游特色精品景区,打造旅游精品线路,构建旅游新业态,发展特色旅游商品,培育旅游领军企业,构建全域旅游格局,将旅游业培育成战略性支柱产业。

【全省旅游业发展大会在合肥召开】4 月 5 日,全省旅游业发展大会在合肥召开。省委书记李锦斌出席会议并讲话。省长李国英主持大会并作总结讲话。国家旅游局副局长李世宏出席会议并讲话。省领导徐立全、唐承沛、詹夏来、张曙光及省政府秘书长侯淅珉出席会议。会议强调,要深入学习贯彻习近平总书记系列重要讲话特别是视察安徽重要讲话精神,以新发展理念引领旅游业改革创新,将旅游业培育成为重要支柱产业,全力推进旅游强省建设,奋力开创五大发展美好安徽建设新局面。

【2017 年全省乡村旅游扶贫工作会议在小岗村召开】4 月 27—28 日,2017 年全省乡村旅游扶贫工作会议在凤阳县小岗村召开。16 个市旅游局(委)和 333 个旅游扶贫重点村所在县旅游局(委)负责人等参加会议。会议总结交流上年度岳西会议以来,各地乡村旅游扶贫工作的成效经验。淮北、亳州、宿州、蚌埠、阜阳、淮南等皖北六市旅游部门及凤阳县政府负责人,介绍当地乡村旅游扶贫工作的经验和做法。会议期间,与会人员还考察了凤阳县"合作社+农户""企业+农户""能人带户"等脱贫致富典型。

【第十届中博会之中部六省旅游推介暨发展论坛在合肥举办】5 月 18 日,第十届中国中部投资贸易博览会重要活动之一的中部六省旅游推介暨发展论坛在合肥举办。安徽省人民政府副省长张曙光、国家旅游局副局长杜江出席推介会并致辞。会上,中部六省旅游主管部门签订《中部六省旅游合作框架协议书》,推介各自旅游资源和旅游投资优选项目。其中,安徽省旅游局采用 3D 全息投影技术对安徽旅游的特色资源和产品进行展示。中国旅游研究院院长、国家旅游局数据中心主任戴斌主持论坛环节,围绕"中部毗邻省市如何共推中部旅游发展""旅游+如何推动中部经济崛起"的议题对相关省、市旅游部门和党政领导进行了访谈。

【中国旅游日安徽主场活动在合肥

举办】5月19日,中国旅游日安徽主场活动在合肥滨湖万达主题乐园脸谱广场举办。省直工委、省旅游局、省文明办、省委外宣办等部门领导与合肥万达城文化旅游管理有限公司负责人出席活动并共同按动启动球。省旅游协会导游分会代表宣读“文明旅游,志愿服务倡议”,现场进行文明旅游知识问答等互动环节。活动现场设有主舞台区、展示展销区、图片展览区、咨询互动区等区域,来自13市的50家旅游企业到场开展旅游惠民活动。

【中国(黄山)首届国际研学旅行节在黄山开幕】5月19日,中国首个研学旅行节——中国(黄山)首届国际研学旅行节在黄山国际大酒店开幕。活动由黄山旅游发展股份有限公司主办,黄山市相关部门、企业负责人及北京、上海、湖北、内蒙古等10余个省市研学机构的专家代表250多人参加活动。黄山旅游发展股份有限公司现场发布黄山风景区首批研学产品及8项研学专项政策;聘请11人为黄山风景区首批研学旅行导师;与国内有影响力的中国报业小记者联盟、中少童行(北京)教育科技有限公司、安徽华景文化旅游产业集团等研学机构签署合作协议。

【皖南国际文化旅游示范区第三次联席会暨皖南片区旅游工作调度会召开】6月29日,皖南国际文化旅游示范区第三次联席会暨皖南片区旅游工作调度会在旌德县召开。省政府副省长、省促进旅游业改革发展领导小组组长张曙光出席会议并讲话。省发展改革委、省旅游局、省住房城乡建设厅、省交通厅、省文化厅、省体育局等部门负责人出席会议。皖南示范区7市、旌德县以及省发展改革委、省住房城乡建设厅负责人汇报推进示范区建设情况及下一步工作安排,省旅游局围绕皖南国际文化旅游示范区“五个一批”建设情况作发言。

【安徽“皖和号”旅游专列驶往新疆】8月8日,2017年“皖和号”旅游专列在合肥站举行发车仪式,驶往新疆。活动由安徽省委宣传部、安徽省旅游局、安徽省文明办、共青团安徽省委、安徽省驻新疆援建指挥部、新疆和田地区行政公署、上海铁路局等有关单位主办,和田地区旅游局、上海铁路国际旅游(集团)有限公司、安徽万达环球国际旅行社有限责任公司联合承办。专列由黄山站始发,8月22日返回安徽,全程15天,载客约500人。

【安徽省红色旅游工作会议召开】8月25日,安徽省红色旅游工作会议暨大别山片区旅游发展调度会在金寨县召开,副省长张曙光出席会议并讲话,省政府副秘书长赵振华主持会议,省旅游局局长万以学在会上作交流发言。会议的主要任务是深入贯彻落实《2016—2020年全国红色旅游发展规划纲要》和省委、省政府主要负责人关于发展红色旅游的重要批示精神。11个单位就红色旅游工作在会上进行发言。与会人员会前参观了金寨县红军广场、金寨红军源革命传统教育影视基地、金寨小南京乡村旅游扶贫示范区,现场观摩金寨县红色旅游发展项目。

【全省体育旅游产业发展大会在黄山市召开】9月16—17日,由省体育局、省旅游局主办的全省首届体育旅游产业发展大会在黄山市召开。省体育局局长高维岭、省旅游局局长万以学及黄山市政府领导出席大会。会上发布2015年以来历届中国体育旅游博览会安徽省获得的“十佳”项目名单,以及2017年安徽省体育旅游项目获奖情况。高维岭代表省体育局与六安市金安区等15个全省首批体育特色小镇所在县(区)人民政府签订共建协议;未来三年内,省体育局将从资金扶持、规划引导、赛事指导等方面支持地方政府规划建设体育特色小镇。会议代表还实地考察观摩途居黄山汽车自驾运动营地。

【第八届文房四宝文化旅游节在宣

5月19日,中国旅游日安徽主场活动在合肥滨湖万达主题乐园脸谱广场举办。

7月15日,第五届中国(安徽)旅游品牌节在合肥开幕。

城开幕】10月28日，由宣城市政府、安徽省旅游发展委员会、安徽省文化厅、安徽省商务厅共同主办的第八届文房四宝文化旅游节开幕式在宣城市举行。安徽省人大常委会副主任花建慧宣布第八届文房四宝文化旅游节开幕。宣城市委书记韩军，省政府副秘书长赵振华、安徽省文化厅厅长袁华、中国文房四宝协会副会长桑福金等出席开幕式。宣城市人民政府市长张冬云、安徽省旅游发展委员会主任万以学分别致辞。

【“你是最美的风景”——2017安徽文明旅游风采展举办】11月9日,由安徽省旅发委、省文明办、省质量技术监督局、省总工会联合主办的“你是最美的风景——2017安徽旅游行业风采展”在合肥举办。省政府副秘书长赵振华、国家旅游局监督管理司副巡视员刘劲柳、省旅游发展委员会主任万以学出席活动并致辞。活动对安徽旅游业一线工作者的事迹风采进行集中宣传推广,旨在展示安徽旅游文明风尚,见证行业匠心风采,传递文明、诚信、品质的行业核心价值,凝聚品质发展、绿色提升、文明旅游的发展共识,进一步激发旅游行业从业人员的工作热情和创业激情。现场发布安徽旅游行业人物微记录《逐梦行者》,集中命名2017“首届旅游服务质量标杆单位”“旅游工匠”“安徽好游客、好导游”,展示一批“十三五”以来全省旅游行业的领军企业和先进人物故事。

【2017年黄山旅游节开幕式暨第六届安徽国际旅行商大会举行】11月10日，由安徽省旅发委和黄山市政府联合举办的2017年黄山旅游节开幕式暨第六届安徽国际旅行商大会在黄山市举行。省政府副省长张曙光宣布大会开幕,国家旅游局旅游促进与国际合作司副司长孙波、安徽省政府副秘书长赵振华、省旅发委主任万以学、黄山市委书记任泽锋等出席大会,英国德比郡议会议长百瑞·路易斯、中青旅控股股份有限公司董事长康国明应邀出席大会。来自境外的300多名旅行商代表和国内的重点旅行商、媒体代表等500余人参加大会。本届黄山旅游节以“美好安徽,迎客天下”为主题,主要活动包括2017年黄山旅游节开幕式暨第六届安徽国际旅行商大会、安徽旅游新项目新业态招商推介、2017安徽自驾游大会、2017中国黄山国际乡村摄影节暨第十二届中国黟县国际乡村摄影大展、皖南国际文化旅游示范区旅游营销联盟创新研讨会、全国主流都市媒体总编安徽行等。

【2017安徽旅游诚信品质榜发布活动举行】11月11日,“2017安徽旅游诚信品质榜”暨“安徽旅游诚信日”发布活动在合肥举行。省政府办公厅、省旅发委、省文明办、省工商局、省质监局等单位领导出席活动。省旅发委主任万以学宣布每年的11月11日为“安徽旅游诚信日”,这是国内首个“旅游诚信”专属节日。会上宣读并颁发安徽旅

12月16日,长三角旅游合作第七次联席会议在黄山市召开。

游质监执法技能竞赛奖项，揭晓“2017安徽旅游诚信品质榜”榜单，来自全省的80位上榜企业和个人代表颁奖。省旅游协会及各分会代表联合发起并签署“安徽旅游诚信品质公约”。安徽旅游行业监管和质监执法的门户网站——新版安徽旅游诚信网启动上线。

【2017安徽旅游互联网大会在合肥举办】12月12日，2017安徽旅游互联网大会在合肥举办。大会由国家旅游局信息中心指导，安徽省旅发委主办，安徽省旅游信息中心承办。省旅发委主任万以学出席大会并致辞，国家旅游局信息中心刘艳发表主题演讲。省委外宣办、省经信委、省科技厅、省商务厅、省工商局、省文化厅等单位领导出席会议并为获奖单位颁奖。会议以“聚焦目的地、深耕互联网、拥抱新科技”为主题，国内多家旅游与互联网企业高管、大学院校教授等作主旨演讲和访谈。会上发布《安徽旅游微博微信评价指标体系》，公布安徽省旅游智慧等级评定结果和安徽旅游信息化建设系列十佳评选结果，举行安徽旅游政务网改版上线仪式。《安徽智慧旅游 与您一路同行》宣传片在会上“首映”。省旅发委与安徽电信、安徽移动、安徽联通、安徽银联、同程旅游签署战略合作协议。腾讯、百度、携程、新浪、同程等旅游互联网企业高管作演讲访谈。大会期间还举办安徽智慧旅游成果展，吸引多家智慧旅游新科技、新成果产品亮相。

【长三角旅游合作第七次联席会议在黄山市召开】12月16日，长三角旅游合作第七次联席会议在黄山市召开，上海市副市长陈群、江苏省副省长陈震宁、浙江省副省长梁黎明、安徽省副省长张曙光出席会议并分别讲话。会议以“深化务实合作，扩大有效供给，加强建设具有世界竞争力和影响力的旅游目的地”为主题，三省一市旅游部门负责人作交流发言，并共同签署《推进长三角区域旅游一体化发展2018年行动计划》。参会的三省一市部分地市负责人围绕深化区域旅游产品开发、市场开发、市场监管和公共服务等方面进行座谈讨论。

【皖北片区旅游业发展调度会在亳州召开】12月20日，皖北片区旅游业发展调度会在亳州市召开。副省长张曙光出席会议并讲话，省政府副秘书长赵振华主持会议。省旅发委主任万以学、亳州市委书记汪一光以及省发改委、省旅发委、省卫计委、省住建厅、省文化厅等单位负责人出席会议。万以学通报了皖北片区旅游业发展情况，省文化厅、省卫计委及淮北、宿州、蚌埠、阜阳、淮南、亳州等市负责人作汇报发言。

国内旅游

金寨县革命烈士陵园

【国内旅游概况】2017年，安徽省接待国内游客6.26亿人次，比上年增长19.9%；国内旅游收入6002亿元，增长26%。国内旅游超2200万人次的有14个市；国内旅游收入超100亿元的有15个市，其中合肥、黄山、池州、安庆、芜湖市均超600亿元，合肥市达到1468亿元。

【红色旅游】2017年，安徽省新增11个全国红色旅游经典景区，总量达到31个，占全国的2.7%。当年策划39个重点红色旅游项目，计划总投资18.1亿元。渡江战役系列景区、金寨县革命烈士陵园等5个景区入选全国红色旅游经典景区三期总体建设方案项目。小岗村和金寨县红军广场两个红色旅游景区启动创建国家5A级旅游景区工程，分别谋划实施30个和9个重点项目，总投资达11.5亿元、50亿元，当年完成投资4.64亿元、2.5亿元。淮海战役总前委蔡洼项目有序推进。策划推出渡江战役遗址公园项目和“中国革命的重要策源地、人民军队的重要发源地”之旅等7条红色旅游精品线路，其中3条入选全国30条红色旅游线路。印发第二批 10 个红色旅游小镇专项规划，举办红色旅游景区规范提升培训班，建立省级红色旅游景区目录(共 49 家)。全年红色旅游接待游客 4921 万人次，实现综合收入 169 亿元，比上年增长 10%以上。

【假日旅游】2017 年春节黄金周期间，全省累计接待游客 2681.52 万人次，比上年增长 14.37%，其中一日游游客 2099.45 万人次、增长 24.75%；实现旅游总收入 142.67 亿元，增长 12.35%。16 个市中，有 9 个市接待旅游者超过百万人次，与上年持平，其中合肥、黄山、安庆、亳州、宿州、六安等 6 个市均超过 200 万人次；有 10 个市旅游总收入超过 5 亿元，比上年增加 1 个，其中合肥、黄山、安庆、池州、宿州、亳州等 6 个市均超过 10 亿元。国庆黄金周期间，全省累计接待游客 6415.25 万人次，比上年增长 11.82%，其中过夜游客 1003.32 万人次、增长 10.02%，一日游客 5411.9 万人次、增长 12.53%；实现旅游总收入 246.03 亿元，增长 12.39%。16 个市中，有 6 个市接待游客超过 300 万人次，较上年增加 1 个，其中合肥、六安、宣城、池州、安庆 5 市超过 500 万人次；有 7 个市接待游客人次增长超过 15%，其中亳州市、宣城市分别增长 44.75%、23.21%。有 9 个市旅游总收入超过 10 亿元，与上年持平，其中黄山、芜湖、池州、六安、安庆 5 个市均超过 20 亿元；有 6 个市旅游总收入增长超过 15%，其中宣城市、亳州市、马鞍山市分别达到 39.24%、37.48% 和 24.3%。

出入境旅游

2017 年 4 月 11 日，"开放的中国：锦绣安徽 迎客天下"外交部安徽全球推介活动在外交部蓝厅举办

【入境旅游】组织或参加"美丽中国——2017 年港澳地区主题旅游宣传推广""万里茶道"、欧洲旅游推广、"第五届澳门国际旅游（产业)博览会""美丽中国——世界遗产"、北美旅游推广等活动，赴德国、瑞士、阿联酋、印尼等国参加系列旅游交流合作或开展旅游宣传促销活动。全省全年接待入境游客 549 万人次，比上年增长 13.07%；旅游外汇收入 28.81 亿美元 (不含旅游商品创汇数)，增长 13.31%。其中：接待台湾游客 119.73 万人次，增长 12.54%，占入境旅游者比重 21.8%；香港游客 71.1 万人次，增长 10.63%，占入境旅游者比重 12.95%；澳门游客 37.3 万人次，增长 16.62%，占入境旅游者比重 6.8%；接待外国游客 321 万人次，增长 13.42%。

【出境旅游】2017 年，安徽省旅游发展委员会政务窗口共审批出国(境)旅游团组 2275 个，审批人数 54407 人。

【旅游开放合作】借力"中丹旅游年""中哈旅游年""中瑞旅游年"等国家重大外交战略平台，开展旅游宣传推广，并作为合作典型在中哈旅游合作论坛上进行安徽旅游推介。成功承办"锦绣安徽 迎客天下"外交部安徽全球推介活动旅游板块工作，成功策划推出"镶着金边的女王""绿茶之中的王子""神奇黄山的精灵""山中走来的隐士"4 款茶旅融合产品。承接"中博会""徽商大会""中俄两河流域合作理事会会议""俄罗斯高级公务员研修班"等省委、省政府重大活动。组团赴俄罗斯等国家和地区开展 6 批次旅游宣传推广活动。协助英国德比郡议会委员会主席、土耳其安塔利亚省省长、白俄罗斯布列斯特州执行委员会主席等多个国家政府官员一行举办多场旅游宣传推介活动。黄山旅游节暨第六届安徽国际旅行商大会，邀请美国、加拿大、英国、俄罗斯、新加坡等 17 个国家和地区的 300 多名旅行商代表参加。

旅游监督管理

【旅游监管和旅游市场专项整治】规范旅游市场秩序,相继打响旅游市场秩序综合整治"春季行动""暑期整顿"和"秋冬会战"。2017年,共出动检查人员9863人次,检查旅游企业及分支机构4799家,处理违法违规企业和个人90件。省政务中心旅游窗口共完成办件21754件,满意率100%。全年无重大旅游投诉,受理一般旅游投诉895件、1913人次,调解赔付617573元,按期结案率100%。加强旅游景区服务质量暗访和专项整治行动,启动2011年以来满5年期AAAA级旅游景区复核,对存在问题的AAAA级旅游景区摘牌1家,降级2家,警告和严重警告18家。开展星级旅游饭店评定性复核和年度复核,取消16家三星级旅游饭店资质、3家两星级旅游饭店资质,对3家四星级旅游饭店、2家三星级旅游饭店做出限期整改处理。在全国率先创设"旅游诚信日"(11月11日),被百度百科第一时间收入"词条"。

【旅行社管理】开展旅游包车安全整治,打击租用"黑车"等违法行为,推进"导游专座"全覆盖。开展"百日除患"铸安专项行动,摸排登记旅游客运车辆不具备运营资质、旅行社团组信息不完善等方面安全隐患1245条,完成整改97%。截至2017年年底,全省共有旅行社1508家,其中出境游组团社73家,包括赴台游组团社7家。全国百强社3家,分别为安徽中国青年旅行社有限责任公司、安徽万达环球国际旅行社有限责任公司、黄山市中国旅行社。安徽万达环球国际旅行社有限责任公司、安徽好之旅国际旅行社股份有限公司入选全国旅游服务质量标杆培育试点单位。马鞍山青年国际旅行社导游部荣获"全国青年文明号"称号,安徽好之旅长江路门店获"全国巾帼文明岗"。

【旅游饭店管理】按照标准要求完成2017年度全省星级饭店复核工作任务。世纪金源大酒店、合肥富力威斯汀酒店、皖西宾馆3家单位通过五星级旅游饭店复核。经池州五溪山色大酒店申请,同意取消其五星级旅游饭店资质。合肥良苑大酒店等17家复核通过四星级旅游饭店复核,取消16家三星级旅游饭店资质、3家二星级旅游饭店资质,对3家四星级旅游饭店、2家三星级旅游饭店做出限期整改处理。复核后,全省星级饭店总数370家,其中:五星级24家,四星级127家,三星级170家,二星级48家,一星级1家。

【旅游商品管理】利用各类商品展、赛事和网络平台,对100个安徽旅游必购商品、100个特色旅游商品进行宣传推广。组织全省60多家旅游企业参加首届中国民族特色旅游商品大赛,获得4金12银8铜的奖项。评定旅游商品特色街区10家,旅游商品"五进"活动点累计达到163个。支持合肥市举办国际旅游商品博览会,吸引近20个国家和地区的80多家境外企业参展。推进旅游商品线上线下融合发展,徽州四雕、谢裕大茶叶、徽墨歙砚、茶叶、干笋、黄山臭鳜鱼、烧饼等特色旅游商品网上销售火爆。

【首届中国特色旅游商品大赛安徽创佳绩】9月1日,首届特色旅游商品博览会在内蒙古包头市拉开帷幕。安徽省旅游局组织60多家旅游企业参加。大赛设置专门的商品展区,40多名评审专家根据参赛商品的地域性、市场性、实用性、创新性、工艺性、示范性等在现场评出金奖100个、银奖200个、铜奖200个。安徽省旅游局选送的旅游商品从1300多家企业的1504件(套)、15000余件旅游商品中脱颖而出,永康养生布鞋、孔雀公主、金饭碗、"鱼、樵、耕、读"获金奖,DIY手工五谷画等12件商品获银奖;胡玉美蚕豆辣酱等8件商品获铜奖。安徽省旅游局获最佳贡献奖。

旅游公共服务

【旅游安全与应急】全年开展"百日除患铸安"等5个专项行动,实现旅游包车"导游专座"全覆盖,发布出境游安全风险提示全覆盖,节假日联合执法督查全覆盖,全省未发生重大安全生产责任事故,未发生重大旅游舆情热点。省旅发委获评全省安全生产先进单位和"安全生产月"优秀组织奖,马鞍山市文旅委获评"安全生产月"工作先进单位。8月8日九寨沟发生7.0级地震后,第一时间启动应急程序,确保安徽省在灾区的73个团队、848名游客安全撤离,无一人滞留。

【旅游市场促销】聚焦目的地整体形象塑造,深入推进"1+N"营销模式,由省牵头联动16个市,共拼盘资金1.1亿元,在央视《新闻联播》和《新闻30分》,投放"美好安徽、迎客天下"整体形象宣传广告。依据索福瑞29省网收视监测数据,安徽旅游全年播出231天、834次、12510秒,收视达到80.7亿人次,广告投放效果是2016年同期的2.9倍。精心策划精品旅游线路,重点推广"名城名湖名山之旅""皖南世界遗产之旅"等国际旅游线路、10条安徽不得不玩的精品线路。整合策划自驾、高铁、乡村、研学、摄影等专项旅游精品线路,先后推出十大乡村旅游线路、6条高铁旅游线路、6条古道旅行线路、7条研学旅行线路和安徽旅游金秋九大主题线路。成功推出"游安徽——不得不住的精品民宿、不得不购的旅游商品、不得不吃的金牌小吃和特色皖菜、不得不看的'秀'、不得不说的成语故事、不得不品的中国名茶、不得不体验的星级服务"。创新办好品牌活动,举办"中国旅游日安徽主场活动""中博会安徽旅游专题活动""黄山旅游节""国际旅行商大会""旅游扶贫推介""品味皖美 寻梦安徽""跟着故事游安徽",首次联动各市举办"百城、百品、百村、百媒、百业、百节"专项营销1800余次。首创"金9惠乐周"主题营销活动。策划全国主流都市媒体总编安徽行活动,中国广告协会报刊分会测算活动受影响人群达10亿人次以上。第四届安徽自驾游大会重点推广的"黄山218"自驾线路成为"网红路",预定人数比上年同期增长超过10倍,成为继2014年首届安徽自驾游大会推出的"皖南川藏线"之后又一热点线路。拓展新媒体推广平台,安徽旅游官方微博首次入选2017年度全国省级旅游官博影响力十强。全年官博粉丝量超71万人,推送总量3000余条,其中"美丽安徽行"和"惠游安徽的N个理由"话题阅读量分别突破1.2亿次和1亿次,安徽旅游官博单个话题首次过亿。安徽旅游官方微信公众号原创内容和原创率分别达100万字和70%以上,使用专业摄影师授权配图2000余幅,总阅读量280万次,转载辐射阅读1000万+。

【2017安徽旅游"金9惠乐周"主题营销活动】2017安徽旅游"金9惠乐周"主题营销活动自9月9日启动至9月17日结束。9天时间内,全省11家5A级旅游景区、100多家4A级旅游景区面向九省九市推出门票挂牌价五折以上特惠政策。本次活动优惠政策面向山西省、上海市、安徽省、福建省、江西省、山东省、河南省、湖北省、湖南省;湖州市、淮安市、金华市、南京市、宁波市、苏州市、温州市、徐州市、扬州市等全国九省九市实施。还在上海、南京、南昌、长沙、太原、郑州、武汉、济南、福州等9个城市热门商业综合体、广场等人流密集区域,发起"金9惠乐周皖游特卖会"、9999元线下互动抽奖大礼包等安徽旅游主题互动促销。活动前期发布了金9惠乐周安徽旅游金秋九大主题特色旅游线路,包括"秋之梦"皖北风情寻梦之旅、"秋之悟"宗教文化体验之旅、"秋之醉"醉美山水赏秋之旅、"秋之恋"诗情山水清新之旅、"秋之语"徽州文化探索之旅、"秋之乐"主题乐园欢畅之旅、"秋之润"药都休闲养生之旅、"秋之味"美好安徽徽味之旅、"秋之约"大湖名城魅力之旅等。

【旅游配套设施建设】全年新建改扩建厕所800座,3年累计完成2800座,超过原定计划的40%,全省2A级以上标准旅游厕所比例由46%增加到67%。六安市获得全国十个厕所革命优秀城市奖。在国省干道沿线及重点景区新建旅游交通标识牌1200块,3年累计建成5100块。针对自驾游快速发展带来旅游区停车场位的严重不足,从2016年开始启动旅游停车场位建设工程,上年度改扩建旅游停车位超过1万个,两年累计建成22000个。新建安徽省宣城市旌德县2、4号营地等6个自驾车房车营地项目。

【旅游标准化建设】新编制地方旅游标准8个,全省有47项省级旅游标准或规范,初步形成山岳型风景区、乡村旅游、全域旅游、健康旅游和文明诚信旅游等安徽地方旅游标准体系。《安徽省旅游标准化工作管理办法(试行)》是全省第一个行业标准化管理办法。省旅游专标委获省级行业专标委考核第一名。创意选树"旅游工匠",策划开展"你是最美的风景(2017)"活动,集中推出10名旅游工匠、10家旅游服务质量标杆单位、9家旅游服务质量标杆培育单位。

【智慧旅游建设】围绕"一机在手畅游安徽"的目标,按照全省《智慧旅游建设顶层设计方案》《智慧旅游发展三年行动纲要》,全面升级安徽省智慧旅游综合服务平台"皖游通",为游客来皖旅游提供全方位、全时空信息服务。省旅游产业监测中心投入运行,实现全省旅游景区实时接待情况、客源市场情况、旅游投诉等10项动态监测。全省AAAA级旅游景区视频信号接入国家、省旅游监测中心进展顺利,接入率达到98.9%。全省16个地级市和广德县、宁国市、绩溪县、泾县、霍山县完成旅游产业监测中心建设。在全国首创开展智慧旅游等级评定工作,全省评定I级单位2家、II级单位4家、III级单位8家。全省AAAA级以上旅游景区、四星以上旅游饭店和五星级农家乐示范点实现无线WIFI全覆盖。

專題文化概覽

□机关文化

□廉政文化

□君子文化

□审计行业文化

□合肥淮军文化

□亳州市民俗文化

□灵璧钟馗文化

□张恒春中医药文化

□酒文化(之二)

机关文化

省直机关学习宣传贯彻党的十九大精神专题报告会

2017年，省直机关把党的政治建设摆在首位，以党内政治文化建设引领机关文化建设蓬勃发展，在思想理论武装、干部教育培训、廉政文化建设、作风效能建设、志愿关爱服务、家庭家风建设、群众文体活动等方面取得积极成果，为机关各项工作发展注入强大精神动力。

深化理论武装　夯实思想根基

加强制度建设。3月，会同省委宣传部印发《省直机关进一步深化学习贯彻习近平总书记系列重要讲话精神的实施意见》，分类指导省直机关各级党组织以习近平总书记系列重要讲话精神武装头脑、指导实践、推动工作。10月，印发《省直机关党组(党委)理论学习中心组学习实施细则》，进一步推进省直机关党组(党委)理论学习中心组学习制度化、规范化。11月，制定《关于深入学习宣传贯彻党的十九大精神的实施意见》，指导省直各单位按照省委“大学习、大宣传、大培训、大调研、大落实”要求，深入学习贯彻习近平新时代中国特色社会主义思想和党的十九大精神。

打造学习品牌。全年举办5期“省直机关大讲堂”。围绕学习贯彻习近平新时代中国特色社会主义思想和党的十九大精神，邀请中共中央党校、中国社会科学院、故宫博物院等单位专家学者授课。各单位党组(党委)理论学习中心组成员和党员干部代表近3000人参加报告会。4月，举办第八届“省直机关读书月”活动。重点安排群众性读书游园、“讲政治、重规矩、作表率” 主题征文演讲、“读家书·谈家风” 社会征文、“全民阅读大家谈”微语征集、省直机关读书沙龙、优秀图书漂流阅读等系列读书活动。坚持“跟着任务走、带着问题讲”的原则，切实抓好以“送理论进机关百场报告”和“送理论进基层百场辅导”为主要内容的“双进双百”活动。全年累计宣讲473场次，受众9.2万人次。其中，开展各类集中宣讲323场，第二期“送理论宣讲进机关”活动完成95场，开展“送十九大精神进机关” (第三期“送理论宣讲进机关”)活动55场。

推报学习典型。积极打造学习型党组织和学习型机关，省委党校等4个单位获评第四批全省学习型党组织建设工作示范点。省发改委等单位的11个家庭获评全省“百名书香之家”，省委办公厅等单位的2个读书案例获评全省“十佳阅读推广活动”，省高院等单位的4个家庭推荐为第三届全国“书香之家”等。

拓宽学习阵地。推行“互联网+党建”工作模式，不断拓宽学习宣

省直机关处级干部学习贯彻党的十九大精神集中轮训

传阵地。“安徽机关党建”微信公众号于2017年4月17日正式上线，全年共推送党建信息153期，年末关注人数达到13.4万。省委党校、安徽广播电视台、省司法厅、团省委等单位结合自身实际，打造独具特色的官方微信公众号，着力弘扬主旋律、传播好声音。

省委常委、省委秘书长陶明伦，省政协副主席孙丽芳参加省直机关环万佛湖健身走活动

加强教育培训 提升能力素养

处级干部集中轮训班。12月25—29日，省直机关处级干部学习贯彻党的十九大精神首期集中轮训班开班。培训以习近平新时代中国特色社会主义思想和党的十九大精神为主题，集中观看省委书记李锦斌在省管干部集中轮训班上的动员讲话、中央宣讲团在皖宣讲党的十九大精神报告会录像，邀请省委党校、安徽行政学院、省直机关工委党校以及省内部分高校、省直部分单位专家学者作辅导报告。本次轮训共举办21期培训班（其中穿插1期省直机关党组（党委）理论学习中心组学习秘书培训班），完成对省直机关近6500名处级干部的全员集中培训。

机关党委书记研讨班。8月15—18日，省委组织部、省直机关工委联合在安徽组织干部学院举办省直单位机关党委书记学习贯彻习近平总书记“7·26”重要讲话精神研讨班。省直及中央驻皖单位共105名机关党委书记参加研讨。邀请北京师范大学、中国人民大学、国防大学、《求是》杂志、科大讯飞公司等单位专家学者作学习辅导。

机关党务干部培训班。为深入学习党的十八届六中全会、习近平总书记系列重要讲话精神，进一步落实中央、省委关于推进“两学一做”学习教育常态化制度化的新部署新要求，着力提升机关党务干部队伍素质，7月23—29日，安徽省直机关党务干部培训班在中国人民大学举办。省直及中央驻皖单位机关党委专职副书记（党办主任）、市直机关工委书记、工委机关各部门主要负责人共134人参加培训。邀请北京师范大学、中国人民大学、军事科学院等单位专家学者授课。期间，组织学员到中国人民抗日战争纪念馆和中关村国家自主创新示范区展示中心开展现场教学。

党支部书记轮训班。为深入学习宣传贯彻党的十八届六中全会和省第十次党代会精神，深化拓展“两学一做”学习教育，落实推进全面从严治党的各项要求，切实加强基层党组织建设，进一步提高机关基层党组织负责人抓学习教育的责任意识和业务水平。根据《中国共产党党和国家机关基层组织工作条例》《2014—2018年全国党员教育培训工作规划》等相关要求，省直机关工委决定开展新一轮省直机关党支部书记轮训工作。从2016年下半年开始，用4年时间，对省直及中央驻皖各单位党支部书记集中轮训一遍。2017年度，完成18期1800多名省直机关党支部书记培训任务。

建设廉政文化 锤炼过硬作风

加强反腐倡廉工作。深入开展“廉政文化进机关”创建活动，组织2010年以来授牌的50家省级廉政文化建设示范点（标兵）单位开展自查，予以摘牌3个。组织党风廉政建设报告会、专题讲座，发放廉政书籍、资料，举办各类文艺活动，大力加强廉政教育。组织广大党员干部认真学习《宪法》《中国共产党廉洁自律准则》《中国共产党纪律处分条例》等法律法规，开展省直机关学习党规党纪知识测试活动，省直单位6.26万名在职党员参与测试。8月至12月，省直机关工委与省纪委、省委组织部和省妇联联合开展省直机关“树清廉家风·创最美家庭”暨好家庭好家风巡讲主题系列活动，继续保持惩治腐败高压态势，全年工委审理审批的省直单位党员干部违纪案件115件，给予党纪处分123人，比上年分别增长55.4%、51.8%。

坚持反“四风”转作风。省直各单位深入学习习近平总书记关于加强作风建设的重要讲话和批示精神，从严从实从细推进作风建

“树清廉家风·创最美家庭”启动仪式

设，巩固拓展贯彻中央八项规定精神成果。按照省纪委要求，省直机关工委组织督查组对12家省直单位2017年“三公经费”、会议费、津补贴等行政经费管理使用情况进行专项督查，对5家单位存在的12个问题进行面对面反馈，责成限期整改。全年汇总上报省直单位违反中央八项规定精神案件26起，给予党政纪处分27人，上报省直机关党政领导干部问责案件12起。

*持续推进省直机关效能建设。*组织开展省行政审批办结件“回头看”效能督查，现场抽查36家进驻省政务服务中心单位的340份行政审批办结件，电话回访办事人301名，书面督查网上政务服务情况。对102家省直单位和省政务服务中心各窗口开展4轮全覆盖效能暗访督查，向45家单位下发整改通知或整改建议，效能问责45次，涉及51人次。受理各类效能投诉464件，转办相关单位处理并反馈结果的30件，做到件件有回复。开展省直机关效能建设“双十案例”（典型案例、优秀案例）评选工作。在第二届“全国行政服务大厅典型案例”征集活动中，选报的6个案例全部获“百优十佳”称号，其中省政务服务中心获“标准化优秀”称号。

开展志愿服务 彰显人文关怀

*开展送温暖活动。*1月，举行省直机关2017年元旦、春节期间“走基层送温暖”活动启动仪式。仪式上，向部分困难职工代表赠送棉被、大米、食用油和慰问金，拉开省直单位“两节”期间困难职工“送温暖”的序幕。“两节”期间，共为701名省直单位困难职工送去慰问金70.1万元。

*开展送健康活动。*组织省立医院有关专家，以机关干部常见疾病为课题，免费为3个厅局200多名干部职工开展“送健康”防病知识系列讲座。与省体育局联合免费为9个厅局1200多名干部职工进行体能状况测试，有针对性地为测试人员开出健康锻炼处方，提高了干部职工锻炼身体的意识和热情。开展省部级劳模高龄补贴摸底申报工作，共为179名劳模争取到23.28万元补助金。

*开展送文化活动。*大力开展“职工书屋”建设，推荐省煤田地质局二队为全国工会“职工书屋”示范点，省委党校和省水利厅为省“职工书屋”示范点，广泛宣传工会系统开展的四种职工互助保险知识，广大职工保险意识不断增强。共有2000多名干部职工参加互助保险，缴纳保费19万多元，受理理赔事件26起，涉及金额9万余元，参保人员全部得到满意赔付。认真开展省直机关女职工劳动保护执行情况调研，维护女职工特殊权益。

*开展“学雷锋”活动。*3月，开展学雷锋志愿服务主题月活动。省直机关围绕“弘扬雷锋精神打造好人安徽”全年总主题，按照时间节点设计月主题，组织动员志愿者和志愿服务组织广泛开展形式多样、便民利民、安民乐民的学雷锋志愿服务活动。“七一”前夕，省直机关工委组织开展百个单位千名党员干部无偿献血活动。此外，为驻村帮扶干部开展“送服务”志愿活动，省直机关共400多名志愿者与280多个驻村干部家庭结成帮扶对子。

*开展“春蕾计划”10元捐活动。*2017年，共收到82个单位捐赠的52万余元爱心捐款、41件衣物和400余本书籍。9月8日至10日，省直机关工委负责人带领省政府办公厅、省妇联、安徽省立医院等单位的机关党委（机关妇委会）负责人一行6人，赴新疆和田地区皮山县开展对口交流爱心帮扶活动，向皮山县妇联捐赠43万元及200件毛衣，用于困难学生补助和新建“儿童快乐家园”。

*开展“青春志愿行”活动。*组织省直机关青年志愿者走进社区、走进乡村、走进车站、走进校园、走进敬老院开展志愿服务。组织青年志愿者到“中国好人”张景兰家中开展志愿服务，到地铁站为旅客提供志愿服务。继续开展“太阳花爱心助老行动”，组织8所高职院校前往各自结对的敬老院、养老院定期开展志愿服务。省委办公厅、省卫计委、省体育局、中国电信安徽分公司、中国电科16所、大唐安徽公

司等单位团委立足自身实际，积极开展特色鲜明、形式多样的志愿服务活动。组织4所高职院校参加2017年全国大中专学生志愿者暑期文化科技卫生“三下乡”社会实践活动。

开展青年交友联谊活动。进一步关心关爱青年，开展第七季“书为媒”省直机关单身青年交友联谊活动，为省直广大青年搭建一个展示自我、欣赏他人、交流情感、寻觅知音的平台。来自省直机关240多名单身男女青年参与本次交友活动。

开展生育关爱服务活动。2017年，向省人口健康基金会申请省直机关免费孕前优生健康检查、失独家庭特别关爱、人口健康基金助学等3个工作项目并获得批准。开展迎新春情暖计生家庭慰问活动，救助计生特困家庭25户，发放慰问金4万元。以“推进残疾预防、建设健康中国”为主题，宣传残疾预防基本知识，宣传优生科普知识，使广大干部职工增强残疾预防风险意识，继续组织省直机关计划怀孕的夫妇参加国家免费孕前优生健康检查服务活动。

弘扬家庭美德 传承优良家风

评选第七届“省直机关十大女杰”。为集中体现省直机关广大妇女胸怀祖国、服务大局的高尚情怀，爱岗敬业、勇攀高峰的崇高品格，自强不息、创业进取的拼搏精神，与时俱进、开拓创新的时代风貌，9月至12月，评选表彰第七届“省直机关十大女杰”和20名“省直机关优秀女性”。

寻找“最美家庭”活动。为深入学习贯彻习近平总书记“注重家庭、注重家教、注重家风”重要指示精神，引导广大家庭弘扬家庭美德、传承优良家风、践行社会主义核心价值观，6月至7月，在省直机关集中开展寻找“最美家庭”活动。60户家庭获评省直机关“最美家庭”，15户家庭获评全省“最美家庭”，2户家庭获评全国“最美家庭”。

开展家庭亲子活动。组织开展“我爱我家·同悦书香”亲子阅读、“我爱我家·亲子大课堂”巡讲等家庭教育系列主题活动，将家庭亲子教育课程送进方兴社区、寿春中学滨湖校区。开展2017年全省“优秀书香家庭”和“亲子阅读体验基地”推荐评选活动，向省妇联推荐全省“优秀书香家庭”5户，“亲子阅读体验基地”1个。

廉政文化

党员干部在藕塘革命纪念馆刘少奇、徐海东、罗炳辉、邓子恢、谭震林雕像前庄严宣誓

党的十八大以来，习近平总书记在不同场合多次谈到要“注重家庭、注重家教、注重家风”。为深入贯彻落实习近平总书记系列重要讲话精神，以优秀传统文化涵养优良家风，带动党风民风好转，2017年，全省各地各单位通过举办家规家训家风文化展、开设传统文化讲堂、编发家风家训教育读本和学习教材、构筑家庭“互廉网”、借力新媒体平台宣传等一系列举措，挖掘传承本土历史文化、家风文化、红色文化资源，着力打造具有地方特色的廉洁文化品牌。

深度挖掘，让廉政文化在弘扬中凝练。一是挖掘家规家训文化，汲取优良家风滋养。安徽历史悠久、文化灿烂，涌现出许多清官廉吏，也留下许多至为珍贵的家规家训。近年来，全省各地各单位依托历史文化遗存，深入挖掘具有地域特色的家规家训，组织开展多层面、多形式的家风家训宣传研讨，大力弘扬家庭美德和崇廉尚廉精神。省纪委组织编写合肥刘铭传家训、李氏家训，绩溪程氏家训，寿县孙家鼐家训，黟县卢氏家训，歙县棠樾鲍氏家训等10余个家规家训专题；黄山市摸排整理出以歙县许村许氏、黟县西递胡氏、新安医学世家张氏等为代表的家规家训精品，精心拍摄制作《安徽歙县“张一帖”：大医精诚 传家有道》《安徽黟县西递胡氏：第一等好事只是读书》两部专题片，先后在《中国传统中的家规》栏目播出；安庆市收录本地56个族氏的家训，按区域划分8个篇章，编写27.6万字的《安庆家训》，成为广大党员干部开展家风教育、传承优秀传统文化、培育先进政治文化的学习教材。二是挖掘红色文化，弘扬忠诚担当精神。各地各单位充分运用红色历史资源开展廉洁文化建设，从老一辈无产阶级革命家忠诚担当的政治品格中汲取精神滋养。淮北市依托淮海战役主战场旧址、榴园“四眼井”、临涣“文昌宫”等红色历史文化资源，开展革命传统教育和爱国主义教育；濉溪县结合当地历史人文及特色民俗文化发展红色旅游，举办韩村小李家“红色旅游季”暨红色博物馆开幕式活动；六安市把大别山红色文化作为廉洁文化建设和发展的灵魂，将霍山县的“安徽省红色区域中心纪念园”打造成廉政文化教育示范基地，年接待参观学习3万余人次；定远县利用藕塘红色革命纪念馆等爱国主义教育基地，开展党员干部廉政教育，接待观展干部群众10万余人次；无为县深挖新四军第七师廉政教育资源，建设纪念场馆。三是继续深挖包公文化，传承清正廉洁的政治操守，厚植“清风热土”的政治生态。省纪委接待广东肇庆包公文化研究会在皖考察，并与之作包公文化研究与传承的研讨交流；肥东县举办“包公廉政文化研讨会”系列活动，全国各地100多位研究包公文化的专家学者参加研讨；池州市借助龙山包氏宗祠，建设包公廉政文化教育展厅，弘扬包公“孝肃”文化精神，传承包公清心直道的人生观，侍亲孝、执政勤、修身清、为官正的政治和道德操守。

大力宣传，让廉洁文化于融合中深化。全省各地各单位不断探索新载体、新手段，扩展宣传教育形式，将廉洁文化建设融入各领域，使廉洁文化迸发源源不断的生命力，真正实现活起来、传下去。一是结合专题警示教育，学习育廉。省纪委牵头在全省党员干部中延伸开展“讲重作”专题警示教育，突出立破并举，坚持把涵养良好政治文化贯穿始终。深入剖析“陈、杨、周”案，提出在各级党委（党组）聚焦“六破六立”，认真查纠“是否自觉抵制和反对西方价值观念和腐朽生活方式侵蚀”等四个方面问题，坚决肃清腐朽文化影响；同时，深入挖掘和丰富本地区本单位政治文化，使以包公廉政文化、桐城文化、徽文化为代表的优秀传统文化、以大别山精神、新四军精神为代表的革命文化，以大包干精神为代表的社会主义先进文化得到进一步弘扬。二是聚焦重点工作，媒体传廉。省纪委监察厅建成“五位一体”新媒体传播平台，并形成覆盖16个省辖市纪检监察机关的新媒体宣传矩阵，放大廉洁文化的传播力和影响力。“安徽纪检监察”新媒体传播平台突出廉洁文化传播，开辟“徽风皖训”专栏，全年刊发家规家训专题13个；“廉史今读”栏目以古鉴今、关照未来；“移风易俗”栏目倡导现代文明新风尚；“读书”栏目通过读史书、读廉书，明智明理，消化、精通、运用，树立文化自信；“广告漫画”专题则以鲜活的形式，吸引受众“口味”，产生良好的视觉传播效果。三是结合文化活动，艺术颂廉。省纪委指导合肥市开展第五届“包公杯”反腐倡廉作品征集评选活动，收到社会各界报送的书面作品及舞台节目，涵盖南北曲种88个，经过三轮遴选，产生原创作品类一、二、三等和优秀作品共34篇，这些优秀作品适时搬上舞台、推向社会；池州弘扬东至周氏“六世书香、百年家风”文化，提炼“崇儒尚德、培心正业、清慎开明、诚惠桑梓”“布衣暖菜根香诗书滋味长”等文化符号，成功排演出大型情景剧《百年家风》；亳州市举办“药都清风杯”廉政文艺精品剧目展演，组织琴书《三封匿名信》、梆剧小戏曲《严母题词》精品剧目进机关、进乡村、进社区、进学校、进企业；芜湖市开展“编创小戏下乡谱写廉洁新风”活动，将廉政主题越剧《一篮蔬菜》、黄梅戏《反腐新篇》《点赞小微权清单》等节目送进基层，巡演27场；滁州市巡演黄梅戏《大明朱元璋之斩婿》，全市1万多名党员干部观看；天长市编排的传统扬剧《朱寿昌弃官寻母》，展示“孝廉文化”，深受群众喜爱；铜陵市排演的黄梅戏《御史夫人》，侧面展示“铁骨御史”枞阳名臣左光

2017年，滁州市琅琊区龙池社区成立“汉学堂”聘请滁州学院汉语言老师、民学专家在节假日里为社区留守儿童和青少年教授汉学以及传播优良家风家训。

斗刚直清正、铁骨铮铮的气节；阜阳市编排的廉政现代梆剧《市长的女儿》被省文化厅评为2016年全省民营艺术院团“优秀新创戏曲剧目”；凤台县制作的警示教育推剧小戏《权殇》，引导党员干部明底线、知敬畏、受警醒。

重在实践，让廉洁文化于传承中发展。全省各地各单位积极探索传统文化传承新路径，创新学习践行载体，通过加强对优秀传统文化的价值研究、理论宣讲，编撰国学家风教材以及开展系列活动，使廉洁文化建设把握时代脉搏、顺应时代潮流、体现时代精神。一是在理论研究中发展廉洁文化。省纪委协调省委宣传部将家规家训研究纳入智库研究选题，对传统家规的现代传承与发展进行深度思考，形成以安徽地域家规家训为中心的考察报告《传统家规家训的当代转换和价值研究》；蒙城县围绕“庄子清廉思想的当代诠释”主题，举办庄子清廉思想研讨会，阐释推进庄子清廉思想与廉洁文化融合问题；当涂县以现代视角，诠释解读《千字文》中与“廉”元素相关的50句文字，编印《千字文与廉政文化》宣传读本，教育党员干部正心修身、廉洁勤政；芜湖市加强对新经济组织廉洁文化建设研究，探索出“三只松鼠”等独具特色的非公经济组织廉洁文化建设样板。二是在实践活动中弘扬廉洁精神。省纪委会同省委组织部、省直机关工委、省妇联开展省直机关“树清廉家风·创最美家庭”暨好家庭好家风巡讲主题系列活动。举行巡讲活动启动仪式，邀请专家学者、全国及省最美家庭代表组成家风家训宣讲团开展巡讲，组织廉洁家风书法作品征集巡展和省直机关领导干部廉内助学习教育等，让领导干部和广大家庭成员在传播过程中当主人、唱主角，进一步引领党员干部自觉培树清廉家风。各地在党员干部廉政教育中着重讲述毛泽东、周恩来、陈云、任弼时等老一辈无产阶级革命家的硬家规、好家风，杨善洲、谷文昌、郑培民、杨业功等时代楷模的清廉家风、修身之约，为党员干部作示范、蓄能量。马鞍山市连续第17年举办全市家庭助廉活动，向参会家庭赠送《历代名人的家风家训》《扯扯袖子 咬咬耳朵 廉政风险防控教育情景100例》2本廉政书籍，芜湖县开展新任科级干部“家书构筑‘互廉网’”教育活动，充分发挥家庭在推动党风廉政建设中的特殊作用，在实践活动中弘扬廉洁精神，助推领导干部家风建设。三是在文化教育中，播散廉洁种子。“安徽纪检监察”新媒体传播平台刊发“我的家风家教故事”，讲述普通党员、干部群众的家风家教实践，传递良好家风；亳州市举办“木兰讲堂”巡讲，以本市的“最美廉洁家庭”，讲述其“最美家庭最美家风”故事；阜阳市举办“好家庭、好家风、好故事”演讲比赛，并与界首市共同开展“家生态”建设系列家风家教活动，邀请包拯三十六代后裔包训安、张英十世孙张国泽等嘉宾与党员干部一起讲家规、话廉洁、共提升。黄山、宣城市串联起红色教育、廉政教育景区（景点），将廉政史迹、廉洁楹联、传统家规家训等文化元素糅合其中，让广大游客在赏玩中观景思廉，寓教于游，寓教于乐，传播廉洁种子。

君子文化

培育和弘扬社会主义核心价值观必须立足中华优秀传统文化，习总书记反复强调的这一重要思想具有重大理论意义与实践价值。如何贯彻落实习总书记重要讲话精神，许多专家学者提出了有价值的观点和思路，各地各部门积极探索也取得不少有益的经验。安徽省社科院研究员钱念孙提出：激活和倡行君子文化，是中国传统文化与当代核心价值观活态嫁接的重要途径，是实现传统文化的时代转化和创新发展的有力抓手。这一观点和思路引起社会各界的热烈反响，不论是理论创新还是实践探索，已在全国取得引人瞩目的成果，已形成走出安徽并在全国产生很大影响的文化品牌。

一、君子文化的理论创新

2014年6月13日，《光明日报》以头版头条的重要位置刊发钱念孙研究员文章《君子文化与社会主义核心价值观》。这篇近6000字的“光明专论”认为：“君子”是中华民族千锤百炼的人格基因，是数千年中华优秀传统文化塑造和推崇的人格模式，是中华民族理想而现实、尊贵而亲切、高尚而平凡的人格形象。在汪洋浩瀚的中华传统文化中，君子文化最能代表中华民族深层精神追求和独特精神标识，是我们培育和践行社会主义核心价值观能够直接嫁接并开花结果的老树新枝。激活和倡行君子文化有助于对社会各阶层人士进行思想文化上的因势利导，从而在全社会形成广泛价值共识，使社会主义核心价值观更好内化于心，外化于行。君子文化既是传统学术研究的薄弱环节，又具有古为今用的重大现实意义和价值，亟待采取有效举措张扬君子文化，在社会逐步形成大兴君子之风、倡行君子之道、崇尚君子品格、争做正人君子的风尚。

君子文化的理论创新在于：为如何立足传统文化培育弘扬社会

主义核心价值观探寻了别开生面的路径，在当代社会竖起一面具有深厚传统底蕴和时代精神的文化旗帜。从先秦至清末，有关君子和君子文化的论述不仅在历代典籍中汗牛充栋，而且在戏曲舞台和民间说唱中俯拾即是。君子文化作为涵盖传统与当代、贯通古代与今天的文化航标，还在我们今天的生活中熠熠生辉。“君子一言，驷马难追”“君子爱财，取之有道”“君子动口不动手”“君子成人之美”“君子不夺人所好”“君子之交淡如水”“以小人之心，度君子之腹”，等等，这些至今活跃在人们口头的君子格言，已不同程度地成为中华儿女做人做事的人生信条，以一种习用而不察、日用而不觉的方式，规范和调整着我们为人处事的价值判断和行为格调。我们培育和践行社会主义核心价值观，就是要激活和焕发人们内心由传统文化长期熏陶而形成的优良价值理念，正如习总书记所说“使中华民族传统最基本的文化基因与当代文化相适应、与现代社会相协调，以人们喜闻乐见、具有广泛参与性的方式推广开来”。

二、学界反响与实践探索

《君子文化与社会主义核心价值观》一发表，人民网、新华网、央视网、中国共产党网等各主流网站，以及腾讯、搜狐、百度、凤凰等商业网站均置顶推介，《新华文摘》《群言》等权威杂志全文转载。众多专家学者充分肯定激活和倡行君子文化的重大意义，《人民日报》《光明日报》等报刊连续载文呼应和探讨。

安徽省委宣传部更是在第一时间做出积极回应。省委宣传部原部长曹征海指出：君子文化可以成为我们汲取传统文化精华，培育和践行社会主义核心价值观的路径和桥梁。安徽率先开展这方面的理论研究，需要进一步建设君子文化的研究高地、宣传高地、实践高地，并选择蒙城、桐城这两座历史文化名城，作为弘扬君子文化，让社会主义核心价值观落地生根的试点县市。在省委宣传部的部署下，安徽省社会科学院成立君子文化研究中心，省社科联也组织成立安徽省君子文化研究会，省社科规划办设立“君子文化的当代价值”课题。钱念孙及相关研究人员已推出一批有影响的学术成果，蒙城县和桐城市的试点也初见成效。2016 年 4 月 11 日《光明日报》以整版报道和评论，宣传安徽推广和研究君子文化的成绩。

安徽君子文化的研究和实践在全国产生较大影响。辽宁省大连市委宣传部、山东省威海市委宣传部等多地邀请钱念孙给全市干部讲课。荣获“全国文明城市”称号的山东省威海市还将“君子之风，美德威海”定为城市名片，把弘扬君子之风、培育君子人格，作为全民进德修身、倡树新风正气的重要推手，不断提升文明城市的境界和水平。2015 年 9 月 10 日，光明日报社、山东省社科院和威海市委宣传部联合举办“弘扬君子之风，建设美德城市”研讨会。会上中央民族大学教授牟钟鉴以“重铸君子人格，推动移风易俗”为题，中宣部思想政治工作研究所副所长戴木才以“君子是人格追求的航标灯”为题，中国伦理学会副会长王小锡以“弘扬君子文化是传承美德的创新典范”为题，北京大学马克思主义学院院长郭建宁以“弘扬君子之风是社会主义核心价值观的实践创新”为题等，与来自全国各地 110 余位专家学者和实务工作者进行研讨。此次研讨会 2015 年 9 月 29 日《光明日报》做了整版报道。

继安徽省社科院成立君子文化研究中心后，浙江大学成立君子文化研究中心，江苏省社科院成立君子文化研究中心，湖南成立全省性的湖南省君子文化研究会，上海交通大学成立中华君子文化研究中心等。2015 年 12 月 19 日至 20 日，浙江大学和光明日报社在杭州联合举办“首届君子文化论坛”，以“君子文化与当代社会”为主题，对君子文化的历史渊源、价值内涵、时代意义等进行深入研讨。2016 年 2 月 27 日《光明日报》整版刊发这次论坛的主要成果。2016 年 4 月 7 日至 8 日，天津市社科院、上海市社科院、江苏省社科院又在天津联合主办“君子与家风文化论坛”，研

君子之风·美德威海与社会主义核心价值观建设研讨会

讨君子文化与良好家风之间的关联与意义。2016年11月4日至6日，由光明日报社、安徽省委宣传部、安徽省社会科学院联合主办的“第二届君子文化论坛”在合肥市举行，论坛主题为“君子文化的当代价值”，来自全国各地和韩国、日本及港台地区学者参加会议，2016年12月23日《光明日报》整版报道了会议主要观点。2017年12月2日至3日，由光明日报社和江苏省社科院主办的“第三届君子文化论坛”在江苏无锡华西村举行，论坛主题是“君子文化的当代实践”，会后《光明日报》整版报道了会议主要学术成果。“第四届君子文化论坛”将于2018年11月在湖南大学举行。

审计行业文化

“审计作舟，文化为帆”。2017年，省审计厅组织指导全省审计机关紧密结合审计机关实际和职能特点，以大力弘扬中华优秀传统文化、社会主义先进文化为主旋律，着力加强全省审计机关行业文化建设和审计队伍社会主义核心价值观培育，努力提升审计队伍的职业素质和道德修养，积极营造凝心聚力的和谐氛围，使审计文化成为审计人共同的精神家园，形成了具有审计特色的审计文化建设新路子。省审计厅连续三届被评为“全国文明单位”、连续十一届被评为省级文明单位，全省100个县级以上审计机关全部保持了县级以上文明单位称号。9月28日，省审计厅作为省直机关唯一的交流发言代表，在杭州举行的沪苏皖浙机关党建“打造过硬队伍·服务率先发展”工作研讨会上做主题发言。

审计文化大发展有力促进了审计工作任务的圆满完成。2017年，全省审计机关共审计和专项审计调查5450个单位，提交审计报告和专题报告7348篇，查出违规问题金额188.06亿元，损失浪费问题金额28.44亿元，管理不规范金额4618.17亿元，促进增收节支70.29亿元，审计后挽回或避免损失23.07亿元，审计移送司法、纪检监察机关和有关部门处理事项144件。

发挥文化的导向功能 为审计铸魂励志

理论武装坚定理想。始终坚持用习近平新时代中国特色社会主义思想、十九大精神教育引导广大审计人员忠诚于党、执审为民。对此，以大学习、大培训促进认识深化，在“学懂”上下功夫。采取多种形式，认真学习十九大报告、党章、《习近平治国理政》第二卷、习近平总书记“7·26”重要讲话、省委十届六次全会精神等；全厅各级党组织分赴合肥、金寨、皖南等省内红色教育基地，开展“五个一”活动50多批次；对机关党员干部分批次开展十九大精神培训。以大宣讲、大调研促进理念提升，在“弄通”上下功夫。厅领导结合分管工作，深入16个市级审计机关和定点帮扶村开展十九大精神宣讲和工作调研，各党支部结合县级审计机关对口联系工作做好十九大精神学习宣讲；采取厅领导讲、党支部内部讲、党支部之间联学联讲、“两微一端”新媒体微党课等方式开展党课宣讲，组织全省审计系统开展“我与十九大”主题征文、党课讲稿征集活动和“我为审计献一策”评选活动。以大落实促进决策落地，在“做实”上下功夫。通过多形式、分层次、全覆盖的学习宣传，把党的十九大精神切实转化为推动新时代审计事业发展的工作任务、思路举措、业务能力和精神动力，扎实推动党的十九大提出的各项目标任务在审计机关落地生根、开花结果。

纯正追求激励斗志。紧贴审计机关的使命任务，将社会主义核心价值体系，特别是“责任、忠诚、清廉、依法、独立、奉献”审计人员“十二字”要求融入干部职工教育和机关建设的各个方面，贯穿于精神文明建设的全过程，努力拓展核心价值观培育渠道与路径。在厅网站开辟“好人榜”专栏，深入宣传全省审计战线先进典型，厅机关产生“中国好人”“全省联系群众、服务基层的沈浩式机关干部”“全省职工职业道德建设标兵”“省直机关道德模范”等一批先进个人；组织全省审计系统“中国梦、审计梦”征文评选活动，汇编刊印征文集萃；开展“道德讲堂”系列活动，举办省直机关道德模范宣讲团报告会，弘扬道德模范、身边好人的先进事迹和崇高品德；开展“坚定理想信念 护航中国梦——最美审计人”宣传展示活动，沙画微视频《安徽审计人》获得全省首届党员教育微视频大赛二等奖，《审计路上有我的梦》获得全省第八届先锋系列专题节目展播活动三等奖作品，《积极探索新时代审计机关党建工作的新思路新办法》获得2017年度省直机关党建重点课题调研获奖论文三等奖。

教育实践陶冶情操。以“三八”“五四”“七一”“八一”和国庆等重大节日为契机，结合机关女职工、青年干部、党员干部和复转军人等不同人群思想实际，开展主题教育实践活动，传递正能量；“皖审”志愿者服务队继续发扬“省直机关最佳志愿服务组织”优良传统，多次开展“扶老助残”等志愿服务，赴吴

2017 年 6 月 14 日，安徽省首届“内审杯”羽毛球比赛在铜陵市举行。

夹弄城中村为“白血病儿童”献爱心的活动被《安徽商报》专题报道；积极参加省直机关“读书月”创建活动，在省直工委组织的演讲、征文比赛中，获得多项荣誉，厅机关读书品牌活动“青年审计干部大家谈”获“省直机关十佳读书案例”称号；2017 年，厅机关再次荣获“全国文明单位”称号。实施“处室包组、干部包户”的定点帮扶机制，厅领导班子经常深入一线调研慰问，各党支部每年多次赴村开展扶贫对接，累计争取和支持扶贫资金 600 余万元，建成村级光伏电站、生态农庄、畜禽养殖基地等一批扶贫项目，带领困难群众脱贫致富，2017 年实现“村出列、户脱贫”工作目标。

发挥文化的熏陶功能　为审计提能增效

针对审计专业特点，发挥审计文化的教育熏陶育才功能，以文明审计为着力点，以教育培训为抓手，认真落实制订出台的高级审计师、审计信息化和审计专业领军人才评审、实施实务导师制以及鼓励干部提升职业能力和职业素养等制度规定，提升审计干部职业素质的长效机制不断完善。

坚持领导示范。围绕加强领导干部队伍建设需要，2017 年，联合浙江大学举办全省审计机关领导干部培训班，对全省 16 个市、省直管县及部分县（市、区）审计局领导、厅机关和厅属单位处级干部进行培训，为审计事业发展注入新思维、新活力，着力打造审计队伍的第一方阵。紧紧围绕党建第一责任人履职情况，采取“书面述职+会议述职”“现场点评+民主测评”“自我考核+量化考核”的模式，开展党支部书记抓党建工作“联述联评联考”，推动“以述促抓、以评促改、以考促建”，进一步增强党支部书记抓党建的主业、主角和主动意识。省审计厅党支部书记“联述联评联考”工作被新华网、新浪网、凤凰网、审计署网站、《中国审计》等多家媒体广泛宣传，引起较大社会反响。

坚持组织引领。厅党组针对审计组长期在外、党员来自不同支部的特点，以“同步展开、同步实施、同步总结”为原则，将党建工作延伸到审计项目实施点这个主战场，积极推动“支部建在审计点”。2017 年共有 49 个审计组成立临时党支部，有力推动党建与业务深度融合。“支部建在审计点”这一做法在中央国家机关工委《紫光阁》杂志社主办的 2017 年全国党建创新成果展示评选活动中，获评“工作创新组十佳案例”，李国英省长对此做出重要批示。

坚持实践锤炼。2017 年，选派 1 名正处级领导干部到县级市挂职；选调援疆、援藏挂职干部各 1 名；选派 3 名干部驻村扶贫帮扶；选调 5 名市县审计机关干部到厅机关挂职；安排 44 名市县审计干部参加省厅审计项目，抽调 42 人参加省委巡视、考核、纪委办案等工作。密切关注上挂干部学习培训，适时掌握厅机关在外挂职锻炼、基层农村任职、援疆援藏干部的基本情况和思想动态，积极做好帮扶指导和跟踪服务。

坚持着眼长远。围绕新进审计人员任职需要，举办全省审计机关新进人员培训班，促进新进人员尽快熟悉和融入审计工作。针对审计干部新老交替需要，进一步深化“以老带新、实践锻炼”的人才培养模式，继续实行审计实务导师制，2017 年共有 36 人结成 18 对审计实务指导关系。坚持课堂前移到审计一线，坚持全过程全时段管理，坚持理论融入实践，坚持实战塑造人才，实行新老之间的“传、帮、带”有效缩短年轻干部的成长期，着力打造审计队伍的新生力量。围绕人才库成员培养需要，举办第二届省直部门单位审计人才库成员专题培训班，全省 118 个单位的 358 名在库成员参加培训，通过培训，增进了人才库成员对国家审计的了解，强化了对本单位的内部管理。

发挥文化的沟通功能　为审计凝心聚力

针对审计项目逐年攀升、任务加大的实际，厅党组充分发挥文化的沟通功能，不断探索符合审计机关特点的文化交流内容，拓展沟通渠道与方式，着力加强全系统多领域不间断的联系，努力营造上下联动、多方协作、全员参与的浓厚氛围,形成凝心聚力推进审计事业创新发展的合力。

搭建联系平台。持续开展自2008年起建立的厅领导分片联系16个市级审计机关,机关处室定期联系全省县级审计机关制度,厅领导及厅机关各处室定期走访调研对口联系市县审计机关,了解掌握基层工作情况,加强党建和业务指导,帮助解决实际困难。积极推动在职党员进社区,2017年以来与宁国新村社居委共同开展党建座谈会、党课报告会、社区公益等多项活动,为20余户困难家庭送去温暖。

推进三级联动。在探索省以下审计管理体制改革中党建先行,整合三级审计机关党建工作资源。2017年出台《关于建立共建互促联动机制推动审计机关党建工作创新发展的意见》,在帮扶带动、上下联动、横向互动上下功夫,促进全省审计机关党建工作目标融合、规划融合、力量融合和机制融合。精心征集汇编全省审计机关上百个党建工作微案例,开展全面从严治党创新微案例交流展示观摩活动,通过凝聚共识,开拓思路,提升了各级党务干部党建工作能力。

拓展沟通渠道。书画、棋牌、游泳、钓鱼、篮球、乒乓球、羽毛球7个文体协会利用业余时间多次开展活动,丰富干部职工业余生活,开展全省审计系统羽毛球赛、健身走等一系列积极健康向上的文体活动,搭建互动平台,促进审计机关人文交流。

营造和谐氛围。常年坚持邀请有关专家举办文化、保健等讲座,举行演讲比赛、知识竞赛等活动,有效充实和丰富机关干部职工精神生活,增强全省审计机关凝聚力。

发挥文化的规范功能 为审计修身律己

针对形势任务对审计工作提出的新要求,把加强审计文化建设作为思想审计人员的道德建设,作为审计人的从业之基、立身之本,形成具有审计特点的廉政文化。

强化廉政教育。围绕3个专题开展"讲重作"专题教育和专题警示教育,开展"永葆清正廉洁,远离职务犯罪"专题辅导,组织党员干部赴省党风廉政建设基地和白湖监狱开展廉政教育,进一步提升政治定力、纪律定力、道德定力、抵腐定力。以反腐倡廉教育为主题,以廉政文化活动为载体,以促进廉洁从审为重点,以打造廉洁高效机关为目的,在办公楼和院内设置体现廉政、法治、节约、道德、党建、审计等优秀文化的浮雕、图板近200块,进一步浓厚廉政文化氛围,为建设忠诚干净担当审计队伍,提高审计的公信力和社会影响力营造了良好环境。

完善监督体系。构建以党支部纪检委员、党风廉政建设联络员、审计组廉政监督员为主体的"三员"监督网格化体系,在党风廉政建设中承担宣传、联络、示范和监督作用,上情下达,下情上传,确保对党支部履行从严治党主体责任实现全覆盖、无盲区监督。

坚持问题导向。2017年,成立巡察工作领导小组,制定《中共安徽省审计厅党组对审计组巡察工作办法(试行)》,采取常规巡察、专项巡察、机动式巡察和调查回访相结合等方式,重点围绕党的领导、党的建设和全面从严治党等方面,对审计组临时党支部开展巡察。

注重长效机制。针对省厅100条巡视整改落实措施和基层党建问题、任务、责任"三个清单",结合机关党建"灯下黑"问题整治,开展巡视整改"回头看",党组班子与全体党支部书记开展党风廉政建设集体约谈,着力解决一些基层党组织弱化、虚化、边缘化问题,注重从制度和机制上深挖根源,有力推动巡视整改不断深入。

持续改进作风。建立省审计厅效能建设"十项制度",组织机关全体人员签订效能建设承诺书,统一承诺内容、统一备案管理,形成了机关作风和效能建设人人抓、层层抓、常态抓的工作机制和浓厚氛围。

合肥淮军文化

在中国近代史上,一支以江淮子弟为骨干的军事政治力量,深刻地影响清末民初数十年间的国祚命运,这支劲旅就是晚清名臣李鸿章创立的淮军。这支力量为清廷打下一场场战役,享誉海内外。淮军人物比较集中地来自合肥东乡(肥东)、西乡(肥西)"三山"、南乡三河镇、庐江、北乡(长丰),以及巢县、舒城、桐城、寿州等地。合肥是淮军的重要发源地,号称"淮军摇篮"。

1860年,太平军二破江南大营后,清政府在整个长江下游地区已失去最后一支主力。为了免遭灭顶之灾,逃往上海的江南豪绅地主积极寻求曾国藩派援兵。曾苦于无兵可派,随转商于李鸿章开始淮军的招募与组建。由于庐州团练的扎实基础和李鸿章在当地的各种关系,淮军的组建、招募比较顺利,先后招募到合肥西乡三山诸部团练和驻扎三河的庐江团练。1862年春节过后,淮军最早的部队树(张树声)、铭(刘铭传)、鼎(潘鼎新)、庆(吴长庆)4营即陆续开赴安庆集训。李鸿章还命令三弟李鹤章回合肥故乡招募旧部团练，响应投军的有内亲李胜、张绍棠，昔年好友王学懋，以及父亲李文安的旧部吴毓兰、吴毓芬等。李鸿章初建的淮军有 14 个营头的建制，每营正勇 505 人、长夫 180 人。2 月份，曾国藩在李鸿章陪同下，检阅已到达安庆集结的淮军各营，淮军正式宣告建军。

1862 年 4 月中旬，上海士绅花银 18 万两雇英国商船 7 艘，将淮军分批由水陆运往上海。当 6000 多名身穿短衣、长裤绑腿、脚穿草鞋、手拿大刀长矛、抬着老式抬枪的中国兵勇和长夫走出船舱时，在场的洋人轻视大笑："这些'叫花子兵'从哪里来的？""他们能打仗吗？"淮军就这样首次亮相于世人面前。到上海后，李鸿章率领这支"叫花子军"，先后独立进行虹桥、北新泾和四江口 3 次恶战，成功守住上海，攻克常熟、太仓、昆山等地，直趋苏州、江阴、无锡、吴江、平望，镇压太平天国；参加中法战争、甲午战争，抵抗八国联军入侵，40 年间打了 5 次战争，在中国大地纵横驰骋。它的布防区域从东北的旅顺大连算起，经山海关到整个直隶、山东、江苏、浙江、台湾、福建、广东、广西，覆盖了整个中国的海疆。后来，李鸿章正是以淮军为基础，掌握了国家外交、军事和经济大权，成为晚清政局中的重要人物。淮军主要将领张树声、刘铭传、周盛波、潘鼎新、吴长庆、丁汝昌、聂士成等组成的淮系军阀，成为清末统治阶层中一个重要的武装政治集团。

淮军在合肥的遗存散落各地，巢湖市境内有原中庙镇的淮军"总祠堂"昭忠祠和李文公祠、姥山的文峰塔、烔炀镇的李鸿章当铺；庐江县境内有吴长庆故居、武壮公祠、潘鼎新祠、刘秉璋墓、丁汝昌故居；肥西县境内有淮军故里圩堡群、刘铭传旧居；肥东县境内的六家畈现存古民居有豪宅 6 大片、房屋 13 幢、正房 33 路，吴氏公祠、私祠、望湖楼、淮军将领吴育仁和吴谦贞故居，是合肥地区最大的古民居群之一。所有这些形成一个比较完整的淮军文化圈。

据考证，现在散落于肥西县的张老圩、刘老圩、周老圩等大大小小 100 多个圩堡便是当年淮军团练的根据地，正是从这里，淮军登上了历史舞台。据统计，从圩堡中走出的肥西籍淮军将领，参将以上就有 81 名，提督衔以上 35 名。其中有威震海疆的台湾首任巡抚刘铭传，有扼守津门、屏障京畿的湖南提督周盛波、周盛传兄弟，有坐镇岭南的两广总督张树声，有出兵朝鲜、屡战日军的直隶提督叶志超，还有抗日保台的福建陆路提督唐定奎等，这些人对近代史产生极其深远的影响。圩堡俗称圩子，是江淮之间特有的建筑形式，兼有居住和防御功能，但初期的圩堡建筑是在肥西一批批的地方团练组织的财力基础上建立起来的。后来肥西团练武装转制为世人皆知的淮军，昔日的团练首领们因功勋卓著衣锦还乡。当这些淮军将领功成名就后，他们都一个个回到故乡，在山林之间建起一座座四面环水的私家圩堡。这些淮军将领的旧居曾经在当地形成一个庞大的建筑群体圩堡，以其独特的清晚期建筑风格存在。在总共 100 多座圩堡中，大潜山紫蓬山一线，尤以张树声家族的张老圩、刘铭传家族的刘老圩、周盛传家族的周老圩、唐定奎家族的唐五房圩最为著名。四大圩堡各有特色，如一颗颗明珠，镶嵌在紫蓬山的青山绿水之中，闪烁着智慧的光芒，形成了江淮古民居的一大特色——缘山、环水、宽敞、高大。

如今，对淮军的研究已经成为热点课题。合肥率先开始淮军研究，先后召开多次全国性刘铭传研讨会、李鸿章学术研讨会。安徽省李鸿章研究会、安徽省刘铭传研究会、肥西淮军研究会等学术团体相继成立，安徽省社科院也成立淮系集团研究中心，省社科联成立以淮军研究为核心的历史文化研究中心等。研究淮军意义重大，而淮军故里大量的文化遗存，对发展地方经济，特别是旅游业也非常重要。合肥正在积极推进挖掘和开发有关李鸿章和淮军、淮系集团历史文化资源，组织拍摄《台湾首任巡抚刘铭传》历史纪录片，打造合肥淮军文化旅游圈。合肥市区李鸿章故居和享堂成为游客参观的热门场所。肥东县计划投资 20 亿元，打造"国字号"六家畈淮军文化特色文旅古镇，范围约 6 平方千米，总建筑面积 33 万平方米，以淮军文化、侨乡文化为主导，融合文化体验、民俗休闲、商贸旅游、商务度假、田园观光、健康颐养等，争取申报国家 AAAAA 级旅游景区和国家级特色小镇。

刘铭传旧居

亳州市民俗文化

亳州为国家级历史文化名城，历史源远流长。早在七八千年前乃至更早的旧石器时代，亳州的先民们就在这里繁衍生息。数千年来，勤劳智慧的亳州人民在这片土地上创作出了丰富的民俗文化。

一、地方戏剧

(一)二夹弦

二夹弦是亳州艺术百花园里具有地方特色的一株奇葩，于2006年成功入选国家级非物质文化遗产名录。它唱腔优美细腻、清新亮丽、委婉动听、通晓流畅，具有强烈的人民性和深厚的群众基础，深刻地反映了亳州市的风土人情。它起源于山东，流传于苏、鲁、豫、皖4省边界地区，中华人民共和国成立后在亳县受到重视，得以迅速发展，并逐步形成自已的地方特色，长期兴盛不衰，成为亳州最受广大群众欢迎的主要剧种之一。“撕绫罗，打茶盅，不如二夹弦哼一哼”“二夹弦哼一哼，不穿棉袄能过冬”“不吃不穿不过年，也要去听二夹弦”，这些来自亳州广大人民群众的村言俚语，表达了对二夹弦这一剧种的喜爱和赞美，也充分证明了这一稀有剧种的珍贵价值。

(二)泗州戏

2010年，利辛县政府申报的泗州戏(拉魂腔)被批准为安徽省非物质文化遗产。泗州戏流行于安徽省淮河两岸，原名“拉魂腔”，是安徽省四大剧(徽剧、黄梅戏、庐剧、泗州戏)之一，距今已有200多年的历史。它与山东的柳琴戏、江苏的淮海戏同是由“拉魂腔”发展而来。泗州戏唱腔优美，旋律动听，深受群众喜爱。

泗州戏有传统大戏80多个，小戏和折子戏60多种。唱腔中，男腔粗犷豪放，高亢嘹亮；女腔婉转悠扬，结尾处多翻高八度拉腔，明丽泼辣，动人魂魄。泗州戏演出时有许多独特的身段和步法，如四台角、旋风式、剪子股等，演员必须注意手、眼、腰、腿、步等各部位的协调与配合。泗州戏与皖北人民的生活、习俗有着密切关系，显示出强烈的地域文化特色。

二、民间舞蹈

民间舞蹈，是最古老的艺术形式之一，是诸多舞蹈艺术形式的来源，在人们的日常生产、劳作过程中诞生，由劳动人民直接创造，具有鲜明的人文风俗和浓厚的地方特色。

亳州的民间舞蹈很有特色，在乡村各个地区广泛流行。据1988年统计，仅谯城区就有民间舞蹈40多种，如：小车灯、古灯会、大班会、花轿、旱船、肘搁、子弟灯、秧歌、花棍、腰鼓等等。其他县的民间舞蹈也各有特色，涡阳县有棒鼓舞、竹马团、九女扑伞、高跷、狮子舞等；蒙城县有花棍舞、刘海戏金蟾、八仙庆兽等；利辛有花鼓灯、一人坐一轿、旱船等。这些民间舞蹈中，以大班会、肘搁、高跷、棒鼓舞、竹马舞、花鼓灯等最有地方特色。

这些舞蹈形式，都是源于民间的自发创作，多有典故。多年来，每当重大民俗节日，爱好者便要上一段。这些舞蹈形式，大都对舞台灯光没什么要求，只要有场地，演员们稍加化妆就能上场演出。在几百年前，这些舞蹈就陆续参与到民间的节庆生活中，构成了亳州人精神文化生活的一个重要方面。

(一)大班会

亳州的大班会也叫“鬼会”，是一种罕见的民间舞蹈，它十分精彩奇特，因有剧情发展，类似折子戏，说它像舞剧也无不妥。每逢正月十五大班会演出，演员们着戏剧服装，脸画油彩，牛头、马面、黑白无常、判官、小鬼纷纷登场，闹闹嚷嚷。

大班会是由亳州班房衙役创造的一种舞剧。乾隆年间，亳州有位知州，名叫余汉，它善恶分明，疾恶如仇，爱读《岳飞传》，特别崇敬岳飞，痛恨秦桧。每读到秦桧谋杀岳飞时，便怒发冲冠，令衙役捉拿秦桧，如此三番，可把班房里的老班头难坏了。老班头最终想出一计，叫众衙役扮演群鬼，秦桧由囚犯扮演，以此来治知州的魔病。事后他们觉得这场游戏挺有趣，便不断完善，又配以锣鼓、长笛、旌旗等乐器道具，形成了一种戏。后来民间也争相习演，竟一直延续至今。

亳州大班会的表演形式及艺术特色，是在亳州民间艺术家几百年来不断完善形成的，集中了典型人物、典型的民间舞蹈形式，放射性场面，进行扬善惩恶，弘扬中华民族的爱国精神。它虽然形式上具有较浓厚的因果报应、封建迷信色彩，但集中地表达了人们惩恶扬善的心愿。它是中国少有的大型古代舞剧。

(二)肘搁

肘搁是亳州民间舞蹈的一种，是民间艺术文化的瑰宝。肘搁已有数百年历史，因其在架子上面表演的是童男、童女，全靠下面人的肘来支撑，所以叫肘搁。肘，意为用肘扛起举高；搁为放、置，就是将童男、童女搁在上面。肘搁于每年的春节、元宵节及古会等喜庆之日，常常走上街头，边走边舞，深受人们喜爱。

(三)高跷

高跷是我国一种古老的舞蹈形式。亳州高跷很有特色，且技艺

亳州民间舞蹈

高超。高跷的集体表演有一定套路，出场排“乌龙摆尾”队，然后按“铁锁扣”步法双人结队。正式表演场次是：老汉打鱼、英雄捕蝶、青蛇白蛇、仙鳌蚌壳精、彩旦戏和尚等。其中旦角都由男子扮演。

在涡阳境内还流行一种高跷舞。这一舞蹈二三十人不等，各角色脚下均有二尺高的大木拐子，另有竹扎的驴、小车，布糊的大和尚和“柳翠”面具，还有鱼竿、蝴蝶、花棒等道具，演员全古装打扮。人物有老生、少女、少男、丑婆等。演出时，由白胡子老生率队，带领生、旦、净、丑，以及扑蝶者、推车者、大头和尚等角色，表演《上桌扑蝴蝶》《跑驴》《小车舞》等节目。这些节目原本是在平地上表演的，经高跷好手改编，在高跷上演出，大大增加了难度，也使节目更有情趣和观赏性。

三、曲艺艺术

亳州的曲艺的形成和发展，与亳州的繁荣是分不开的。由于亳州紧靠涡河，是著名的水旱码头，来往商人众多，娱乐消遣业自然发达。亳州曲艺在北方地区十分出名，门类繁多，有听众市场，成为全国曲艺中心之一，素有“曲艺之乡”称号。

（一）亳州清音

亳州清音是亳州一带的一种曲艺形式，清代光绪年间由北京的亳籍官员带回亳州，现已成为当地特色艺种。当时，以姜桂题为首的亳州籍达官贵人，常到北京的茶馆酒肆闲坐，而这种地方往往也是穷人乞讨时特别爱去的地方。这些乞讨者通常带上一种名叫“八角鼓”的乐器，给大家表演些娱乐节目。这样，亳州籍的达官贵人们喜欢上这种表演，就把它带回了家乡。亳州当地艺人在表演过程中，又融入了本地的地域风俗、特色语言，逐渐形成了独特的艺术风格。众人传唱时，觉得曲调优美、委婉动听，深受亳州百姓的喜爱，故起名为亳州清音。

（二）淮北大鼓

淮北大鼓有几种叫法，皖北大鼓、淮河大鼓，还叫安徽大鼓。这种大鼓形式主要存在于利辛县。安徽大鼓相传是在清代中期受北方的河涧大鼓影响发展而成。后来借淮上交通之便流行到淮河两岸，又名淮河大鼓，逐渐遍及安徽全省，形成南口、北口、花口三种唱腔。南口流行于长江两岸及合肥、六安地区，以淮北调为基础，吸收了民歌及庐剧唱腔。北口流行于淮河两岸和淮北平原，吸收了渔鼓和安徽琴书唱腔。花口是跑码头流动艺人的曲调，兼用南、北口唱腔，并吸收了泗州戏、黄梅戏等唱腔，适于皖南、皖北观众观赏。而目前安徽大鼓仅存于淮北。

四、传统体育

（一）华佗五禽戏

东汉名医华佗在总结前人经验的基础上，通过模仿飞禽走兽的不同形态和特有动作，编排一套动作完整，又适宜于防病健身的保健体操——五禽戏。五禽戏是模仿虎、鹿、熊、猿、鸟的动作和姿态创编，一招一式都有不同的健身作用。虎，体貌威严，性情凶猛，气势凌人。取法“虎”的动作：扭腰提肩，寻食扑按，勇猛力大，威武刚健，此节练习，有疏导督脉，强筋壮骨，发动肾间动气，延年益寿的作用。鹿，好角逐，善奔走，喜眺望，是性灵寿长的良兽。模仿“鹿”的动作：坠肘沉肩，运转舒展，善运尾闾，伸筋奔跑，心静体松，此节可活动全身筋络关节，故有舒筋活络，强筋壮骨之效。熊，体笨力大，浑厚沉稳，而又含有轻灵。效法“熊”的举动：步履沉稳，扛靠推按，力撼山岳，性情而浑厚，此节内练形神合一，外练肢体的灵活，从而达到强体魄，壮胆气，补脾强肝，益脑降火的作用。猿，攀缘跳蹿，机警灵活。依照“猿”的活动：纵跳自如，攀缘轻盈，喜搓颜面，敏捷机灵，此节可通关达窍，醒神健脑，灵活耳目。鸟，肢体轻灵，好高飞，喜争鸣，有较高的平衡能力。模拟“鸟”的动作：高翔轻落，悠然自得，运肢练臂，轻灵提气，此节可疏导经络，畅通气脉，对脏气虚疲，经脉不调，虚劳羼弱有极好的治疗效果。经常习练五禽戏，可使人筋骨舒展，气血通畅，吐故纳新，增强内脏功能，提高机体的免疫力，从而达到强健体魄，益寿延年的目的。

2011 年，华佗五禽戏被国务院公布为第三批国家级非物质文化遗产名录。2017 年，作为华佗五禽戏发源地的亳州市，正在如火如荼地开展五禽戏“进机关、进企业、进学校、进社区、进农村”的普及推广活动。

(二)晰扬掌

晰扬掌是一种起源于亳州清真寺的拳术——古兰健身术，由亳州清真寺伊玛目沙阿訇为了宣传伊斯兰教门创编的“清真古兰健身术”发展而来的。晰扬掌能强身健身，陶冶性情，打击、技击又能延年益寿，对五脏六腑各种机能起到绝妙的调节作用。对提高肺活量，加大呼吸，促进全身各个关节强劲有力，调节全身肌肉及腹腔内各种机能很有作用。因此，老幼均可练此功法，可使衰老减缓。晰扬掌已传到安徽各地和江苏、山东、河南、河北、甘肃、青海、宁夏等省市。

灵璧钟馗文化

灵璧百人画钟馗笔会活动

灵璧钟馗画是安徽省传统民间用于驱邪祈福、带有吉祥意味的民俗画。民间视其为降魔消灾之符图，被尊为“灵判”，是中国民间美术殿堂里的艺术瑰宝。

清初著名学者金埴在其著作《不下带编》中记载：“钟(馗)乃灵璧人，至今后裔在焉，多以丹砂绘其祖像而货以资食。上有县篆者，尤灵应云。”在灵璧，钟馗赶考、钟馗嫁妹、以及钟馗与唐明皇之间发生的传奇故事广为流传。《梦溪笔谈》之《补笔谈》记载了钟馗在唐明皇梦中捉鬼和吴道子画钟馗像的故事。皇帝感钟馗刚烈忠诚，封其为“赐福镇宅圣君”，并把钟馗画像悬挂在宫中以驱妖除邪，还遣大臣把吴道子的钟馗像送到钟馗故里灵璧，在端午节和除夕悬挂钟馗像的习俗便在民间流传下来。

灵璧人自唐代起始画钟馗，经历一千多年的发展，已深深扎根于民间，寄情于民俗，世人赞誉为“神州一绝”。1915年灵璧钟馗画在巴拿马万国博览会上获得金奖，蜚声海内外。灵璧也正因独树一帜的钟馗画艺术，在2003年被国家文化部授予“中国民间艺术之乡(钟馗画)”称号。2006年5月，灵璧钟馗画列入安徽省首批非物质文化遗产名录。

钟馗作为人鬼神三位一体的民神，承载了人们“反对邪恶，主张正义”的美好愿望，浸润着人类“惩治奸邪之徒、伸张浩然正气”的永恒主题，刚正不阿、扶正祛邪、惩恶扬善的钟馗精神，成为我国从古至今廉政文化的重要组成部分，对人们砥砺操行、彪炳正气、美育心灵发挥着重要作用。《灵璧赋》赞曰：“钟馗实阴间之包公也，包公乃阳间之钟馗也。此二者实乃徽皖之阴阳双璧、中华之古今正气也！”

灵璧县成立了“中国灵璧钟馗画研究会”和“中国灵璧画苑”。走近灵璧，街坊钟馗画店栉比鳞次，有白发苍苍始作钟馗者，亦有幼稚可掬握笔临摹钟馗画之幼童。环顾画店四壁，满悬着黑白干燥浓淡相宜之钟馗画，琳琅满目。

灵璧县委、县政府为了更好弘扬钟馗文化，打造钟馗文化品牌，招商引资开发重点文化旅游项目——钟馗文化园。钟馗文化园总体采用“1148”旅游产业空间架构，即“一条轴线、一个中心、四大功能区域、八大旅游景区”。一条轴线，就是旅游景观中心轴线，南北长约1800米，围绕着钟馗文化而建；一个中心，以钟馗大殿为主的钟馗文化民俗部分的展示；四大功能区，即馗风塔、山体景观及环山水体景观区，钟馗大殿、馗风苑、钟馗故居为主的钟馗民俗展示区，钟馗百态雕塑园、钟馗博物馆和钟馗文化演绎广场为主的钟馗文化展示区，钟馗文化生态园及综合旅游服务区；八大景点：即馗风塔及山体景观、环山水体景观、钟馗大殿展示区、馗风苑景观、钟馗故居、钟馗文化展示区、钟馗百态雕塑园、综合旅游服务区(生态园)。项目按照国家4A级风景区标准建设，提升规划为5A级。

建成后的钟馗文化园，将成为钟馗文化的研讨基地、钟馗画的创作基地、民间民俗及非物质文化遗产的展示基地、休闲度假游览胜地，同时也将成为皖北文化旅游的一大品牌。

张恒春中医药文化

张恒春药业全景

清嘉庆五年(1800),张宏泰始创张恒春国药号,寄“恒昌久远,妙手回春”之志。芜湖十里长街的状元坊口,张恒春前店后坊、批零兼营、深购远销,一时间声名鹊起。1923年,张恒春进入鼎盛期,名列四大国药号,与同仁堂、胡庆余、叶开泰齐名,因张恒春是唯一的草根背景,故自谦为“半块招牌”“国药三块半招牌”由此得名。

推开百年老店厚重的大门,“虔诚虽无人见,存心自有天知”祖训高悬店堂。这是对生命的尊重,对医药的诚信,也是张恒春最本源的立世之道。自创立至今,历经七代传承,始终坚守着诚信为本的经营理念、存心以仁的服务理念、尊古创新的发展理念、医药兼备的执业理念。

炮制直接关乎中药的疗效,诸如麻黄去节、莲子去芯、肉桂剥皮、熟地黄需经九蒸九晒等须不畏烦琐。张恒春学徒进门,头三年必潜心学习炮制技艺。坚守“次货不上柜,配方遵古法”,所售饮片、成药,均选料上乘,工艺精湛,疗效出众。至今坊间还流传着“看病要找滕驼子,抓药要到张恒春”的说法。

芜湖自宋代以降,已渐成为皖东南商品集散地,四民杂居、商贾云集,各类疾患亦频频发生,医药因此而盛。至近代芜湖开埠,米市形成,码头、米市从事劳力者众多,生活窘迫,疾病多发。张恒春坚持服务平民,研制生产许多疗效甚佳然价格低廉的中药, 广受民众爱戴。张恒春以仁存心、以义取利。在饥荒与瘟疫流行之季,广施善粥与汤药,不收分文;在水患肆虐之时,不计成本,救灾送药;在员工回乡之际,携带时令中药,免费分发乡民,被誉为“江南善门”。

光绪二十四年(1898),当西方股份制模式还在思想萌芽时,张恒春药号在店内另设同人合股店“公和兴”,也叫店员“搭股子”开店,诞生中国医药史上的第一个股份合作制企业。1961年编写的《张恒春国药号调查报告》记载:最初时,公和兴的资金由店员出资,每人3块大洋;暂时出不起股金的,可在公和兴预支,支付利息,年底分配盈余。据王礼卿老人回忆:“本人工资每年120元,但是公和兴每年的盈余却可分得130元,最多是曾分得200元”。原本是为了规避先人张明禄(鹿)立下的家规礼法,另辟蹊径设立的公和兴,却开创了国药史上股份合作制之先河。近年来,张恒春推出公和兴品牌系列产品,成立公和兴事业部,开启了公和兴新型合伙人模式,传承并创新“同人合股、富福同享”的理念。

医药并重为张恒春立足之本,上至掌门,下到学徒,均医药兼备,代代相承。在张恒春曾流传着“学

張恒春老號

張恒春老號

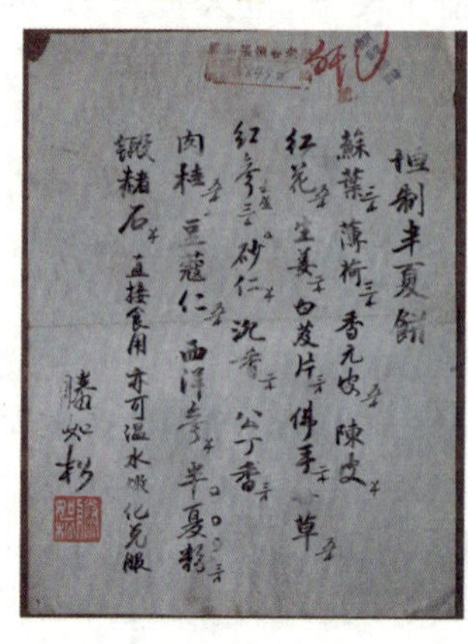

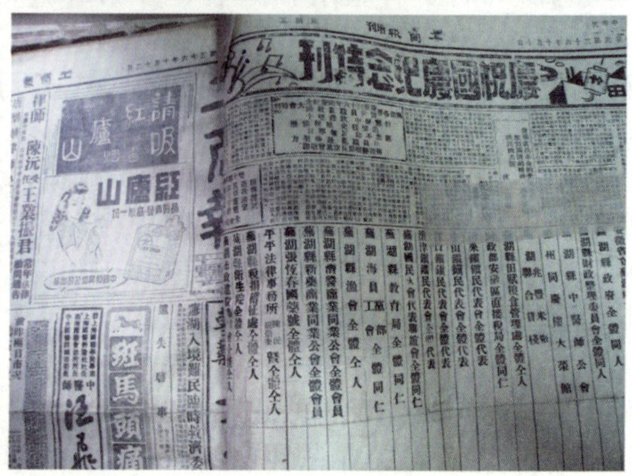

老处方、老广告

张恒春老号照片

药不成行医后门”的说法。医药双修模式培养的学徒，其出师者，既为药匠，又为郎中。

现代张恒春人继承了丰厚的文化遗产，实现全新的突破。药业公司拥有中药前处理、提取，以及制作丸剂、片剂、硬胶囊剂、颗粒剂、糖浆剂、露剂、合剂等现代化厂房和生产线。精品丸剂系列、独家产品系列、全科用药系列，畅销全国。浓缩丸系列产品精选道地药材，药香浓郁，光泽有神，业界盛赞“百年恒春，丸剂专家”。“恒制咳喘胶囊”被列入国家中药保护品种名录，配方和工艺获国家发明专利，其传承脉络可以追溯到160多年前，时任掌门张文玉独创了恒制半夏的炮制秘技，并以此为君药研制出半夏饼，君臣佐使，扶正祛痰，有行有补、燥润兼顾，上下并治。医药公司调拨批发、区域代理。大药房公司中药养生、医药并重，私人定制、特色经营。

1991年被国内贸易部授牌“中华老字号”，2014年被评为“安徽老字号”。公司被认定为高新技术企业、产学研示范企业、全国守合同重信用企业，“张恒春”“恒春”“黄山”等被评为著名商标。

《张恒春老字号传承技艺与百年秘方》出版发行，将精湛技艺首次呈现在世人眼前，社会价值巨大。《张恒春国药文史研究》《嘉庆老字号 百年张恒春》整理完成，生动再现了金字招牌的百年风采。先后获国家专利18项，运用“互联网+”思维积极创新，成立了“张恒春传承店管理中心”“张恒春慢病管理中心”，建立张恒春文化传承体系、精品丸剂现代工匠传承体系、秘方传承体系、养生传承体系、名店名医名方名药传承体系。通过后备干部培训、中药工匠培训、与高校合作办学，培养传承创新人才。

2016年起“张恒春中医药文化”被逐级列入非物质文化遗产名录，悠久的历史和厚重的文化确定张恒春“既是经济实体又是文化载体”的定位。2015年丹桂飘香时，张恒春文史馆迎来开放日，展示馆藏清末、民国至解放初期的张恒春老医案、老处方、制药器具、名人字画等数百件。2016年7月，张恒春中医药文化体验馆入驻鸠兹古镇，埠式高墙，门头高悬“张恒春”金字招牌，踏入店门，药香悠悠，吸引众多游客驻足品味传统中医药文化。

荣誉牌匾

酒文化(之二)
——金种子的传承与创新

金种子酒业坐落在阜阳市区。作为全国食品行业百强企业、安徽省最早上市的两家白酒企业之一，金种子酒业酿酒历史悠久，源远流长。阜阳酿酒技艺，肇始于史前先民族群，发展于商周，勃兴于汉唐，繁荣于北宋，隆盛于明清至民国时期。阜阳酒文化演变，极盛时期长达千余年之久。金种子酒业秉持大国工匠之精神，以传统的“老五甑”酿造工艺酿制纯正的白酒，附载着美酒文化，涵融了阜阳厚重的历史文化精髓和中华数千年酒文化传承。

酒乡千年美名扬

阜阳古称“汝阴”“顺昌”“颍州”，是商周胡国、西汉汝阴侯国所在地。阜阳地处中原，属黄淮河平原地区，农耕文化悠久，土壤肥沃，气候湿润，被欧阳修形容为“民淳讼简而物产美，土厚水甘而风气和”，自古就盛产美酒，酒文化传承千百年绵延不衰。

颍州酿酒历史最早可上溯至距今5500—5000年的大汶口文化中期。商代中后期，境内沿淮一带活跃着一个嗜酒部落——“酉”族。颍州众多汉墓出土的酒器制作精美考究，西汉早中期镜铭中，就有“千秋万岁宜酒食”之类的句子，印证了这一地区两汉酒风之盛。相传魏晋年间，杜康后裔到颍州酿酒，“竹林七贤”中的喜饮者刘伶闻香而至，三碗酒下肚，醉卧三年，醒后感慨：“一醉三秋矣！”作《酒德颂》。从此，醉三秋酒香飘颍州一千多年。

唐宋之际，颍州物华盛极一时。《颍州府志》载：“亭台之胜，诗酒之乐，与杭州西湖并称。”颍州西湖与颍州大曲酒，是令人陶醉的两大风物。欧阳修任颍州知州，常用当地酒宴朋待客，诗酒唱和，留下“画船载酒西湖好，急管繁弦。玉盏催传，稳泛平波任醉眠”“肥鱼美酒偏宜老，明月清风不要钱”等大量诗文。据《安徽通史》记载，北宋颍州名酒有“风曲”“银条”等品牌。

明清以来，酒业一直是阜阳经济重要支柱，清代大升酒坊、民国蕴泰酒坊曾经一度兴盛。20世纪90年代，金种子酒厂在厂房扩建过程中，挖掘出被历史尘封于地下的古窖池，池壁存有明代青砖池埂，池底出土汉、唐遗物和明代黑釉酒缸、高足碗、莲花纹青花瓷碗、盏子等文物，后经安徽省文物局组织的专家组鉴定，金种子厂区现存的7口古窖池均属明代正德年间(1506—1522)的酿酒作坊，已有500余年。2008年夏，古窖池重新修复后，采取了特殊的使用和保护措施，被列为“安徽省重点文物保护单位”。经专家测定，金种子明代古窖池是黄淮地区现存窖龄最老、连续沿用时间最长、保存最完整的

金种子白酒生态酿造科研基地　张帆/摄

大曲酒发酵窖池之一。黄淮地区是中国最具有区域性生态特征的白酒产地，阜阳深受黄淮两大水系影响，地处南北分界线，拥有独特的气候和地理环境，四季分明，是酿造柔和型浓香美酒的天然宝地。

金种子的传承与发展

1949年7月，阜阳县酒厂成立时，一直出品“颍州大曲”“颍州佳酿”和“醉三秋”酒，并沿用传统的“老五甑”工艺。“颍州佳酿”于2011年3月被国家商务部认定为“中华老字号”产品。而今，享有盛名的阜阳“金种子”“醉三秋”就是宋代颍州大曲的再现，作为两个中国驰名商标，蕴含着甘洌醇美的酒类品质和悠久深邃的文化内涵。

颍州大曲酒古老的酿酒工艺薪火相传，代代流芳，成就了金种子酒、醉三秋酒的独特魅力。2012年经省政府批准，“金种子”“醉三秋”酒的传统酿造技艺被列入安徽省非物质文化遗产，金种子酒业获批为非遗传承基地。

据《阜阳县志》《阜阳市工商行政管理志》《颍州古今》记载，1949年7月，阜阳县税务局接管蕴泰酱园厂的龙王堂酿酒作坊、侯大升酱园厂酿酒作坊和其他十几家酿酒作坊，在龙王堂开办阜阳县酒厂，仅有厂房20间，每年只能生产大曲酒数吨，产值不足万元。后投资建设酿酒车间，扩大生产规模。20世纪80年代，醉三秋酒曾两次被评为安徽省优质酒，蝉联两届安徽名酒称号，并获评国家轻工业部部优产品。

1992年7月，阜阳县酒厂改为阜阳酿酒总厂，1995年1月更名为安徽种子酒总厂。1996年11月，以种子酒总厂为核心企业，组建安徽金种子集团有限公司。1998年8月，金种子集团整合资产上市，以募集方式设立安徽金种子酒业有限公司，走上多元化发展之路。

金种子明代古窖池　张帆/摄

进入新世纪后，金种子酒业以大建设驱动大发展和企业转型升级，“金种子”“种子”“和泰”“醉三秋”“颍州”等五大白酒品牌畅销全国，企业科技和经济实力大大增强。金种子科技文化园和白酒生态酿造科研基地初具规模，厂区面积扩大5倍多，智能制造和生态酿造水平不断提高，工业遗存与现代建筑交相辉映，传统产业与精尖科技深度融合，人文景观与智慧工厂协调演绎，博大精深的中华酒文化与现代工业文明完美结合，绿色发展理念根植于金种子园区之中。

以品质铸造品牌

多年来，金种子酒业逐步形成“稳健、创新，扎实、向上”的企业精神，和“忠诚是大智，敬业是美德”的价值理念，这是企业改革发展的动力源。由此，金种子人大力弘扬“五种精神”：用敬业精神管理企业，用创新精神发展企业，用钻研精神铸造企业，用团队精神引领企业，用创业精神凝聚企业。

金种子酒业采用传统手工酿造工艺，整个酿造过程严格按照ISO9001质量管理体系标准和绿色

金种子白酒灌装中心生产线　张帆/摄

食品工艺控制操作。职工对班组、班组对车间层层签订质量责任书，质量指标考核落实到人，形成一套完整的质量管理网络，产品质量稳步提升。

公司酿酒采用的原料来自东北绿色原粮种植基地——辽宁黑山、阜新和奈曼旗。高粱在黑山县种植历史悠久，是酿制白酒的最好原料。“千年老窖万年糟”，金种子生产所用的窖池历史悠久，老窖池平均池龄百年以上，发酵母糟世代相传。公司酿造工艺采用传统“老五甑”续渣混烧固态发酵法，续渣发酵、混蒸混烧、泥窖发酵、长期发酵是其主要特点，经过精心操作，分段摘酒、量质摘酒后，实施分级、分坛贮存，其中一级酒平均窖龄在50年以上，发酵周期达90天，贮存时间3年以上，最长20年，窖香浓郁，绵甜爽口，酒体丰满，香味纯正。在勾兑时调香、调味，起到画龙点睛之功效，故称“金种子”。公司酿酒用颍河水系下470米深处之水，水质矿化度较低，纯净无污染、无杂菌。经安徽中青检测有限公司检测，确认金种子酿酒用水偏硅酸含量39.2mg/L，优于国家饮用天然矿泉水。金种子天然地下水被安徽省国土资源厅认证为优质矿泉水。金种子柔和型白酒，品质绝对稳定，口感绵柔无比，酒体极度纯净。公司酿酒从原料基地选择到白酒酿造，从储存到调制，从灌装到运输，全程封闭无公害，完全在国家绿色食品生产标准的监控下酿造，其高粱、小麦等原材料产自经国家农业部绿色食品专家检测认定的东北绿色食品生产基地。柔和种子酒被中国绿色食品发展中心认定为“绿色食品”。在柔和型白酒基础上，金种子酒业又相继研发安徽首款健康白酒——“和泰苦荞酒”，推出的多粮馥禾香白酒“金种子中国力量”、兼香型白酒“醉三秋1979”；研发文创产品——“福禄寿禧”酒、“吉祥如意”酒，获2018中国特色旅游商品大赛金奖，成为安徽酒企唯一获此殊荣的旅游商品。

柔和美酒，恒温窖藏。金种子酒业斥资实施的物理“恒温窖藏”工艺，开国内物理“恒温窖藏”工艺的先河，克服了温度对酯化水解反应的可逆性影响，使酒体品质稳定，更有利于酒体氢键结合，使酒体品质更加绵柔。

在酒体风格上，金种子酒契合国内白酒绿色健康的发展趋势，引领消费新理念、新潮流、新时尚。

（夏程铭）

□2017 年安庆“十一”黄梅戏展演周

□2017 年中国文化馆年会

□第六届中国农民歌会

□2017 年中国文化遗产日安徽省主场活动

□第三届中国非遗传统技艺大展

□轩辕车会

2017 年安庆“十一”黄梅戏展演周

世界同唱一台戏——台湾韵清艺术团携黄梅戏《梁祝》参加展演周演出

2017 年国庆节期间,安庆黄梅戏展演周圆满完成开幕式、黄梅戏“唱起来”“走下去”“走出去”和文旅商贸 5 大类 16 项主体活动 100 多场子活动,推动了黄梅戏艺术“一唱两走”和安庆地方戏曲剧种传承发展,促进了戏曲艺术交融交汇,弘扬了中华优秀传统文化,实现了文化惠民乐民。

坚持以人民为中心的工作导向,按照“百姓看戏、政府买单”的模式,提供普惠式服务,让群众尽享文化大餐。一是票价亲民化。秉承一贯做法,实行最大力度的惠民举措,15 个优秀黄梅戏剧目的 30 场展演全部执行 10 元惠民票价,让老百姓“好看戏”“看好戏”。充分利用“互联网+”模式,将优秀剧目进行多媒体数字化传播,实行线上线下同步共享,方便群众“坐在家里看大戏”。二是活动公益化。组织 12 个专场慰问演出,邀请“五大攻坚战”一线职工、文明创建社区基层工作者、防汛抗洪一线干部群众、残疾人及残疾人工作者、美好大宜城建设者等走进剧场免费欣赏戏曲艺术,彰显了活动的公益性。三是演出常态化。在市区 8 个广场、10 个社区、8 个室内放映室以及 1 所学校,开展 34 场广场文艺天天演、百姓大舞台演出;在社区、敬老院、建筑工地、高校等展映 105 场优秀黄梅戏电影,共吸引 5 万多人次现场观看。宿松县、望江县、大观区、迎江区等县区同步组织开展黄梅戏展演、“送戏下乡”、文化“四进”等活动,营造出浓厚的“文化惠万家”活动氛围。

坚持黄梅戏乡的责任担当,推动黄梅戏艺术“一唱两走”,集聚各大戏曲艺术在安庆演出交流,充分展示安庆的包容创新,有力促进地方戏曲艺术繁荣发展。一是寻访戏曲之根。开幕式演出《梨园寻根——安庆地方戏曲剧种(声腔)百年经典》围绕“访京黄故里、寻戏曲之根”主题,全景展现京剧、黄梅戏两大剧种的形成和发展历程,充分展现安庆境内岳西高腔、宿松文南词、潜山弹腔、太湖曲子戏、怀宁怀腔、望江龙腔、桐城歌等地方戏曲艺术魅力,有力展示了安庆作为“京黄故里、戏曲之乡”的历史地位和“中国地方戏曲剧种传承发展基地”的担当作为。坚持抢救性保护和常态化展演并重,继续举办安庆地方戏曲剧种优秀剧目展演,全市 7 个地方戏曲剧种的 15 个新创或复排剧目进行了集中展示,促进了地方戏曲剧种传承发展。首次举办全省稀有剧种(戏曲声腔)展演,从 39 个申报剧(节)目中遴选出 28 个节目集中演出,涉及二夹弦、四平调、高腔、梨簧戏、池州傩戏、含弓戏、推剧、嗨子戏等 22 个稀有剧种(戏曲声腔),培育了稀有剧种生存发展的土壤。二是夯实人才基础。坚持以赛促演、以演促学,发现和培养“青年苗子”,加快打造中国戏曲人才培养基地。成功举办 2 场全省中青年戏曲演员展演,30 位优秀中青年戏曲演员登台表演了黄梅戏、徽剧、庐剧、泗州戏、梆子戏等,一批“梨园新秀”崭露头角,为培养“安徽戏曲名家”奠定了基础。全面推进“黄梅戏进校园”,创新实施百名艺术家进校园、千场演出进校园、万家学子唱戏曲“百千万行动计划”,举办全市“戏曲进校园”教学成果汇报展演,2000 多名师生在市县两级平台展演、12 个优秀节目现场展示,推动了戏曲艺术在校园传承,打通黄梅戏传承的青春通道。举办第二届全市青少年黄梅戏电视大赛,152 个精彩节目同台竞技、竞相角逐,充实了我市选拔省级以上少儿戏曲大赛选手库。三是形成集聚效应。12 位“梅花奖”得主、1 位梅兰芳京剧大赛金奖获得者在开幕式上登台献演;上海、江苏、福建、湖北、江西等 7 个省市的 2800 余名戏迷票友集聚安庆、切磋技艺,开展 14 场“八方贺黄梅”联谊活动、上演 173 个自导自演节目,参与见证一年一度的黄梅盛会,形成“千人登台、万人传唱”效果；优秀黄梅戏剧目展演吸引4万人次走进剧场观看，场内场外活动吸引10万人次参与体验，夯实了安庆市打造全国戏剧演出集聚地的群众基础。

充分利用展演周平台，围绕“黄金周旅游”和“地方特色名品展销”两大主题，组织“唱黄梅·游安庆·赏美景”文化旅游活动和“听黄梅·买名品·品美食”文化商贸活动，进一步推进文旅商深度融合、一体发展，产生了良好的经济社会效益。一是以戏促游。邀请200多位客商、记者来宜参加展演周，其中不乏知名企业家，这些企业家既领略了黄梅戏的艺术魅力，也考察了安庆的投资环境，为全市招商引资、发展开放型经济夯实了基础。成功举办第三届中俄传统文化暨养生旅游（安庆）交流年会，拓展了安庆文化“走出去”的领域和空间。二是以游促商。整合黄梅戏演出、广场文艺、黄梅戏名人故居和安庆山水旅游资源，借助深圳文博会、“美丽安徽行”（杭州）旅游推介会、天津中国旅游博览会、内蒙古中国特色旅游商品博览会等平台，开展“黄金周哪里去？到安庆看黄梅戏”旅游推介，展演周期间全市接待游客563.53万人次，实现旅游收入25.67亿元，同比分别增长10.19%、6.38%。针对高铁和民航两条交通线，推出黄梅戏主题旅游线路，开通高铁专列两趟、包机数十班。成功举办“千人自驾游安庆、百景竞相唱黄梅”等活动，全市各大景区推出定时表演黄梅戏、门票让利等措施，天柱山、五千年文博园二期、巨石山、大别山映山红大观园4个景区推行来宜戏迷门票免费政策，吸引近千名戏迷走进景区，促进“戏迷成为游客、游客成为戏迷”。三是以商促贸。成功举办中国戏曲艺术（黄梅戏）金银币首发仪式，全国金融机构代表和戏曲专家400余人共同参与。组织60多家企业的近百种“中华老字号”产品、百余件安庆特色文化艺术品、20多种省级以上名牌农副产品和地方特色名优产品，在知名景点、主要宾馆酒店举办地方特色名品展销活动。

在延续以往举办艺术节和展演周成功经验的基础上，突破地域局限、创新活动模式，探索积累了新的节庆活动经验。一是“主场+分场”。打破以往仅在市区设立会场惯例，首次在怀宁县石牌镇增设分会场，与市区的主会场遥相呼应、交相辉映，形成互进互动、生气勃勃的演出格局。根据演出场馆、交通出行、媒体阵容等情况，主会场侧重戏曲文化对外推广，主要承办开幕式、剧目展演等主体活动；分会场侧重戏曲文化保护传承，围绕“源于石牌、聚于石牌”主题，首次举办“京黄故里”石牌戏会，全市9家省级民营“百佳院团”在5天时间内集中展演了9场黄梅戏大戏，为石牌戏曲文化特色小镇的建设营造了浓厚的戏曲文化氛围，让石牌百姓享受到了更多的文化获得感。二是“市内+市外”。广泛邀请国（境）内外院团来宜演出，参与剧目展演的13个院团中来自市外的有5个，其中有中国台湾韵清乐舞剧团和新加坡传统艺术中心，让戏迷观众欣赏到了不同风格的戏曲表演，促进了黄梅戏艺术交流和中华优秀传统文化传播推广。同时大力推进黄梅戏“走出去”巡演，展示黄梅戏的品牌实力和艺术魅力，展演周期间《大清名相》作为安徽省唯一入选剧目参演了全国地方戏曲南方会演。三是“戏曲+网络”。首次面向全市开展黄梅戏原创网络视听节目征集活动，共征集到32个创意作品，推动了黄梅戏与新技术新业态新模式新媒体的融合发展。突出新媒体传播方式，央广网、凤凰、网易、腾讯、今日头条、安徽戏曲广播、iTV“有戏安徽”专区、安庆日报融媒体等11家网络媒体对展演周开幕式演出进行了全程直播，实时在线突破120万人次，其中安庆日报融媒体直播当日点击量超过“10万+”。在优秀剧目展演中，iTV“有戏安徽”专区和中安在线进行4场网络直播，在线观看人数超过54万。中国文化网络电视微信公众号、中国文化网络电视客户端和国家数字文化网，向全国直播“宜城处处唱黄梅”广场文艺演出，实时访问量突破16万人次。展演周网络直播活动，让戏迷观众足不出户就能共享艺术大餐，让海内外网友及时点播、欣赏，取得了良好的传播效果。

黄梅戏展演周主会场——安庆市黄梅戏艺术中心

2017年中国文化馆年会

2017年中国文化馆年会

2017年11月29日，中国文化馆年会在安徽马鞍山举办。年会以“繁荣群众文艺，畅想文化中国梦”为主题，以工作论坛、主题论坛、文化艺术博览会以及群众文化活动四大板块呈现，通过“展、播、演、练、讲”相结合的方式，集中反映党的十八大以来公共文化领域改革发展所取得的成果。在此次年会上，国家公共文化云正式开通，中国文化馆年会会歌《明天更精彩》首次激情唱响。年会全面展示了文化馆工作者长期以来扎根基层，坚持中国特色社会主义文化发展道路，更好地满足广大人民群众对美好生活新期待的文化实践成果。

第六届中国农民歌会

9月15日，第六届中国农民歌会在“大包干”发源地滁州市唱响，文化部部长雒树刚宣布歌会开幕，省长李国英致辞，农业部总农艺师孙中华，全国政协常委、中国文联副主席赵化勇等出席。歌会围绕喜迎党的十九大，以“希望的田野”为主题，包括主题演出、全国农民画作品展、民间剪纸艺术作品展、全省农村题材现代戏展演以及“文化扶贫·携手小康”惠民巡演乡村行联动演出等系列活动。其中，全国农民画作品展展出21个省（区、市）近30个农民画之乡的218件作品，全国民间剪纸艺术展展出20个省区46个非遗剪纸项目（国家级项目28个）近200件作品。央视新闻联播报道歌会盛况，央视七套10月6日、10月9日播出主题演出录像。

开场曲鼓乐庆丰年

2017年中国文化遗产日安徽省主场活动

2017 年中国文化遗产日安徽省主场活动

2017 年 6 月 9 日下午,2017 年中国文化遗产日安徽省主场活动启动仪式在蚌埠市举行。活动从 6 月 8 日持续至 10 日,举办了非遗项目展演、传统技艺类非遗项目及民俗项目展示、文化遗产图片展、双墩遗址与淮河流域古代文明进程研讨会、博物馆走进社区、文博大讲堂、青少年走进考古发掘现场、非遗项目进校园进军营等系列活动,充分展现安徽文化的深厚内涵,激发社会各界对文化遗产的关注和热爱,营造了全民参与文化遗产保护的良好氛围。

第三届中国非遗传统技艺大展

第三届中国非遗传统技艺大展

2017 年 9 月 8—12 日,由省人民政府主办,省文化厅、黄山市人民政府承办的第三届中国非物质文化遗产传统技艺大展成功举办,圆满完成了总体方案确定的各项活动。此次大展由开幕式、非物质文化遗产传统技艺展、明月清风——故宫博物院藏新安八家书画展、歙砚传统技艺大赛和徽派传统工艺振兴论坛等五大活动组成,以非遗传统技艺展示为重点,以故宫博物院藏新安八家书画展为亮点,以徽派传统工艺振兴论坛为提升,以歙砚传统技艺大赛为窗口,在前两届非遗传统技艺大展的基础上,创新运作方式与展示方式,倡导传统工艺走进现代生活,现代设计走进传统文化,激活各类文化遗产的生命力,促进文化资源向文化品牌的整合转化。此次大展社会关注度高,各界反响强烈。省文化厅和黄山市政府分别制定专门的宣传方案,全方位、立体化、多手段、广覆盖地对大展开展宣传,政府发布、线上线下、广播电视、平面纸媒、灯箱广告、终端推送、网络互动等多点开花,中央电视台、中国国际广播电台、新华社、人民网、新浪、腾讯等近百家媒体共发原创稿件 200 余条,百度搜索“第三届中国非物质文化遗产大展”条目达 58000 多个,大大地促进了安徽文化的宣传推广。

轩辕车会

中华民族祭祀始祖轩辕黄帝，肇始于先秦时期，流传至今日。陕西桥山黄帝陵祭典，河南新郑拜祖大典，浙江缙云仙都民祭大典，规制宏大超凡，礼仪精严繁复，每年参与人数众多，一派泱泱气象。沈阳、甘肃、北京、湖南，乃至宝岛台湾，都有过类似的祭拜活动。

其实，真正让老百姓为之亲近并爱之乐之的，不是那些居庙堂之高的大家手笔，却是生长在寻常巷陌里的小民习俗。它们或许因陋就简，俗不可耐，甚至粗俗随意，粗枝大叶，但是它们用最简单朴素的形式表达最真诚淳朴的祈愿，用充满泥土气息的话语倾诉一己忧欢。黄山脚下的黄帝祭祀活动——轩辕车会即是典型一例。

黄山，古称黟山，因为轩辕黄帝修炼升天的传说，而得名黄山，意为黄帝之山。相传轩辕黄帝南征，栖黄山以修道，将中原造车之术带到这里，黄山山越部族才结束了肩挑背扛的历史，自此世世代代将黄帝尊为“车公”，黄山北麓的太平县后来才有了祭祀始祖黄帝的习俗“轩辕车会”。太平县建于唐天宝四年，时属宣城郡，县城所在地名为仙源；20 世纪 60 年代，县城迁至甘棠，80 年代太平县改为黄山区，沿袭至今。

“轩辕车会”又称“车公大会”，其主要方式是滚动特制的大车轮，所以在当地又俗称“滚车”。滚车源于唐天宝年间黄山得名之时，当时太平县建有轩辕黄帝庙。明朝时重建“忠烈庙”，清朝时复建“东平王庙”，俱为轩辕黄帝庙宇，至今仍留有遗迹。这两座庙，本地老百姓都称呼它为“车公殿”，以往庙里供奉轩辕黄帝雕像，百姓一般称之为“车公菩萨”；每个庙还各有八个大车轮，“滚车”之车，即为此轮。车轮大圈绘有朱红色火焰图案，因而得名“火轮车”；车身为木质，直径八尺四寸，厚六寸，约四百斤。平时，“火轮车”供奉在车公殿里，与菩萨一同享用烟火，受人叩拜。一到“轩辕车会”会期，八个车轮又滚过大街小巷成为降福驱邪的神器和民俗表演的道具。

以滚车形式祭祀轩辕黄帝，纵观华夏绝无仅有，将轩辕黄帝称为车公菩萨，全国也独此一例。

从华夏始祖到车公菩萨，虽在历朝历代高居神坛，带有明显王权象征的轩辕黄帝却也隐约有了平民气息。

历代君王对轩辕黄帝的祭祀，颂扬功德，祈福禳灾之余，宣示正统，神化皇权才是其最终目的，其言外之意可以这样理解：轩辕黄帝乃五帝之首，朕承其道统，君临天下，然普天之下，莫非王土……政治意图、愚民色彩浓厚。“轩辕车会”祭黄帝，尊为始祖，拜为车公，与帝位王权无甚关联，祭祀的行为模式和出发点皆来自民间。

轩辕车会每年会期固定，农历七月十八日开始，二十四日结束，前后七天。农民的事情自然有农民的道理，农事规律促成民俗时序。太平县自古以水稻种植为主，七月扬花抽穗、八月结谷，中秋前后成熟收割，随后农田复垦，“寒露油菜霜降麦”，开始第二轮农事。会期选在七月，正值农耕的间隙闲暇和谷粒孕育之时。大半年顺顺当当，全赖先祖神灵庇佑，要把车公菩萨请出来好好感谢一番，粮食丰收在望，还要乞求上天调和风雨，降福驱邪。民间祭祀多少有点实用主义，求的是百姓平安。轩辕车会无论是祭祀意义还是会期时序，都含有浓厚的人民色彩。

2003 年，经过挖掘整理，对其主要的表演形式进行了恢复，并被列为安徽省非物质文化遗产。

轩辕车会活动之踩街

市縣區文化概覽

杜鹏飞题

□合肥市

□宿州市

□淮北市

□亳州市

□阜阳市

□蚌埠市

□淮南市

□滁州市

□马鞍山市

□芜湖市

□铜陵市

□安庆市

□黄山市

□六安市

□池州市

□宣城市

□宿松县

□广德县

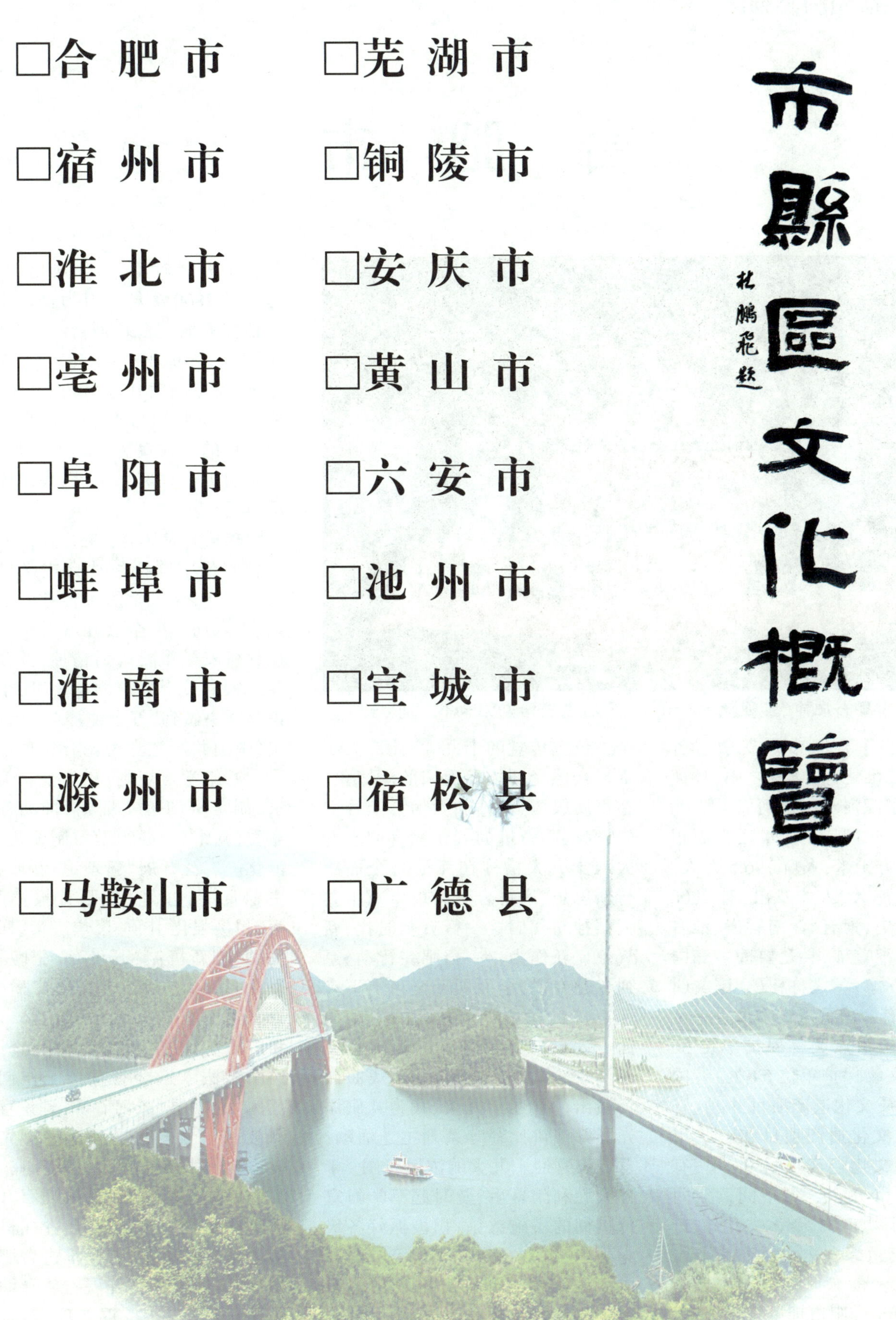

合 肥 市

安徽省暨合肥市“喜迎党的十九大”千场文艺活动启动仪式现场

【**文化概览**】合肥市是安徽省省会，地处江淮之间，居皖之中，环拥巢湖，因东淝河与南淝河发源于此而得名，辖 1 市 4 县 4 区，面积 1.14 万平方千米，人口 796.5 万人。合肥历史悠久、人才辈出，有 2200 多年建城史，素有“江南唇齿、淮右襟喉”“江淮首郡、吴楚要冲”“三国故地、包拯家乡”之称，是全国文明城市。现有全国重点文物保护单位 6 处、省级重点文物保护单位 36 处、市级文物保护单位 54 处；有国家级非物质文化遗产项目 4 项、省级非物质文化遗产项目 28 项、市级非物质文化遗产项目 98 项；有公共图书馆 9 个、城市阅读空间 29 个、博物馆 31 个、文化馆 11 个、乡镇街道综合文化站 121 个。

学习宣传贯彻党的十九大精神。2017 年，合肥市理论宣传、新闻宣传、社会宣传、文艺宣传、网络宣传多种方式联动，高频次、多角度、全方位宣传党的十九大，让广大干部群众感受到扑面而来的新气象。在市属媒体、网站和微信公众号上开设《砥砺奋进的五年》《喜迎十九大》《十九大精神在江淮》《全面践行新思想、谱写合肥新篇章》《十九大精神与我们这一行》《新时代、新气象、新作为——合肥在行动》系列专题专栏，全面展示全市上下喜迎宣传贯彻党的十九大的生动局面。广泛开展“喜迎十九大”千场文艺活动、书画摄影作品展、戏曲专场演出、“喜迎十九大、我为党旗添光彩”演讲比赛等系列主题活动，营造出喜迎十九大的浓厚氛围。十九大胜利闭幕后，及时起草学习宣传贯彻的实施意见，积极抓好各级党委（党组）中心组学习，第一时间成立由市领导和部分市直单位负责主要负责人组成的市委宣讲团，逐级成立十九大代表、专家、干部、百姓、青年、行业等 6 类宣讲团，分赴各地开展对象化、分众化、互动化宣讲 2800 多场，有力推动十九大精神落地生根。创新组建“新时代”文艺宣传小分队 387 支，深入开展“讴歌新时代、宣传十九大”文艺宣传活动 2000 余场，以群众喜闻乐见的形式宣传十九大精神，经验做法被中宣部采用、中央媒体广泛报道。

理论社科工作。突出抓好习近平新时代中国特色社会主义思想武装工作，深入学习宣传党的十九大、十八届六中全会和习近平总书记视察安徽重要讲话精神，教育引导广大党员干部牢固树立“四个意识”、坚决做到“五个纯粹”。认真落实《中国共产党党委（党组）理论学习中心组学习规则》和省委有关要求，制定贯彻落实细则，推动各级党委（党组）中心组学习制度化、规范化。广泛开展“新理论·新成就”主题宣讲，办好《合肥日报》理论版，积极强化引领、聚焦决策、回应关切、创新机制；开设《合肥晚报》理论与实践专版、市交通广播《理论直通车》节目，创新利用都市报和广播电台进行理论大众化宣讲，经验做法入选全省宣传工作创新范例。肥西县“派河春晖”理论宣讲团被评为全国基层理论宣讲先进集体。着眼服务全市发展大局，扎实开展理论社科研究，成功召开市社科联七届二次全委会暨社科界第七届学术年会，有序推进合肥新型智库建设，扎实开展省领导圈定课题研究，省社科重点项目《合肥通史》《合肥通史简明读本》及社科知识普及、合肥新型智库和历史文化3套丛书正式出版。

新闻宣传。坚持团结稳定鼓劲、正面宣传为主,精心组织开展纪念习近平总书记视察安徽一周年、“五大发展行动计划”、城市管理提升年行动、合肥综合性国家科学中心、脱贫攻坚、文明城市创建、环巢湖综合治理、新时代新气象新作为等重大主题宣传,充分展现合肥市统筹推进“五位一体”总体布局和协调推进“四个全面”战略布局的新创造新成就新经验。借助中部投资贸易博览会、合肥国际文化博览会等重大活动,围绕“科技创新”“新兴产业”“脱贫攻坚”等突出亮点,积极向中央、省属主流媒体推出《合肥,何肥?》《哈佛八剑客赤子丹心逐梦最强磁场》等系列重磅稿件;全年中央主流媒体刊发关于合肥的稿件2300多篇,其中,头版头条稿件34篇、头版稿件94篇、中央电视台新闻联播16次、焦点访谈3次,显著提升合肥影响力美誉度。大力加强媒体融合发展,制定《合肥市推动传统媒体和新兴媒体融合发展实施意见》,市广播电视台高清电视一期项目顺利完成,以“合肥发布”为龙头的全市政务微博矩阵正式上线,合肥晚报“ZAKER合肥”融媒体项目获“中国传媒融合年度创新案例奖”,拓宽主流声音传播渠道。开展“丝路大V中国行”“青春喜迎十九大·共筑网络强国梦”“共舞长江经济带”“全国ZAKER看合肥”等网络主题宣传系列活动,集聚网上正能量。

合肥市新时代文艺宣传小分队首场文艺演出现场

弘扬社会主义核心价值观。坚持贯穿结合融入、落细落小落实,制定《把社会主义核心价值观融入法治建设的实施意见》,持续深化社会主义核心价值观的培育和践行,推动各行各业广泛开展实践活动,引导和推动干部带头、全民行动、自觉践行。加大“讲文明·树新风”公益广告宣传力度,布设核心价值观铁雕3000余处;建成核心价值观主题馆2个、主题公园6个、主题社区11个,开展第二届“我们的核心价值观”歌咏比赛、“中国梦、我的梦”系列主题教育、践行核心价值观演讲比赛等主题活动,在全国率先启动社会主义核心价值观亮灯工程。组织参加全国社会主义核心价值观主题微电影征集活动,获优秀组织奖。举办道德讲堂活动,全年参加市级道德讲堂1万余人次,参加县(市)区级道德讲堂20多万人次。开展安徽省暨合肥市“弘扬雷锋精神、打造好人安徽”主题活动,评选合肥市第三批学雷锋示范点和学雷锋标兵各20个,被评为安徽省岗位学雷锋示范点2个,被评为安徽省岗位学雷锋标兵1人。加强志愿服务站点建设,开展圆梦微心愿、周六志愿行、社区帮客行、志愿服务四季行等志愿服务品牌活动,推进志愿服务制度化、常态化,全市注册志愿者59.2万人,入选全国志愿服务“四个100”4个,入选安徽省志愿服务“月评十佳”14个。

合肥市居民小区(背街小巷)文明创建工作推进会现场

精神文明创建。制定《合肥市创建全国文明城市常态化管理办法》《合肥市创建全国文明城市工作问责办法（试行）》《合肥市农村文明创建行动纲领（2017—2020年）》等文件。开展城市管理提升年活动、环境整治百日大会战和“三线三边”环境治理等行动，推进农贸市场、老旧小区、城市立面、文明交通整治，文明创建群众满意率达96%以上，顺利通过第四届全国文明城市复牌检查，成功创建第五届全国文明城市；巢湖市被评为全国文明城市（县级市），7镇8村被评为全国文明村镇，22个单位被评为全国文明单位，3所学校入选首届全国文明校园。开展移风易俗活动，广泛评选道德模范、身边好人，举办首届“致敬好人、礼遇好人”“百十工程”颁奖典礼，评选市第五届道德模范和提名奖获得者100人；加大对道德模范、身边好人的帮扶礼遇，广泛宣传先进典型事迹，典型示范效应形成声势，入选全国道德模范提名奖1人，新增“中国好人”12名，入选“中国好人榜”138人。命名第五届合肥市爱国主义教育基地44个，广泛开展青少年爱国主义读书教育活动。制定《合肥市未成年人思想道德建设工作测评办法》，开展“做一个有道德的人”“清明祭英烈”“小手牵大手、共建文明城”“社区小帮客”“文明交通小使者”等系列主题实践活动，被评为第五届全国未成年人思想道德建设工作先进城市。

文艺工作。牢固树立以人民为中心的工作导向，着眼不断满足人民对美好生活的文化需要，扎实推动文艺工作“十个一工程”。开展“文化有礼、全民畅享”高雅艺术惠民活动，举办“大湖之约”艺术名家大讲堂，承办第十九届中国上海国际艺术节合肥分会场活动、中国（合肥）国际演出交易会暨中国演艺产品国际营销年会、第三届中国（合肥）青少年文化艺术展演活动，组织中华瑰宝经典传承系列展览、庆祝香港回归祖国20周年合肥·香港版画精品联展、第十届中国国际青年艺术周视觉艺术展（合肥站）。构建以“春之舞”“夏之乐”“秋之艺”“冬之歌”四季基层文艺调演，开展“玉兰杯”戏曲大赛、“大湖飞歌”青歌赛、“文艺下基层巡演”“大学生文化艺术季”、新春音乐会、建军90周年文艺晚会等群众性文化活动4000余场次。制定《合肥市文学艺术精品扶持办法》，推出原创民族舞剧《立夏》、庐剧《梁祝》《江姐》《村长娘子》《情意缘》、电影《大熊猫传奇》《刘春天的春天》《包公传奇之天长案》、歌曲《走进科学岛》《科学的春天》《书香家园》《绿水青山》《丝路放歌》《养人的地方》等文艺作品，电影《圩堡枪声》、动画电影《太空熊猫英雄归来》、原创民族舞剧《立夏》、歌曲《巢湖美》获安徽省第十届精神文明建设“五个一工程”（2014—2017年）优秀作品奖。推进安徽省“戏曲进校园”首批试点市任务，组织送戏进校园1300余场，举办各类戏曲知识讲座1600余场，覆盖全市1026所大中小学、学生21万人次，基本完成每名学生每年至少观看1场戏曲演出的任务目标。制定《合肥市宣传文化领域拔尖人才选拔培养暂行办法》《合肥市宣传文化领域青年英才选拔培养暂行办法》《合肥市宣传文化名家工作室建设实施办法》，举办文化产业人才、媒体融合发展等专题培训班，加强宣传文化人才选拔、引进和培育，积极打造高素质的宣传思想文化队伍。

第十一届中国(合肥)国际文化博览会现场

文化事业和文化产业。修订《合肥市促进文化产业发展政策实施细则》《合肥市文物保护办法》，制定《合肥市深化文化市场综合执法改革实施意见》，建立国有演艺企业社会效益评价考核试点工作联席会议制度。统筹推进四级公共文化服务设施网络建设，市中心图书馆项目立项，县级“两馆一场”达标升级有序推进。出台《合肥市引导城乡居民扩大文化消费试点工作方案》，完成国家文化消费试点城市建设。开展第四届“大湖名城·悦读合肥”全民阅读活动，精心打造城市阅读空间，连续4年位居“中国最爱阅读城市”前三。大力推动文化与科技深度融合发展，形成科大讯飞、华米科技等一大批龙头企业，16家企业入选安徽省民营文化企业100强。强化文化产业基地（园区）带动作用，安徽省创意文化产业集聚发展（合肥）基地建设快速推进，2017年基地实现产值（主营收入)575 亿元、税收 15 亿元,完成固定资产投资 128 亿元。“环巢湖广播电视综合试验网”项目纳入国家“十三五”战略性新兴产业发展规划。举办第十一届合肥国际文化博览会,参观人数 120 万人次,现场零售交易额 1.8 亿元,合同交易额 2.5 亿元。

【以文艺形式宣传党的十九大精神】合肥大力弘扬“红色文艺轻骑兵”精神,统筹全市文化资源,推出系列文化活动,打造多样文艺精品,主动谋划、靠前行动,做好党的十九大精神文艺宣传。在会前,举办“喜迎十九大”安徽省暨合肥市千场文艺活动启动仪式、“欢度国庆节、宣传十九大”安徽省暨合肥市大型交响音乐会等重点活动,开展“讴歌大湖名城新成就、喜迎党的十九大”系列主题活动,举办书画摄影作品展。在会后,组建“新时代”文艺宣传小分队,以“讴歌新时代、宣传十九大”为主题,深入基层、面向群众,推动党的十九大精神进企业、进农村、进机关、进校园、进社区、进军营、进网络。围绕党的十九大精神,创作出对口快板《纵情高歌十九大》、男女相声《唱支山歌给党听》、庐剧《春华秋也实》《葡萄书记》等一批讴歌党、讴歌祖国、讴歌人民、讴歌英雄的精品佳作,切实推动党的十九大精神入耳、入脑、入心。

【探索实行“4+2”基层文艺调演模式】合肥市坚持以不断满足群众文化需求为创新着力点,深化公共文化供给侧改革,积极创新探索文化服务方式,逐渐形成“政府主导、多方参与、惠及百姓、贯穿全年、覆盖全市、立体交叉”的基层文艺调演模式,分为“春之舞”“夏之乐”“秋之艺”“冬之歌”4 个篇章,同时,针对不同群体广泛开展“玉兰杯”戏曲大赛、“大湖飞歌”青年歌手大赛、“大学生文化艺术季”“农民工文化艺术节”、广场舞大赛、“送戏下乡”等活动。坚持活动设计“顶天立地”,让党放心、让群众满意;活动范围“铺天盖地”,确保城乡群众皆有获得感;活动形式“欢天喜地”,让人民群众乐享文化、爱上文化、创造文化;文艺作品“感天动地”,让文艺作品“感染人、感动人、感化人”。通过运行基层文艺调演模式,搅活全市群众文化活动的“一池春水”,推动形成全民参与、人人关心、精品力作层出不穷的生动局面,让群众既成为文化发展享受者,更成为文化发展创造者,增强了群众文化获得感。

【举办第十一届合肥国际文化博览会】2017 年 10 月 27—30 日,第十一届合肥国际文化博览会圆满举办,通过展览、销售、论坛、活动等丰富形式,全面展示合肥市文化体制改革和文化产业发展成果,宣传文化经济政策,开展交流合作,推动文化开放,引领“文化+”新业态发展。“合肥市特色文化街区”集中展示耳街、三瓜公社、1912 特色街区、罍街、崔岗艺术村、裕丰花市等。“一带一路”展区邀请来自波兰、埃及等 13 个国家约 30 家文化机构和企业参展,展示各国的工艺美术、创意设计、文化旅游等文化精品。“全国书画名家作品展”“全国工艺美术精品展”“非遗展区”集中展示代表中国目前高端的文化精品和非遗项目。“文化+”主题展区是一大特色,包括“文化+科技”“文化+创意”“文化+旅游”“文化+体育”“文化+金融”等专区。本届文博会成果丰硕,参观人数、现场零售交易额、合同交易额均创历届新高。

蜀山区

【文化概览】蜀山区位于合肥市区西南部,辖 8 个街道、3 个镇,设 1 个省级经济开发区。面积 663.65 平方千米,总人口 149 万人。近年来,蜀山区获得全国科技进步先进城区、全国和谐社区建设示范区、全国文化工作先进区、全国科普示范区等国家级荣誉 20 余项,跻身全国综合实力、最具投资潜力、新型城镇化质量、创新创业 4 个“百强区”。

公共文化建设。2017 年,蜀山区文化馆、小剧场完成升级改造,面积 7000 平方米,合唱室、排练厅、土陶厅、展览厅等功能厅室全面对外费开放。投入近 1000 万元建成城市阅读空间 5 处,分别为“林间书舍”“十里书香”“稻香书阁”“青秀书城”“乐读书吧”,实行“图书馆+书店”的“馆店一体”模式,购置各类藏书、期刊等 7 万余册,为市民群众提供免费的公共文化服务。在全市率先成立“悦读蜀山”读书联盟,依托多平台举办多类型读书论坛、读书讲座、读书征文等活动,推动全社会形成爱读书、多读书、读好书的浓厚氛围,让全民读书、崇尚文明成为蜀山新风尚。

打造文化精品。举办“唱响蜀山”首届合唱节、“蜀山春晓”新春音乐会、“魅力蜀山行、百姓大舞台”等品牌文化活动,积极筹划组织和参加各类重大文艺赛事 100 余场,主办主题性文化活动 30 余场。加大文艺作品创作,创作出《岁岁杜鹃红》《徽鹊儿》《茶谷漫道》等一批优秀文艺作品。《岁岁杜鹃红》被评为田汉戏剧奖“最佳小剧场剧目”,少儿舞蹈《徽鹊儿》获第九届

蜀山区“林间书舍”城市阅读空间

安徽省少儿舞蹈会演暨“小荷风采”全省少儿舞蹈展演二等奖。

非遗传承。蜀山区现有省级非遗项目7项，包括民间民俗“抛头狮”，传承人陈德荣，是以门歌、舞狮、祟祀活动为载体，含有历史、民俗、艺术等诸多内容的传统民间文化活动；手工技艺“吴氏船模”，传承人吴培，是以具有真实历史背景的名船为蓝本，用木料做成的古代名船；“庐州土陶”，传承人李宏亮，在陶瓷中融入乐活概念和创意元素，陶制器皿的表面使用堆、雕、镂、刻等装饰手法；“庐州蛋雕”，传承人马家轩，是以蛋壳为纸，以刀为笔；“阴阳双合拳”，传承人韩荣春，为独门武术技艺；“庐州大鼓”，传承人有倪志泉、李松山等，将说唱与表演有机结合，说说唱唱，不时模拟动作，绘声绘色；“火笔画”，传承人吴善民，以铁作画，以火为墨，借鉴传统中国画远近虚实，创作出风格独特的工艺美术作品。

文化产业。制定《2017合肥市蜀山区促进文化旅游产业发展政策》，全年争取省、市文化产业专项扶持资金770万元，推动蜀山区文化产业快速健康发展。2017年，辖区内合肥国源展示展览有限公司、合肥乐堂动漫信息技术有限公司被评为安徽省“民营文化企业100强”，合肥大剧院、合肥国源展览有限公司、合肥三人行教育科技有限公司等3家文化企业入选第二批合肥市文化产业示范基地，中皖金大地·1912特色街区入围合肥市首届特色文化街区。

【蜀山区全力打造城市阅读空间】 2017年9月，合肥市首个公园里的图书馆——“林间书舍”城市阅读空间全面对外开放；书舍坐落于四季花海公园内，整体以四合院式建筑布局，环境优美、临山近水、鸟语花香，给读书爱好者提供了安静惬意的阅读环境，成为合肥市民休闲、阅读的首选之地。全年蜀山区投入近1000万元建造城市阅读空间5处，成为合肥市首批建成的城市阅读空间，图书借阅服务均与合肥市图书馆实现业务统一。读者可以在馆内的自助式办证机上快捷办理合肥市图书馆联盟卡，凭卡即可免费借阅馆内图书。自城市阅读空间开放以来，定期举办读书沙龙、国学讲座、英语体验等各类公益活动，充分发挥阅读、活动、展示、休闲等各项功能，积极打造“周周有活动、月月有计划”的阅读环境，让全民阅读、崇尚文明成为蜀山新风尚。

庐 阳 区

【文化概览】 庐阳区位于合肥市中北部，辖9个街道、1乡1镇和1个省级开发区，面积139平方千米，常住人口60万人。庐阳老城区是历史上的古庐州城，现存有“张辽威震逍遥津”古战场、曹操点将“教弩台”、李鸿章故居等古建筑。现有国家级文物保护单位2处、省级文物保护单位4处、市级文物保护单位12处，有省级非物质文化遗产项目3项、市级非物质文化遗产项目16项。

文化惠民工程。庐阳区积极推动基本服务场馆建设，更好地服务居民群众。有序推进市少儿图书馆过渡馆建设。区“三馆三中心”(包括区图书馆、文化馆、剧场)建设完成施工图设计，年底开工建设。建成海棠街道综合文化中心。积极推进4个城市阅读空间项目点建设，建成运行双岗街道一里井社区阅读空间，顺利启动菱湖公园、杏花公园、昆仑花园小区等阅读空间建设。创作编排民生工程专题文艺节目，组织对11个乡镇街道进行巡演，让更多群众了解民生工程的具体内容。“民生剧场”坚持每月举办一次文化活动，组织各类群众文化团队开展文艺演出、展演活动。

群众文化活动。全年完成省、市、区各类文化活动150余场。积极参加四季基层文艺调演春、夏、秋、冬4个篇章竞演、合肥市“玉兰杯”戏曲大赛、合肥市“大湖飞歌”青年歌手大奖赛、“新春文化庙会”系列活动、合肥市“六一”少儿文艺调演、安徽省2017年少儿文艺调演、安徽省暨合肥市千场文艺下基层活动启动仪式、安徽省“群星奖”舞蹈评选等，举办庐阳区第十届文

庐阳火花艺术团原创舞蹈《高原》亮相合肥四季基层文艺调演

化艺术节开幕式、"五一劳动者之歌""红歌迎七一"快闪活动，组织庐阳区"宣传十九大"文艺小分队文艺巡演50余场，开展"免费开放"群众团队展演活动数十场，常年对辖区群众开展舞蹈、合唱、器乐、书法、摄影等各类艺术培训。幼儿黄梅歌舞《分果果》获安徽省少儿文艺调演一等奖，庐阳火花艺术团原创舞蹈《高原》在合肥市"春之舞"基层文艺调演中获一等奖，器乐类节目在合肥市"夏之乐"基层文艺调演中获一、二、三等奖。

优秀传统文化传承。以宣传展示、推广传承为主，将上年新增的3项省级及7项市级非遗项目作为重点推广对象，提高老百姓对区非遗文化的了解度、认知度。全年组织多场省市非遗传承人走进辖区各中小学、幼儿园开展"非遗进校园"活动，以静态展示讲解、动态表演放映、进班具体教学等方式，全面立体地将非遗文化传承给孩子们。多所学校长期开设非遗课程，涉及有剪纸、面塑、种子画、皮影等多个门类。组织非遗传承人参加2017年合肥文博会、安徽省文化厅主办的"江淮十大工匠"全省非遗展、庐阳区第十届艺术节等大型主题性展览，向观众展示近年来庐阳区非遗项目取得的成果及风采。继续完善对城隍庙大庙区域的修缮工作，大殿恢复孙觉塑像，复设财神殿、甲子殿，城隍大殿东西两侧墙面彩绘，正北墙壁上绘的是庐州6位知府画像，生动呈现城隍出巡和巡归的场景。增设庐州历史文化展示馆、徽州三雕艺术传承馆等，在大庙内组织非遗项目及传统戏曲节目的展示与表演，让老百姓近距离领略合肥本土文化和民俗风情。

文化产业发展。出台庐阳区促进文化产业发展政策及其实施细则。与安徽省黄梅戏剧院正式签署合作协议，传承弘扬传统文化，推动演艺产业发展。重点培育以新安文化广场、城隍庙、淮河路步行街及周边18条街巷、1952老报馆街区、七桂塘、建华文创园为代表的文化产业创意街区。强力推进传统文化产业转型升级，在网吧转型升级取得较好经验的基础上，出台措施推动KTV、演艺场所的转型升级，为居民提供更具个性化的文化消费产品。

【庐阳建华文创园】庐阳建华文创园是集创业创新、金融创投、时尚生活为一体的城市特色主题园区，总占地面积4.43公顷。由杭州建华文创集团开发运营，对庐阳区原杏花街道办公区、藕塘社区办公区、藕塘老工业园进行整体改造提升，改建后建筑面积3.1万平方米。文创园以"乐活、绿色、开发、共享"为宗旨，设立创意企业办公集聚区、产业加速集聚区、互联网产业集聚区、孵化研发集聚区、时尚产业集聚区、商务配套集聚区等产业集聚区6个和历史遗迹陈列区、运动休闲服务区等公共服务区2个，引进信息服务类、动漫游戏类、设计服务类、现代传媒类、教育培训类、文化休闲旅游类、文化会展类等创意文化业态，构建企业创业创新生态圈。庐阳建华文创园旨在以完善的管家式服务、全新的功能定位，提升庐阳中北部的城市品质，为构筑庐阳国际化"首善之区"贡献力量。

瑶　海　区

【文化概览】瑶海区位于合肥市主城区东部，东与肥东县接壤，西、南滨南淝河，北邻新站区，面积64.4平方千米，辖11个街道、1个镇、1个开发区，常住人口97.93万人。现有省级风景名胜区1处、省级重点文物保护单位1处，拥有安徽省文化产业示范基地——合肥裕丰花鸟鱼虫市场和元一时代广场，王剑蛋雕、李绩核雕、张氏大洪拳被列为省级非物质文化遗产。2017年，瑶海区大力推进文化惠民工程，文化事业和文化产业发展迅速，有力保障群众的文化需求。

群众文化活动。举办瑶海区2017年新春团拜会、"欢声笑语迎新春"系列文体活动、正月十五闹元宵民俗民间文艺会演、第六届

瑶海区文化馆新馆启用仪式

“邻居节”系列活动、“书香瑶海”朗读比赛、“讴歌大湖名城新成就、喜迎党的十九大”系列活动，组织“社区大舞台” 文艺演出、“梨园风采”社区戏曲展演月广场演出、书画摄影展、“舞动瑶海”广场舞大赛、“书香瑶海”演讲比赛等，满足居民群众的精神文化需求。组织参加安徽省“六一”少儿文艺调演、安徽省群星奖选拔赛、合肥市庆“六一”少儿文艺专场演出、合肥市第二十三届新春文化庙会系列活动、合肥市第十五届“幸福家园”社区广场文化周活动、“大湖飞歌”2017 合肥青年歌手大赛瑶海区海选赛、合肥市“双文广场”瑶海区专场活动、合肥市第二届“玉兰杯”戏曲大赛、合肥市基层文艺调演比赛等，展现瑶海群众文化发展的喜人成就。

公共文化建设。瑶海区文化馆新馆、瑶海大剧院、瑶海图书城相继启用。完成包括瑶海图书城在内的 5 个城市阅读空间建设并投入运营，积极推广全民阅读活动。做好第十一届合肥国际文化博览会相关筹备工作。完成滨湖会展中心瑶海展馆 “东部新中心工业文化”“裕丰花市特色街”600 平方米展区的设计、布展工作，组织辖区 300 余名干部群众参观学习。做好合肥文博会瑶海区“梨园风采展”社区戏曲展演、裕丰花市 “盛世赏臻——安徽省收藏家协会藏品展”、裕丰花市非遗公益展等 3 场分会场活动。

文化市场管理工作。组织参加“4·26”世界知识产权日宣传活动，销毁盗版侵权音像制品、书刊、赌博游戏机 800 余本(台)。召开辖区网吧经营单位、街镇开发区创建工作会议，宣传相关法律法规，共同做好文化市场文明创建工作。加强网吧日常管理，加大重点区域、重点时段的管理力度，确保文化经营场所安全生产。

文化产业。制定《瑶海区促进文化体育产业发展扶持政策》，全区现有互联网上网服务经营场所、歌舞游艺场所、出版物经营等文化经营单位 400 余家，拥有合肥报业传媒集团、安徽省文化产业示范基地——合肥裕丰花鸟鱼虫市场和元一时代广场等文化企业。

文化民生工程建设。坚持文化馆免费开放，全年开设普及性群众文化艺术免费培训班 44 个，涉及舞蹈、书法、美术、器乐、声乐、剪纸等艺术门类，参训学员 1500 余人次。

【瑶海区文化馆新馆启用】2017 年 3 月 26 日，瑶海区文化馆新馆正式启用；场馆总面积 3300 平方米，内部设有艺术展览展示区、艺术辅导培训区、艺术社团活动区、文化孵化基地、办公区等 5 大区域。开馆以来，文化馆新馆成为广大市民群众享受公共文化服务的重要场所，也是全区开展群众文化创作、交流、培训等业务工作的主要阵地。

包 河 区

【文化概览】包河区位于合肥主城区东南，是合肥市地理中心，辖 8 个街道、2 个镇，设 1 个省级经济开发区和 2 个街道级大社区，面积 340 平方千米(含巢湖水域面积 70 平方千米)，人口 95.22 万人。辖区内科教资源丰富，有街镇文化站 11 个、社区和村级文化活动室 91 个、规模文化广场 68 个、农家书屋 94 个、文化宣传栏(牌)千余处。2017 年，围绕建设“安徽新中心、品质首善区”“全省第一文化强区” 目标，制定《包河区公共文化服务体系建设实施方案》，以区文化馆、区图书馆、凤凰剧场、镇综合文化站、农民文化乐园、村级(社区)综合文化服务中心等为主体，构建 “区—街镇—村居”三级文化服务网络。全区文化事业和文化产业 “双轮驱动”发展迅速，公益性文化事业全面发展，公共文化服务体系有序推进，率先形成在全国较有影响力的公共文化服务品牌，文化产业增加值 110 亿元，占 GDP 比重达到 10%，成为重要的战略性支柱产业。文化体制改革深入推进，文化科技含量大幅提升，高素质文化人才队伍发展壮大，文化发展人才高地优势显著增强。

文化产业。2017年,包河区文化产业实现主营收入594.8亿元、税收16.5亿元,完成固定资产投资128亿元。依托全国唯一国家广播影视科技创新实验基地和全省首个创意文化产业集聚发展合肥基地,加快广播影视、数字出版、创意设计、创意休闲4大板块产业集聚发展,争当创新型文化强省建设新标杆,奋力打造全国创意文化产业示范区。以国家新闻出版广电总局广播科学研究院、广播电视规划院、中广电广播电视设计研究院安徽分院为龙头,以环巢湖广播电视综合试验网为平台,抓好项目培育和产业链招商,打造中国广电科技副中心。以平台建设为重点,与国家新闻出版广电总局设计院、上海交大、深圳宽宏公司等加强合作,建成国家级广电融媒体实验室1个,启动建设中国广电物联网技术中心,立项成立直播星机顶盒研发中心。"环巢湖广播电视综合试验网"建设取得实质性进展,列入国家"十三五"战略性新兴产业发展规划。成功搭建创意文化产业服务平台,年内已正式上线运行。滨湖"卓越城"文华园一期主体工程已完工,将于2018年下半年建成并投入使用。罍街文创小镇入选安徽省第一批省级特色文创小镇,AS·1980安商创客梦工场已全面开业。安徽广电文创产业园项目首期招商工作基本完成,入驻文化企业32家。包河互联网产业园入驻文创企业27家。

文化事业。2017年,包河区各类公共文化基础设施建设不断完善。启动区文化馆、图书馆、凤凰剧场建设,将在2018年下半年建成并对外开放。宁国路罍街、常青紫竹苑小区、包公街道巢湖路雨花桥97号、滨湖社区世纪城等4处场所入选首批合肥市城市阅读空间建设计划,并在年底建成和对外开放。深入开展"喜迎十九大""讴歌新时代、宣传十九大"等各类主题文化活动近200场,全区17支文艺宣传小分队、1000余名文艺骨干深入基层一线,以各种方式宣传党的十九大精神,热情讴歌美好新时代。继续组织"群星奖"文艺调演,以社会主义先进文化为指引,围绕社会主义核心价值观,举办"幸福包河行""五彩包河""后街文化艺术节""区民俗文化艺术节""幸福家园"等系列活动300多场,深入基层倡导先进文化,弘扬文明新风。创作出文艺节目庐剧《葡萄书记》、反腐小品《路遇》、小品《不认账》、小品《加油站》、舞蹈《青花恋》、舞蹈《淮畔情》等,宣传正能量,讲好包河故事。区各类文化活动在安徽省"六一"文艺调演、合肥市基层文艺调演中屡创佳绩,多项作品获安徽省精神文明建设"五个一工程"奖、安徽省"群星"奖,获奖成绩在全市遥遥领先。继续实施文化民生工程,区文化馆、图书馆、9个街镇文化站免费开放,文化馆向社会提供辅导、场所、设施服务20余场,为基层提供辅导近1000人次。依托文化信息共享工程(与农村党员远程教育服务点共建)网络设施为基础,做好宽带接入、运行维护及开展文化宣传讲座等有关活动。组织开展"送戏进万村"活动43场。与市电影公司对接,做好农村电影放映工作,实现31个村每月放映1场电影的目标,全年放映电影372场。对各村级农家书屋进行维护管养,补充更新出版物,维持日常运行,开展读书活动。结合美好乡村建设,在每个行政村组织开展农民喜闻乐见的体育健身活动。

包河区成立文化产业协会

【包河区加快滨湖卓越城建设】 2017年,包河区全面推进"滨湖卓越城"建设,积极打造创意文化产业主平台。围绕创意文化产业战略新兴基地发展目标,聚焦广播影视、数字出版等特色产业,着力推进文华园一期建设招商运营,加快谋划文华园二期建设,积极打造全省创意文化产业主平台、主阵地。滨湖卓越城文华园已有注册企业60家、注册资本15亿元,北京电影学院影视科技园、阿莱影视园等一批重点文化项目落地。文华园二期拟引进社会资本参与建设,正在推进土地报批、方案编制等前期工作。

巢 湖 市

【文化概览】 巢湖市居皖之中，辖 5 个街道、11 个镇、1 个乡，面积 2046 平方千米，人口 92 万人，2017 年被评为全国文明城市(县级市)、国家园林城市。连续 3 届被命名为中国民间文化艺术之乡，巢湖民歌、粉蜡笺纸笺加工技艺被列为国家级非物质文化遗产。现有图书馆 1 个、文化馆 1 个、博物馆 1 个、纪念馆 3 个、街道综合文化服务中心 5 个、乡镇综合文化站 12 个、健身广场 4 个、公共电子阅览室 24 个、农家书屋 195 个、农民文化乐园建设试点 19 个（省级 6 个、市级 13 个）。

群众文化活动。开展庆新春百姓文艺展演、“讴歌新时代、喜迎十九大”、庆祝建党 96 周年等系列主题活动。组织“大湖之风”民歌广场舞大赛、“城乡大舞台”“戏曲进校园”等系列文艺活动。举办渔火音乐节、中庙旅游文化周、柘皋夏至节等民俗文化活动。民歌《巢湖美》获安徽省精神文明建设“五个一工程”优秀作品奖。庐剧小戏《捐助风波》获合肥市第三届“金桂奖”民营文艺院团联合展演戏曲类一等奖、“玉兰杯”戏曲大赛业余组一等奖。少儿戏曲《梨花颂》获合肥市“玉兰杯”校园戏曲大赛一等奖。《开秧门唱秧歌》《练为战》分别获合肥市基层文艺调演 “春之舞”“秋之艺”一等奖。巢湖市人民路小学“梨花韵”等 5 所社团被评为合肥市优秀学生戏曲社团。

公共文化场馆建设。加快建设市图书馆新馆、博物馆主体馆；23 个公共文化场馆全年免费开放，接待 100 万余人次。李克农故居、张治中故居、冯玉祥旧居、市博物馆等 9 处场馆被命名为第五届合肥市爱国主义教育基地。打造“书香巢湖”品牌，建成巢湖市首家公园城市阅读空间、首座 24 小时自助图书馆，全年对外开放，成为市民休闲阅读、外地游客参观的重要场所。借助城市阅读阵地，开展“好书共分享”图书下乡、数字图书阅读宣传推广等活动，营造全民阅读良好氛围。

文化民生工程。全年累计开展送戏进万村、农村文化活动、农村体育活动各 153 场，组织送电影下乡 2093 场，补充更新出版物 15300 册。启动政府购买基层公益文化岗位试点工作，为全市美丽乡村、农民文化乐园和省级以上文物保护单位聘请协管员、文保员 24 名。王小五剧团被安徽省文化厅评为“2017 年‘送戏进万村’优秀演出院团”。桃园艺术团、王小五戏剧团分别被评为安徽省民营艺术院团“十大名团”“百佳院团”。

文化遗产保护。完成李家大院、龟山塔、鲁彦周故居等维修保护工程和普仁医院陈列布展工程。民间文学《有巢氏传说》和传统美术“巢湖树雕画”入选第五批省级非物质文化遗产代表性项目名录。巢湖市烔炀中学入选合肥市首批非物质文化遗产教育传习基地。巢湖民歌传承人胡吉英和纸笺加工技艺传承人方春希、方玉红、刘娇娇当选第四批合肥市非物质文化遗产传承人。在首届中国民族特色旅游商品大赛上，巢湖掇英轩真金手绘龙腾如意粉蜡笺获得银奖。

文化产业发展。加快环巢湖历史文化资源的保护性开发和合理利用，加大民间艺术、民俗文化、红色文化等文化旅游资源的整合力度，合力打造精品文化旅游线路。确立烔炀、柘皋老街综合开发、亚父文化公园、环巢湖国际马拉松等文化旅游产业重点项目 13 个。加快推进万达广场、尖山湖意趣园等项目建设，做大做强掇英轩书画用品有限公司等。巢湖耳街被评为合肥市首届特色文化街区，参展第十一届合肥文博会。

精神文明建设。成功创建第五届全国文明城市(县级市)，市地税局被评为全国文明单位，烔炀镇中李村被评为全国文明村镇，健康西路社区被评为全国志愿服务先进社区，烔炀镇继续保留全国文明村镇称号。中央文明办全国农村精神

巢湖举办第三届“大湖之风”民歌广场舞大赛现场

文明建设工作座谈会在巢湖市召开。扎实开展移风易俗活动,广泛评选道德模范、身边好人,新增“中国好人”2名、“安徽好人”2名,1人获安徽省道德模范提名奖。开展“爱心送考”等志愿服务品牌活动,服务群众16万余人次。发挥好乡贤名人馆、爱国主义教育基地等阵地育人作用,推动未成年人思想道德建设。巢湖市被评为第三届安徽省未成年人思想道德建设工作先进县(区)。

【巢湖民歌传承与发展】2017年,巢湖市积极开展巢湖民歌的宣传和推广,举办巢湖民歌歌会、“大湖之风”巢湖民歌广场舞大赛、巢湖民歌走进校园等活动,实现巢湖民歌系列赛事常态化开展。巢湖民歌《绿浪滚滚迎面来》作为安徽民歌的唯一代表参加中央电视台《中国民歌大会》第二季演出,获得专家高度评价。原创歌曲《巢湖美》获安徽省第十四届精神文明建设“五个一工程”优秀作品奖。《好雨好时节》代表合肥市参加第二届安徽“群星奖”比赛大获好评,并被邀请参加省政协新年茶话会展演。第十九届中国上海国际艺术节合肥分会场巢湖民歌演唱会在合肥大剧院音乐厅完美上演。一曲曲巢湖民歌在歌手的精彩演绎下,让在场的观众听得如痴如醉,观众纷纷附和吟唱。这次高规格的巢湖民歌演唱会不仅让更多的人感受到原汁原味巢湖民歌的艺术魅力,也象征着巢湖民歌走上一个新台阶、打开一个新局面。

肥 东 县

肥东县“砥砺前行·诗耀东方”第六届中华经典诵读展演

【文化概览】肥东居皖中腹地,有“吴楚要冲、包公故里”的盛名,是“中国散文之乡”、安徽省首批“文学创作先进县”“安徽民间文化艺术之乡”“安徽省诗歌之乡”“安徽省庐剧之乡”。面积2206平方千米,人口105.3万人,辖18个乡镇,设3个园区。现有国家2A级以上景区7家(4A级景区3家)、国家级重点文物保护单位1处、省级重点文物保护单位7处;有国家级非物质文化遗产1项(包公镇大邵洋蛇灯)、国家级非物质文化遗产传承人1名(邵传富),有省级非物质文化遗产3项(门歌、庐州大鼓、牛门洪拳)、省级非物质文化遗产传承人1名(殷光兰)。

公共文化建设。2017年,肥东县大手笔、高标准、快速度建设县新图书馆、博物馆、大剧院文化馆等地标性文化设施,丁玉兰庐剧院成功揭牌并投入使用,县新博物馆实施土建工程。新建24小时自助图书馆2个。建成八斗镇、店埠镇镇西社区综合文化服务中心,具备全市一流水准。建成省级农民文化乐园3个、市级农民文化乐园18个。出台《肥东县2017年度政府购买基层公益文化岗位试点工作实施方案》,在41个行政村和1处国家级重点文物保护单位、7处省级重点文物保护单位开展先行试点,设立基层公益文化岗位。每个试点村(社区)配备文化协管员1名,每处国家级和省级重点文物保护单位配备文物保护员1名。渡江战役总前委旧址修缮工程获国家文物局立项。

文化民生工程。连续4年开展全民文化月暨送戏进万村活动。利用3月份1个月时间,在全县331个行政村每村举办1场文艺演出,发动县乡村三级文化干部及民间艺人1000余人演出节目5000多个,60万名群众在家门口享受到“文化大餐”。开展农家书屋数字化试点工程,更新出版物3.3万册次。组织开展“情暖敬老院”演出216场、送戏进校园52场、送书3000册、送电影下乡3600场。组织开展基层文艺调演、第三届“金桂奖”民营院团展演、文化文明广场演出、“喜迎十九大”系列演出等活动500余场。持续举办“中国·包公散文奖”“中国散文之乡校园散文大赛”“曹植诗歌奖”,影响力日益显现。

文化产业发展。全年文化产业投资额超19亿元,比上年增长20%。服务和推进包公文化园、白马山篮球公园、蓝山湾国际乡村旅游文化创意小镇、吴家花园·玩物公社1952等文化企业发展。修订完善文化产业发展扶持政策，兑现8家文化企业奖补资金351万元。组织申报市重大文化产业项目6个、文化特色小镇项目3个、市“借转补”项目4个。县新华书店列入市文化消费试点平台，长临古街入选首批合肥十大特色文化街区。华东文博城、文一大道酒博物馆被评为市第二批文化产业示范基地。引导网吧、KTV等传统文化企业升级改造。

精神文明建设。组织开展肥东县第一届文明乡镇、文明村(社区)以及文明单位评选等各类创建活动。加强好人线索推报，推报好人线索29000多条，当选“中国好人”1人，获第六届全国道德模范提名奖1人。开展社会主义核心价值观进机关、进餐馆、进酒店活动。组织开展“志愿肥东·温暖新年”“弘扬雷锋精神、打造志愿之城”等主题志愿服务活动，以及肥东县第一届“文明校园”和第二届“美德少年”“美德教师”“美德家长”评选表彰活动。举办肥东县第六届中华经典诵读活动、第五届乡村学校少年宫才艺展演及家风建设进校园等活动，丰富未成年人课外文化生活。2017年6月，肥东县被评为第二届安徽省文明示范县。

【肥东县大力开展戏曲进校园活动】按照合肥市“戏曲进校园十个一工程”要求，结合肥东实际，提出“1+6个100”工作目标，即：成立肥东县戏曲学校，开展“百名戏曲教师培训”“百场戏曲演出进校园”“百场戏曲讲座进校园”“成立百个戏曲社团”“培养百名戏曲幼苗”“排演百个经典剧目”活动，推进“戏曲进校园”工作开展精品化、常态化、制度化。2017年11月，肥东县戏曲学校正式成立，并与安徽大学艺术传媒学院开展战略合作。

肥 西 县

肥西县举办首届原创文艺作品展演活动

【文化概览】肥西县地处安徽省中部、合肥市西南，1948年建县。现辖4个乡、8个镇，设4个园区，面积1695平方千米，人口80.3万人，素有“淮军故里、改革首县、花木之乡、巢湖明珠”美誉。肥西县坚持“工业强县”核心战略，县域经济持续保持又好又快发展势头，连续8年跻身全国百强县，2017年居第64位。

群众文化活动。坚持逢节必有演出，全年组织各类文艺专项展演活动60余场。每月举办“文明伴我行、月末大舞台”文艺演出。组织5家专业院团深入全县中小学开展“戏曲进校园”演出活动55场。开展“中华经典诵读”大赛，受到干部群众欢迎。围绕“学习贯彻党的十九大精神”开展系列活动，举办各类文艺演出、“砥砺奋进的五年”主题成就图片展等。县乡两级联动打造21支新时代文艺宣传小分队，为百姓送去文艺宣传活动50场，把党的十九大精神传播到千家万户。举办第六届全民读书节，开展美文创作朗诵比赛、“我的家风家训”故事大赛、“你读书 我买单”等系列活动，推动书香肥西建设。

文物保护。组织对全县各级文物保护单位进行安全检查，完成市、县级文保单位董氏宗祠及淮军圩堡群唐五房圩、张老圩、张新圩的保护维修立项工作，纳入2017年度全县大建设项目。董氏宗祠保护维修工程进入施工阶段。面向社会招聘4名文物管理员，负责各级文保单位的文物保护工作。舒王墩汉墓等3处文物保护单位，申报第八批安徽省文物保护单位。

文化市场管理。组织开展歌舞娱乐场所安全专项整治、网吧创建文明县城专项整治、印刷企业落实五项制度整治、“绿书签”进校园活动等系列行动，对广大经营业主、法人、现场负责人、安全监督员等进行多批次安全、消防等专题培训。开展县域文化市场安全生产大检查，取缔“黑网吧”1处、“黑电台”4处、无证经营KTV2处、无证经营音像制品摊点4处、非法演出6起、无证书报摊点5处，办结行政处罚案件33起，没收非法出版物1500余张(册)。

文化产业。抢抓承接合肥市产

业发展“1+3+5”政策体系机遇，建立全县文化产业招商项目库，出台肥西县文化产业发展奖补政策，文化产业向智能高端、消费升级方向发展。全县拥有文化经营户250多家、规模以上文化企业15家。传统文化产业经营户数量和规模不断提升，传统特色品牌文化日益壮大，文化产品消费能力和创新能力不断提高。积极兑现“借转补”各种奖励补助资金，对肥西县官亭庐剧团、三河民俗博物馆和安徽状元郎电子科技有限公司3家单位兑现奖励资金21万余元。

文化民生工程。完成“送戏进万村”251场、公益电影放映3012场。在全省率先开展农村电影室内固定放映点建设工作，改善农村地区电影放映条件，推动露天放映与室内放映相结合，提高农村群众观影舒适度。组织文化场馆和乡镇综合文化站向群众免费开放，指导乡镇按照政府购买社会服务方式，推进综合文化站、农家书屋、农民文化乐园管护工作规范化。在柿树岗乡举办肥西县文化科技卫生“三下乡”启动仪式暨集中服务活动，现场设置咨询台26个，发放各类宣传材料近3万份，赠送价值5.5万元物资、现金68万元，开展政策法律法规宣讲、文艺演出、义诊等活动。

海峡两岸交流基地建设。完成刘铭传故居大小岛及南门桥复建工程。协助市委宣传部组织拍摄4集电视纪录片《台湾首任巡抚刘铭传》，在肥西县刘铭传故居举行开机仪式。肥西县文化交流团赴台开展“铭传情海峡两岸民间非遗剪纸艺术展览”活动，在新竹、基隆等地互动展出。刘铭传故居全年接待台湾参访团2000人次以上。

【肥西县举办首届原创文艺作品展演活动】2017年，肥西县面向全县各乡镇、园区及县直各单位组织开展首届原创文艺作品创作及展演活动，主要涵盖舞蹈、器乐、曲艺、声乐、戏曲等主要形式，体现肥西特色，旨在大力繁荣发展肥西文艺，讴歌肥西改革、发展、稳定取得的巨大成就。经过积极征集、认真筛选，28个节目参加肥西县首届原创文艺作品展演，其中语言类节目11个、表演类节目17个分别获奖；原创作品《家风传佳话》《慈孝之光》《红绿灯下》在第四届合肥市基层文艺调演活动中获二等奖。同时，肥西县还积极举办美文创作朗诵比赛、“我的家风家训”故事大赛，推动文艺作品创作，收到散文征文300篇，24篇作品获奖；收到“我的家风家训”故事征文310篇，22篇作品获奖。

长丰县

【文化概览】长丰县是合肥北部门户、“中国草莓之都”，面积1841平方千米，人口80万人。2017年，实现地区生产总值446.69亿元，规上工业总产值901.12亿元，财政收入55.14亿元，跻身全国综合实力百强县第87位、投资潜力百强县第76位、创新创业百强县第70位，实现全国百强再进位的目标。先后被评为全国科技进步先进县、全国国土资源节约集约模范县、全国首批农产品质量安全县、全国计划生育优质服务先进县、全国群众体育工作先进县、全国老龄工作先进县、国家义务教育发展基本均衡县、全省平安县、全省双拥模范县等。2017年建成体育场、长丰草莓文化园、长丰草莓博物馆，开工建设县体育馆、文化馆新馆、青少年活动中心、科技馆和广电中心等一批公共文化基础设施。北城围绕“五湖连珠、乐活北城”生态宜居目标，规划滁河干渠生态景观长廊、100座街头游园和一批主题公园、湿地等，开工建设全省最大单体医院——省立医院北区项目。

文化品牌。长丰县美食文化富有特色，拥有长丰草莓、吴山贡鹅、下塘烧饼、长丰龙虾、庄墓圆子等一批特色优质农产品，并将下塘烧饼作为农民脱贫主导产业进行打造。依托境内资源打造长丰美食旅

长丰县承办“中华颂·长丰杯”第八届全国小戏小品曲艺大展

游文化节、长丰陶楼镇桃花节、义井乡樱花节(葡萄节)、造甲乡龙虾节、吴山庙会暨文化旅游活动周等一批文化品牌节庆活动。原创的反映新农村精神文明建设的大型庐剧现代戏《女村长》获第十二届安徽省精神文明建设“五个一工程”奖,大型庐剧现代戏《葡萄书记》被列为第十九届中国上海国际艺术节合肥分会场参演剧目。

文化活动。群众性文化活动遍地开花。2017年首届“奥跑中国”在北城鸣枪,举办中国第八次草莓大会、第十三届中国草莓文化艺术节、第八届“中华颂”全国小戏小品大展,彰显长丰风采。举办合肥市2017年“三下乡”活动、长丰县第三届“红草莓奖”戏剧大赛暨合肥市“玉兰杯”选拔赛、长丰县群众舞蹈大赛、庆祝建军九十周年军民联欢文艺晚会、长丰县第七届合唱节暨群众歌咏会、喜迎党的十九大系列文化活动、“率先进位展风采、喜庆党的十九大”长丰县首届业余歌手电视大赛、第四届基层文艺调演“春之舞、夏之乐、秋之艺、冬之歌”系列活动、长丰县第四届全民运动会、长丰县第三届民俗文艺展演、戏曲进校园演出和系列主题活动、第十一届中国合肥文化艺术博览会长丰分会场活动等重大文化活动,组建近30支党的十九大精神文艺宣传小分队,下基层演出400余场次。

文化产业。长丰县将文化产业作为县十大重点产业之一,大力促进文化产业的发展。继2016年出台《长丰县促进文化产业发展政策实施细则》后,2017年出台《长丰县加快产业发展升级若干政策意见》,优化文化产业布局,发展骨干文化文化企业和创意文化产业,培育文化与科技融合、文化与旅游融合、文化与体育融合等新兴文化业态。全县现有文化企业380个,其中,文化产品制造企业89个、文化批发零售业55个、文化服务业236个,规模以上的文化企业25个。

【长丰县庐剧团承办“中华颂·长丰杯”第八届全国小戏小品曲艺大展】“中华颂·长丰杯”第八届全国小戏小品曲艺大展于2017年11月19—24日在合肥市长丰县举行。本届大展由中国文联民间文艺艺术中心、中国民协民间戏曲艺术委员会、合肥市文广新局、长丰县人民政府主办,长丰县庐剧团承办。长丰县庐剧团自2011年初转企改制以来,先后被文化部评为2016年全国优秀基层戏曲院团,被省委宣传部、省文化厅推荐上报为第七届全国服务农村、服务基层文化建设先进基层文艺院团之一,原创剧目参加省市及全国各级调演、会演、展演和大赛获64个奖项。此次大展期间,从268个作品中选出38个优秀作品参加展演,作品分别来自全国16个省市自治区,演出剧种有庐剧、锡剧、周姑戏、婺剧、淮剧、吕剧和部分小品等。大展进行5场展演,其中包括3场小戏、1场小品专场、1场曲艺专场。孟广禄、蒋建国、吴亚玲、李小峰、王丹红等戏剧名家前来助阵。长丰县庐剧团环保题材的参展节目庐剧现代戏《拆灶台》获得本届大展优秀剧目金奖。

庐江县

庐江县举办“六月六”赛龙舟活动

【文化概览】庐江县地处皖中,北滨巢湖,南近长江,西依大别山余脉,是省会合肥市的“南大门”,辖17个镇,设3个园区,面积2348平方千米,人口120万人,是合肥市人口和面积第一大县。自汉武帝元狩二年(前121)建县以来,已有2100多年历史。庐江是“周瑜故里”“矿业大县”“温泉之乡”。现有馆藏国家一级文物6件(套)、二级文物11件(套)、三级文物191件(套)、一般文物1000件(套)、不可移动文物262处;有省级重点文物保护单位5处、市级文物保护单位11处、县级文物保护单位42处;有古遗址11处、古建筑30处、古墓葬8处;有近现代重要史迹及代表性建筑2处、石刻2处、其他5处;有省级非物质文化遗产项目1项、市级非物质文化遗产项目6项、县级非物质文化遗产项目5项。

主题宣传活动。围绕党的十九大、建党96周年、建军90周年等重大时代主题,举办“不忘初心 砥砺前行——庐江县庆国庆·迎中秋·喜迎党的十九大”文艺演出、庐江山水人文水彩艺术作品邀请展、“红心向党——喜迎党的十九大召开”集邮巡回展、庆国庆书画展览和核心价值观大合唱比赛等活动，以丰富多彩的形式迎接党的十九大。组建新时代文艺宣传小分队22支，开展“讴歌新时代 宣传十九大”文艺宣传活动186场。积极组织参加合肥市“喜迎十九大、我为党旗添光彩”主题演讲比赛，陈文达、洪小明分别获特等奖、二等奖。

优秀传统文化传承。深化“我们的节日”主题宣传活动，抓住元旦、春节、中秋、重阳等重要节庆，组织开展“过年送大戏、文化惠民生”、舞龙灯、赛龙舟等节庆品牌活动。全面推动“戏曲进校园”“书法进校园”“诗词进校园”“传统体育进校园”系列活动。聘任戏曲辅导员6名，命名庐江县城关小学等5所学校为戏曲传承基地，命名城关小学晨晓芦花社庐剧社团、三里小学梨园社为合肥市优秀学生戏曲社团。邀请著名黄梅戏作曲家、黄梅戏音乐创作泰斗时白林到庐江开展“戏曲进校园”专题讲座，邀请安徽省黄梅戏剧院到庐江举办“赏梨韵、品曲艺、迎新年”戏曲进校园和文化惠民戏曲专场演出。城关小学庐剧社庐剧《新借罗衣》选段“骑驴赶路”，获合肥市第二届“玉兰杯”戏曲大赛校园戏曲比赛一等奖。

文艺精品创作。完成原创庐剧《少年周瑜》创编，分为“少年周瑜”“赈救灾民”“巧遇小乔”“让宅拜母”4个折子戏，时长100分钟左右。2017年，庐江县被评为安徽散文之乡，有60多篇散文作品在全国各地获奖，张恒的《姑姥家住在肥东陈集》《浮槎山的境界》分别获第三届“中国·包公散文奖”征文大赛三等奖和优秀奖。张玥《红灯停了》获中国美术家协会主办的庆祝香港回归祖国20周年——全国中国画作品展入会资格，《鱼水情》入展中国美术家协会主办的中国（南昌）军事美术作品展。王闽《四好公路》和谷习长《大汉塘秋韵》在中国新闻摄影学会主办的2017年北京国际摄影周“辉煌的五年——喜迎党的十九大·航拍中国”摄影展上展出。

【庐江县广泛开展群众性文化活动】2017年，庐江县坚持文化惠民、文化乐民、文化悦民，广泛开展群众性文化活动，让居民群众享受到丰富的文化大餐。开展文化科技卫生“三下乡”“送戏进万村”活动217场，组织农村电影放映2604场。举办“中国舞台、创想庐江”——星光大道冠军携手中国好声音歌手走进庐江·迎新晚会、岗湾老街民俗文化旅游节、第二届“庐江之韵”暨乡村文艺调演等活动。邀请安庆再芬黄梅艺术剧院到庐江演绎经典黄梅《五女拜寿》和《女驸马》。与浙江安吉县文化馆联合开展“守护绿水青山、共建美丽县域”文化走亲活动。举办合肥（庐江）古诗词吟诵大会比赛、“悦读经典、书香庐江”经典诵读、“朗读者”读书沙龙活动、“名播名记”读书会、“与名家面对面”读书讲座等系列活动。

庐江汤池新四军江北指挥部旧址外景

宿州市

宿州新城鸟瞰景

【文化概览】宿州市位于安徽省北部，与苏、鲁、豫3省11市县接壤。1999年撤地建市，辖砀山县、萧县、灵璧县、泗县、埇桥区，设1个省级经济技术开发区、1个省级高新技术开发区、1个省级宿马现代产业园。面积9787平方千米，人口650万人。宿州是"中国书画艺术之乡""中国书法艺术之乡""中国酥梨之乡""中国马戏之乡""中国民间艺术(钟馗画)之乡""中国观赏石之乡""泗州戏之乡"。拥有砀山唢呐、淮北梆子戏、萧县渔鼓道情、泗州戏、坠子戏、淮北花鼓戏、埇桥马戏、砀山四平调、灵璧菠林喇叭9项国家级非物质文化遗产。另有省级非物质文化遗产32项、市级非物质文化遗产92项；拥有国家级非遗代表性传承人5人、省级26人、市级137人。宿州文化底蕴深厚、人文资源丰富，是中国第一次农民大起义发生地、楚汉垓下决战地、淮海战役主战场，拥有世界文化遗产——隋唐大运河唯一活态遗址、世界最大的70万亩连片果园、国家森林公园皇藏峪、国家地质公园磬云山、灵璧奇石文化园、虞姬文化园、钟馗文化园。有各类不可移动文物点1545处；有全国重点文物保护单位4处、省重点文物保护单位17处、市文物保护单位8处。著名历史人物有闵子骞、嵇康、刘伶、刘裕、朱温、马皇后等，还有刘开渠、朱德群、王子云、萧龙士、薛志耘等当代文化名人。

党的十九大精神和社会主义核心价值观宣传。把迎接、学习、宣传、贯彻党的十九大作为牵引全年工作的主线，集中力量资源，精心谋划、精准实施、精细操作；在全市广泛开展"最美中国人"之"安徽笑脸"照片征集展示活动，全市共征集近500幅照片，以图文并茂的形式反映了广大干部群众喜迎党的十九大胜利召开的良好精神风貌；"砥砺奋进的五年"大型成就展网上展馆广泛宣传。深化爱国主义教育，以"百年追梦、全面小康"为主题，在全市广大青少年中，精心组织爱国主义读书教育活动，全市共有50多万名中小学生分别参加第二十四届青少年爱国主义读书教育活动的征文比赛、讲故事比赛、演讲比赛、歌唱比赛、网上知识竞赛以及各种类型的社会实践活动。在市属媒体、门户网站、官方"两微"开设创建文明城市专题、专栏9个，推出系列报道30多篇；加大公共场所宣传，市区所有建筑工地围墙围挡公益广告达到三分之一，全市餐饮店文明餐桌宣传百分之百全覆盖，公园广场、窗口行业、景区景点、公交站台、户外显示屏均按要求开展公益广告宣传；强化精准宣传，印发50余万封《致广大市民的一封信：争当文明市民 共建文明城市》、10万张"倡导移风易俗告别生活陋习"倡议书，印发核心价值观宣传袋、宣传画共计4万份，让公益宣传走进千家万户，入脑入心。

精神文明建设。扎实推进"身边好人"评选活动。全市共获评全国道德模范及提名奖2人、安徽道德模范及提名奖3人，获评"中国好人"4人、"安徽好人"12人、"宿州好人"104人（组）。全国最美职工、十九大代表许启金被评为第六届全国道德模范。不断深化志愿服务活动，全年共评选出志愿服务优秀典型43个，其中省级8个、市级34个；泗县"乡贤志愿服务站"继宿州供电公司"光明驿站"、砀山县薛金珉之后被评为全国年度"4个100"志愿服务项目。蓬勃开展群众性精神文明创建活动，全市共有全国文明单位6家、省级文明单位61家，有全国文明村镇5个、省级文明村镇15个、省级文明社区17个。在全市各行各业开展“十佳”系列评选活动和“百名风采女性及十大女杰”争创活动。李娟身残志坚，自强不息，以顽强的意志坚持自身脱贫致富，被市委、市政府授予“自立自强标兵、脱贫攻坚模范”称号，先后被评为“砀山县巾帼建功标兵”“砀山最美青年电商”“宿州好人”“安徽好人”“中国好人”“宿州市青春助力脱贫攻坚标兵”，获“2017年全国脱贫攻坚奋进奖”。

宿州市读书朗诵比赛

文化体制改革。制定深化文化体制改革工作任务台账，逐步推进10项重点改革任务。推动出台《宿州市支持文化产业发展若干政策》，从财政、规划、土地和金融等方面给予文化产业支持，市财政每年统筹市文化发展专项资金不低于1500万元，大力支持文艺创作生产、文化事业繁荣、文化产业发展。印发《宿州市推进文化创意和设计服务与科技、金融等相关产业融合发展意见》，探索中小文化企业金融合作风险担保平台建设，采用政府推荐、保险公司和银行风险共担模式，解决企业初创阶段融资困难。推动市政府授权宿州高新投资公司与徽商银行签约，设立总额10亿元的宿州九一影视文化投资基金，为落户宿州的影视动漫项目提供融资支持。

文艺精品创作。为纪念改革开放40周年，谋划农村题材大戏《山窝春曲》、小戏《考村官》；完成小戏《套路》《不是钱的事》并成功搬上舞台，深度打磨以市劳模、十九大党代表许启金为原型的大型泗州戏《万家灯火》。打造出大型扶贫梆子剧《春风化雨》，被省委宣传部列为安徽省重点文艺项目。

群众文化活动。充分利用元旦、春节、端午、“六一”“七一”、国庆等重要时间节点，广泛组织开展文艺进机关、进社区、进农村、进学校等活动。成功举办“经典诗词诵读大会”“近现代经典散文诵读会”和“毛泽东诗词诵读会”，营造学习、贯彻十九大的浓厚氛围，提升书香宿州的文化品位。举办新年音乐会、迎春音乐会、市民春节联欢晚会、少儿春节联欢晚会、安徽省皖北7市非遗展演、“纪念改革开放40周年”助推乡村振兴全市文艺调演、“六一”全市少儿文艺调演等大型群众性文化活动。组织系列书画展、“百戏进百乡”“送欢乐下基层”“三下乡”等系列群众文化活动，不断丰富群众精神文化生活。宿州市戏曲大舞台、埇桥马戏艺术节、宿州农民文化节、泗州戏艺术节、砀山梨花旅游节、萧县书画艺术节等活动，在全市及周边地区反响强烈，成为特色鲜明的宿州文化品牌。

大型扶贫梆子戏《春风化雨》剧照

公共文化服务体系建设。积极推进国家级贫困地区村综合文化服务中心示范工程，全市每个试点地区按照“一场两堂三室四墙”建设标准，有序推进建设。全面完成符离镇和大庄镇综合文化站社会化运营试点工作。贯彻落实《关于加快构建现代公共文化服务体系的实施意见》，推动基本公共文化服务标准化均等化发展。实施文化民生工程，全市所有文化基础设施全部实行免费开放，落实农村文化建设专项补助工程1400余万元，用于文化信息共享工程建设、“送戏进万村”、农家书屋、农村公益电影放映活动及农村体育活动等。建好、管好、用好汴河景观带艺术剧场、艺术中心等现有城乡公共文化平台，拓展“群众大舞台”文化阵地，推进非遗展演、文化创意创作、美术和音乐等公共文化场馆规划建设。

文化产业发展。依托省级战新基地云计算产业，倾力打造投资25亿元的创梦游戏产业园项目，打造CCG(China Cyber Games)中国电子竞技大赛品牌。2017年已落户园区的各类手机游戏、网页游戏企业近70家，实现营业收入近10亿元。实施影视文化创投工程，充分发挥九一影视文化基金作用，首期投资2亿元，成功投放《画心师》等5部影视剧。引进影视项目制作、剧本创作、美术制景、文学网站运营等各类企业21家，实现营业收入1.3亿元。培育新型文化制造企业，依托宿州新亚电子、环视数字等重点新型文化制造企业，建成省内重要的VR虚拟现实、裸眼3D等文化智能终端设备制造基地，2017年实现产值5亿元。加快推进南翔文化商业街、蔡洼红色景区、运河人家、淮海战役纪念园等重大文化产业项目建设。在2017年省政府目标管理绩效考核中，宿州市文化产业发展综合排名全省第6位，文化产业增加值增幅比全省高14个百分点；文化产业增加值综合得分、规上企业营业收入增幅均为全省第3名，7家民营文化企业获评安徽省民营文化企业100强。

【宿州市阿尔法游戏产业园】阿尔法游戏创立于2004年，2006年获得著名风投IDGVC进入，是国内最大的游戏内容提供商之一。依托宿州高新区优质云计算资源，阿尔法于2014年入驻宿州市高新区，在宿州市高新区建立总部中心并打造以阿尔法为核心的数字科技产业园，面向游戏产业和互联网科技企业，打造游戏产业集群新样板，构建“创业苗圃+孵化器+加速器”的全程孵化链条，吸引国内外知名游戏公司及上下游企业，打通人才、创意、产品、推广、服务等整个游戏产业链，打造出具有游戏产品研发、企业孵化、人才培训等为一体的多功能复合型游戏产业园。产业园定位为安徽省内最大、华东地区一流的高科技文化游戏产业中心，总占地12.5公顷，规划建筑面积20万平方米，总投资人民币25亿元。截至2017年年底，已有100多家互联网企业签约入驻阿尔法产业园，全部建成后可实现年产值20亿元、税收2亿元，并带动产值100亿元。产业园2017年创造产值9.4亿元、税收7500万元，2017年4月获宿州市“先进集体”称号。

埇桥区

【文化概览】埇桥区是安徽省宿州市唯一市辖区，现辖24个乡镇、12个街道、4个行管区。面积2907平方千米，人口190.6万人。是著名的“中国马戏之乡”“中国书法之乡”“中国烧鸡之乡”“中国孝文化之乡”。

埇桥区历史悠久，文化厚重。隋大业年间，因京杭运河开通，始置埇桥，至今已有1400多年的历史。埇桥是大泽乡起义的揭竿地、宋金鏖战的最前沿、淮海战役的主战场。天下第一孝——闵子骞诞生于此；白居易在此留下“野火烧不尽，春风吹又生”的千古绝句；赛珍珠寓居于此创作《大地》，问鼎诺贝尔文学奖。同时，埇桥人文荟萃、人才辈出，刘伶、嵇康、戴逵、皮日休、苏东坡等都曾在此生活或游历。

群众文化活动。2017年，埇桥区以“四大主题”为脉络，开展丰富多彩的群众文化活动。以迎接十九大为主题，开展“喜迎十九大，文化惠埇桥”埇桥区农民文化艺术节系

烧鸡产业联合体生产车间

列活动,举办“唱响中国 福满宿州”大型演唱会、广场舞等各项比赛11场;以“中国梦”为主题,举办“我们的中国梦”暨“讲看齐 见行动”“文明干净过大年”文化进万家系列活动、经典诵读比赛等活动近10场;以“孝贤文化”为主题,创立“孝行天下”文化品牌活动,举办曲艺大赛、全国书法作品展、少儿舞蹈展演等活动;以“脱贫攻坚”为主题,成立“脱贫攻坚环境保护宣传小分队”,组织26场曲艺进基层演出;组织各乡镇(街道)综合文化站相继开展送春联、春节联欢会、民俗踩街、唢呐会演等丰富多彩的文艺活动近460场,结合扶贫重点工作开展文化扶贫培训30余次。广泛深入开展“文化惠民消费季”“戏曲进校园”活动。完成文化扶贫携手小康——全省惠民巡演乡村行58场戏曲演出。2017年,全区共组织送戏下乡358场,送电影下乡3997场,组织开展农村体育活动1896场,满足了广大人民群众的精神文化需求。

公共文化服务。2017年,埇桥区紧扣“文化惠民”这一主线,大力推进基层公共文化服务标准化建设,队伍力量不断增强,服务水平显著提升。建成24个贫困村文化广场,完成6个乡镇文化站升级改造,培育文化活动基地18个、文化辅导点28个。聘用专业文化辅导员28名,招募音乐、舞蹈、戏曲、手工技艺等专业特长文化志愿者129名,在村级聘用文化宣传员、监督员316名,公开招聘村级专职文化协管员、文物保护员32名。对全区316个农家书屋进行图书更新,开展农家书屋管理员业务培训。为116个行政村、29个未出列贫困村文化活动室购置电脑,为200个行政村购置广场舞音箱,为74个贫困村、36个美丽乡村、省文保单位等接入宽带。

精神文明创建。2017年,蝉联第二届省级文明城区称号。以“我们的节日”为主线,在元宵、端午、重阳等节日举办系列主题实践活动2000余场次;开展志愿服务活动4000余场次、举办道德讲堂500余场次。深入开展各类先进典型评选、推报活动,2017年全区2人获评“中国好人”,1人获评“第六届全国道德模范”提名奖,6人获评“安徽好人”,2人获评“宿州好人”,2人获评省“月评十佳志愿服务典型个人”,1个志愿服务组织获评省“月评十佳志愿服务典型组织”,3人获评“第五届安徽省道德模范”提名奖。

萧　县

【文化概览】萧县地处安徽省北大门苏鲁豫皖4省交界处,位于淮海经济区、徐州都市圈的中心部位和华北平原的东南边缘,区位交通优越,素有“四省通衢”之称。面积1885平方千米,人口140万人,辖23个乡镇,设1个省级经济开发区。

萧县历史文化深厚,有6000多年的文明史和3100多年的建城史,是汉文化、孝道文化的发祥地,有金寨文化遗址、花甲寺遗址等新石器晚期遗留的文化遗址。萧县素有“文献之邦”美誉,是中国书画艺术之乡、中国民间文化艺术之乡、安徽省文物大县。现有中国美协会员3人,中国书协会员18人。有国家级文物保护单位1处(淮海战役总前委旧址蔡洼),是全国百家红色旅游经典景区之一;有省级重点文物保护单位3处。

公共文化设施建设。2017年,县政府招标投资10亿元,新建包括文化馆、图书馆、博物馆、美术馆在内的“六馆一中心”,作为萧县标志性建筑。同时,萧县不断完善原有的县文化馆、图书馆、博物馆、美术馆、人民剧场及梆剧团的功能,成为全市县级公共文化设施较为齐全的县。完善乡镇公共文化阵地建设,建设完成23个乡镇综合文化站,每个乡镇综合站建设面积不低于350平方米,设备设施齐全,配有图书、乐器、电脑、电视机、投影仪、音响、体育活动器材等;扎实推进村级基础文化设施建设,2017

国家级非遗项目——渔鼓道情

年新建 14 个村级文化活动中心，为 134 个行政村购买电脑、电视机，硬件设施建设任务全面完成。

文艺精品工程。编排扶贫主题戏《天门山下》，在全县农村巡回演出，并录制高清光盘，在电视台及网络媒体上播放宣传。根据扶贫工作的需要和观众的需求，编排 10 多个快板书、相声、歌舞等扶贫节目，送到广大村民的家门口。开展送戏下乡 336 场，获安徽省文化厅“送戏下乡先进单位”称号。

文化惠民活动。开展“萧县历史文物出土展”“萧县汉代画像石展”等陈列展览，举办“学拓印”“免费挂立志牌”等系列民俗活动。举办 2017 年“庆元旦”“迎新春”“全县广场舞大赛”等大型文艺会演，举办 3 期高水平的书画培训班，3 期书画普及班，2 次大型书画展览，在“10·17”扶贫日举办“水墨丹青绘大爱”书画义捐义卖活动，以文化扶贫助推文化小康。

文化产业发展。2017 年，全县文化产业增加值 9.82 亿元，比上年增长 26.05%；文化企业规模以上法人单位数量比上年增加 3 家，增速为 15.8%。文化产业重大项目当年完成投资额 6.15 亿元，1 家企业被评为全省百强民营文化企业，2 家文化企业获评安徽省著名商标。加快推进蔡洼红色景区二期工程建设，全面完成杨家台子文物主体修复以及景观大道、生态停车场和游客服务中心等一期重点工程建设，2017 年 4 月二期工程开工建设。总投资 1700 多万元建设淮海战役纪念园，建设面积 10 万平方米，12 月底完工。强力推进皇藏峪景区的 AAAAA 级创建工作，皇藏峪景区新山门建成，游客服务中心完工；旅游厕所主体完工，生态停车场正在铺设嵌草砖，观光大道已完成总工程量的 60%。皇藏峪资源价值评价片拍摄完成，并通过省旅发委专家审核。

非遗保护与传承。萧县现有国家级非物质文化遗产 1 项(渔鼓道情)、省级非物质文化遗产 7 项(萧县书画、萧县剪纸、萧县坠子、萧县石刻、鞭打芦花、皇藏峪的传说、伏羊宴加工技艺)，市级非物质文化遗产 8 项（萧县梆子戏、萧县高跷、萧县炭精画、萧县大鼓、萧县花鼓戏、萧县评书、萧县泥人、萧县唢呐)。为传承保护非遗文化，对非遗项目和传承人进行全面、真实、有效的抢救性记录，萧县通过音视频等数字多媒体手段将包括萧县坠子、梆子戏、唢呐演奏等数十个非遗项目进行留存保护。建设以“自然之源文化传承”为主题的萧县非遗主题文化公园，占地面积 2.9 万平方米，精心设计萧县坠子、萧县石刻、渔鼓道情、鞭打芦花、萧县书画、皇藏峪的传说、萧县花鼓戏、萧县剪纸等 8 组主题雕塑，公园集中展示了萧县特有的文化内涵，创造性地传承了县域优秀文化。

砀　山　县

【文化概览】砀山位于安徽省最北部，皖苏鲁豫 4 省 7 县(市)交界处，素有“世界梨都”“水果之乡”美誉，总面积 1193 平方千米，辖 13 个镇、3 个园区，人口 99.87 万人。拥有吉尼斯纪录认定的世界最大连片果园，“梨都马术运动小镇”入选全省体育特色小镇。先后荣获国家级出口果蔬质量安全示范区、全国农业产业化示范基地、全国绿色食品原料生产基地、100 个无公害农产品(水果)生产示范基地达标县、国家电子商务进农村综合示范县、国家有机产品认证示范创建区、国家农产品质量安全县创建单位、民族团结进步模范集体、第三届国土资源节约模范县，安徽省文明县城、农业产业化示范县、首批农产品质量安全示范县、平安县、信访工作先进单位、双拥模范县等称号。

砀山县有省级重点文物保护单位 2 处；有国家级“非遗”项目 2 项(砀山唢呐、四平调)、省级“非遗”项目 4 项(年画、王集接骨膏药、毛笔制作技艺、蓝印花布)、市级非遗项目 13 项。

群众文化活动。2017 年组织

央视国学频道走进砀山暨纪念齐白石逝世六十周年系列活动开幕

开展元旦春节期间“我们的中国梦”文化活动进万家系列活动,举办以“弘扬传统诗词文化,共筑中国梦”为主题的诗词朗诵会、2017砀山县新年团拜会、情系农民工文艺演出、元宵灯会、戏曲展演、斗鸡斗羊大赛、扶贫文艺演出等大型文化活动60余项。全县各镇(园区)综合文化站充分利用阵地与资源优势,开展具有“镇情特色”的书画展、节庆演出、读书用书、农民体育运动会等各类文化活动,丰富了广大群众的精神文化生活,营造了浓厚的文化氛围。暑假期间组织广大农村中小学生及人民群众举办2场体育活动,使群众在陶冶情操的同时,达到健身、娱乐的目的。成功举办砀山县美术馆开馆仪式暨全国书画名家作品展、民俗文化展演、砀山文化工作者书画作品晋省展、央视国学频道走进砀山暨齐白石逝世六十周年系列文化活动、张乾圆书画展等大型书画活动,提高了砀山的美誉度和知名度。

文艺精品创作。出版发行《故黄明珠》一书,进一步宣传砀山形象,提升了砀山的文化影响力;辅导业余作者创作大型古装戏《黄河唐家》,大型现代四平调《布谷报春》初稿已创作完成;在电视台开辟砀山书画专栏,宣传砀籍名家。组织砀山书画名家开展以砀山历史名胜、名人典故、风土人情、诗词歌赋等为题材的系列文化砀山书画主题创作。

文化遗产保护利用。启动丁字楼、宴嬉亭文物保护单位修缮工程,开展省保文物单位天主教堂修女楼异地重建工作,举办博物馆馆藏书画作品展。开展国家级非遗砀山四平调进校园活动,并应邀参加第六届中国成都国际非物质文化遗产节,在四川成都国际非遗博览园举行展演活动。作为安徽省代表队,砀山唢呐“梨乡组合”演奏组一行6人,先后在成都非遗博览园及都江堰、新都区、大邑区等分会场展演20余场次,吹奏“叫句子”“普天同庆”“梨乡欢歌”“凡字调”“百鸟朝凤”等曲目,以原生态的演奏形式、独特的演奏风格和艺术魅力,给观众带来传统文化的享受。

【砀山县举办央视国学频道走进砀山暨纪念齐白石逝世六十周年系列活动】2017年9月16日上午,央视国学频道走进砀山暨纪念齐白石逝世六十周年系列活动,在安徽砀山县启幕。此次活动邀请全国40多位艺术名家参加,展出艺术作品100余幅;同时,央视国学频道还走进砀山的学校、社区和企业,传授国学知识,有效传承国学文化。省委常委、宣传部部长虞爱华出席启动仪式并讲话,全国政协常委、中国文联原副主席覃志刚,市委书记、市人大常委会主任史翔,市委常委、宣传部部长、总工会主席何志中,副市长吕剑等出席,何志中主持启动仪式。开幕式上,虞爱华、覃志刚一起为齐白石美术馆、中央数字电视国学频道采访基地揭牌。

灵璧县

【文化概览】灵璧县位于安徽省东北部,东临泗县,西连埇桥区,南接蚌埠市固镇、五河两县,北于江苏省铜山、睢宁两县接壤,总面积2054平方千米,辖19个乡镇,设1个省级经济开发区,人口128万人。灵璧县是“中国观赏石之乡”“中国民间艺术之乡”,先后获评“中国十大特色文化旅游名县”“大中华区最具魅力特色旅游目的地”“全国生态文明先进县”“中国最美观光旅游名县”。

2017年,灵璧县文化事业和文化企业发展迅速。文化及相关产业增加值5.93亿元,文化产业增加值比上年增长19.83%,占GDP比重3.17%。截至2017年年底,全县拥有规模法人单位21个,民营法人单位295个。

公共文化建设。全县拥有图书馆1个、农家书屋301个、文化馆1个、广播电台1个、电视台1个,已建成村级综合文化服务中心示范工程22个。在全省率先完成县级数字文化体验馆建设,电子书工坊、电子图书阅读平台、非遗影像展示平台等数字文化服务平台相继建成。构建起以县图书馆为总馆、乡镇综合文化站、行政村农家书屋为服务点的县域图书一体化网络管理平台和书刊借阅“一卡通”网络,有力推动了公共文化服务与互联网平台的融合。全年投入150余万元,为47个村建设应急广播系统。启动政府购买基层公益文化岗位试点工作,制定《政府购买基层公益文化岗位工作实施方案》,为全县38个村和5个省级以上文物保护单位各配备1名文化协理员。

群众性文化活动。21个公共文化场馆和301个村文化活动室全部免费对群众开放,群众参与文化活动和全民健身的积极性大幅提升;“送戏进万村”文艺演出387场;送电影下乡活动共为301个行政村放映3612场,其中贫困村756场;爱国主义电影进校园活动全年放映1120场次;原创扶贫泗州戏《白芷花开》在63个贫困村巡回演出;组织开展第四届文化惠民消费季活动,推出“文化扶贫消费季”综艺节目、“万种图书大联展”、惠民旅游、钟馗画折扣销售、“五

灵璧剪纸

看”刷卡立减等 7 项惠民文化活动，共吸引城乡近 10 万群众参与，拉动文化消费 870 余万元。开展“文化乐万家，惠民下基层”活动，实现全县 20 个乡镇全覆盖。

精神文明建设。打造“好人灵璧”品牌，继续实施“灵璧好人”“灵璧道德模范”月评月报制度，全年入选“中国好人”1 人、“安徽好人”7 人、“宿州好人”19 人、“灵璧好人”19 人。落实《灵璧县礼遇帮扶道德模范、“身边好人”等先进典型暂行办法》，引导人们树立“学习、尊敬、争当”先进典型的价值取向，持续擦亮“好人灵璧”品牌。着力深化未成年人思想道德建设，重点加强文明校园、乡村少年宫、校外心理辅导站软硬件建设。全年新建 10 个乡村学校少年宫，实现乡镇全覆盖。深化文明县城创建，建立实施县直部门责任区包保制度、星期五文明创建志愿服务制度及县级领导督查制度、信息报送制度、定期通报制度，创新出台《创建省级文明县城考核奖惩办法》，推动文明创建工作制度化、规范化。广泛开展文明单位创建活动，2017 年全县共评选县级文明单位 80 个，并对县内“宿州市第九届文明单位”进行督查考核。

文化产业发展。不断深化文化体制改革，完善国有文化资产管理体制，加强文化市场综合执法改革，全面完成市委、县委确定的重大改革任务。依托县文化旅游园区，完善文化产业规划，着力打造以文化旅游为龙头以奇石观赏、磬石加工、书画创作为补充的文化产业发展格局。重点推进文化产业“大新专”重点项目库建设，实施虞姬文化二期、钟馗文化园二期及磬云山国家地质公园改扩建项目。着力加大文化产业招商引资力度，加强与大型文化企业交流合作，变政府投资为市场融资，变政府主体为企业主体，最大限度提升全县文化产业活跃度。

【第四届安徽文化惠民消费季活动在灵璧县启动】2017 年 8 月 26 日，由省委宣传部牵头组织的“喜迎十九大、文化乐万家”第四届安徽文化惠民消费季活动启动仪式在灵璧县举行。本届消费季以“享受文化 美好生活”为主题。活动现场，相关单位现场捐赠“时代 e 博·智慧校园”软硬件设备、《美丽科学》数字教育资源包、“文化乐享”电视节目等数字文化创意产品，并为群众送上一场丰富多彩的文艺演出。灵璧县推出“文化扶贫消费季”综艺节目、“万种图书大联展”、惠民旅游、钟馗画折扣销售、“五看”刷卡立减等 7 项惠民文化活动，共吸引城乡近 10 万群众参与，拉动文化消费 870 余万元。开展“文化乐万家，惠民下基层”活动，实现全县 20 个乡镇全覆盖。

【安徽省“文艺扶贫、携手小康”惠民演出走进灵璧】2017 年 11 月 1 日，由省委宣传部、宿州市委市政府主办，安徽演艺集团、安徽广播电视台、灵璧县委县政府承办的“文艺扶贫、携手小康”惠民演出活动，在灵璧县钟灵文化广场成功举行，5000 余名观众观看演出。来自省级院团及灵璧县的文艺工作者带来歌曲、舞蹈、戏曲、杂技等 10 余个精彩节目，展现灵璧扶贫干部强力推进脱贫攻坚的生动画面，歌唱灵璧人民脱贫致富奔小康的拼搏进取精神，展示灵璧县特有的地方文化资源，赢得现场观众阵阵喝彩。

泗　县

【文化概览】泗县位于安徽省东北皖苏 2 省 4 县交界处，总面积 1787 平方千米，总人口 95.4 万人，辖 15 个乡镇，设 1 个省级经济开发区、1 个省级南北合作共建产业园（泗涂产业园）。泗县历史悠久，文化底蕴深厚，古称虹县、泗州，1912 年废州设县。在全国全省拥有独特的世界文化遗产隋唐大运河“唯一”活态遗址，以及国家级首批非物质文化遗产泗州戏、中国山芋之乡、石龙湖国家湿地公园、药物布鞋、皖东北革命根据地等“六大名片”。

公共文化服务体系建设。2017年,泗县加大首批省级公共文化服务体系建设示范县(全省12个)创建工作力度,获评“安徽省公共文化服务体系示范区创建优秀地区”。县图书馆、博物馆新馆投入使用,县图书馆达到国家一级馆标准。全县建成15个乡镇综合文化站,17个村级农民文化乐园。全县各级公共文化设施年接待与服务群众超过50万人次,举办各类活动、培训300余次。

群众文化活动。举办国家级文化活动“美丽佃庄·春满家园”全国网络乡村春晚、春节文艺晚会、“文化扶贫·携手小康”文艺演出、“庆国庆喜迎十九大红色记忆民间藏品展”等大型文化活动20余次。打造“喜庆十九大广场群众文化系列活动”,包括泗州戏大戏会演、曲艺大赛、广场舞大赛等,丰富城乡群众的文化生活。县级图书馆、文化馆、博物馆和15个乡镇综合文化站免费对外开放。开展送戏下乡174场、送电影下乡2088场、农民体育活动174场。

文艺精品创作。2017年新创泗州戏大戏《安全为天》参加安徽省文化惠民消费季演出,并在全市巡演;根据泗县优秀共产党员王亚楠先进事迹,新创泗州戏大戏《扶贫部长》在全县巡演,激发广大干部的扶贫斗志;泗州小戏《镇长嫁女》《碰瓷奇遇》入选安徽省优秀现代小戏会演。泗县拂晓剧团获评2017年度全省民营艺术院团“十大名团”;舞蹈《泗州戏韵》获评“歌舞世界——第四届全国少数民族歌舞会演”金奖。

非物质文化遗产保护与传承。选派14名泗州戏学员到安庆黄梅戏艺术学院学习。瑶剧入选安徽第五批省级非物质文化遗产代表性项目名录,参加“安徽省稀有剧种(戏曲声腔)展演”,并获安徽省委宣传部、省文化厅颁发的证书。

乡村旅游。出台《关于进一步加快文化旅游业发展的意见》文件,为文化旅游业发展提供政策保障以及资金支持。9个乡村旅游富民工程旅游基础设施建设已竣工。开通旅游扶贫直通车,助力乡村旅游扶贫。石龙湖国家湿地公园、蟠龙山风景区、运河人家和南柳公园等景区建设全面推进,“运河人家”大型旅游景观项目正式开园营业,文物保护重点工程项目建设有序推进。

传习所建设。县新时代传习中心、传习所组织开展传习活动400多场次,教育党员群众5.2万人次,通过说唱颂演等最接地气的传习方式,宣传党的十九大精神,弘扬社会主义主旋律,传播文明新风尚,展示社会正能量。组织开展“我学十九大”知识竞赛、贯彻十九大精神全县职工演讲比赛等系列活动,以“赛”促“学”。

“新时代 新泗州”主题活动。组织开展“新时代 新泗州”主题演讲、“讴歌新时代,共筑中国梦”读书演讲等系列比赛,把力量凝聚到党的十九大确定的各项任务上来。开展“新时代 新泗州”十九大精神情景宣讲,深入基层一线开展宣讲活动,把党的十九大精神送到田间地头,送到百姓身边。

泗州戏演出场景

淮 北 市

2017 年淮北市开展戏曲进校园活动，学生乐享戏曲文化盛宴。

【文化概览】淮北市辖相山区、杜集区、烈山区和濉溪县，拥有 7 个省级开发区。总面积 2741 平方千米，总人口 215 万人。先后荣获全国卫生先进城市、全国绿化模范城市、全国双拥模范城市、全国科技进步先进城市、全国创业先进城市、全国无障碍建设先进城市和全国未成年人思想道德建设工作先进城市、全国文明城市等称号，“中国好人”上榜人数累计达 141 人，居全省第一。现有全国重点文物保护单位 6 处、省级重点文物保护单位 12 处、市级重点文物保护单位 86 处、省级历史文化名镇 1 处(临涣镇)、可移动文物 5307 件、文物管理机构 2 个、博物馆和纪念馆 7 个。

党的十九大主题宣传。市县区相互协作，内宣外宣一同推进、网上网下共同发力。会前，市属各种媒体的“砥砺奋进的五年”系列报道气势高昂，《重点工程巡礼》《进村入户话扶贫》《我的这五年》《喜迎十九大》等栏目特色鲜明；会中，加强舆情把控处置，全方位报道大会盛况、展示淮北代表风采；会后，开设《学习贯彻党的十九大精神建设中国碳谷·绿金淮北》等专题专栏。精心组织宣讲，以领导干部带头讲、分类分级全面讲、开放式党校互动讲、线上线下同步讲等方式，推动十九大精神进机关、农村、社区、校园、企业、网络。十九大代表、市委书记黄晓武率先走进开放式党校宣讲并进行全媒体直播，受众超过 12 万人；全市各级各类宣讲 1200 余场，累计受众超过 60 万人次。

意识形态工作。市委成立由一把手任组长的意识形态工作领导小组、网络安全和信息化领导小组，并将意识形态工作责任制落实情况纳入党建考核和巡察内容。开展意识形态工作专项检查，每月排查舆情风险点，每半年向省委作专题汇报，市委常委会全年 5 次听取汇报、进行研究。组织开展“淮北网视”“网络职业风采秀”“网络春晚”等活动，设立政务“双微”排行榜，持续开展文明网站创建。开展关键信息基础设施专项检查和风险评估，完成 120 家重点单位及 175 个重要系统基础调查和备案，对 114 家网站开展风险漏洞排查，23 家存在安全隐患的网站完成整改，对近 1000 例违规账号采取禁言或关闭措施。稳妥处置 10 余起涉及淮北市敏感和突发舆情，全年未发生持续炒作的负面舆情。深入开展“扫黄打非”系列专项行动，在全国率先拍摄“扫黄打非”题材微电影《净网清源》，在全省率先实现“扫黄打非”进基层全覆盖，刘桥镇被评为全国“扫黄打非”示范镇。

新闻宣传报道。以中国碳谷·绿金淮北战略为引领，制定实施《“1+9”宣传行动计划》。全年在中央及省级媒体刊发稿件 3900 余条(篇)，其中在中央电视台、《人民日报》、人民网、新华网等主流媒体刊发重点稿件 2240 余条（篇)；13 次登上央视，其中《来之不易的绿水青山》于世界环境日当天在《新闻联播》播出，迎接十九大特别报道——《还看今朝》栏目两次聚焦淮北。持续开展“城市之间”互动宣传，成功开展了“芜湖·淮北”书画联展和“日照·淮北”“宁波·淮北”深度宣传报道，淮北的城市影响力和美誉度显著提升，主旋律更加响亮、正能量更加强劲。

思想道德建设。2017 年，淮北市承办中宣部全省首场“核心价值观百场讲坛”,举办“全市优秀共产党员先进事迹报告会”,开展核心价值观主题微电影作品展播展映,组织“百年追梦 全面小康”主题爱国主义读书教育和“好人进校园”等活动。广泛开展文明家庭评选,张秀丽家庭、马长智家庭入选2017全国“最美家庭”,15户家庭入选安徽省“最美家庭”。大力推行五级好人评选推荐机制,2017年推选“中国好人”13人,全市累计已有141人荣登中国好人榜,上榜数量位居全省第一、全国前列。周凤珍荣获第六届全国道德模范提名奖,3人入选第五届安徽省道德模范。深入开展“四个100”“四个1000”志愿服务活动,入选安徽“月评十佳”江淮志愿服务典型6个,“美城大爱”的城市品格愈发彰显。

丰富多彩的校园文化交流活动

文化改革发展。市级主流媒体抢抓时机,成立媒体数字中心,实现一次采集、多种生成、多终端发布、多元化传播,市媒体融合发展典型做法被省委宣传部宣传推介。探索组建市文化产业集团,协调设立2000万元旅游产业发展扶持资金,隋唐运河古镇开园迎客,台湾文创园等重点项目建设加快,相山区、烈山区全域旅游示范区创建工作初见成效,杜集区现代旅游观光农业加快发展,全市由“大田园”向“大游园”加速转变。

文化活动和文化精品创作。超额完成文化信息共享工程任务,开展送戏进村333场、农村电影放映3958场、阅读推广200余场、群众文化活动500余场,举办各类艺术培训辅导600余次,辅导基层文化骨干、文艺爱好者近万人。举办庆“八一”进军营慰问演出、“优秀文化进万家”系列展演、第四届文化惠民消费季、第二届动漫大赛、“喜迎十九大”群众歌咏大会等活动,积极推进“古乐之乡”建设。大型现代戏曲《阳光家园》和小戏曲《假币真情》分别入选国家和省戏曲孵化计划,现代戏《我的土地》荣获安徽省第十四届“五个一工程”奖,文化产品《匠心》获深圳文博会“中国工艺美术文化创意奖金奖”。组织创作微电影作品42部,其中微电影《防火墙》、纪录片《用心按动快门》获第五届亚洲微电影艺术节“金海棠奖”。

群众艺术展演活动

宣传队伍建设。统筹推进“两学一做”常态化制度化和“讲重勇作促”专题警示教育,组织推动“讲看齐、见行动”学习讨论取得实效。围绕学习贯彻习近平总书记有关宣传思想文化工作系列重要讲话,先后在浙江大学、市委党校举办新闻舆论和文化产业专题研修班。2人分别入选全省宣传文化领域拔尖人才和青年英才,5人入选市高层次文化人才培育计划。全年组织开展宣传领域重点课题研究7项,其中,《党的十八大以来宣传思想文化工作专题调研》获评“安徽省思想政治工作优秀调研成果”一等奖,并被推荐参加全国评选。全年,省委宣传部领导批示肯定淮北工作3次,中宣部和省委宣传部主要刊物推介淮北经验做法49次,5项工作受省委表彰。大力支持驻部纪检监察组执纪监督问责，力求从源头上堵塞漏洞、加强管理。

【淮北市获得“全国文明城市”称号】坚持不忘初心、创建为民，从1995年起，淮北市开启创建文明城市之路，七任市委书记、八任市长一任接着一任干，常态化开展创建全国文明城市工作，走出一条资源型城市抓创建促转型惠民生的发展之路。始终把人民对美好生活的向往作为奋斗目标，每年确立10项为民创建实事工程，持续完善基础设施，扎实推进老旧小区、背街小巷、集贸市场等重点地段环境清理整治。特别是顺应民心民意，改造棚户区10万套，30多万群众蜗居变安居。坚持把培育和践行社会主义核心价值观作为创建之魂，依托二十四孝之一蔡顺“拾葚供母”故事发生地的人文基础、小推车参战支持淮海战役胜利的红色基因、建市58年孕育形成“燃烧自己、温暖他人”的煤城品格等优势，印发《淮北文明18条》推进移风易俗，积极推进志愿服务制度化规范化建设，构建“六推荐、五评选”好人推选工作机制，全市上榜“中国好人”141位，位居全省地级市第一、全国前列，并作为全国唯一地级市代表在第十二届中国公民道德论坛上交流发言。2017年，淮北市以全国第三、全省第一的优异成绩，获得“全国文明城市”称号，实现了220万淮北人民22年的创建文明城市梦想。同时，还获得全国文明村镇、文明单位、文明校园、未成年人思想道德建设工作先进单位等12项“国字号”荣誉，总数位居全省第一。

杜集区

杜集区第七届群众文化艺术节开幕式

【文化概览】杜集区位于淮北市东北部，地处苏、鲁、豫、皖交界处的徐（州）、淮（北）两市结合部，是淮海经济区的中心，为城郊型新区。辖高岳、矿山集2个街道和朔里、石台、段园3个镇，共41个村（社区，高岳街道新增东湖社区），面积240平方千米，人口35万人。是孔子七十二贤弟子颛孙子张生活的地方，也是著名雕塑大师刘开渠的故乡。

公共文化服务体系建设。区文化馆发挥主阵地作用，以综合文化站为基地，开展文化志愿品牌服务“百人千家种文化”活动。加强文化阵地建设，文化馆成功定级为“国家文化馆二级馆”，图书馆成功定级为“国家图书馆二级馆”。承办了两届“好赛大家看”篮球、乒乓球、棋牌、拔河等比赛活动。区文化馆开设儿童画、少儿舞蹈、少儿书法、腰鼓、广场舞等免费培训班，全年免费培训学员5000人次。区图书馆全年办证1368个，共接待读者110005人次，读者流通借阅图书123400余册次。元旦、春节期间开展读书宣传，优惠办证等读书活动，区图书馆在5个镇办成立区图书馆分馆，对农家书屋统一进行图书编目，农家书屋更新图书9000余册，每周开放时间不少于5天。“送戏进村”演出36场，完成年度任务的120%；共放映电影385场，完成年度任务的107%；开展体育活动120场，完成年度任务的400%，民生工程完成全年目标任务。

群众性文化活动。持续实施文艺精品战略，将花鼓戏等本土特色文化作为重点创作扶持对象，精心打磨呈现杜集元素、体现杜集特色的重点原创作品。其中弘扬优秀传统文化的大型原创戏曲《颛孙子张》已进行公演。开展“戏曲进校园”活动，通过戏曲节目表演让更多学生们认识了解中国传统文化，感受戏曲文化的魅力，激发孩子们对戏曲文化的兴趣。在“4·23”第22个世界读书日到来之际，开展“书香杜集·绿色悦读”2017全民阅读活动，对“书香家庭”“书香社区”“书香企业”“绿色校园”进行授牌，开展“庆七一 童心向党”留守儿童朗诵比赛、“抗日胜利73周年”图片展及系列读书活动。国庆期间，开展“我爱祖国”网上征文评选活动。矿山集街道开展迎新春登山活动；朔里镇举办迎新春“美好朔里乡情乡韵”第六届民间文艺展演;石台镇举办“同心筑梦·共创美丽石台”惠民文艺展演;段园镇举办“节目主持技能、声乐知识”培训;高岳街道举办全国第七套健身秧歌培训班,基层文体活动丰富了广大群众的文化生活。

文化市场监管。以全国文明城市创建为重点,加强文化市场的日常管理和重点时段的督查。全年共受理、审核、办结文化市场重新审核登记、换证、许可事项4项,其中娱乐场所经营2项,营业性演出许可2项。推行建立文化市场管理事项相互函告通报、联席会议等机制,使管理和执法有机结合,确保文化市场经营秩序规范。加强执法队伍建设,完善文化市场监管机制,推进文化市场技术监管与服务平台建设,加大文化市场执法力度,切实加强对网络市场、娱乐场所、出版市场的监管力度。加强法制宣传,组织开展法律法规宣传咨询活动,共发放“如何识别盗版音像制品”等宣传单200余份。多次召开网吧管理业主工作会议,加大督查巡查力度,强化文化市场安全生产和守法经营意识。坚持集中行动与日常巡查相结合,综合检查与专项治理相结合,全面检查与重点抽查相结合,持续开展扫黄打非行动;成功承办淮北市侵权盗版及非法出版物集中销毁活动,开展“净网行动”“护苗行动”等;断源头、破网络,坚决封堵和查缴非法出版物,全面清缴低俗音像制品和非法出版物。全年出动检查200人次,检查经营单位100家次,责令整改10家次,责令停业整顿1家次,有力地维护了全区文化市场安全,净化了社会文化环境。

【**节会文体活动精彩纷呈**】2017年,杜集区成功举办第六届群众文化艺术节暨第二届长寿南山旅游季,“非遗”剧目淮北梆子大戏连续上演,邀请省内专家名人,举办了非遗剧种研讨会;传统手工、书画摄影、民间技艺、健身气功等相继亮相;成功举办首届环南山迷你马拉松赛,吸引周边省内外马拉松爱好者近千人参赛。8月8日承办淮北市第四届段园葡萄采摘节,在传承往届文艺演出、葡萄王评选、七夕相亲等活动基础上,融合了农产品展销、全民健身展演、现场作画、葡萄采摘等项目,节会内容丰富多彩,既吸纳了人气,又活跃了经济。期间,相继举办第十三届运动会淮北赛区群众围棋选拔赛、“我们的节日·端午茶会”“喜迎十九大、国庆·中秋文艺晚会”“我们的节日·重阳”等文艺活动,为群众呈现多场文化盛宴。

烈 山 区

【**文化概览**】烈山区位于淮北市东南部,辖烈山、宋疃、古饶3个镇和杨庄、临海童、百善、任楼4个街道办事处。辖区面积388平方千米,现有50个村(居),总人口38万人。烈山区文运兴盛,历史悠久,是淮北市唯一被列入《中国古代地名大辞典》的地方,更因炎帝的名字“烈山氏”而闻名。辖区内有石山孜新石器早期文化遗址、化家湖新石器中期文化遗址,拥有龙脊山、塔山和南湖、化家湖等优质山水资源;是全国六大石榴基地之一,塔山石榴已成为国家地理标志产品。同时烈山区还拥有中国土地复垦示范区、开放性农业示范区、可持续发展实验区、全国经济林产业示范百强县(区)、中国软籽石榴基地、中国第一家石榴博物馆、全国农业标准示范区、“全国全民健身工程先进区”“全国‘五五’法制宣传教育先进集体”、全国农业旅游示范区、国家级城市湿地公园、国家级矿山公园等多张国家级城市名片。

文化产业发展。成功举办第八届石榴文化旅游节。突出石榴文化产业优势,盘活山水文化旅游资源,大力推进石榴小镇建设。通过一系列特色文化旅游体验和经贸活动,把石榴文化旅游节打造成为集招商推介、文化传承、民俗风情及休闲旅游于一体的群众盛会,助推烈山文化旅游产业的提档升级,

淮北市第八届石榴文化旅游节开幕式

做好文化搭台经济唱戏文章。开展全域旅游活动，推动全境旅游发展。“花海果乡·美丽烈山”旅游季的活动开展，在烈山全境拉开旅游大幕。今世桃花缘·缤纷古饶游、花海果香七彩和村游、烈山山水一日游、七彩和村苹果采摘等系列活动，提高了烈山旅游在本市以及周边地区的知名度。积极申报文化产业项目，实施项目带动战略，协调和服务重点文化产业投资项目。积极推进淮北华翊文创园项目建设。

群众文化活动。以评选安徽省“群星奖”为契机，推出一批融思想性、艺术性和观赏性于一体的优秀群众文艺作品。举办烈山区民乐戏曲歌舞大赛活动，鼓励支持镇办村居打造特色群众文化活动品牌。烈山曲艺家协会、书画家协会、烈山区作家协会相继成立，为烈山的文化发展提供了鲜活动力。编写《烈山文化》，出版《烈山文化通览》《诗说烈山》《美丽榴园》等著作，举办第四届“南湖之声”杯诗歌散文大赛，凝聚一批文学创作者，对全区文学事业发展起到一定的推动作用。

文明创建。印发《烈山区2017年精神建设工作要点》《烈山区创建全国文明城市实施方案》《全区创城网格化包保责任制分工》等12个指导性文件。区文明委领导采取创城项目网格化包保，开展“行走烈山”督查活动。认真落实《全区文明创建奖惩考核办法》，推进各项整改工作高效开展。年度确定的51个文明创建重点项目全部按期完成。持续开展“四评选、四推荐”身边好人评选活动，评选表彰“文明家庭”“最佳新乡贤”“好公婆、好媳妇”“最美志愿者”“美德少年”等；深入开展移风易俗、树立文明乡风活动，50个村(居)全部设立村民议事会、道德评议会、禁毒禁赌协会、红白理事会，党员干部带头签订不大操大办“红白喜事”承诺书；推动创城与育人有机结合，涌现出区级以上道德典型和好人110人，文明家庭68户。获得市级以上文明单位、社区（村镇）22家，6所学校荣获市级“文明校园”称号。一系列群众性创建活动，提高了群众满意度和支持率。区创城指挥部全域地毯式实地排查，整体提升创建水平。创新“城管进社区”模式，开展农村“三大革命”和“三线三边”行动，全面推行“河长制”，全区城乡环境秩序明显改善，使群众有较大的获得感。

扫黄打非。全区三镇四办50个行政村(居)全部建立基层站点，并成立组织，确立各级的联络点和联络员。通过“护苗、清源、净网”等专项行动对校园周边书刊、网吧等进行专项检查，确保全区文化市场规范有序。

【烈山“石榴小镇”】烈山石榴小镇规划位于淮北市烈山区烈山镇榴园村，石榴小镇资源特色突出、生态环境优美，产业基础雄厚。拥有软籽石榴面积约2万余亩，其中明清石榴园近2000亩。“四季榴园”国家4A级旅游景区坐落于此，建有石榴博物馆、四季榴园游客中心，先后成功举办7届淮北市石榴文化旅游节，在苏鲁豫皖等地区有一定的影响。有占地46亩的石榴深加工企业1家，国家级示范合作社塔仙石榴合作联社专门从事石榴生产销售服务和石榴盆景、石榴茶的加工，经济效益凸显。榴园村先后荣获全国文明村、全国最佳宜居乡村、全省休闲农业与乡村旅游示范村、全省“美好乡村20强”、省级现代农业示范区等称号。

相 山 区

【文化概览】相山区是淮北市主城区，辖1个镇、8个街道和1个省级经济开发区，有74个社区、13个行政村，面积141.7平方千米，常住人口约60万人。相山区先后荣获全国食品工业强区、全国计划生育优质服务单位、全国平安建设先进区、全国首批农村生活垃圾分类和资源化利用示范区、全国知识产权强县工程试点区等国家级称号；获评第一届、第二届安徽省文明城区，安徽省未成年人思想道德建设工作先进区、安徽省森林城市、安徽省投资环境十佳区等省级称号。辖区拥有AAAA级风景区相山森林公园及东湖、中湖国家湿地公园，有省级重点文物保护单位1处——显通寺。

文化事业。2017年，全区文化体制改革深入推进，文化发展环境持续优化。安徽相山之声文化艺术有限公司被省文化厅命名为第六届安徽省文化产业示范基地；孔祥琚荣获2017年全省最美文化热心人，任宝琳荣获2017年全省最美基层文化人称号；张氏剪纸项目入选第五批省级非物质文化遗产名录，11人获批市级第二批非物质文化遗产传承人。创作《杏谷放歌》诗集，编印“品质相山 文明之城”摄影大赛《吉光凤羽 心动相城获奖作品集》。

建有1个国家二级馆资质的区图书馆，纸质藏书4万余册，电子文献10万余本；建有一个国家三级馆资质的区文化馆，三级乡镇综合文化站2个、社区俱乐部5个、农民体育健身工程14个、农家书屋94个、公共电子阅览室6个、农民文化乐园1个，有文化辅导员157名，13个村级文化信息共享工程点实现数字化。打造3个省级社区文化活动中心和3个户外多功能运动场。

文化活动和文化产业。全年举办群众性活动800余次。相山区孙玉兰、胡建英荣获全国群众体育先进个人称号。

“春天里的中国——黄里杏花”登上央视《新闻直播间》《新闻联播》。承办的淮北食品工业博览会宣传引入了VR全景看食博和全媒体现场直播，开幕当日点击量超3万次。

积极创建国家级全域旅游示范区，黄里休闲度假景区项目完成景区内观景道路15千米，建设A级旅游厕所5所，形成“湖湖相映，区景相连”的生态观光旅游品牌。结合芳香小镇、渠沟美丽乡村建设，积极打造郭王、徐集、黄里等省级乡村旅游示范村，形成“体验乡土、情迷乡韵”的乡村体验旅游品牌。隋唐运河古镇项目一期“五凤三阁”向社会开放，二期运河人家商业街投入运营。南翔云集民俗文化街区、万达广场、相王御街等一批文化旅游产业园区（街区）项目落地开工，形成“文化为魂，旅游为魄”的文化探寻旅游品牌。

精神文明创建。建立高位推进机制，区四大班子领导“行走相山”靠前指挥，直接推进重点、难点工作。扎实开展创建文明相城“六示范”活动（即打造示范街道、示范社区（村）、示范小区、示范楼栋、示范街巷、示范农贸市场）。打造了曲阳街道、安康社区、春秋社区等示范典型。渠沟镇郭王村获评第五届全国文明村镇，相南街道春秋社区获评第五届全国文明单位。

着力构建好人文化，将好人评选作为持续引领价值导向和社会新风的抓手。2017年共推荐好人线索8.5万余条，评选“相山好人”54人，推选“淮北好人”12人、“安徽好人”2人、“中国好人”3人，第六届全国道德模范提名奖1人。在春秋、翰林等社区建设“好人巷”“好人长廊”“好人工作室”，以邻里和睦为主题建设楼栋文化、街巷文化，延伸好人文化。

创新实施“4321”志愿服务工作机制，培植“青春银行”“童心拉手”等志愿服务品牌，供电社区入选全国学雷锋志愿服务“四个100”先进典型。开展“美德少年”“三好学生”“十佳少先队员”等评选活动，梁作友同学入选第二届安徽省美德少年。特色办学成果显著，相山区淮纺路小学clever花样跳绳队在比利时第十一届国际交互绳大赛U19组速度赛和表演赛中，荣获双冠军。

市民在“好人榜”前观看交流，盛赞凡人善举，领略道德力量。

特色文化。“书香相山”品牌效应不断彰显。以“倡导全民阅读，建设书香相山”为主题，累计开展各类主题读书活动百余次，参与人数3万余人次。淮海路小学徐华老师被授予2017年全国“百姓学习之星”称号，相山区杏林社区农家书屋管理员高晓芬获得“全国优秀农家书屋管理员”称号，春秋社区入选全省“十佳书香社区”，闸河社区宋培光入选全省“书香之家”。

【相山区致力打造特色街巷】按照一社区一特色、一楼道一主题的原则，打造展现城市历史文化的相城影巷、突出好人文化的春秋好人巷、弘扬睦邻文化的新华邻里巷，500余幅彩绘字画遍布辖区210个单元楼道入口。“邻里巷”巷首摘录了习近平总书记有关家庭、家教、家风的讲话，“爱在新华”“爱在邻里”“乐在邻里”“学在邻里”“帮在邻里”五大主题紧扣家庭关系、邻里相处；“相城影巷”分为悠悠相城、红色记忆、因煤兴城、绿金淮北四大板块；东西小巷以“一带双城三青山六湖九河十八湾”为主题，分为城市、青山、绿水、人文四大板块，全面展示淮北的景观美、生态美；南北小巷中，各级各类好人及志愿者的影像故事诉说着“满城大爱满城情”的美城大爱。

濉 溪 县

首届柳孜大运河文化艺术节

【文化概览】濉溪县位于安徽省北部,为淮北市唯一辖县。全县辖11个镇和省级濉溪经济开发区、濉溪芜湖现代产业园,国土面积1987平方千米,总人口107万人。濉溪县历史悠久,拥有国家级重点文物保护单位5处,其中大运河柳孜遗址成功入选《世界遗产名录》。2017年,濉溪县文化事业建设取得较快发展,先后被评为"全国文化先进县""全国体育先进县""全国群众体育工作先进单位""全国全民健身活动先进单位""全省文化体制改革先进单位""全省全民健身示范县""全省创建体育强县示范县""安徽省曲艺之乡"等。

文化民生工程。2017年,濉溪县文化惠民工程建设取得显著成效,累计建设农家书屋248个、农民体育健身工程213个、镇综合文化站11个、公共文化服务信息建设11个、广播电视村村通46个。1个公共图书馆、1个文化馆、11个综合文化站、2个博物馆等公共文化场馆全部免费对外开放。2017年,共组织开展文化体育活动近6000场次,其中送文化下乡800余场次,送电影3365场次,送戏253场次,农村体育活动312场次,综合文化站开展活动150余场次。发放农家书屋图书2.08万册,公共电子阅览室、图书室接待群众1.2万人次。

文化旅游项目建设。围绕"运河文化、红色文化、古镇文化"三大文化品牌,着力打造精品旅游项目。正在编制和完善《柳孜隋唐运河特色旅游小镇概念性(深度)规划》《蒙村乡村旅游总体规划(2016—2030)》《五铺农业庄园旅游总体规划》。《安徽省濉溪县凤栖湖湿地公园(塌陷区水域治理)项目设计》已完成招标。建成国家AAA级景区2家、AA级景区1家。成立旅行社17家,全年旅游人数达160万人次,旅游人次比2016年度增长30%,旅游总收入比2016年度增长25%。大运河柳孜文化园一期工程项目5月开园以来,已累计接待游客60多万人次,单日接待游客量最高达上万人次。建成小李家红色旅游景区,包括小李家红色博物馆、红色主题文化广场、中共淮海战役总前委指挥旧址等。实施老城石板街传统文化修缮保护与更新(乾隆湖生态修复)工程,老城石板街48、102、104号房样板间工程基本完工,乾隆湖中心岛完成土方量工程,亭阁岛、桥廊开工建设。临涣镇、濉溪镇蒙村被评为省级特色景观旅游名镇(村);百善镇、临涣镇被评为省级优秀旅游乡镇;百善镇黄新庄村、濉溪镇蒙村被评为省级优秀旅游示范村。

文物保护工作。《柳孜运河保护管理规划》《临涣城址城墙保护规划》均已通过省局专家评审,并报送国家局等待评审;临涣城墙一期文物修缮专项经费860万元;加强运河遗址博物馆的建设工作,对博物馆设施进行全面维修,增设遗址参观木栈道扶手,对周边环境进行整治;整理填报了大运河监测平台数据资料;对柳孜运河遗址病害进行应急加固,组织国内知名专家到濉溪县参加《柳孜桥梁遗址病害处理方案》专家论证会;新增3处市级文物保护单位;召开了濉溪县大运河文化带建设座谈会。7月21日,国家文物局副局长宋新潮一行到柳孜运河遗址调研指导文物保护工作。柳孜运河遗址项目获评2017中国大运河文化带特色项目。

全民体育健身。2017年,先后举办全县职工长跑比赛、职工棋类比赛、皖北及周边地区青少年乒乓球教学交流赛、青少年跳绳比赛、职业人群健走基地大赛(濉溪赛区)等群众体育活动,保持月月开展老年门球、健身球、太极拳等群众健身活动。举办体育指导员暨第七套健身秧歌培训班、健身球培训班、广场舞培训班等业余训练。参加淮北市第十届运动会暨第四届职工运动会,获金牌86枚、银牌81枚、铜牌98枚。2017年被命名为全省创建体育强县示范县,刘桥镇入选全省体育特色(自行车运动)小镇。新建社区多功能体育场地1处,新建和更新全县体育场地全民健身路径20套。

精神文明建设。2017年,濉溪

县被评为第二届安徽省文明县、第三届安徽省未成年人思想道德建设工作先进县。持续推进"我推荐、我评议身边好人"评选表彰活动。共有6人新当选"中国好人",全县共计45人荣登中国好人榜，总数位居全省县级第一。6人新入选"安徽好人",23人新入选"淮北好人",33人新入选"濉溪好人"。五沟镇罗大山家庭荣获全国最美家庭称号；3户家庭荣获全省最美家庭称号。1人被评为全省道德模范,31人被评为"安徽省十佳志愿服务优秀典型"。县供电公司被评为全国文明单位,8家单位被授予第十一届"安徽省文明单位"称号,49家单位被评为第十五届市级文明单位。临涣镇、濉溪镇蒙村等7个镇村获评第四届"安徽省文明村镇",濉溪镇闸西社区等3个社区获评第五届"安徽省文明社区"。

【首届柳孜大运河文化艺术节】11月12—15日,2017安徽淮北濉溪首届柳孜大运河文化艺术节在濉溪县举办。此次活动为期4天，内容包括开幕式、"柳江放歌 濉溪盛情"专场文艺演出、"运河之声 鼓乐濉溪"首届运河流域鼓书曲艺展演等系列文化活动。11月14日晚上，举办濉溪县首届运河流域鼓书曲艺展演暨"安徽曲艺之乡"授牌仪式文艺会演，省文联副主席、省曲艺家协会主席李慧桥代表省文联向濉溪县授予"安徽省曲艺之乡"。

亳州市

【文化概览】亳州市位于安徽省西北部,2000年5月经国务院批准设立地级市,辖涡阳县、蒙城县、利辛县和谯城区,面积8522平方千米，人口646.8万人。

亳州历史悠久，人文荟萃。3700年前商汤王建都于亳,是中医药、白酒、道家三大文化的发祥地，曾诞生老子、庄子、曹操、华佗等先哲名流，是国家历史文化名城、中国优秀旅游城市、中国长寿之乡和中国五禽戏之乡。现有国家级重点文物保护单位7处、省级重点文物保护单位38处，有AAAA级旅游景区7处。

亳州地处中原,交通便利,位于苏、鲁、豫、皖4省交汇区域中心，自古就有"南北通衢、中州锁钥"的美誉。境内拥有2条国道和6条省道,京九、徐阜铁路和济广、南洛、泗许、济祁高速公路在此交汇；商合杭高铁加快建设,亳州机场已通过国家民航局行业审查,引江济淮入亳、涡河高等级航道改造,亳蚌城际铁路等重大项目前期工作扎实推进。

理论工作。2017年,亳州市组织市委理论学习中心组学习17次,其中专题研讨8次。出台《学习贯彻〈中国共产党党委(党组)理论学习中心组学习规则〉及〈实施办法〉》,认真做好党的十九大文件学习辅导读物、《习近平谈治国理政(第二卷)》发放工作。开展学习型党组织建设工作示范点评选活动，2家单位被评为省第四批学习型党组织建设工作示范点。

围绕习近平新时代中国特色社会主义思想和党的十九大精神、十八届六中全会精神、扶贫工作等主题，全年开展集中宣讲2000多场,受众50余万人次。出台《药都讲坛实施办法》，邀请国内知名专家学者做客药都讲坛,全年共举办4期,受众3000余人次。举办中国·亳州老庄思想与协调发展学术论坛。创办《亳州社会科学》期刊,出版4期。在全省社科联"三项课题"研究活动中，亳州市获得一等奖1篇、二等奖2篇、三等奖2篇、优秀奖1篇,位居皖北各市前列。举办2017年淮河文化学术论坛。大力推进优秀传统文化研究,推出《曹操父子生活研究》等地方历史文化研究丛书。建立亳州市思想政治重点课题研究员制度,形成调研课题成果35篇。在全省思想政治工作论文评比中，亳州市获二等奖1篇、三等奖1篇,市委宣传部获组织工作奖。大力推进社科普及,市社科联被评为全省社科普及先进单位。《借梯登高扬美名，借智升华巧传承——亳州连续成功举办全国老庄思想学术论坛工作创新案例》获评全省宣传思想文化工作创新范例。

意识形态工作。及时调整市委意识形态工作领导小组,组建意识形态领域巡视工作人才库。全市各级党委(党组)将意识形态工作纳入中心组理论学习,纳入常委会研究议题，纳入党建工作责任制,纳入领导班子和领导干部目标管理。市委常委会专题研究意识形态工作2次;开展全市落实意识形态工作责任制情况督查2次,形成意识形态工作报告上报省委。严格落实党委(党组)中心组学习外请报告

亳州市谯望楼

制度，加强讲座、论坛、研讨会审核把关。规范采编发流程管理，建立和完善新闻策划、新闻提示、新闻发布、新闻阅评、新闻评论等体制机制，印发《关于进一步做好记者采访服务工作的通知》。出台《关于加强和改进新形势下高校思想政治工作的实施意见》，开展高校意识形态工作专项督查2次。

维护网络意识形态安全，出台《关于学习贯彻网络意识形态工作责任制实施细则的通知》等，进一步规范网络突发事件舆情应急管理工作流程。建立市委网络安全和信息化领导小组联席会议制度，全年召开联席会议4次。开展全市网络意识形态工作责任制落实情况专项督查。加强值班值守应急处置，坚持7×24小时值班制度，实行舆情周会商制度，编发《涉亳互联网信息专报》48期、《涉亳互联网舆情专报》50期。出台《全市政务微博微信管理暂行办法》，加强"亳州发布"政务微博微信管理。加强属地网站监管，上报属地违规网站164家，约谈网站和微信公众号负责人43人次。加强网络从业人员管理，举办1期全市政务新媒体编辑培训班，组织网评员开展季度实战演练，开展首次网络安全突发事件应急演练。开展"第四届网络安全宣传周"活动，2家单位被授予"2017年安徽省网络安全宣传周活动先进单位"、2人被授予"先进个人"称号。

"扫黄打非"工作。出台《亳州市推进"扫黄打非"进基层工作实施意见》，开展"扫黄打非"进基层示范点创建工作，建成1个省级"扫黄打非"示范点。印发《全市2017年度"扫黄打非"工作考核办法》，将"扫黄打非"工作纳入意识形态主体责任考核内容。深入开展"清源""净网""秋风""护苗""固边"和农村文化演艺市场专项整治活动，全市出动执法人员24386人次，检查经营单位13567家次，共收缴非法出版物1200余册、非法音像制品600余盘，立案调查189家次，行政处罚189家次，停业整顿8家，吊销《网络文化经营许可证》2家，查处非法电台4起，有效净化了社会环境。加大查办"扫黄打非"案件力度，制发《全市"扫黄打非"工作联席会议制度》《全市"扫黄打非"挂牌案件督办制度》，围绕"净网"行动，深入扫除淫秽色情网络出版物及低俗信息，从严查处顶风制作传播淫秽色情信息的门户网站、视频网站、搜索引擎等，集中整治"微领域"。

新闻宣传。策划开辟《喜迎十九大》《砥砺奋进的五年》《十九大精神在江淮》《十九大精神与我们这一行》《新时代新气象新作为》《牢记总书记嘱托》《讲重作》专题教育等专栏，推出系列报道。开展省市"两会"精神、文化旅游、互联网+政务服务、环保督察整改、民生工程、秸秆禁烧、项目建设等专题宣传。邀请新华社、中央人民广播电台、中新社、《安徽日报》等27家中央及省直新闻媒体共54名记者来亳现场采访报道市药博会盛况。在全市新闻战线组织开展"好记者讲好故事"演讲比赛，1人获省优秀奖。举办新闻业务专题培训班。坚持新闻通气会、新闻宣传提示、新闻阅评、市外记者来亳采访台账等制度，着力推进新闻宣传制度化、规范化。开展全市媒体融合调研，撰写《2017亳州市媒体融合发展情况调研报告》。坚持市外媒体涉亳报道的日常监测，编辑《市外媒体涉亳报道》44期。

对外宣传。2017年，围绕脱贫攻坚、互联网+政务服务、文化旅游等重点主题，《人民日报》、新华社、中央电视台、《安徽日报》、安徽广播电视台等中央及省主流媒体纷纷聚焦亳州，推出一大批有分量、有影响的重头报道。《人民日报》共刊发17篇亳州报道，其中头版刊发6篇。新华社及其新闻客户端发布30余条亳州新闻通稿和报道。中央电视台多个频道栏目聚焦亳州，推出亳州芍花、林拥城景观带和涡阳大豆种植直播等报道30余条，央视《新闻联播》栏目播发《脱贫的信心一天比一天强》《新思想引领未来 新时代催人奋进》等多篇报道。亳州市全年在中央主要新闻媒体发稿共200余篇(条)，在省主要新闻媒体发稿2000余篇(条)，在中央电视台《新闻30分/天气预报》、中国气象频道和中央广播电台《乡村之声》各播出亳州天气预报及城市形象1080余次，全面提升了亳州城市形象。开展"春行皖北"活动，组织市直全媒体记者赴淮南、淮北、蚌埠、宿州、阜阳和芜湖6市采访，在市直媒体总计发稿60多篇(条)；邀请上述6市全媒体记者到亳采访，刊播长篇报道15篇，新媒体发稿30多条。

网络宣传。开设《喜迎十九大》《十九大精神在江淮》等15个专栏，唱响网上主旋律。人民网总网首页发布《亳州市委书记汪一光：抓住扶贫不松不放 依靠群众打赢硬仗》，人民网安徽频道推出亳州精准扶贫多篇报道。新华社在海外社交网站推特(Twitter)、脸书(Facebook)和“新华社”官方账号上直播亳州药博会盛况，观看人次达50余万。围绕“文化旅游年”，制作《游千年药都 赏最美芍花》网易直播，吸引26.4万网友参与。策划“网友文化节”活动，开展“好网民、网络公益组织”评选、“绿色上网，从我做起”公益快闪、网络安全宣传周等10项线上线下活动。开展“优秀网络文化作品”评选活动，评选优秀作品21篇，其中8篇作品在全省“建设五大发展美好安徽，争做中国好网民”网络原创优秀文化活动中获奖，亳州市网宣办荣获“优秀组织奖”。在中央网信办举行的“2016文传榜中国文化网络传播系列作品评选活动”中，亳州市报送的《三个细节观大宋》《水墨谯城》分别荣登“网络十大国学文字作品”“网络十大国学音乐”榜单，是全省地级市仅有的上榜作品。亳州发布微博粉丝数量突破9.6万人，位居安徽政务微博指数榜第一方阵；“药都时空”微信公众号用户21万，持续保持全省媒体类公号前三名；亳州广播电视台官方微博用户15万。掌上亳州新闻客户端用户8.1万，荣获“2016—2017年度城市广播电视融合创新最具影响力微信公众号”。

社会主义核心价值观培育。广泛开展核心价值观的宣传教育。开展社会主义核心价值观主题季、图说我们的价值观、我为价值观代言等活动；开展“中国梦”主题第四批、第五批创作歌曲展播和社会主义核心价值观主题微电影优秀作品展示；开展“文明新风润亳州”宣传报道等，广大群众对核心价值观的理解认同进一步增强。出台《亳州市“推动移风易俗 树立文明乡风”实施方案》。开展全市文化科技卫生“三下乡”活动，推动社会主义核心价值观在农村落地生根。开展书香村居“四课四会”宣讲，编印宣讲读本8000册。加强未成年人思想道德建设，举办“百年追梦 全面小康”青少年爱国主义读书教育活动演讲比赛，1名选手获得全省中学组演讲比赛一等奖。开展优秀童谣征集评选活动，收集童谣200余篇。亳州学院附属小学南校三义路校区被评为“第一届全国文明校园”，中学生史丽荣获“第二届安徽省美德少年”称号。大力推进“厚德亳州”建设，积极开展“我推荐、我评议身边好人”活动，2017年14人入选“中国好人榜”(总计130人)，20人荣获“安徽好人”及提名奖(总计92人)，评出“亳州好人”62人(总计299人)，3人获评第五届安徽省道德模范、1人获评第五届安徽省道德模范提名奖，连续两年保持全省上榜“中国好人”第一的位次。月评“感动药都”志愿服务优秀典型共36个，其中8个(个人、集体、项目)入选安徽省“月评十佳”志愿服务优秀典型。推动志愿者和志愿团体注册登记工作，完成实名认证志愿者总数61.6万人、志愿团体873个。精心组织道德模范和身边好人事迹基层巡展巡演巡讲活动14场，率先在全省启动“好人事迹巡讲进乡村”“好人榜扮靓新农村”等活动。注重帮扶礼遇道德模范、身边好人，坚持为上榜身边好人送喜报和奖励金活动，累计发放奖励金676万元。命名表彰一批学雷锋活动示范点和岗位学雷锋标兵，市交通音乐广播雷锋车队被评为第三批全国学雷锋活动示范点。出台亳州市《关于进一步把社会主义核心价值观融入法治建设的指导意见》，用法律推动社会主义核心价值观建设。加强规范爱国主义教育示范基地建设，出台《亳州市爱国主义教育示范基地管理实施细则》。

文明城市创建工作。出台《亳州市文明创建六大专项整治行动实施方案》，组织召开亳州市2017年度文明创建暨城市管理工作推进会。亳州市获评第四届安徽省文明城市和第三届安徽省未成年人思想道德建设工作先进城市称号，

2017亿都商城中国(亳州)国际半程马拉松赛现场

蒙城县获评第二届安徽省文明示范县，谯城区获评第二届文明城区，利辛县和涡阳县获评第四届安徽省文明县城，市本级和三县一区蝉联文明城市创建“满堂红”。制定《第八届亳州市文明单位标准》和《第八届亳州市文明单位测评细则》，开展第八届亳州市文明单位评选活动。截至2017年年底，全市共有全国文明单位7家、省级文明单位53家、市级文明单位115家。修订并完善文明村镇测评体系，指导各县、区积极开展文明村镇创建活动，全市获评全国文明村镇8个、第四届安徽省文明村镇18个、市和县区级文明村镇354个。

文化体制改革与文化产业发展。贯彻落实《国有文化企业进一步健全法人治理结构的若干规定(试行)》和《关于深化国有文化企业分类改革的意见》，印发《2017年亳州市文化体制改革和发展工作要点》，各项改革任务扎实推进，国有文化企业改革不断深化。完成《亳州市“十三五”文化改革发展规划》《亳州市文化旅游脱贫攻坚总体方案》《亳州市主城区周边重点旅游示范村乡村民宿改造经营奖补工作方案》《亳州市关于进一步深化文化市场综合执法改革的实施方案》的编制工作，出台《2017年县区政府目标管理绩效考核文化产业发展考核办法》。实施重大文化产业项目带动战略，32个项目进入省2017年亿元以上重点项目投资和储备计划文化产业项目库；5个项目在建，投资14.46亿元。2017年省重点投资计划亿元以上文化产业项目续建5个、新开工7个，总投资148.75亿元。市凯尊文化传播有限公司、左岸文化传媒公司被评为全省民营文化企业100强。积极争取文化强省建设专项资金支持，花戏楼景区扩容提升项目二期工程扶持50万元，古井酒文化博览园改造提升项目扶持30万元。开展第四届文化惠民消费季活动，参与活动100余万人次，拉动文化消费5000万元左右。组织安徽神剪文化传媒公司参加十三届深圳文博会，签订意向采购合同665.9万元。

公共文化服务体系建设。制定出台《亳州市关于加快构建现代公共文化服务体系的实施方案》。推进市级“三馆一院”和县级“两馆一场”建成、达标、升级。市博物馆、图书馆已经建成并投入使用；市文化馆主体工程已建成，待设计装修后正式投入使用；市博物馆新馆、亳州大剧院建设前期工作正在加快进行中。三县一区积极推进图书馆、文化馆升级提升。2017年全市建成5个省级乡镇(社区)综合文化服务中心，按照“七个一”标准完成7个农民文化乐园建设。扎实推进镇、村两级基层综合文化服务中心建设，2017年蒙城县建成农民文化乐园16个。年底已通过选址、土地审批，正在落实招标的农民文化乐园项目建设82个。制定《亳州市未出列贫困村综合文化服务中心建设实施方案》，首批启动45个贫困村综合文化服务中心建设。大力推进公共文化场馆免费开放、农村文化专项补助2项文化民生工程，利辛县7个综合文化服务中心示范工程全部按要求完工。

药花海中展“非遗”五禽戏

文艺精品创作。开展“大淮河·涡水情”主题采风创作活动，在文学、美术、书法、戏剧、曲艺、剪纸等领域推出一批精品力作。据不完全统计，书法、摄影、美术作品入展省级及以上展览101幅次；其中美术作品入选中国美协主办的展览11幅次，书法作品入选中国书协主办的展览6件次，摄影作品入选国家级展览2件次。在第三届安徽省剪纸艺术节暨全省民间工艺精品展上获“优秀组织奖”。创作的大戏《桃花村》入选安徽省戏曲创作孵化计划。公益微电影《芍药花开》在“2017美丽乡村国际微电影艺术节”上获“最佳故事片”奖。以扶贫巡演、宣传党的十九大精神为主题创作推出《马镇长扶贫记》《教育扶贫》等一批反映时代主题的戏曲、曲艺作品，并在全市巡演。二夹弦《三拉房》参加安徽省稀有剧种(戏曲声腔)展演，梆剧《印记》、二夹弦精品折子戏先后在央视戏曲频道播出。梆剧《印记》入选安徽省第十四届精神文明建设“五个一工程”奖。

群众性文化活动。开展送戏下乡、送戏敬老活动，推出“亳州新貌游”、荷香满亳州——暑期文化旅游、“我们的中国梦”——文化进万家等系列文化惠民活动，举办第二届全市非遗技艺大展活动、全市唢呐大赛等大型群众文化活动，市民群众文化获得感显著增强。举办第三届中国（亳州）国际健身气功博览会暨国际五禽戏交流比赛、中国（亳州）国际半程马拉松赛和骑行大赛。成功举办“文艺扶贫 携手小康”——惠民演出走进谯城活动，《人民日报》、中央电视台等中央、省及市主流媒体刊播报道40余篇。2017年，全市送戏进万村演出2582场、送戏到敬老院300场。

【中国·亳州老庄思想与协调发展学术论坛在亳州市举办】2017年19—20日，由光明日报社、中国社会科学院哲学研究所、省委宣传部主办，省社科院、省社会科学界联合会和亳州市委宣传部联合承办的中国·亳州老庄思想与协调发展学术论坛在亳州市举办。论坛的主题是“弘扬老庄思想，推进协调发展”。到会的百名专家学者精研与发掘老庄思想的历史传承与当代价值，探讨老庄思想对协调发展的启示，提交学术论文46篇。《光明日报》、中央人民广播电台、中国经济信息社、人民网、新华网、《安徽日报》、安徽广播电视台等17家中央、省直媒体29名记者到亳采访报道，推出稿件40余篇。同时，与中经社、今日头条、中安在线、亳州头条等媒体合作开展直播活动，直播观看总数逾20万人次。

【亳州市打造“2017亳州文化旅游年”活动】亳州市委、市政府以“2017亳州文化旅游年”为抓手，开展芍花节、大型菊花展、旗袍秀、半程马拉松比赛等68项活动，完成花戏楼、地下运兵道、南京巷钱庄、道德中宫等老景点景区提升改造和谯望楼、咸宁寺、糖业会馆等历史遗迹复建，建成运营亳药花海休闲观光大世界一期、林拥城生态观光区、郑店子温泉旅游度假区、南湖灯光水舞秀等重大项目，加快推进中华中医药博览园、陈抟文化小镇、三国文化旅游城、乐酒家园、洪河湾旅游综合体等项目建设。建成南北游客集散中心2个、旅游停车场32个、旅游标识标牌355块、停车位3800个、旅游厕所147座，旅游接待能力和服务水平明显提高。同时，在亳州周边20地市设立驻地营销机构，推出“10元游亳州”和旅行社组团优惠政策，举办大型推介活动7次。2017年1—11月份，全市接待国内游客2063.11万人次，同比增长24.61%，增幅排名全省第一；旅游总收入156.52亿元，同比增长28.09%，增幅排名全省第二。2017年，亳州市荣获“首批国家中医药健康旅游示范区创建单位”“中国一带一路国际健康旅游目的地”“国际健身气功五禽戏之都”和“中国药膳之都”4项国家级称号。

【亳州市博物馆开展“欢乐奇妙夜”系列社教活动】2017年3月，亳州市博物馆首次尝试夜间开放，于每周五晚开展“博物馆欢乐奇妙夜”系列社教活动，创建安徽省首家夜间安全开放的博物馆。当年成功举办10场，包括“五一劳动节”“五四青年节大型交友活动”“六一儿童节”“文化和自然遗产日”“端午节”5场专场活动，均结合节日融入新的社教活动形式，开展多途径、广范围的社会教育工作。“博物馆欢乐奇妙夜”吸引《中国文化报》《中国文物报》、国家文物局、安徽省人民政府网、安徽省文化厅、安徽文物局等众多报刊媒体的集中报道，网络转载3000余条，惠及青少年儿童数万人。

涡阳县

书香涡阳全县文艺会演现场

【文化概览】涡阳地处皖西北，亳州市中心位置，辖20个镇、4个街道，设1个省级经济开发区，县域面积2107平方千米，人口167万人，是安徽省历史文化名城、首批扩权试点县、科学发展先进县。涡阳历史悠久，文化灿烂。现有省级重点文物保护单位10处、市级文物保护单位10处、县级文物83处，包括古遗址、古建筑、古墓葬等。在可移动文物普查工作中，共发现、录入及上报珍贵文物近千件。此外，涡阳非物质文化遗产较为丰富，“老子传说”为国家级非遗保护项目，“棒鼓舞”“捻军歌谣”“高炉酒传统酿造技艺”等为省级非遗保护项目，另有市、县级非遗保护项目23个。

理论工作。2017年涡阳县把学习宣传贯彻党的十九大精神和习近平总书记系列重要讲话精神作为理论武装工作的重中之重，深入推进“两学一做”学习教育常态化、制度化，出台《中共涡阳县委理论学习中心组2017年度理论学习计划》和《2017年县委常委深入学习习近平总书记系列重要讲话精神安排》等文件。全年县委中心组集中学习14次，举办县委常委读书学习会11次；在政务微信“涡阳之窗”开辟《学习之路》栏目90期，重点推出党的十九大精神、习近平新时代中国特色社会主义思想、习近平系列重要讲话等理论文章；《涡阳》编辑部编发多期理论文章，专门刊发习总书记“7·26”讲话精神及“八论”、十九大系列评论等文章，促进了理论成果的宣传普及。加强党委(党组)中心组学习督导，扎实推进学习型党组织建设。深入开展理论进基层活动，全年开展理论宣讲300多场次，其中十九大精神宣讲100多场次、习近平总书记系列重要讲话精神和扶贫宣讲200多场次。

新闻宣传和对外宣传。围绕党的十九大等重大主题，精心策划并实施“砥砺奋进的五年”“喜迎党的十九大，讴歌涡阳崛起新成就”“十九大精神在涡阳”主题宣传；围绕全县发展大局，扎实做好脱贫攻坚、招商引资、项目建设、环境保护、安全生产、文明创建、民生工程等中心工作宣传以及“两学一做”学习教育、徽商大会涡阳专场、老子朝圣大典及国际道教学术研讨会、全市移风易俗推进现场会等重大活动的宣传。全年在中央、省、市级各类新闻媒体刊播正面宣传新闻稿件1000多篇(条)，其中省级以上媒体200多篇(条)。涡阳4次上央视新闻，与央视新媒体《1号线上》建立合作关系，连续推出《大美中国·瞰秋——安徽涡阳》《大美中国·品冬——安徽涡阳》微视频，并在央视一套播出。制作了《崛起——中国涡阳》专题片。

精神文明创建。以“创文明县城，做文明公民”为主题，广泛开展文明交通、文明餐桌、文明旅游创建和文明村镇、文明单位、文明社区、文明家庭等创建评比活动，全县涌现省级文明单位10家，市级文明单位17家。大力倡导学雷锋志愿服务活动，全县注册志愿服务队伍24380人，志愿服务活动常态化、制度化。以中国特色社会主义理论、中国梦、道家文化、红色文化等为重点，做好价值引领和优秀传统文化的弘扬传承，用中华传统美德深植厚培社会公德、职业道德、家族美德、个人品德。深入开展书香涡阳建设和国学经典“六进”活动。全年开展道德讲堂300多场次。建立好人推报制度，解决好人住房保障，实施好人信贷，推荐好人参政议政，目前，全县有“中国好人”33名。深入推进农村清洁工程、垃圾分类处理、“春风行动”暨“五净一规范”工作。设立“文明创建曝光台”，全面清理县城区内违法户外广告、报刊书报亭等。在2016—2017年度全市农村清洁工程评比中，涡阳县位居第二；全市“五净一规范”县区互查中，涡阳县获得3次第一名，1次第二名。

文化惠民工程。持续开展“红红火火过大年”系列活动和文化惠民消费季活动。按照2017年民生工程送戏进村实施方案，完成全县389个行政村送戏进村文艺演出活动778场次，全年农村公益电影放映全年4668场，各项体育活动开展2987次。坚持公共文化服务设施免费开放，全县25个镇综合文化站的多功能厅、书刊阅览室、文化科技培训室等公共空间设施场地和480个农家书屋全年正常对当地群众免费开放。

文化事业与文化产业。加大基层公共文化服务中心建设，结合文化扶贫工作，完成了5个镇级综合文化服务中心和68个贫困村的村级综合文化服务中心的建设工程。积极开展文化服务配送，公共文化场馆免费开放工作按序时进度进行，为县图书馆、各综合文化站藏书更新图书2万余册。两馆两中心已经开工建设，《涡阳县博物馆展陈大纲》通过专家评审。制定《涡阳县“十三五”时期文化改革发展纲要》。深入开展文化市场专项整治和“扫黄打非”行动，以规范化管理促进文化市场繁荣。全县现有各类剧团、综艺团体112家；全市9家省级百佳民营剧团，涡阳占4家。涡阳县城关学区中心校被评为全省“扫黄打非”进基层示范点。大力推进文化阵地建设。“五馆三中心”即将竣工；推动中心村农民文化乐园、乡镇综合文化服务中心试点建设；加快广电传媒中心和广播电视台发射塔建设，推进广播电视村村通向户户通升级；推行县域公共图书服务一体化。截至2017年年底，全县共有公共文化馆、图书馆、博物馆、广播电视台各1个，建设25个综合文化站、480个农家书屋、25个乡镇公共电子阅览室和367个村级文化信息资源共享服务点。

文艺创作。深入贯彻十九大和习近平总书记文艺工作座谈会重要讲话精神，着力推出一批反映火热生活，体现时代发展的精品力作。涡阳青年泗州戏剧团被授予“安徽省十大名团”称号，该团创编的大型泗州戏《伯俞泣杖》荣获“安徽省十大名剧”称号。多次举办主题鲜明、格调高雅的书画、摄影精品展；结合党的十九大精神、脱贫攻坚、移风易俗等内容创作了多个群众喜闻乐见、寓教于乐的文艺节目，拍摄制作了多个传播正能量、反映“大美涡阳”的微视频、微电影。

【文化旅游产业发展】2017年，涡阳县大力发展文化旅游产业，制定《关于促进文化和旅游融合发展的实施意见》，积极谋划文化旅游产业项目，启动了老城历史街区保护开发示范工程建设，道源国家湿地公园通过国家验收；完成了义门回民古镇、新兴红色小镇、曹市辉山红色村落、湿地公园、老城区保护开发等5个全域旅游示范项目的规划编制，其中新兴红色小镇、曹市辉山红色村落等项目已经开工建设。

蒙城县

【文化概览】蒙城县位于安徽北部，辖17个乡镇，面积2092平方千米，人口147.6万人，是中国楹联文化之乡、全国文化模范县、全国文物工作先进县、全国园林县城、中国硬笔书法之乡、中国养生美食之乡、中国曲艺之乡、省级历史文化名城，是先秦思想家庄周故里。唐天宝元年(742)设立蒙城县，沿用至今。蒙城县现有全国重点文物保护单位2处、省级重点文物保护单位3处、市级文物保护单位8处、县级文保单位13处，有历史文化名胜保护区8处。2017年，蒙城县文化事业和文化产业健康稳步发展。文化体育与传媒支出3799万元，其中文化事业1677万元、文物430万元、体育68万元、新闻出版广播影视831万元、其他文化体育与传媒支出793万元。

公共文化事业。建成18个乡镇综合文化服务中心，蒙城县图书馆新馆开工建设。文化民生工程扎实开展。实施农村文化建设专项补助、公共文化场馆免费开放两项文化民生工程。各级财政共投入资金539.6万元，完善公共文化服务体系建设。2017年村(居)开展农村文艺演出活动550场、体育活动1650场、电影放映3300场，组织“美意延年 送戏敬老”演出活动56场。县图书馆、文化馆、文化站等公共文化设施全部免费开放；县图书馆继续举办蒙城地域文化系列讲座，全年开展讲座24场，听众1600人次；县博物馆全年接待游客近10万人次，开办12场专题讲座，听众超过720人。蒙城县新城区广播电视塔和新机房投入使用，广电中心新址建设9月底正式奠基，广播电视畅通率稳定在98%以上，城乡有线电视数字化整转2万多户，有线电视覆盖率达到90%以上。蒙城县庄周街道办事处后娄村农家书屋被国家新闻出版广电总局授予农家书屋全面建设十周年全国示范农家书屋，后娄村农家书屋管理员陈翠翠被国家新闻出版广电总局授予全国优秀农家书屋管理员。

文化市场管理。全年检查网吧3352家次，出动执法人员6704人次，查处违规经营网吧35家，警告网吧36家。净化出版市场，共收缴盗版音像制品380张、盗版图书580本。蒙城文化市场综合执法队荣获亳州市“扫黄打非”先进集体称号。

文物保护工作。2017年4月28日，中国社科院考古队按照考古工作计划开始对檀公故城进行第二年度考古勘探工作。2017年5月17日，蒙城县文物大排查自查工作启动，按照“分级负责、属地管理”“谁主管、谁负责”的原则，逐级建立文物安全责任制，签订文物安全责任书。2017年11月20日，启动《蒙城万佛塔修缮工程设计方案》《尉迟寺遗址保护围栏建设及环境整治工程设计方案》编制工作。2017年12月25日，县政府第12次常务会议研究决定，蒙城县博物馆、文庙、板桥集战斗纪念馆等正式移交给蒙城县梦蝶旅游有限责任公司管理，以充分发挥蒙城文化旅游资源的作用。

旅游创建活动。围绕蒙城“3336”发展战略，坚持把旅游业作为经济发展的重要支柱产业和新的增长极，以打造生态文化旅游中心为目标，以开展“2017蒙城文化旅游年”系列活动为抓手，开展42大项文化旅游年活动。分别打造篱

第八届中部六省曲艺展演在蒙城举办

笆梨花节、坛城樱花节、立仓荷花龙虾节、岳坊莲藕文化节等品牌节庆活动。坛城镇成功创建省级优秀旅游乡镇，岳坊镇葛寒寨村、双涧镇老集村等成功创建省级乡村旅游示范村。全年国内旅游人数463.54万人次，较2016年增长22.22%；国内旅游收入32.93亿元人民币，增长12.93%。中央电视台2套8月22日、23日连续两次报道蒙城县重视文化旅游产业、发展乡村旅游和旅游扶贫的成果。

精神文明建设。每月评选10名“蒙城好人”，向上推报为上一级好人候选人；全年评选出“蒙城好人”120人，入选“中国好人”4人、“安徽好人”及提名5人、“蒙城好人”19人；上榜“中国好人”总数达到45人，继续保持全国县级前列。5月24日，举办第八届“感动蒙城道德模范”表彰活动，表彰感动蒙城道德模范27名。9月20日，全省道德模范和身边好人现场交流活动暨全市第三届道德模范颁奖典礼在蒙城县举办，这是全省首次在县级城市开展的交流活动。6月份，蒙城被省文明委授予“安徽省文明示范县”“安徽省未成年人思想道德建设先进县”称号。12月，向亳州市文明委递交《关于申报全国县级文明城市提名城市的自荐报告》，正式启动参加全国县级文明城市提名城市评选工作。

文艺创作与文化传承。开展第二届文艺奖评选工作，收到应征作品近500余件，经过初评、复评保留100件进入终评，颁发奖金近15万元。举办喜迎党的十九大书画作品展和新中国成立68周年、红军长征胜利82周年书画作品展，举办第五届全国“中秋梦蝶诗会”，唢呐协会获全省十大名班第一名。曲艺家张桂银不仅获得全国、省级赛事奖项，还参与晋京演出；“菜花甜妈”蔡洪平，民间歌手李莉、李佳莉、张邵玲、乔翔宇、刘清波等多人次登上省卫视和央视舞台，被业界称为“蒙城文艺现象”。县舞蹈家协会创作指导演出的作品《绣荷》《暖暖的麦田》，不仅在省里获奖，还在中国舞蹈家协会主办的“小荷风采”会演中获奖。县收藏家协会筹措资金，建设蒙城第一家也是皖北第一家公益性综合艺术馆——长朋艺术馆，长期免费对外开放。县民间艺术家协会还协助有关单位建设蒙城首家非遗文化展示馆，展示一批蒙城县民间艺术。

文化研究和交流活动。“安徽省庄子研究会”成功举办第二届学术交流会，印刷出版学术刊物《庄子研究》(第一期)，为团结联络庄子研究同仁、加强和管理庄子思想文化研究以及对外文化交流活动、学术交流合作、宣传推介蒙城搭建一个高规格的平台。蒙城“陈亢文化研究课题组”组织地方文史专家对孔子七十二贤人之一、蒙城历史上的“第一乡贤”陈亢的思想文化进行研究，张怀清主编、钱念孙作序的《陈亢研究》由黄山书社出版。

群众体育活动。全年组织各类全县性运动会、比赛、健身活动12次，参与人员达10万余人次；积极开展社会体育指导活动，全县共有晨晚练点156个。

利辛县

利辛花鼓戏

【文化概览】利辛县位于安徽省西北部，坐落在西淝河中游两岸，面积2005平方千米，人口172.19万人，辖23个乡镇。利辛历史悠久，文化源远流长，是春秋时期吴楚争雄要地。境内有伍奢冢、阴阳城、禅阳寺、纪家塔、节孝坊等古遗址。伍子胥打马过乌江的故事脍炙人口，柳下惠坐怀不乱的传说广为流传，王人镇农民诗画享誉中外，胡集猴戏杂技走遍全国。清音戏、拉魂腔、淮北大鼓及展沟九曲黄河灯阵被列为安徽省非物质文化遗产。

公共文化服务设施建设。2017年，投资308万元建成村级综合文化中心7个，投资80万元建成乡镇综合文化服务中心2个，投资40万元完善7个贫困村的文化设施，投资104万元为52个村配置文化设备。全县现已完成三级群众性公共文化设施全面覆盖并免费开放，公共文化服务网络基本建成。已建成农家书屋346个、乡镇综合文化站23个(其中，一级站14个、二级站2个、三级站7个);完成第五次全国文化馆评估定级申报工作,利辛县文化馆成功获批国家一级馆;利辛县图书馆现正在申报一级图书馆。加快文化旅游产业发展,重点推进西淝河观光带等重大旅游项目建设。实施"文化+""互联网+"行动,推进文化与科技、金融等融合发展,培育新型文化业态。组织文化企业参加第十四届中国(深圳)国际文化产业博览会。建设全民阅读基层示范点和贫困村综合文化服务中心示范点。做实文化科技卫生"三下乡""送文化年货""乡村春晚""送戏敬老"等文化惠民活动。举办全县精品剧目展演、书画、剪纸、篆刻等艺术展览和广场舞大赛。组织开展文化惠民消费季活动。加强"村村通"广播管护运行,推动农村广播宣传提质增效。

社会主义核心价值观培养和践行。深化中国特色社会主义和中国梦宣传教育,坚持每月评选"利辛好人",力争"中国好人""安徽好人""亳州好人"入选人数继续保持全省、全市领先地位。开展"感动利辛"志愿服务优秀典型评选活动,打造"心动利辛·最美人物"评选品牌活动。开展"新时代、新利辛"公益广告创作征集和展示传播活动,加大公益广告刊播力度和覆盖广度。建立重大主题公益广告联席会议制度。加强诚信典型宣传,曝光失信行为。召开移风易俗经验交流会、现场观摩会、业务培训会,打造一批移风易俗示范点。深入开展"传家训、立家规、扬家风"活动。

文明创建。出台城乡环境整治工作实施方案,做好文明城市暗访测评工作。开展"清洁我家园、红火过大年"活动。积极开展文明社区创建评选活动,打造一批文明社区示范点。召开全县文明单位表彰推进会,举办全县文明单位文体交流活动。开展文明单位与重点贫困村结对共建工作。深化文明校园创建。开展新媒体领域文明单位创建试点活动。助力农村垃圾、污水、厕所专项整治"三大革命",全力推动城乡环境综合治理。

文艺精品创作。音乐剧《照相》荣获全市群星奖评选一等奖,韵扬拉魂腔剧团创作的戏曲小品《扶贫政策暖人心》、谷家班演艺有限公司创作的小戏《母亲最伟大》、文苑演艺公司创作的舞台剧《春暖花开》、歌曲《家在皖北》等给观众留下深刻印象。创作推出一批"四个讴歌"的文艺作品。开展"我们的沃土我们的梦"文艺采风创作活动,开展"文艺家下基层"活动,举办"讴歌新时代、聚力新征程"文艺精品会演活动。加强网络文艺建设管理工作,举办文艺创作培训、研讨活动。建立重大文艺作品储备库。2017年,有10余件作品参加全国展览或获奖,40余件入选省市展览。2017年6月23日,青年女画家车敏入选2016年中国美术家协会新会员,成为利辛建县52年来培养出的第一位本土"国家级画家"。另有7人入选安徽省美术家协会会员。全年在国家和省市文学刊物发表各类文学作品100余件,发表小说4部、出版散文集1部,出版《西淝河》文艺杂志4期。作家王明月创作的中篇小说《泥青布》荣获安徽省"金穗文学奖"二等奖。武奇创作的歌曲《照相》入选"安徽省群英奖"。

非遗项目申报工作。杨氏面塑、马氏社火、柳下惠传说、赶黑驴、阚疃板鸡、扁担戏等成功申报安徽省非物质文化遗产项目。全县现有省级非遗项目10项、市级27项、县级57项;有市级非遗传习基地5个,有非遗项目代表性传承人30人(其中省级7人)。文物保护工作成效明显。项目申报工作扎实推进,其中申报市级文物保护项目6项获批,纪家塔、节孝坊、利辛县烈士陵园、柳叶县古城址等省级文物保护项目书编制和申报工作完成。

谯城区

【文化概览】谯城区是亳州市政府所在地,位于安徽省西北部,面积2226平方千米,人口168万人,辖22个乡镇和3个街道办事处。谯城区从商成王建都开始,是一座具有3000多年历史的文化古城,以悠久的历史、灿烂的文化闻名遐迩。是全国长寿之乡、全国武术之乡,以剪纸、五禽戏等非遗文化著称。

截至2017年年底,谯城区有文化馆(二级)1个、图书馆(二级)1个、乡镇综合文化站22个、农家书屋261个、农民文化乐园5个、社区文化活动中心3个。

文化产业。2017年,全区有各类文化产业单位600多家;其中文艺演出团体近200家,全年演出近2万场次,有3家演出团体获省"百佳剧(院)团"称号。亳州市谯城区演艺公司成功推向市场后,发展健康,年演出800多场,实现社会效益和经济效益双丰收,先后荣获国家、省、市多个奖项。

文艺工作。成功举办2017中国(亳州)第三届二夹弦戏曲艺术精品剧目展演。由区演艺公司编演的现代戏《印记》入选安徽省第十四届精神文明建设"五个一工程"(2014—2017)优秀作品奖。《谯城文艺》丛书出版发行。丛书共9本180多万字、图片200余幅,经半年的认真编纂,于2017年12月出版,成为谯城文艺繁荣和发展的见证,也是谯城对外宣传、交流的一张明信片。

精神文明建设。印发《谯城区移

谯城区获评"全国人文生态旅游基地"授牌仪式

风易俗助力扶贫工作实施方案》《谯城区移风易俗工作考评细则》，利用电视、广播、横幅、宣传栏等宣传载体，弘扬文明新风，引导广大干部群众积极践行移风易俗。持续开展"我推荐、我评选身边好人"活动。2017年，共推荐各级各类好人线索11万余条，评选出"亳州好人"8人，4人获评"安徽好人"及提名奖，"豆浆夫妻"2人入选"中国好人"，入选人数和好人线索推荐数量位居全市前列。

扫黄打非。开展"扫黄打非"专项检查行动、侵权盗版及非法出版物集中销毁活动以及"清源、净网、护苗、秋风"等专项行动，加强新闻出版印刷市场监管。以净化出版物市场、清除网上有害信息、保护知识产权为工作主线，以查缴政治性非法出版物和清除网上有害信息为首要任务，2017年共检查经营单位2800余家次，出动执法人员9600余人次，确保文化市场的平稳有序。立案查处网吧26家，警告处罚10家；受理举报82件，办结82件；收缴盗版光碟500余盘、非法出版物600余册、非法赌博机12台。

群众文化活动。组织开展"谯城区曲艺大赛""谯城区戏剧大赛""十九大精神进基层文艺演出""百场戏曲进社区 百部电影展映"等各类群众性文化活动280余场次。成功承办"文艺扶贫 携手小康——文艺演出走进谯城"活动。

【谯城区获评"全国人文生态旅游基地"】2017年6月24日，"第二届全国人文生态旅游基地建设论坛暨文旅特色小镇投融资对话会"在北京隆重召开，谯城区获评"全国人文生态旅游基地"。本届论坛以"人文旅游·特色为本"为主题，以"交流·分享·合作·共赢"为理念，采取主题报告、品牌展示、经验交流、项目推介等形式，就历史人文、民俗人文、耕育人文、现代人文的旅游现状和发展趋势进行了深入探讨和热情交流。经过各地政府、旅游主管部门积极申报，组委会科学论证、严格评审，论坛评选出第二批13家文化传承效应明显、生态旅游环境良好的"全国人文生态旅游基地"单位。

阜 阳 市

【文化概览】阜阳地处皖北，是皖豫省际区域性中心城市。辖8个县市区，面积9775平方千米，人口1060万人；以150千米为半径，辐射周边人口3000万人。近年来，随着"双轮驱动"战略的深入实施和"五大专项行动"的扎实开展，阜阳新型城镇化步伐明显加快，城市规模快速扩张，城市特色逐步彰显，城市功能不断完善，对皖西北、豫东南的辐射引领作用持续增强，区域性商贸物流中心、教育中心、医疗中心、文旅中心正在形成。

2017年，阜阳市获评"全国文明城市提名城市"，颍上县获评"全国文明城市县级提名城市"。6人当选或被提名为全国、全省道德模范，17人分别被评为"中国好人""安徽好人"，位居全省前列。成功举办市第十三届运动会、第三届安徽省剪纸艺术节暨第二届阜阳文博会、第四届安徽省民间杂技艺术节。

思想理论宣讲。以喜迎十九大、学习宣传贯彻党的十九大精神为主线，紧密结合美好乡村建设、脱贫攻坚、核心价值观培育、"双轮

阜阳市国医传承人——王林

驱动”战略、“五大专项行动”等中心工作，深入开展“微宣讲”“艺术化宣讲”等形式多样的宣讲活动，推动习近平新时代中国特色社会主义思想和党的十九大精神深入基层、深入人心。2017年，开展以“家庭·家教·家风”“五大专项行动”“新理论·新成就·新行动”、十九大精神为主题的“微宣讲”活动共600余场，受众4万多人次。党的十九大闭幕后，启动以党的十九大精神为主题的“艺术化宣讲”，截至2017年年底，市级举办4场，累计受众预达6000人以上，各县市区共举办274场，累计受众13.45万人。

文化产业发展。2017年全市文化产业增加值64亿元，增速10.8%；有规模以上文化企业258家、文化产业法人单位4843家，其中10家文化企业入选“安徽民营文化企业100强”，位居全省第二。有省级文化产业示范基地5个，有文化产业集群专业镇2个。华宇集团和金源柳木被列入国家文化出口重点企业，黄岗柳编、太和发艺、文具玩具等文化产品进出口额达1.7亿美元。3家企业在“新三板”挂牌，25家文化企业在“新四板”挂牌。新兴文化业态不断涌现，文化创意和设计服务法人单位1553家，省认定的文化类高新技术企业14家，文化产业专利307项。完成《颍淮遗韵——阜阳非遗报告文学集》《文化阜阳》画册和《2017阜阳市文化产业招商项目册》的编印。组织市传统剪纸、界首彩陶、临泉毛笔等国家级、省级非遗民间工艺精品参加深圳文博会和合肥国际文博会。

文艺精品创作。坚持以人民为中心的创作导向，创作一批彰显时代特征和阜阳特色的文艺作品。梆子戏《花好月圆》、广播剧《生当作人杰》、歌曲《远方的爸妈你们好吗》3部作品获安徽省第十四届精神文明建设“五个一工程”优秀作品奖，其中梆子戏《花好月圆》还获第十五届中国人口文化奖戏剧类三等奖。淮河琴书《轧狗风波》获文化部第十七届群星奖(曲艺类)。电影《我和爷爷》《绝技情缘之艺魂》分别于6月、8月首映，这两部电影均是展示阜阳本地文化民俗和人文情怀、弘扬主旋律的佳作，其中《绝技情缘之艺魂》获加拿大金枫叶国际电影节最佳影片奖，《我和爷爷》获第七届北京国际电影节网络电影最佳电影片奖和第二届金童像儿童电影节最佳影片奖、最佳导演奖。

精神文明建设。以“图说我们价值观”为载体，打造一批社会主义核心价值观主题公园、广场、社区、街巷。以“践行核心价值，打造好人阜阳”为主题，推动村、镇、县、市四级好人评选常态化、规范化。截至2017年年底，全市共有时代楷模1名、全国道德模范及提名奖8名、省道德模范及提名奖20名、“中国好人”84名、“安徽好人”108名、“阜阳好人”620名、“最美人物”及提名奖671名；7人荣登中国文明网“好人365封面人物”，11名好人事迹被央视宣传报道，高思杰、刘丽当选全国人大代表，王现伟、路政当选市政协委员。建成乡村学校少年宫181所，累计投入资金5000万元。启动“月报季评阜阳市志愿服务优秀典型”活动，共评出35个志愿服务优秀典型。10个志愿服务个人(组织、项目)获评“月

第三届安徽省剪纸艺术节暨第二届阜阳文博会开幕式

安徽金辉印务有限公司生产车间

评十佳安徽省志愿服务优秀典型”;截至2017年年底,全市共有127个个人(组织、项目)获此殊荣,总数连续8年稳居全省第一。

文化市场管理。2017年,阜阳市“扫黄打非”工作以“清源”“净网”“护苗”“秋风”“固边”五大专项行动为依托,结合工作实际组织开展专项行动11次,累计出动执法人员2.1万人次,查缴各类非法出版物169691册(盘),进一步规范文化市场发展秩序,保障了人民群众的文化消费权益。其中,市文化执法大队共出动人员12524人次,检查文化经营单位2767家,立案查处64起,没收非法出版物15万余册(盘),取缔非法设立的“黑广播发射点”5处,收缴设备5套,查处收缴赌博机49台,立案7起,责令停业整顿文化经营单位7家,吊销1家网吧的文化经营许可证。

网络文化建设。加强网络正面宣传,弘扬正能量,唱响主旋律。继续推进阜阳发布“两微多端”平台建设,推动全市100家党政机关集体入驻“今日头条”和“腾讯企鹅号”,抢占网络宣传阵地,拓展政府服务群众新渠道。加强“颍淮时评”品牌建设,壮大网上主流舆论;统筹线上线下,拓展省市大V联动。全年开展阜阳发布粉丝看城乡环境整治、绿化提升、城市建设等活动,开设微博话题“五大专项行动”,浏览量1072万次。线上线下并重,发挥新媒体优势,增强网友互动,不断巩固网络文化阵地。

文明城市创建。阜城连续三届蝉联安徽省文明城市称号,颍上县、界首市获评安徽省文明县,颍州区再次获评安徽省文明城区,阜南县、临泉县、太和县获评全省创建文明县城工作先进县。2017年年底,全市全国文明单位数量增至9个,82个单位被表彰为第十一届安徽省文明单位;全国文明村镇增至6个,颍州区西湖镇等21个村镇获评第四届安徽省文明村镇。阜阳市少年宫获评第四届全国未成年人思想道德建设工作先进单位,阜阳市铁路学校荣获第一届全国文明校园,颍州区鼓楼街道鼓楼社区等28个社区获评第五届安徽省文明社区。2017年,以“三治一增一配套”为主要内容,大力推动城乡环境整治专项行动,彻底整治“脏乱差”问题,全市共清理各类垃圾182.4万吨,清理乱堆放杂物167.8万处,新增环卫保洁人员1.5万人,新配备垃圾桶33.4万个,实现环卫市场化全覆盖。

【安徽金辉印务有限公司】该公司是阜阳市印刷包装龙头企业,主营教辅教材、薄本、票据包装、烟标包装及酒盒包装。2017年销售收入133117万元,利税额18390万元,荣获“国家印刷示范企业”“国家高新技术企业”“安徽省两化融合示范企业”“安徽省文化改革示范企业”“安徽省优秀数字企业”等称号,位居中国印刷行业前20强、安徽省印刷行业前5强,对促进阜阳市文化发展和优化工业经济结构具有重要推进作用。

【举办第三届安徽省剪纸艺术节暨第二届阜阳文博会】2017年11月26日,以“文化引领美好生活”为主题的第三届安徽省剪纸艺术节暨第二届阜阳文博会在阜阳市体育中心开幕。展会展区面积近6000平方米,分为美术书法摄影展区、外地市文化精品交流展区、本市文化综合展区、8个县市区特色展区和标准展区五大板块。阜阳市展区以精品实物为主,通过文字、图片、视频展示等方式,集中展示了各类文化产品、服务及成果,广泛涉及民间工艺、动漫娱乐、影视创作、美术书法摄影、文化科技产品、新媒体产品和服务、特色文化用品、特色文化旅游产品等,共300多家文化企业、近千名民间艺术家参展参评;先后接纳10万余人观看采购,现场成交额超过400万元,订单达2000多万元。同时,由中国民协、省民协组成的专家评委会对此次参评的近300件作品进行评审,阜阳市《人与自然》《盛世吉祥》《精灵亦有品茗心》等作品获得评委一致赞誉。举行14个文化产业招商合作项目集中签约仪式,总投资111.2亿元;遴选大田风情古镇、装配式游乐园设施及配件、手工编织创意研发等30个文化产业招商项目编印入册;进行9场文艺专场演出,生动反映了阜阳市实施“双轮驱动”战略和“五大专项行动”的社会实践,深受群众喜爱。

颍 州 区

2016 年 12 月 30 日,阜阳市颍州区在鼓楼广场开展 2017 年元旦文艺会演暨志愿者服务活动。

【文化概览】 颍州区是阜阳市的政治、经济、文化、交通、金融、信息中心,面积 616.3 平方千米,人口 83 万人。先后获评"中国最佳投资(环境)区""国家慢性病综合防控示范区""安徽省发展民营经济先进区""安徽省第一届文明城区""安徽省森林城市""安徽省民间文化艺术之乡""安徽省美好乡村建设先进县区"等称号。

群众文化活动。2017 年,组织送电影下乡 1496 场次,受益观众达 224400 人次。及时更新、配送全区 111 个农家书屋图书 11000 册。全区 15 家法人体育社团、500 多名社会体育指导员 2017 年开展健身活动 100 余次,直接参与活动人数 40000 余人次。以乡镇文化站为阵地、以村级文化活动室和农家书屋为平台,举办书法、棋牌和乒乓球等各类比赛 1600 余场次。成立各类民营演艺团体 15 个,年均组织开展基层群众文化活动 200 余场次,举办各类公益活动 30 余场次,累计受益群众近 10 万人。成功举办"三清贯颍 廉韵华章"迎新春 2017 廉政书画展、元宵节民舞展演暨广场文艺演出、第二届非遗文化艺术节、颍州西湖第九届桃花(樱花牡丹)节暨颍州区首届乡村旅游节、"不忘初心 牢记使命"学习宣传贯彻十九大精神暨廉政文化书画剪纸作品展、"不忘初心、牢记使命"廉政文化巡演等活动。

文化惠民工程。已累计建成乡镇综合文化站 15 家、农家书屋111 家、公共电子阅览室 52 个、农民文化乐园 2 个、远教文化广场 6 个,建设农体工程 14 个、全民健身广场 6 个(其中在建 2 个)、晨晚锻炼点 50 余处、2 个笼式球场。截至 2017 年 10 月,农村体育健身路径或"一场两台"建成 122 套,城区体育健身路径建成 84 套,基本完成全覆盖。实施农村应急广播建设工程,配置 1 个区级总控平台、6 个区分支平台、14 个乡镇平台、120 个村级平台和 1200 个播放终端。完成卫星电视"户户通"工程建设任务 7500 户。按照 5 万元的标准配置,全面建成 30 个村级电子阅览室。

文化艺术创作。全区有书法家、美术家、摄影家、作家、音乐舞蹈家、戏剧家、民间艺术家、剪纸家、青年书法家 9 个协会,有国家会员 10 余人、省级会员 100 余人,为繁荣颍州区文艺事业提供了有力的组织和人才保证。2017 年,成功举办阜阳市歌曲、舞蹈、曲艺、戏曲、小品原创作品大赛颍州区初赛。开展"写好中国字、做好中国人"书法进校园系列活动,编辑出版《颍州墨韵》会刊 3 期。在参与全国及全省书法展赛中,取得 4 人次获奖、30 多人次入展的佳绩。王十庆受邀参加联合国维也纳办事处举办的"大美中国艺术展",《云漫山巅》《田园》两幅作品参展,广受好评。

文化产业发展。修订《颍州区促进文化产业发展扶持办法》,鼓励和支持全区文化产业发展。截至 2017 年年底,全区民营文化法人单

开源剪纸作品走进联合国

位 1350 家，规模以上法人 17 家，年增速在 22%以上。拥有年度上市文化企业 1 个、国家文化出口重点企业 1 个、省级文化产业示范园区(基地)1 个。3 家民营文化企业入选“2017 年度阜阳市文化企业 20 强”,金源家居入选“2017 年度安徽民营文化企业 100 强”。三宝文化产业基地、558 文化创意产业园、M 双创基地、动态防伪文化包装产业基地、安徽金源户外家居及柳编工艺品出口基地加快建设,集聚效应显著。组织 20 余家文化企业参加安徽省第三届文博会。

精神文明建设。2017 年 6 月，颍州区获评第二届安徽省文明城区，蝉联安徽省文明城区称号,并首次获评安徽省未成年人思想道德建设工作先进县(区)。全年共评选“颍州好人”55 人,推荐市级好人 25 人,其中 11 人被表彰为“阜阳好人”、1 人为“安徽好人”、1 人为“中国好人”;获评第四届省道德模范 1 人、第二届省美德少年 1 人。文明校园创建工作于 2017 年获阜阳市 2016 年社科规划课题（一县一品）二等奖。积极推进农村精神文明建设工作,开展颍州区首届文明村镇创建评选工作,并评选首届“颍州区清洁文明户”2300 户。按照“六有”标准在 4 个街道 148 个城区社区建立志愿服务站。

【开源剪纸作品走进联合国】2017 年 6 月 22 日，安徽阜阳开源剪纸艺术有限公司剪纸作品亮相联合国组织的“和平发展领袖网络暨‘一带一路’文化经济论坛”。安徽阜阳开源剪纸艺术有限公司成立于 2009 年 9 月，主要经营阜阳剪纸、工艺美术品、旅游文化用品、书画剪纸装裱等。2010 年以来,该公司两次走进世博会，与游客互动,并先后参加众多文化产业博览会、民间工艺品博览会、旅游商品博览会、剪纸艺术节、北京文博会、深圳文博会、中博会、非遗精品展、香港文博会、台湾旅博会、中国与拉美企业家高峰会、2016 阿联酋阿布扎比国际贸易周、2017 中国外交部向全球推介“锦绣安徽迎客天下”活动,出访过哥斯达黎加、墨西哥和美国。产品被省外事办推荐到外交部作为国礼馈赠给各国政要和贵宾,受到热烈欢迎,有效地传播了阜阳剪纸文化。

颍　泉　区

【文化概览】颍泉区是阜阳市辖三区之一，设立于 1996 年，总面积 648 平方千米,人口 74 万人。颍泉区文化底蕴深厚，名胜古迹较多。境内有女郎台遗址、伍子胥屯兵系列遗址、会老堂、葛大桥、“四九”起义故址等古迹 40 多处，出土了战国玉韘、战国琉璃璧、北魏弥勒青铜铳鎏金像、古西湖碑刻等文物，“四九”暴动纪念馆、会老堂为省级重点文物保护单位。

公共文化服务建设。2017 年完成农村文艺演出（送戏进万村)85 场，放映公益电影 1021 场；对 85 个行政村实施农村公共文化建设专项补助,全面完成卫星电视户户通 4500 户工作任务;为 59 个非数字化农家书屋更新配送科学种养、脱贫致富、十九大精神等图书 5900 册，为 26 个数字化农家书屋更新配送 1560 册。完成 2017 年文化信息共享工程设备配送工作,采购资金 17 万元,完成率 100%。持续做好区文化馆、6 个镇办文化站、112 个农家书屋的免费开放工作。全区 40 个贫困村开展 23 场“喜迎十九大、文化乐万家”文化扶贫文艺巡演。7 个出列贫困村“七个一”建设投入资金 21.9 万元,于 2017 年 10 月份全部建成投入使用。

文物保护和非遗传承。2017 年完成对市五院新区建筑工地唐宋时期古墓葬遗址、新七中建筑工地汉代古墓葬抢救性考古发掘，出土陶狗、铜镜、陶壶等文物；闻集葛大桥、街头马谷堆成功申报市级文物保护单位。公布《颍泉区非物质文化遗产保护名录》,内容包括民间文学伍子胥的传说、民间音乐唢呐演奏、民间美术葫芦烙烫、民间手工艺微雕技艺等 6 大项 15 个小项。

群众文化体育活动。2017 年开展农村体育活动 170 场,相继举办“阜阳生态园新春游园活动”文艺演出、“阜阳市桃花风车节”“阜阳首届草莓文化节”“阜阳市首届荷花艺术节”、第三届安徽省剪纸艺术节暨第二届阜阳文博会颍泉专场文艺展演、十九大精神艺术化系列宣讲等活动。2017 年体育民生工程全市考核排名第一,组织开展阜阳市暨颍泉区庆祝第九个全民健身日展演、2017 年颍泉区体育春晚、“万霖杯”全国门球赛、颍泉区首届广场舞大赛、颍泉区第三届青少年篮球锦标赛等一系列群众体育活动、比赛和培训。

文化艺术创作。2017 年,创作获省级奖项作品 15 个，入选中国文联刊物《歌曲》作品 5 件。杨林创作的歌曲《想念爸妈》被文化部推荐为“第八届中国少年儿童合唱节”指定演唱歌曲;许冬子创作的《与人民同在》《靠山》等 8 首歌词作品在共青团安徽省委主办的主题音乐作品征集活动中分获一、二、三等奖;兰胜利葫芦雕刻作品《荷塘佳偶》《梨花春雨》《飞天》在“九华杯”国际禅艺设计大赛中分别获银奖、铜奖和优秀奖,葫芦烙画作品《花语》获第三届安徽省剪

颍泉区庆祝第九个全民健身日展示活动

纸艺术节暨民间工艺精品邀请展三类优秀作品奖;韩丽丽创作的作品《荷之梦》和程艳编创的作品《稻花乡》在安徽省六一少儿文艺展演上获得三等奖;武俊强创作的剪纸作品《消失的阜阳老工艺》获第三届安徽省剪纸艺术节暨民间工艺精品邀请展三类优秀作品奖;李芳创作的《行走在战争边缘的兵》《伞兵的微笑》等小说、歌词、散文 50 余篇稿件,分别在《神剑》《词刊》《军营文化天地》等杂志发表。

精神文明建设。出台《颍泉区加强乡风文明建设工作指导意见》《颍泉区关于开展创建文明校园的实施方案》《颍泉区关于开展文明家庭创建活动的实施方案》,拓展“践行核心价值、打造好人颍泉”主题实践活动,推进道德模范和村镇区三级好人评树机制化、规范化。全区共获评“中国好人”6 名、“安徽好人”6 名、“阜阳好人”58 名。开展帮扶、慰问等关爱礼遇道德模范系列活动,举办“优秀新乡贤、优秀新乡贤群体”表彰晚会。完善乡村学校少年宫建设,全区 8 个镇(办)、园区共建成 14 所乡村学校少年宫,实现全覆盖。

【颍泉区文广新体局获全国群众体育先进单位称号】近年来,颍泉区紧紧围绕“建好群众身边场地,抓好群众身边组织,搞好群众身边活动”三个环节,抓好群众性的全民健身文体活动,打造独具特色的全民健身活动,夯实群众体育基石,形成区、镇、村三级联动的健身网络。2017 年建成投入使用 4 个社区俱乐部、8 个全民健身苑、8 个示范晨晚练点,建成全民健身路径 14 套,建成颍泉区国民体质监测站。对 9 个脱贫出列村结合农村文化标准化“七个一”工程建设,安装全民健身路径等体育器材,提升了人民群众的幸福指数。2017 年 8 月,区文广新体局被国家体育总局授予“全国群众体育先进单位”称号。

颍 东 区

颍东区“喜迎十九大 讲好颍东故事”道德讲堂

【文化概览】颍东区地处淮北平原、京九经济带腹地,是皖西北中心城市阜阳市的东大门,设立于 1996 年。主要景点有程文炳宅院、杜康烧酒遗址、北照寺等;历史名人有程文炳、程恩普、吕西园等。现有不可移动文物 38 处,其中省级文保单位 2 处、市级文保单位 3 处、县级文保单位 2 处、文物点 31 处。区内建设有皖北民俗博物馆,共开设“清代著名爱国主义将领程文炳事迹展”“程氏剪纸传承馆”“杜氏刻铜”等 7 个专题展馆。“杜氏刻铜技艺”为国家级非遗传承项目,是国家文化和旅游部、工业和信息化部公布的第一批国家传统工艺振兴项目。

文化惠民工程。2017年,区图书馆、区文化馆及12个乡(镇)综合文化站全部实现免费开放,组织开展117场文艺演出、40次培训活动、18次演讲活动、20次展览活动。完成了全区103个行政村(居)的远程教育系统基层站点设备采购和维护、"送戏进万村"文艺演出、农家书屋出版物更新、农村公益电影放映和农民体育健身活动任务。

文化活动开展。组织开展"文化、科技、卫生三下乡"暨"送戏进万村""欢迎农民工回乡创业""送戏曲进社区""文化扶贫 携手小康""五大专项行动宣传""宣传十九大 文艺进基层"等大型文艺活动。流动图书车进校园、进社区、进乡村活动36次。举办"喜迎党的十九大创建廉洁家庭暨纪念建军90周年小幅书画精品展"和"大美阜阳"美术书法摄影展草图观摩暨美术书法培训大讲堂。组织程氏剪纸、杜氏刻铜、北照古陶、谷物画等民间文艺精品参展"第二届安徽省剪纸艺术节暨全省民间工艺精品邀请展"。

文艺精品创作。油画《我的葵园》在"西部大地情全国中国画油画展中"获优秀奖;国画《战地黄花分外香》在"白山黑水·美丽四平"首届全国中国画展中获优秀奖;国画《打工日志之二月七日晴》在"大美辽宁"中国画展中入选展出;山水画《云壑流泉》入选"泾上丹青"全国中国画展。

文化精准扶贫。为全区28个贫困村文化活动室购置音响、乐器,并为部分贫困村补充体育器材。通过政府购买基层公益文化岗位服务,完成全区11个农民文化乐园文化协管员和2个省级文保单位文物保护员的配置。以精准扶贫为主题,开展文化体育健康帮扶工作,创作一批优秀节目,在贫困村开展巡回演出活动。

文明创建工作。2017年,颍东区正午镇吴寨村被授予第五届全国文明村,30家单位被授予第十届阜阳市文明单位,8个社区被授予第五届阜阳市文明社区,4个乡镇被授予第五届阜阳市文明镇,10个村被授予第五届阜阳市文明村。积极营造"讲文明、促和谐"的社会氛围,共评选区级"最美家庭"48户;评选区级"最美军嫂"19名、其中当选市级"最美军嫂"4名、当选省级"最美军嫂"2名;评选"敬老爱老助老之星"56名。

【举办"喜迎十九大,讲好颍东故事"道德讲堂】2017年10月20日,为迎接十九大召开,结合区扶贫攻坚工作,颍东区举办"喜迎十九大 讲好颍东故事"道德讲堂,共分为"唱歌曲、观短片、讲故事、谈感悟、诵经典、作点评、送吉祥"等环节,采取宣传片教育、现场演讲等新型表演方式,讲述安徽道德模范、颍东扶贫干部吕存鑫倾情扶贫事业、心里装着乡亲的先进事迹。这次"身边人讲述身边事,身边事教育身边人"的道德讲堂,对转变人们的思想观念和价值取向、改善人们的文化生活和精神需求具有重要意义。

界首市

【文化概览】界首市地处皖西北边陲、豫皖两省交界处,国土面积667.3平方千米,人口82.6万人。界首历史悠久,文化底蕴丰厚。界首彩陶烧制技艺被批准为首批国家级非物质文化遗产项目。"界首书会"被批准为第二批国家级非物质文化遗产项目,界首渔鼓和扁担戏、大黄庙会分别被授予安徽省第一批和第二批非物质文化遗产项目,界首民族社区被授予全省十大文化先进社区。

群众文化活动。2017年,扶贫大戏《李子方》等40余部小品、小戏在全市巡演105场。举办首届曲艺说唱大赛,全年举办各类群众文化活动380场次,惠及群众40余万人次。举办"一带一路"欧洲行文化交流书画作品展、情系沙颍——美丽鱼拓作品展、随州清代铜版画展、界首彩陶文化博览会书画摄影作品展等。举办迎接

界首市泉阳镇"三馆一中心"

党的十九大暨界首建市70周年20项系列活动，其中建市70周年成果大型会展12个展区吸引108家企业参加。举办第二届青年集体婚礼，近200对新人参加。举办全省“文艺扶贫 携手小康”走进界首大型文艺演出活动。

文艺精品创作。2017年，界首市在国家和省级报刊发表文学作品270篇，其中王璐琪小说《刀马人》获第二届青铜葵花儿童小说奖。大型现代戏《八百个孩子一个爹》获全省十大剧目奖。公益广告《不合格党员20种表情》获2016年度安徽电视文艺奖一等奖。剪纸“梅兰竹菊”获安徽省剪纸艺术节二等奖。陶瓷“牡丹观音瓶”“牡丹荷叶对瓶”获“中国工艺美术文化创意奖”银奖。小品《要彩礼》《厚爱》获省曲艺家协会编剧三等奖和演出三等奖。舞蹈《映山红》在第七届安徽省“杜鹃花奖”中老年社区舞蹈展演中获表演三等奖。

文化非遗保护。举办“阜阳市淮河民俗文化——界首彩陶文化博览会”，省内外54家文化企业和国内20多家高校、学会和博物馆等机构的文博专家和古陶瓷研究学者参会。“界首彩陶”获中国地理标志。金裕皖酒酿造技艺入选第五批安徽省级非遗。翰墨文化影视基地被命名为全省新闻出版广播影视产业优秀园区(基地)。卢氏刻花彩陶公司被命名为第六届省文化产业示范基地。

文化市场体制改革。出台《界首市关于进一步深化文化市场执法改革实施方案》，制定《村级文化协管员协助管理村级文化市场(试点)方案》；21个村级文化协管员正式上岗，协助管理村级文化市场。2017年获评全国“扫黄打非”进基层示范点1个、获评全省“扫黄打非”进基层示范点2个，市文广新局获评全省“扫黄打非”先进集体称号。

公共文化服务。界首市创建全省首批省级公共文化服务体系示范区获优秀等次。政府购买服务工作被省文化厅评为“政府购买公共文化服务先进县”。博物馆达国家三级馆标准，并获批为3A级旅游景区。泉阳镇获全省“十佳书香之乡”称号。建成全国首家县级政治文化教育中心，布展面积2400平方米，主要从党的诞生与发展、思想理论、作风建设及界首党史等11个方面，通过声、光、电、图片、文字、视频、实物等方式让参观者更加直观、深刻地认识党内政治文化演变过程、发展成果和革命建设历程。完成图书馆总分馆建设，实现城乡一体化借阅，建成全省首个使用身份证免押金信用制借阅的小型图书馆。界首广播电视台完成7000套“户户通”惠民工程。打造“家生态”主题广场建设，在全市农村游园广场建成“家生态”主题宣传栏132处。

【界首市泉阳镇“三馆一中心”投用】泉阳镇“三馆一中心”位于界首市泉阳镇集东村，占地约6000平方米，是安徽省乡镇级首创。其中“扫黄打非”展览馆占地480平方米(包含一个展览厅、阅览室、绿色网吧、管理人员办公室)；“农俗博物馆”占地598平方米(包含一个回忆长廊、泉阳农家展厅和泉阳人家展厅)；“好人馆”是皖北唯一一个乡镇级“好人馆”，展区分7个展厅面积500平方米，陈列界首市14名“中国好人”、2名“安徽好人”和1名一等功臣的先进事迹；综合文化活动中心占地1578平方米(包含1个党员活动室、1个室外网球场和1个多功能演艺大厅)。“三馆一中心”2017年接待参观者上万人次。

临泉县

【文化概览】临泉县地处安徽省西北部，与皖豫两省9个县市区接壤，县域面积1839平方千米，人口237万人，辖23个乡镇、5个街道、1个省级经济开发区、1个临庐产业园区、395个村(社区)。是全国文化先进单位、中国民间文化艺术之乡(杂技、马戏)、中国杂技之乡、全国体育先进县。

文化活动开展。2017年，举办“争做‘四有’临泉人书画、摄影展”，共展出作品100幅。2月26日，举办“健康临泉”启动仪式暨2017年首届临泉迷你马拉松比赛。5月20日，举办2017中国临泉姜尚故里垂钓大赛，这也是在临泉举办的首次以垂钓为主题的全国体育赛事。11月17日至19日，成功举办中国垂钓电视直播精英赛(FTT)——“遇树林丰杯”总决赛。11月16日至24日，第四届安徽省民间杂技艺术节在临泉举办。

文化事业建设。为96个贫困村建设文化广场，并发放安装全民健身路径、“一场两台”等体育设施。图书馆馆藏图书13467册，馆藏累积纸质文献120137册、电子书45万册；全馆2017年接待读者68460人次。开展农村电影公益放映4800场次，完成全年放映任务的101%。开展国家二级社会体育指导员培训和三级社会体育指导员培训，全县拥有社会体育指导员1779人，其中国家级社会体育指导员6人。把36个出列贫困村、具有省市级“农民文化乐园”和获得“美丽乡村”称号的中心村作为试点村，配备文化协管员。首部扶贫题

第四届安徽省民间杂技艺术节表演

材微电影《希望漫过的田野》在全省第八届先锋系列专题节目展播评选活动中获得三等奖，在阜阳市微电影大赛中获一等奖，在2017美丽乡村国际微电影艺术节获最佳编剧奖；微电影《幸福就像花儿开》获得“2017美丽乡村国际微电影艺术节优秀故事片奖”。

文化市场整治。开展网吧专项整治行动，检查网吧500余家次，警告60余家次，立案查处28家，取缔“黑网吧”16家。开展农村演出市场专项整治行动，共检查各种演出百余场，尤其是春季各乡镇庙会上的各种演出，制止6家无证低俗演出。持续打击非法广播电视发射点及非法黑广播，清除非法电视发射点3处、黑广播1处，立案查处干扰器1处。开展校园周边地区出版市场专项整治工作，检查书店、印刷厂90余家次，收缴各类非法图书200余册，责令整改2家，立案查处1家。

文明创建。成功入选全省创建文明县城工作先进县，印发《临泉县诚信建设示范单位评定暂行办法》等文件，加快诚信体系平台建设，发布第四期66名“老赖”名单，已累计有25人主动联系县法院执行判决。以培育践行社会主义核心价值体系为主线，广泛开展移风易俗、“扫黄打非”“最美临泉人”评树志愿服务等活动，已评选出李秀华等53名月度“最美临泉人”，其中10人当选“阜阳好人”，1人当选“安徽好人”，1人当选“中国好人”。

【举办第四届安徽省民间杂技艺术节】第四届安徽省民间杂技艺术节于2017年11月16日至20日在临泉县举办。杂技艺术节活动内容包括开幕式、民间杂技展演、杂技戏曲惠民公演、民俗文化展演、精品书画图片系列展等文化艺术活动，共21个大项，推出60余场丰富多彩的文化活动，直接参与的群众近10万人次。来自中国杂技团、山东济南杂技团、福建省杂技团、北京市大兴东杂技团、四川省遂宁市杂技团、浙江省杂技总团、安徽省杂技团、临泉县飞燕杂技团、临泉宏扬实业有限公司等团队的杂技精英们奉献了《绸吊》《肩上芭蕾》《荷花仙子》《敦之灵》《禅武》《抖杠》《腾韵——顶碗》等精彩绝伦、妙趣横生的杂技盛宴。中国文联副主席、中国杂协主席边发吉，中杂协分党组书记、中杂协驻会副主席、秘书长王仁刚出席有关活动。杂技节期间，中央、省、市主流媒体和全国主要网络平台齐聚临泉，人民网、中央电视台、安徽日报、安徽电视台、今日头条、新浪网等30家媒体，对杂技艺术节进行全方位、立体式报道。在社会宣传上同样周密筹划，精心设计第四届安徽省民间杂技艺术节二维码，超过100万人次通过现场或网上参与其中，3000万人次在网上关注活动进展。

太和县

【文化概览】太和县位于安徽省西北部，地处黄淮平原南端，位于阜阳、亳州两市之间，面积1822平方千米，人口173万人。太和县是中国书画艺术之乡、中华诗词之乡、中国民间文化艺术之乡，现有省级重点文物保护单位7处；太和清音被列为国家级非物质文化遗产，太和狮子灯、细阳刺绣、太和唢呐被列为省级非物质文化遗产。

群众文化活动。2017年，太和县先后开展20余项县级群众文化活动，5个文化片区累计开展群众文化活动60余次。开展“结对子、种文化”辅导活动232次，受益群众1万余人；建设“结对子、种文化”辅导基地15个，举办“结对子、种文化”成果展演活动150余场。在太和县文庙国学讲堂举办全县文艺创作骨干培训班，对全县近百名文艺创作骨干进行专业培训。

书画活动。2017年，举办“寻

太和县殿顶子城址调查勘探成果通报会

梦敦煌”——太和·敦煌两地书画联展等10余项书画展览活动。启动诗、书、画艺术人才培养“万人计划”活动，建立全县诗书画艺术人才数据库，将诗书画创作人才3000余人纳入数据库管理、培养，邀请省、市书画专家举办书画专题讲座10余场；对21个培训点进行授牌，分阶段举办3次成果汇报展。

文化产业。重点发展发艺产业。太和县拥有发制品企业140余家，形成以6个原料基地为依托，以开发区、城关、马集发制品工业园为平台，研发、制造、原料加工一条龙的产业大发展基础。按照“产城融合”的理念和“九通一平”的标准，建设集研发、生产、会展、交易、生活、休闲于一体的太和发艺文化产业园，总规划面积达8平方千米。国内最大的发制品原材料供应商金瑞祥发制品有限公司等7家企业已投产，入园企业全部为外向型进出口企业。升级马集发制品工业园为县级工业园，建成5.2万平方米标准化厂房。

文化民生工程。2017年，太和县通过招标方式，采购文化演出团体开展“送戏进万村”演出活动，全年演出351场，丰富了农村精神文化生活，深受城乡老百姓的欢迎。全县农家书屋正常运行和开放，全年更新书籍累计31400册。认真落实农村电影放映“2131”工程，全年电影放映3805场。组织开展了丰富多彩、农民喜爱的文体活动，引导农民积极参与到科学健身中来。2017年，全县完成316场文体活动，有力促进了全民健身生活化、科学化、社会化。

精神文明建设。2017年获评“全省创建文明县城工作先进县”，马集乡港集村获评“全国文明村”，廉月富家庭被评为“全国文明家庭”。评出66名“太和好人”，1人获“太和好人”特别奖；当选阜阳市道德模范1人、美德少年1人、“阜阳好人”22人，当选“安徽好人”4人、“中国好人”1人。获评市级文明单位35家、文明镇7个、文明村30个、文明社区8个，3个乡镇获评安徽省文明村镇，3个社区获评安徽省文明社区。开展道德讲堂活动200多场次，组织志愿服务活动240余次，386人志愿捐献遗体（器官），10人获评十佳志愿者。

【殿顶子古城遗址被确认为春秋时期特大型城址】2017年4月至8月，省文物鉴定站会同太和县文物部门和宫集镇政府，对殿顶子古城遗址进行专项调查和勘探，整理文物标本605件（套），初步确认了城址的位置、范围、规模、年代和性质。考古专家认为：这是一座春秋晚期到战国时期由楚人建造和使用并沿用至两汉的特大型城址，含城墙在内面积近13平方千米，具备作为都城的基本条件，同时在时代、性质、规模、环境、地理位置、楚都迁徙路线等方面与楚徙都钜阳的文献记载相吻合。

阜南县

【文化概览】阜南县位于安徽省西北部，是三国名将吕蒙故里、中国柳编之都、王家坝精神发源地、中国民间文化艺术之乡。县域面积1801平方千米，人口173万人。拥有柳编技艺和嗨子戏两个国家级非物质文化遗产。2017年先后有全国健康脱贫现场观摩会、华东六省一市县域医共体现场会等10个国家级、省市级现场会在阜南召开，获全国电子商务进农村示范县、安徽省创建文明县城工作先进县等12项“国字号”“省字号”荣誉。

文化惠民工程。2017年，开展送戏进万村演出600场，送电影下乡3936场，举办体育活动510次。全县328家农家书屋图书更新采购27520册。农村信息共享工程投入98万元。全县28个文化站、1个图书馆、1个文化馆全部免费开放。县文化馆开办美术、书法、古筝等艺术培训，参训人员达7000多人次。县图书馆新增图书4万册，

淮河琴书传承人孟影以艺术形式宣讲十九大精神

举办全民阅读活动1次。

文化体育活动。县文广新体局被授予全国(2013—2016)群众体育先进单位。成功举办安徽省首届轮滑节。承办阜阳市第十三届运动会篮球、排球、举重等5项赛事,获金牌50枚、银牌44枚、铜牌40枚。举办“体彩杯”职工篮球比赛1次、“讴歌大美阜南新成就·喜迎党的十九大”摄影展1次、十九大精神艺术化宣讲650余场次。组织参加2017年全国青少年儿童学生跆拳道国际公开赛,获个人金牌11枚、银牌2枚、铜牌9枚,并荣获团体冠军;参加首届全国青少年泰拳锦标赛,获得63.5公斤级别亚军;参加第十八届中国木兰拳暨民族传统文化展示国际大赛,获木兰拳类团体大金奖、木兰剑类金奖,个人赛获金奖1人、二等奖7人、三等奖3人;参加2017香港舞动青春杯健身秧歌大赛,2个舞蹈队获三等奖,2个舞蹈队获优秀奖。

文艺精品创作。县演艺中心参加阜阳市小戏调研获二等奖,并被推送参加全省小戏调研大赛。淮河琴书《文明村风波》获第三届中国(合肥)青少年文化艺术展演活动暨全国青少年曲艺邀请赛三等奖。现代书法刻字作品参加安徽省第三届现代刻字艺术作品展,共展出作品200多件,其中阜南参展40多件。

文化产业发展。柳编工艺是阜南县支柱性文化产业,2017年全县共有柳编企业156家,年产值达30亿元;柳编产品远销欧美等国家,深受国内外消费者的青睐。组织13家文化企业参加第三届安徽省剪纸艺术节暨第二届阜阳市文博会,累计交易额30余万元,签约2家文化产业招商项目。

文化遗产保护。阜南县拥有省、市、县重点文物保护单位26处。2017年对省级文保单位陈家祠堂进行维修,对阜曹路两处遗址进行考古挖掘。台家寺遗址参加全国十大考古发现评选。成功申报中岗清真寺、焦陂清真寺、焦陂古井等5处遗址为市文保单位。红灯舞入选安徽省非物质文化遗产名录,3人入选市级非遗传承人。

精神文明建设。阜南县被授予第四届全省创建文明县城先进县,成功举办安徽省乡村学校少年宫建设现场会。获评“中国好人”1人、安徽省道德模范1人、“安徽好人”2人、“阜阳好人”14人,评选“阜南好人”95人。获评省级文明单位6个、文明村镇3个、文明社区3个;获评市级文明单位36个、文明村镇9个、文明村居33个;评选县级文明单位68个、文明乡镇12个、文明村居46个。获评省“最美家庭”2户、市“最美家庭”8户、市“最美家庭成员”6人;表彰县“最美家庭”50户。大力宣扬“中国好人”陈雷、“安徽省道德模范”张茂、安徽省最美教师刘海娟、“阜南好人”曾晓彬的感人事迹,为经济社会发展传递正能量。

【孟影用琴书艺术形式宣传党的十九大精神】 淮河琴书作为一种古老的民间曲艺品种,距今已有200多年的历史。它曲调婉转优美,唱腔舒缓浑厚,语言纯朴生动,韵味优美悠长,是淮河流域曲艺艺术的瑰宝,2008年被安徽省文化厅命名为省级非物质文化遗产。阜南县演艺中心演员孟影,是淮河琴书代表性传承人,她先后两次获得文化部“群星奖”、中国曲艺最高奖“牡丹奖”。党的十九大召开后,孟影围绕脱贫攻坚、乡村振兴等主题,创作并演绎了《说说咱村新变化》《我为阜南唱文明》《农家乐》等一大批群众喜闻乐见的作品,用淮河岸畔的琴声、说唱声向群众宣传党的十九大精神,将党和国家的声音传达到农村基层。

颍上县

管仲老街夜景

【文化概览】颍上县文化积淀丰厚,春秋时期设"慎邑",秦汉置"慎县",隋大业二年(606)定名颍上县。县域面积1859平方千米,人口180万人。颍上县是花鼓灯艺术和推剧的发源地,有"东方芭蕾"之称的颍上花鼓灯及颍上推剧分别被评为国家级、省级非物质文化遗产。颍上文化旅游资源丰富,拥有1个国家AAAAA级风景区——八里河风景区,2个AAAA级风景区——迪沟风景区、尤家花园·五里湖湿地公园风景区,2个AAA级风景区——小张庄公园风景区、管仲酒业工业旅游风景区,是闻名遐迩的"管子故里、生态颍上、皖北水乡、休闲天堂"。

群众文体活动。2017年,先后举办庆元旦文艺演出、2017年春节联欢晚会、淮河琴书优秀曲目创作研讨会、元宵灯会、安徽颍上十二届管子文化旅游节暨全国非遗展演、全国第十三届全运会国际跳棋安徽赛区预选赛、2017年江淮万人骑行大赛(首发站)、阜阳市第十三届运动会系列比赛、2017"全民健身日"全国棋牌项目万人同赛暨颍上县群众体育大型展演、"喜迎十九大、庆国庆"系列文艺活动、全省皮划艇赛艇锦标赛、国际龙舟邀请赛、中国国际跳棋精英赛等大型文体活动。元旦、春节、管子文化节、寒暑假期间,组织县文化馆、各乡镇综合文化站、民间演艺团体送演出进学校、进敬老院、进工厂,丰富了人民群众精神生活。

非遗保护。颍上县文化馆被授予安徽省"曲艺创作培训基地","颍上琴书"入选安徽省第五批省级非遗代表性项目名单。评选出100名第三批县级非物质文化遗产项目代表性传承人,国家、省市媒体多次来颍采访颍上民俗活动。颍上花鼓灯艺术团在韩国、美国展演之后,4月又赴香港参加庆祝香港回归文艺演出,展现颍上地域文化的魅力。

公共文化服务。全县30个乡镇综合文化站和县文化馆、图书馆紧密配合,坚持"回归公益、共享成果"的免费开放原则,全面落实文化体育民生工作。全年完成送戏下乡近400场、电影放映2000余场、体育活动300余场;投入资金96.2万元,采购安装文化共享电子屏11块。开展文化精准扶贫,结合"百县万村"村级文化服务中心建设、贫困村文化扶贫建设积极提升基层公共文化服务体系,推动35个贫困出列村落实"七个一"标准,确保10个"百县万村"综合文化服务中心提标升级,助力精准扶贫工作。

文艺创作。颍上作家郝家标创作出版了长篇小说《那年那人那土地》,县作家协会员在《中国词刊》《新安晚报》《阜阳日报》《聚星诗坛》《清颍》等刊物发表散文、诗歌近百篇。县民间艺术家协会副主席茆鸣创作的禁毒微电影《毒殇》,公映后受到观众好评,并获阜阳市禁毒公益一等奖。县文艺评论家协会创作完成了微电影《编外妈妈》,县作家协会协助完成微电影《爱生活爱颍上》拍摄。程安国作词的《安徽姑娘》由著名华人歌唱家斯兰于2月在悉尼歌剧院"大美中国"演唱会上演唱,陈兴玲创作的歌词《茫茫人海》《一个人的路上》《半世花开》分别在《歌曲》《词刊》等刊物发表。

精神文明建设。成立高规格城乡环境整治专项行动指挥部,设8个工作组,在全县范围内广泛开展评选活动,评选出以郑芳为代表的106名"颍上好人"。有2人入选"感动中国人物",12人当选"中国好人",1人当选全国道德模范,1人当选安徽省道德模范,6人当选"安徽好人",60人当选"颍上县道德模范",29人当选"阜阳好人",20人被评为"最美阜阳人",15人被评为"最美颍上人"。评选出的"中国好人"刘丽、焦玉兰、杨传武、汤峰、王学勇等分别当选全国、省市人大代表或党代表。在全县青少年学生中广泛开展以"百年追梦·全面小康"为主题的青少年爱国主义读书教育活动,弘扬中华优秀传统文化。通过开展"爱祖国、爱家乡""学习雷锋、做美德少年”、中华经典诵读和优秀童谣传唱等内容丰富、形式多样的活动，不断加强未成年人思想道德建设。

【颍上县投资26亿元打造管仲老街】2017年，颍上县结合棚户区改造，投资26亿元，对外城河进行综合治理。同时，复建悟冈书院、文庙、老县衙、古城墙等历史古迹，打造独具韵味的管仲老街。工程东起解放路，沿外城河一周至滨河公园，全长6公里。景观规划设计以“水堤时穿，绿动颍上”为理念，将滨水休闲旅游、地域文化传承、海绵城市建设等有机结合。外城河北岸主要建设二至三层的明清古建筑商业街，南岸修建古合院群落，形成一河三路四街水岸休闲风情景观带。管仲老街一期项目已入驻一大批老字号品牌店、手工作坊、艺术工作室、非遗文化等文化经济新业态，再现“青砖黛瓦古街韵、千年城河水秀美”的风采。

蚌 埠 市

【文化概览】蚌埠市别称珠城，辖4个区、3个县，面积5952平方千米，人口376万人，是国家区域中心城市和全国性综合交通枢纽城市。

2017年，蚌埠以优异成绩获评“第五届全国文明城市”，实现首创首成的奋斗目标；舞剧《大禹》获文化部颁发的“丝路文化贡献奖”，现代泗州戏《绿皮火车》获第十五届中国人口文化奖；市社科联获评“2017年度全国先进社科组织”。全市宣传思想文化工作呈现出健康有序、蓬勃发展的良好态势，为全面推进淮河流域和皖北地区中心城市建设提供强大的精神文化力量。

开展文艺走基层巡演

政治理论学习。深入推进党的十八届六中、七中全会精神和习近平总书记系列重要讲话精神、党的十九大精神的学习，市委中心组先后组织集中学习18次。加强和规范县处级党委（党组）中心组学习制度建设，制定《党委（党组）理论学习中心组学习实施细则》。开展第四批学习型党组织示范点评选工作，评选出11家市级学习型党组织示范点，3家单位新获评省级示范点。开展“百团宣讲进基层”活动，以“专家宣讲团”“微宣讲”团、艺术化宣讲团、先进人物宣讲团、“五老”志愿者宣讲团为载体，推动党的十九大精神进企业、进农村、进机关、进校园、进社区、进军营，全年累计宣讲5000余场次，受众40万人次。深入推进蚌埠特色新型智库建设，研究制定《市级重点智库管理办法》，推出智库理论专版和智库专报，构建智库工作新平台。举办17场“社科名家大巡讲”，组织实施社科规划项目，全市共申报课题204项，立项93项，为推动蚌埠加快发展提供了重要参考。

意识形态工作。完善市委意识形态工作领导小组办公室各项运行机制，制定《党委（党组）网络意识形态工作责任制实施细则》和《关于省委巡视组对蚌埠市意识形态工作责任制落实情况监督检查反馈意见的整改方案》，对县区和相关单位意识形态工作责任制整改落实情况进行督查。强化网络阵地建设管理，制定《关于学习贯彻〈党委（党组）网络意识形态工作责任制〉的实施意见》，建立网络政务舆情跟踪分析处置机制，依法对16家信息发布不规范的网络新媒体经营者提出整改要求，关闭违法违规账号200多个。健全完善“舆情监控研判+考核处置问责”机制，出台《蚌埠市重大敏感事件网络舆情协调会商制度》，全年累计处置网民诉求和政务类舆情1115件，办结率达97%。党的十九大期间，及时稳妥处置突发事件5起、敏感舆情477条,有效保障了十九大期间网络舆情的稳定。妥善处置40余起有较大影响力的网络突发事件,网络应急工作多次受到省、市领导表扬。开展"扫黄打非"专项行动,全年累计检查印刷企业800余家(次),收缴非法出版物3100余册(盘),处罚违法人员190余人。市委宣传部获评"全省舆情信息工作"先进单位。

新闻宣传工作。围绕迎接党的十九大这条主线,全面开展"践行新理念 开启新征程""砥砺奋进的五年"等重大主题宣传活动。精心策划"十九大精神在江淮""精准扶贫在行动""讲政治、重规矩、作表率"警示教育等专题宣传。组织"皖北人才对接会"、玻璃设计院世界领先科技成果宣传等重大主题外宣活动,全年累计在《人民日报》、中央电视台等省以上主流媒体发稿9000余篇(条),在《农民日报》头版头条刊登《江淮沃野孕沙成珠——安徽省蚌埠市精耕农业产业链探访》。加强新媒体建设管理,蚌埠发布以全省第四的排名入围2017年度安徽省政务微信十强,荣获安徽新媒体集团"安徽省优秀政务微信"称号;蚌埠日报"掌握蚌埠"APP注册用户突破5万,在全省地市级党报和政务发布中位居前列。蚌埠广播电视台全面推进媒体融合改革,在组织架构上破立并举,在全省广电系统获得一致认同,一次采集、多元呈现、交融互动、立体多点的宣传格局初步形成。

精神文明建设。深入推进群众性系列精神文明创建活动,2017年怀远县榴城镇何巷村等4个村镇被评为"全国文明村镇",全市"全国文明村镇"达到9个;蚌埠供电公司等5家单位被评为"全国文明单位",全国文明单位总数达到13家;蚌埠二中、二实小获评首届全国文明校园,马彩娣家庭获评首届全国文明家庭,高绪贵、顾云美两户家庭荣获全国"最美家庭"称号。2017年新当选"中国好人"7人,累计评选"中国好人"106人,推动好人现象从盆景变风景成风尚。深入推进"诚信蚌埠·孝善珠城"系列活动,挖掘宣传典型,涌现出全国"时代楷模"张劼、首届"启功教师奖"秦翠英等一批先进模范人物,分别受到习近平、李克强、刘云山、刘奇葆等党和国家领导人的亲切接见,有力提升蚌埠的美誉度和影响力。持续开展"我爱我家·行走蚌埠"等志愿服务活动,广大机关干部率先垂范,自觉投入到创建活动中来,全市志愿者网站注册志愿者团队682个,注册人数突破20万人,志愿服务迈入常态化轨道。以培育和践行社会主义核心价值观为主线,研究制定《关于培育和践行社会主义核心价值观行动方案》,深入开展中国特色社会主义和中国梦宣传。开展第二届"举乡贤、颂乡贤、学乡贤"活动,在全市授予35名"新乡贤"。

在家庭文化园开展"家风家训教育实践活动"

文化精品创作和文化产业发展。深入推进"温馨蚌埠 欢乐珠城""千场文艺千村行""文化进万家"等群众文化展演,全年共安排文艺活动89项、1100余场,送戏下乡1000余场次。举办"我们的节日""文艺扶贫 携手小康"等主题演出300余场次、组织文化志愿者"进社区、进校园、进基层"演出近20场次,惠及群众300余万人次。舞剧《大禹》、现代泗州戏《绿皮火车》获安徽省第十四届精神文明建设"五个一工程"优秀作品奖,市委宣传部获省"五个一工程"优秀组织奖;花鼓灯作品《赶灯场·扭啊扭》获全国舞蹈展演最高奖项"魅力之星"奖;红色戏剧《哥哥莫要过河来》入选2017"文化惠民消费季好戏大家看"展演剧目;花鼓灯舞蹈《淮河边的玩灯人》入围第十一届中国舞蹈"荷花奖"民族民间舞评奖终评;4个节目参加2017年全省"六一"少儿文艺展演获一、二等奖,获奖数量居全省第一。成功承办2017年"中国文化和自然遗产日"安徽省主场活动启动仪式,双墩考古遗址公园、禹会村考古遗址公园入选第三批国家考古遗址公园立项名单。培育扶持重点文化企业做大做强,晟光科技股份有限公司等9家企业入选全省民营文化企业100强,入选数量居全省前列。48个项目入选2017全市重大文化产业项目库,项目库总投资403.19亿元,比上年增长5.17%;年度完成投资133.74亿元，增长3.14%。文化产业发展稳居全省前列。

宣传队伍建设。深入推进“两学一做”学习教育和“讲政治、重规矩、作表率”专题教育，组织宣口单位县以上党员领导干部4次集中研讨，认真学习党章党规、习近平总书记系列重要讲话精神和党的十九大精神。建立整改清单100多个，党员个人制定整改措施数200多项，并逐一销号整改。举办第三期全市宣传干部能力提升暨意识形态工作专题研修班、两期宣传干部培训班、全市哲学社会科学暨党委（党组）中心组秘书培训班和全市十九大精神理论宣讲骨干专题培训班，进一步提升宣传干部和理论骨干能力素质。建立完善全市宣传文化领域拔尖人才和青年英才信息库，遴选出60多人入库，积极做好人才的培育扶持和省级人才的推报工作。

【蚌埠市荣获“第五届全国文明城市”称号】2017年，蚌埠市经过全市上下共同努力，一举获得第五届全国文明城市称号。为确保实现“首创首成、创则必成”的目标，成立创城指挥部，强化顶层设计，提出三步走的战略，制定时间表和路线图，实行领导包保、网格化管理，坚持日巡查、周调度、月推进、年考核等推进制度；坚持群众路线，聚焦群众关心的重难点问题，实施“十项提升行动”“百日攻坚”“行走蚌埠”等创城活动，完成85个社区、587个老旧小区、42个农贸市场、38条主次干道、4条商业大街、12个重点乡镇等提升改造任务；深入开展“诚信蚌埠·孝善珠城”主题活动，思想道德建设取得丰硕成果，涌现时代楷模1人、全国道德模范（含提名）5人、“中国好人”111人、“安徽好人”（含提名）72人。志愿服务工作扎实推进，全市注册志愿者人数达到20万人，蚌医“爱心1+1”“龙河社区”等被评为全国志愿服务“四个100”先进典型。碧水蓝天社区荣获全国文明单位称号。

【蚌埠市同时获批两个国家考古遗址公园】2017年11月，国家文物局公布第三批国家考古遗址公园立项名单，蚌埠市禹会村遗址、双墩遗址双双入选。

禹会村遗址，位于蚌埠市西郊涂山南麓的禹会区禹会村，西靠淮河，北望荆涂二山，东北有天河环绕。遗址年代跨双墩文化、大汶口文化、龙山文化晚期，距今约7000~4000年；遗址面积约200万平方米。2006—2011年，中国社会科学院考古研究所在禹会村遗址南部区域的考古发掘，发现一处面积近2000平方米的祭祀台基，学术界普遍认同这一发现，也为文献记载的“禹会诸侯于涂山”提供考古学证据，对确定大禹事迹、探寻中华文明起源有着重要意义。

中华玉博园正门

双墩遗址，由市博物馆于1985年文物普查时发现，1986年进行抢救性考古发掘。双墩遗址中，出土了陶器、石器、蚌器、骨角器等大量珍贵文物，以及一件陶塑人头像，600余件带刻画符号的遗物，大大扩充了学术界对淮河中游新石器时代早中期文化面貌的认识。2013年，双墩遗址和禹会村遗址，双双被公布为第七批全国重点文物保护单位。2017年11月初，这两处遗址又被国家文物局批准为国家考古遗址公园，并正式公布。

【蚌埠市六项举措传承好家风好家训】蚌埠市深入贯彻落实习近平总书记关于“注重家庭、注重家教、注重家风”的重要指示精神，采取六项举措传承好家风好家训，着力培育良好社会风尚。一是抓顶层设计。制定《推进家风建设，深化文明家庭创建活动实施方案》《2017年“蚌埠好家风·孝善传万家”活动实施方案》等系列文件，部署开展传承好家风好家训活动。二是抓基地打造。开展以好家风好家规好家训为主要内容的“家庭文化长廊”示范项目，建立全市首家“家风家训教育实践基地”和以家风家训、家庭美德、文明风尚为主题的文化墙。2017年，举办宣讲活动30余场，接待参观人数10000余人。三是抓主题活动。举办好家风好家训宣讲进基层活动；组织“讲家训新事，话家庭新貌”文艺演出和第二届家规家训妇女书画作品展，征集作品136幅；围绕“好家庭、好家教、好家风”主题，开展各类家教培训、讲座600多场次,接受培训和聆听讲座的家长和孩子达24000多人次,发放各类资料35000份;编辑《古今家训选》一书,收录各类典型家庭家风100副,家规家训80余条,免费向全市发放。四是抓示范引领。开展以"传家训、立家规、扬家风"为主题的寻找"最美家庭"活动,先后评选市级"最美家庭"805户,获评全国"文明家庭"称号1户、全国"最美家庭"称号4户;在蚌埠电视台、《蚌埠日报》《淮河晨刊》上宣传典型家庭20个。五是抓氛围营造。在主流媒体、妇联微信矩阵、微博和蚌埠女性微信平台、各县区微信矩阵等媒体开展"好家风网上传"活动,晒出好家规好家训300余条。精心创作一批好家风、好家庭题材的视频,在公共场所广泛宣传,引导人们立家规、传家训。六是抓部门联动。将传承家风家训活动纳入全市文明建设"十项提升行动"中,同部署、同督查、同考核,形成党委领导、政府支持、妇联牵头、各方齐抓共管、群众广泛参与的社会化、开放式工作格局。

【中华玉博园】中华玉博园位于解放北路西侧、汽车北站南侧,总占地17.2公顷,总建筑面积27.5万平方米,由蚌埠缪氏置业有限公司投资建设,总投资10.8亿元。截至2017年年底,一、二期10万平方米玉器生产加工交易区已完成交付,三期17.5万平方米电子商务中心、商务酒店及商务办公楼已封顶,四期特色徽派建筑群等正在施工中,五期精品街区正在做开工前准备。项目全部建成运营后,预计可带动近2万人就业,年产值达50亿元,将对促进全市经济发展,提高区域美誉度、知名度产生积极而深远的影响。

自该项目部分建成投入运营以来,先后获得"国家AAA级旅游景区""安徽省现代服务业集聚区""安徽省民营文化企业100强"等称号,并被纳入"安徽省亿元以上重点项目库""安徽省重点文化产业项目库"。2016年开始创建面向全国的玉器淘宝集市,累计成交量达30亿元,累计入驻来自全国各地的玉器雕刻大师、玉器销售商、原料和设备供应商等100多万人次。

龙子湖区

开展"戏曲进校园"活动

【文化概览】蚌埠市龙子湖区位于蚌埠市东部,东南部与滁州市凤阳县接壤,西部与蚌山区毗邻,北部与淮上区、五河县相望。面积108平方千米,人口18.18万人,辖6个街道办事处和1个乡。

文化事业。截至2017年年底,区文化馆改造项目完成工程预算70%,完成治淮街道文化活动中心、东升两站社区文化活动室改造项目。建成乡文化站1个、乡村农家数字书屋18个、社区书屋28个,建成使用李楼乡、建新社区、胜利四村社区3个电子阅览室,安装7套全民健身路径(56件器材)、8个全民健身苑、11个示范晨晚练点、2个社区体育俱乐部。放映公益电影216场次,占年度任务的100%;送戏下乡演出18场次,占年度任务的100%。为每个农家书屋配备了价值1600元的图书和报纸杂志,率先在全市实现数字书屋全覆盖,农村文化信息共享工程全部落实到村。开展公益文化岗位试点工作,在3个行政村配备了文化协管员。

全区登记文化企业超过300家,涵盖旅游、旅游服务、电影放映、出版物零售、印刷、休闲娱乐、营业性演出服务和古玩玉器加工销售等行业;其中规上、限上企业10家,2家企业入选全省民营文化企业100强,3家企业入围全市重点文化产业项目。

文化活动。区文化馆、李楼乡文化站开展公益性群众文化辅导培训,受益群众达2.4万人次。围绕迎接建党96周年和党的十九大,举办"魅力龙子湖·我可爱的家乡""绽放的笑脸"艺术摄影走基层巡展,受益观众达2.3万人次。花鼓灯舞蹈《兰花情》代表安徽省参加"2017上海·金山全国秧歌舞蹈大会",获最佳组织奖、最佳服饰奖;花鼓灯舞蹈《鼓乡女儿》《鼓欢》《丰收连厢》《今天咱农民活的美》等节目多次在省市比赛中获奖。

文化产业。截至2017年年底，纳入重点统计范围的4个总投资1亿元以上的文化旅游产业项目完成投资5.48亿元。全年新入库旅游项目2个，谋划旅游项目2个。全年接待入境游客7880人次，接待国内游客480万人次，实现旅游总收入31.03亿元。大明文化产业园2017年完成投资2.01亿元，累计完成投资约15亿元，建筑面积8万多平方米的大明御温泉、大明颐养、大明温泉度假酒店于2017年9月建成投入运营；大明古镇、孝坛景区主建筑和景区建设全面开工建设，钟鼓楼、游客服务中心、孝善塔施工已封顶。创建旅游品牌3个：万绿生态园被命名为安徽省中医药健康旅游基地、世祥家庭农场创建成安徽省三星级农家乐、国祯广场东门町创建为龙子湖区民俗文化特色街区；建成2A级旅游厕所1座。

【龙子湖区大力开展“戏曲进校园”活动】按照《蚌埠“戏曲进校园”活动实施办法》等文件要求，龙子湖区成立以区委宣传部为牵头单位，区财政局、文明办、文广旅局、教体局、文化馆、辖区各个学校等相关单位为成员的龙子湖区“戏曲进校园”活动领导小组，进一步加强对“戏曲进校园”工作的领导，规范了“戏曲进校园”活动方案。区财政为“戏曲”进校园、“非遗”进校园活动拨付专项经费，聘请泗州戏院的名家名师周斌、陆维维，花鼓灯表演艺术家高小平、金明，“卫调花鼓戏”省级传承人李夕茹到学校培训、辅导、教学，选送优秀传统剧目泗洲戏《拾棉花》、卫调花鼓戏《三代婆媳》、黄梅戏《对花》和新创编经典剧目花鼓灯舞蹈《永远的花鼓灯》《鼓乡女儿》《兰花情》等到学校演出。截至2017年年底，开展戏曲进校园、非遗进校园以及讲座、培训、演出等共20场次，受益学生数千人次。

蚌　山　区

花鼓灯舞蹈《赶灯场 扭呀扭》

【文化概览】蚌山区面积83平方千米，人口约33万人，是蚌埠市政治、经济、文化、科教、金融和商贸中心，也是一个宜居宜业宜游的魅力城区、商贸发达的活力城区、文化底蕴厚重的文明城区、惠民和谐的幸福城区。

文化人才档案库建设。2017年，出台《蚌山区建立人才流动工作机制实施办法》并组织实施。先后与蚌埠医学院、蚌埠学院、安徽花鼓灯歌舞剧院签订合作协议，互设“教学实践基地”和文艺辅导站，聘请娄楼、吴舜英、崔兵等国家级、省、市级文艺名人任蚌山区文艺辅导员，提供作品创作的人才支撑。

文艺精品创作。全年共新创作文艺作品23件，新创作的《蚌山明天更辉煌》《创城颂》《淮河边的孩子们》受到社会各界人士一致好评。其中《创城颂》参加市2017年新春文艺会演，《蚌山明天更辉煌》是唯一以蚌山为题材的歌曲。舞蹈《赶灯场·扭呀扭》分获第七届安徽省“杜鹃花奖”舞蹈展演特等奖、“戴爱莲杯”群星璀璨人人跳全国舞蹈展演最高奖项“魅力之星”奖，编舞获“魅力编导”奖。

开展好人故事“五进”活动。“打造好人蚌埠”走进蚌山展演，全面开展好人故事“五进”活动。根据好人的感人事迹组成的“蚌山好人宣讲团”取得圆满成功，全年共宣讲21场，为打造蚌山特色群众文化品牌发挥良好的示范引领作用。

举办第三届群众艺术节。组织群众性演出75场次。开展十九大学习宣传主题活动，2017年10月24日在蚌埠万达广场组织千人大合唱及十九大学习宣传主题系列群众文化活动；组织非物质文化节目展演，全年组织开展非遗进校园35场次。

开展传统戏曲进校园活动。制定《蚌山区“戏曲进校园”活动实施办法》，2017年2月28日在回民小学组织开展“戏曲进校园”活动启动仪式，全年在全区中小学范围内开展12场戏曲进校园活动。

开展文化三下乡活动。2017年4月12日,蚌山区委宣传部、文广旅游局结合燕山乡定庵庙会日,组织开展蚌山区“三下乡”文艺演出。文艺演出节目有男女独唱、二重唱、三重唱、舞蹈、小提琴独奏、哑剧、淮河琴书、豫剧、黄梅戏、小品等,丰富多彩的节目受到数千群众驻足观看。

【花鼓灯舞蹈《赶灯场 扭呀扭》荣获全国舞蹈展演最高奖】2017年11月22—24日,由中国舞蹈家协会、广东省舞蹈家协会、中共江门市委宣传部、江门市蓬江区人民政府主办的2017“戴爱莲杯”群星璀璨人人跳全国舞蹈展演活动在蓬江区珠西国际会展中心盛大开幕。从全国26个省(自治区,直辖市)67个城市152个报名节目中选出的39支队伍参加现场展演,蚌山区文化馆组织创作的花鼓灯舞蹈《赶灯场 扭呀扭》作为安徽省舞蹈家协会选送的唯一作品赴广东江门市参加展演。通过2天的紧张角逐,经中国舞蹈家协会组成的推委会专业、严格的评判,《赶灯场 扭呀扭》以新颖的编排和精彩的表演,荣获展演最高奖项——“魅力之星”奖,编导获“魅力编导”奖,蚌山区文化馆获“星级组织”奖,并应邀参加了闭幕式暨惠民演出。《赶灯场 扭呀扭》以花鼓灯舞蹈为主要创作元素,在集聚花鼓灯各流派风格的基础上加以发展创新,展示了花鼓灯的独特魅力。

禹 会 区

【文化概览】禹会区位于蚌埠市西部,西邻大禹会诸侯的涂山,南接凤阳,是大禹之子、华夏第一王启的故乡。禹会区位置优越,交通便利,总面积220平方千米,人口27.6万人。

十九大精神宣讲。党的十九大胜利闭幕后,禹会区迅速掀起学习宣传贯彻党的十九大精神热潮。从2017年11月份开始,区委常委和其他县级领导干部在两周左右的时间内,分赴各包保单位带头开展宣讲,以实际行动带动广大党员干部群众的学习。同时,选调政治素质强、理论政策水平高的领导干部、理论工作者和一线工作者成立宣讲团,并动员先进模范人物、社科名家、大学生村干部、老干部组成“微宣讲团”,深入机关、企业、校园、社区、农村,与基层群众开展面对面、互动式的宣讲。四个宣讲团分为四个宣传小分队,奔赴四条宣讲战线,对党的十九大精神进行不同层面、不同侧面的立体宣讲。全区共开展各级各类十九大精神宣讲100多场次,邀请专家学者作宣讲报告20余场次。此外,依托蚌埠日报、蚌埠新闻、蚌埠新闻广播等市级媒体播报禹会区学习贯彻十九大精神的报道20余篇,并在“禹立潮头”微信公众号,发布“开展十九大精神宣讲系列报道”21次,取得较好效果。

文明创建。围绕创建全国文明城市任务清单,继续细化责任到人,形成“包保、督查、推进、考评、奖惩”“五位一体”的责任机制和“日巡查、周调度、月推进”工作机制。全年共召开周调度39次、专项调度会议20余次、月度推进大会6次,下发区级督查通报43期、督办单157件。投资200余万元,新设置立式广告牌120余处,更换、新设置公益广告4000平方米,圆满完成创成全国文明城市的目标任务。打造志愿者品牌。完善注册志愿者4.8万名,建立志愿者服务队89支,提升改造9个志愿者服务广场,组织开展志愿者培训活动100余场,开展志愿者服务5000余场次,参加志愿者6万余人次,服务辖区群众12万余人。其中,志愿者高绪贵入围2017年度“全国百名优秀志愿者”,禹会区青少年志愿服务大队获得“安徽省青年志愿者优秀组织”,星星知我心关注自闭儿童项目获得“安徽省青年志愿者优秀项目”。深化群众性文明创建。

首届蚌埠禹会涂山榴花文化节

围绕社会主义核心价值观，组织“爱国”“敬业”“诚信”“友善”道德讲堂“主题季”等活动200余场，参与人数达2万人次。进一步深化身边好人、道德模范评选、表彰、宣传活动，2017年有10人当选“蚌埠好人”，36人当选“禹会好人”。其中，推荐上报的蚌埠玻璃工业设计院的彭寿获评第六届全国道德模范提名，“爱心奶奶团”荣获蚌埠市公益联盟“最美公益团队”称号，团长孙守珍获评2017年“安徽省第二届民间公益慈善人物”。

文化项目精品工程打造。完善区级中心为主导、乡镇服务中心为主体、村级服务点为基础的文化信息资源共享三级网络制度。继续开展好文化走基层、进社区、入乡村活动，进一步提高文化馆、社区文化室、农家书屋、农民文化乐园等公共文化服务设施的使用率，39个村新增农家书屋全部投入使用。继续抓好“文化信息资源共享”“农村电影放映”“公共文化资源整合”等重点文化惠民工程。完成农家书屋报刊、图书采购2530余册，开展农村公益电影放映582场次，结合“我们的节日”“三下乡”活动、“千场文艺千村行”等演出活动60余场。其中，开展“践行核心价值共建文明家园”“喜迎十九大共圆中国梦”“建设大美禹会创城文明”“学习贯彻党的十九大精神”艺术化宣讲等专题演出活动20余场。创作以宣传党的十九大精神的花鼓灯灯歌、诗朗诵、三句半等文艺作品6个，参加全市歌手大赛获得1个二等奖、2个三等奖，获得唯一代表蚌埠市参加省“共筑中国梦，共创文明城”合唱展演比赛资格。涂山村成功举办首届“禹风流韵 榴花竞艳”涂山榴花文化旅游节。

文化产业发展。继续发挥旅游业、印刷业、广告服务业等文化产业单位优势作用，加大文化产业项目招商、推介工作。全区现有21家规上（限上）文化产业单位，其中禾泉农庄连续2年获评“安徽省民营文化企业100强”。绿色文化产业创新发展，全年接待入境游客数比上年增长16%，达10.7万人次；接待国内游客数比上年增长17%，达625万人次。总投资23亿元的禾泉农创小镇项目持续推进，总投资2亿元的蚌埠闸——黑牛嘴水生态园正式对外开放。完成“禹王农业”“三星级农家乐”禹会区马城镇省级优秀旅游乡镇和禹会区涂山村、马城镇黄柏郢村省级优秀旅游示范村完成申报验收工作。

【首届蚌埠禹会涂山榴花文化节成功举办】2017年5月20日，首届蚌埠禹会涂山榴花文化节在涂山风景区石榴文化苑广场盛大开幕。本次文化节旨在打造涂山石榴品牌特有的文化符号，传播涂山文化、大禹文化、淮河文化，提升涂山石榴的文化影响力，推动石榴产业走向全国。开幕式活动现场设有200米长的石榴文化长廊，全面展示涂山石榴的种植历史、科普知识、摄影作品等。同时还设有天榴坊展台，展示天榴坊石榴系列产品及企业文化理念，供游客参观及品鉴。活动现场内容包括五彩毅行、石榴树许愿、书画创作以及摄影采风等；天榴坊还召开新品发布会，介绍盘古石榴红酒及女娲石榴果汁等产品。安徽天榴坊有着十余年的石榴专业合作社及石榴开发研究基础，随着产业升级及市场需求的变化，秉承与时俱进、开拓创新的理念，又成立了一家新型互联网企业。

淮　上　区

“喜迎党的十九大，讴歌蚌埠新成就”淮河大合唱

【文化概览】蚌埠市淮上区位于淮河北岸，辖5个镇、2个社区，面积420平方千米，人口27万人。淮上区具有悠久的历史文化，区境内双墩新石器遗址距今7300年，是目前淮河中游地区已发现的最早的新石器时代文化遗址，也是中国文字起源的重要源头之一。双墩春秋一号墓为钟离古国国君墓，被评为2008年度中国十大考古新发现。

文化民生工程。根据省、市“十二五”发展规划，从2011年起，各级政府实施文化民生工程建设，区级建有文化信息资源共享工程，乡镇均建有综合文化站，村村建有农家书屋。全区现有1个公共图书馆、1个文化馆、5个乡镇综合文化站、75个村级文化服务中心，上述公共文化设施全部免费开放。

文化事业。持续实施文艺精品战略，将花鼓灯、少儿艺术等本土特色文化作为重点创作扶持对象，精心打磨呈现淮上元素、体现淮上特色的重点原创作品。编创花鼓灯舞蹈《爷爷的花鼓》，代表蚌埠市参加全省少儿文艺调演荣获一等奖。开展“送戏进万村”75场、放映农村公益电影900余场。与蚌埠电视台联合打造“魅力新淮上、珠城仲夏夜”大型系列文艺活动，积极配合市局完成“温馨蚌埠、欢乐珠城”系列活动，并获得优秀单位称号。

文物保护。淮上区既是新区，也是文物大区，文物古迹众多，全区现有全国重点文物保护单位2处、市级文物保护点1处、不可移动文物保护点67处。双墩大遗址公园立项后，迅速将双墩遗址和相关文物保护作为全区文物保护重点工作。

非遗保护。淮上区现有省级非物质文化遗产1项（淬火神功）、市级非物质文化遗产1项（蜜角制作）、区级非遗项目6项。近年来，认真贯彻落实非遗保护的各项法律法规，坚持“保护为主、抢救第一，合理利用、传承发展”的工作方针，全面推进非遗保护工作的开展。

文化旅游产业。截至2017年年底，淮上区有重点旅游项目8个，即双墩遗址公园(春秋一号墓)、三汊河湿地公园、中华玉博园、义乌商贸城、鼎丰紫都综合体、黑牛嘴湿地景区、卫食园、都市农夫农业园。印发《关于将旅游业培育成为支柱产业的实施意见》，建立淮上区微信公众号。组织编写淮上区旅游指南、旅游路线及有关景点资料，在主要路口设立景点标识牌，在旅游区域内建造旅游厕所，在A级景区做到WiFi全覆盖，做好全域旅游相关工作。2017年，旅游经济三项指标较上年同期增长30%以上；梅桥镇被评为安徽省优秀旅游乡镇，都市农夫、韵连荷花园、杨墅林等3家被评为AA级旅游景区，卫食园被评为安徽省优秀旅游示范企业；三汊河湿地公园创AAA级景区已完成前期工作，正在验收中。

【淮上区举办“魅力新淮上”系列活动】2017年6月24日，“魅力新淮上系列活动·诗和远方”朗诵专场在淮上区明珠广场南广场举行，拉开“魅力新淮上”系列活动的序幕。通过朗读者对名家名作的诵读，传播优秀文化，带领观众体味文化之韵，诠释“用文化为创城添力、共创美好未来”的主题思想。在此次活动中，淮上区还举办红色定向——全民户外精英挑战赛，在每个点标的题目设置上与党建、淮上区以及蚌埠深厚历史文化挂钩的内容，在建党96周年让大家感受、传播别样的红色魅力。在明珠广场举办的淮河民谣汇，吸引来自蚌埠本土的民谣乐队TNT以及“蓝草的刺客”“魂斗”“安子与九妹”4支民谣乐队参加，他们以精湛的表演为市民奉献了一场音乐盛宴。由水利部淮河水利委员会、中共蚌埠市委宣传部、中共蚌埠市淮上区委、蚌埠市淮上区人民政府、蚌埠市文学艺术界联合会、蚌埠市广播电视台主办的“喜迎党的十九大，讴歌蚌埠新成就”为主题的淮河大合唱在淮上区举行，蚌埠市“梦之声”合唱团、张公山群声合唱团等全市11支代表队参加了此次演出。

怀　远　县

“文化扶贫 携手小康”惠民演出

【文化概览】怀远地处皖北、淮河中游，素有“淮上明珠”美誉。县域总面积2212平方千米，总人口131万人。辖18个乡镇，设1个国家级农业产业化示范基地(白莲坡食品科技产业园)、2个省级经济开发区(怀远经济开发区、龙亢经济开发区)、2个省级现代农业示范区(龙亢农场、古城镇),蚌埠市国家级农业科技园区核心区(龙亢农场)。为全国文化先进县、全国粮食生产先进县、全国科技进步先进县、全省科学发展先进县。

截至2017年年底,怀远县有公共图书馆1个,文化馆(国家三级馆)1个,文物所(博物馆)1个,广播电台、电视台各1个,标准体育场1个,全民健身活动中心1个;有乡镇综合文化站18个、农家书屋400个、乡镇电子阅览室18、社区电子阅览室2个、乡镇综合文化服务中心1个、省级农民文化乐园2个、市级农民文化乐园4个。拥有国家级重点文物保护单位1处、省级重点文物保护单位2处、县级文物保护单位19处;有馆藏文物902件(套)8638件,其中国家一级文物8件、二级文物8件、三级文物541件。2017年,申请国家文物保护经费900万元,完成怀远教会建筑旧址消防工程和怀远教会建筑旧址民望医院住院部楼保护修缮工程(国家级重点文物保护单位)。全县有县级非物质文化遗产保护项目279项,涉及14个门类;其中花鼓灯被列为国家级非物质文化遗产,端公腔、大禹传说、禹王庙会被列为省级非物质文化遗产,花鼓灯艺人梅连社入选国家级非物质文化遗产保护项目(花鼓灯)传承人。截至2017年年底,怀远县共有国家级非遗项目传承人4人。

【"文化扶贫·携手小康"惠民演出走进怀远】2017年9月23日,由安徽省委宣传部、蚌埠市政府主办,安徽演艺集团、安徽广播电视台、怀远县委县政府承办的"文艺扶贫·携手小康"惠民演出活动在怀远县第三中学举行,6000多名各界群众共同观看。

"文艺扶贫·携手小康"惠民演出活动旨在将干部群众脱贫攻坚的士气鼓舞起来,将文艺工作者助力扶贫的积极性调动起来,将当地丰富的文化资源展示出来,上下联动、合力攻坚,为决战决胜全面小康、建设五大发展美好安徽营造良好的文化舆论氛围。此次演出在大型舞蹈《鼓舞江淮》中拉开帷幕,铿锵有力的鼓点瞬间点燃了现场观众的热情。整场演出汇聚了歌曲、舞蹈、戏曲等多类节目,大部分取材于本地,贴近百姓生活实际。舞蹈《花鼓传承》展示了"东方芭蕾"花鼓灯的艺术魅力,老中青三代花鼓灯艺人的精彩表演,把整场演出推向高潮。民乐歌舞《摘石榴》充满了浓郁的地域特色;省黄梅戏剧院青年演员表演的《黄梅一曲唱新风》,唱出了脱贫致富的时代新风。

五 河 县

五河县第三届"祥源"杯龙舟赛

【文化概览】五河县因淮、浍、漴、潼、沱5条河流汇于境内而得名。面积1428平方千米,人口66.7万人。是全国文化先进县、安徽省文化改革先进地区、全省乡镇综合文化站建设先进集体。

群众文化活动。2017年,五河县举办"五河县各界人士迎新春团拜会"文艺演出、"2017五河县新年音乐会""五河县京剧演唱会"、2017年五河县清明广场文化活动、"重阳节文艺演出""欢度国庆节喜迎十九大"合唱比赛、五河县第五届广场舞大赛、第三届"祥源杯"龙舟赛暨民俗文化节等文化活动,参与了"蚌埠市2017中国(蚌埠)花鼓灯艺术交流展演周"群众文化活动之走基层"非遗飘香"展演展示和"热土欢歌"广场文艺演出活动等,进一步活跃了群众的文化生活。

五河民歌品牌打造。举办五河县第九届民歌会,《淮河岸边的小铁匠》参加省六一少儿调演获一等奖,《打铁舞》亮相蚌埠市举办的全国非遗日活动。

"书香安徽"建设。在全县组织开展"书香虹城"全民阅读活动,举办读书月、读书节等全民阅读活动。开展书香机关、书香企业、书香

家庭、书香社区、书香乡镇等推荐评选活动。县图书馆举办“第三届楹联征集活动”，开展偏远乡镇小学“流动图书服务”的送书活动等。

文化市场管理。出台《关于进一步深化文化市场综合执法改革的实施方案》，成立五河县文化旅游市场管理工作领导小组。积极开展“扫黄打非·护苗”“扫黄打非·净网”和打击网络侵权盗版行为的“剑网2017”行动等。结合文明城市创建工作，联合县市场监督管理局、县公安局加大对无证经营网吧的查处和违规接纳未成年人进入网吧行为的查处。办结各类文化市场执法案件18件，通过整治活动，文化市场违规经营情况明显减少，经营秩序明显改善。

公共文化服务。并于2017年12月开馆。县文化馆、县图书馆和各乡镇文化综合站在“两馆一站”免费开放的同时，不断提高服务质量，组织开展丰富多彩的文化活动。县文化馆、县图书馆实行总分馆制。全年完成送书下乡2万余册、送戏下乡274场。

【五河县举办第三届“祥源杯”龙舟赛】2017年5月13日，为弘扬中国传统文化，由五河县委宣传部、县大建办、县教体局等主办，五河祥源投资开发有限公司全程承办的五河县第三届“祥源杯”龙舟赛在国家AA级旅游景区漴河公园盛大开幕。漴河两岸彩旗飘扬，人山人海，近3万余名观众和龙舟爱好者前来观看龙舟赛。本届比赛共有52支市县代表队、624名选手参与，其中五河县、镇参与49支队伍。此次龙舟赛吸引了《安徽日报》《新安晚报》、安徽网、《五河报》等20家省市媒体采访报道。“祥源杯”龙舟赛在此之前已经成功举办两届，是五河最具代表性和影响力的城市民俗文化活动。

固镇县

固镇县开展文化市场法律法规宣传活动

【文化概览】固镇县位于淮河中游北岸，面积1363平方千米，人口64万人。是全国文物工作先进县、“中国书法之乡”“中国花生之乡”。

2017年，固镇县宣传思想文化工作突出重点，服务大局，唱响主旋律，打好主动仗，巩固提升“好人之县”和“书法之乡”两大品牌，荣获“第四届安徽省文明县城”和全省“未成年人思想道德建设工作先进县”称号，为加快推进“大美固镇”建设提供了强有力的舆论支持和思想政治保障。

精神文明建设。倾力打造“好人之县”固镇品牌，广泛开展身边好人和新乡贤推荐评选活动，2017年共推荐产生“中国好人”1名、“安徽好人”1名、“蚌埠好人”12名、“固镇好人”31名、十佳固镇好人5名、蚌埠新乡贤6名、固镇新乡贤14名。创新开展首届扶贫攻坚“十佳”“最美医生”“最美护士”等推荐评选活动，进一步深化好人内涵，隆重举办“新乡贤”颁奖典礼和好人表彰活动。在全县营造“学好人、做好人”的浓厚氛围。加强好人馆的网络阵地建设，先后组建3家县直机关和1家村级好人展室，固镇好人馆被中央文明网评为“社会主义精神文明建设精品”。已建成4个全国文明村镇、6个省级文明村镇、10个市级文明村镇，获评155户蚌埠市首届文明家庭。产生5家“省级文明单位”、1个“省级文明社区”，评选出16家首届县级“文明校园”、8家首届市级“文明校园”、已有7所国家级乡村学校少年宫。

爱国主义教育。开展以“百年追梦·全面小康”为主题的全县青少年爱国主义读书教育活动，全县6万余名中小学师生参加活动，其中刘雪晴同学荣获全省演讲比赛二等奖。创办固镇抗战纪念馆，组织开展纪念全民族抗战爆发80周年图片展。2017年，桥东村回民建筑群等6家单位被命名为新一届蚌埠市级爱国主义教育示范基地。

公共文化服务。成功举办“温馨固镇·欢乐谷阳”系列文艺演出、职工书法展“书香满谷阳”全民阅读活动、首届樱花摄影展、西新春鸡文物图片联展、文化惠民公益演出等群众性文化活动。开展送戏进校园活动8场次，送戏进万村367场。

文物保护。“垓下遗址”国保规划编制工作通过省级评审。积极开展“津浦铁路固镇火车站”“淮北西大门抗战烈士陵园”蚌埠市第六批文物保护单位和安徽省第八批文物保护单位申报工作。完成全县第一次全国可移动文物普查工作，上报馆藏文物数据2033件套。

“扫黄打非”。扎实开展护苗、清源、净网、固边等系列专项行动。共出动执法人员2382人次，检查经营单位795家次，取缔临时搭台演出4场次，取缔游动图书经销点8个，收缴非法出版物462册(盘)、删除违禁曲目18首；立案查处违规网吧4家，立案查处书店4家，对2家印刷企业和KTV给予警告。创建“扫黄打非”基层示范点78个，全面净化文化环境。县文化综合执法大队被中宣部评为“全国双服务先进集体”。

文艺事业。承办全市文艺界2017“深入生活、扎根人民”暨“大淮河”主题创作采风和2017年安徽文学大讲堂暨全省第七届地方文学期刊主编联席会议。通过举办诗词年会和端午诗会等活动，组织广大诗词爱好者开展交流。组织文艺爱好者到美丽乡村开展实地采风，以提高创作热情、丰富创作素材。2017年共申报文艺作品700件，其中在市级以上发表或入展获奖的518件，国家及省级发表或入展的分别为20件、103件。进一步树牢“中国书法之乡”品牌，正式启动“中华诗词之乡”和“中国楹联文化县”创建工作，大力弘扬汉字艺术。

【固镇县文化综合执法大队获评“全国双服务先进集体”】2017年，固镇县文化市场综合执法大队被中宣部、文化部、国家新闻出版广电总局授予“第七届全国服务农民、服务基层文化建设先进集体称号”，是安徽省唯一获此表彰的文化市场管理机构。

固镇县文化市场综合执法大队按照“政治强、业务精、纪律严、作风正、形象好”的总要求，以学习培训为抓手，构建多层次、多形式、多方位的立体学习培训体系。先后制定了《举报受理制度》《执法过错追究制度》等20多项制度，实现了管理和执法的规范高效。加强廉洁教育，杜绝“吃拿卡要”“人情案”“金钱案”，实现了“零投诉”，多年来，没有一起违法违纪案件发生，多次在政行风评议中受到表扬。在执法活动中，转变观念，增强服务意识，始终坚持依法、公开、便民、廉政的原则，坚持做到审批项目一次告知清楚，一次办理完结。加强对重点时段、重点地段、重点行业的监管，实行分片包干，责任到人；提高巡查频次，加大执法检查力度；建立齐抓共管的联动机制，实现县乡村三级网格化管理，消除管理盲区和死角；建立视频监控平台，利用科技手段监管文化市场；建立社会监督机制，聘请人大代表，政协委员等担任“扫黄打非”和文化市场义务监督员。

淮南市

【文化概览】淮南市位于安徽省中北部，地处淮河中游，东与滁州市的凤阳、定远县毗邻，南与合肥市的长丰县接壤，西南与六安市相连，西及西北与阜阳市的颍上县和亳州市的利辛、蒙城县交界，东北毗邻蚌埠市怀远县；辖5个区、2个县、1个国家级综合实验区，面积5532平方千米；户籍人口389.6万人，常住人口348.7万人；工业化率42%，城镇化率63.46%。1952年设为省辖市，是国家新型能源基地、华东工业粮仓、安徽省重要的工业城市，拥有1个国家级开发区、1个国家级高新区、7个省级开发区、7个国家级科研平台及2个产学研基地。淮南是长三角经济协调会成员，是合肥经济圈带动沿淮、辐射皖北的中心城市及门户，是中部“三基地一枢纽”建设的重点城市，是国家主体功能区规划中的重点开发区域，是皖江城市带承接产业转移示范区项目支持城市，成功跻身国家首批智慧城市试点行列。

淮南素有“楚风汉韵、能源之都”之称。拥有名山(八公山)、名水(淮河、芍陂)、名城(寿县国家历史文化名城)、名人(淮南王刘安)、名著(鸿篇巨制《淮南子》)、名战场(淝水之战古战场)；距今2600年历史的天下第一塘——安丰塘，被列为世界灌溉工程遗产、中国重要农业文化遗产。有全国唯一保存最完整并带有护城河的宋代古城墙，被列入中国明清城墙申报世界文化遗产名录。有堪称全国县级第一

第二届淮南文化产业博览会

的博物馆——楚文化博物馆,珍藏国家一级文物224件、三级以上文物近2000件。“始于淮南王刘安”的豆腐传统制作技艺已申报世界非物质文化遗产。“东方芭蕾”花鼓灯世代传承，少儿艺术享誉国际，八公山豆腐驰名中外。花鼓灯、火老虎被列为国家级非物质文化遗产,紫金砚制作技艺、采莲灯民间舞蹈等项目被列入省级非物质文化遗产名录。花鼓灯艺术家陈敬芝、邓红、张士根,马戏灯艺术家孙永超被列为国家级非物质文化遗产传承人。

文化体制改革。2017年,市委宣传部牵头落实市委全面深化改革领导小组文化管理体制改革和产业发展专题组4项年度改革任务,印发《意识形态安全问题应对处置办法(试行)》《关于加强文化领域行业组织建设的实施意见》《关于全市性文艺评奖制度改革的落实意见》《关于进一步深化文化市场综合执法改革的工作方案》。加大对重点文化体制改革任务贯彻落实情况的自查和督查,相继开展“推动国有文化企业把社会效益放在首位、实现社会效益和经济效益相统一”等7项专题督查工作。促进传统媒体与新媒体融合发展，联合全市30多家单位，在全省率先成立淮南市网络创作研究中心、网络阅评引导中心,开全国网络文艺创作和新媒体引导之先河。探索文化事业单位法人治理结构运行新模式,市文化馆、博物馆、图书馆、大通万人坑教育馆、少儿图书馆等五馆理事会充分发挥作用。

精神文明建设。2017年,先后开展“弘扬我们的价值观”系列主题活动，举办道德讲堂200余场，开展淮南市第五届道德模范评选表彰活动,举行“淮南市道德基金”揭牌和接受捐赠仪式。全年11人当选“中国好人”、21人当选“安徽好人”、4人获“安徽好人”提名,当选人数居全省前列。淮南好人馆正式开馆。命名第三批淮南市学雷锋活动示范点30个和岗位学雷锋标兵30名。加快全市爱国主义教育基地网上展馆建设,大通万人坑教育馆被评为全国爱国主义教育示范基地,实现淮南市国家级爱国主义教育示范基地零的突破。文明城市创建取得历史最好成绩,淮南市获“第四届安徽省文明城市”和“第三届“安徽省未成年人思想道德建设工作先进城市”称号。市文明办获第四届全国未成年人思想道德建设工作先进单位称号,是全省16市文明办唯一获此殊荣的单位。《淮南市文明行为促进条例》作为全国第四部、安徽省首部精神文明建设方面的地方性法规正式实施。制定《淮南市农村文明创建行动纲领2017—2020年)》。命名表彰28家淮南市第七届文明乡镇、74家第六届文明村和58家第六届文明社区。开展首届淮南市文明家庭和文明校园评选活动,1所学校获评全国首届文明校园称号,4家单位当选全国文明单位,3个村镇当选全国文明村镇。

文化产业发展。引导全市文化产业向新业态新模式新领域聚集,15个项目跻身2017年全省“大新专”重大文化项目库,比上年增长15.3%。1家企业获评2017—2018年度国家文化出口重点企业和第六届安徽省文化产业示范基地,2家企业入围国家认证动漫企业名单,3家企业入选2017年度安徽民营文化企业100强。依托淮南文化产业发展促进会和淮南市文化产业发展研究中心,加强部校企三方合作,举办第二届淮南文化产业博览会和文化产业发展高峰论坛。全市文化产业增加值14.67亿元,比上年增长14.89%，占GDP的1.51%。

现代公共文化服务体系建设。加快基层综合性文化服务中心等省级试点项目建设。加大文化扶贫力度，大力实施文化民生工程,成功承办全省国家级贫困地区村综合文化服务中心建设现场会,提前完成中宣部第二批国家级贫困地区村综合文化服务中心10个示范点建设任务。全市94个公共文化场馆全面免费开放。文化信息共享工程村级服务点运行维护及文化宣传实现常态化，完成经费支出167.3万元。完善公共图书馆总分馆制和县域公共图书服务一体化建设，全市公共图书馆、文化馆(站)全年接待服务群众152万人次。全市2家单位获评第七届全国服务农民、服务基层文化建设先进集体。“中国成语典故之城”申报工启动作。

群众文化活动。隆重举办纪念中国人民解放军建军90周年暨新四军成立80周年系列群众性文化活动。大力开展全市青少年“百年追梦 全面小康”爱国主义读书教育活动和国学经典进校园活动。举办淮南市首届青年歌手电视大赛、首届曲艺大赛和电视“春晚”。2017“舞动中国梦”安徽省电视少儿舞蹈大赛总决赛在淮南成功举行。开展第四届安徽(淮南)文化惠民消费季活动,“五看”活动覆盖全市71个乡镇。组织开展文化下基层“四进”“送戏进万村”、农村公益电影放映、“宣传十九大、文艺进基层”“大地欢歌”等系列文化惠民活动1.5万场次,进一步丰富了全市人民精神文化生活。

文艺精品创作。印发《淮南市实施中华优秀传统文化传承发展工作方案》《淮南市文艺精品奖励扶持办法》。淮南日报社与12名文艺评论家实现首批文艺评论家合作签约,开创全省有组织、有计划加强媒体文艺评论工作的先河。《闻鸡起舞》节目夺得2017中国·合肥首届全国青少年戏曲嘉年华活动集体节目最高分并获“戏曲进校园最佳创作奖”,3名演员获“戏曲进校园最佳表演奖”。花鼓灯舞蹈《家乡的红绣球》获第十五届中国人口文化奖歌舞类一等奖。2部作品获安徽省第十四届精神文明建设“五个一工程”奖。24集动画片《风生水起之二十四节气的故事》获第四届安徽省动漫大赛影视动画类“金喜鹊杯铜奖”。

文化遗产保护。加强文物工作和历史文化名城研究保护,推进楚文化博物馆等重点文物保护项目建设。启动古城区古民居和历史建筑普查工作,以古城内95处传统古民居和历史建筑为基础,重点对体现城市特色的古民居和历史建筑开展地毯式踏勘与遴选,重新编制、调整寿州古城保护名录。淮南寿县寿春城考古遗址公园列入第三批国家考古遗址公园立项名单(全国仅32个)。《淮南市寿州古城保护条例》颁布实施。完成《淮南市历史建筑保护(紫线)规划》修编工作,新申报市级文物保护单位41处。《寿州窑遗址公园规划方案》编制完成。承办世界非物质文化遗产项目“二十四节气”全国保护传承学术研讨会。承办皖北七市首站非遗展演活动。淮南非遗项目寿州锣鼓作为安徽省唯一代表队参加“我们的节日·喜迎十九大”全国优秀民间欢庆锣鼓展演。成功举办《淮南子》学术研讨会。

文化市场管理。开展“冬雷”“净网”、出版物市场检查、网吧执法监管、网络文化环境集中清理等专项执法行动,涵盖印刷企业、流动书摊、网吧、歌舞及游戏厅等重点文化经营场所。深入推进“扫黄打非”,举办“4·23”世界读书日、“4·26”世界知识产权日集中销毁行动,1家单位获评全国“扫黄打非”进基层示范点,2家单位被命名为全省“扫黄打非”进基层示范点。开展春节、“两会”、党的十九大等期间的安全播出工作,确保安全播出万无一失。实施日常巡查和“双随机”抽查机制,检查文化市场经营场所6023家次,办理行政案件69件,严厉打击违法违规经营活动。利用农家书屋、乡村舞台、文化站等公共文化服务资源,宣传文化市场法律法规,巩固治理成果,营造了清朗有序的社会文化环境。

淮南好人馆开馆仪式

【安徽八公山泉豆腐文化旅游有限公司特色化发展】安徽八公山泉豆腐文化旅游有限公司是在原安徽八公山豆制品有限公司转型升级发展过程中成立的,坐落在豆腐发祥地淮南八公山,现总资产720余万元,注册资金500万元。公司秉承“保护豆腐遗产、传承豆腐技艺、弘扬豆腐文化”的理念,不断延伸豆制品产业链,大力发展文化旅游新业态,以豆腐文化助推工业旅游,以文化旅游带动产业发展,以产业发展促进文化旅游,积极探索三产融合发展新模式,打造独具特色的中国豆腐文化产业园。企业被评为全国工业旅游示范点、国家AAA级旅游景区,安徽省科普教育基地。公司产品被授予“安徽工业精品”“安徽名牌产品”“安徽省知名旅游商品”等称号。2017 年公司实现收入 780 余万元。

为传承发掘豆腐文化,公司投资拍摄“八公豆腐香万里”MV 一部,并夺得全国休闲农业创意精品大赛华东赛区文化创意银奖;投资新建一座 400 平方米的中国豆腐文化陈列馆、750 平方米的豆腐文化体验馆、300 多平方米的豆腐美食品鉴馆、600 多平方米的书画陶瓷奇石馆、120 平方米的国学讲堂、120 平方米的寿州窑陶艺坊等文化旅游设施,馆内详细介绍豆腐起源、演变与发展,陈列了部分豆腐制作的传统工艺流程及原始的豆腐制作工具,游客在此可以寻根豆腐圣地,探究豆腐真谛,体验豆腐乐趣,品鉴豆腐美食,还可以诵读国学精华,欣赏书、画、陶瓷、奇石。2017 年接待省内外游客 6 万余人次。2016 年以来,公司成功举办 40 对新人汉式集体婚礼、安徽省工业设计大赛大学生陶瓷专项赛、中国豆制品行业豆腐嘉年华等具有影响力的大型活动,2017 年成功接待和配合外交部向全球推介安徽的纪录片《锦绣安徽 迎客天下》摄制组、文化部《文化信息共享工程》摄制组、CCTV4《长寿密码》摄制组等中央和省、市影视媒体完成宣传拍摄任务,文化旅游新业态为企业发展增添不竭的动力和活力。

【淮南紫金石文化】紫金石,产于淮南市寿县八公山(古称紫金山)。紫金石因石体呈紫色间现金色条纹而得名,以其纹理细密,温润细腻如玉,抚之如童肤,色彩凝重古雅,纹理华美多变的特点,广受奇石藏友的追捧。紫金石具有“质坚、泽润、发墨”三种丰韵天成的美质,并且在已发现的紫金石中有红、黄、紫、青、赭、黑色,可细分为紫金、鱼子红、月白、黄金带、紫花带、花斑、蟹壳青、金黄、碧玉、墨玉、黑子等 30 余种之多。

淮南市第一届曲艺大赛颁奖展演

紫金石为历史名石,始于汉,兴于唐宋。宋代高似孙《砚笺》云:“紫金石色紫润泽,唐时竞取为砚。”紫金石宋代初期已乏。淮南市紫金石文化有着悠久的发展历史,《淮南子览冥训》记载:紫金石相传是女娲练五彩石“以补苍天”的遗石。杜绾所著《云林石谱》中记载“寿春府寿春县,紫金山石出土中,色紫,琢为砚,甚发墨,叩之有声,余家旧有风字样砚,特轻薄,皆远古物也”。《中国美术辞典》,“文房四宝”栏载:“紫金石砚产于安徽寿春紫金山,亦称寿春石砚,宋代大文豪苏东坡借得米芾所藏紫金砚,嘱其子入棺随葬”。米芾的《宝晋英光集》卷八载有一则记事:“吾年老才得紫金石,与余家所收右军砚无异,人间第一品也,端、歙皆其下。”清代大书画家郑板桥《题丁有煜砚铭》曰:“南唐宝石,为我良田,缜密以粟,清润而坚,麋丸起舞,麦光浮烟,万言日试,骑马待焉,降尔遐福,受禄于天,如山之寿,于万斯年”。

紫金砚石主要赋存于震旦系与寒武系岩层中,从刘老碑组至崮山组地层中色彩鲜明、花纹别致的泥灰岩都可以用来制砚。同时,这些地层中含有丰富的三叶虫及藻类化石,在砚台的设计、制作中,充分利用这些化石,可以制成天趣妙成的精品。紫金砚石有良好的砚锋,微层理极为发育,1mm 中大约有 31 条,紫金砚不易磨损,资质嫩润,发墨不伤毫,贮墨不涸,研成的墨汁颗粒细微,易渗透入纸中,使书画作品永不褪色。

淮南市紫金石文化发掘与研究方面近年来获得荣誉百余项,其中国家级奖项有 20 多个,省级奖项 40 多个。砚雕《达摩》获 2017 中国(九华山)国际禅艺设计大赛“专业组”金奖,《抄手砚》获 2016 年第十一届中国(莆田)海峡工艺品博览会金奖,《普度众生》获 2016 中国工艺美术精品博览会金奖,《九龙戏水》获 2016 中国工艺美术“百花奖”(莆田)银奖,石雕《鸟巢》获 2015 年中国玉石雕刻艺术“百花奖”银奖,《风绣球》获 2014 中国工艺美术精品博览会金奖,《蛟龙戏水》获 2014 中国工艺美术精品博览会金奖,《鱼跃龙门》获安徽省工艺美术精品展金奖。紫金石文化已成为淮南特色文化名片。

大 通 区

大通区开展"宣传十九大文艺进基层"活动

【文化概览】大通区位于淮南市区东部，境内有上窑山、高塘湖。辖3个镇、1个乡和1个街道，共有46个行政村、15个社区，面积350平方千米，人口18.8万人。

大通文化底蕴深厚，素有"声名文物之邦"的美誉，有砂家坝商代遗址和钱鑫提督府遗址，唐代七大瓷都之一的上窑"古寿州窑"遗址为国家级文物保护单位。洛河古称洛涧，曾是"淝水之战"的初始战场。大通是淮南市和淮南煤矿的发源地，淮南矿务局、淮南市委市政府曾驻九龙岗。2017年，大通区大力推进文化事业和文化产业繁荣发展，不断提高文化建设水平。加大文化基础设施建设，投入5万元为社区文化活动室购买电脑、图书等设备。组织编写大通历史人文典故和文化轶事，编撰《话说上窑》《上窑保卫战》等故事书籍，制作大通区招商引资和城市形象宣传片，协助拍摄《淮南门客》，邀请全省散文家走进民国小镇，讲述大通故事。

文化惠民活动。组织戏曲进社区、电影展演等各类群众性文化活动。全区共放映科教、文艺、爱国主义教育影片等各类电影566场次，观众达3万余人次。推进卫星直播户户通工程建设，建成结构合理、运行高效、服务优质的农村广播电视公共服务体系。举办群众舞蹈训练班、少儿舞蹈培训班、中老年交际舞等各类培训班，组织群众文化辅导员深入乡镇、街道进行群众文化艺术指导和帮扶。举办"全民阅读月"大型文艺演出、"宣传十九大·廉政文化文艺会演""庆祝十九大胜利召开·欢度重阳"文艺演出等各类文化演出活动。广泛开展"送戏进万家"活动，将"庐剧""推剧""黄梅戏"等群众喜闻乐见的戏曲送到社区居民家门口。2017年全区共举办各类群众文化活动120余场次。大通区文广体局被省文化厅授予2017年"送戏进万村"工作优秀单位称号。

社会主义核心价值观培育和践行。组织纪念全民族抗战爆发80周年、庆祝中国人民解放军建军90周年、香港回归祖国20周年等主题宣传教育活动。举办大通书画摄影展，并与中安在线合作，面向全国展播。参加市"军歌嘹亮"歌咏大会获全市"最佳演唱奖"。整合大通万人坑教育馆、上窑新四军纪念林等境内红色教育资源，推出"一馆一林两基地"现场导学模式，充分发挥红色资源对干部群众的教育作用。开展社会主义核心价值观主题微电影优秀作品展示活动，在区政府媒体上集中展示《长征在路上》《接力》等社会主义核心价值观主题微电影优秀作品，在"中国大通"微博上转载《时代楷模张劼》宣传片。实施大通区"争做中国好网民""网络中国节·端午节、中秋节"等活动，对弘扬传统文化、传播和凝聚网上正能量起到了积极的引导作用。

农村文化建设。以文化信息共享工程村级服务点(与农村党员远程教育服务店共建)网络设施为基础，为全区46个行政村配置液晶显示屏，推动村民开展视频节目播放、科技培训、文化娱乐等活动。组织专家开展就业培训、妇女健康知识培训、农业养殖技术知识讲座，拓展农民务工技能和群众文化知识，2017年共开展培训、讲座85场次。加强农家书屋管护工作，制定完善《农家书屋联系协调机制》《农家书屋管护办法》等制度，实现专人负责"农家书屋"管理工作，按月为优秀图书管理员发放补贴。以农家书屋为活动平台，开展留守儿童读书活动、留守妇女看书读报活动、读书心得交流活动。

文化产业发展。大力提升文化产业规模化、集约化、专业化水平，培育骨干文化企业，全区规上文化企业达到7家。2017年乐森黑马乐器有限公司被评为"安徽省第六届文化产业示范基地"，获此殊荣的全省共85家单位，淮南市仅此一家。乐森黑马乐器有限公司、景丰纸业有限公司入选2017年度安徽民营文化企业100强。推动文化资

源发掘与旅游资源开发融合发展，围绕“红色、生态、民俗、休闲”四大主题，加快建设文化旅游产业集群，建设“舜耕山—蔡城塘—高塘湖—淮河—上窑山”城市旅游带。九龙路矿遗址公园等项目被纳入淮南市文化旅游产业招商项目册加快推进。

【安徽景丰纸业公司】安徽景丰纸业有限公司位于淮南市大通区境内，是国家卷烟纸定点生产的高新技术企业，注册资本5亿元人民币，占地面积16.3公顷。经营范围为研发、生产和销售特种纸包括卷烟纸和相似的其他纸种以及造纸技术咨询；研发、生产与销售烟用材料、香精、香料及相关食品添加剂；销售文化用机制纸。2017年年末，公司固定资产原值3.79亿元，总资产4.03亿元，净资产1.97亿元，企业银行、税务资信良好。公司现有一条年产13000吨全套引进德国VOITH公司的先进卷烟纸生产线、意大利ACELLI公司复卷机、德国Goebel公司分切机及ABB、华章、芬兰等外国公司DCS、QCS自动控制和在线质量检测系统。主导产品为高档卷烟纸，同时生产吸管纸、成型纸等特种纸品，其中有40多个规格卷烟纸产品、有10多个规格其他低克重特种纸。目前已向安徽中烟、上海烟草集团等10家烟草工业公司提供定量18~45g/㎡、透气度30-100CU优质卷烟纸产品及售前、售中、售后服务。公司实施研发技术和精益管理的战略，促进技术和管理升级，先后通过ISO9001、ISO14001、ISO18001、ISO10012管理体系的认证。该公司入选2017年度安徽民营文化企业100强名单。

田家庵区

“幸福田家庵 美丽红五月”文化活动

【文化概览】田家庵区是淮南市经济、文化、教育、科技中心，面积255.7平方千米。辖5个乡镇、9个街道，共86个社区、28个行政村，人口62万人。

文化惠民活动。以基层为重点，拓展活动载体，增加公共文化服务与产品供给，推动公共文化服务体系建设重心下移、资源下移、服务下移。2017年，田家庵区开展文化科技卫生“三下乡”活动、“迎新春慰问先进模范人物专场文艺演出”“第十届中国·淮南桃花草莓节”开幕式文艺演出、“迎国庆·贺中秋”喜迎十九大群众文艺会演、“欢庆十九大·我的中国梦”文艺演出、“宣传十九大、文艺进基层”等共计116场大型群众文化活动。

文化民生工程。重点推进公共文化场馆免费开放和农村文化建设民生工程。区文化馆开展艺术培训67次、艺术讲座9期，艺术作品展览5期。区图书馆、文化馆免费对外开放服务群众15万余人次。在4个乡镇28个行政村举行56场“送戏下乡”活动，在各个行政村组织168场体育健身活动、放映公益性电影338场。对28个行政村文化信息共享工程村级服务点做好宽带接入、运行维护，保障其网络畅通，开展视频节目播放、科技培训、文化娱乐等活动。实施广播电视直播卫星“户户通”工程，为6000户农民群众安装直播卫星设备。为28个农家书屋进行图书更新，更新图书4704册。

文化市场管理。严格按照文化市场行政审批规定流程，加强行政审批工作人员的业务培训，提高行政审批业务水平。开展文化市场百日除患专项行动，举办文化市场消防安全集中培训，发放宣传资料2000多份，更新各类宣传标语、标识牌300余块，与市文化市场综合执法大队联合对辖区10余家无证营业且存在隐患的文化娱乐场所进行查处，确保全区文化市场清朗有序。

体育活动。以打造群众体育品牌活动为重点，构建“政府主导、部门协同、社会联动、全民参与”的“大群体格局”。举行田家庵区全民健身活动技能展演、广场舞大赛、中老年妇女全民健身技能展演、社

会体育指导员全民健身志愿进基层健身技能展示交流活动。组建由532名运动员参赛的代表团，参加淮南市第八届运动会36个项目的比赛，区代表队共获金牌90枚、银牌56枚、铜牌40枚，金牌总数、团体总分位列全市第一。

【田家庵区少儿艺术实现多门类共同发展】田家庵区少儿艺术在安徽被誉为继黄梅戏、花鼓灯后的第三大“文化现象”，是淮南文化建设的“名牌产品”之一。2004年，中国舞协在田家庵区举办首届中国少儿舞蹈艺术节，并在田家庵区设立“中国少儿舞蹈艺术研发基地”；2006年，在田家庵区举办“中国少儿舞蹈创作·淮南论坛”；2007年，田家庵区执办了中国·淮南首届国际少儿艺术节，后被安徽省文化厅授予“全国少儿文艺工作突出贡献奖”。13年来孜孜不倦潜心钻研，田家庵区在少儿艺术方面取得丰硕的成果，屡屡在“蒲公英奖”“小荷风采奖”“新苗奖”及国际少儿舞蹈艺术节等全国性和国际性比赛中摘金夺银。同时，少儿器乐、声乐、书画、戏曲、模特、主持演讲等也在不断茁壮发展，实现少儿舞蹈由“一枝独秀”到多门类共同发展、“百花齐放”的跨越，形成了以少儿舞蹈为龙头，曲艺、音乐、课本剧、美术、书法等多门类并存的少儿艺术发展格局。2017年，举办“少儿舞蹈专场”展示活动、“童心向党”声乐器乐大赛专场文艺演出、“庆六一”少儿戏曲专场演出等10余场少儿艺术演出活动。依托连续开展八年的“幸福田家庵·美丽红五月”文化活动，通过举办“幸福田家庵·百姓大舞台”少儿艺术系列专场展示活动，推动全区少儿艺术繁荣发展，提升了全区少儿艺术综合水平。

谢家集区

谢家集区开展书香校园读书活动

【文化概览】谢家集区成立于1961年10月，南与长丰县接壤，西与寿县比邻，北依淮河、八公山，是淮南市西部中心城区。面积275.7平方千米，人口32.8万人，辖4个镇、2个乡、5个街道和1个工业园区——淮南高新区智造园区。区内有战国楚相春申君黄歇墓、赖山集清真寺等历史文化古迹。

文化惠民工程。全区1个文化馆、1个图书馆和6个乡镇综合文化站常年免费开放，管理规范。在区文化馆、区图书馆及各乡镇文化站开设书法活动室。区文化馆全年共计开放271天，开展活动60次；开设舞蹈、音乐、武术、绘画、京剧等多种培训班，服务群众36700人次。乡镇综合文化站累计开放1620天，开展活动178次，服务群众41356人次；全年完成“送戏进万村”演出116场，实现为全区56个行政村至少送一场正规演出的公共文化服务；全区行政村每月一场电影，共计放映电影672场；全区广播电视“户户通”建设完18000户，做到全覆盖。

文化设施建设。整合资源，加快公共文化设施体系建设。区文化馆将闲置的400平方米场馆改建成一个文化展示中心，集多功能于一体，并被市、区纪委授予廉政文化教育基地称号。将原谢一矿职工礼堂改造成全民健身中心，800平方米的室内场地设羽毛球、乒乓球、健身房、排练舞台等活动项目，室外建有标准的篮球场，目前健身气功、广场舞、羽毛球、篮球等群众性体育活动连续不断，十分活跃。全年投资80余万元建成1个乡镇农民体育健身工程，1个笼式足球场，公共文化服务体系建设水平得到提升。

公共文化活动。组织开展“龙舞盛世·大地欢歌”文化志愿者下基层大型惠民活动、第二届“新华杯”乒乓球邀请赛、淮南市第六届象棋精英赛、社会体育指导员暨群众文化辅导员培训班等，营造良好的文化氛围。全年完成“送法进校园”法治宣传、国学经典大讲堂进校园、“向垃圾宣战·建美丽家园”环境卫生整治志愿服务等各类群众文化活动374场。

精神文明建设。全区深入挖掘身边好人事迹，持续打造“好人谢家集”品牌。夏利民、苏德矿、李方凤、胡义军被评为“淮南好人”，其中李方凤以其鲜明的个人形象和突出的好人事迹获评“安徽好人”。在未成年人思想道德建设方面,全区 2 位教师被评为第二届淮南市立德树人模范, 11 名中小学生被评为第二届淮南市美德少年。开展第二届谢家集区立德树人模范和美德少年评选活动,评选出 40 位立德树人模范和 98 位美德少年。李郢孜镇在淮南市 2017 年度农村环境集中整治考评中名列第一,谢家集区年度得分在各县区中排名第二。

【书香校园读书活动取得良好成效】为进一步倡导全民阅读,加强学校特色建设,全面提高学校的教育教学质量,区委宣传部、区文广体局依托区图书馆、区作家协会在全区学校创意开展书香校园读书活动。主办方精心挑选文学、历史、科普等各类图书期刊 3000 余册,在李郢孜镇隗店小学、唐山镇瞿洼小学、望峰岗二道河小学、孤堆回族乡孙老郢小学等 20 所学校建立流动服务点,将移动图书馆带进校园。随着各种读书活动的开展,学校的读书氛围更加浓厚,培养了学生的读书兴趣和读书习惯,学生的读写能力和语言表达能力在原有的基础上有了大幅度提高,也拉近了新成立的区图书馆与师生之间的距离,让书香“飘”进校园,“飘”进课堂。书香校园读书系列活动还包括“品味书香”系列讲座、“悦读好书”书单分享与推荐、“悦读共享”读书分享会、“读书莫忘做笔记”活动、“流动图书馆”好书分享、“传颂诗词经典 弘扬传统文化”诗词大会等,受益学生累计达 1.4 万人次。系列读书活动的成功举办,对进一步倡导全民阅读社会风尚、更好营建书香校园、创造良好的阅读氛围、培养学生的阅读兴趣、提高师生的人文素养、创建“书香西城”均发挥了积极作用。

八公山区

【文化概览】八公山区位于淮南市西部,东邻谢家集区,西与凤台县、西南与寿县接壤,北隔淮河与潘集区相望。面积 96.4 平方千米,人口 17.8 万人。辖 2 个镇、3 个街道、1 个国有林场。辖区内八公山风景区先后挂牌国家级地质公园、国家级森林公园、国家 AAAA 级旅游区。八公山是一座历史文化名山,西汉时期,淮南王刘安在八公山著书立说,写下鸿篇巨制——《淮南子》;刘安在求仙炼丹过程中发明了豆腐,名扬四海;八公山还是一座生命缘起之山,在八公山发现的“淮南虫”化石是迄今为止世界上最早的古生物化石,被国际地质学界誉为“蓝色星球”上的生命起源。

公共文化建设。区、镇(街道)、村(社区)三级公共文化服务网络不断完善,区级文体中心、文化馆、图书馆、地质博物馆、豆腐文化主题馆等场馆全部建成并投入使用。乡镇综合文化站、农家书屋实现全覆盖。投资 60 余万元,在全市率先完成农村直播卫星户户通工程。广泛开展文化惠民活动,全区成立文艺队伍 29 支,开展文化进社区惠民演出 20 余场;组织开展公益电影放映 252 场、农村体育活动 202 场、各类群众性文体活动 142 场。

文化传承与创作。推进传统文化资源保护与利用,深挖“淮南子”文化、“二十四节气”文化内涵,打响八公山文旅品牌。开展非遗项目名录申报工作,八公山豆腐制作技艺、紫金砚制作技艺、寿州窑制作技艺先后获评国家及省级非物质文化遗产。加强文艺创作,短篇小说集《小镇江湖》作为全市文艺精品创作专项扶持项目并获批,拍摄《豆腐匠心》《我不是坏孩子》等网络短剧、微电影,创作音乐快板《十八届六中全会开的好》、舞蹈《广场的热情》、说唱《两学一做》等一批原创优秀文艺作品,激发了文艺创作活力。

思想道德建设。深入挖掘身边好人好事,向“中国好人榜”推荐好人线索 1000 余条,向市文明办推荐身边好人候选人 10 人,其中,张茂珍入选“安徽好人榜”,冯根银当入选中国好人榜、安徽好人榜及安徽省道德模范。利用政务网站、微信、微博客户端广泛宣传推送好人

淮南市第五届八公山旅游嘉年华活动现场

事迹,在人流密集路段设置八公山好人榜,形成崇德向善、见贤思齐的良好氛围。完善志愿服务招募制度,全区各镇、街道和文明单位实现志愿服务队全覆盖。

文明城市创建。全区对包括主次干道、商业街在内的15条街巷进行全面整治,拆除违法建筑38万平方米,清除占道堆放、垃圾杂物400余处,清理垃圾2700多吨,清理占道经营、出店经营2800余处,拆除破损广告招牌、条幅布幔340多处,清理小广告3900多个。山王镇获安徽省第四届文明镇称号,山王镇闪冲村获全国文明村称号;新庄孜街道建东社区获安徽省第五届文明社区称号,新庄孜街道范涛家庭获淮南市首届文明家庭称号;区国税局获第十一届安徽省文明单位称号,区财政局等11家单位获淮南市第十七届文明单位称号。

【八公山文化旅游】八公山区突出八公山文化、楚汉文化、淮河文化、豆腐文化优势,加快文旅融合发展,打造大八公山文化旅游品牌。作为八公山文化旅游重要活动之一的"大八公山旅游嘉年华",从2013年开始,已成功举办5届,活动的品牌影响力已经扩大到整个皖北及皖中地区。活动以游赏八公山美景为切入点,融入汉服展示、汉仪学习、禅茶品鉴、经典诵读、传统技艺展示、文艺演出等内容,吸引省内外众多游客。在2017年第五届"大八公山旅游嘉年华"活动中,八公山区推出以"蝶恋花"为主题的花海蝴蝶春季活动,用十万余盆鲜花在八公山风景区营造出极具童话色彩的世界,同时还举办了蝴蝶放飞、蝴蝶标本展览等活动,让现场数万名游客在蝶花交映中感受到八公山的春日胜景。依托"大八公山旅游嘉年华",举办第一届淮南八公山半程马拉松、泉水音乐节、灯光艺术节等20余项节庆活动,"八公山半程马拉松"位列元旦假期安徽旅游热点事件第一名。同时,重点打造林场村"画里人家"乡村游、少数民族特色村寨风情游、废弃工矿企业遗迹游、自然生态健康游、古生物化石研学游等特色文化旅游线路,加快推进南塘湖度假区、探索小镇、"九三二二"特色街区等文化旅游目的地建设,有力促进了文化旅游融合发展提档升级,八公山已逐步成为国内知名的文化旅游目的地。

潘集区

【文化概览】潘集区1972年建区,位于淮南市北部,西与凤台县相邻,北与蒙城县、怀远县相邻,区境600平方千米,是淮南市国土面积最大的区,辖1个街道9个镇和1个民族乡,人口45.6万人。潘集区煤电资源丰富,原煤探明储量37亿吨,拥有7大煤矿、3大电厂,现代煤化工产业园和平圩经济开发区两家省级园区坐落境内,是淮南煤电化三大基地建设的主战场。

潘集区人文历史厚重,国家级非物质文化遗产"花鼓灯"流传广泛,地方独有剧种"推剧"妇孺皆知,国家地理标志产品"潘集酥瓜"飘香全国。祁集镇祁圩村被誉为"中国豆腐文化第一村",夹沟镇被命名首批"中国民间艺术之乡",潘集镇"凤台县抗日民主政府纪念园"是安徽省爱国主义教育基地。

公共文化建设与群众文化活动。141个村文化建设专项资金补助到位,文化民生工程超额完成。区图书馆、文化馆全年接待服务群众24000余人次。开展第四届文化惠民消费季活动。举办淮河文化讲堂14期。下基层开展文化辅导10次,辅导群众1000余人次。完成全区34000户直播卫星户户通工程的安装任务,受到省市主管部门的表扬和肯定。举办广场舞大赛、"喜迎十九大 送戏进万家""4·20"夹沟农民文体节、祁集镇豆腐欢乐汇等文化惠民活动。花鼓灯、剪纸等非遗项目培训班有声有色,选送的舞蹈"剪纸姑娘"参加安徽省电视舞蹈大赛并获优异成绩。

潘集区中小学生经典诵读暨文艺会演

文明创建活动。全区把培育和践行社会主义核心价值观作为凝神聚气、强基固本的战略工程，推动社会主义核心价值观融入经济社会发展各方面。产生“中国好人”2人、“安徽好人”3人、“淮南好人”7人、“潘集好人”20人，3人获“淮南市第五届道德模范”称号。区法院荣获全国文明单位称号。祁集镇顺利通过全国文明村镇复查验收。芦集镇等4个村镇获省级“文明村镇”称号；田集街道转塘社区等3个社区获省级“文明社区”称号；夹沟镇等3个乡镇获市级“文明乡镇”称号，平圩镇店集村等16个村获市级“文明村”称号，泥河镇柳叶社区等6个社区获市级“文明社区”称号。首届潘集区文明家庭评选活动圆满成功。坚持开展“社会主义核心价值观进校园”主题教育活动，潘集区政府被省政府评为全省中小学校责任督学挂牌督导创新（县）区。

宣传工作。全年在市级以上媒体发稿1000余篇，潘集区委宣传部获评全市对外传播奖。在淮南电视台《新闻联播》发稿329条，位居全市六区两县第一。文化扶贫、光伏产业、道德建设等领域优异成绩和特色做法吸引中央电视台、新华每日电讯、参考消息、法新社、凤凰网等媒体深入报道。依托官方微博“潘集之窗”、官方微信“潘集发布”平台，编发推送稿件2400余条，潘集区网宣办获评全市网络跟评先进单位。

【潘集区文广体局获评全国“双服务”文化建设先进单位】2017年，潘集区文广体局被中宣部、文化部和国家新闻出版广电总局三家联合评为全国服务农民、服务基层文化建设先进集体，成为安徽省唯一一家获此殊荣的基层文化广电管理机构。全国服务农民、服务基层文化建设先进集体表彰工作每2年举办一次，受表彰的单位包括乡镇文化站、文艺院团、文化市场管理机构、基层电影放映集体等7大门类。2017年，潘集区作为淮南市直播卫星“户户通”工程的主战场和试点区，承担3.4万户的安装任务，占全市总任务的21.6%。安装工作启动以来，潘集区文广体局秉承“为农民服务，让农民满意”宗旨，坚持“宣传到位、服务到位、监管到位”的工作机制，科学统筹、多方协调、全力推进，率先在全市县区中实现电视信号全覆盖。工作中，潘集区文广体局主动与扶贫部门对接，争取广播电视惠农政策，免费为全区2000余户贫困户优先安装，受到广大贫困群众高度好评。

寿县

《淮南市寿州古城保护条例》首个宣传日活动

【文化概览】寿县位于安徽省中部，淮河中游南岸，辖22个镇、3个乡，面积2986平方千米，人口139.85万人。寿县历史悠久，文化灿烂，古称寿春、寿阳、寿州，蔡昭侯、楚考烈王、淮南王刘长、刘安和袁术先后建都于此。寿县是国家历史文化名城、中国书法之乡，是豆腐的发祥地、淝水之战的古战场，是安徽省第一个中共党组织——小甸集特支的诞生地，先后被授予“全国文化先进县”“全国文物工作先进县”等称号。境内有距今2600年历史的“天下第一塘”安丰塘，有迄今为止全国唯一保存最完整并带有护城河的宋代古城墙等国家级文物保护单位。

公共文化服务体系建设。2017年，开展“公共文化服务体系建设推进年”活动，推动安徽楚文化博物馆、寿县文化艺术中心等重点工程建设。成功承办全省贫困地区村综合文化服务中心建设现场会，完成10个贫困地区村综合文化服务中心建设、41个村文化活动室设备购置和配送任务。全县首批45名文化协管员、23名文物保护员持证上岗。完成2017年度16100个广播电视直播卫星户户通工程建设任务，受到省新闻出版广电局通报表彰。

文化民生工程。实施“公共文化场馆免费开放水平提升年”活动，县博物馆、图书馆、文化馆、孙叔敖纪念馆及25个乡镇综合文化站等公共文化场馆免费开放水平显著提升，全年服务群众、接待游客52万余人次。完成371场“送戏进万村”演出、3252场农村公益电影放映年度任务；推进县域公共图书服务一体化和数字农家书屋建设，在全市率先实现数字农家书屋全覆盖。

城乡群众文化生活。举办“文艺扶贫·携手小康——安徽省惠民演出走进寿县”“寿州欢歌——寿县欢度国庆节、喜迎十九大摄影作品展”“文艺扶贫·梦圆寿春”及“宣传十九大·文艺进基层”等巡演活动。组织参加淮南市庆祝建军90周年歌咏大会，并作为淮南市唯一一支代表队参加全省“共创文明城·共筑中国梦”合唱展演。组织寿州锣鼓、正阳关抬阁肘阁参加中国民协在广东东莞举办的“第十三届中国民间文艺山花奖民间艺术表演评奖活动暨广东省第六届民间文化节”和由中国文联、中国民协在陕西省洛川县举办的“我们的节日·喜迎十九大”——全国优秀民间欢庆锣鼓展演等活动。深入挖掘地域历史文化，编辑出版《典藏寿春——寿县成语500条》《江淮楚文化》等图书，创作《寿县古城墙的防洪功能》《踏莎行·二十四节气》《返本开新路，薪火存文根——浅析传统诗词楹联文化在提升公民人文素养中的作用和路径》等历史文化研究和小说、音乐、散文作品40余篇、近30万字。创作的音乐作品《我是农业普查员》获国务院第三次全国农业普查办公室优秀宣传作品奖，《典藏寿春——寿县成语500条》获省社科联科普读物奖。

文化遗产保护。《淮南市寿州古城保护条例》经淮南市第十五届人民代表大会常务委员会第四十一次会议审议通过，并经安徽省第十二届人民代表大会常务委员会第四十一次会议批准，自2017年12月8日起施行；成功举办湘鄂豫皖楚文化研究第十五次年会和孙大光、张刚夫妇捐赠文物30周年回乡展等大型活动。

【湘鄂豫皖楚文化研究会第十五次年会在寿县召开】本次会议由楚文化研究会和寿县人民政府主办，安徽省文物考古研究所和寿县文物局承办。安徽省文化厅、文物局，楚文化研究会理事，河南省文物考古研究院，湖北省博物馆，湖北省、湖南省、安徽省文物考古研究所等单位代表参加会议。会议期间，来自湖南省、湖北省、河南省、安徽省的楚文化研究专家，全国各地的相关科研机构和文博管理部门代表及清华大学、南京大学、武汉大学、华中师范大学等18所大学代表共180余人齐聚楚都寿春，围绕楚文化考古新发现、楚文化与长江中下游地区文明化进程研究、安丰塘研究等主题，分别作了《安丰塘与水利遗产研究》《安徽寿县安丰塘(芍陂)水利文化遗产调查成果》《寿春城遗址考古工作的新思路》《早期楚文化发展历程的新思考》等学术交流研讨。会议还完成了理事会换届工作。楚文化研究会是由湘鄂豫皖四省联合发起成立的全国性学会，自成立以来，组织会员开展了大量的基础性研究工作，取得丰硕的研究成果，在保护中国文化遗产、弘扬中华优秀传统文化、促进地方经济和社会发展等方面均做出了显著成绩。此次楚文化研究会充分挖掘寿县历史文化资源，有力推进楚文化的保护和利用，增强了古城的文化底蕴和文化自信。

凤台县

凤台举行全县家庭家教家风报告会

【文化概览】凤台县位于淮河中游、淮北平原南缘，古称州来，又谓下蔡。清雍正十一年(1733)置县，沿革至今。凤台县域呈东南、西北斜形，南北长50千米，东西宽约42千米，面积1100平方千米，人口73万人。辖16个乡镇和1个经济开发区，共有213个村、38个社区。先后被授予中国民间艺术花鼓灯之乡、中国民族民间歌舞之乡、全国文明县城、全省首届文明县、全国科技进步先进县、全国园林县城、安徽省卫生县城、安徽省非物质文化遗产传习基地等称号，被誉为“淮上明珠”“皖北江南”。

文化事业发展。推剧现代小戏《鸡毛蒜皮》成功申报省文化厅2017年戏曲创作孵化项目。花鼓灯舞蹈《家乡的红绣球》获第十五届中国人口文化奖歌舞类一等奖。县花鼓灯艺术团与合肥市演艺集团合作,创排大型舞剧《立夏》成功上演。2017年9月县花鼓灯艺术团出访埃及,参加亚非国际文化艺术节。花鼓灯传承人邓红被评为全省首届“最美文化热心人”。组织凤台代表队参加淮南市建军90周年“军歌嘹亮”歌咏比赛,获最佳演出奖。

群众文化活动。举办凤台县第二届运动会、凤台县中小学幼儿园艺术展演、第三届“全民阅读 书香凤台”“翰墨迎盛会 丹青助脱贫”书画扶贫义卖、第三届“美丽凤台”摄影比赛,开展“宣传十九大 文艺进基层”专场文艺演出、全县新春锣鼓大赛、剪纸艺术交流联展、凤台县第三届广场舞大赛等各类文化惠民活动,丰富了城乡群众精神文化生活。

文化民生工程。持续做好公共文化场馆免费开放,全县213个行政村实施农村文化建设专项补助。县文化馆帮助基层单位及县直机关排练辅导节目40余场次。积极做好“送戏进万村”招标采购工作,完成政府采购213场演出任务,占任务数100%。农村电影放映全年完成2556场。

精神文明建设。2017年,凤台县被省文明委授予“安徽省第二届文明县”及“第三届安徽省未成年人思想道德工作先进县”称号。开展寻找最美家庭、好家风好家训活动。县委宣传部、县妇联联合举办了廉洁齐家——全县“家庭家教家风”报告会。全县青少年“百年追梦 全面小康”爱国主义读书教育活动荣获全国组织工作特等奖。申报省市爱国主义教育示范基地,组织人员参加省爱国主义教育基地讲解员大赛,获省优秀奖、市二等奖。2017年,5人当选“中国好人”、3人当选“安徽好人”、10人当选“淮南好人”,2人被评为淮南市第五届道德模范。评选出33户首届凤台县文明家庭及58位首届凤台县“立德树人模范”。2个集体获评第二批淮南市学雷锋活动示范点,2人获评第二批淮南市学雷锋标兵。李元芳被评为一季度安徽省江淮志愿服务典型。5家单位获评省级文明单位,2个乡镇获评全国文明村镇,2个乡镇及2个村获评省级文明村镇。

【原创大型现代推剧《永幸河》首场汇报演出举行】2017年11月2日,由凤台县委宣传部、县文广体局主办,凤台县推剧团演出的原创大型推剧现代戏《永幸河》首场汇报演出成功举行。《永幸河》是由省委宣传部作为“文化强省”精品项目立项、凤台县根据现实题材创作并推出的讴歌党、讴歌祖国、讴歌人民、讴歌英雄的精品力作。永幸河是20世纪70年代中期凤台人民开挖的一条人工河,全长42.6千米,流经13个乡镇,经永幸河枢纽控制闸注入淮河。推剧《永幸河》以曾被中共安徽省委授予“焦裕禄式的好干部”、时任凤台县委书记的郭新吉为原型,塑造一位不忘初心、一心为民、勇于担当的优秀县委书记的光辉形象,讴歌了凤台人民凝心聚力、艰苦奋斗、勇挑重担、奋勇争先的永幸河精神。

【凤台举办“家庭家教家风”报告会】2017年4月25日,凤台县举行廉洁齐家——全县“家庭家教家风”报告会。报告会邀请国学专家高承乾教授到会作题为《官德修养与廉吏家风》的报告。报告从“传统文化的家国情怀”“传统文化中的官德修养”“传统文化家风家教的内容”“新时期家风建设的深远意义”等四个方面,系统阐述了传承家庭家教家风的重要性和必要性。报告会用身边人和事教育身边人,致力于营造全社会崇德、向善的浓厚氛围,挖掘、培育富于地方特色和时代精神的乡贤文化,大力发扬中华文明优良传统、加强社会主义核心价值观建设。与会人员认识到家庭文明建设在党风廉政建设中的重要作用,表示要把家庭、家教、家风建设摆上重要位置,廉洁修身、廉洁齐家,以好的家庭、家教、家风,促进党风政风风清气正,带动社会和谐稳定、有序发展。

毛集社会发展综合实验区

【文化概览】毛集实验区位于淮南市西南部,西接颍上,北邻凤台,南濒寿县,是沿淮著名的鱼米之乡、国家可持续发展先进示范区。面积201平方千米,人口13.56万人,辖3个镇、1个焦岗湖湿地管理处。全区拥有焦岗湖风景区和焦岗湖影视城两个国家级AAAA级旅游景区及1个AA级工业旅游区,1个省级工业园区。其中,焦岗湖景区还被命名为国家级水利风景区、国家湿地公园、安徽省“渔家乐”发源地。毛集实验区还是淮河流域“花鼓灯”艺术的发源地之一,区内有龙灯、狮子灯、马戏灯、旱船灯、小车灯、蛤蟆灯、推剧、徽派唢呐、连响、淮河大鼓等十几项民间艺术;受蔡楚、淮夷文化的渗透,被誉为“千班锣鼓万班灯”的“灯窝子”。花家湖马戏灯是安徽省第二批省级非物质文化演出项目。文化底蕴丰厚，是淮上民间文化艺术之乡。

毛集实验区是全国首批 13 个可持续发展先进示范区之一，也是安徽省唯一的先进示范区(代表全国行蓄洪区)。拥有全国生态文明先进县区、中国绿色名区、全国绿化模范单位、国家湿地公园、中国人居环境范例奖等国字号品牌。江泽民、胡锦涛、李鹏、温家宝、乔石等 18 位党和国家领导人曾先后亲临毛集视察。

公共文化建设。全区有文化馆 1 个、图书馆 1 个、文体综合站 3 个。2017 年建成的毛集实验区图书馆，馆藏图书 1.4 万册。两馆全面免费对外开放。2017 年全区争取上级免费开放和文体活动及地方配套经费 112.9 万元。利用体彩资金共投资 52 万元新安装 13 条全民健身路径。完成毛集镇综合文体站、消防大队、淮河风情文化园等 5 个塑胶场地修复。全区晨晚练点由 2016 年的 82 个增至 102 个。实现文体项目建设投资 174.9 万元。

群众文化活动。组织 2 个节目参加淮南市"大地欢歌——第三届唢呐表演赛"活动，分别荣获一等奖一名、二等奖两名、三等奖一名的好成绩。组织 120 人参加淮南市第八届运动会，获农民部第二、总分第三的好成绩。组织淮凤推剧团、毛集推剧研究会、区曲艺家协会深入街道、乡村、敬老院、焦岗湖景区开展送戏下乡和惠民演出 152 场节目，完成任务的 400%；为偏远农村放映影片 457 场，完成任务的 100.44%，丰富了群众文化生活。

文化产业发展。依托焦岗湖景区、焦岗湖影视城、焦岗湖中沛旅游小镇、绿馨园特色淮河柳文化旅游生态园、文商奥特莱斯小镇、毛集实验区白天鹅艺术中专学校等载体，以淮河风情文化节、焦岗湖螃蟹节、荷花节为媒介，大力发展优势互补、相对集中、服务完善、增资增效的文化旅游产业，使全区文化旅游产业总投入达到 32.4 亿元。投资 12 亿元花田花海项目招商成功，正在建设中。新增 3 家手机喇叭企业落户工业园区，新增投资 28 个亿。一批集休闲旅游服务业、文化产品、旅游商品、娱乐演艺业和文化旅游于一体的企业群正在初步形成。2017 年已投资 4 亿元的中沛御泉湾温泉项目工程全面开工建设，开辟了淮南市的温泉度假时代。

精神文明建设。开展公民基本道德规范和文明礼仪知识普及教育，开展"我们的节日""我们的中国梦""文明交通行——护花行动""三关爱"等主题活动，在全区兴起文明礼仪之风、读书学习之风、勤俭节约之风、崇尚模范之风。实施"文明交通行动""文明旅游行动""文明餐桌行动""全民阅读、书香毛集"等系列活动，引导人们修身律己，做文明人。制作公益广告，组织文明短信传递，举办文明礼仪知识竞赛、"文明生活"主题演讲、礼仪、道德、文化讲座等活动。开展道德模范和"淮南好人"推选活动，评选出区级道德模范 11 人，4 人获评"淮南好人"，其中 3 人获第五届淮南市道德模范称号。全区志愿者服务队 109 支，注册志愿者近 3520 人。全区拥有市级文明单位(标兵)29 家。围绕"创文明行业、建和谐毛集"主题，为打造毛集"袖珍小城市、文明新生活"服务。毛集实验区被评为安徽省第二届"文明城区"。

焦岗湖荷花节

【焦岗湖荷花节】从 2015 年开始，每年 7 月 7 日，毛集试验区焦岗湖景区和焦岗湖影视城都举办荷花节。2017 年举办的是第三届。焦岗湖素有"华东白洋淀"之美誉。此处荷花淀的荷花艳丽妖娆，品种丰富，多达 56 种，象征中华 56 个民族，有"中华荷园"之称，畅游此景有"清心观莲魂飞去，不见荷艳人更俏"的感觉。数千年淮河民俗文化、华东地区最大的芦苇荡、独具特色的水上渔村，还拥有众多美丽传说，如"神莲""神船""黑龙遭难""赵匡胤困南唐"等美丽传说。在焦岗湖荷花淀的盛花期，除组织游客赏荷花以外，还开展焦岗湖景区形象代言人——"荷花仙子"选美活动，开展花鼓灯会演、旗袍走秀、古筝弹奏、划船、诗人采风、征文大赛、渔民厨艺大赛等系列活动。同时，组织游客开展歌咏演出、野外烧烤、野宿、露天电影、篝火晚会、小记者见面采风等活动。焦岗湖荷花节已成为毛集的形象代言和文化品牌。

滁 州 市

滁州市举办全民阅读活动

【文化概览】滁州位于安徽省东部，与六朝古都南京隔江相望，是长三角城市群、南京一小时都市圈和合肥经济圈的重要成员，自古有“金陵锁钥、江淮保障”之称。全市辖南谯、琅琊2个区，天长、明光2个县级市，来安、全椒、定远、凤阳4个县，总面积1.35万平方千米，人口455万人。

2017年，滁州市以宣传工作“八项工程”为总抓手，组织实施公共文化服务“四个十”、文艺创作“十个一”、文明创建“八个一批”等工程项目，推动宣传思想文化工作取得新进展、新成效。

党的十九大精神宣传。开展“砥砺奋进的五年”重大主题宣传，开设《喜迎十九大》《我这五年》《十九大精神在江淮》《十九大精神与我们这一行》《新时代 新气象 新作为》等专栏专题，市主要媒体刊播重点报道400多篇(条)，网络专题集纳稿件1200多篇(条)。组织开展党的十八届六中全会精神、形势政策宣传教育百场报告会、新理论·新成就、“百团千人万场”系列宣讲活动，形成声势，力求实效，全年开展宣讲2万余场，受众80多万人次。组织文艺轻骑兵深入企业、学校、农村、社区开展党的十九大精神文艺演出22场，受到广大干部群众欢迎。

思想理论建设。坚持把学习宣传贯彻习近平新时代中国特色社会主义思想和党的十九大精神作为首要政治任务，引导广大党员干部力学、细照、笃行，以党的最新理论成果武装头脑、指导实践、推动工作。认真做好市委中心组12次集中学习服务工作，抓好各级党委(党组)中心组理论学习，推动学习全员覆盖。整合平台资源，打造更具影响力的高端理论学习品牌“滁州大讲堂”，举办6场报告会，邀请金一南等著名专家学者做报告，获得广泛好评。加快哲学社会科学发展，推进新型智库建设，打造4家市级首批重点智库和4家重点培育智库，开展社科应用对策课题研究，提高资政服务能力。

舆论宣传引导。围绕市委、市政府中心工作，组织开展创新发展、脱贫攻坚、医疗改革、环保督查整改、五大发展行动计划、“四送一服”等20多个重大主题宣传，打造“开门红、双过半、抓冲刺、达全年”一季一主题宣传活动，为推动经济社会发展聚力鼓劲。在中央主流媒体头版刊发稿件7篇(条)，在省主流媒体刊发头版头条7篇(条)，推出外宣专版121个，特别是中央和省级主流媒体集中报道滁州市公立医院改革、农村综合改革和陈贤、曹旭夫妇事迹，引起强烈反响。2000年以后首次在《人民日报》刊发头版头条稿件《小岗村 瞄准三年大提升》，实现又一历史性突破，城市形象宣传片《Back to 滁州》获中国广告年度实效案例大奖。成功举办“五大发展在滁州”“大江北时代的滁州机遇与策略”战略研讨会等6场大型集中采访活动，进一步展示滁州良好形象。深化与重点网络媒体合作，借力新媒体，扩大宣传效果。与凤凰网合作的“凤观滁州 气越淮扬”第二季滁州全媒体行活动，阅读量达1.1亿次；与人民网合作“小城故事多”、与新华网合作“新华视角 滁州故事”、与新浪网合作“浪客滁州行”滁州全媒体行活动，均在全国产生强烈影响。“美好滁州”微信、微博双双进入全国政务微信、微博前列，影响力稳居全省16个市前3位，在全省率先建设“四个100”政务新媒体矩阵平台。

精神文明创建。成功创建省级文明城市，并入围全国文明城市提名城市，天长市成功创建全国文明城市，其他县、市也全部获得表彰，实现“满堂红”。定远县陈贤、曹旭夫妇成为全国律师行业首例全国道德模范，也是滁州市继沈浩后又一全国道德模范。南谯区少年刘寿宝成为安徽省唯一全国最美孝心少年；来安县援藏医生张国秀获评全国岗位学雷锋标兵，全省仅2例。深化拓展“践行核心价值·打造好人滁州”主题实践活动，广泛开展学雷锋志愿服务活动，月评“十佳志愿服务”典型9个，建成市民广场、龙蟠河公园社会主义核心价值观主题广场(公园)，滁州好人馆面向公众开放，参观人数近万人次。深入开展推介、评选、宣传、礼遇各类好人活动，4人入选“中国好人”、15人当选“安徽好人”，省级以上好人数位居全省前列。道德信贷工程提质扩面，全市883户好人取得授信，授信总额7.2亿元，268户用信5.7亿元。创新工作方式，开设《滁州直击》曝光台，坚决揭短亮丑，倒逼问题整改，推动文明创建常态化。结合美丽乡村建设，深化“三线三边”环境治理，增强治理效果。

公共文化服务。市博物馆5月18日开馆，社会各界反映良好。市图书馆新馆正在装修和设备采购安装，新馆探索采用“全馆服务外包”，实现服务方式多元化，《中国文化报》作专题报道。实施文化设施“四个十”项目建设，建成10个省级农民文化乐园、10个乡镇综合文化服务中心；10个市民文化乐园基本建成，十大文化场馆正在推进之中。凤阳县大剧院(文化艺术中心)开工建设，天长大剧院(文化艺术中心)列入天长重点工程项目库，全椒博物馆选址确定正在规划设计，明光博物馆正在布展，定远县包公文化园正在布展。全市128个公共文化场馆免费开放。组织筹划“社会力量参与公共文化服务”项目被推荐上报文化部，获“第四批国家公共文化服务体系示范项目”申报资格。组织申报第二十届全国老年合唱节，获文化部批准。积极开展村(社区)级文化协管员(文物保护员)试点工作，已招募文化协管理员355名、文化管理员32名，公益性文化岗位购买工作走在全省前列。农村文化建设专项补助共完成政府采购演出场1316场，完成任务数127.9%；农村电影放映12709场，完成任务数102.9%；文化信息共享工程完成采购205.8万元，完成任务数100%。5个贫困村建成农民文化乐园并通过验收。市文广新局被授予农家书屋全面建设十周年全国先进集体，定远县蒋集镇农家书屋被授予全国示范农家书屋称号。

滁州市博物馆开馆

群众文化活动。成功举办第六届中国农民歌会，得到文化部部长雒树刚、省长李国英高度评价。组织开展好第四届“出彩滁州人”演出季活动，演出总场次20场，观众12万多人，网上微信投票超80万人次，入选全省创新范例。策划开展“戏曲进校园”等群众性文化活动和网络文化作品大赛、网络达人秀、“我把颂歌献给党”等网络文化活动，举办“亭城赞歌”首届网络联欢会，展示“民星”风采，获得群众一致好评。组织完成全省民营艺术院团“百佳院团”和“四个十”的申报评选工作，天长俞金花剧团获评“十大名团”，定远县定城镇永恒艺术中心、天长景鸿艺术中心获评“百佳院团”。

文艺精品创作。实施“十个一”文艺精品创作，黄梅戏《大明朱元璋之斩婿》在全市巡演，凤阳花鼓《中都鼓韵》在安徽大剧院展演，电影《亭城之恋》在滁首映，滁州散文集出版发行，现代黄梅戏《一个都不能少》、百米书画长卷、歌曲《醉美滁州情》等创作完成。4部文艺作品入选省精神文明建设“五个一工程”奖，并列全省第一，获优秀组织奖。组织2个节目参加安徽省第十届皖江八市群艺(小品)大赛，获得一金奖一银奖。组织赴台湾开展媒体和文化交流活动，在滁举办“台湾十名家中国画联展”。举办大江北“当代名家作品”等系列展览，规格高、质量精、反响好。

文化产业发展。4家文化企业入选省著名商标,金色田园成功在“新三板”挂牌。创源文化公司入选国家文化出口重点企业,实现全市国家级重点出口文化企业零的突破。图强文具等5家企业入选省文化产业示范园区(基地),入围省民营文化企业百强数全省第二。积极参加深圳文博会,全椒“儒林根雕”《一带一路》获“中国工艺美术文化创意奖”铜奖。4家企业荣膺南京市文化产业“金梧桐奖”,全省新闻出版广播影视产业园区建设现场会在滁召开。

文化遗产保护。市政府出台《关于进一步加强文物工作的实施意见》,并抓好文件的贯彻落实。市人大出台《滁州市非物质文化遗产保护条例》,10月份市人大常委会通过,2018年1月正式实施。凤阳明中都城正式挂牌国家大遗址公园,全国仅12个。楼西回民锣鼓等5个非遗项目获批为安徽省第五批省级非遗名录。实施全国重点文物保护单位琅琊山摩崖石刻及碑刻保护工程。做好第八批省保、第五批市保申报和评审工作,申报省保项目14个,批准新增第五批市保项目24个。启动市级文物保护单位吴棠、章益故居修缮保护及展陈布展工程,土建工程正由市重点局施工,布展工程已开始方案设计。完成苏滁产业园区宋代墓葬的清理工作,共出土文物6件套。加强法制宣传,追缴滁阳路古墓出土文物6件。凤阳花鼓、凤画走出国门参加“意大利·中国文化艺术节”,

文化市场监管。深入推进“放管服”改革,取消5项行政审批项目,规范文化市场事中事后监管,做好“双随机”工作。加大执法办案力度,开展文化市场专项保障行动。3家单位入选全国“扫黄打非”进基层示范点,数量居全省第一,来安县新安镇成为安徽省唯一全国“扫黄打非”进基层示范点标兵单位,全省“扫黄打非”进基层示范点建设现场会在来安县召开。

举办公民道德宣传日暨“向国旗敬礼”主题活动

【“大江北时代的滁州机遇与策略”战略研讨会在滁举行】近年来,作为长三角城市经济协调会成员、南京一小时都市圈和合肥都市圈重要成员,滁州市不断加快融入南京和长三角的步伐,努力提升自身开放型经济水平。为抢抓国家《长江三角洲城市群发展规划》和《南京江北新区战略发展规划》带来的历史性机遇,2017年5月5日,由滁州市人民政府和新华报业传媒集团联合主办的“大江北时代的滁州机遇与策略”战略研讨会在滁举行。研讨会上,来自苏皖两省的知名专家、学者,围绕“大江北时代的滁州机遇与策略”主题,就滁州如何进一步推进与南京同城化发展、如何谋细谋实滁州“大江北”战略、如何实现创新发展与转型发展等议题,从不同方位、不同层面、不同角度发表了真知灼见,让与会人员对“大江北时代的滁州机遇与策略”有了更加深刻的认识。

【第四届“中国梦·出彩滁州人”演出季活动精彩上演】2017年5月27日晚,第四届“中国梦·出彩滁州人”演出季正式启程,活动每月确定一个主题,五月“金色旋律”篇、六月“百花齐放”篇、七月“缤纷夏日”篇、八月“精彩纷呈”篇,吸引广大群众积极参与,实现群众演、群众赛、群众看、群众评、群众乐。第四届演出季活动除在主城区演出外,还延伸到全椒、来安等4县(市),共有60多个团队、20多名个人精彩献艺,演出总场次20场,观众12万多人,网上微信投票超80万人次,数万名网友线上点赞。该项演出季活动获评2017年省委宣传部宣传思想文化工作创新范例。

【滁州长城文化创意产业园】项目位于滁州科教园区,总面积约200公顷,计划投资20亿元,配置“一街、二城、三园”六大主功能区,着力打造以文化创意、网游、动漫、佛教文化、旅游为核心,兼具度假、会议、居住等服务功能为一体的综合性文化创意产业基地,先后被评选为安徽省全省重点文化企业示范园区(基地)、安徽省第五届文化产业示范基地、安徽省影视拍摄基地称号。项目于2013年6月8日开工建设,2014年10月底园区开放部分区域试运营。截至2017年年底,《我有一个梦》《大玉儿传奇》《婚姻攻防战:为爱付出》《母爱如山》《天下第一刀》《乞丐皇帝与大脚皇后》《冷枪手》《烽火线》《太子快跑》《热血英雄之校花》《浴血红颜》等12部电视剧在园区拍摄完成，汇聚刘晓庆、景甜、韩雪、蒋林静、惠红英、郑国霖、耿乐、聂远、陈浩民、宁静、陈龙、印小天等众多明星大腕，吸引众多游客参观，2017年园区接待游客近80万人。

【安徽创源文化发展有限公司】安徽创源文化发展有限公司成立于2012年，项目总投资5.6亿元，占地面积13.2公顷，规划建设标准厂房13万平方米，主要生产时尚文具、手工艺品、社交情感产品、儿童益智产品和纸质衍生产品等五大类产品，产品主要销往美国、欧洲和日本等地区。公司目前拥有独占许可发明专利3项、实用新型专利54项、软件著作权2项、版权登记10项，还多次获得全省民营文化企业100强、省文化产业示范区（基地）等称号，是一家主业突出、特点鲜明的创意型文化企业。经过6年时间发展，产值、利税等主要经济指标跃居来安县工业企业前列，2017年实现产值2.1亿元、税利1850万元，排名来安县第五。9月19日，母公司"创源文化"在A股创业板成功上市。

琅 琊 区

2017年"廉洁文化进校园"文艺演出

【文化概览】琅琊区是滁州市中心城区，是皖东地区经济、文化、交通中心，是皖东商贸集聚区。全境面积227.76平方千米，常住人口31万人，现辖2个街道办事处、6个公共服务中心和1个省级经济开发区。境内旅游景区琅琊山为国家级森林公园、国家重点风景名胜区、国家4A级旅游区。辖区有省级重点文物保护单位3处。截至2017年年底，有区级公共图书馆1个、区级文化馆1个（被评为国家一级馆）、街道和公共服务中心文化站（文体活动中心）8个。建筑面积7000多平方米的琅琊区文化艺术中心大楼建成使用，建成区级图书馆总馆和8家街道（中心）分馆、52家农家书屋、6家电子阅览室。

文化事业建设。区文化馆、图书馆自2012年建成使用后，舞蹈室、书画室、健身房、录音棚、阅览室等硬件设施不断完善，免费开放和文化交流培训常办常新。"两馆"注重引入社会力量参与公共文化设施的建设和管理，开展社会化运营。近年来累计引进2亿多元，建成金丝楠宫博物馆、皖南古民居收藏展、蒲公英（滁州）培训基地、精品读书吧等，成立国服、摄影、书画沙龙和中老年合唱团、少儿艺术团，开办中国舞、国服、摄影、书法、国画和花鸟等10个馆办免费培训班，受益群众数千人。滁阳社区市民文化乐园被省文化厅列为全省首批80个基层综合文化服务中心示范点之一，西涧综合文化服务中心、古道社区市民文化乐园等5个基层文化阵地跻身市级综合文化服务中心示范点。

文化产业发展。全区有文化企业370多家、规模文化及相关产业法人单位13家、省"861"文化产业项目1个。其中1912文化街区入选滁州市文化产业示范基地；金丝楠木文化旅游项目入选安徽省文化产业示范基地，并成功跻身"2015、2016年度安徽省民营文化企业100强"。861重点文化项目——新安旺市绿色数字化印刷项目，完成投资3亿元。重大文化储备项目建设进展顺利，其中重点文化商业街区滁州·清流街项目，于5月20日举办项目剪彩仪式，累计完成投资2.12亿元；遵阳街综合改造开工，已完成投资4200万元。

主题宣传活动。开展"网络中国节""锦绣安徽客迎天下"等系列主题宣传活动。积极推动传统媒体与新兴媒体融合发展，利用新兴媒体的强大传播力和竞争力多角度宣传琅琊。参与"凤观滁州 气越淮扬"第二季全媒体行和"新华视角 滁州故事"新华网全媒体滁州行活动。开展"樱为你来 花香琅琊"第二届琅琊之春樱花节随手拍微信投票活动。与E滁州网站合作举办“网友看琅琊”活动,先后组织开展“志愿服务进社区”“五四登山比赛”“乐跑清流畔 活力滁州城”“为爱,我们E起来捐步”等宣传活动。

精神文明创建。大力实施“送文化、建文化、种文化、育文化”四项文化惠民工程,使社会主义核心价值观的精华潜移默化地渗透融入人们的日常生活。以创建文明城市为契机,同步开展文明单位、文明窗口、文明社区、文明村镇创建活动,让群众在参与中提升精神境界、培育文明风尚。开展道德讲堂、文明餐桌、文明交通、文明旅游、网络文明传播、美德少年、“三关爱”、志愿服务等主题实践活动,引导广大市民遵德守礼,不断加强日常养成,实现自我提升。加强好人选树工作,先后推出“琅琊文明家庭”“琅琊好人”“五好家庭”“优秀志愿者”等项目。实施道德信贷工程,2017年全区14人当选“滁州好人”,48人当选“琅琊好人”,完成道德信贷放贷140万元。

【琅琊区龙池社区开办“汉学堂”】琅琊区南门公共服务中心龙池社区借助优秀的历史传承和文化积淀,成立汉学堂,践行习近平新时代中国特色社会主义思想,展现龙池廉洁文化内容。龙池社区汉学堂成立于2017年8月29日,以龙池社区爱心学堂留守儿童学生为班底,聘请滁州各大学院汉语言老师、民学专家,在节假日里为孩子们教授汉学,传播优良家风家训。汉学堂成立以来开展大型活动数十场,其中9月9日开展的穿汉服行拜师礼感恩教师节活动在中央电视台一套、四套和十三套播出,并且被国家民政部拍摄成纪录片留存。

南　谯　区

【文化概览】南谯区位于滁州市东部,苏皖两省交界处,南临长江,与南京市浦口区山水相连。全区现有8个镇,1个社管中心。8个镇均建有文化站或乡镇综合文化服务中心,75个行政村全部建设有农家书屋并配备管理员;在中心村(美丽乡村建设点)建设农民文化乐园9个,其中省级农民文化乐园5个。在滁州市主城区有社区13个、南谯新城社区3个,在社区建设市民文化乐园3个。建有区级文化馆1个、图书馆1个。

文化活动。2017年,以“我们的节日”为契机,开展“红红火火过大年”“品端午 传家风 诵文明”“千年儒风共明月——我们的节日·中秋”“情暖重阳承家风 传诵孝道话文明”等系列主题活动,传承弘扬优秀传统文化。举办“翰墨丹青颂南谯 喜迎党的十九大”庆国庆书画展。在湖心路小学开展1000多人参加的“全民悦读”启动仪式,南谯区“民生杯”原创作品文艺调演在双洪生态文化公园精彩上演。大柳镇将婚庆民俗这一非遗项目搬上舞台,培育成为重要演艺节目。章广镇连续26年举办乡村春晚,2018年春节前被选送到浙江龙泉市参加全国网络村晚。在此示范带动下,各镇纷纷举办镇、村级春晚,做到农民演、演农民、农民看。举办迎新春、迎“七一”“中国梦 南谯情”“民生杯”乡镇综合文化站文艺调演、“南谯区残疾人文艺演出”等演出以及“迎国庆”书画展活动。参加“欢乐滁州”“星光珠宝杯”广场舞大赛、长城影视基地“灯光音乐节”非物质文化演出。

文化民生工程。2017年南谯区投入公共文化场馆开放资金80万元、农村文化建设专项补助81万元,实际到位率100%。在滁州市率先完成6000户直播卫星“户户通任务”,得到省、市通报表扬。累计放映公益电影900多场。统筹推进文化信息资源共享工程、数字化推广项目工作。2月份启动送戏进村活动,圆满完成全部75场演出任务。争取中央、省级财政投入及区财政配套投入共约330万元,支持公共文化服务体系建设。区文化馆新建电子阅览室,区图书馆新增图书5400余册;2017年全年外借图

春节期间在腰铺镇举办乡镇文艺调演活动

书量达 5.7 万册，到馆阅览人次 1048 人次。

文化旅游。积极举办 2017 滁州·章广红色文化旅游节（桃花篇）、大柳迷你马拉松邀请赛、首届“蓝莓节”和“金甲溪漂流节”等旅游节庆活动。积极摸排、培育旅游资源，申报一批 A 级景区、星级农家乐、省乡村旅游示范村、优秀旅游乡镇等。深入推进“旅游厕所革命”，完成曲亭村、太平集村和蓝莓园 3 座旅游厕所建设，并全部投入使用。积极推进御龙文化城、长城影视城、美尚园林、黄圩生态旅游度假区等重点项目的建设。御龙文化城一期初具形象，长城影视城进入三期建设，美尚园林积极考察投资高端民宿项目，总投资 104 亿元的黄圩生态旅游度假区已经正式动工。

精神文明创建。成立文化志愿服务队、医疗志愿服务队、消防宣传志愿服务队、政策宣传四类专业志愿服务队共 130 余支。服务队人员由社区专业人才、文明单位志愿者、热心公益事业的退休干部、老党员等组成。全年开展志愿服务活动达 300 余次。入选全国“最美孝心少年”1 名（全省唯一），与全国30 名孝心少年一道在中央电视台接受颁奖；入选省月评十佳志愿服务优秀个人典型 1 名。荣获“第二届安徽省文明城区”称号，5 家社区荣获“第五届安徽省文明社区”称号，4 个村荣获“第四届安徽省文明村镇”称号，文明创建连续 6 个月获得全市三区考评第一。结合物业小区建设、背街小巷整治，清理和整顿物业小区以及老旧小区的环境，加强社区氛围营造。增加公益广告、社会主义核心价值观宣传 200 余处，各级文明单位特约刊登“图说我们的价值观”“讲文明树新风”“志愿服务”等公益广告。

【南谯区举办大柳镇马拉松比赛暨民俗文化旅游节】南谯区大柳镇镇域内森林覆盖率达 80%以上，旅游资源丰富，有 AAA 级国家森林公园皇甫山以及弥陀寺、上张大草原等众多自然人文旅游景点。2017 年在此举办的马拉松比赛暨民俗文化旅游节是南谯区举办的第二届马拉松赛事，整个比赛按照银牌赛事标准筹备。赛事包括半程马拉松、十公里、亲子欢乐跑 3 个项目；参赛规模达到 1000 人以上，其中半程 600 人、十公里 300 人、亲子欢乐跑 150 人。选手们穿越古驿站，沿途湖光山色、诗村园林、街景、茶园、花海相映成趣，处处尽显皖东风情，广大跑友充分领略“行尽大柳皆是景，一镇山水满镇诗”的独特魅力。活动同时还举办了大柳镇农产品展销和“迷你”马拉松摄影大赛。

天 长 市

【文化概览】天长历史悠久，建县于公元 742 年，是唐玄宗李隆基为纪念自己生日而设的千秋县，后改名为天长县。1993 年 9 月 18 日，经国务院批准撤县设市。面积 1770 平方千米，人口 63 万人。天长人文荟萃，文化遗产丰富，无论是曾被列为“全国十大考古新发现”之一的三角圩汉墓群、抗日军政大学第八分校旧址，还是因弃官寻母被列为“二十四孝”之一的朱寿昌、清代状元戴兰芬、伦理学家周原冰、《茉莉花》作者何仿等文化名人，都为天长这座古城留下了深厚的文化烙印。天长市群众文化工作始终站稳全省第一方阵，是“全国文化先进市”，2017 年被评为全国首届弘孝示范城市、安徽省首批创建公共文化服务体系示范区先进城市。

文化设施建设。文化艺术中心已委托同济大学、深圳建筑设计研究院同步开展项目概念设计和 PPP 可研工作，力争 2018 年开工建设。已建成 24 小时自助图书馆并免费对外开放，一度成为网红，成功打造茉莉咖啡社区阅读点 1 个。龙岗红色文化旅游项目已筹建管委会，申报中央预算内文化旅游

“我的中国梦”春节文化广场活动

项目资金5400万元，对包括龙岗抗大纪念馆在内的整个古街进行改造提升。已建成开放总面积450平方米的“孝文化展示中心”，有效促进天长孝文化与旅游文化的有机融合。

群众文化活动。开展“我们的中国梦”春节文化广场系列活动，结合“茉莉花体育文化旅游节”开展民俗文化展示系列活动，举办第二届“舞动天长，汇聚正能量”广场舞大赛，策划首届“开秧门”农俗文化节。借助全国文明城市创建工作，开展“移风易俗”原创文艺作品大赛；举办“情系天长，共享文明”翁雷钢琴交响音乐会，让每一位爱好音乐的天长人享受到文化的盛宴。完成郑集镇川桥村、铜城镇龙岗社区、仁和镇芦龙社区等6家美丽乡村农家书屋、电子阅览室、文体活动室星级化服务提升。完成2个滁州市级综合文化服务中心试点、2个省级农民文化乐园试点，1个滁州市市民乐园试点建设。

文化遗产保护。利用国家专项保护经费，对56件套漆木器文物进行脱水技术保护和修复。进一步完善全市5处省保、16处市保单位的“四有”工作。组织完成天长古城墙(东门段)、青狮墩遗址申报为第八批全省重点文物保护单位的申报工作。对第三次全国文物普查中新发现的17处文物点，进行挂牌保护。西城河治理工程中发现的西城门遗址，及时上报省文物局，遗址发掘保护工作正式启动。积极推介“秦栏卤鹅”“甘露饼”参加“滁州市非遗手工技艺产品展销会”。配合滁州市非遗中心拍摄《天长孝文化》《天官画》宣传片。召开“安徽省传统村落——天长市汉河古街民俗文化座谈会”。新编非遗题材历史剧《弃官寻母》参加“第四届安徽文化惠民消费季·好戏大家看”展演获得成功。

文化市场监管。结合创建全国文明城市工作，全年共出动执法人员1000多人次，对全市105家网吧进行日常巡查和突击检查，共查处违规网吧56家，分别做出处罚。深入开展校园周边专项整治，查缴非法出版物500多册，销毁游戏机2台。开展为期1个月的印刷业市场专项整治行动，查处违规企业3家，收缴低俗音像制品150余张、口袋本非法出版物400余本。积极开展查处非法销售和安装卫星广播电视地面接收设施的行为，收缴“小锅子”近20个。在节目监管上，实行演出节目备案制，设立举报电话，节目内容不健康的不得演出，宣传海报不健康及与审批内容不一致的不得宣传。全年共对市区2家演艺场所进行4次突击检查。

精神文明建设。开展“书香天长”系列活动，举办“孝亲文化节”系列活动，让人们在活动中感悟，在感悟中践行。突出加强社会主义核心价值观、中国梦等系列宣传，累计投入达5000万元，全城增设核心价值观主题公园1个、主题广场5个、大型公益广告20处、街头公益广告小品450个，同时精心打造楼道文化、广场文化、围墙文化。广泛开展道德实践活动，多渠道、多层次、多形式地组织开展文明交通、文明旅游、文明餐桌、好家风好家训、我们的节日、道德讲堂、好人故事会等各类主题活动。推动身边好人评选，弘扬正能量，创新实施道德信贷工程，出台“礼遇好人十条”，让德者有得，好人有好报。倡导志愿服务，全市注册志愿者3.2万人，各类志愿服务队438支，开展志愿服务3600余次；先后有1个志愿服务队入选“全国志愿服务4个100”优秀志愿服务典型，3个志愿服务队被评为全省“月评十佳”，1个志愿服务项目被评为全省优秀项目典型，“中国好人”李宏祥被评为全国优秀五星级志愿者。2017年成功创建全国文明城市。

【天长市“千秋雨露”项目获评省级文化志愿服务典型】千秋雨露”项目创建于2013年6月，由天长市文广新局牵头，天长文化馆、图书馆、博物馆联合创办，包含“千秋大舞台”“千秋大讲堂”“千秋史话”3个子项目。天长市文化馆实施的“千秋大舞台”项目，志愿者人数上千人，演出基本队伍500多人，节日有专场演出，夏秋季天天演，春冬季定期演，活主要动有春节文化广场、茉莉花体育文化节民俗展演、美籍华人翁雷广场音乐会、农俗文化“开秧门”等。天长市图书馆实施的“千秋大讲堂”项目，主要活动有文学创作、健康生活知识、时事政治、家风家规、书法名家辅导等。天长市博物馆实施的“千秋史话”项目，依托“我们的节日”等系列活动，开展“谈端午的由来”“话中秋”“天长地名故事”“天长文物故事”等文化故事进校园、进社区活动。

天长市第二届“舞动天长，汇聚正能量”广场舞大赛

明 光 市

世界读书日“欣悦读”少儿读写绘活动

【文化概览】 明光市地处安徽省东部，总面积2335平方千米，总人口65万人，享有“明皇故里、生态酒乡”之美称。明光区位独特、资源独在、山水独秀、风景独好，是一个生态休闲度假旅游城市。明光曾获全国科技先进市、全国文化先进市、全国体育先进市、全国双拥模范城、全国水产百强市、全国人口计生优质服务先进市、中华诗词之乡、浙商(省外)投资潜力城市等称号。

文化事业。2017年，明光市实施“以文化人”工程，大力推进“文化滋养”行动，广泛推进机关、校园、公园、广场、村居和企业文化建设，逐步打造完善“六个十”文化平台建设示范点，制作设置文化牌、文化墙、宣传栏1800余件(处)、悬挂公益广告牌1200件。成功举办10场“明光市中华诗词大会”和“第十届迎春诗歌朗诵会”“我们的节日·相遇经典诗香润心”等传统诗词诵读大赛，掀起了人人读诗、学诗的浓厚氛围。建成安徽散文馆，成功争创“安徽散文之乡”“安徽省中华诗词之乡”和国家级“中华诗词之乡”，4家单位获评“中华诗教先进单位”。举办“第十七届明光之夏纳凉晚会”“第八届花灯大赛”活动。广泛开展青少年“百年追梦 全面小康”爱国主义读书教育活动，1名选手获得全省三等奖。举办明光市与加拿大圣·阿黛尔市文化交流活动、“明光市书画院”首届双年展等。文化馆2017年共计接待群众约18000多人次。“两馆一站”对外免费开放，图书馆全年接待读者5万余人次，处理文献借还15万余册次。

文化产业。明光市有规上文化及相关产业法人单位数15家、文化高新企业1家；2017年获授权实用专利25个、发明专利2个。文化企业招商效果显著，成功引进亿元以上项目10个，其中新签约4个、开工6个。新增民营文化企业67家，其中包装印刷和文化用品生产企业3家、广告及装潢34家、玩具饰品生产加工7家、文化旅游开发7家、文化服务10家、网络文化服务6家。3家企业入选“安徽省民营文化企业100强”。已初步形成包装印刷、生态文化旅游、网络文化、文化娱乐、文化艺术等行业同步发展格局。

文艺创作。创作出版《明光文史》《故园乡愁》《薛守忠文学评论〈贡发芹诗歌艺术初探〉》等一批文史书籍。3件航拍视频作品入围全省“五大发展瞰安徽”优秀作品展示，居滁州市第一。《看明光 好风光》参加第五批“中国梦”主题新创作歌曲评选。

非物质文化遗产。明光市博物馆在市文物所挂牌。2017年3月22日明光市博物馆设计展陈建设项目获批，6月施工，年底完成基础布展工作。自来桥、嘉山县抗日民主政府旧址、浮山堰3处文保单位于6月29日成功获批滁州市级文物保护单位。

文化市场管理。在重点时段、重要场所采取错时执法、交叉执法、城乡联动、突击性清查等灵活方式，深入开展“清源”“净网”“秋风”“清源”“固边”五大行动，织牢织密文化安全防护网。全年共检查网吧1000余家次、歌舞游戏游艺480家次、印刷企业64家次，对9家违规经营的网吧予以立案处罚，查处取缔黑网吧2家。检查文化经营单位600余家次，扣缴盗版图书、玄幻图书、口袋书近3000本，查缴销毁小学生摸奖纸牌400余张。

精神文明建设。开展月评“明光好人”活动，全年推荐好人线索13000多条，70多人当选“明光好人”，11人当选“滁州好人”，2人当选“安徽好人”。实施道德信贷工程，对43名道德信贷授信对象共授信525万元人民币，达到入户调查率、建档率、授信率和用信率四个“100%”要求。以“四城联创”为主线，深入开展文明县城创建、文明单位创建、文明村镇创建、文明社区创建、文明校园创建、文明行业创建、文明家庭创建等“七大创建”行动。全年评选出滁州市文明单位58家、省级文明单位7家、国家级文明单位1家;评选出滁州市文明村镇5个、省级文明村镇3个、省级文明社区2个;评选出16个“最美家庭”、100个“五好文明家庭”、838户“十星清洁户”;评选出“美德少年”10人、“最美军嫂”和“最美兵妈妈”各10名、安徽省“月评十佳”江淮志愿服务典型1个。获评“第四届安徽省文明城市”。

【明光市持续开展理论天天学“十个一”活动】2017年,明光市坚持每天编发一条理论学习微信、每周推荐一篇理论好文章、开展一次理论微宣讲、每月开展一次讲座、组织一次中心组集中学习、编发一期《中心组学习参考》、每季度开展一次理论研讨、每半年开展一次理论集中宣讲、每年开展一次集中调研、形成一批理论调研成果。全年市委中心组组织理论学习23次,印发《中心组学习参考》14期,利用“中心组理论学习交流微信群”“理论天天学微信群”以及干部教育在线学习平台,深入学习习近平新时代中国特色社会主义思想。市委理论学习中心组、市委讲师组先后荣获“2017年度全省党委(党组)中心组学习先进单位”“2017年度全省党委讲师团信息工作先进单位”称号。

全 椒 县

2017年2月12日,全椒县太平文化广场举办舞龙舞狮表演。

【文化概览】全椒位于安徽省东部,西汉置县(前203),古称椒邑,至今已有2200多年。全县辖10个镇和1个省级经济开发区,国土面积1568平方千米,人口48万人。是全国绿化模范县、国家生态示范区建设试点县、省级文明示范县、全省旅游强县、省级园林县城,安徽省民间文化艺术之乡。全椒历史文化深厚,是明代四大高僧之一憨山大师和《儒林外史》作者吴敬梓的故里。境内有神山国家森林公园、吴敬梓纪念馆、吴敬梓故居、太平文化广场、南屏山省级森林公园、周岗烈士陵园、岱山湖、碧云湖、三塔寺、龙山寺、梅花垄等景点。国光楼为省级重点文物保护单位。“正月十六走太平”民俗文化活动、传统舞蹈《八朵云》和《手狮灯》项目为省级非物质文化遗产。

文化民生工程。国家公共文化服务云率先在全椒八波村落地。县图书馆顺利通过国家一级图书馆省市级验收。建成全省第一家广播电视、场馆免费开放监测监控中心平台。县文化馆、县图书馆、吴敬梓纪念馆和10个镇综合文化站全部免费开放。建设省级农民文化乐园试点——西王镇管坝民族中心村、二郎口镇下陶新村农民文化乐园。建设市级试点——襄河社区市民文化乐园。建成武岗镇综合文化服务中心、二郎口镇古城村贫困村农民文化乐园。

文化遗产保护。三塔寺等7处文物点通过审核,被滁州市政府公布为第五批市级文物保护单位。完成8处重要文物点的挂牌保护工作和10处重要文物保护单位的“四有”工作。启动襄河古桥——宝林桥、积玉桥、涌金桥3座古桥修复工程。对程瑛墓出土纺织品进行丝织品维修。市级非遗项目——儒林根雕《一带一路》参加第十三届中国(深圳)国际文化产业博览会,获“中国工艺美术文化创意奖”铜奖。采录全椒民歌,编写全椒非遗读本。全椒传统舞蹈《八朵云》和《手狮灯》项目被省政府公布为第五批省级非物质文化遗产代表性项目。

基层文化事业。组织开展“走太平·儒林风”大型民俗传统节日系列文化惠民活动。举办春节文艺联欢会、民间花灯大赛、庆祝建党96周年文艺演出、夏季纳凉晚会、喜迎十九大暨建国68周年广场舞展演、精准扶贫文艺巡演、第六届“民生杯”综合文化站文艺调演、“扶贫攻坚”文艺展演、秋日戏韵京剧演出等56场大型演出活动。“送戏进村”演出举办134场。全年农村电影放映1128场。完成十字镇华林村、石沛镇大季村等全县14个村的固定电影放映点建设并投入使用。实施农家书屋提升工程,完成60个数字农家书屋安装任务。全县94个村农家书屋开展“四季篇章"全民阅读活动。推进县域公共图书服务一体建设,实现全县城乡公共文化信息资源共建共享。开展政府购买基层公益文化岗位工作,全县10个镇综合文化站、17个省市县级农民文化乐园和4个省级文物保护单位,配专职文化协管员和文物保护员。

文艺精品创作。举办方茂鸿书画作品汇报展,展出方茂鸿近年来创作的书画作品160幅,其中书法60幅、国画100幅。举办"秦锦章书法30·50·70回顾展"。程德宁楷书作品入选全国第二届书法临帖作品展。洪文水短篇小说《大雪覆盖的村庄》荣获2016年全省"金穗文学奖"一等奖第一名。在省市级美术书法摄影展赛中,50余人次入展并获得不同等级奖项。多人次入围省市级音乐、舞蹈、戏曲和民间文艺展演等。创作大型黄梅戏《风雨途归》和情景剧《情怀》在全县巡演。

精神文明建设。2017年,全椒被评为"第二届安徽省文明示范县(市)"。江海小学入选首届全国文明校园。襄河镇顺利通过全国文明村镇复查,石沛镇黄栗树村当选第五届全国文明村镇。开展"最美系列""文明行业"评选活动。开展月评"全椒好人"活动,评选出"全椒好人"52名,其中1人当选"中国好人"、4人当选"安徽好人"、15人当选"滁州好人"。陈祥元当选安徽省第五届诚实守信类道德模范。深入推进"道德信贷"工程,对县级以上好人逐人建立道德信贷档案卡。县供电公司"小红帽"志愿服务队和"星火燎原"道德模范志愿服务队当选安徽省"月评十佳"江淮志愿服务集体典型。县供电公司"小红帽"志愿服务站被评为滁州市学雷锋活动示范点。

文化市场管理。完善"一会三制"网上监管机制(一会:联席会议,三制:会商制、约谈制、通报制)。部署开展"护苗""净网""秋风""清源""固边"五大专项行动,深入推进"扫黄打非"进基层示范点建设和网上"扫黄打非"工作。开展扫黄打非专题公益大巡讲。县委宣传部荣获安徽省2017年度"扫黄打非"先进集体称号。

【全椒县举办民间花灯表演大赛】 全椒县民间花灯表演大赛于每年正月期间举办,作为春节文化活动的重头戏"正月十六走太平"民俗文化活动的重要活动之一,已连续举办10届,成为当地不可缺少的品牌文化活动。每年全县10个乡镇的20支花灯代表队人数近500人,纷纷拿出看家本领,向群众展示极具地方特色的民间花灯表演艺术。表演节目形式有舞龙、舞狮、旱船、河蚌、手狮、高跷、莲湘、荷花灯、兰花灯等。表演节目中更有多项省、市、县级非遗项目,如《八朵云》《高跷》《五马破曹》《手狮舞》等。在向人们展示精彩民间艺术的同时,又展示了全县民间传统文化传承的累累硕果,并以此提高广大人民群众参与非物质文化遗产保护传承的意识。

来安县

【文化概览】 来安县地处安徽省东部,是安徽的东大门。全县下辖12个乡镇,设2个省级经济开发区,面积1481平方千米,人口49万人。来安县是革命老区,刘少奇、张云逸、谭震林、邓子恢、罗炳辉等老一辈无产阶级革命家在此居住、战斗过。来安文化旅游资源丰富,拥有景色各异的池杉湖、白鹭岛、孔雀寺、林桥生态园、张山桃花园、龙源风电场、皖东烈士陵园等旅游景点。尊胜禅院至今保存有《红楼梦》作者曹雪芹祖父曹寅撰写的碑刻。

公共文化服务。2017年完成新安镇综合文化服务中心、西门社区市民文化乐园和双塘村省级农民文化乐园试点建设任务。县人民影剧院荣获全国"服务农民、服务基层"文化建设先进集体称号。免费开放公共文化场馆,县文化馆全面开放12个活动室,免费接待前来开展活动、参加培训的文化志愿者、文艺爱好者和社会各界群众达2.5万人次;县博物馆、人物馆共接待观众约2000人次;县图书馆全年接待读者约4万人次。在县图书馆、乡镇文化站和村(社区)书屋设立"本土作家作品专区"。筹划打造县文化艺术中心项目,项目包含大剧院、文化馆、美术馆、图书馆和露天表演广场综合建设,预算投资3亿元,2017年底选址完毕。筹划在新老城区择点建设2处24小时自助图书馆,总投资约200万元。

群众文化活动。组织桃文化旅游节专场文艺演出,举办全县广场舞大赛,组织开展"喜迎十九大"系列文化活动。启动"翰墨飘香,喜迎盛会"——来安县美术书法摄影名家系列作品展活动。举办庆祝建党96周年暨香港回归20周年专场文艺演出。组织周末街坊大舞台纳凉晚会11场。举办夏季书香、秋享书香、"喜迎十九大 我爱这土地"等系列朗读活动3场。滁州市2017年文化科技卫生"三下乡"暨"我们的中国梦——文化进万家"文艺演出活动启动仪式在来安县举行。组织第四届文化惠民消费季活动12场,送戏下乡演出135场,送电影下乡放映1514场。

文艺精品创作。创作完成来安"十米长卷"书画作品。出版《诗意永阳》丛书集。诗歌作家王强创作的20万字《阳光》由中国社会出版社出版。编辑出版发行《永阳诗韵11集》《来安文艺(公安特刊)》等系列文学作品。编印《醉翁亭文学》2017年第2期来安专版。依托地方文化资源和文艺人才,精心编排创作洪山戏表演唱《十九大精神放光芒》《赞来安》等作品,通过来安县省级非物质文化遗产“洪山戏”表演唱的形式讴歌宣传十九大精神。以“精准扶贫”为主题,创作《扶贫攻坚见真情》《脱贫攻坚》等快板演出作品,全面反映干部群众凝心聚力抓扶贫的精神面貌。

文化产业发展。2017年,来安县新增入规文化企业12家;招引亿元文产项目2个,其中兴茂国际旅游于7月正式开工,投资2亿元的源美纸业投产。全力推进艾迪斯文具上市工作。为创源文化、池杉湖湿地公园、新四军文化主题园申报国家重点文化扶持项目。来安县文产企业累计申请相关专利授权40余项。图强文具、恒佳体育用品获批省著名商标。创源文化、图强文具获选省年度文化企业100强。创源文化获批国家文化重点出口企业,图强文具获批为省文化产业示范园区(基地)。

文化遗产保护。来安县共有全国重点文物保护单位1处(半塔保卫战旧址)、省级文物保护单位1处(尊胜禅院旧址)、市级文保单位1处(永安桥)、县级文保单位5处(顿丘山遗址、吴王城城址、胡松墓、韩王将台遗址、三城乡广大圩)。定期开展文物安全巡查。来安县共有非物质文化遗产项目8类69项,其中民间文学41项、民间音乐11项、民间舞蹈8项、民间戏曲2项、民间曲艺4项、民间杂技1项、民间手工艺1项、人生礼俗1项。共有省级非物质文化遗产项目4个,即“洪山戏”“秧歌灯”“手狮灯”“白曲”;省级非遗传承人6名,分别是洪山戏传承人吴德才、顾红霞,秧歌灯传承人章思林,手狮灯传承人傅国先,白曲传承人徐秀山、李奋勤。深入开展“戏曲进校园”活动。由县非遗保护中心改编的革命题材的历史现代剧《刘胡兰》在全市小戏小品展演比赛中获得三等奖,并于9月27—30日参加在安庆举办的全省稀有剧种展演活动,是滁州市唯一入选剧种。

精神文明建设。来安县成功争创第四届省级文明县城。开展文明单位互比互学和结对共建活动。推动移风易俗“一约四会”全覆盖。全年评选文明家庭113户,开展“树清廉家风 创最美家庭”活动,评选最美家庭43户。谢海燕荣获滁州市“好家庭、好家风、好故事”演讲比赛一等奖。开展好人选树宣传活动,全年举办道德模范事迹宣讲6场,举办道德讲堂进镇入村到社区活动3季(场),建设“好人长廊”,推进道德信贷授信用信;2017年全县2人当选“中国好人”、2人当选“安徽好人”、11人当选“滁州好人”、23人获评“来安好人”。以打造“志愿之城”为重点,开展学雷锋志愿服务活动300余次,打造三星级志愿服务广场3个、建设学雷锋志愿服务主题公园1个。县家宁医院张国秀荣获中宣部命名的第三批全国岗位学雷锋标兵荣誉称号,2人当选全省“月评十佳”志愿服务典型。滁州市2017年“学雷锋”志愿服务主题实践月活动启动仪式在来安县举行,滁州市社区志愿服务广场现场会在来安县召开。

滁州市2017年文化科技卫生“三下乡”暨“我们的中国梦——文化进万家”文艺演出活动启动仪式在来安县三城乡隆重举行

【来安县新安镇获评全国“扫黄打非”进基层示范点标兵】2017年,来安县创新打造“扫黄打非”“六个一”工作机制,编印“一书”(“扫黄打非”宣传“口袋书”),创作“一信”(“扫黄打非”百家信),建设“一园”(“扫黄打非”主题公园),打造“一支队伍”(“五老一小”文化志愿者队伍)、编排“一台戏”(“扫黄打非”文艺演出),建立“一会”(社区小巷议事会),深入开展“扫黄打非”进基层工作。7月11—12日,全省“扫黄打非”进基层工作培训暨现场会在来安召开。来安县新安镇先后荣获全省、全国“扫黄打非”进基层示范点称号,并获全国“扫黄打非”进基层示范点标兵称号。来安县委宣传部荣获2017年度全省“扫黄打非”工作先进集体称号。11月16日,全国“扫黄打非”办公室带领中央电视台、《法制日报》、《人民公安报》等11家中央级媒体赴来安县集中采访“扫黄打非”进基层工作。

凤阳县

凤阳花鼓参加"意大利—中国文化艺术节"

【文化概览】凤阳历史悠久，文化底蕴丰厚，春秋时名为钟离子国，隋开皇二年(582)设为濠州，明洪武七年(1374)，朱元璋取"丹凤朝阳"之意赐名家乡"凤阳"。现辖15个乡镇、2个省级工业园区，面积1949.5平方千米，人口80万人。凤阳花鼓被赞为"东方芭蕾"，境内有丰富而优质的石英资源等。享有帝王之乡、改革之乡、花鼓之乡、石英之乡美誉，获中国曲艺之乡、中国民间文化艺术之乡、安徽省历史文化名城等称号。

文化活动和"非遗"保护传承。2017年全年完成送戏下乡225场，超额完成任务。完成公益放映电影2693场，扎实做好各类文化艺术活动，启动文化科技卫生"三下乡"活动。举办元宵灯会，开展全民阅读等活动，举办"凤阳是个好地方"广场纳凉晚会乡镇巡演、"砥砺奋进奔小康"专场演出、全民舞蹈大赛颁奖仪式暨精品展演、"让梦想走得更远"2017阳光助学凤阳群星演唱会、"我这五年"网络文化作品大赛作品征集，丰富城乡群众的文化生活。举办"民生杯"乡镇综合文化站文艺调演，已经成为群众性文化活动品牌，不断丰富群众精神文化生活。先后组织"凤阳是个好地方"全国诗词大赛、新年诗词音乐会、"端午情·好人行""凤鸣淮甸·诗咏中都""礼赞凤阳·品味华章"等26场不同的大型传统文化展演活动。中国梦新花鼓之《得儿隆冬飘一飘》MV单曲入选全省精神文明"五个一"工程奖。组织女知识分子女企业家联谊会"颂歌献给党"联欢会、乡镇"金秋文艺会演"、三府幼儿园"迎国庆 颂祖国"亲子经典诵读、地税局干群书法比赛等"喜迎十九大"系列群众文化活动。在文化遗产日期间举办"关爱留守儿童暨非遗知识问答活动"。楼西回民鼓项目正式入选省级非物质文化遗产代表性项目名录，欧家玲成为凤阳民歌国家级非遗代表性传承人。

文化交流展演。参加中央电视台《夕阳贺新春》栏目，演出《鼓乡欢歌》。组织凤阳花鼓和凤阳凤画参加"意大利—中国文化艺术节"，向世界展示"大美凤阳"的文化魅力。凤阳花鼓主题演出《中都古韵》在安徽大剧院展演。凤阳的花鼓艺术家们来到美国，将花鼓艺术的魅力传递到大洋彼岸。参加农业部组织的"追梦之路"文艺演出。凤阳花鼓说唱节目《美好家庭咱来唱》参加四川曲艺之乡展演活动。凤阳县文化馆舞蹈《歌邀天下》在第七届安徽省"杜鹃花奖"中老年社区舞蹈展演中获"表演二等奖"。

公共文化体系建设。建成总铺综合文化服务中心、小溪河镇综合文化服务中心，并成立总铺文化站演出队、总铺镇文化站黄泥铺社区演出队、总铺文化站总铺社区演出队、锣鼓队、双条鼓队、狮子锣鼓队、小溪河镇基层群众业余文艺团队等演出队伍。建成小溪河镇金庄村省级农民文化乐园、红心镇梅市中心村农民文化乐园和临淮关镇清淮名居市民文化乐园。扩建自主创新活动项目——国学讲堂，室外另建3个宣传窗，室内另建棋牌室、乒乓室(健身室)、培训室(国学讲堂)、文化志愿者工作站(办公室)。大王府农博园获评省五星级农家乐。

媒体融合发展。整合广播电视、报纸网站、微信微博等新闻媒体资源，成立凤阳县传媒中心。2017年省以上主流媒体刊发凤阳稿件291篇(条)，其中中央级主流媒体47篇(条)；《人民日报》头版头条小岗村经验做法获得省委书记李锦斌、省长李国英批示。2017年全年接待来凤媒体1700人次。"中国凤阳"微信公众号拥有粉丝突破5万人，且保持持续增长态势，在安徽省县区政务微信排行榜前十强之列，获评安徽2017"县区十佳"政务新媒体。在安徽省网信办主办的"网络扶贫为爱同行"网络公益活动，凤阳网宣、团委发起的"扶贫攻坚 网络圆梦微心愿"活动获得年度创新提名奖，为滁州市唯一获奖公益活动。

精神文明建设。开展好家风好

家训传承宣传活动,征集各类作品上千件,评选出优秀作品80多件,在全社会掀起崇尚家庭美德的浓厚氛围。开展“十星级文明户”创建评选活动,做实道德信贷,完成建档立卡136110户,初评十星户1660户、九星户13082户、八星户29847户,办理道德信贷5人。全年共推荐好人线索3万多条,全县当选“安徽好人”1人、“滁州好人”16人。深入开展第三届“地税杯”身边好人、道德模范暨文明创建等新闻宣传活动。“扫黄打非”进基层示范点实现全覆盖,总铺中学成功创建为全国“扫黄打非”示范点,小岗村成功创建为省级“扫黄打非”示范点。小岗村、东陵村成功入选全国文明村,小岗村获评“2017中国最美乡村”。

【明中都皇故城入选国家考古遗址公园名单】2017年,凤阳明中都皇故城成功入选第三批国家考古遗址公园,正式成为全国36个国家考古遗址公园之一,同时也实现安徽省在此项评选中零的突破。凤阳明中都是明太祖朱元璋登基后,在自己家乡凤阳悉心营建的我国古代最为豪华侈丽的都城。明中都营建工程持续6年,于明洪武八年(1375)罢建。明中都规划建设遵循《周礼·考工记》王城规制,上承唐宋,下启明清,为南京明故宫和北京故宫提供了蓝本和实践经验,在中国都城建筑史上占有十分重要的地位。虽经600余年拆除和多种因素破坏,但残存的遗址规模和石刻构件等文物仍具有极其重要考古价值。

定 远 县

【文化概览】定远县地处安徽省东部,是皖东地区人口最多、面积最大的县,面积2998平方千米,人口96.8万人,辖22个乡镇,设2个省级工业园区。

公共文化建设。2017年,全县公共图书馆、文化馆、博物馆和22个乡镇文化站、279个农家书屋全部实行免费开放。完成166个农家书屋无线路由器配置和“123”数字农家书屋专用平台建设,建成26个电子阅览室。为全县农家书屋配备14504册图书和报纸杂志、配齐4件套党的十九大读本并及时上架,免费借阅。圆满完成文化信息共享工程,提高了全县群众阅读水平。农村文化建设及时开展,提前圆满完成196场送戏、2352场公益电影进村演出任务。组织开展文艺演出“六进”活动,全年文艺演出进基层达270余场,获得全省先进。组织开展文化民生文艺调演和满意度提升行动,实现了文化共享无障碍、零门槛。

文化民生工程。共完成7.6万户广播电视“户户通”惠民工程,提前完成“送戏进村”“送电影下乡”任务。8万多人次参加“送欢乐下基层”和“全民阅读”活动。举办“定远周末广场故事汇”和“定远好故事创作采风活动”22场。积极开展“八一”期间送戏、送书、送电影进军营活动。推进公共文化服务体系“四个十”建设。抓好“三馆提升、两院整合”工作,完成“一衙两馆”布展和免费开放。建成1个省级农民文化乐园、1个市民文化乐园和2个乡镇综合文化服务中心。健全完善图书总分馆一体化、文化馆站一体化制度和“三员合一、一岗多用”机制。组织开展先进文化乡镇创评活动。组织5次文化市场集中检查专项行动和3次应急管理实地演练。建设并申报2个“扫黄打非”工作示范点参加全省创评活动。

群众文化活动。在全县组织“定远好故事”原创作品大赛评选活动,征集作品近800余件。成功承办全省文艺扶贫——走进定远演出活动。举办首届书画美术展、首届盆景奇石展暨首届美食文化节、“颂歌献给党”网络歌曲征集、“争做中国好网民”网络原创优秀文化作品征集、“千年古镇 梅鱼飘香”网络直播等40多个宣传文化活动。征购2017年度扶贫题材剧

梅白鱼美食旅游文化节开幕式

目 20 部,圆满完成“出彩滁州人演出季”定远分会场演出。举办第二届青歌赛。

文艺精品创作。创作完成“滁州百米书画长卷——定远卷”,征集“定文章”200 多篇。长篇小说《画痴》出版发行,电视剧本《大爱无言》获国家广电总局全国拍摄电视剧备案,黄梅折子戏《暗访》入选全省年度戏曲创作孵化项目。

精神文明建设。深入开展市容市貌、窗口服务、村镇文明创建等 12 项提升行动。选树道德典型,推荐评选好人,共表彰各类“县级好人”19 名,推荐“滁州好人”9 名、“中国好人”1 名、“全省道德模范”1 名。组织开展结对共建活动 22 次,建立 81 支志愿服务队伍,开展各类志愿服务活动 1000 余次,印发文明创建宣传册近万份。广泛开展“我们的节日”主题活动 600 余场次。积极开展社会主义核心价值观、中国梦、“讲文明树新风”等公益广告宣传。组织开展“送法进校园”“城管进校园”等评选活动。新建乡村学校少年宫 23 所,实现 22 个乡镇全覆盖。积极开展“文明家庭”“优秀志愿者”“美德少年”评选等活动,加强“道德讲堂”建设,把社会主义核心价值观融入学校正常教学中。

【举办第六届定远池河梅白鱼美食旅游文化节】2012 至 2017 年,“定远县池河梅白鱼美食旅游文化节”连续举办六届,成为展示地方形象的新文化名片,打响了梅白鱼美食文化品牌,形成了梅白鱼文化产业,带动了池河镇经济文化的迅速发展,商业、服务业、交通运输等第三产业实现综合收入 5 亿元,并呈逐年递增趋势。2017 年第六届梅白鱼美食旅游文化节于 5 月 29—31 日(农历五月初四、初五、初六)在定远县池河镇举行。本届梅白鱼美食旅游文化节以“山桥渔村美 端午乡情浓”为主题,以整合资源、全民参与、和谐共享为指导思想,活动包括非物质文化遗产项目表演、开幕式、迎宾酒会、梅白鱼文化节晚会、特色产品展销、农耕文化展、千人品梅白鱼等内容,将美食文化与精准脱贫、爱心捐助、农业展览、文艺会演、政策科普、文明创建、旅游商贸等有机结合,让广大群众全方位参与、体验、互动,真正办成了群众满意的文化盛宴。

马鞍山市

【文化概览】马鞍山市位于安徽省最东部,长江下游,1956 年 10 月建市,现辖 3 县 3 区,总面积 4049 平方千米,人口 230 万人。接壤南京、毗邻长三角,区位优势明显。2017 年,实现地区生产总值(GDP)1738.09 亿元,比上年增长 8.7%;财政收入 245.29 亿元,增长 10.1%;城镇居民人均可支配收入 41403 元,增长 8.6%;农村居民人均可支配收入 19358 元,增长 9.3%。经济总量和人均主要经济指标均居安徽各市前列,是长江三角洲城市群的明珠城市。

马鞍山市依山环湖拥江而建,自然风光秀丽,生态环境优美,文化开放包容,社会安定和谐,是中部 6 省唯一蝉联 4 届“全国文明城市”的省辖市。同时,马鞍山市还拥有国家卫生城市、国家园林城市、中国优秀旅游城市、国家环保模范城市、全国绿化模范城市、中国人居环境范例城市、迪拜国际改善居住环境良好范例奖、全国双拥模范城市、国家科技进步先进城市、国家公共文化服务体系示范城市、中国诗歌之城、中国投资环境百佳城市、中国综合实力百强城市等 27 张城市名片。马鞍山城市精神为“聚山纳川、一马当先”,市花是桂花,市树是香樟树。

学习宣传贯彻党的十九大精神。2017 年,马鞍山市将迎接学习宣传贯彻党的十九大精神,作为贯穿全年的首要政治任务,在完成上级规定动作外,创新开展“八个一百”活动,推动党的十九大精神深入人心。百个中心组大学习:以市委中心组为龙头,重点抓好 100 多个县级以上党委(党组)中心组学习。百个主体班大培训:市县两级分别对全市县处级、科级及以下,市管企业负责人进行集中轮训,开设各类主体班 100 余场次,培训各级干部 4462 人。百场知识大竞赛:通过全市县区、开发区、政法、文化、卫生、教育、金融等大系统,组织 200 多场预赛进入全市决赛,运用电视、网络直播决赛。百支队伍大宣讲:组建市委常委和市人大、市政协主要负责人,市委宣讲团、市直宣讲团、青年宣讲团、“送理论进基层”宣讲团等不同层次的宣讲团,“马鞍山大讲堂”500 多个分讲堂按照统一部署,分层分众开展各类宣讲活动。百名记者大采访:先后分 8 批次邀请人民日报、新华

第32届"江南之花"群众文化活动开幕式

社、光明日报、中央电视台等40余家主流新闻媒体200多名记者到马鞍山市进行集中采访报道，推出一批重磅稿件。百场文艺下基层：组织创作一批群众喜闻乐见、富有感染力的文艺节目，市级演出40场、县区演出60场，在企业、社区、乡村巡演。百项课题大调研：分级分类列出147项调研课题，动员广大宣传战线党员干部认领，共结项课题84项，通过大调研推动大学习、大提升、大落实。百条战线大落实：通过对习近平新时代中国特色社会主义思想和党的十九大精神深入学习贯彻，全市各条战线按照省委书记李锦斌在马鞍山考察调研时提出的"努力在创新发展、开放联动、党的建设方面走在全省前列"的要求，全力推进转型升级、加快发展。

意识形态工作。成立市委意识形态工作领导小组及办公室，制定《意识形态安全问题应对处置规程》，对意识形态安全问题处置工作规范细化。每半年开展意识形态工作分析，向省委报告并在全市通报。成立市委网络安全和信息化领导小组，全面推进属地网络空间治理，出台《党委(党组)网络意识形态工作责任制实施细则》，建立网络意识形态工作季度报告制度。持续推动意识形态进中心组、进党校、进讲堂，出台《关于加强宣传推动意识形态教育进党校的通知》，严把"一校三院"课堂教学内容关。加强对全市各类思想理论、新闻出版、文化艺术等意识形态风险领域的管理，严格审批把关。组织开展"扫黄打非""清源、净网、秋风、护苗"专项行动十余次，检查网吧、娱乐性经营场所、印刷复制企业、出版物经营单位9800家次，清除网上有害信息3000多条。

培育和践行社会主义核心价值观。组织开展社会主义核心价值观主题微电影优秀作品展示活动，在全市电视媒体和公交移动电视滚动播放《共饮长江水》《红旗渠》《接力》《杨善洲》《爱心义务队》《新时代的时传祥》等正能量微电影。大力推进社会主义核心价值观进校园工程，编写适合中小学生好学易懂、互动性强、实践性强的核心价值观读本，全市24万名中小学生人手一册，培育青少年形成正确的世界观人生观价值观。全面启动"戏曲进校园"活动，开展戏曲学校巡演、戏曲讲座130多场，通过中华优秀传统文化涵养社会主义核心价值观，增强青少年学生的文化自信和文化自觉。积极发挥好人馆教育阵地作用，马鞍山好人馆及三县好人馆围绕"开学第一课"，引导全市中小学生学好人、敬好人，共接待参观群众10.3万人次，开展专题宣讲460余场。深入推进"好人诗城"建设，承办安徽省道德模范与身边好人现场交流活动，全年共推荐产生3名"中国好人"、7名"安徽好人"，评选产生40名"马鞍山好人"。成功举办第三届马鞍山邻里节·好人节。

精神文明建设。蝉联全国文明城市"四连冠"，实现"全省争第一、中部做示范、全国当先进"的目标。全面促进人的发展，构建社会教育、学校教育、家庭教育全方位的教育引导体系；表彰市第二十二届精神文明"双十佳"，扎实推进文明校园创建，广泛开展"我的中国梦""扣好人生第一粒扣子"主题实践活动；开展第一届马鞍山市文明家

第29届中国李白诗歌节开幕式暨舞剧《李白》首演式

《太白醉》在国家大剧院精彩上演

庭评选活动。志愿服务活动蓬勃开展，打造“益起来”平台，加快建设全市志愿服务中心，全市志愿者人数达54326人，团体1048个，运行项目1069个。推动各领域签订守信联合激励和失信联合惩戒备忘录，定期发布诚信“红黑榜”，大兴诚实守信之风。评选道德模范、美德少年、身边好人以及各行各业最美人物，扎实推广道德信贷，形成好人好报、德者有得的社会共识和崇德向善、孝老爱亲的文明风尚。扎实开展“三线三边”环境整治、“四整治四提升”行动以及全域环境综合整治、农村垃圾污水厕所“三大革命”等城乡环境治理，全域推进城乡统筹，形成以城带乡、市县同步、梯次推进的良好格局，整体提升了城乡颜值。

宣传报道。大力推进市日报社和市广播电视台的全媒体融合系统建设，马鞍山日报按照“三微一端”的产品构架，优化皖江在线、马鞍山发布、日报和晚报的微博、微信等资源，不断提升报、网、端融合力；市广电台将原有新闻资源、人力资源进行整合，打造集“前端采集一体化、终端发布多样化”的新型融媒体新闻中心。策划推出《砥砺奋进的五年·先锋志》专栏，先后推出《砥砺奋进的五年——喜看诗城新变化》系列报道、《砥砺奋进的五年——经济、民生篇》专栏、《喜迎十九大 开启新征程》等专栏，进一步把广大干部群众的思想统一到党的十九大精神上来。围绕“调转促”“项目建设”“以港兴市”“文明城市创建”“五大发展行动计划”“生态城市建设”“质量强市建设”“文化强市建设”“精准扶贫”“环保督查”等中心工作，及时组织动态报道和典型报道，全年共组织开展重大事件、重大活动、重大主题专项宣传80余项，统一推出专栏80余个、各类典型20多个。深入实施外宣“项目化”工作机制，实现外宣工作精细化管理。精心设计党的十九大会前、会中、会后宣传方案，连续召开9场“喜迎十九大”系列新闻发布会。全年在各类媒体刊发稿件10000余篇(件)，在中央主流媒体《人民日报》发稿20篇、新华社通稿18篇、央视55条、央广251条、《经济日报》12篇。《人民日报》头版头条《党组织牵头老百姓无忧》，人民日报内参连续推出《缩小治理单元畅通沟通渠道》《激发党员活力凝聚基层力量》马鞍山“村民大管家”服务平台调研报告，新华社《安徽马鞍山：从“钢城”到“港城”的跨越》，中央电视台新闻联播《国家公共文化云正式开通》等报道引起了强烈反响。

文艺精品创作。大型原创黄梅戏《太白醉》《凤鸣宏村》应邀参加由国家大剧院举办的“黄梅戏艺术周”展演活动，在国家大剧院连续演出4场，这是马鞍山市历史上首次原创剧目走进国家级最高艺术殿堂。与国内顶级艺术团队中国歌剧舞剧院携手打造的大型民族舞剧《李白》，成功入选国家艺术基金2017年度大型舞台剧和作品创作资助项目，并先后在国家大剧院、安徽大剧院精彩上演。儿童剧《少年行》入选文化部剧本扶持工程“征集新创剧目”，是全国唯一入选该项目的儿童剧。《桃花谣》入选文化部戏曲剧本孵化计划项目，《我的村庄我的家》成功入选省戏曲剧本孵化计划，《情与债》剧本获省十大影视剧精品项目。儿童剧《牛背上的歌》成功入选安徽省第十四届精神文明建设“五个一工程”优秀作品奖。

公共文化服务。国家公共文化服务标准化试点城市以全省唯一、全国第4名的优异成绩圆满通过文化部验收，并转为示范地区推广。成功举办马鞍山市有史以来接待人数最多的盛会——2017中国文化馆年会，进一步扩大马鞍山市影响力，促进公共文化事业繁荣发展。进一步完善公共文化设施建设，当涂县图书馆、和县文化馆等一批新文化场馆建成使用；建成114个综合文化服务中心、2个联盟图书分馆、12个城市悦书房、22个数字文化驿站，在全市主要公共场所安装80台公共文化一体机。成功举办第29届李白诗歌节、第32届“江南之花”、第8届周末大舞台、第10届马鞍山音乐节等文化活动。全年全市各级公共图书馆、文化馆、美术馆、博物馆、文化站共免费接待观众390余万人次。举办展览、讲座、培训、文艺演出等1800余场次，惠及群众80余万人次。开展政府购买基层公益文化岗位试点工作，进一步提升文化服务效率。整合文图博美和智慧旅游等数字资源的“文旅马鞍山”平台正式启用，创新建立文化有约、文旅消费、远程教育等系统。

文化产业。出台《马鞍山市促进文旅产业发展若干政策》等文件,支持鼓励文化旅游企业做大做强。加强文化产业发展政策扶持,设立财政事后奖补资金1500万元，制定专项资金评审管理办法,全年财政兑现奖补资金1200万元。全市有规模以上文化企业达114家，文化产业法人单位3698个;2017年纳入省文化产业重点项目44项，其中续建项目14个、新开工项目9个；全年完成投资36亿元,超额完成年度投资任务。文化旅游项目实现新突破,乔波冰雪世界、创客+文化创意产业园一期已正式开园,紫江彩印、帝显电子等项目正式投产,中影影视基地项目正式签约,安徽畅感网络科技有限公司在安徽省股权交易中心专精特新板块挂牌。

文化遗产保护。举办或承办2017年全国文物局长座谈会、五担岗遗址暨皖东南先秦考古学文化学术研讨会、凌家滩遗址发掘30周年学术研讨会3个全国性会议,提高了马鞍山市在全国文物、考古界的知名度与影响力。印发《马鞍山市人民政府关于进一步加强文物工作的实施意见》，公布第六批市级文物保护单位13处，申报第八批省保单位11处。完成郑蒲港输变电项目、博望高级中学等近10个涉及用地项目的考古调查工作。积极推进国保单位朱然墓安防、太白楼安防与消防等已批项目的实施。“天子坟”入围中国十大考古新发现终评会,运漕镇蓼花洲村成功入选第四批中国传统村。市首部地方法规《马鞍山市非物质文化遗产条例》颁布实施,市非遗馆建成开放。开展第四批市级非遗代表性传承人评审,公布第四批非遗传承人13名。

【大型民族舞剧《李白》唱响全国】诗城马鞍山具有深厚的诗歌文化基础,李白衣冠冢、大青山李白墓,吸引着无数国内外友人前来瞻仰。连续举办30届的中国李白诗歌节,更是在全市人民群众中涵育了浓厚的诗歌文化氛围。市委市政府高度重视,不断发掘诗歌文化的精髓,利用每年的诗歌节,不断推出赞美李白的诗歌与戏曲，从小片段、折子戏到大型民族舞剧《李白》，实现了文艺精品创作从“高原”到“高峰”的蝶变。2017年初,与国内顶级艺术团队中国歌剧舞剧院携手打造的大型民族舞剧《李白》正式立项并于6月投排,运用艺术的形式讲述李白一生的心路历程。舞剧还对唐代的风物和舞乐进行探索,具有典型的中国文化意蕴和美感。2017年9月开始,舞剧《李白》在北京舞蹈学院舞蹈剧场、北京天桥艺术中心、廊坊市壹佰剧院、马鞍山大剧院、安徽大剧院、国家大剧院共计演出13场，场面爆满,掌声如潮。

【马鞍山百助网络科技有限公司】www.baizhu.cc 业务起步于2006年,正式成立于2012年,注册资金1000万元。近十年来,百助一直专注于互联网产品研发与运营,公司旗下产品有智能推荐云下载器、云开放平台、桔梗网址导航 www.jiegeng.com、帮您淘优惠 www.bntyh.com、玩游戏盒等。百助以智能推荐云下载器为中心打造PC互联网生态圈，提高算法精准度,提升商业化能力,提高产业链价值。2017年百助公司实现营业收入5亿元,纳税超2000万元,年增长率100%。是安徽省唯一一家中国互联网协会常务理事单位,为国家级高新技术企业、安徽省企业技术中心,并连续4年入选安徽省民营文化企业100强。

花山区

【文化概览】花山区面积179平方千米,人口超50万人(其中流动人口超过10万人),是马鞍山市核心城区、商贸集中区、文教集中区、人居集中区。曾先后获“全国家庭教育工作示范区”“全国社区教育实验区”“全国阳光体育先进区”“全国慢性病综合防控示范区”“全国科普示范区”“安徽省文明城区”“安徽省未成年人思想道德建设工作先进城区”“安徽省平安区”“安徽省服务业集聚区”等多项荣誉。2017年,花山区以公共文化服务标准化试点城建设、迎接图书馆国家一级馆评估、推进文化产业发展为重点,加快工作步伐,各项工作圆满完成。

精神文明建设。顺利完成第五届全国文明城市复查涉区软件资料、实地考察、入户调查等任务,为马鞍山市四度蝉联“全国文明城市”称号做出贡献。全区文明创建工作常态长效格局进一步构建。在全市全国文明城市季度模拟测评中,成绩始终保持城区前列;在全市城市管理、“三线三边”、美丽乡村季度综合考评中,成绩始终保持城区前列。打造珍珠园、明珠社区、人民社区一批社区小公园、街头小游园核心价值观建设示范点。成功蝉联省文明城区、省未成年人思想道德建设工作先进区。杨光家庭当选2017年全国“最美家庭”。濮塘村入选全国和省级文明村镇,6个社区入选第五届安徽省文明社区;3家单位入选第十一届安徽省文明单位,1个村镇入选第四届安徽省文明村镇。截至2017年年底,全区推荐产生“中国好人”20名、“安徽好人”15名、“马鞍山好人”38名。成功承办“我们的节日·清明——花山区专场”活动。组织开展“邻里节”活动,评选命名全区首届“最美邻居”。深入开展文明校园创建,2所学校当选第一届市级文明校园,区级命名19所。扎实开展“我的中国梦”“做一个有道德的人”主题教育活动和优秀童谣传唱、中华经典诵读、道德讲堂等活动。广泛组织3万余名中小学生积极参加清明节期间“网上祭英烈”、“六一”期间“学习和争做美德少年”网上签名寄语、“七一”期间童心向党歌咏、“十一”期间“网上向国旗敬礼”4项集中活动。18人当选市级美德少年,区级评选表彰155人。

公共文化服务。2017年花山区公共文化服务得到进一步提升,通过示范引领,典型引路,在上年的基础上又完成2个街道、10社区(村)基层综合文化服务中心示范点建设。截至年底,花山区9个街道(镇)均建立街道(镇)综合文化服务中心,42个社区(村)建立基层综合文化服务中心,基本实现以区文化馆、区图书馆为中心,以街(镇)、社区(村)为依托的基层综合文化服务中心三级网络全覆盖,城市10分钟、农村20分钟公共文化服务圈基本形成。

濮塘旅游景区被省旅游景区质量评定委员会为国家AAAA级旅游景区。金安、杨家山、东城3个社区新配数字一体机。全区已有12个社区建成数字化社区,占社区总数的33.3%。区图书馆数字化建设已实现手机移动图书馆和图书馆网上微信平台,7月份再一次申报国家一级图书馆评估。推进“城市悦书房”建设,创新推广“花山悦读”“读书节”“文化讲堂”等读书活动品牌;开通网上图书馆、微信平台上线阅读,成立花山悦读联盟,设立13个悦读点。

花山区2017迎国庆文艺演出暨32届“江南之花”花山区专场

群众文艺团队建设得到加强,区文化馆成立了民乐团、合唱团、舞蹈团;全区共有112支经常性居(农)民文化体育活动队伍,有10多支优秀群众文艺团队,文志愿者总人数达5530人以上,占总人口的1.42%。全年开展各类文艺演出活动近100场、体育活动60场、农村电影放映170多场,农家书屋更新出版物(册)1456册。

文化遗产保护。加大重点文物保护单位和非物质文化遗产代表性项目保护及传承力度。五担岗遗址、矿内日式民居等市级文物单位保护得到进一步加强,安排专人定期看护,确保文物安全;“花山剪纸”多次在国内外展览展示技艺,形意八卦掌录入花山区第三批非物质文化遗产代表性项目名录,霍里羊羔非物质文化遗产代表性项目资料正在挖掘整理中。

文化产业。对全区文化企业法人单位进行全面调查核对,摸清存量,掌握增量。2017年新增文化产业法人单位208家,总数1484家。规模以上文化企业增至27家,当年新增凯撒传媒、琢学网络科技、航蓝网络科技、乐在信息科技为文化类高新技术企业。发明、实用新型、外观设计文化专利授权数在全市名列前茅。全年投资1亿元以上新开工项目4家,分别为铁皮巨人欢乐营地项目、海信风情小镇项目、凤凰湖旅游综合体项目、江东遇园项目。纳入省重大投资计划文化项目库正在建设的项目总数为7个,新增恒大影城、凤凰湖森养旅游度假区、秀山新区教育配套3个项目入选省重大项目投资计划项目库。两个项目列入省重大项目投资计划,实际完成投资2.73亿元,其中,海信体育运动中心项目完成投资1.47亿、创客+文化创意产业园项目完成1.26亿。

百助网络科技公司、琢学网络科技有限公司、漂牛网络科技公司获评第六届安徽省文化产业示范基地。漂牛网络获得国家版权局颁布的国家版权示范单位。花山区软件园获得国家级小型微型企业创业创新示范基地、省级服务业集聚示范园区、省级服务外包示范区、省级电子商务示范区等多项荣誉。海洋风文化传媒、松源宝石获评安徽省著名商标。

【花山区开展“1+3”共建文明家园活动】2017年,花山区创新开展社会公益组织“1+3”共建文明家园活动,指导成立花山区社会公益组织联谊会,构建起以公益组织为主体,市直部门、爱心企业、街道社区共同参与的“四位一体、合作共建”机制。策划开展“志愿花山‘益’路同行”花山区学雷锋月系列活动,动员组织各类志愿者走进社区开展共建志愿服务活动。9个集体(个人)当选全市第四届志愿服务先进典型,当选总数居全市首位。文苑社区“社365+党员义工”项目、淘管家服务社、红围巾公益协会、解放路街道矿院社区退休居民周圣清、公益善食馆志愿服务项目均当选省“月评十佳”志愿服务典型。

【花山区2017年文化季活动】花山区文化季是花山区群众特色文化一块品牌,从2012年开始已连续举办五届。历届文化季(节)遵循“民演、民乐、民享”的原则,活动形式多样,参与人数众多,影响力已远远超出花山区而成为全市群众文化的一道亮丽风景,并纳入马鞍山市诗歌节系列活动中。2017年文化季活动主题为“喜迎党的十九大?建设幸福花山区”,文化季期间举办文艺演出、综艺比赛、招商项目启动、户外体育活动等多场活动,同时举办了电影放映周活动,在全区放映10多场;各镇、街道也举办丰富多彩的特色文化周活动。整个活动历时两三个月,直接、间接参与人数达七八万人,真正把文化季办成了“群众的舞台,百姓的盛会”。

雨 山 区

雨山区卓越文化产业园

【文化概览】雨山区成立于1976年,现辖4个街道、2个乡镇,设有1个开发区,区域面积173平方千米,常住人口33万人。区位优势独特,西濒长江,与和县、含山及郑蒲港新区隔江相望,东与南京市江宁区接壤,南连当涂县、博望区,北接花山区。先后获得全国科技进步区、全国和谐社区建设示范城区、全国教育均衡发展示范区、全国社区卫生服务示范区、全国养老服务示范区和安徽省文明城区、安徽省教育强区等100多项全国、省市荣誉。是马鞍山市政治、经济和文化建设的中心区,也是马鞍山钢城融合、拥江发展和以港兴市的先行区。

雨山区历史文化厚重,“长江三矶”之首的采石矶、名列“长江三楼一阁”的太白楼、20世纪80年代中国考古十大发现之一的朱然墓、“当代草圣”林散之艺术馆、古刹禅林广济寺、香火鼎盛的小九华、古人类遗址烟墩山等重要文旅资源集聚雨山。市大剧院、图书馆、博物馆、科技馆、规划馆等诸多的文化设施,安徽工业大学、河海大学文天学院、马鞍山职业技术学院和马鞍山师专等6所高校均坐落雨山。

精神文明建设。以《雨山区2017年文明创建“四整治四提升”行动方案》为统领,实施12项提升行动,明确四项工作机制,落实考核和责任追究保障机制,常态长效机制进一步夯实,城乡生活品质显著优化,获得安徽省第二届文明城区和安徽省第三届未成年人思想道德建设工作先进城区殊荣。芦场村被评为第四届省文明村镇,半山花园社区等6个社区被评为第五届安徽省文明社区。大力选树“好人”典型,1人当选“中国好人”,1人当选“安徽好人”,4人当选“马鞍山好人”。编撰《雨山故事》系列丛书《道德模范篇·好人篇》,以身边好人讲述雨山故事。全区260多个志愿服务组织,全年开展各类志愿活动2000余次,参与人数5万余人次,志愿积分奖励机制实现社区全覆盖。区级文明校园全部对标达标,花园初级中学等4所学校被评为市级“文明校园”。常态开展“美德少年”评选活动,深化“中华经典教育”和“戏曲进校园”活动,采石小学以“采石跳和合”被列入教育部第二批全国中小学中华优秀文化艺术传承学校。

公共文化服务。公共文化服务体系建设加速推进,完成街道、社区(村)25个基层综合文化服务中心、映翠社区和阳湖社区2个数字化驿站、4个城市悦书房完成建设。举办第八届社区文化艺术节、“中华情强军梦”书画展、中国李白诗歌节李白诗歌书画展和雨山区戏曲专场等各类大型文化活动19场,配送文艺演出下基层服务活动18场、“送戏进万村”23场、农村电影放映328场。建立省级非物质文化遗产“跳和合”传承基地。

文化产业。安徽畅感网络科技有限公司在安徽省股权交易中心精特新板块挂牌。惊鸿文化、横店影城落户雨山,东湖艺谷主体项目全部建成,卓越文化园、国粹堂文化交流中心开园、开馆,大愿祈福园建设完工,采石矶古镇一期招商顺利进行,姚家寨生态园、陈家村农业生态园等重点文化旅游项目加快建设。

新媒体融合发展。倾力打造“雨山发布”两微新媒体,建立雨山区政务官微矩阵,发布微信900余条,先后推出“全民阅读月你来挑选我送书”“美德少年十佳人气之星评选活动”等6个线上活动,其中“美德少年之十佳人气之星评选活动”,阅读量突破十万人次,留言数超过1000条。微信公众号粉丝量达至12万余人,5次服务案例入选全国政务微博新媒体学院的日报和周报,并在全国推广。荣获2017马鞍山年度影响力融合媒体、2017年度影响力政务新媒体称号。

【卓越文化园】该园坐落于马鞍山南湖边,占地总面积近13000平方米,园区整体建筑为6栋独立两层仿徽派式古建筑。文化园以大力弘扬中国传统文化,努力打造文化交流发展平台,为市民提供文化休闲娱乐场所为理念,积极将地方文化品牌,整合成不同类别的文化业态,组建文化产业联盟,创立马鞍山市文化产业新名片。该园于2017年12月开园,园区共入驻大路弘学馆、李时珍国灸馆、峰人国学书院、桂园城市“悦”书房等13家文化企业。

博望区

【文化概览】博望区位于安徽省马鞍山市最东端,地处长三角经济圈和南京一小时都市圈内,与江苏江宁、溧水、高淳接壤,与南京空港新城、柘塘新城相互呼应,是安徽省通向苏浙沪等长三角发达地区的重要门户。博望区现辖博望、新市、丹阳3镇,共有37个村、3个居委会、3个社区,全区总面积351平方千米,人口近20万人。

博望区北倚横山,南濒石臼湖,下辖3镇都是千年古镇,均有着丰厚的文化底蕴和众多的人文景观。境内现存古迹有博望西林禅寺、大王庙、新市横山石门石刻、澄心寺、叶家桥、丹阳炼丹老炉、灵光禅寺、龙泉禅寺等。黄梅戏名剧《天仙配》就取材于丹阳,董山村即是传说中董永的故乡。

社会主义核心价值观践行。魏德林当选“安徽好人”,孟苏平当选马鞍山市道德模范,葛金林当选道德模范提名奖,区法院青年法官讲师团当选马鞍山市道德模范集体提名奖;李良兵、陈水英家庭荣获马鞍山市首届“文明家庭”称号,3人当选“马鞍山好人”,8人当选首届“最美邻里”。新博社区荣获市第四届优秀志愿服务社区,博望区爱心助教协会“济困奖优·爱心助教”项目荣获全市首届公益项目大赛三等奖。成功举办首届公益汉式集

博望区举办第三届邻里节

体婚礼、"我们的节日·中秋—中华长歌行"马鞍山篇暨马鞍山市第三届"邻里节"活动启动仪式。

新闻宣传工作。积极推进传统媒体与新媒体的融合发展,对第七届长三角自行车赛、第十一届刃博会进行云直播,"明珠博望"这张名片得到多层次、多角度、全方位宣传、展示、传播。全年在市级以上媒体发稿5000余篇次,其中《马鞍山日报》头条稿件7篇,中央、省级媒体发稿400余篇,其他省级以上媒体发稿400余篇。推广运用博望发布、《明珠博望》微信公众号,博望发布荣获2016马鞍山年度影响力政务新媒体称号,跻身安徽政务微博影响力排行榜县区分榜前十。

文化事业。开展"送文化下基层"活动208场次。制定文化强区建设行动计划。建设丹阳镇文艺家创作基地,新创一批优秀文艺作品。建立了文艺资源数据库,促进优秀文艺作品多终端推送。出台社会团体经费补助奖励办法支持社团建设。镇、村综合文化服务中心实现全覆盖,图书馆四级互通互联,全区人均藏书达0.8册以上。全面完成国家公共文化标准化试点任务。

文化产业。文化"软实力"更加凸显。指导马鞍山微观文化艺术发展有限公司申报安徽省文化产业示范基地,完成全区2017年"十园十企"单位筛选申报和10家文化企业走访、信息录入工作,与上海建工、金餐桌机器人有限公司达成项目投资意向。

【博望区举办首届公益汉式集体婚礼】2017年6月6日,在博望区莲华广场,一场别开生面的汉唐集体婚礼吸引周边上百市民驻足观看。随着古乐奏响,16对身穿端庄玄色礼服的新人缓缓步入婚礼仪式现场,依次在条案前站定。在礼官的带领下,新人相对跪坐于条案两边,依次行对席礼、同牢礼、合卺礼、结发礼、对拜礼、执手礼等汉式礼仪。最后,司仪昭告:穿越汉唐·情定博望集体婚礼圆满礼成。整场婚礼典雅、庄敬,再现了中华传统婚典文化的古韵之美,参礼者仿佛穿越回到汉唐。

【第三届"邻里节"在博望区举办】2017年9月28日,"我们的节日·中秋——中华长歌行"马鞍山篇暨马鞍山市第三届"邻里节"在博望区举行。第三届"邻里节"以"与邻为德、与邻为善、与邻为乐、与邻为亲"为主题,围绕邻里和谐、社会主义核心价值观、文明创建等举办一系列文化活动,如中华经典诵读、非物质文化遗产展示、家规家训书画大赛等,着力拉近邻里关系,促进城市文明程度进一步提升。

当涂县

【文化概览】当涂县位于安徽省东部,介于南京与芜湖之间,地处长三角城市群顶端,是安徽省重要的沿江、沿边县。辖10个镇1个乡,设3个省级开发园区,有2个国家AAAA级旅游区,面积1002平方千米,人口48万人。是全国文明城市、国家卫生县城、安徽省生态县、全省美丽乡村建设先进县、安徽省文明示范县、安徽省园林县、全省美丽乡村建设整县推进试点县。

当涂县文化底蕴深厚,有2200多年置县史,秦代设为丹阳县,隋开皇九年(589)定名当涂。历史上曾为宋代太平州、明清太平府、清代长江水师、安徽学政署所在地。当涂是历代文人墨客览胜抒怀的绝佳之地,共吸引600多位诗人在这里留下1000多首脍炙人口的诗文。南朝大诗人谢朓称之"山水都";诗仙李白7次游历当涂,写就《望天门山》等56首千古绝唱,晚年定居当涂,终老长眠青山;北宋著名词人李之仪,写下了"我住长江头,君住长江尾;日日思君不见君,共饮长江水"这首传唱千年的经典诗词。当涂是千字文的故乡,南朝当涂才子周兴嗣曾一夜著就中国蒙学经典《千字文》。境内有国家级风景名胜区1处、国家级重点文物保护单位4处。"当涂民歌"被列为首批国家级非物质文化遗产,"'太平府'铜壶制作技艺""湖阳'打水浒'""三圣傩舞"为省级非物质文化遗产。先后被命名为中国民间文化艺术之乡、安徽民间文化艺术之乡。

精神文明建设。牢牢把握培育和践行社会主义核心价值观这一根本,大力加强公民思想道德建设,扎实推进文明城市、文明单位、文明村镇、文明家庭、文明校园创建工作。持续做好道德典型培树工作,全县开设道德讲堂、姑孰大讲堂60余个,开讲200余场,受众超过1.6万人次。新增安徽省道德模范1人,市、县级道德模范和好人100余人。组织开展"图说我们的价值观""讲文明树新风"公益宣传活动,在广播电视、公共场所、社区小区等媒介刊载社会主义核心价值观公益广告。集中开展"移风易俗乡风文明"创建活动,全县118个行政村(社区)成立和完善了村民议事会、道德评议会、禁赌禁毒会、红白理事会等"四会"组织,修订了移风易俗村规民约(居民公约),形成科学、节俭、文明的婚丧嫁娶自治管理模式。评选表彰"最美家庭""星级文明户""好婆婆、好媳妇"等一批典型农户,引导广大农民群众养成勤俭节约、文明高尚的生活方式。建成志愿云网络平台，注册志愿者达到2.3万人，志愿者组织196个，志愿服务项目230余个，志愿服务“四单制”模式入选省文明创建创新案例，提署社区“百姓剧场”志愿服务项目入选安徽省月评十佳。当涂供电公司、当涂县地税局入选全国文明单位，太白镇、太白镇宁兴村、乌溪镇七房村入选全国文明村镇，太白中心学校入选全国文明校园。省、市、县级文明单位、文明校园、文明村镇、文明社区、文明家庭累计达265个。

公共文化服务。出台《当涂县文化强县建设行动计划（2017—2020年）》，大力实施文化强县战略，全面推进文化体制机制改革创新，着力提高公共文化服务供给能力。投入7600万元，建成占地15282平方米、建筑面积17122平方米、入藏60万册图书、拥有1157个阅览座席的新当涂县图书馆。稳步推进基层综合性文化服务中心建设，积极构筑县、乡镇、村三级公共文化供给平台，太白等4个乡镇级和桃花社区等26个村级综合文化服务中心建成使用，建成24小时免费开放的城市悦书房。升级完善晨晚练点165个、体育场地503个，全民健身广场、体育健身站（点）实现乡镇全覆盖。

群众文化活动。精心组织“四下乡”“元旦”“春节”“五一”“国庆”广场文艺演出、周末大舞台广场文艺演出121场，开展了“迎接党的十九大，共圆小康中国梦”红色经典影片、中小学爱国主义教育电影、农村公益电影放映1404场。组织开展了当涂县第五届民歌大赛，共有300多位选手参赛，《当涂好风光》《姑溪河水十八弯》《熟透的庄稼一片黄》等经典民歌被演绎得淋漓尽致，新创民歌《大美当涂》为当涂民歌的发展传承注入新的活力。全面展开“翰墨薪传千字文诵读书写争霸赛”，通过“朗读、解读、书写、才艺”四个环节，展示千字文的韵律美、节奏美；比赛运用电视传播、竞赛活动等多种手段，引导中小学生以诵读、书写为抓手，继承弘扬中华优秀传统文化，全县42所学校组织广大中小学生参与。举办“颂歌献给党 喜庆十九大”大合唱会演，全县各部门、乡镇和开发园区的24支队伍同台竞技。在全市第32届“江南之花”群众文化活动大赛中，当涂县《太行组歌》等节目分别获得第一名和第二名的好成绩。文学、歌曲、舞台精品力作层出不穷，根据王建平小说《欠债还钱》改编的电影《情与债》已开拍，县黄梅戏演艺有限公司新创大型现代黄梅戏《燕子归时》入选安徽省2017年度戏曲创作孵化计划（大戏）项目；以王建平创作的长篇小说《沉浮之间》、徐光梅儿童文学《第八个猎物》等为代表文学作品群芳争艳；《李白游踪》当涂卷填补李白文化研究的空白点，引领李白重要游踪地文化合作联盟整体弘扬李白文化；30多个书法、摄影、绘画作品参加省级以上展览，并获得多个奖项。

2017年当涂第四届姑孰文化艺术节开幕式

文化产业。深入挖掘千年名县文化资源，打造四大特色文化旅游区，即大青山李白文化旅游区、江心洲国际生态旅游区、大公圩水乡生态旅游区、石臼湖生态旅游区，推出李白文化仙踪游、农业休闲观光游、姑孰古城名胜游、大公圩水乡体验游、石臼湖民俗风情游、太白岛亲水生态游六条精品旅游线路，集山、水、田、园、诗于一体，覆盖全县精品文化旅游资源，吸引全国各地游客来当涂休闲旅游。全力打造国内首个健康美丽产业基地，规划面积约3平方千米，以健康美丽为主题，集化妆品、食品、药品、保健品、医疗机械“四品一械产业”为核心的战略性新兴产业集聚发展基地。加快大青山李白文化旅游区、太平府文化园二期等文化旅游项目建设，总投资6亿元的大江鱼乐园、总投资4亿元的北大青鸟合作办学项目招商进展顺利，大青山野生动物世界、波罗尼亚奇幻园等大项目建设加快，文化旅游产业链进一步延伸，实现文化和旅游产业融合健康发展。加快当涂县旅游总体规划修编，全面推进国家全域旅游示范区和省文化旅游名县创建工作，诗城人家景区成功创建为国家AAAA级旅游景区，姑孰镇创建为省优秀旅游乡镇，护河镇兴禾村创建为省乡村旅游示范村；成功创建五星级农家乐1家、四星级农家乐3家、三星级农家乐2家，甑山生态园被国家体育总局评为“2017年中国体育旅游精品项目”。

文化遗产保护。积极配合省考古所完成“天子坟”孙吴墓周围地区考古调查与勘探资料整理工作，申报“天子坟”为安徽省第八批文物保护单位。稳步推进国保单位李白墓园、省级文保单位金柱塔塔基、市级文保单位“重阳木”和县级文保单位“古浮桥码头遗址”等保护工程。开展全县第五次非遗田野调查,公布当涂县第五批县级非物质文化遗产名录15个,评审县级非遗传承人24人,申报郑家遗址等5处文物点为马鞍山市第六批文物保护单位。不断加强对非物质文化遗产的保护和传承,常年开展“当涂民歌”进校园活动,成功申报“三圣傩舞”为第五批省级非物质文化遗产项目。

【当涂县成功创建全国文明城市】 秉持“创建为民、创建惠民、创建利民、创建育民”的理念,对标《全国文明城市测评体系(县级)》,创新建立县处级领导干部包保老旧小区、县直部门包保一般小区、县直机关干部走访小区住户的工作机制。在全县开展“访民情·解民忧”大走访活动中,全县3800余名县直机关单位的党员干部志愿者深入县城区3.2万户联系户家中,征求群众意见1.2万条,帮助协调解决困难近2000个。以开展“四整治四提升四突破”和“全域环境整治提升”行动为主引擎,解决和改善与人民生活密切相关的老旧小区、棚户区、城市公厕、农村垃圾、水体污染、道路市容、城市管理、大气质量等八大类重难点问题,城乡人居环境明显改善。城乡43所中小学校实现“戏曲进校园”活动全覆盖。2017年11月17日,当涂县以全省第1名、全国县城第2名、全国县级第11名的优异成绩成功摘得第五届全国文明城市的“金字招牌”,当涂县地税局、乌溪镇七房村、太白镇中心学校分别被授予“全国文明单位”“全国文明村镇”和“全国文明校园”称号。县委书记谢红心受到习近平总书记的亲切接见并握手合影。

和　县

和县举办首届乡村旅游发展论坛

【文化概览】 和县古名历阳,因“县南有历水”而得名。地处皖东,濒临长江,县域面积1319平方千米,辖9个镇,人口54万人。和县拥有优越的自然景观和丰富的人文景观,西楚霸王项羽拔剑自刎的乌江、李白驻足吟唱的天门山、刘禹锡贬谪和州的居所“陋室”、南梁昭明太子沐浴疗疾的香泉、道家“四十二福地”鸡笼山、明太祖登临点兵的镇淮楼等20余处旅游资源皆汇集县境之内。和县文化底蕴深厚、人文荟萃,是唐朝诗人张籍、北宋歌豪杜默、明末清初新安画派的杰出代表戴本孝、“当代草圣”林散之、中国首枚奥运金牌获得者许海峰以及中国科学院学部委员著名生态学家侯学煜的故乡。

培育践行社会主义核心价值观。结合香港回归祖国20周年、建军90周年、建党96周年、国庆68周年、喜迎党的十九大胜利召开等重大节庆活动宣传,围绕“友善”“敬业”“诚信”“爱国”,深入开展社会主义核心价值观“主题季”活动。开展社会主义核心价值观进校园、进乡村、进爱国主义教育基地活动,利用学校和美好乡村文化长廊、文化墙、遵德守礼宣传牌、爱国主义教育基地展厅等学生和群众喜闻乐见的形式,大力宣传社会主义核心价值观,使广大学生和群众在耳濡目染中加深理解,内化于心,外化于行。

精神文明建设。2017年,和县获“安徽省文明县城”“安徽省园林县城”“安徽省卫生县城”称号。深入开展“全县文明创建四整治四提升”行动,强力整治城区占道经营、交通秩序混乱等不文明现象,实现城市净化、亮化、绿化、美化,全面提升创建工作水平。组织全县部分党员干部和中小学生参观“和县好人馆”,学习“身边的好人”事迹,感悟好人的道德力量。截至2017年年底,和县共有“中国好人”13名、“安徽好人”5名、“马鞍山好人”60名、“和县好人”56名。

群众文化活动。开展“喜迎十九大”文艺宣传系列活动,举办“喜迎十九大 全民诵和州”群众文化活动、首届巾帼书画作品展、“庆祝国庆节,迎接十九大”篮球联赛等文化体育活动15项。开展“砥砺奋进的五年”主题宣传,举办征文、演讲、诗歌朗诵、书画展、文艺会演、电影展演、戏剧巡演等活动逾百场。组织开展2017年科技、文化、卫生"三下乡"活动,活跃了农村文化生活。组织戏曲进校园试点工作,送戏演出30场次,开展培训、讲座各20余场,有效丰富了广大群众业余文化生活,推动文化强县建设。

公共文化服务。印发《和县文化强县建设行动计划(2017—2020年)》。开展"书香和州"全民阅读活动,在全市率先设立24小时公益书吧,举办读书公益讲座、道德讲堂、经典诵读、好书推荐、图书漂流、图书展销、书香家庭评选等活动20余项。全年开展文艺惠民演出13场,文化讲堂12场,道德讲堂4场,书画、摄影展作品展18场。成立首支文化志愿者服务队——和县蒲公英文化志愿服务队。《我的名字就叫和》获得第二届安徽省群星奖。按标准建设完成5个镇级综合文化服务中心、30个村级综合性文化服务中心。首批14位文化(文物)协管员全部到位。

文化遗产保护。抢救性发掘古墓葬3座,出土文物3件(残);以"陋室廉吏一梦得"为主题,改陈陋室布展,提升陋室历史文化内涵。栗家山遗址、钓鱼台遗址、章四科遗址、张马河遗址被公布为第六批市级文物保护单位。截至2017年年底,和县入选各级非物质文化遗产25项,拥有各级非遗传承人18名。完成《非物质文化遗产乡土读本》编写。

文旅产业发展。2017年全县共有重点旅游项目37个,总投资183.97亿元,累计完成投资85.9亿元。截至年底,和县文化法人单位332家,其中规上文化法人单位9家、文化科技企业3家。

文化市场管理。2017年共开展各类执法行动30多次,出动执法人员5700余人次,检查文旅经营场所2800多家次,收缴非法图书90余册,非法音像制品70余盘;办理各类执法案件30起,结案30起。受理群众举报15起,均已办理。12318文化市场举报电话继续实行24小时专人负责。

【和县举办首届"乡村旅游发展论坛"】2017年4月28日由和县人民政府、马鞍山市文旅委主办,和县文旅委承办的马鞍山市乡村旅游发展论坛在和县政府会务中心开幕。论坛邀请全市"三县三区"文旅主管部门负责人、景区负责人、"星级农家乐"和贫困村、优秀旅游村负责人参加。论坛过程中,各县、区旅游主管部门负责人与省内乡村旅游发展先进地区代表,国内知名旅游企业对话交流,展示了和县省级非物质文化遗产——和县民歌,发布了具有地方特色的旅游农副产品。

【"阅生活24H城市书房"在和县正式启用】2017年5月27日,马鞍山市首个"阅生活24H城市书房"在和县正式启用。"阅生活24H城市书房"通过建设RFID24小时自助借还系统,与县24小时公益书吧和图书馆一体化运转,实现全县公共图书服务一馆办证、多馆借还、通借通还的服务效果。

含山县

【文化概览】含山县位于长江中下游北岸,全县辖8个镇,总面积1037平方千米,人口45万人。距南京、合肥、马鞍山、芜湖、滁州等市均在100千米之内,拥有"一县望五市"的区位优势,水陆交通便捷。

含山人杰地灵,历史文化悠久。唐武德六年(623)置县,因"群山列峙,势若吞含"得名,素有吴头楚尾之称。境内的凌家滩古文化遗址,是全国重点文物保护单位,属新石器时代晚期,距今5300多年,是中华文明重要发祥地之一,其玉器制作工艺达到当时的最高峰,内外环壕的发掘反映了先民的"规划智慧"。含山生态优美,旅游景点众多,主要有褒禅山华阳洞风景区、太湖山、伍子胥古道、运漕老街、大渔滩湿地等。褒禅山风景区有因楚国名将伍子胥过昭关的历史故事而闻名遐迩的古昭关、因北宋宰相王安石传世名篇《游褒禅山记》而声名远扬的褒禅山华阳洞、含氡等多种微量矿物质的昭关温泉等。太湖山风景区有别号"江北小九华"的太湖寺,佳木葱茏、清雅幽深的太湖山国家森林公园。运漕古镇距今有1700多年历史,"过街木楼石板路,青砖小瓦马头墙"是其典型风格。

新闻宣传与媒体融合发展。2017年4月2日,含山县采茶节开创"人民日报总社报道、中央电视台连线直播、人民网、新华网同步首页航拍展现"的国家级媒体"组团"报道盛况。11月1日,由中新社、人民网、新华网等11家中央、省市级主流媒体记者组成的报道组一行,到含采访脱贫攻坚工作。9月6日,县委县政府决定筹建"含山全媒体中心",探索建立媒体融合机制,谋划建立由广播、电视、平媒、网站、新媒体有机融合的传播发布平台,实现资源共享、共同发声、受众全覆盖。政务微信"美好含山"、政务微博"含山发布"影响力持续位居全省县区前列,政务双微连续第三年获评"马鞍山年度影响力政务新媒体";政务微博"含山发布”全年持续上榜“安徽政务微博影响力排行榜”县区十强,进入全省政务类微博百强之列。

文化活动。利用元旦、春节、清明、端午等重要时间节点,举办“迎新春文艺晚会”“二月二龙灯会”等专场文艺演出30场。持续开展“秀美含山行——送文艺下基层”“唱响含弓戏 乡音颂含山”“送戏进百村”活动150余场。组织开展“四下乡”活动、含山县第二届小戏调演、“我们的节日——中秋”、重阳节慰问演出、含山县第四届“乐园追梦”民俗展演活动等多形式的文化节庆活动。9月30日至10月8日举办第三届含山老鹅汤美食节。启动“戏曲进校园”活动,覆盖全县39所中心学校和教学点,受众约48000人次。举办第32届“江南之花”群众文化活动含山专场演出。组织开展第三届“出彩含山人”综艺大赛活动。举办脱贫攻坚看含山摄影大赛、“我身边的脱贫故事”征文评选活动。

精神文明建设。广泛开展“我的中国梦”主题教育实践活动。扩大“讲文明树新风”公益宣传。童佑保等11人被命名为“马鞍山好人”;截至2017年年底,全县共有14名“中国好人”、9名“安徽好人”、59名“马鞍山好人”、25名“含山好人”。组建八支专业志愿服务队伍,开展“含山县首届慈善人士(团体)”评选表彰工作。扎实常态化开展志愿服务活动,积极开展“弘扬雷锋精神·推动移风易俗”“尊老敬老·关爱空巢老人”“快乐童心·关爱留守儿童”等志愿服务活动。全面推动移风易俗创建活动,结合“四下乡”等活动开展,发放倡议书和宣传画册,通过编排小品、拍摄微电影等形式进行主题宣传。在全县村(社区)综合文化服务中心、美丽乡村中心村同步推进“乡贤文化”建设,开展含山县首届百名“新乡贤”评选活动。成立镇村“四会”自治组织,完善村规民约。开展“我们的节日”主题实践活动,组织中小学开展祭扫烈士墓、“网上祭英烈”,举办“童心向党”歌咏活动,开展优秀童谣征集和推报等活动,开展“小手拉大手,文明一起走”主题教育实践及“学习和争做美德少年”等活动。评选出36名年度县“美德少年”,推报市级“美德少年”15人。

含山县举办中国桌式足球大师赛

【含山县承办三项重大赛事】 5月28日上午,“健康安徽”2017环江淮万人骑行大赛含山站比赛隆重举行,来自国内外的602名专业自行车运动员和爱好者参加。9月23日,由国家体育总局社会体育指导中心主办的2017年“安徽含山”杯中国桌式足球大师赛(ITSF国际积分赛)在含山县举行,有来自中国、德国、美国、法国、比利时、奥地利等20多个国家和地区的173名运动员参加,分别争夺4个组别单打、双打项目的奖牌。9月25号晚,由安徽省体育中心、含山县人民政府、上海制皂(集团)有限公司主办,县体育局、安徽华谊日新科技有限公司承办的“华谊杯”国际篮球对抗赛在含山体育馆举行,来自美国的全明星篮球队和古巴共和国国家篮球队进行了2017年访华的首场比赛。

芜 湖 市

【文化概览】芜湖是全国文明城市，位于安徽省东南部，长江下游。现辖无为、芜湖、繁昌、南陵4个县和镜湖、弋江、鸠江、三山4个区。市域面积6026平方千米，人口385万人。芜湖历史悠久，公元前109年置县，始称“芜湖”。古代芜湖得两江交汇、舟楫之利，农业、手工业、商业比较发达。近代芜湖是长江中下游地区工商业的发祥地和全国四大米市之一，素有“长江巨埠、皖之中坚”的美誉。2017年，芜湖聚焦深化供给侧结构性改革，着力打造经济、城市两个升级版，GDP超过3000亿元。

全市有可移动文物国有收藏单位24家，共登录文物藏品11667件(套)，涵盖陶器、瓷器、铜器、书法、绘画等35个门类。其中，一级文物有85件(套)、二级文物有291件(套)、三级文物有2007件(套)。有不可移动文物888处，各级文物保护单位188处，其中全国重点文物保护单位9处、省级重点文物保护单位30处、市县级文物保护单位149处。有国家级非物质文化遗产2项、省级非物质文化遗产22项、市级非物质文化遗产61项。

文化改革与发展。制定《芜湖市文化发展改革2017年工作要点》，将年度文化发展改革任务分解到具体单位，明晰责任部门。文化产业发展任务纳入市政府目标管理绩效考核工作，提高了县区对发展文化产业的重视程度。深化群众性文明创建活动，成功获得第五届全国文明城市称号，9个志愿服务集体（个人）、项目入选安徽省“月评十佳”江淮志愿服务典型，1人获全国志愿服务“4个100”先进典型；13人荣获安徽好人及提名奖，7人荣登“中国好人榜”，2户家庭荣获“第一届全国文明家庭”称号。加快公共文化服务体系建设，运用政府购买、市场运营的方式，引导社会力量建设、管理公共文化设施，完善县(区)公共图书馆总分馆制度，提升公共文化服务质量。拉动文化消费内需，出台《芜湖市国家文化消费试点城市工作实施方案》，举办第五届中国国际动漫创意产业交易会，开展多层次多形式的文化惠民消费活动。加强文化遗产传承保护，出台《芜湖市落实中华优秀传统文化传承发展工程重点工作方案》，进一步加强全市中华优秀传统文化保护工作。先行先试市级媒体融合工作，在全省率先打破市级“报、台、网”界限，组建新媒体中心，开发“今日芜湖”客户端并上线运行。服务监管并重，印发《关于进一步深化文化市场综合执法改革的实施意见》《关于贯彻落实〈关于加强文化领域行业组织建设的实施意见〉的通知》，将文化旅游业扶持政策纳入《芜湖市扶持产业发展“1+5+6”政策体系》。产业升级成果彰显，芜湖广告产业试点园正式被认定为国家广告产业园区；新芜文化孵化中心被评为省级互联网文化产业创新孵化基地；南陵大浦乡村世界获批国家水利风景区；殷港艺创小镇被确定为第一批省级特色文化小镇，松鼠小镇和大浦农场被确定为第一批省级特色文化试验小镇；鸠兹古镇一期荣获安徽省首批“特色旅游小镇”称号，二期建成开街。9家企业入选全省民营百强文化企业；乐游网络科技公司董事长张墨凌当选安徽互联网文化产业年度人物。

文化市场监管。推进行业转型升级。引导传统文化娱乐行业与互联网、虚拟现实等新技术的融合发

市长贺懋燮在基层调研文化事业发展情况

展，打造集上网服务、影视阅读、电子竞技、休闲服务于一体的娱乐综合体。支持网吧和KTV接入公共文化服务项目，提供文化便民服务。积极推进全市网吧行业转型升级，新建一批多种经营模式的大型网吧，形成了强带动力的“网咖经济”。全市在营业中的网吧投资总额35873万元，机台总数39447台，年收入总额15795万元，解决就业人员1641人。制定《芜湖市文化娱乐行业转型升级工作实施方案》，确定芜湖天悦动漫软件科技有限公司等6家文化娱乐场所为文化娱乐行业转型升级试点单位。全市在营业中的娱乐场所投资总额58693万元，经营面积27145平方米，年收入总额16954万元，解决就业人员2396人。市区和县城娱乐场所实现100%转型升级，采取多种经营模式，场内区域划分灵活多样。

积极推进政务服务事项在一站通平台中规范运行，多措并举，不断提高服务质量。2017年，全市共受理新设各类娱乐场所10家，变更9家。新设文艺表演团体11家。新设互联网上网服务营业场所21家，变更7家。

加强文化市场综合执法。组织开展“十九大”文化市场专项保障、“扫黄打非·净网2017”、集中打击治理“黑广播”等专项整治行动。全市各级文化市场综合执法机构出动市场检查人员3860余人次，检查各类文化经营单位1770余家次，开展市、区联动执法30余次，处理各类督办、举报、投诉20余起，办结行政处罚案件32起，取缔无证经营网吧和歌舞娱乐场所8家次，查处非法电台2处，有力打击和震慑了不法分子，保障了全市文化安全和社会稳定。组织参加2017年“世界知识产权日”“江淮普法行”“国家宪法日”集中普法宣传活动。开展文化市场综合执法以案

“德耀江城”芜湖市精神文明建设先进典型颁奖活动

施训，不断提高执法能力和水平，保障全市文化事业和文化产业平安健康发展。

群众文化活动。广泛开展喜迎、学习、宣传贯彻党的十九大群众性主题文化活动，举办“砥砺奋进的五年”主题活动、庆祝中国共产党建党96周年专场音乐会、“携手小康文化扶贫”文艺演出、“不忘初心，继续前进”2017年书画摄影展、党的十九大精神巡演等活动千余场次。打造“欢乐芜湖”城市品牌，以“百姓大舞台”“美丽乡村大舞台”为载体，积极开展全市社区文艺展演、“文化惠民、月月有戏”、戏曲进校园、高雅艺术演出、“六·一”少儿文艺调演等群众文化活动。组织第十届皖江“八市”群艺（小品）大赛、安徽省首届相声小品三书优秀作品展演、少儿京剧专场新春联大赛、“喜迎十九大·翰墨颂党恩”——2017芜湖·淮北书画作品交流展、原创诗歌朗诵会、第九届“书香伴我行”有奖征文等赛事活动。结合春节、中秋等节假日或重大纪念日，组织开展2017年春节系列文化演出、教师节文艺专场演出、歌唱新时代京剧演唱会、中秋戏曲演唱会等文艺演出活动；举办2017芜湖市摄影艺术双年展、喜庆十九大跨越新时代——安徽省芜湖市书法双年展、芜湖铁画艺术精品展等活动；组织各协会艺术家参加“送文化·情暖系列”活动、“戏曲进校园”“送万‘福’进万家”“艺术在身边、欢乐送人民”等文艺志愿服务活动100余场，丰富了人民群众精神文化生活。

网络文化建设。2017年，市网宣办获全省“建设五大发展美好安徽·争做中国好网民”网络原创优秀文化作品征集活动“优秀组织奖”，“我们的节日·网络中国节”系列网络文化活动“优秀组织单位”；“芜湖发布”获省“政务微信优秀公众账号”，“2017年全省网评工作先进单位”；芜湖县一中老师范德洲被评为“2017年全省网评工作优秀个人”。协调、完成省人大的“一法一决定”（《网络安全法》和《全国人大常委会关于加强网络信息保护的决定》）执法检查调研组在芜湖检查工作，所做工作得到执法检查调研组的高度肯定。初步建立由市委宣传部统筹领导、市委网信办牵头、市网宣办具体实施的网络文化发展建设机制，进一步把全市网络文化建设和管理工作落到实处。重新调整市级网络宣传（网评）员工作队伍，进一步明确网络宣传（评论）员的舆论引导和舆情报送的双重职责，让网宣队伍建设更接地气，

“贴近群众六走进”暨芜湖市全国文明城市创建迎检工作调度会

更富活力。1月以来，为国家领导人重要事件及活动、“我给家乡拍张照”活动、省两会、全国两会、“锦绣安徽·迎客天下”等热点信息组织进行转发及跟帖，发布信息2000余条。在“芜湖新闻网”创设《中江时评》栏目，以全国两会地方谈、“青春喜迎十九大·共筑网络强国梦”等为内容，发布网评文章20余篇；组织开展两会、清明祭英烈主题教育活动、扶贫攻坚、五四活动、“六一”儿童节、“七一”党的生日、“八一”建军节、暑期三结合教育、新学期、创建第五届全国文明城市等的专题宣传，进行正面宣传引导，并通过“芜湖发布”两微同步开展各项宣传，发布信息2000余条；认真组织迎接党的十九大胜利召开网络宣传，在人民网首页头条、“喜迎十九大，触摸获得感”专题首篇发布《安徽芜湖板石岭的“美丽乡愁”》；配合完成“共舞长江经济带——网络媒体探访长江经济带区域协同生态发展之路”主题采访活动等上级部门及媒体在芜采访的任务，芜湖的发展得到人民网、新华网为首的中央级主流网络媒体的关注；积极开展“网络安全周”“争做中国好网民”等各项活动，加强对新闻网站和商业网站的管理和引导，芜湖新闻网重新申领互联网新闻服务一类资质、芜湖一家商业网站荣获中央网信办组织的“互联网企业‘初心在线·砥砺奋进’党建党史知识挑战赛活动”优秀奖、另一家商业网站荣获安徽网络公益“年度传播力”提名奖；积极开展“江淮·暖新闻”发布推送工作，在全省每季度“江淮·暖新闻”优秀作品评选中都有作品入选，全方位展示芜湖经济社会发展取得的新成就；先后组织开展“致敬黄玫瑰——暖冬行动！环卫工人免费早餐计划开启”“雷锋月公益宣传”“一米阳光服务平台——芜湖棚户区居民购房答疑”“义务献血，温暖满人心””等10余项网络文化及网络公益活动，打造出一批具有广泛影响力、网民喜闻乐见，参与度高的网络文化品牌；以内容建设为导向，传播网络正能量为核心，深入开展“网络中国节”系列网络文化活动，借力属地网络媒体、新媒体的传播优势，应用网红直播、无人机、VR、H5、网络投票等新技术新应用，通过客户端、微博、微信、微视频等途径开辟春节、元宵节、清明节、端午节、七夕节、中秋节、重阳节等专题，扩大了网络文化传播力；开展“皖江荻港闹元宵”“秀美南陵·村主任有约——到霭里、万兴过小年”活动、“推动移风易俗树立文明乡风”欢乐闹元宵、网上祭英烈、芜湖市“九九重阳·真爱永久”大型金婚庆典等线上线下活动，发布信息2000余条，点击量200余万次，转发10000余次，丰富了传统节日文化内涵，提升了群众传统文化活动的参与率，让广大网民感受传统文化的强大力量；率先在全省开展线上“网络安全知识有奖竞赛”活动，近万名网友参与答题，普及了网络安全知识。整个活动期间，全市各类线上平台累积发稿100余篇，点击量5万多人次，在全社会营造了网络安全人人有责、人人参与的良好氛围。

文艺精品创作。充分发挥文艺精品项目扶持资金的作用，全力扶持长篇纪实小说《锻红尘》、黄梅戏《一树花开》、电影《岁月江城》等作品40余部。电视剧《我的博士老公》、歌曲《朗朗包公祠》两部作品获评安徽省第十四届精神文明建设“五个一工程”优秀作品。承办第十届“皖江八市”群艺（小品）大赛，市参赛作品《有了》《别挡路》获金奖，《寻美记》获银奖。组织国家艺术基金项目申报工作，2017年全市共有30个项目参加申报，28个项目通过初审。安徽师范大学的“徽州砖雕艺术创意设计人才培养”获国家艺术基金2017年度艺术人才培养资助项目，获得资助金额80万元。安徽工程大学的皖南地区代表性古村落历史文化的数字化仿真实现和安徽师范大学的“铁骨画魂铸新梦”芜湖铁画艺术作品展获国家艺术基金2017年度传播交流推广资助项目，各获得资助金额80万元。在安徽省第三届中长篇小说精品扶持工程中，芜湖市作家许冬林的长篇小说《大江大海》、李幼谦的长篇小说《血证》和张静的中篇小说《余霞尚满天》、张诗群的中篇小说《再见，芭提雅》成功入选，入选数量全省第一。市美协主席王彪的水彩人物画《收工》受邀参加由国务院新闻办主办、中国美术家协会承办的“感知中国·最美中国人”中国美术作品展;市书协会员钱文柱的作品入选由中国书协主办的全国第二届书法临帖展;市诗人协会会长杨四平的论文《新诗叙事的诗意生成及其诗学反思》荣获中国文联第二届“啄木鸟杯”中国文艺评论年度优秀作品,是安徽省本年度唯一获此殊荣的论文。组织参加2017年戏曲孵化计划,经申报推荐、项目陈述和专家评审、公示,无为县石涧戏剧团创作的庐剧《郝仁好人》入选大戏项目,芜湖县黄梅戏剧团创作的黄梅戏《二牛劝妻》入选小戏项目。组织参加全省优秀小戏调演、安徽省稀有剧种小戏展演、第二届安徽省群星奖。组织开展全市新剧目展演,引导民营艺术院团争先创优,无为县皖艺黄梅戏剧团有限公司和南陵县莺莺黄梅戏剧团有限公司入选安徽省民营艺术“百佳院团”。芜湖县黄梅戏剧团的《王能珍》、无为中安新时代演艺公司的《浪子回头》入选安徽省“十大名剧”。无为县晓云剧社的朱德顺入选安徽省“十大名角”。

新闻报道。全年在中央媒体刊发宣传芜湖稿件900余篇(条)。《人民日报》《新华每日电讯》《经济日报》、中央电视台《新闻联播》、中央人民广播电台等中央主流媒体累计刊播芜湖头版、头条及重要稿件32篇(条)。全年积极做好“讲看齐、见行动”学习讨论宣传工作、“五大发展”主题采访活动、全市脱贫攻坚和环保督察的集中宣传工作、“两学一做”学习教育宣传工作等,重点做好党的十九大精神学习宣传贯彻工作,积极组织开展全市各类专题会展、专题活动、专题行动的新闻宣传工作。全年审核新闻发布会30场,及时发布权威信息,增强新闻发布工作的及时性、规范性和权威性。与中国人民大学合作,在北京举办2017芜湖市新闻发言人专题培训班。定期召开新闻阅评会,积极联络管理省级驻芜媒体,组织驻芜记者参加宣传报道等活动10余次。扎实推进媒体融合。2017年7月组建全省首家市级新媒体中心,通过信息内容、应用技术、平台终端的共享共融,实现报、台、网各媒体深度融合,2017年9月29日由市新媒体中心自主开发的“今日芜湖”客户端正式启动上线,开启芜湖媒体深度融合的新局面。

精神文明建设。2017年,全市上下以培育和践行社会主义核心价值观为主线,着力深化群众性精神文明创建活动,不断提高市民文明素质和社会文明程度。

深化文明城市、文明村镇、文明单位、文明家庭、文明校园五大创建,创新开展“贴近群众六走进”,在全省率先启动“清洁城乡、美化家园”环境治理工作,在打造城市升级版和服务群众上齐用力,芜湖市蝉联全国文明城市称号,获评安徽省文明示范城市称号;南陵县入选全国县级文明城市提名城市,芜湖县、繁昌县荣获首届安徽文明示范县;无为县蝉联安徽省文明县城,镜湖区、弋江区、鸠江区获评安徽省文明城区称号。截至2017年年底,芜湖市共有全国文明单位、村镇29个,省级文明单位、村镇109个,全国文明校园1个。芜湖市获“城市信用建设创新奖”。

广泛开展身边好人学习宣传,持续开展社会主义核心价值观主题季活动。举办“德耀江城”全市精神文明建设先进典型颁奖活动,表彰市道德模范、十大杰出青年、首届“最美”环卫工人、十大最美家庭、“芜湖好人”等一系列先进典型。获评全国道德模范提名奖1人,“中国好人”7人,全省重大宣传典型1人,省道德模范、安徽好人及提名奖16人。围绕立德树人根本任务,广泛开展清明祭英烈、学习和争做美德少年、童心向党、向国旗敬礼、优秀童谣征集传唱等系列活动。推进志愿服务制度化,命名表彰全市第二批“学雷锋活动示范点和岗位学雷锋标兵”,新入选省“月评十佳”典型9个,居全省前列。市文化馆“全家福照相馆”被命名为第三批全国学雷锋活动示范点,鸠江区华强社区入选全国最美志愿服务社区。

【芜湖市在全省率先启动“清洁城乡 美化家园”环境整治工作】2017年3月9日,《芜湖市开展“清洁城乡、美化家园”环境整治 提升美丽宜居度 增强群众获得感》信息在第55期《安徽信息(情况专报)》上刊登,省委副书记信长星做重要批示。

2017年,芜湖市制定《芜湖市开展“清洁城乡、美化家园”环境整治专项行动工作方案》,成立全市城乡环境整治专项行动领导小组,县(区、开发区)健全组织机构、完善工作方案、细化目标任务,形成一级抓一级、一环扣一环,各司其职、各负其责的工作体系。坚持常态监测和突击检查相结合,推进环境治理常态化。建立市领导上路督查机制、部门常态巡查机制、媒体曝光检查机制等督查暗访机制。出台《芜湖市“清洁城乡、美化家园”环境整治工作考核办法(试行)》,采取“1+11”月考核办法,市级财政发放以奖代补资金1100万元,推进环境整治精细、精准化,实现环境综合治理。把整治垃圾、污水治理,改厕作为首场战役,集中攻坚。全市54个乡镇(街道)、708个行政村全部完成陈年垃圾集中清理任务;启动污水管网(泵站)建设,无为县高沟镇、芜湖县六郎镇、繁昌县荻港镇已建成污水处理厂,全市135个中心村已建成污水处理设施,改厕1419户;繁昌县铁冲村和南陵县峒山阮村入选“中国美丽乡村百佳范例”。

【芜湖市博物馆】芜湖市博物馆位于城东政务文化新区，总建筑面积2.25万平方米，展陈面积7000余平方米。2017年，芜湖市博物馆围绕“让文物活起来”的工作基调，突出文化服务和教育功能，坚持事业发展与有效管理并举，各项工作稳中有进。

全年共接待国内外观众30万人次。新办“敬颂春祺——馆藏书画作品欣赏”“金鸡报晓——丁酉新春鸡年生肖文物图片展”“芜湖铁画艺术作品暨优秀工艺美术作品展”“周而复始——综合材料绘画研究展”“文房雅赏——安徽省文物总店典藏文具展”“‘喜迎十九大 翰墨颂党恩’——2017芜湖·淮北书画作品交流展”“归来——潘玉良美术作品展” 等7个临时展览，种类丰富、文化多元，受到社会各界广泛关注，成为生动的“市民课堂”，省市媒体进行连续报道。围绕和配合展览，芜湖市博物馆举办了《综合材料绘画艺术漫谈》《初识古砚》等各类讲座近10场，邀请故宫博物院院长单霁翔、南京博物院院长龚良等知名文博大家来芜授课，丰富市民文化生活。

教育活动是丰富参观体验的主要形式。2017年，芜湖市博物馆积极响应党和国家 “让文物活起来” 的指示精神，使博物馆教育功能走向深入和持久，在做好展览的同时，开展 “文物故事经典诵读” “童声发言——‘百件文物背后的故事’” 等特色教育活动20余场，吸引越来越多的市民走进博物馆。

2017年，芜湖市博物馆新征集66件文物；整合国有单位收藏的文化资源，接收芜湖市铁山宾馆、赭山公园等单位收藏的近300件藏品；接受李济仁先生、吴晓明先生、芜湖四季春餐饮有限公司等单位和个人捐赠的文物近百件。

大力建设志愿者队伍，积极开展学雷锋志愿服务。芜湖市博物馆选拔小志愿者120名、成人志愿者270名、老人志愿者40名，在周末开设志愿者公益讲解时段，全年服务总时长近1400小时。定期举办志愿者沙龙，组织志愿者培训，规范志愿者队伍管理，搭建志愿者交流平台。

2017年，芜湖市博物馆与芜湖日报社合作，在《大江晚报》上开办《百件文物背后的芜湖故事》专栏，将文博知识推向大众。通过与新媒体合作，在微信上每周推送一篇“百件文物背后的芜湖故事”。编辑出版《皖江秋韵 鸠兹泉珍》一书，通过多种途径推广芜湖历史文化。

2017年，芜湖市博物馆社教经验在中原五省博物馆教育培训会上作为先进典型案例进行推广。芜湖市博物馆先后评为“AAA级旅游景区”“市消防安全管理先进单位”“第十七届市级文明单位”“市级青年文明号集体”“芜湖市第三批学雷锋活动示范点”。

【芜湖·新华联鸠兹古镇文化旅游度假区】芜湖·新华联鸠兹古镇文化旅游度假区位于芜湖市鸠江区，是中国百强企业新华联集团首个文旅项目。度假区总投资约100亿元，总规划占地面积近133公顷，总建筑面积约120万平方米。项目依托徽商在芜湖“兴业”的深厚历史积淀及开埠多元文化的精髓，以体现印象芜湖的璀璨辉煌为规划核心，打造集观光休闲、旅游度假、体验互动于一体的芜湖市首个国际文化旅游综合体项目。

项目含鸠兹古镇、鸠兹剧场、海洋公园、儿童乐园、五星度假酒店、新华联梦想城法式住宅等项目。整个项目按照5A级旅游景区标准打造，建成后形成年接待游客500万人次的综合性旅游度假区。

芜湖新华联鸠兹古镇文化旅游度假区基于“天下徽商，兴于鸠兹”的文化背景，以芜湖深厚的历史文化为依托，主要打造传统徽派建筑群，再现古徽州商业文明的繁荣，是全国首个徽商文化为主题的文旅古镇。芜湖新华联大白鲸海洋公园采用第五代海洋公园的全新理念打造，百余种、上万尾的海洋极地生物，让人们沉浸在如梦似幻的海洋世界。

鸠兹古镇景区（一期）和海洋公园主馆分别于2016年7月30日和9月22日对外试运营，鸠兹古镇二期于2017年7月30日全面开街，童梦乐园于2017年9月30日正式对外开放，海洋公园秀场于2017年12月31日对外试运营，年接待游客已达到400万人次。

度假区建成后，1小时都市圈辐射南京、合肥 ，2小时都市圈辐射上海、杭州；宁马、宁芜、合宁、合芜等9条全程高速，高铁和城际高铁全线开通，无缝对接整个华东地区。

大阳垾生态湿地公园

弋江区

弋江区"送戏进万村"戏曲专场

【文化概览】弋江区位于芜湖市南部,与芜湖国家高新区实行政区合一的管理体制,东至荆山河,西濒长江,东南、西南与南陵县、三山区隔漳河相望,北与镜湖区隔青弋江相望,全区总面积178平方千米,辖马塘、澛港、火龙、白马、弋江桥、中南6个街道办事处和南瑞公共服务中心,常住人口33.2万人。境内有安徽师范大学等9所高校,是芜湖市科教、文化中心。

文化活动精彩纷呈。2017年,弋江区共开展各类文体活动580余场,依托"我们的节日"等传统节日和重大节庆日,针对不同群体组织开展不同类型的文化活动,将中华传统文化和社会主义核心价值观教育有效结合,寓教于乐。重点开展"百姓过年看大戏"8场次、春节民俗大巡游——"龙狮表演""走马灯"活动12场次、"关爱空巢老人"文化志愿服务4场次、"敬老·爱老"走进养老院慰问演出6场次、"欢天喜地闹元宵"民俗文化展演1场次、非遗展演"白马山传统庙会戏曲专场"5场次、"欢乐芜湖活力弋江"文化志愿服务社区行等系列活动16场次。组织举办全国第七套健身秧歌弋江区培训班8站次、戏曲进校园活动19场次、弋江区首届少儿艺术年系列活动6场次、"5·25"青少年心理健康教育咨询、"童心向党"全区少儿文艺调演、"喜迎党的十九大"等一系列群众喜闻乐见的文体活动,丰富了群众精神文化生活。群众文体活动的组织开展与文明创建、民生工程宣传等中心工作有效结合,活动形式上融入互动和宣传环节,让群众文体活动与提高文明素质相结合、与惠民政策宣传相结合、与提高居民幸福指数相结合,用文化活动传递正能量。

体育活动。注重考虑不同人群的体育需求,先后举行"斐尼斯杯"2017年安徽省青少年游泳冠军赛、"快乐行走、助力芜湖蓝"2017芜湖市第三届大型公益徒步活动、弋江区首届企业千人平板支撑挑战赛、喜迎十九大全民健身大型展示活动、第七届城市之间曼巴体育杯篮球联赛、参加市首届市民运动会、在11所小学(幼儿园)开展第三轮"围棋进校园"活动、举办"2017中国·芜湖CEFA国际标准舞(体育舞蹈)全国城市公开赛"等,并组织各街道(南瑞公共服务中心)和有关协会共400余人参加2017年国民体质测试。

文体人才队伍建设。2017年,弋江区举办或参加上级组织的群众文化工作者和文体骨干业务培训班、三级社会体育指导员培训班、民生工程培训班、安全工作培训班共6期,累计培训人数达900余人次,基层文体队伍和群众辅导员素质得以提高。在弋江区区登记注册群众文化辅导员150余人,一、二、三级体育指导员1049人(上半年新增三级指导员80人),组建音乐、舞蹈、戏曲、曲艺、健身、龙狮表演等各类群众业余文体队伍150多个。注册成立的各类协会达25个,其中包括音乐戏曲协会、书画协会、摄影协会、弘善舞蹈协会、书法篆刻协会、模特协会、旗袍协会、徒步运动协会、乒乓球协会、篮球协会、足球协会等。借力协会、社团及群众文体队伍广泛开展群众文体活动,输送优质的公共文化服务。新招募文化志愿者32名以补充更新文化志愿者队伍,新组建文化志愿服务艺术团2个,全年开展文化志愿者服务20次,下乡进社区文艺演出16场。

精神文明建设。全区精神文明建设以培育和践行社会主义核心价值观为主线,深化思想道德建设,弘扬社会新风尚,推进群众性精神文明创建,不断巩固提升市民文明素质和社会文明程度,为迎接党的十九大胜利召开,全面建成幸福美丽新弋江提供了思想保证、精神力量、道德滋养和文化条件。扎实开展道德教育实践活动,定期组织开展各级好人评选、道德讲堂展演活动。2017年共评选出30位"弋江好人",其中17人当选"芜湖好人"、6人当选"安徽好人",丁定明当选"中国好人",各级各类好人总数位居全市前列。由区直机关、区属文明单位、街道承办的区级道德讲堂总堂展演活动每月开展，邀请荣获各级“身边好人”的居民走进道德讲堂讲述自己的感人事迹。各级各类文明单位每季度开展道德讲堂活动，全年共开展活动220余场次，受众超过18000人。开展第五届道德模范、身边好人巡讲巡演活动42场。同时组织大型图片展，将好人事迹传送到机关、学校、社区、村镇等不同行业、不同部门。编印《厚德弋江（六）》，将2016年度获得各类称号的好人事迹编印成册，发放给机关干部、社区居民。志愿服务活动常态化开展，“心港”志愿服务队、“火龙一家亲”志愿服务队成功当选安徽省“月评十佳”江淮优秀志愿服务集体典型。

【火龙一家亲志愿服务队】芜湖市弋江区“火龙一家亲”志愿者服务队成立于2012年5月4日。自成立以来，该志愿服务队紧紧围绕“与爱同行、温暖人心”这条主线，组建以党员为带头人、以志愿者为主体的爱心帮扶、邻里守望、清洁家园、医疗助残、军民共建、文化宣传和小小志愿者7个志愿服务队，志愿者总数累计2000余人次，服务总时长13584小时，组织开展关爱留守儿童、空巢老人和残疾人、献爱心助读、捐书赠书、清洁家园等各类志愿服务活动百余次，先后为街道群众提供各类服务达3万人次，涌现出一批以凌定凤、凌宝玉、汪德华、刘荣荣为代表的优秀志愿者典型。

镜 湖 区

美丽镜湖

【文化概览】千年鸠兹地，山水镜湖城。镜湖区作为芜湖市的中心城区、服务业的核心区，是全市经济、文化、信息、金融中心和中央商务区，商业发达，科教文化资源富集，生活、娱乐、休闲设施配套完善，为理想的宜业、宜商、宜游、宜居之地。区域面积121平方千米，人口60万人。先后获评全国平安建设先进区、全国和谐社区建设示范城区、全国社区志愿服务示范城区、安徽省首届文明城区。

作为芜湖市的母城和发祥地，镜湖历史悠久，人文荟萃，“三刀”“铁画”享誉世界，张孝祥、肖云从等历史文化名人辈出，吴敬梓名作《儒林外史》和汤显祖的《牡丹亭》均创作于此。镜湖区素有“江南三分秀，两分在镜湖”之美誉，长江、青弋江两江环抱，赭山、镜湖山水相依，“两江、三山、五湖”星罗棋布，干将、镆铘传说流传至今。天主教堂、圣雅阁楼等33幢已有百年历史的西洋建筑散落其中。自清末被辟为通商口岸以来，逐步形成海纳百川、兼容并包的开放文化，是皖江流域唯一五大宗教齐全的区域。

群众文化活动。2017年，镜湖区以“我们的节日”为主题，相继举办“花开盛世、风清镜湖”新春文艺会演、“艺术鸠兹·圆梦镜湖”等各类群众文化系列活动1000余场。大力支持和培育社会文艺团体开展公益文化活动，组织开展首届镜湖动漫创意文化节、镜湖吉他文化节、钢琴文化节、青少年器乐声乐大赛暨展演活动。大力倡导全民健身运动，健步走、广场舞、韵律操等群众性文化体育活动成为市民时尚健康生活方式。“艺术鸠兹、戏曲九莲塘、热舞滨江、运动赭山”四大特色文化惠民广场让居民乐享其中，“月月有活动、时时有文化”让群众在家门口即可共享文化惠民的“精神大餐”。

公共文化服务。加快公共文化服务体系建设，采取“订单式”服务，区文体活动中心全年开展公益培训班48个大类近200个班次，培训3000余人，接待市民80万人次。区文化馆、区图书馆获评国家一级馆。“书香镜湖读书节”被列为全省“十佳阅读推广品牌活动”，图书馆被评为读者心目中“最美安徽公共图书馆”。积极推动民间文化艺术的保护与传承，两度荣获“中国民间文化艺术之乡”称号。

文艺精品创作。以弘扬本土文化为立足点，着力推动文艺精品生产创作。首部大型本土文化纪录片《画说镜湖》上线播出，长篇小说《匣中剑》、3D网络电影《时弦》、、散文集《一蓑烟雨任平生》等一批文艺作品被列为全市精品文艺项目，“百年西洋建筑探微”“方村史话”“近代芜湖民族工业”等一批反映本土文化底蕴、体现地域人文特点的历史文化课题研究效果呈现。

文化产业发展。举办“匠心盛典智造生活”文化遗产日展示展演活动，来自全省的43个非物质文化遗产项目在百年内思楼精彩呈现，参观者不仅可以观赏原生态繁昌民歌，目睹芜湖“三画”、阜阳“五宝”等非遗项目的工艺制作过程，

还能品尝到以蟹黄汤包、梨膏糖等地域特色食品为代表的“非遗套餐”，选购到运用非遗元素开发的创意生活用品。数十位非遗传承者与企业家、创客、基金团队现场交流互动，聚焦非遗和创意生活产业的融通，研讨非遗与创意生活产品的设计开发和应用，并为非遗传承发展搭建起创新创业平台。

出台“1+4+5”产业扶持政策，以主题文化、动漫电游、电子竞技、影视传媒等为重点，以“街、园、楼”为主体，加强文化旅游产业集群培育，全力发展文化旅游产业，打造城市的地标和名片，建设一个没有围墙的文化旅游产业园。全区新引进互联网企业56家，其中：共生物流全年交易额超11亿元，被评为中国“互联网+”行动百佳实践案例；驿盟物流在全国26个地市布点，实现合作物流园区31家；阡陌科技在全省创建首家“三农”互联网服务平台。

精神文明建设。开展各类道德讲堂累计450余场，受众2.2万人次。开展区级文明小区评选活动，24个小区被评为首届区级文明小区。“一米阳光”五老宣讲团、“绿丝带”志愿服务队入选省月评“十佳”志愿服务先进典型，《弋矶山公共服务中心“邻里节”》等7个创新案例被推荐为省精神文明建设创新案例，“爱心六敲门”入选中央宣传部、中央文明办等11个部门共同开展的学雷锋志愿服务全国“四个100”先进典型，国医大师李济仁家庭被评为首届全国文明家庭。

【《芜湖铁画保护和发展条例》出台】2017年，芜湖市人大制定颁发《芜湖铁画保护和发展条例》，《条例》共分为总则、保护与传承、创新与发展、法律责任和附则五章共40条，对芜湖铁画的保护与继承、创新与发展、建立芜湖铁画传习基地、组织评审和授予“芜湖铁画大师”称号、建设铁画博物馆、编辑出版芜湖铁画系列丛书、举办芜湖铁画创新成果展览和创意设计竞赛、培育及发展芜湖铁画艺术品收藏和拍卖市场等做出规范。这是新中国成立后芜湖建市历史上颁布的第一部地方法规，标志着国家级非遗项目“芜湖铁画”发展进入全新时代。

鸠 江 区

【文化概览】鸠江区成立于1990年3月，位于芜湖市东部和北部。设区以来，先后经过多轮区划调整，现辖沈巷、二坝、汤沟、白茆4个镇与清水、官陡、湾里、四褐山、裕溪口5个街道办事处，设鸠江经济开发区(省级)，总面积820平方千米，总人口58.9万人(含芜湖市经济技术开发区)。境内文化旅游资源丰富，有三国历史遗迹“蛟矶庙”、5A级景区方特旅游度假区、新华联老街、全省最大的海洋公园新华联大白鲸海洋公园，另外还有神山公园、中央公园和扁担河景观带等多处自然人文景观。境内的芜湖方特欢乐世界为省级爱国主义教育基地，粟裕将军纪念馆为芜湖市青少年爱国主义教育基地和革命传统教育基地。

文化事业。截至2017年年底，全区拥有区级文化馆1个、图书馆1个、镇文化站4个、街道文化站5个、农家书屋56个、公共电子阅览室11个、体育场馆5300平方米。全年公共文化建设投入2000万元，举办大型群众性文化活动10场次，送文化下乡演出65场次，送电影下乡进社区725场次。

精神文明建设。2017年圆满完成第五届全国文明城市迎检工作，成功创成安徽省第二届文明城区。创新开展“千名巾帼、百场宣讲、万人参与”的六道橙味广场宣讲方式。有计划加大各类先进典型推报力度，2017年度共有2人当选“中国好人”、4人当选“安徽好

芜湖方特东方神画方特小镇

人”及提名、94 人当选“鸠江好人”；四褐山街道的吴明英获评安徽省月评十佳志愿服务优秀个人典型，官陡街道 908 雷锋爱心车队获评安徽省“月评十佳”志愿服务优秀组织典型，推报及当选人数位居全市前列。

文化产业。2017 年，芜湖国家广告产业园试点园区被国家工商总局正式认定为国家广告产业园。全区文化产业实现产值 41 亿，比上年增长 35%，占全区 GDP 的 5% 左右，实现税收 1.3 亿元，影星巨幕、新华联文旅公司和华强文化科技公司被选为 2016 度全省民营文化企业 100 强，鸠兹古镇被确定为特色文化旅游小镇，文化产业发展居于全市前列。

三　山　区

三山区创作中国好人故事黄梅戏《回家》

【文化概览】三山区面积 276.1 平方千米，辖峨桥镇和保定、三山、龙湖 3 个街道，总人口 20 万人。三山区经济开发区是省政府批准设立的芜湖承接产业转移集中示范园区，三山经济开发区现代农业机械产业被列入全省首批战略性新兴产业集聚发展基地，三山物流园被批准为省级现代服务业集聚区。

三山历史悠久，商周时期就有人类在此繁衍生活，留有三山大神墩、新淮磨盘墩等人类活动遗址。汉末周瑜开筑保大圩，促进了农业的发展。明代上中叶，三山老街、峨桥老街建成，呈现出水路交通畅达、陆路官道连通、舟行日盛、商贾如云的繁荣景象。唐李白、宋杨万里、明朱元璋、清乾隆曾流连于此，留下许多动人诗篇和美妙的传说。“孤村烟火三山隔，两县人家一水分。一片轻帆天际上，不知身在白鸥群。”就是对三山最概括的赞美。

文化事业和文化活动。2017 年，三山区文化事业和文化产业发展迅速。以宣传贯彻党的十九大精神为主线，认真开展“三个一百”活动，以三山区第六届社区文化节为载体，通过开展“油彩峨桥民俗文化节”“诗意芜湖·梦回三山”大型原创诗歌朗诵会、弘扬社会主义核心价值观原创黄梅戏《回家》巡回演出、“韵动三山·舞靓星空”社区广场舞大赛等近 20 场大型群众性文艺会演，吸引近 10 万人次参与。丰富多彩的社区文化活动，促进了三山文化的繁荣发展。

文艺创作活动。组织开展“喜迎十九大·五年看三山”文学摄影书画巡展活动，区文联艺术家和宣传文化工作者深入基层，深入群众，开展采风和创作活动，创作《火红的七月》《七月的赞歌》《醉在五月的三山》《三山赞歌》《在葵花谷中间》等 1000 多首（幅）文学、摄影、书画作品，结集并出版《山水三山》等文学书籍和《三华山文艺》《三华吟谭》等文学期刊，用图文并茂的形式生动地再现“实力三山、活力三山、魅力三山、和谐三山”建设的喜人变化。

公共文化建设。三山区公共文化基础设施建设投入力度不断加大，区、镇（街道）、村（社区）三级公共文化基础设施逐步完善，满足了市民精神文化需求。建成文化信息资源共享工程区级支中心，所有村（社区）均建成文化信息资源共享工程基层服务点，并配备 40 多万元的数字投影仪等设备和公共电子阅览室。镇（街道）文化基础设施呈现新面貌，全区 1 个镇和 3 个街道均建有标准化的文化站，4 个综合文化站面积均达 500 平方米以上，并配备 8 名专职工作人员；拥有“4 室 1 厅 1 场”，即拥有文化信息资源共享活动室、报刊阅览室、会议室、老年少儿活动室、多功能厅及室外健身广场等多功能活动场所。全区 44 个村（社区）均建有文化活动室和农家书屋，部分村建有标准篮球场、室内外乒乓球台、健身路径等。

文化产业。三山区围绕三华山、龙窝湖、响水涧、莲花湖等山水文化资源，加大文化产业招商引资力度，建立三山区特色文化产业项目库。总投资 12 亿元的三华文化园项目正在建设中。

精神文明建设。2017 年，三山区切实加强思想道德建设，深入开展群众性精神文明创建活动,扎实推进社会主义核心价值体系建设,着力提高公民文明素质和社会文明程度;“爱家乡教育”“做文明有礼的三山人”“感动三山文明事”系列志愿服务等一批个性鲜明的创建活动蓬物兴起,文明新风如春潮涌动。评好人、敬好人,积极传播社会正能量,市民教育“六大阵地建设”扎实推进,爱国主义教育不断深化,全民阅读活动高潮迭起,“我们的节日”主题活动丰富多彩,“讲文明树新风”活动方兴未艾。以迎接全国文明城市复检为契机,全面推进群众性精神文明创建活动蓬勃开展,文明单位创建工作成果斐然。未成年人想想道德建设异彩纷呈,理想信念教育不断加强,社会文化环境不断净化优化,社区未成年人思想道德建设扎实深入,家庭教育作用不断凸显。与此同时,深入开展关爱“外来务工人员子女”“关爱留守儿童”行动。大力弘扬志愿服务精神,推动态愿服务活动深入开展,全区性志愿服务活动蔚然成风,品牌活动常规化,群众性文化体育活动蓬勃开展,人民群众精神文化生活丰富多彩。

芜湖县

【文化概览】芜湖县位于安徽省东南部,长江下游南岸,辖湾沚、六郎、陶辛、红杨、花桥等5个镇,面积670平方千米,人口35万人。芜湖县是全国文明县城、全国文化先进县、科技进步先进县、群众体育先进县、计划生育优质服务先进县、农村社区建设实验县、全省双拥模范县、社会治安综合治理模范县、科学发展先进县一类县,首批省级公共文化服务体系示范区创建县。

芜湖县古称鸠兹,县名文献记载最早见于西汉元封二年(前109),距今已有2100多年。现有战国末楚王城遗址、北宋初东门渡窑址、南宋珩琅塔、清代胡湾胡氏宗祠等4处省级重点文物保护单位。

文化遗产保护与传承。2017年,完成“全国第一次可移动文物普查”工作,共收集录入可移动文物325件(套)。开展文物安全状况大排查行动、文物古建消防大检查。对县级文物保护单位花桥渡桥进行桥墩修补。将荆山摩崖石刻“寒壁”搬迁至县图书馆大厅内存放,确保石刻的安全。联合规划部门开展九十殿保护范围划定工作,并推荐申报第八批省级文物保护单位。制作《芜湖县馆藏文物精品》宣传折页,广泛宣传文物保护工作。开展第六批非遗名录项目申报工作,全县已有县级非物质文化遗产名录54项,其中市级11项、省级3项;全县代表性传承人25名,其中市级6名、省级1名。举办全县首届“我们的手艺”民间绝技绝活征集展示(达人秀)活动,参展的绝技绝活共计54种,观众达3万人次。建立芜湖县重点宣传文化项目库,筛选文学、戏曲、非遗保护、影视作品、文化活动等27个项目。

戏剧创作。黄梅戏《王能珍》获2017年度省民营艺术院团“十大名剧”,黄梅戏《名优》获全国小剧目调演一等奖,《二牛劝妻》被省确定为戏曲剧本孵化项目,黄梅小戏《九月》参加全省优秀现代小戏会演。县黄梅剧团获“第七届全国服务农民、服务基层文化先进集体”称号,央视戏曲春晚在芜湖县西河古镇设立分会场。

文化产业。出台促进文化旅游产业加快发展扶持政策,文化产业在全县现代服务业中快速增长。途虎汽车维修培训学校正式签约,殷港艺创小镇项目建设稳步推进,皖新书城、红杨镇西河粮仓文创园、七房艺术村等项目开工建设,蜜蜂馆正式运营。获安徽省文化强省专项资金120万元。

公共文化建设。2017年全县拥有1个文化馆、1个公共图书馆、5个镇综合文化站、81个农家书屋、32个村级综合文化服务中心,县镇村三级公共文化服务体系日臻完善。全年举办大型文化活动35场次、大型群众性文化活动64场次;文艺团体演出1181场次,其中送文化下乡232场次。县图书馆馆藏图书24.5万册,新增文献藏量购置

优秀人物(团体)命名表彰大会

专项经费 32 万元，购书 2.9 万册、电子图书 40 万册、视听文献 865 种，征订报刊 570 种。

县图书馆、文化馆、镇综合文化站、村(社区)农家书屋继续实行免费开放，共接待群众 37.22 万人次。县举办各类文化活动近百次，农村文化建设专项补助项目有序推进，文化信息共享工程村基层服务点(与农村党员远程教育服务点共建)每月播出不少于 4 次；农家书屋已按每周不少于 6 天 30 小时的要求对外开放，书籍更新 5940 册；每行政村每月放映 1 场公益电影，共放映 1058 场；农村文艺演出 197 场次，农民体育活动 259 场次。全年开办少儿、成人免费培训 3 期，开设 90 个培训班，招收学员 1448 名；继续开展群众文化辅导员志愿服务活动，吸收文艺骨干 456 名，提供专业性、公益性、经常性文化服务，5 名群众文化辅导员受到省文化厅通报表扬。2017 年开展送文化下乡活动 26 场次，送春联 5100 余副、图书 5250 册、年画 2000 张、灯谜 2400 余条。春节期间 13 个民间灯会举办新春展演活动，参与人数 1674 人，共表演 542 场次，观众达 15.11 万人次。2017 年，县文化馆共组织喜迎十九大系列广场文艺会演 9 场，承办、协办文艺演出、知识竞赛、展览展示、征文朗诵、歌唱戏曲、广场舞比赛等各类群众性文化活动 29 场、黄梅戏 186 场，累计服务群众 18.6 万人次。

精神文明建设。以社会主义核心价值观为主线，以创建“全国文明城市”为抓手，开展“清洁城乡、美化家园”“三大革命”等城乡环境治理活动，开展“贴近群众七走进”专项行动，开展“春节三下乡 欢乐进万家”红红火火过大年主题系列活动。成功举办“2016 年度精神文明建设优秀人物(团队)命名表彰大会”，对 110 名优秀人物和团体进行集中命名和宣传。王能珍荣获第五届安徽省道德模范称号，其家庭获得全国最美家庭称号；夏云兴被列为全省重大宣传典型并获得“中国好人”称号，奚正华等 12 人成功入选“芜湖好人”。建设约 800 平方米的芜湖县好人馆和志愿服务展示馆，对全县各级各类身边好人及志愿服务典型进行集中展示。3 次承办市道德讲堂总堂及全市好人巡讲巡演工作。争创全国文明城市，获得“安徽省第二届文明示范县”称号。六郎镇、花桥镇九十殿村成功争创全国文明村镇；6 个镇村和 2 个社区入选省级文明村镇、社区，其中 6 家单位入选省级文明单位。2017 年获批市级文明单位(村镇、社区)80 家，新增 15 家，增幅 23%。

繁　昌　县

黄浒河里赛龙舟　展示传统民俗文化

【文化概览】繁昌县辖 6 个镇，面积 590 平方千米，常住人口 30 万人。现有人字洞遗址、繁昌窑遗址、皖南土墩墓群 3 处全国重点文物保护单位，有省级文物保护单位 4 处、省级非物质文化遗产 4 项。获评安徽省文明示范县、安徽省未成年人思想道德先进县，先后获得全国文明县城、全国文化先进县等称号。

理论武装。2017 年，繁昌县紧紧围绕统筹推进“五位一体”总体布局，协调推进“四个全面”战略布局及县委县政府中心工作，组织开展形式多样的学习会议、党课教育、理论宣讲。全年共宣讲 100 余场，受众 1 万余人次。县委中心组全年集中学习 21 天。成立县委学习贯彻党的十九大精神理论宣讲团，赴各镇、经济开发区进行广泛宣讲，共举办集中宣讲报告会 7 场次，受众 1300 多人次。

意识形态工作。印发《关于成立县委意识形态工作领导小组的通知》《党委(党组)抓意识形态工作责任分工》等文件，建立意识形态工作定期报告、督查考核和述职述责制度。强化属地网站和网络新媒体管理，严格落实省、市关于各类网站论坛管理和转载新闻的规定。

新闻宣传和对外宣传工作。围绕实施五大发展行动计划，打造产业和城市“两个升级版”。大力发展园区、临港、文化旅游三大经济，开设“精致繁昌”、民生工程、基层党建等重点专题专栏，对全县经济社会发展进行全方位宣传。定期召开新闻宣传会商和新闻阅评会议,发布宣传工作要点。

中央、省、市各类媒体全年刊播繁昌稿件700余篇(条),《人民日报》对繁昌县推进医疗服务进行报道。新华社先后对繁昌县农村集体产权制度改革及小微权力监督等进行专题采访,并以《农村"三变"振兴乡村——安徽繁昌县农村集体产权制度改革见闻》《安徽繁昌:管住"小微权力"晒出阳光村务》进行了专题报道。制作完成《繁昌时光》形象宣传片。

精神文明建设。以创建安徽省文明示范县为抓手,大力开展农村环境整治、污水治理和农村改厕"三大革命",落实"门前三包",全力推进精准创建,打造精致繁昌。强化城市文明程度指数测评,制作文明创建曝光片23期。开展专项督查,实行抄告单制度,及时查摆整改问题。

健全文明创建考核奖惩机制,出台《繁昌县文明创建工作考核奖惩暂行办法》,将全县6镇和79个县直单位分成三类,明确工作职责,聘请第三方进行测评考核,并依据考核结果奖优罚劣。

广泛深入开展"双提升"活动,制定《关于提升市民文明素质提高县城文明水平的意见》,召开专题动员会,进行再动员再布置,加强公益广告宣传。开展各级各类好人评选、推荐工作。共开办各类"道德讲堂"98场,累计参加5120余人次。举办第四届繁昌道德模范颁奖盛典,表彰道德模范12名、提名奖12名。评选"繁昌好人"23名,表彰"繁昌县志愿服务优秀典型"集体5个、个人9名。胡文钊获评"中国好人",1人获"安徽省道德模范提名奖",获评安徽省"月评十佳"志愿服务优秀典型1个,获评"芜湖好人"6名。

文化事业。积极组织繁昌县纪念建党96周年、喜迎党的十九大系列活动。先后组织"不忘初心,牢记使命"——大型红色现代黄梅戏《江姐》专场文艺演出、喜迎十九大高雅音乐惠民专场音乐会、繁昌县学习宣传十九大精神文艺会演。举办繁昌孙村端午文化节暨龙舟邀请赛等群众性文化活动和"大美繁昌"摄影大赛、繁昌县书法美术作品双年展,"画里江南——繁昌画家画繁昌"美术作品展在安徽画廊展出。开展送戏曲进校园23场。积极组织开展文艺采风活动。张诗群的小说《再见,芭提雅》在《小说月报》发表。《繁昌文学作品选(第一辑)》付印,《画里江南——繁昌画家画繁昌》出版。田园的作品《憩》获第三十六届尼康摄影大赛特等奖。多人次入展国家省市书画展。有6个项目入围市重点文艺创作选题,2个项目获资金扶持。1人新晋国家级文艺家协会会员,3人新晋省级文艺家协会会员。完成"走过百年的桃冲铁矿"历史文化课题研究。编印《谷雨》杂志4期。

文化遗产保护和文化产业发展。县博物馆展陈、繁昌窑遗址保护展示大棚等加快建设,人字洞遗址规划建设全面启动。启动全域文化旅游总体规划编制。"江南慢谷"获批省级旅游度假区。马仁奇峰二期工程基本建成,接待游客80万人次,与长城影视开展全面合作,推进"大马仁"融合发展,启动争创5A级景区工作。有7家文化企业入围2017年省重大项目库,有4家文化企业参加第五届中国(芜湖)动漫创意产业交易会。积极开展文化惠民消费季活动。

【繁昌县举办"2017年孙村端午文化节暨龙舟邀请赛"】2017年端午节期间,繁昌县举办"2017年孙村端午文化节暨龙舟邀请赛"。文化节上,除表演传统的歌舞外,还有板龙灯、舞狮子、赛龙舟、汉服展示、茶艺表演、经典诵读忆屈原等。尤其是被列为市级非物质文化遗产、有着400多年历史的孙村黄浒河龙舟赛,更是吸引芜湖市区、繁昌、南陵、铜陵等地的群众赶场观看。

本次龙舟赛,共有来自6个村(社区)的6支代表队参赛,每支龙舟队由18名划手、1名舵手和1名鼓手共20人组成。龙舟的头尾都扎上漂亮的彩绸,尤其是龙头更是装扮得威风凛凛、栩栩如生。

南 陵 县

【文化概览】南陵县位于安徽省东南部,地处皖南丘陵向沿江平原过渡地带,辖8个镇,面积1263.7平方千米,人口55.3万人。南陵历史悠久,人文炳蔚,西汉武帝元封二年(前109)始置春谷县,南朝梁武帝普通六年(525)始置南陵县。境内现有大工山铜矿遗址、皖南土墩墓群和牯牛山古遗址3处全国重点文物保护单位。诗仙李白曾三度寓居于此,留有《南陵别儿童入京》等诗作18篇。

公共文化建设。截至2017年年底,共有文化馆、公共图书馆、博物馆、青少年活动中心、文化公园、老年人文化活动中心各1个,有镇级综合文化站8个、农家书屋162个、城区文化体育广场1个、标准化体育场1个(含体育馆、体育场、游泳馆),建成1个县级文化信息资源共享工程支中心和9个公共文化信息化建设服务点。在第六次全国公共图书馆评估定级中,南陵县图书馆被评定为"一级公共图书馆"。

非遗项目申报与文物保护。

“南陵目连戏”剧照

“丫山藕糖制作技艺”被安徽省人民政府批准公布为第五批省级非遗代表性项目，徐叶保等5人被推荐命名为芜湖市第四批市级非遗项目代表性传承人，南陵县非遗数据库进一步充实。在第一次全国可移动文物普查工作中，县文物所如期完成了馆藏1500多件文物藏品拍摄、测量、录入、审核等工作，受到芜湖市文化委表彰，获先进集体称号。牯牛山城址保护总体规划编制项目申报工作完成，徐家大屋展陈设计和布展工作完成并免费对外开放，新增陈墩张墩遗址、牛头山土墩墓群、龙会桥、玉带桥、毕家桥、马义桥6处市级重点文物保护单位。南陵县铁拐宋墓出土文物修复项目招标工作完成，第一批丝织品、漆木器等文物已运送到湖北荆州文物保护中心进行修复。

文化活动。2017年，组织实施“520”文化扶贫行动，在贫困村开展送文艺演出、送戏进村、送图书入户、送电影和送春联等5送公益性文化惠民行动，不断完善贫困村公共文化设施，开展“零”门槛全免费公益培训行动。全年举办“聚力脱贫攻坚、共享美好生活”专场文艺巡演9场；举办“美丽乡村大舞台”演出7场(其中政法综治专场2场)，“文化迎春·欢乐军营”双拥共建活动1场；周密组织全程服务“颂歌献给党·喜迎十九大”合唱比赛、“10·17，我们一路相扶”南陵县精准扶贫文化进村活动等一系列大型活动；策划组织“美丽乡村·诗话南陵”摄影图片晋省展、承办“徽之韵·安徽省群文系统深入生活美术摄影巡回（南陵）展”“‘漳水墨韵·春谷清风’南陵县反腐倡廉书画展”等，直接服务群众20万余人次。在8个镇开设“春谷学堂分学堂”，全年举办“春谷学堂”全民艺术普及公益班75期，参训学员2500余人次。全年组织“送戏下乡”演出活动200场，农村电影放映2022场。县文广新局获评安徽省2017年“送戏进万村”工作优秀单位。

文艺创作。举办2017年度全县新创作剧(节)目调演大赛，17个节目入选并获奖。全年指导创作各类文艺作品50多件，其中歌曲《梦里老家》入选第二届安徽省群星奖决赛，黄梅戏《为了咱妈高兴》入选2017全省优秀现代小戏会演，舞蹈《我们也有家》获2017年全市“六一”少儿文艺调演表演二等奖，舞蹈《中国韵》获2017年度芜湖市社区文艺展演二等奖，美术作品《葵》、摄影作品《龙脉》分别入选“徽之韵·安徽省群文系统深入生活美术摄影作品展”。

【“南陵目连戏”保护传承】2017年1月，在南陵新黄梅小剧场举行“南陵目连戏”复排工程鉴定演出，受到时白林、胡迟、施文楠、刘春江等业内著名专家的高度肯定和一致好评，中央电视台《新闻直播间》栏目对“南陵目连戏”复排及其文化价值进行报道。9月29日，“南陵目连戏”经典剧目《白马》唱段精彩亮相在安庆市举办的安徽省稀有剧种(戏曲声腔)展演，获得专家一致好评，并经省文化厅专家组遴选，作为地方优秀剧目参加9月30日举行的闭幕式演出。“南陵目连戏”图书出版工程实施，编纂出版《南陵目连戏剧目集成》《南陵目连戏音乐集成》《南陵目连戏论文集成》，“南陵目连戏曲展示馆”建设启动。“南陵目连戏”民国老艺人录音整理完成，制作微视频126个。

无为县

【文化概览】无为县地处皖中，临江滨湖，承东启西，素称“鱼米之乡”。全县总面积2022平方千米，总人口121.4万人，现辖20个乡镇，设2个省级经济开发区。无为县历史悠久，县名取“思天下安于无事，无为而治”之意；自隋朝始建以来，已有1400余年历史。抗日和解放战争时期，是皖江抗日根据地中心区和“渡江第一船”始发地。无为山环西北、水聚东南，米公祠、泊山洞、黄金塔、新四军七师师部旧址等自然人文景观闻名遐迩。“无为民歌”“灯舞(无为鱼灯)”先后入选国家非物质文化遗产名录，黄金塔被评为国家级文物保护单位，“无为剔墨纱灯技艺”入选安徽省第一批省级非物质文化遗产名录。

公共文化建设。2017年，深入

推进县级"两馆一场"提档升级,县图书馆通过国家一级图书馆的复评验收,探索试点十里墩镇综合文化服务中心建设,公共文化服务水平不断提升。探索完善县域公共图书一体化建设,全年各村农家书屋累计流转图书18936册,充分发挥农家书屋在基层文化阵地建设中的带动作用。对各镇综合文化站累计投入100万元、农家书屋投入52.6万元、县图书馆与文化馆各投入20万元、米芾纪念馆投入10万元,开展基层文化工作人员培训40余次。

文艺精品创作。创作一批弘扬历史文化和反映时代精神的优秀文艺作品,《无为有为》《一封发自无为的情书》全景式展示无为经济社会发展成就,《文物背后的故事》《话说无为》荟萃历史典故和民间传说,创作地方剧目黄梅小戏《一树花开》、庐剧《好人郝仁》《颠知军米芾》等11部。无为县皖艺黄梅戏剧团有限公司、《浪子回头》、朱德顺分别获评省文化厅2017年全省民营艺术院团百佳院团、十大名剧、十大名角。

群众文化活动。全年开展送戏下乡400场次、电影放映3187场次、文化扶贫巡演20场次、非遗巡展10次。围绕长江大堤资源打造"翠堤春晓·烂漫无为"首届大堤赏春节,推广开展"戏曲进校园"活动,相继开展第四届"濡水情"无为民俗文化艺术展演、第三届"乡韵无为"戏剧舞台——地方戏曲优秀剧目展演、无为首届民间绝技绝活展演等群众性文化活动。围绕党的十九大胜利召开,先后举办喜迎十九大合唱展演、高雅音乐惠民专场音乐会、全国公路自行车精英邀请赛等大型文体活动。

文化遗产保护。积极做好非遗项目传承人申报,举办非遗传承培训班,推进建设剔墨纱灯展厅;陡岗板龙灯入选全省第五批非遗项目,剔墨纱灯应邀参展第三届中国非物质文化遗产传统技艺大展。开展文物安全专项检查,完成国保单位黄金塔环境情况整治方案。调研保护原图书馆藏书楼,对米公祠文化主题公园进行景观设计;邀请省文物专家召开古城墙保护利用讨论会,划定东一环古城墙遗址保护红线,建设控制地带;查处收缴春秋时期文物23件。

新闻宣传与媒体建设。深度推进媒体融合,全面整合广电台、无为周刊、无为发布等媒体资源,做大做强适应新时代发展的新兴主流媒体。集中推出专版专栏、专题专页,形成多角度、立体化新闻宣传的舆论强势。先后多次邀请新华社安徽分社到无为深入采访报道全面深化改革、产业转型升级、招商引资等工作,配合市委宣传部组织开展"精准扶贫在行动""讲述我的扶贫故事"集中采访活动,精心开展五大发展、"讲重作"专题警示教育、长江岸线整治、脱贫攻坚、安全生产等主题宣传。全年全县在市以上主流媒体(含新媒体)发稿1000余篇(条),其中在国家和国家行业性媒体发稿80篇(条)、在省级和省行业性媒体发稿110篇(条)。

精神文明建设。深化文明县城、文明村镇、文明单位、文明家庭、文明校园五大创建工作,成功蝉联省级文明县城;高沟镇、开城镇羊山村通过全国文明村镇复核,泉塘镇得胜村新评为全国文明村镇;全县被评为省级文明单位12个、省级文明村镇4个、省级文明社区3个。大爱无为、锦绣无为、星火志愿者等一批志愿服务组织运营管理走上正轨,志愿服务形成品牌效应、发挥带动作用。弘扬时代精神,选树道德典型,全县共被评为"中国好人"11人,全国道德模范提名奖1人,"安徽好人"、省级道德模范及提名奖21人,涌现出夏虎、王玉珍等安徽省志愿服务月评十佳典型。加强城乡公益广告宣传,开设身边好人和道德模范事迹展播专栏,在无城镇滨湖社区建成开放全市第一家社区好人馆。

第四届"濡水情"民俗文化艺术展演

【无为县举办全县戏曲广播体操比赛】 无为县将戏曲艺术纳入中小学素质教育体系安排,春季学期开始,全县各中小学每学期每班均开设一节戏曲知识课程。5月19日,城内7所小学参加城区小学"戏曲广播体操"比赛,演绎了传统戏曲文化和体育体操的结合,省内多家主流媒体进行集中报道。安徽戏曲广播还邀请全国政协委员、国家一级编剧侯露和县委宣传部、县剧协负责人作客《今天我是角儿》节目,在业界引起较大反响。

铜　陵　市

铜陵城市风光

【文化概览】铜陵市位于安徽省中南部、长江下游,北接合肥,南连池州,东邻芜湖,西临安庆,是长江经济带重要节点城市和皖中南中心城市。1956年建市,现辖1个县、3个区(枞阳县、铜官区、义安区、郊区),总人口170万人,总面积3008平方千米。是全国文明城市、国家园林城市、国家卫生城市、中国优秀旅游城市、全国全民健身示范市、全国未成年人思想道德建设工作先进市、全国科技工作先进市、全国双拥模范城、第三批国家公共文化服务体系示范创建市,荣获全国社会治安综合治理最高奖“长安杯”。

党的十九大宣传。2017年,铜陵市按照“精彩”“安全”总基调,在全市范围内组织开展“百场宣讲进基层”“百名记者写铜都”“百家网站秀铜陵”“百场文艺歌盛会”“百项文化惠民生”五个一百系列宣传文化活动,重点开展“新理论·新成就”主题宣讲、“砥砺奋进的五年”重大主题宣传、“砥砺奋进的五年”辉煌成就展、“盛世赞歌·喜迎十九大”专题文艺晚会和第四届铜陵文化惠民消费季等各类活动500余场次。在全市范围开展宣传思想文化领域安全大检查,对重点部门、重点场所进行重点督查,确保十九大意识形态安全、广播电视播出安全。学习宣传贯彻党的十九大精神,拟定“五大一新”十九大精神学习宣传贯彻意见,组建市委宣讲团和“专家、干部、百姓、青年、行业”五大宣讲团,深入开展“六进”宣讲。加强宣传阐释,在市直媒体开设“十九大精神在江淮”“十九大精神与我们这一行”等专题专栏、理论专版,组织“新时代、新气象、新作为”主题采访,举办“学习贯彻党的十九大”主题征文、知识竞赛和各类文化惠民演出等,在全市掀起学习宣传贯彻党的十九大精神热潮。

理论武装与智库建设。推动深入学习贯彻习近平总书记系列重要讲话精神,突出习近平视察安徽重要讲话、“讲重作”专题警示教育和打造内陆开放新高地、深入推进供给侧结构性改革、学习宣传贯彻十九大精神等主题,采取外邀(请)专家和集体学习研讨相结合方式,全年开展市委中心组集中学习16次。贯彻党委(党组)理论学习中心组学习规则,出台《市属党委(党组)中心组学习外请报告备案制度》和《党委(党组)理论学习中心组学习规则实施办法》,开展2017年度县级党委、党组中心组学习情况考核通报,加强督促指导。全年县级以上党委(组)中心组集中学习超过1200余场次。推进学习型城市建设。依托新图书馆、市民学习中心、阅读示范点、农家书屋等广泛开展“读书节”“学习周”“学习日”活动,举办第十二届读书节、第十三届学习周和6个学习日活动,市工商局党组、铜官区委宣传部、市政府办公室党组3个单位被评为第四批省级学习型党组织建设工作示范点。以迎接学习宣传贯彻党的十九大为主线,分阶段分层次开展基层宣讲活动,百姓说唱团开展“新理论、新实践、新铜陵”巡演30场,铜都讲坛24个子讲座举办讲座300余场,百姓宣讲队宣讲超过400余场。基层理论宣讲荣获全省先进集体。出台加强铜陵新型智库建设的实施意见,启动市新型智库建设,初步形成以市委决策咨询委员会、市政府决策咨询委员会、市委宣传部重点理论课题组等为重点的五大智库发展格局,围绕市委、市政府中心工作和群众关心关注的问题,2017 年完成各类课题项目 110 余项。

文化改革发展。开展《铜陵市“十三五”时期文化改革发展规划纲要》政策解读和专题宣传,完成市委深化改革年度 6 项重点改革任务,深化文化市场综合执法改革稳步推进,在全省率先启动国有演艺企业社会效益评价考核试点工作。推进重点项目建设。有 41 个项目入选省“大新专”文化产业项目库,全年完成文化产业投资 50 亿元。其中,西湖欢乐世界一期已经运营,铜官山 1978 文创园、枞阳名人故里游正式动工,西湖文体小镇等项目正式立项,4 个项目获批文化部特色文化产业项目,8 家企业进入省民营文化企业百强。推动文化与科技、旅游等融合发展,百舟互娱和新永安软件 2 家网络公司入选国家文化出口重点企业;出台《中共铜陵市委铜陵市人民政府关于将旅游业培育成为重要支柱产业的实施意见》,全年实现旅游业务总收入 153.7 亿元,比上年增长 20.8%。年度文化产业考核继续保持全省第八的较好位次。开展第四届铜陵文化惠民消费季活动,包括六大板块近百项活动,吸引 30 余万人次参与,拉动文化消费 2000 余万元。

群众文化活动。推进国家公共文化服务体系示范区创建。创新公共文化服务供给模式,建成“你读书、我买单”点读平台,打造“图书馆+”、全民阅读点等品牌项目,启动“城市文化空间”等创新项目,顺利通过国家公共文化服务体系示范区创建中期督查。大力扶持文艺精品创作,联合拍摄《回家的路有多远》《铜草花》《江嫚》等 3 部影视剧,创作黄梅戏剧《御史夫人》《家风》、广播剧《牡丹御史》等文艺精品,共 10 余部文艺作品获省级以上奖项,广播剧《牡丹御史》和电影《超萌宝贝》获省“五个一工程”奖。启动全市“戏曲进校园”工作,举办“戏曲进校园”启动仪式和“全市戏曲进校园首期师资培训班”,推动全市各中小学校开展戏曲培训、演出活动。广泛组织群众性文化活动,开展“三下乡”“文艺下基层”“周末大舞台”、书画作品展等文化文艺活动 100 余场次,丰富了群众精神文化生活。

新闻宣传管理。坚持正确舆论导向,紧扣“讲重作”专题教育、“五大发展行动计划”、脱贫攻坚、文明创建、“三个年”活动、“双招双引”等中心工作,主动设置议题,在市直主流媒体网站开辟专题专栏 15 个,通过网站、微博、微信、新闻客户端等多种平台,采用 VR 全景展示、漫画图解等多种方式,及时传递权威信息,解疑释惑、凝聚共识。聚焦生态环境改善、精准扶贫、均衡教育和资源型城市转型等特色和亮点,策划开展“共舞长江经济带”“聚焦精准扶贫”、特色小镇、龙舟全国邀请赛等集中采访活动,在省级以上媒体发稿 2500 余篇。加强新闻舆论引导,召开全市新闻舆论座谈会和全市网络新媒体建设工作会议,举办新闻发言人培训班;全年召开 30 次新闻通气会、15 场新闻发布会,下发《关于进一步做好全市招商引资招才引智宣传报道工作的意见》等 20 多个指导性宣传报道意见。

精神文明建设。实施“传家训、育家风、立家教,践行社会主义核心价值观”教育工程,深入开展家训家风进机关、企业、学校、村居“四进”工作。常态开展“五推荐、五评选”评选铜陵好人,全年评选产生“铜陵好人”53 人、“安徽好人”9 人,刘谋久、黄军华、胡士红、丁俊苗 4 人荣登“中国好人榜”。加强未成年人思想道德建设,开展网上祭英烈、学习雷锋做美德少年、童心向党歌咏活动、向国旗敬礼做有道德的人等主题活动,评选产生第五届铜陵市“美德少年”10 名。铜陵市获第三届安徽省未成年人思想道德建设工作先进城市,枞阳县、铜官区、义安区入选安徽省未成年人思想道德建设工作先进县(区),郊区安铜办新当选全国未成年人思想道德建设工作先进单位。推进志愿服务制度化,新增安徽省月评十

铜陵市喜迎十九大"五个一百"宣传思想文化工作启动仪式

佳志愿服务典型6例。开展文明风尚培育行动，启动全市首届文明家庭、文明校园评选，人民小学获评第一届全国文明校园。实施“道德信贷”工程，累计授信身边好人3人，发放“道德信贷”15万元。巩固提升文明创建成果，部署开展“喜迎党的十九大·文明创建惠万家”为主题的物业小区、农贸市场、市容环境、治超治限和交通秩序“五大”专项整治行动，深化“三线三边三小”环境整治。成功蝉联第五届全国文明城市、第二届安徽省文明示范城市，10个村镇获评第五届全国文明村镇，14个单位获评第五届全国文明单位。

网络文化建设。加强互联网宣传管理，组建铜陵微信公众号联盟，推进媒体信息共享、多媒体呈现、多渠道发布，构建起报纸、广播、电视、网站、手机报、手机台、微博、微信、客户端、电子阅报屏等全媒体舆论宣传平台。加强网上正面宣传，组织新闻网站开设《十九大精神在江淮》《新时代 新征程 学习贯彻十九大精神》《砥砺奋进的五年》《我看这五年》《我这五年》等专题专栏，制作五集宣传片《奔腾》，策划组织“共舞长江经济带”“网络媒体走进凤凰山景区”“醉美大通·2017古镇风景区旅游活动”“新媒体走进新铜官”“2017年铜陵白姜文化旅游节”等主题采访活动。推进网络文化建设，举办铜陵市第三届优秀微信公众号评选、铜陵市政府新闻奖网络新闻作品评选、铜陵第四届网络春晚、铜陵微博之夜、安徽网盟(铜陵)第六届峰会、“青春喜迎十九大·共筑网络强国梦”阳光健步走、《网络安全法》专题培训、网友看铜陵等活动。加强网上舆情监控，全年编报《互联网舆情》131期，市领导批示21次，妥善处置涉铜敏感舆情40余起，“铜陵发布”荣获“十佳快速响应政务微博”称号。加强网络生态综合治理，开展净化网上舆论环境、“问题地图”等18项净化网络环境专项整治行动，严厉打击网络违规违法行为，全市网络环境持续保持清朗。

文化阵地建设。加强“扫黄打非”，扎实开展“净网”“清源”“秋风”“固边”和“护苗”五大专项行动，加强文化市场日常监管，推进“扫黄打非”工作进基层、全覆盖。铜陵市“扫黄打非”工作在全省考核排名第二，市“扫黄办”、市公安局、铜官区委宣传部3个单位获评全省“扫黄打非”先进集体，铜官区学苑社区入围全国“扫黄打非”进基层示范点。落实《关于加强基层宣传思想文化工作的实施意见》，加强基层宣传思想文化工作，完成省市有关部门及党校各类培训班调学工作，共调学44人次。举办全市宣传思想文化系统高层次人才培训班。组织开展全市第三届宣传思想文化领域拔尖人才和青年拔尖人才选拔培育工作，共评选出拔尖人才11人，青年拔尖人才4人。出台《铜陵市文化名家工作室建设实施办法(试行)》，成立首批6个文化名家工作室。指导全市公益性文化协会围绕学习贯彻党的十九大、实施“传育立行”教育工程开展各类文艺活动，全年共核拨69万元专项资金至23家公益性文化协会，用于协会人才培养及开展活动。推进基层宣传思想文化工作创新，在全市开展创新范例评选，1个创新范例入选全省十大创新范例。

铜陵市首届文化名家工作室揭牌仪式

【铜陵市蝉联全国文明城市桂冠】 2017年，铜陵市聚焦“一个全面推进、四个着力提升、建设三个城市”目标，实施“城市品质提升”“市民素质提升”“管理水平提升”三大工程，持续开展包社区包路段创建督导活动和“夏季百日攻坚专项行动”等。2017年，全市新当选“中国好人”5人、“安徽好人”10人，3人荣获第五届安徽省道德模范，先后为4名道德模范、10户十星级文明户发放“信用贷款”258.6万元。全年开展“四关爱”主题志愿服务活动40余万小时，新增安徽省月评十佳志愿服务典型7例，铜官区居民汪荣振获评全国“四个100”最美志愿者。经中央文明委复查确认，铜陵市蝉联第五届全国文明城市桂冠；市人民小学获评第一届全国文明校园，郊区安庆矿区办事处获评全国未成年人思想道德建设工作先进单位。

【铜陵郊区影视动漫产业园】 近年

来，安徽北广传媒影视有限公司、安徽东派影视文化有限公司等24家影视动漫制作企业与40家影视文化工作室相继“组团”落户铜陵郊区大通镇。2016年8月，铜陵正式设立“铜陵大通影视传媒文化产业园”，出台《扶持园区产业发展的政策(试行)》。为不断加强影视基地基础设施建设，2017年度投资约2亿元，进一步完善基础设施及配套服务，促进文化旅游与影视产业融合发展。充分挖掘大通古镇历史文化内涵，进一步梳理、提炼历史文化资源，吸引更多剧组来大通及周边景区取景拍摄，扩大影视基地知名度，提升古镇旅游影响力，打响“大通影视基地”品牌。“大通影视基地”被评为“安徽省级影视拍摄基地”，“大通影视文化产业园”荣获“2016年度省级新闻出版广播影视优秀园区(基地)”称号。2017年实现销售收入7456万元，纳税总额435万元，分别比上年增长65.7%、61.1%。

【铜陵地域文化和优秀家风传承人陈诗兴】陈诗兴是铜陵市一名退休教师，2001年从教育岗位上退休后，就全身心地投入到铜陵地方民俗文化研究和优秀家风传承中。陈诗兴在调查走访、查阅史料、考证研究的基础上，历时7年完成《铜陵地域文化拾遗》一书，对日渐消失的铜陵民俗文化做了大量的抢救、挖掘工作。陈诗兴在天井湖社区创办了“经典文化大讲坛”，定期向社区居民宣讲中华优秀传统文化和家风故事，让更多的人了解铜陵的地域文化特色，了解优秀的家风故事。陈诗兴的陈氏家族在铜陵生活有1500多年的历史，该家族注重言传身教，传统家训是“孝父母、勤为本、崇节俭、黜异端”，家风概括起来就是“忠孝为本，耕读传家”。陈诗兴认为传承优秀家风贵在知行结合，他要求自己的子孙对学习要有明确的目的，要学有所成、报效国家；要行孝道；女孩子出嫁，孝敬公婆胜过父母；与人相处，礼让为先；勤俭持家。

铜 官 区

铜官区“传育立行”教育工程系列活动专场文艺演出

【文化概览】铜官区位于铜陵市西南部，是铜陵市政治、经济、文化和商业中心，辖区面积98.1平方千米，常住人口42万人。辖1个镇、1个办事处、23个区直管社区，设1个国家级高新区。

公共文化建设。2017年，铜官区深入推进创建国家公共文化服务体系示范区，全面提升公共文化服务水平。加速推进区文化馆、区图书馆和西湖镇综合文化站的建设，新建金山社区和友好社区2个社区全民阅读点，截至年底，已建成11个社区全民阅读点，以及住行国际、艾檬特等多个社会全民阅读点。人民社区建成集文化娱乐、党员活动、教育培训、作品展览、体育健身、图书阅览等为一体的多功能社区市民学习中心。

群众性文化活动。组织开展铜官区以“构建文化社区，共享幸福铜官”为主题的第二届社区文化活动月，组织开展活动94场次，参与群众达12.8万人次。举办区首届全民健身运动会、区首届春节联欢会、“诗书传家远”好家规书法比赛、双城书画联展、黄梅戏名票汇演、喜迎十九大歌咏比赛、“传育立行”教育工程系列活动专场文艺演出等。深化区铜官乐大舞台品牌影响力，开展基层巡演12场、各类文化培训20余次。推进“金婚庆典”“阳光书画院”“百家宴”等社区文化品牌，发展“好人铜官”“阅读铜官”“多彩农林、文化农林”、幸福心目影院等文化品牌项目。鼓励原创文艺作品，小品《让房》《众志成城反邪教》，三句半《咱把文明来宣讲》等佳作迭出，小品《徐九经审案记》荣获皖江八市群艺小品大赛金奖。

精神文明建设。常态开展“五推荐、五评选”铜陵好人活动，全年当选“铜陵好人”11人、“安徽好人”1人、“中国好人”1人。建立基层志愿者服务站28个、志愿服务

项目队300多支，志愿者注册登记人数累计达4.2万人。友好社区居民汪荣振荣获2017年“全国学雷锋志愿服务最美志愿者”和2017年度全省关心下一代“十佳五老”称号。天井湖社区“临终关爱”志愿服务项目当选安徽省“月评十佳”志愿服务典型，有6家社区广场被安徽省文明办授予三星级以上社区志愿服务广场，全年累计开展各类广场志愿服务活动1000余次。持续推广“德育大联盟”教育品牌，开展“一线一田”成长巡礼、“我的中国梦”主题活动、网上祭英烈、“童心向党”歌咏、向国旗敬礼等活动，参与人数突破5万人次。

文化产业发展。发展“铜+文化”“铜+旅游”新模式，建设“铜官府”铜工业文化产业园、铜官山1978（和平新村文化创意园）等文化项目。加速环天井湖休闲旅游示范园区建设，吸引重点项目50个以上。加快西湖文体小镇旅游项目建设，打造特色产业小镇。鼓励支持骨干文化企业做大做强。铜官府文化创意股份公司、铜陵市中盛纺织品有限公司、安徽非常广告有限责任公司、安徽中汇规划勘测设计研究院股份有限公司等4家企业入选安徽省第六届文化产业示范基地。铜陵市金时代科技有限责任公司和铜陵市中盛纺织品有限责任公司2家企业获评“2017年度安徽民营文化企业100强”。铜陵市新永安软件网络有限责任公司荣获商务部“2017—2018年度国家文化出口重点企业”称号。

【学苑社区“扫黄打非”教育基地荣获全国、省两级“扫黄打非”进基层示范点称号】近年来，学苑社区积极探索扫黄打非工作新思路、新方法，深入持久开展扫黄打非专项行动。该社区专门设置了“扫黄打非”联络站，建立“扫黄打非”教育基地，通过开设健康书刊阅读角、展示收缴的非法物品等形式，展示“扫黄打非”工作的内容、意义和成果，宣传“打黄扫非”相关法律、法规，用正反形象引导教育群众。同时，实施“扫黄打非”进社区网格化监管，组建“扫黄打非”志愿者队伍和义务网吧监督员队伍，建立社校联动机制，开展“护苗·绿色行动进校园”活动等。2017年学苑社区先后被评为全国、省两级“扫黄打非”进基层示范点。

义　安　区

义安区城区全景图

【文化概览】义安区位于长江下游南岸，面积845平方千米，人口29万人，辖6个镇、2个乡。是全国文化先进单位、全国文明县城、全国美丽乡村标准化试点县、全国科技进步先进县、全国文化体育先进县、国家地理保护产品“凤丹”之乡、“铜陵白姜”产地。

公共文化建设。群众文化活动精彩纷呈。依托“我们的节日”等传统节日和重大节庆日，针对不同群体组织开展各类文化活动400余场，开办艺术辅导培训班700余班次。文化民生工程有序推进。全区公共文化场所全部实行免费开放，实施城乡基层公共文化服务岗位补助，开展“送戏进万村”演出356场，农村公益电影放映1236场。文物非遗保护持续深入，完成省级文物保护单位赵氏宗祠戏楼的修缮工程，遴选顺安桥等5处不可移动文物申报省级文物保护单位，遴选肖氏古民居等11处不可移动文物申报第三批市级文物保护单位。在全区42所学校开展60余场次戏曲、铜陵牛歌知识讲座。文艺创作成果丰硕，广播剧《牡丹御史》获全省“五个一工程奖”，出版发行《铜陵方言研究》《义安文学作品选》和《送人一轮明月》等3部文学作品。文化市场繁荣有序。出动检查人员1000人次，检查文化市场和新闻出版物市场经营场所300余家次，查处回告率100%。全区文化市场监管、稽查覆盖率达100%，举报投诉受理率100%。义安区顺利通过国家公共文化服务体系示范区创建情况中期督查并全部达标，指标合格率100%。

文化旅游发展。编制《铜陵市义安区旅游发展总体规划》，争取省级引导资金39万元、市级旅游专项引导资金300多万元。以打造个性化、特色化乡村旅游为抓手，推动龙潭肖村、水龙村等9个美丽乡村中心村创建市级乡村旅游示范村，借助《漂亮的房子》节目拍摄，初步形成古村落旅游品牌。群心村、凤凰山村、梧桐花谷等结合自身特色，打造个性化民宿旅游点，2017年民宿床位近600张。建立“义安文旅”微信公众号，开通过境短信业务，旅游示范村实现WIFI全覆盖，全年举办20余场各具特色的旅游主题活动。2017年接待游客近300万人次，比上年增长140%，旅游总收入约12亿元。

文化产业发展。“梦里水乡·生态石桥钟”古民居旅游项目和凤凰山景区相思湖景观工程等项目相继建设完成，永泉农庄四季兰山和江南味道项目投入运营。安徽江南文旅集团有限公司、国盛文化发展集团有限公司、超彩环保新材料科技有限公司3家公司获评全省民营文化企业百强。2017年，全区共有省“861”文化产业建设项目16个，项目总数位居全市第一。2017年度文化产业考核位居全市第一。

精神文明建设。持续推进“践行核心价值、打造好人义安”主题活动，1人当选“中国好人”，2人当选“安徽好人”，13人当选“铜陵好人”；1人获评“安徽省道德模范”，1人当选市级道德模范。强化公益宣传，在区“一报一台”常年开设《图说我们的价值观》《讲文明树新风》等专题专栏，创新打造主题楼道文化墙，合理布局主题小品景观，提档更新公益广告3000余幅、农村文化墙8000平方米，举办“践行核心价值观”演讲、征文等各类活动200余场次。广泛开展志愿服务，全年开展各类志愿服务活动近500场、参与志愿者5万余人次；“情暖旅途、让爱回家”“文明祭祀”“禁燃禁放”主题志愿服务品牌效应不断放大，“三亮”志愿服务队、张荣芳、杨春友当选“江淮十佳服务典型”。

【义安区两部文学作品举行出版首发式暨创作研讨会】2017年9月2日，义安区文学作品选《临津文踪》和鲍安顺散文集《送人一轮明月》出版首发式暨创作研讨会在永泉农庄举行，中国作协会员、省作协副主席许春樵和省、市、区60多名领导、专家学者出席。文学作品选《临津文踪》、散文集《送人一轮明月》由安徽文艺出版社出版。《临津文踪》所选的作品均为义安区作家和文学爱好者自20世纪90年代以来在全国各地报刊特别是省级以上报刊发表的文学作品，并根据体裁分为散文篇、诗歌篇、小说篇3个部分，近30万字。《送人一轮明月》分16辑，共收录作者在省级以上报刊发表的作品193篇，共25万余字。专家们一致认为，《临津文踪》里引人入胜的小说、神采飞扬的散文、字字珠玑的诗歌、洞察敏锐的纪实及散文集《送人一轮明月》里表现出来的真实、真诚、真情，都是几十年来义安区作家的厚积薄发之作，是一种历史显现、文化积淀，完整、真实地反映了义安区文学成就。

郊　区

【文化概览】铜陵市郊区地跨长江两岸，区域面积260平方千米，辖1个乡、2个镇、2个办事处、1个直管社区，户籍人口8万余人，常住人口10万余人。

公共文化建设。2017年，铜陵市郊区推进国家公共文化服务体系示范区创建工作，完成总分馆服务体系建设，建成普济圩书屋、澜溪书院、孝廉读吧3个全民阅读点，改造3个社区文化中心，采取“区聘、乡管、村用”模式聘用35名文化协管员，辖区内图书实现通借通还。图书馆完成国家二级馆申报，盲人阅览室投入使用。开通两馆网站和“人文郊区”微信公众号。加大非物质文化遗产保护力度，摸清全区不可移动文物27处，省保、市保、区保文物保护单位14处。申报铜山镇吴氏宗祠等为第三批市级文物保护单位。大通镇龙舟制作技艺升级为省级非物质文化遗产。铜山镇铜矿工人俱乐部旧址和普济圩农场场部旧址获批第八批省级文物保护单位。拍摄完成铜陵市首部非遗宣传片《拾遗》。国家公共文化服务体系示范区创建工作在全市单项考核中排名第一。

2017郊区大通古镇“随心车杯”全国龙舟邀请赛

千年古镇——铜陵郊区大通镇

文化产业发展。加快旅游发展，编制完成南泉4A级景区整体规划和南泉景区详细规划，完善大通古镇基础设施建设，推动大通古镇景区和南泉景区提档升级。推进乡村旅游，4个乡镇办获评省级优秀旅游乡镇，3个村获评省级旅游示范村，大院村入选市乡村旅游示范村创建单位。大通影视传媒文化产业园新引进10多家企业，新增3家影视名人工作室。大通影视基地成为“2016年度省级新闻出版广播影视优秀园区（基地）”，新视野科教文化公司、非常广告公司2家文化企业获评省级文化产业示范基地。成功举办首届杜鹃盆景奇石根艺展，铜陵怡康盆景园艺公司获批第三批市文化产业示范基地。2017年，全区文化企业148家，规模以上文化企业6家。

群众文化活动。以迎接宣传党的十九大为主题，开展文体大拜年、文化暖校园、社区文化活动月、农村文艺调演等特色文化活动10多场，举办烘焙技术、基层图书管理员等各类免费培训班及公益讲座20多个。推进文化供给侧改革，打造“乡村喜乐汇”“铜山百姓春晚”“安铜孝道文化”“文体大拜年”“文化暖校园”等文化服务品牌，开展“美好郊区舞起来”广场舞大赛、“多彩郊区缤纷行动”“传承好家风 廉洁清风行”读书沙龙等群众文化活动60多场次，满足群众多元化的精神文化生活需求。群众体育蓬勃发展，举办“随心车杯”全国龙舟邀请赛和全民健身等系列文体活动30多次。

精神文明建设。扎实开展“传育立行”教育工程，广泛开展“弘扬中华传统、传承孝道美德”主题教育实践和“全民孝敬日”活动，举办孝廉读吧全民阅读点启用仪式，扩大本土孝道教材《小学生孝道教育读本》的应用与推广。建设各类道德文化主题广场5个、社会主义核心价值观主题社区5个、宣传教育立行主题文化长廊2个，实现城区、乡镇办、美丽乡村中心村全覆盖。开展好人评选活动和第二届普济圩“邻里节”活动，新增“铜陵好人”4人。加强未成年人思想道德建设，首个青少年校外实践基地挂牌，1人当选全市“美德少年”，安铜办获评全国未成年人思想道德建设进集体。推进学雷锋志愿服务常态化，组织志愿者3.3万人次参与学雷锋纪念日、主题党员活动日等各类志愿服务活动70多次，2人当选省江淮志愿服务之星。

【“随心车杯”全国龙舟邀请赛在大通举行】2017年6月17—18日，“随心车杯”全国龙舟邀请赛在铜陵市郊区大通镇鹊江（长江的支流）水域举行。千年古镇大通是第六批中国历史文化名镇、中国首批特色小镇之一，拥有安徽“龙舟之乡”美誉，大通鹊江龙舟赛习俗具有两千多年历史。2017年3月，大通鹊江龙舟竞渡被列入省级非遗名录项目。此次大赛由国家体育总局社会体育指导中心、中国龙舟协会具体指导，铜陵市人民政府主办，铜陵市郊区人民政府和铜陵市体育局共同承办。大赛邀请全国12支专业赛队运动员、裁判员约220人参赛，其中北京2支队伍、安徽7支队伍、浙江1支队伍、福建1支队伍、广东1支队伍。经过激烈角逐，北京市大兴区水上运动协会龙舟队获得本次邀请赛冠军。

枞 阳 县

【文化概览】枞阳县地处安徽省中南部，长江北岸，大别山东南麓，西以白兔湖、菜子湖与桐城市共水，西南一隅与安庆市毗邻，北与无为、庐江县接壤，东南与池州市隔江相望，县域总面积1808.1平方千米，辖14个镇、8个乡，人口98万人。

公共文化服务。推进公共文化服务区建设，截至2017年年底，建成22个乡镇文化站、22个乡镇公共电子阅览室，3个村级电子阅览室，新建3个全民阅读点，建成陈瑶湖镇（水圩村）、义津镇（桃园村）综合文化服务中心。269个农家书屋配备50.6万册图书、更新农家书屋图书23500册，为80个村农家书屋安装数字阅读设备。枞阳数字电视信号成功接入电信ITV，城乡公共文化服务网络基本形成。

传统文化保护、文艺精品创作及文化产业发展。挖掘整理非物质文化遗产，遴选出省级非遗保护项目“东乡武术”、市级非遗保护项目“陆家湾老龙灯会”“枞阳胡琴书”等共11项。完成钱澄之墓的工程

枞阳县东乡武术展演

造价预算、评审、招标工作和阮鹗墓石刻的抢修保护,完成23处铜陵市第三批文物保护单位的申报、6处第八批省保单位的申报工作。打造文艺精品,推出黄梅戏《寸草心》《地之梦》,新编黄梅戏《家风》,编撰完成《枞阳商周青铜器》,新办文学文艺刊物《枞阳文艺》,推出《枞阳文学精品丛书》。实施文化产业提升工程,结合《枞阳县历史文化保护与传承规划》,加快编制全县文化休闲产业发展规划。以浮山景区为龙头,抓紧申报国家AAAAA级、AAAA级旅游景区,积极打造枞阳名人故里游等特色旅游品牌。编制完成《枞阳县十三五文化发展纲要》。开展省民营文化企业百强申报工作,扬帆充气设备制造公司入选安徽省文化产业示范基地。

群众文化活动。广泛开展系列文化活动,先后举办2017年春节联欢晚会、大美枞阳全域旅游——刘松冰原创歌曲演唱会、"喜迎十九大颂歌献给党"大型群众性歌咏比赛、"讲好家风故事,建设美丽枞阳"大型家风公益盛典及本土原创歌曲演唱会等活动。组织开展"魅力邮储,舞动枞阳"广场舞大赛、第六届"村镇泰业银行杯"职工乒乓球比赛、首届武术交流活动、全域旅游户外启动仪式暨健步走等活动。组织举办枞阳县非物质文化遗产图片巡展、枞阳县首届老年书画作品展、黄镇长征画集巡展等展览,参观群众逾5万人次。开展第四届安徽文化惠民消费季"五看"刷卡消费暨"文化乐万家惠民下基层"活动,期间共刷卡5277笔,刷卡金额611245元,优惠金额67432元。

网络文化建设。从开展网友采风、优秀版主座谈会等活动为抓手,扎实推进文明网站创建活动和民间网站"向心力"建设。开展区划调整一周年"新枞阳、新变化"主题征文活动,收到各类题材征文近200篇。汇编印刷《古邑新颜 拥江筑梦——"新枞阳 新变化"区划调整一周年网络文学作品选》1300册。举办"枞阳县首届网络元宵晚会",定期组织"网友看枞阳""走进农家乐"等采风活动。加强网络文明建设,实施"网络清朗"行动,建立网上舆情应急处置工作机制,严格规范网上信息传播秩序,坚决封堵和删除有害信息,全年共摘编涉枞《网上舆情》(专报、专送)300余期,回复率近100%。

精神文明建设。广泛选树身边好人,塑造"枞阳好人"品牌,2017年向市文明委推荐"铜陵好人"40人,其中6人当选"铜陵好人"、2人当选"安徽好人"、1人获评安徽最美教师、1人当选安徽旅游"大国徽匠"匠心人物,钱立报、周顺友当选2016年年度"铜陵好人"。举办铜陵市道德模范与身边好人现场交流——走进枞阳活动,举行"讲好家风故事,建设美丽枞阳"大型家风公益盛典活动,建成枞阳县好人馆。启动实施首届好家风暨"传育立行"教育工程,网友点赞率突破32万人次。加强推进未成年人思想道德建设,新建5所乡村少年宫,开展"我们的节日"、文化经典诵读、童谣征集传唱、网上签名寄语等形式多样的主题教育活动,12名学生获枞阳县"美德少年"称号。2017年枞阳县获评国家级文明单位1家、文明村镇2家,获评省级文明社区5家、文明村镇5家、文明单位8家,获评市级文明单位37家、文明乡镇9家、文明村16家。

【枞阳县青少年爱国主义读书教育活动取得好成绩】2017年枞阳县青少年爱国主义读书教育活动以"百年追梦 全面小康"为主题,采取征文、演讲比赛、网上知识竞赛等形式,充分调动每个学生参与的积极性,使广大青少年学生在活动中受到熏陶和教育。在以"百年追梦,全面小康"为主题的全国青少年爱国主义读书教育活动安徽省小学生讲故事、中学生演讲比赛中,枞阳县选送的金石开、钱子可两名小学组选手代表铜陵市参加比赛,分别获得二等奖、三等奖,这是近10年来枞阳县开展爱国主义读书教育活动取得的最好成绩。近年来,枞阳县坚持不懈广泛开展青少年爱国主义读书教育活动,使广大青少年学生开阔了眼界、增长了见识,坚定了爱国、报国的理想信念,提升了广大青少年的思想道德素质,促进了全县的精神文明建设,成为该县精神文明建设的一大亮点。据统计,枞阳县先后有7个先进集体、7名优秀辅导教师、45名优秀学生获得省、市级表彰。

安 庆 市

【文化概览】安庆市位于安徽省西南部、长江下游北岸、皖鄂赣三省交界处,辖1市6县3区,国土面积13590平方千米,总人口530万人。现有国家级森林公园4个、国家级自然保护区2处、国家级风景名胜区2处。安庆市先后被纳入皖江城市带承接产业转移示范区、皖南国际文化旅游示范区、大别山扶贫开发片区等国家级发展战略区域,是带动皖西南、辐射皖鄂赣交界地区的区域中心城市。

安庆历史底蕴深厚,文化资源丰富,是春秋时期古皖国所在地,安徽简称“皖”即由此而来;东晋诗人郭璞曾称“此地宜城”,故安庆又别名“宜城”。自清乾隆二十五年(1760)到民国27年(1938),安庆一直是安徽省府所在地。安庆是古皖文化、戏剧文化、桐城派文化的发祥地,是新文化运动和辛亥革命的策源地和中国近代工业文明的重要发源地之一,是“国家历史文化名城”“国家园林城市”“国家森林城市”“全国绿化模范城市”“中国优秀旅游城市”“国家公共文化服务体系示范区”“全国国土资源节约集约模范市”“中国黄梅戏发展基地”和“全国文明城市”,拥有15处国家级、75处省级重点文物保护单位和7种国家级、28种省级非物质文化遗产保护项目。

安庆广播电视台获评“全国城市电视台移动传播榜十佳”

2017年,全市宣传文化工作紧扣迎接和学习宣传党的十九大这一主题,推出《喜迎党的十九大》《砥砺奋进的五年》《党的十九大精神在江淮》《十九大精神与我们这一行》《新时代新气象新作为》等10余个专题专栏,大力宣传安庆市贯彻落实新发展理念、建设现代化五大发展美好安徽的生动实践。把学习宣传贯彻党的十九大精神作为首要政治任务,着力加强理论学习、宣传宣讲、研究阐释,引导广大干部群众把思想和行动统一到党的十九大精神上来。全年发行党的十九大文件及学习辅导读物42万册。开展“送党的十九大精神进基层”宣讲活动4000余场、直接参与群众35万人次。围绕中心,挖掘亮点工作,全年组织开展“天南地北安庆人”等集中采访活动30余场次,其中“走进现场看发展”17次、“融媒体安庆行”4次。围绕经济运行、脱贫攻坚、环境保护等热点问题,召开新闻发布会13场。建立市县(市)区主流媒体与中央、省级有关媒体的新闻素材对接机制,加大向上供稿力度。主动参与“外交部安徽全球推介”“东盟十国主流媒体暨中央重点外宣媒体走进中国皖南国际文化旅游示范区”等省级重大外宣活动。全年在《人民日报》、新华社、中央人民广播电台、中央电视台、《光明日报》《经济日报》等六大中央媒体刊发正面报道400余篇(条),在安徽广播电视台卫视频道《安徽新闻联播》栏目和广播新闻频率的发稿量分别位居全省第1和第3。组织市直媒体赴新华网、中国青年报、扬州广播电视传媒集团、郑州报业集团等学习考察,稳步推进“中央厨房”建设、新媒体产品打造、全媒人才培养等重点工作。《安庆日报》被中国报业协会党报分会评为“中国城市党报最具品牌活力媒体”;安庆广播电视台被国家新闻出版广电总局新媒体研究所评为“全国城市电视台移动传播榜十佳”,成为全省唯一获此殊荣的电视媒体。市直新闻单位各类新媒体用户总量超过170万。

社会主义核心价值观培育。把社会主义核心价值观融入基层理论宣讲、文艺作品创作、公益广告发布等方面。挖掘安庆红色文化和优秀传统文化资源,出版《红色安庆》《安庆家训》等文化读本,组织开展“好家风好家训”等系列活动。打造“好人安庆”品牌,层层开展“安庆好人”“安庆行业好人”等评选活动。全市现有全国道德模范提名2人、省道德模范15人、“中国好人”34人、“安徽好人”154人、安徽美德少年3人、“安庆好人”695人、安庆美德少年100名。推进移风易俗,建立村规民约、道德评议会、红白理事会、村民议事会和禁毒禁赌会等“一约四会”组织,教育引导人民群众尊良俗、去低俗、除恶俗。成功创建全国文明城市,大力宣传《安庆文明18条》,发放《市民手册》《致市民的一封信》等宣传资料100余万份,开展“我文明 安庆文明”“建设乡风文明 助力脱贫攻坚”等主题教育实践活动,持续深化文明交通、文明旅游、文明餐饮、诚信建设等系列活动。桐城市成功跻身全国县级文明城市提名城市。全市现有全国文明村镇12个、全国文明单位16个、全国文明校园2个、全国文明家庭1个,所有县(市)全部进入省级文明创建先进行列。

安庆市文联举办“脱贫攻坚 美丽乡村建设”美术摄影作品展

文艺创作与展演。出台《关于繁荣发展社会主义文艺的实施意见》,以“黄梅戏+”“戏剧演艺强”为抓手,着力打造全国重要的戏剧演出集聚地、戏曲人才培养基地和地方戏曲剧种传承发展基地,开创安庆文艺事业繁荣发展新局面。全市7个地方戏曲剧种新创或复排15个剧目并参加安庆地方戏曲剧种剧目展演,成功复排黄梅戏《乌金记》《荞麦记》,“黄梅戏起源”课题研究完成专著文稿。4月,首个“中国地方戏曲剧种传承发展基地”落户安庆,中宣部《信息专报》专题刊发有关典型做法,“京黄故里、戏曲之乡”的影响力和美誉度进一步提升。黄梅戏《大清名相》获全国戏剧文学最高奖曹禺剧本奖、作为全省唯一入选剧目参演第15届中国戏剧节并获优秀剧目奖;黄梅戏《青山鉴》代表安徽省参加全国基层院团戏曲会演;电影《长相知》、广播剧《烽火一兰》、歌曲《六尺巷》等4部作品获安徽省“五个一工程”奖,获奖数量并列全省第一;黄梅戏《邓稼先》等4个项目入选2017年国家艺术基金并获395万元资助,新创黄梅戏《老支书》等3个项目入选全省重点文艺品牌,黄梅戏《青风情》等5部小戏入选全省优秀现代小戏,岳西民歌《姐家门前一棵桑》获鄂豫皖三省四市首届大别山歌会特等奖。韩再芬入选全国“名家传戏”当代戏曲名家。组织参加第21届中国少儿戏曲小梅花荟萃活动,6名参赛选手全部获得金奖,为安庆市获奖最多的一次。组织开展第三届安庆市文学艺术奖评选活动,62件优秀作品获得全市文学艺术界最高荣誉。成功举办2017年安庆“十一”黄梅戏展演周,组织开展5大类16项主体活动100多场子活动,实现首次举办“京黄故里”石牌戏会、首次举办全国“名家名剧”展演、首次邀请海外院团参演、首次开展黄梅戏原创网络视听节目征集;展演周期间,全市游客接待量563.53万人次,实现旅游收入25.67亿元,比上年分别增长10.19%、6.38%,进一步彰显“黄金周·黄梅戏”“白天看景、晚上看戏”的品牌效应。组织开展“喜迎十九大”展演展播展映展览活动107项792场,组织戏曲名家赴基层开展“文艺扶贫、携手小康”演出活动45场。推动黄梅戏国内外巡演,文艺院团足迹遍布北京、上海、广东等16个省(区、市)40多个城市。再芬黄梅艺术剧院受邀赴中国台湾、中国香港等地演出,并参演加拿大建国150周年庆典活动,加拿大总理和中国驻多伦多总领馆总领事发来贺信。举办优秀剧目展演并吸引观众4万多人次,举办安庆建城800年图片展共吸引5万多人前来参观,举办全国网络直播“宜城处处唱黄梅”等重大演出在线观看人数超过190万。全面开展“戏曲进校园”活动,实施并推进百名艺术家进校园、千场演出进校园、万家学子唱戏曲“百千万行动计划”,123名戏曲名家与学校结对共建,全市校园演出近800场,覆盖学生40余万人,中华优秀传统文化在校园得到有效传承。

文化惠民乐民。贯彻落实公共文化服务保障法,巩固提升国家公共文化服务体系示范区创建成果,加快设施建设,提升服务效能,让人民群众共享文化发展成果。采取新建改建、维修改造等方式,提标升级市、县两级公共文化设施,推进市博物馆新馆建设和市图书馆馆舍改造工程,全市公共图书馆、文化馆(站)年接待量超过100万人次。实施精准文化扶贫,按照“七个一”建设标准,建成“百县万村”综合文化服务中心87个。全年组织开展文化下基层“四进”“送戏进万村”、农村公益电影放映等活动4

万余场次、补充农家书屋图书 8.5 万册，启动首批 700 余家数字农家书屋建设。成功举办第四届文化惠民消费季活动，吸引 469.53 万人次参与、交易额 486 万元，比上年分别增长 13.12%、15.23%。发挥“互联网+”效应，加快推进数字公共文化服务平台建设，基本实现公共文化服务“触手可及”。健全完善公共图书馆总分馆制和县域公共图书服务一体化建设，市区累计建成图书分馆 31 个、借阅点 45 个，各县基本建成以县图书馆为总馆、乡镇综合文化站为分馆、村农家书屋为服务点的图书资源流通服务网络，图书资源利用水平和服务效能有很大提升。加强村级文化协管员队伍建设，启动首批政府购买 34 个基层公益文化岗位试点和综合文化站社会化运营试点工作。怀宁县黄梅戏剧团成功入选第七届全国“服务农民、服务基层文化建设”先进集体。

文化产业。推进文化产业转型升级，加快文化领域供给侧结构性改革，扩大文化消费有效供给，激发文化创新活力。贯彻落实省委《关于推动国有文化企业把社会效益放在首位、实现社会效益和经济效益相统一的实施意见》，制定《关于进一步深化文化市场综合执法改革的实施意见》，出台 2017 年版文化产业发展促进政策，全年兑现项目 26 个、奖补资金 874 万元，推动文化产业进一步向新业态新模式新领域聚集。全市 52 个项目入选安徽省重点文化产业项目库，获得国家和省级文化专项扶持资金 2356 万元。桐城市三街六巷改造、大观亭历史文化街区等一批重大文化产业项目建设进展顺利；“前言后记”劝业场综合书吧建成营业，皖江广场 A 楼、东部新城书城综合体项目稳步推进。成功申报国家级重点文化出口企业 1 个及省级文化产业示范园区 9 个、产业项目 4 个、文化创新项目 2 个。实施骨干文化企业培育工程，新增规上文化企业 25 家，累计达到 157 家；入选全省民营文化企业百强企业 9 家，数量位居全省第 3；依托证监会资本市场扶贫政策，太湖集友股份在主板成功上市，全市在资本市场上市（挂牌）的文化企业总量已达 6 家。怀宁石牌戏曲文化特色小镇入选全国特色小镇，中宣部《每日要情》刊发有关经验做法；潜山源潭刷业小镇、太湖寺前镇分别入选省级特色小镇和省级重点培育特色小镇，桐城青桐众创空间入选全国文化产业双创服务体系建设名单。推进迎江区文化创意孵化基地等创新项目，新增安徽元游等动漫企业 3 家，全市动漫企业累计达到 12 家。

第二届安庆市青少年黄梅戏电视大赛

文化遗产保护。2017 年，全市拥有 15 处国家级重点文物保护单位，75 处省级文物保护单位，346 处市、县级文物保护单位。推进文物保护利用，安庆市同仁医院旧址维修设计方案获省文物局批复，太平天国英王府维修工程已基本完工，完成省保单位龙门桥桥基水毁加固工程、红二十八军重建会议旧址——汪胡氏宗祠维修工程以及褒隐寺塔、雷阳书院修缮保护工程。太湖蔡家畈等传统村落文物维修保护项目已实施，着力加强传统村落环境整治，保护传统村落历史风貌。实施革命文物保护传承五年行动计划，根据《大别山区革命文物保护利用战略规划》，全市共上报审核通过革命文物 114 处。完成下浒山水库淹没区 3 处古遗址、大观亭历史文化街区勘探考古发掘。2017 年，全市公布第七批市级文物保护单位 59 处，共争取国家、省级文物保护及免费开放经费 1584.5 万元。全市严格落实文物保护主体责任和监管责任，加大文物安全巡查和执法督查力度，共开展文物安全巡查 30 余次，文物消防安全检查 10 余次，累计发现并整改安全隐患 50 余处。组织申报和评审安庆市第五批市级非物质文化遗产代表性项目，组织申报和评审安庆市第四批市级非物质文化遗产代表性传承人。遴选“孔雀东南飞传说”“桑皮纸制作技艺”等两个项目，申报 2017 年度国家级非物质文化遗产保护专项资金。组织参加中国成都国际非物质文化遗产节展演展示、黄山市第三届非遗大展、2017 中国文化馆年会非遗展等活动。推进安庆黄梅戏文化生态保护实验区争创工作。

新闻出版与文化市场管理。全面完成全市新闻出版行业（单位）

2016年度核验及统计年报工作。在全市范围内先后组织开展印刷复制和出版物市场清查整治、中小学校园周边出版物市场专项整治、内部资料出版物专项整治、非法出版活动源头整治、出版物网络发行专题整治、少儿出版物市场专项检查、迎接党的十九大出版物市场专项检查等重大行动,确保全市出版物市场规范有序。加强版权宣传保护工作,开展版权系统知识产权宣传周活动和2017年打击网络侵权盗版“剑网行动”,对政府机关使用正版软件情况开展自查清理,推进各级政府机关软件正版化工作规范化、标准化、常态化,推进诚信示范企业、农村金融机构等企业软件正版化。开展2017“扫黄打非、清源、净网、秋风、固边、护苗”专项行动和“绿书签行动”宣传活动。承办2017年安庆市侵权盗版及非法出版物集中销毁活动,统一销毁各类侵权盗版及非法书刊10696册、非法音像制品6900盘、盗版软件2000盘。加强文化市场监管,制定《全市互联网上网服务营业场所专项整治方案》,城区84个网吧统一张贴创建文明城市标识标牌,全市网吧档次、环境明显改善,网吧整体形象大幅提升。开展网吧、歌舞、游艺、演出、出版印刷、校园周边环境整治等系列专项行动,全年累计出动执法检查人员49912人次,检查各类经营场所18459家次,办结案件35件。

广播影视管理。规范广播电视节目播出秩序,加大广播电视播出机构广告管理工作。加大治理“黑广播”和卫星电视地面接收设施管理力度,开展境外电视传播秩序集中整治行动,开展农村有线电视网排查工作,规范广播电视传播秩序。加强城市影院管理力度,双随机抽查全市影城票务系统,先后查处焦点影城、太湖花亭湖影城偷漏瞒报票房收入行为。继续推进广播

黄梅戏《大清名相》剧照

电视村村通向户户通升级,指导试点县(区)做好应急广播系统建设工作,推进中央节目无线数字化覆盖工程建设和广播电视制播能力建设。建成安庆市广播影视监管调度中心,从技术上对广播电视安全播出情况进行实时监看监管。加强广播电视技术培训和技术维护管理工作,全市累计培训20余期、700余人次。组织参加全省广播电视科技创新奖和技术质量奖(金鹿奖和金帆奖)申报工作。安庆市广播电视台现有广播3个频率、6个电视频道、1个网络广播电视。全台各频率、频道、网站、广电报及品牌栏目在央视新闻+、新华社现场云和微博、微信、“今日头条”等平台开通媒体账号,形成了“一网两微一头条”为主的有一定区域影响力的新媒体传播矩阵。广播栏目《菱湖夜话》《1584政风行风热线》《小蜜蜂》《苗青时间》《小妹有约》和电视栏目《今日视点》《黄梅阁》《天天直播》《看点800》等先后荣获安徽省十佳栏目奖。实施农村公益电影放映工程。2017年,全市共有79支放映队,170名放映员奔走在乡间地头,全年农村电影共放映共计15703场,覆盖1298个行政村,吸引观众245万人,实现“一村一月一场”电影目标。2017年,全市新建城市影院2家,累计拥有城市影院24家,年票房收入达6300万元。

【成功创建全国文明城市】2017年,安庆市建管并重推进城市形态文明、功能文明。加快基础设施建设,按照“老城改造、新城配套”的思路,推进“两改五化”工作。全面推行文明创建网格化管理,将市区划分为2200多个网格,组建五级网络管理体系。有效整合、集约利用现有执法资源,推行联勤执法模式。实施环卫一体化PPP项目,机械化作业率达到90%以上,保证城市常态化清扫保洁。全市建成社会主义核心价值观主题公园11个、主题社区86个、主题广场112个和道德讲堂2638所、乡村学校少年宫183所,“图说我们的价值观”等公益广告遍布城乡。发挥文化底蕴深厚的优势,发展乡贤文化、君子文化、戏曲文化等特色文化,“六尺巷调解法”、乡贤文化“四进”等创新做法受到关注。2017年11月,中央文明委公布第五届全国文明城市名单,安庆市成功跻身全国文明城市。

【安庆市获“中国地方戏曲剧种传承发展基地”称号】4月14日,中国戏剧家协会授予安庆市“中国地方戏曲剧种传承发展基地”称号。该基地是中国剧协在全国建立的

唯一一个“国字号”戏曲剧种传承基地。安庆是中国黄梅戏艺术发展基地，孕育出黄梅戏，也是京剧的重要发源地，同时还拥有多个稀有剧种，戏曲土壤深厚。享有“戏曲之乡”的美誉，戏曲种类繁多，现有市级以上戏曲和传统音乐类非遗项目16个，其中国家级4个。除黄梅戏外，岳西高腔、潜山弹腔、怀宁怀腔、望江龙腔、宿松文南词、太湖曲子戏、桐城歌等艺术载体均为安庆各地代表性的稀有剧种（声腔）。安庆市在推动“黄梅戏强起来”的同时，加强稀有剧种传承保护，形成地方戏曲“百花齐放”的局面。

【《大清名相》获第22届曹禺剧本奖】5月22日，由中国文联、中国戏剧家协会主办的第28届中国戏剧梅花奖、第22届曹禺剧本奖颁奖晚会，在广州大剧院举行，安庆市黄梅戏艺术剧院创排的大型黄梅戏《大清名相》获曹禺剧本奖。黄梅戏《大清名相》剧本由青年编剧余青峰、屈曌洁创作。该剧曾入选国家艺术基金2016年度资助项目，为安徽省唯一一台入选第十五届中国戏剧节的剧目。曹禺剧本奖为中国戏剧文学最高奖，旨在奖励优秀戏剧作品、培养优秀剧作家。本届曹禺剧本奖获奖剧本仅有5部。

【安庆市全面推进“戏曲进校园”】自2017年起，安庆市在全市范围内全面推进“戏曲进校园”活动，创新实施“百千万行动计划”（百名艺术家进校园、千场演出进校园、万家学子唱戏曲），通过“市县联动、城乡互动”的活动方式，在全市学校普及推广地方戏曲，扩大青少年戏曲受众，推动中华优秀传统文化的校园传承。2017年全市（含所辖县）全年完成演出近800场，覆盖40多万中小学校学生。

【《安庆日报》获评中国城市党报最具品牌活力媒体】2017年11月16日，在云南省曲靖市召开的中国报协党报分会30届年会上，《安庆日报》获得“中国城市党报最具品牌活力媒体”称号，也是安徽省唯一获此殊荣的城市党报。长期以来，《安庆日报》社坚持正确政治方向，牢固树立“四个意识”，创新方法手段，切实提高党的新闻舆论传播力、引导力、影响力、公信力，具有较高的品牌知名度和读者美誉度，为地方发展提供强大精神动力，营造良好舆论环境。《安庆日报》社现有新媒体平台安庆新闻网、安庆快报手机客户端、安庆手机报等，其中主管主办的安庆新闻网为安庆市唯一一个国家一级资质网站，获评安徽省第二届“文明网站”，代运营管理的政务微博“安庆发布”先后获“安徽省政务微博发布十强”“安徽省十大党政新闻发布微博”等称号。

迎 江 区

【文化概览】迎江区是安庆市的中心城区，面积207平方千米，辖6个街道办事处、4个乡镇（老峰镇委托市经济开发区代管），常住人口25万人。迎江是滨江城区，是长江经济带国家发展战略的重要节点，是省“十三五”物流业发展规划“安庆物流区”重点发展区域，长江黄金水道流经市区43千米，迎江就占41千米，现代化滨江之城已经初具雏形。迎江区历史文化底蕴深厚，辖区内有始建于北宋的迎江寺、享誉“万里长江第一塔”的振风塔、省内历史最悠久的伊斯兰教清真寺。有赵朴初故居、太平天国英王府、倒趴狮、百花亭、紫云阁以及中国共产党创始人陈独秀故居等著名的古迹与纪念地。中国近代工业的第一台蒸汽机、第一艘轮船、第一个军械制造所诞生于此。五千年工艺美术有限公司及皖江文化园被命名为“国家文化产业示范基地”。

公共文化建设。至2017年，全

长风乡首届龙舟文化节

区建有1个图书馆、1个文化馆、1个省级农民文化乐园(新洲乡红旗中心村)、1个省级社区文化服务中心(炮营山社区)、9个乡(街道)综合文化站、16个农家书屋;2017年,新建成21个社区文化活动中心,配备总价值近100万元的电脑、乐器等文化器材,打造一批文化志愿者队伍,开展一系列群众喜闻乐见、丰富多彩的社区文体活动,满足居民群众的文化服务需求。迎江区图书馆位于东部新城碧桂园1号公园,藏书40589册,与市图书馆建立总分馆制,通借通还,方便广大读者。12个社区图书室、16个农家书屋,各藏书1000多册。区文化馆位于绿地迎江世纪城,面积2000平方米,每年接待活动1万余人次,培训民间文艺团队10多支,协助指导各社区、村组织开展各种群众文化活动100余场。创建一批文化亮点社区,突出特色文化品牌,如光荣社区图书室、先锋社区的文化休闲活动室、南水回族社区民族团结大舞台以及地质社区的文化科普长廊等。

艺术创作展演。区文化馆创作黄梅戏《情暖康熙河》在市黄梅戏会馆公演3场,获得“2017年安庆市黄梅戏原创网络视听节目评选”三等奖。创作黄梅戏表演唱《共圆中国梦、迈进新时代》获全市学习贯彻十九大精神艺术化宣讲展演活动第一名。

群众文化活动。实施“送戏进万村”项目,开展活动演出21场;文化信息资源基层服务点开展文化活动40场、体育活动43场;农村电影放映198场;农家书屋图书更新共配送960册。举办6场迎江区“广场天天演”专场文艺演出,举办大型群众文艺演出活动30场。各乡镇、街道开展一批特色品牌活动,如长风乡的农民文化节暨广场舞大赛、端午龙舟文化节,新洲乡旅游风情节、孝肃邻里节等,并被省文化厅、市文广新局以及各媒体网站给予登载。

文化遗产保护。编辑装订《安庆市迎江区第一次全国可移动文物普查资料汇编》。加强文物安全保护,联合各街道办事处,对国家级4处、省级6处、市级3处、其他48处共89处文物开展安全检查,消除安全隐患。

文化市场管理。协同开展“清源”“净网”“秋风”等专项行动,打击非法报刊、非法报刊机构和假记者等问题,稳定文化市场经营秩序,维护广大青少年的身心健康。坚持定期与不定期开展网吧专项整治行动,对重点部位、重点场所盯防、反复检查,严厉查处接纳未成年人上网、超时营业等违法违规行为。

【迎江区举办“筑梦迎江”书画摄影展】2017年10月,由区委、区政府主办,区文化委承办的“筑梦迎江”书画摄影展举行。书画摄影展作品风格多样、题材广泛,主题鲜明、内涵丰富,思想性和艺术性相统一,生动展现迎江区广大干群在文明创建、棚改攻坚、防汛救灾、民生工程等重点工作中汇聚起的磅礴力量,以及向上向善的精气神。

大 观 区

【文化概览】大观区位于安庆市西部、长江之滨,面积236平方千米,辖3个乡镇、7个街道,人口27万人。境内大观亭是“宜城八景”之一,大观区由此得名。现有国家级4A级旅游风景区2处、3A级旅游风景区1处、省级风景名胜区1处、国家级重点文物保护单位2处、省级重点文物保护单位5处、市级文物保护单位21处。至2017年,村(社区)文化活动室实现全覆盖,建成7个街道文化活动中心、12个社区电子阅览室、23个社区群众小舞台、15个社区(村)室内电影放映机室。区文化委下辖区公共文化服务中心(图书馆)、区文化馆2个事业单位;区图书馆总藏书量21.3万册(含分馆),建有13所图书馆分馆、41个农家书屋借阅点,全年免费开放并开展流动文化服务。

公共文化建设。2017年,全区

大观区首届户外帐篷音乐节活动

继续推进公共文化服务体系示范区建设，大力实施文化惠民工程。逐步建立公共文化服务体系长效机制，乡镇(街道)文化站服务效能建设进一步延伸，文化站资源利用率、服务水平及群众满意度不断提高。文化民生工程建设在全市考核中获城区第一名。公共文化场馆免费开放及农村文化建设补助资金按进度及时足额拨付到位，农家书屋图书招标配送在全市率先进行。组织开展文化下基层、进社区活动220余场，开展各类培训30余场。黄梅戏展演周期间指导各乡镇街道开展形式多样的文化活动。申报多个体育项目，引导乡镇、村开展形式多样的健身活动。组队参加安庆市主办的第三届全民健身运动会，共获得团体、个人一等奖87个，奖牌数位列63个代表团之首，同时获得体育道德风尚奖和优秀组织奖。主办大观区第四届全民健身运动会，本次运动会设置羽毛球、乒乓球、台球、电子竞技(王者荣耀)、象棋、健步走、拔河、广场舞共8个项目，有的在安庆市尚属首次，深受百姓好评。

文化市场管理。加大网吧等文化、体育、旅游等经营单位检查力度，组织开展校园周边文化环境专项治理、治理非法报刊等一系列“扫黄打非”行动，共出动检查人员1223人次，保障区文化体育旅游市场的经营秩序。

打造文艺精品。广播剧《烽火一兰》于4月2日在中央人民广播电台中华之声《文化时空》节目中首播。创作黄梅戏表演唱《黄梅声声唱质量》，并组织推广参加各类演出10余场。创作的黄梅小戏《赔鸡》获得国家艺术基金资助，并于2017年4月获国家艺术基金管理中心颁发的2015年度资助项目结项证书。

文化产业。依托地方特色资源，探索加快发展新路。初步形成新闻出版、广播电视、文化娱乐、文化旅游、黄梅戏特色节庆、文创小镇等多业文化产业发展格局。至2017年年底，全区有文化企业单位73家，其中2017年新增11家；有个体文化经营户224家，2017年新增6家。文化产业总产值2.52亿元，文化产业主营业务收入占全区GDP比重的5.42%，其中演艺娱乐业收入、影视服务业、新闻出版业等主要产业收入比上年增长15.3%，文化主营业务收入增长18.2%以上。

宜秀区

【文化概览】宜秀区位于安庆市区东北部，面积410.3平方千米，辖3镇、2乡、1街道（不包括市政府委托经济技术开发区代管的菱北街道)，人口17万人。宜秀区旅游资源丰富，省级风景名胜区、国家AA级旅游区、国家森林、全国农业旅游示范点——大、小龙山，以“独不类他山”之誉，吸引众多游客游览观光、休闲度假；风景秀丽的大龙山、国家AAAA级旅游景区巨石山与碧波荡漾的石塘湖、破罡湖、菜子湖等相互成趣。宜秀区人杰地灵，自明清以来，文化大家不断涌现，“五里三进士，隔河两状元”的人文景观与清丽脱俗的自然风光融为一体，形成独具风格而又多元的宜秀文化。

公共文化服务。2017年，宜秀区持续推进基本公共文化服务标准化建设。区图书馆新增图书近1万册，馆藏图书总量达到5万余册，借阅人次达到6.8万人次，通过全国第六次公共图书馆评估定级。大龙山镇综合文化站申报社会化运行试点单位，溪安、芭茅等4个村(社区)申报自建农民文化乐园。12个文化活动室和1个文化活动中心添置价值70多万元的设施设备。制定《宜秀区推进政府购买基层公益性文化岗位试点工作实施方案》，为罗岭镇黄梅村和五横乡白林村申报公益性文化岗位——文物管理员，并纳入全省文物管理员进行统一指导培训。深入推进各文化场馆免费开放工作，群众满意度不断提升。举办第二届“少儿黄梅戏演唱赛”、第五届区广场舞大赛、宜秀区首届经典诵读大赛、4期黄梅戏艺术大讲堂、“宜秀巾帼新风貌 岳西革命老区行”“阅读推广进乡镇”等大型文化惠民活动100余场。参与“全市图书馆分馆人员培训”“国家公共数字文化工程建设培训班”“全省公共图书馆文化助盲培训班”等。区图书馆暑期举办“暑期电影节”9期，参与者达600人次；举办“书法培训班”8期，参与者300余人次。开展“宝贝智多星”“宜秀大讲堂”等品牌活动15场。帮助各乡镇(街道)以村(社区)为单位，组建41支广场舞队伍，成立14支合唱团、3个协会、2个辅导站，建立文化志愿者服务队，队员600余人。

文化惠民和扶贫开发。公共文化场馆免费开放和农村文化建设专项补助总资金92.08万元全部拨付到位。通过招标采购，对全区23个行政村的农村党员远程教育与文化信息资源共享工程基层站点破损的电视机、机顶盒进行设备更新。农村文化活动通过政府采购服务的方式，对社会公开招标，送文艺演出60场，完成率100%。全区开展体育活动56场，完成率100%。农家书屋书籍更新补充工作已与新华书店达成协议，完成全区农家书屋书籍配送工作。持续开展文化扶贫、送书下乡、送戏下乡、送电影下乡、送科技下乡（联合科技部门）活动。

文艺培训、艺术创作和文化活动。先后完成“黄梅戏进校园”活动教师培训、区首届经典诵读比赛决赛前辅导培训和“喜迎十九大 唱响中国梦”市级合唱队排练，合唱队赴省参加合唱展演获好评。原创佛教舞台情景剧《传衣》，在全市乃至全省的演出活动中均获好评。黄梅小戏《邓稼先》剧本创作启动。“我们的节日”系列主题活动深入基层，在五横乡虎山村开展“第三届五横过大年文艺演出活动”，让游客体验“跳傩玩喜闹新春”的中国传统年俗；在杨桥镇组织开展“迎新春 送春联”活动，免费为辖区居民、广大读者书写春联。参与市文广新局主办、市文化馆和3区文化馆承办的2017新春广场文艺天天演宜秀区文化馆专场演出和“十一”黄梅戏展演周广场文艺天天演宜秀区专场活动。成功举办宜秀区第五届广场舞比赛。《宜秀年鉴（2016）》出版问世，《宜秀年鉴（2017）》即将出版。

文物保护和开发利用。叶笃正生平陈列馆获国家级授牌，叶氏宗祠被申报安徽省第八批省级重点文物保护单位。推进张四墩遗址保护规划国家评审工作，修改方案已报省文物局专家再次审核。邓石如墓已修缮完工，刘文典墓整治资金已到位。邓家大屋修缮方案已完成招标，正在开展拆迁工作。做好“陈独秀生平事迹陈列展”，推动革命文物融入红色旅游、主题教育活动。

文化市场监管。全面排查文化市场安全隐患，与45家网吧、12家文化娱乐场所签订《2017年安全生产目标责任书》。全面加强网吧市场管理，文明创建迎国检期间，先后出动100多人次、车辆21台次进行不间断巡查。中、高考期间，重点对考场和考生驻地周边的歌舞娱乐场所和网吧进行巡查，保障中、高考的顺利进行。

文化产业发展。全面开展文化产业统计，完成文化产业绩效考评。重点推进区内文化旅游项目的融合发展，帮助巨石山生态旅游文化公司申报25万元奖补资金，帮助帝雅、巨石山两家公司成功申报安徽省百强文化企业。加大文化招商力度，与启迪数字签订总投资1亿元的战略协议，正在考察筛选园区选址。小龙山成功申报国家文化创新工程项目。

体育工作。争取《安徽省万千百农村体育行动计划》《安徽省511城市体育行动计划》政策支持，逐步完善全民健身体育基础设施建设。申报大龙山镇林场为体育公园。围绕《全民健身条例》，制定并出台《全民健身实施计划（2016—2020）》；根据市体育强市示范市的要求，制定体育强区健身计划。宜秀首届龙舟文化节活动在白泽湖乡开展，51支队伍，近2000名运动员参赛，37支龙舟队进入决赛。组织15个项目参加市第三届全运会，其中11个项目获奖，区获“优秀组织奖”。区三级社会体育指导员培训班成功开班，培训人数达60人。做大做强安踏、亿乐等体育用品制造业，致力建设体育用品制造业集聚区，安踏年产值达3亿元，亿乐年产值达2000万元。

【叶笃正生平陈列馆开馆】 2017年9月16日，叶笃正生平陈列馆开馆。中科院大气物理研究所副书记、副所长王生林，文化部科技司司长孙若风出席，并为“中国科学院大气物理研究所安庆气象科普教育基地”揭牌。叶笃正生平陈列馆是国内首家纪念著名气象学家叶笃正的展馆，是宜秀区实施科教兴国战略、普及科技知识、提高全民科学文化素质的大型公共科学教育基地。展馆位于宜秀区大桥街道叶祠社区叶氏宗祠内，场馆占地面积3000平方米，展馆建筑面积1200平方米。整个展馆由气象科普一条街、叶笃正生平陈列馆、叶笃正气象科普馆等组成。展馆通过文字、图片、漫画、视频、实物为展示载体，以中国传统美学文化、徽派传统建筑风格与时尚现代设计因子、气象领域设计元素相结合，以多媒体科技、全息技术为手段，实

叶笃正生平陈列馆

现展项的古雅与新颖、瞻仰与互动的完美结合。

【举办首届宜秀龙舟文化节】2017年5月30日,为纪念传统节日"端午节",全力推进全域旅游示范区建设,打造品牌体育赛事,"慢城水乡 激情龙舟"2017宜秀首届龙舟文化节举办。37只龙舟代表队分为8组进行角逐,各小组分别决出一、二、三等奖以及优秀组织奖和精神文明奖。本届文化节将传统体育竞技与民俗文化表演相结合、龙舟表演与观众互动相结合、水上竞技与黄梅小调相结合,展示宜秀的魅力水乡和深厚文化,提升宜秀民俗文化旅游的知名度和影响力,促进全域旅游融合发展。

桐 城 市

【文化概览】桐城市位于安徽省中部,是皖西南的交通枢纽和承东启西的通衢之地,是皖江城市带承接产业转移示范区的前沿阵地和合肥经济圈南翼门户城市。辖1个国家级桐城经济技术开发区、1个省级双新经济开发区、12个镇和3个街道,总面积1571平方千米,总人口75万人。

桐城历史悠久,文风昌盛,为江淮文明的发祥地和集中地。春秋时期即称桐国,唐至德二年(757)正式建县,1996年撤县设市,历时1200余年。其间人文勃兴,代有英才。唐宋两代的曹松、李公麟,一以诗名,一以画显。明末思想家、文学家、科学家方以智堪称"十七世纪罕与伦比的百科全书式"大学者;张英、张廷玉"父子宰相"勤于政事,经世济民,名扬天下;以戴名世、方苞、刘大櫆、姚鼐为代表的"桐城派",雄霸清代文坛200余年。近现代桐城名人有美学宗师朱光潜,一代大哲方东美,革命家、外交家黄镇,农工民主党创建人章伯钧,巨型计算机之父慈云桂。京师大学堂首任总教习吴汝纶先生创办的桐城中学已是百年名校。桐城是黄梅戏之乡,孕育了以严凤英为代表的一代黄梅戏表演艺术家。桐城也因此成为安徽省历史文化名城,享有"文都"盛誉。境内拥有国家AAAA级嬉子湖生态旅游区、桐城活海旅游区和AAA级桐城文庙·六尺巷景区,"国字号"中国桐城文化博物馆建成开放,孔城老街旅游度假区、玉雕文化产业园、投子山文化园等项目强力推进,国家农业产业化龙头企业——鸿润集团成为国家工业旅游示范点。桐城跻身中国最具投资价值文化旅游名城。

公共文化服务。桐城市文化馆为国家一级馆。桐城市图书馆是安徽省县级规模最大、设备最先进的图书馆之一,被文化部评定为国家(县市级)一级图书馆;古籍藏量丰富,居安徽省县级图书馆前列,所藏古籍多为善本、孤本、珍本,其中精品已录入首批《国家珍贵古籍录》,是研究桐城文化和桐城派的文献资料资源地,为全国桐城派研究文献资料中心。桐城市博物馆收藏有春秋兽耳尊、战国青铜戈、汉代铜锺、西晋虎子、六朝莲社尊、唐代铜镜、宋代龙泉洗、元代瓷熏炉、明代东瓜罐等精美文物4000余件,尤以方以智、方苞、姚鼐、张英、张若澄等明清桐城名家书画独具地方特色。桐城市美术馆收藏与展示并重,收藏有中国当代书画名家艺术作品200余幅,是安徽省内藏品最丰富、艺术品质较高的县级美术馆之一。

2017年文化馆、图书馆、博物馆及14家镇街文化站免费对公众开放,全年开展文都讲坛6期,送戏下乡298场、送电影下乡3000余场、放映爱教影片1200余场、配送图书10000余册,有效满足人民群众看戏、看书和公共文化鉴赏的需求。举办桐城歌演唱会、桐城春晚等大型文艺活动10余场,开展流动文化服务300余场次,举办"桐城市书画作品展""海霞剪纸艺术作品展""农工党安徽画院书画作品巡迴展"等大型文艺作品展。

艺术创作与展演。《青山鉴》作为安徽省黄梅戏唯一参演剧目,参加全国基层院团戏曲会演。《方苞

桐城·范岗第三届乡村旅游桂花节

全集》《桐城六尺巷》《桐城记忆》正式出版。微电影《映山红》《天使与毒蝎》成功拍摄，《萤儿飞》获第五届亚洲微电影节好作品奖。开展“黄梅戏进校园”活动，送黄梅戏演出100余场、黄梅戏电影100余场。

文化遗产保护。六尺巷片区(含张府、吴府)恢复与修缮PPP项目完成签约；朱邑墓等16处文保单位被安庆市政府公布为第七批安庆市级文保单位；土砻制作技艺等14项非物质文化遗产被桐城市政府列入县级非物质文化遗产保护名录。

文化产业发展。安徽省新闻出版广电局评定桐城印刷包装产业园为安徽省新闻出版广播影视产业园区工作优秀园区；桐城青桐众创空间作为安徽省唯一一家单位入选文化部文化产业双创服务体系建设扶持项目；3家企业（佛光、仙龙湖、金科印务）入选安徽省民营文化企业百强；国翠玉雕、徽煌工艺、仙龙湖3家公司入选安徽省文化产业示范基地。六尺巷成为中国华侨国际文化交流基地，孔城老街成为外国留学生中国文化体验基地。

文化市场管理。开展“清源”“净网”“秋风”“护苗”“平安”等五大专项行动及2次校园周边社会文化环境整治行动，集中销毁非法出版物1000余册。开展安全生产专项检查，出动执法人员260余人次；检查文化经营单位520余家次，对网吧开展反复、集中巡查，出动1000多人次，检查网吧1180家次。

桐城六尺巷挂牌“中国华侨国际文化交流基地”

【《桐城六尺巷》正式出版】 2017年2月22日，《桐城六尺巷》由黄山书社正式出版发行。《桐城六尺巷》由潘忠荣主编，全书36万字，分上、下两册，上册为历史资料编，设有德巷史踪、竹帛流芳、石室遗珠、宸翰纶音、相国家训、故园心韵六个版块，选录与六尺巷有关的人、事、物、语等方面的典型史料，系统呈现张氏家族特别是张英、张廷玉父子宰相修身、齐家、治国、平天下的人生经历和勤谨敬慎、廉简礼让的人品官声；下册为文论文艺编，设有诸家评说、碧霄诗情、小巷散记、故事新编、影视霓虹、清音绕梁六个版块，侧重选录桐城地方专家学者和文艺爱好者对六尺巷及其相关人、事、物的研究评价和歌颂咏赞文章。

【六尺巷被命名为“中国华侨国际文化交流基地”】 2017年1月21日，桐城六尺巷被中国侨联命名为“中国华侨国际文化交流基地”。六尺巷位于桐城市的西南一隅，全长100米、宽2米，由鹅卵石铺就，巷道两端立石牌坊，牌坊上刻着“礼让”二字，诉说着一段有趣的历史。“千里家书只为墙，让他三尺又何妨。长城万里今犹存，不见当年秦始皇。”史料记载：张文端公居宅旁有隙地，与吴氏邻，吴氏越用之。家人驰书于都，公批书于后寄归。家人得书，遂撤让三尺，吴家亦退让三尺，故六尺巷遂以为名焉。六尺巷的故事在海内外具有广泛的影响，所倡导的“互敬礼让”“和谐包容”的精神以及清廉的家风，与社会主义核心价值观相契合，具有很好的教育意义。

【孔城老街“外国留学生中国文化体验基地”揭牌】 2017年11月11日，孔城老街被安徽省外国留学生教育管理学会授予“外国留学生中国文化体验基地”称号。孔城老街在桐城文化、安徽文化中具有较高的历史地位、文化价值和旅游潜质。同时此次到孔城老街参观访问的外国留学生，均为中国政府奖学金获得者。孔城老街是他们“魅力安徽——感知中国科技制造及徽文化体验之旅”的终点站。该活动是国家留学基金委发起的2017年中国政府奖学金获得学生“感知中国”社会实践和文化体验活动的一个组成部分。此前，安徽省外国留学生教育管理学会已在安徽博物院、安徽源泉徽文化民俗博物馆、合肥市大圩镇、黄山芙蓉谷和呈坎等处为外国留学生设立中国文化体验基地。

怀 宁 县

【文化概况】怀宁县位于安徽省西南部、长江下游北岸，皖河下游。面积 1276 平方千米，辖 20 个乡镇，人口 70 万人。怀宁历史悠久，东晋义熙年间(405—418)建怀宁县，至今已有 1600 余年。1998 年，国务院批准怀宁县城由石牌镇迁址高河镇。境内有国家 AAAA 级景区 1 个、AAA 级景区 1 个。享有“文化之乡”“物华之乡”“教育之乡”“英烈之乡”等诸多美誉，并被称为“交通枢纽、产业新城、文明县城、蓝莓之乡”。2017 年，怀宁县黄梅戏剧团被文化部、中宣部、国家新闻广电总局联合授予“第七届全国服务农民、服务基层文化建设先进集体”称号，怀宁县图书馆在第六次全国县级以上公共图书馆评估定级中再次被国家文化部授予“国家一级图书馆”称号。

文化遗产保护。开展送展下基层活动 70 场次，展览内容以“图说考古”和“金鸡报晓——丁酉年鸡文物图片联展”为主。开展文物法规宣传活动，在“5·18 国际博物馆日”及“世界文化遗产日”“全国科普日”及各大节假日，组织中、小学生免费参观博物馆。刘若宰传说、怀宁石雕、挂面制作技艺、鼓书入选安庆市第五批市级非物质文化遗产代表性项目名录；吴延义等 12 人被确定为安庆市第四批市级非物质文化遗产项目代表性传承人。怀宁中医骨伤疗法、怀腔入选第五批省级非物质文化遗产代表性名录。公布怀宁县黄梅戏非物质文化遗产项目县级代表性传承人，完成何晨亮、胡节银、产和宝、黄梅香申报安庆市黄梅戏非物质文化遗产项目市级代表性传承人申报工作。石牌戏剧盔帽作为唯一代表安徽戏曲元素产品，参加第十二届中国北京文博会。

文化惠民活动。县图书馆、文化馆、博物馆、美术馆和 20 个乡镇综合文化站常态化开展免费开放工作，全年免费开放补助资金 165 万元。怀宁新图书馆完成主体工程建设。全年共开展“送戏进万村”244 场、送电影下乡 2448 场、体育活动 600 场。建成数字农家书屋 204 家，文化信息共享工程运转常态化，每村每周开展教育活动不低于 1 次。县文物局举办临时陈列展览 2 个，送展下基层 60 场次，接待参观人数 8 万人次。石牌镇综合文化站被列为安徽省乡镇综合文化站社会化运行试点项目，月山镇综合文化站开放服务成为全省品牌。县图书馆借阅量达 14.9 万册次，到馆人数达 12.6 万人次，新增读者卡 3046 张，开展读者活动 15 次，举办讲座培训 10 次、展览 6 次。参加 2017 年“中国故事——全国博物馆优秀讲解案例展示推介活动”暨全省讲解员大赛并获省三等奖。

首届“京黄故里”石牌戏会演出场景

艺术创作与展演。参加安庆“十一”黄梅戏展演周活动，“黄梅戏大联唱”作为开幕式《梨园寻根—安庆地方戏曲剧种（声腔）百年经典》序篇演出。挖掘怀腔《邀学》《小清官》剧目并参加安庆市地方戏曲剧种优秀剧目展演。复排大型黄梅戏《荞麦记》参加安庆“十一”黄梅戏展演周优秀剧目展演。创排现代黄梅小戏《红军井》赴宿州参加全省优秀现代小戏会演。举办“三月戏乡”“唱响怀腔，传承经典”“戏乡怀宁”“稻花田里唱丰收”“喜迎十九大，戏乡心声”等专场演出。

群众文化活动。举办怀腔展演周活动，开展送文化下乡(义务写春联、送温暖进敬老院)活动 12 场次，成功举办第三届怀宁县村民春晚。选送少儿节目《乐动篮球》《货郎来了》参加安庆市庆六一少儿文艺调演，分别获二等奖、三等奖；怀宁县新声黄梅戏剧团复排的怀腔经典剧目《葵花井》参加安庆市地方戏曲优秀剧目展演；组织曲艺节目参加安庆市第四届曲艺大赛活动；承办 2017 年安庆“十一”黄梅戏展演周分会场——怀宁县首届“京黄故里·石牌戏会”。举办怀宁县第三届广场舞大赛、“印象怀宁”随手拍摄影大赛、“托起明天的太阳”少儿文艺晚会、“喜迎十九大·

文化乐万家”主题文艺演出、庆祝建军90周年暨怀宁县第八届“完白之星”少儿书画大赛作品展、怀宁县第五届廉政书画作品展、民间挑花巡展、掌上展、翰墨载梦进军营展览及怀宁县第十一届“完白之星”少儿书画百米长卷现场创作等活动。馆藏精品“怀宁民间挑花”展入选“文化部2017年全国美术馆馆藏精品展出季”活动，超额完成全国美术馆馆藏品普查工作，总数688件，上传率100.8%，位居安徽省藏品榜首。

文化市场管理。集中开展全县网吧、演出、娱乐、出版物和印刷市场专项整治、“扫黄打非”、校园周边文化环境、文明创建等专项行动9次。收缴各类非法出版物77本，删除娱乐场所违禁曲目8首，取缔关闭重大安全隐患娱乐场所4家，整改消除一般安全隐患娱乐场所5家，立案查处违法案件10件，《程起江擅自从事出版物发行业务》案件被省新闻出版广电局评为优秀案卷。印发《致全县文化经营者的一封信》，与经营单位统一签订《依法经营承诺书》《安全生产责任书》，会同县消防大队联合出台《怀宁县公共文化娱乐场所“十禁止”》。石牌9家网吧实现“七统一”“同城联营”。204个村农家书屋各补充更新包括十九大文件读物图书60册，率先在全省实现数字农家书屋全覆盖。县文化市场综合执法队更名为执法大队。

【举办首届怀宁国际蓝莓文化节】 2017年6月3日至7月2日，怀宁县举办首届怀宁国际蓝莓文化旅游节，旅游节主题是“游独秀故里·品怀宁蓝莓”。怀宁县以蓝莓为媒，推出各项活动，提供吃喝玩乐一体化体验式休闲旅游采摘，打造生态文化旅游，推动怀宁国际蓝莓文化旅游节的知名度。活动期间，主办方举行大型风车展、网红直播、无人机航拍、蓝莓产业论坛、蓝莓小主播、帐篷露营篝火晚会、穿越蓝莓基地骑行活动、房车自驾游活动、摄影大赛、蓝莓音乐会等活动。活动期间人流量达到2万人次，受众群体超100万人。

【首次举办“京黄故里”石牌戏会】 2017年黄梅戏展演周期间，安庆市在石牌镇首次举办“京黄故里”石牌戏会，通过黄梅戏传统剧目集中展演，与城区黄梅戏展演相呼应，给群众奉上一场节日文化大餐。“京黄故里”石牌戏会，以“源于石牌、聚于石牌”为主题，每天上演两场剧目。在5天内，9家黄梅戏民营“百佳院团”为群众奉献上《天仙配》等9场黄梅戏传统经典剧目。戏会期间向群众免费赠送6000余张门票，使群众实实在在享受到文化惠民乐民，推动黄梅戏“唱起来、走下去、走出去”，助推石牌戏曲文化特色小镇建设。

潜　山　县

【文化概览】 潜山县素有“皖国古都、二乔故里、安徽之源、禅宗之地、京剧之祖、黄梅之乡”的美誉。县域面积1686平方千米，辖1个国家风景名胜区、2个省级经济开发区、1个省级旅游度假区和16个乡镇，人口59万人。2017年，潜山县围绕文化强县目标，推进公共文化服务体系建设，增强潜山文化软实力，逐步提升全县群众文化获得感与自豪感。

公共文化服务。潜山县公益性文化设施实现县、乡、村三级全覆盖，博物馆、农家书屋、广播电视等公共文化服务设施俱全，文化馆完成非遗展示馆、网站建设；图书馆建成盲人阅览室，完成16个乡镇及10个村的总分馆制建设并对网站、内设机房进行整体升级；博物馆进行改造升级，打造成AAAA级景区；全县16个乡镇文化站的电子阅览室均安装升级国家免费软件；全面完成186个村(居)100平方米的文化活动室建设任务，初步形成布局合理、覆盖城乡的公共文化设施网络体系。年内，王河镇丰收村等3家省级农民文化乐园完成建设任务，黄铺镇黄铺村在全省国家级贫困地区村综合文化服务中心建设现场会上作交流发言。

群众文化。推进基层综合性文化服务中心建设，加大政府购买公共文化服务力度，实施好重点文化惠民工程，对接群众需求，丰富公共文化产品和服务供给，使群众更加便捷地享受基本公共文化服务，增强文化获得感。完成“送戏进万村”演出290场、送电影下乡1968场，组织开展农民文化体育活动425场。依托县、乡、村三级文化阵地，组织县级大型广场文艺演出8场(次)，参加省级群众文化活动3次、市级群众文化活动9次，承办组织县级群众文化活动40余场(次)。利用农闲和节庆日，组织各类文艺团队送文化到基层活动24场(次)。举办展览12期(包括巡展)，共展出作品1600余幅，观众5000余人。组织各类文艺作品参加各类评比，获得表演奖、创作奖、辅导奖、组织奖等共40件，其中国家级获奖2件、省级15件、市县级奖励23件。开展舞蹈、秧歌、戏曲、二胡、小提琴等公益性培训班24期(成人12期，少儿12期)，共培训600余人次。举办民歌示教培训班、乡镇文广站工作人员业务培训班、省级非遗潜山弹腔传承与保护培训班等。建立县群众文化辅导队和乡镇群众文化辅导分队，县、乡、村

展"非遗再普查,我们在行动"志愿服务活动

三级群众文化辅导点达 105 个,群众文化志愿者 1000 余人、群众文化辅导员 109 人,辅导编排节目 100 个,并在民间开展艺术表演。启动扶贫题材黄梅大戏——《凤凰坡》的创排工作,开展"推进家风家训建设,共塑美好潜山形象"志愿服务活动。召开程长庚暨徽班艺术研究会筹备会议及开展程长庚亲友团朝圣祭祖等活动。"文艺扶贫手拉手,志愿服务心连心"项目先后被评为全省优秀群众文化志愿辅导项目、全国 2017 年基层文化志愿服务活动典型案例。

新闻宣传。重点聚焦脱贫攻坚、党的建设、全域旅游、美丽乡村、畅通工程等中心工作,先后开设《砥砺奋进的五年》《喜迎十九大》《十九大精神在潜山》《天南地北潜山人》等 21 个专栏,开展十九大精神学习贯彻的宣传报道;完成省委书记李锦斌等视察潜山宣传任务;推出专题对黄铺模式进行深度报道;完成天柱山溯溪越野赛、程长庚及徽班艺术(筹备)座谈会等重大活动系列宣传报道。对接、畅通与央视安徽记者站、省市台渠道,潜山符号频频在央视、人民网、安徽卫视等高端电视媒体亮相。全年在央视发稿 7 篇,在央视网等国家级媒体发稿 4 次,在《安徽新闻联播》发稿 80 余篇,在安庆电视台月均发稿 50 篇。提高县广播电视台摄录编播能力和安全保障系数,完成无线数字化覆盖工程,实现中央电视台 12 套节目、地方台 6 套共 18 套节目发射,信号覆盖县城为中心半径 30 千米的地区。与微信、网络主动融合,在天柱山生态旅游节活动中,首次实现电视、网络同步直播;实现天柱山长板速降赛等赛事在新华社现场云、央视新闻+的视频及图文直播;依托潜山新闻网(广播电视网)实现潜山台新闻综合频道的实时播出,微信公众号影响力逐步扩大。

文化市场管理。推进简政放权、放管结合、优化服务,建立公共服务事项和中介服务两个新型服务清单。强化文化市场综合执法力度,落实文化市场经营单位主体责任,净化文化市场环境,确保意识形态安全和文化安全。创新监管措施,采取日常检查常态化和突击检查规范化、教育培训与行业整顿、人防和技防三个结合的方式对文化新闻出版市场进行监管,确保市场规范经营。多次会同相关部门开展"黄、毒、赌"及场所消防安全检查,深入开展"扫黄打非"专项行动,净化文化市场环境,确保网吧、KTV 等人员密集场所安全。全年共办理行政许可、年检事项 182 件,组织现场核查 22 家次,接受咨询 63 人次。

文化产业发展。截至 2017 年年底,全县有文化经营企业 200 余家,基本形成多门类、综合型的文化市场运行体系;全县文化产业从业人员 5000 余人,年产值达 3 亿元。探索文化产业新增长点,拓展发展新方向,与江苏天艺兄弟动漫有限公司成功签约,一期"神奇天柱山"项目入驻潜山,县原创动漫制作实现零的突破,文化产业发展结构更趋多元化。

文物保护。通过全国第三次文物普查,潜山县共有不可移动文物 223 处。其中全国重点文物保护单位 3 处,安徽省重点文物保护单位 9 处 10 单体,市级文物保护单位 11 处,县级文物保护单位 30 处,未定级的不可移动文物共 170 处(点);类别涉及古遗址、古墓葬、古建筑等。下浒山水库淹没区传统古民居异地搬迁复建工程、"省保"单位觉寂塔维修工程、县级重点文物保护单位聂花屋祠堂修缮工作有序开展。制订上报太平塔修缮预概算。筹备程长庚陈列馆的陈列布展工程。全面完成第七批市县级文保单位和第八批省保单位申报工作。全县注册收藏可移动文物单位 10 家,登录藏品总数 3326 件(套),实际数量 6358 件。

非物质文化遗产保护。提高非遗保护传承水平,增强传承活力。开展非遗展示、展览、展演活动。出版《桑皮纸》《痘姆古陶》《潜山弹腔》《孔雀东南飞传说》《图说潜山弹腔》等五部非遗系列丛书。"二乔传说"成功入选第五批省级非遗代表性项目名录。"潜山根雕""挂面制作技艺""封缸酒制作技艺""痘姆龙窑柴烧技艺""鼓书"成功申报市级非遗项目名录。复排潜山弹腔传统节目《四郎探母》《渭水河》。潜山弹腔传统剧目《三奏本》《徐庶荐诸葛》参加2017年安庆市地方戏曲剧种优秀剧目展演;《二进宫》参演2017年安庆"十一"黄梅戏展演周开幕式"梨园寻根——安庆地方戏曲剧种(声腔)百年经典"、参演安徽省委宣传部、安徽省文化厅主办的"全省稀有剧种(戏曲声腔)"展演。启动"非遗再普查,我们在行动"志愿服务项目,让非遗文化融入百姓生活。

【潜山县非物质文化遗产保护取得实效】2017年,潜山县非物质文化遗产保护工作实现新突破,央视《中国影像方志》栏目摄制组走进潜山,拍摄《潜山篇》。县非物质文化遗产保护名录现有52项,形成国家、省、市、县四级名录保护体系。其中国家级非遗项目名录2项:传统技艺桑皮纸制作技艺、民间文学孔雀东南飞传说。省级非遗项目名录6项:传统音乐潜山弹腔、传统技艺痘姆陶器手工制作技艺、传统舞蹈十二月花神、传统美术王河舒席、传统戏剧木偶戏、民间文学"二乔传说"。市级非遗项目名录9项:传统技艺绿茶制作技艺(天柱山茶)、天柱山瓜蒌籽制作技艺、封缸酒制作技艺、挂面制作技艺、痘姆龙窑柴烧技艺;传统音乐潜山民歌、十番锣鼓;传统美术潜山根雕;曲艺鼓书。非物质文化遗产保护代表性传承人97名。其中国家级1人,省级10人,市级27人。拥有省级非物质文化遗产传习基地2处:潜山县天柱陶瓷有限公司、潜山县星杰桑皮纸有限公司。

【考古发掘三祖寺地宫】2017年9月9日,潜山县三祖寺在重建大雄宝殿开挖殿基时,意外发现一个神奇的地宫,宫内藏有佛牙舍利及珍贵文物。三祖寺地宫位于安徽省潜山县天柱山镇的天柱山下谷口凤形山上,东南距潜山县城约9千米,地宫处于三祖寺中院。据《潜山县志》记载:"宋仁宗天圣六年(1028)三月,章献皇太后传旨,在山谷乾元寺为皇帝增崇圣寿,建资寿宝塔一座,降赐佛牙舍利,用金银盛御宝,命本郡官员监藏于塔基之下。皇佑二年(1050)六月二十七日,塔被雷火烧毁,皇室奏闻,复造资寿宝殿遮盖佛牙舍利。"而此次出土的舍利塔内壁铭文正好印证史书记载。地宫覆盖于两块长方体巨石下,地宫南北长1.87米、宽1.7米、高2米,四周由青砖错缝围砌。在地宫中发现佛牙舍利一枚,舍利呈长弧形,褐色,重78.27克。佛牙舍利密藏在四层宝匣内。此次发掘共出土珍贵纺织品、珍贵金属器等文物1085件(套)。

岳西县

【文化概览】岳西县位于安徽省西南部,大别山腹地,地跨长江、淮河两大流域,东与潜山县接壤,西与湖北省英山县交界,南与太湖县毗邻,北与六安市舒城县、霍山县相连。因"新县区域,适居潜岳(指古南岳,即今天柱山)之西,即以岳西名之"。国土面积2398平方千米,辖10个乡14个镇,总人口41万人。岳西是革命老区县,是鄂豫皖革命根据地的重要组成部分,是中共安徽省委首任书记王步文烈士的故乡,拥有省、市级爱国主义教育基地各3处,文物国保单位1处、省保单位14处,市、县保单位48处。岳西是禅宗文化发源地,被赵朴初誉为"中华禅宗第一山"的司空山为禅宗二祖慧可的修禅卓锡、衣钵流传之地,该山就坐落在岳西县境内。岳西是民间原生态文化的"宝库",民间曲艺、民间歌舞、山歌小调、民间器乐等文化艺术原汁原味,形式多样,拥有国家级非遗保护项目2项、省级非遗保护项目3项。岳西是国家生态县,拥有天峡风景区、明堂山、彩虹瀑布等5个国家AAAA级景区,鹞落坪及古井园两个国家自然保护区和妙道山国家森林公园,位于岳西县石关乡的国家体育训练基地于2015年被国家体育总局评为优秀"国家综合体育训练基地",张国政、廖辉等40余位奥运冠军和世界冠军先后在此训练,被称为"冠军的摇篮"。

公共文化建设。全县共有公共图书馆、文化馆、广播电视台、高腔传承中心各1个,有红色文化纪念馆3个、电影企业2家、乡镇综合文化服务中心24个、村级农民文化乐园7个。县图书馆馆藏资源69.5万册,其中纸质图书29.5万册、电子图书40万册、电子期刊3000多种。县图书馆在全县范围内辅导建立分馆30个、文化共享工程基层服务点188个、农家书屋260个、乡镇村级公共电子阅览室28个。建成县内首座国民体质监测站,建成大别山骑行基地,完成彩虹谷汽车露营地、房车营地一期工程规划设计和石关滑雪场场地检测。"六馆一中心"(博物馆、图书馆、文化馆、科技馆、档案馆、规划展示馆、地面人防指挥中心)项目正在建设中。

文艺创作展演。组织文艺作品创作及作品推广活动。岳西高腔传承中心创作编排、田头中心学校学生演出的岳西高腔《红色岳西绿色梦》,参加首届全国青少年戏曲嘉年华,获得最佳创作奖;岳西高腔《秋江别》等节目应邀参加第十三届中国(深圳)国际文化产业博览交易会、“中国首届稀有剧种2018网络贺新春”录制等活动演出。县文化馆编排、选送节目参加鄂豫皖三省四市首届大别山歌会，其中岳西民歌《姐家门前一棵桑》获原生态组特等奖，《薅草歌》《劝夫小调》获民歌组三等奖。

群众文化活动。先后组织开展“最美”系列人物颁奖晚会暨新春文艺展演、乡村新春大联欢、“红红火火闹元宵”——第二届岳西县舞狮展演等大型群众文化活动49场（次），其中舞狮展演吸引8万余观众。举办“古岳大讲堂”“复兴中华碧海长空”爱国主义教育等公益讲座9场（次）。举办“醉美岳西 墨香田园”——喜迎十九大书画摄影展、全县廉政建设普法教育书画展、迎新春、年俗文化等大型展览展示活动15场（次），分别在合肥、县文化馆展厅和部分乡镇展出。贯彻“绿水青山就是金山银山”的发展理念，开展红色文化进景区、民俗文化进旅游村、生态文化进农家乐等活动。举办2017岳西县职工篮球联赛、夏季职工篮球赛；组织县内各体育协会参加第三届市民运动会的15个项目，展示各协会风采，共获得集体项目一等奖7个，个人一等奖13个、二等奖6个，并获比赛优秀组织奖。圆满完成“美好安徽定向系列赛”（彩虹瀑布站）、2017第四届长三届运动休闲体验季活动。结合送戏曲“进乡村、进校园、进社区”及“黄梅戏进校园”等演出活动，在原有182场“送戏进万村”演出基础上，再安排“脱贫攻坚”专场演出182场，同时争取市级专业院团为县未出列贫困村送“文化扶贫专场演出”9场，保证全县群众全年都能观看到丰富多彩的文艺演出，“送戏进万村”经验在全省交流。县文化馆、图书馆全年举办舞蹈、器乐、美术、书法等各类公益性文化培训50余期。县文化委获全国群众体育工作先进单位、全省网络安全宣传周活动先进单位、市体育设施建设先进单位称号，县图书馆“古岳大讲堂”被评为安徽省“十佳阅读推广活动”品牌。

文化遗产保护利用。岳西灯会成功入列省级非物质文化遗产保护名录；岳西木雕、岳西豆粑、岳西黄大茶成功入列安庆市第五批市级非物质文化遗产保护名录；国家级非遗——岳西高腔应邀参加全国、省、市各类演出。成功申报刘邓大军活动地旧址、黄尾河暴动活动地——郑氏宗祠、太岳县旧址等9处市级文保单位，完成红二十八军重建会议旧址——汪胡氏宗祠维修工程和红二十八军纪念馆展陈提升改造；完成法云寺塔保护规划项目初稿编制和抗日工作团驻地旧址——刘氏宗祠集成堂维修方案编制工作。

全省“文艺扶贫 携手小康”在岳西县惠民首演

文化市场管理。运用文化市场技术监管与服务平台办理审批和执法业务，组织多次专项整治和安全专项检查。全年共出动806人次，检查游艺场所153家次、歌舞娱乐场所204家次、书报刊经营单位195家次、电子音像经营单位97家次、印刷复制企业230家次，收缴非法出版物356件，保持文化市场健康有序，在全市文化市场暗访检查中获好评。

文化产业发展。以供给侧结构性改革为主线，狠抓转型升级，促进文化产业发展提档升级。2017年底，文化产业年产值达52.95亿元，比上年增长8.74%，占GDP比重达6.22%。有9个文化项目列入省重大项目投资计划，全年完成项目投资10.09亿元；文化及相关产品出口创汇2323万美元，占据全市文化及相关产品出口额的半壁江山。安徽映山红博览园文化发展股份有限公司被省文化厅命名为“第六届安徽省文化产业示范基地”。成功组织安徽映山红博览园文化发展股份有限公司、岳西县七仙女茶文化传播有限公司参加深圳、合肥文博会，协助两企业利用文博会平台宣传推介各自产品，并与参展商交流洽谈合作项目。

【全省“文艺扶贫 携手小康”惠民首演在岳西成功举办】在全国上下喜迎党的十九大召开之际，由安徽省委宣传部、安庆市委市政府主办，安徽演艺集团、安徽广播电视台、岳西县委县政府承办的“文艺

扶贫 携手小康”惠民首演在岳西县思源实验学校成功举办。中国戏剧梅花奖获得者孙娟、黄梅戏演员吴琼(国家一级演员)、海政文工团男中音歌唱演员霍勇、中央歌剧院女高音歌手幺红(国家一级演员)、二炮文工团青年高音演员耿为华、蒙古族青年歌手乌兰图雅、星光大道2013年度亚军山楂妹、小品演员刘全和与刘全利等名家名角为此次惠民演出带来《鼓舞江淮》《杜鹃花开映山红》《再见了大别山》《一个都不能少》《不忘初心》《送彩礼》《大地鎏彩》等10余个精彩节目,为40万岳西人民奉献了一顿丰盛的文艺大餐。本次惠民演出展现40万岳西人民强力推进脱贫攻坚的生动画面,歌唱老区人民脱贫致富奔小康的拼搏进取精神,调动广大文艺工作者助力扶贫的积极性,提振岳西干群脱贫攻坚的决心和信心,为决战决胜全面小康营造良好的文化舆论氛围。

【岳西县成立全国首家县级家风家训研究机构】2017年11月30日,岳西县成立全国首家县级家风家训研究机构——岳西县家风家训研究院(民办非企业)。岳西县家风家训研究院成立后,以问题为导向,系统收集、整理、研究、传承适应新时代家庭需要的好家训好家风,举办家训家风研究交流活动,得到社会各界的认可。参与活动的群众普遍感受到好家训好家风是一个幸福家庭的“传家宝”,只有传承好家训、培训好家风才能建设好家庭。岳西县家风家训研究院还在全县大力弘扬中华传统家庭美德,以好家风促政风、带民风、正社风,引导人民群众自觉培育和践行社会主义核心价值观,在全社会形成修身律己、崇德向善、礼让宽容的道德新风尚。

太 湖 县

寺前镇首届“中国·禅源太湖 朴初故里寺前旅游文化节”

【文化概览】太湖县位于安徽省西南部、大别山南麓、长江北岸。面积2040平方千米,辖15个乡镇,人口57万人。太湖历史悠久、人杰地灵。自南朝宋武帝时(420)建县以来,文风蔚然,人才辈出,“一门四进士,十里两状元”传为佳话,是中国佛教禅宗文化的重要发源地,是中国戏曲奇葩黄梅戏的摇篮之一。这里走出全国政协原副主席、杰出的爱国宗教领袖赵朴初,著名诗人朱湘、戏剧教育家叶春善、社会活动家刘王立明、林学家马大浦、著名作家石楠、黄梅戏表演艺术家马兰等杰出人物。国家级风景名胜区、国家AAAA级旅游景区、国家森林湿地公园、国家水利风景区和全国农业旅游示范点花亭湖,享有“大别山中第一湖”的美誉;五千年文博园是国家AAAA级旅游景区、国家文化产业示范基地、中国民间文化产业示范基地;刘邓大军高干会议旧址、赵朴初文化公园,妇女运动的先驱刘王立明故居等具有瞻仰意义,狮子山二祖禅堂及晋代建的佛图寺、唐代建的海会寺、西风禅寺现都保存完好。太湖是非遗传统资源丰富的文化县,拥有首批非物质文化遗产名录共计38项。

公共文化建设。截至2017年年底,全县公共文化建设基层服务站15个、基层服务点174个,有农家书屋188个、公共电子阅览室53个、县级文化大舞台1个,6个新建村级文化综合服务中心工程顺利通过验收,省、市级村级文化综合服务中心达24个。县图书馆年在第六次全国县级图书馆定级评估定级中获评一级馆,年接待读者29万人次。县文化馆指导业余文艺团队排练8000多人次,文化大舞台和五千年文博园演出近200场,惠及城乡观众(游客)70余万人(次)。县博物馆坚持免费开放,年接待参观15万人次。

文化艺术创作。县黄梅戏演艺公司新创剧目《臭豆腐》入选安徽省 2017 年剧目孵化计划项目。黄梅戏演艺公司专门编排黄梅戏联唱《扶贫政策暖心窝》在送戏下乡时演出。电影《老公去哪儿》在太湖顺利杀青。县文联创办的刊物《长河文艺》在 2017 年共编发作品 100 篇、30 余万字。组织撰写的禅源太湖《导游词》出版，填补太湖县旅游导游词的空白。牵头摄制《美丽乡村绘诗画》——2015、2016 年度太湖县美丽乡村省级中心村宣传视频，同时编印 2015、2016 年度《美丽乡村绘诗画》图文作品集。策划、导演、组织摄制多部宣传片，其中《禅源太湖旅游区》《美美花亭湖》在央视七套播出；微电影《父亲的礼物》获首届全省党员教育微视频大赛二等奖；大型黄梅戏剧本《早春一枝梅》入选中国(安庆)第八届黄梅戏艺术节展演，大型黄梅戏剧本《伊犁月》获多个省以上奖项。

群众文化活动。县文化馆、图书馆、博物馆、赵朴初生平事迹陈列馆以及全县 15 个乡镇综合文化站空间场地、设备设施和文化服务对群众全部实行免费开放。“送戏进万村”、农家书屋图书更新、村级文化信息资源共享工程、村级群众体育活动、送电影下乡、戏曲“三进”等文化惠民活动扎实开展。“送戏进万村”完成演出 170 场，黄梅戏进校园完成演出 132 场。各乡镇综合文化站结合美丽乡村建设指导各村开展丰富多彩的文化体育活动，春节期间各乡镇文化站因地制宜开展“迎新春，猜灯谜”“舞龙闹新春”“新春送吉祥”送春联活动和元宵系列活动等。全年乡镇共开展各类群众文化体育活动达 800 多场次。

文化遗产保护。完成考古调查 7 万余平方米；完成龙门桥桥基水毁加固工程、北桐区苏维埃政府旧址(吴氏宗祠)第一进屋面及敦睦堂修缮保护；完成附图寺摩崖石刻及西风禅寺摩崖石刻保护拓片工程。刘邓大军刘畈高干会议旧址纪念馆、大石抗日英烈园布展方案已经编制，布展工作已经启动。健全完善文物安全保护机构，馆藏文物保护、展示、利用、研究工作有序进行，先后举办 4 次非遗图片实物展及非遗展演。汤泉“雷氏太史第”、天桥“远岫轩”等 9 处县文保单位升级为市文保单位，完成“北桐区苏维埃政府旧址 (吴氏宗祠)”“刘王立明故居”等 7 处省级文物保护单位的申报；组织大别山区革命文物保护利用战略规划申报工作，组织申报革命文物点 54 处；协助县住建局完成第五批传统村落(最后一批)的申报。

文化市场管理。全年共查处涉黄涉非案件 37 起，取缔流动书摊 3 个，收缴各类非法出版物 454 本。对 9 家出版物经营户、印刷企业下达责令整改通知书，立案查处非法印刷宗教出版物案件 1 起。在第 17 个“世界知识产权日”，现场销毁赌博游戏机 7 台以及盗版教材等各类非法出版物 2428 册、盗版新华字典 24 本、淫秽光盘 1500 盘。加强对网吧日常监控，完成全县网吧监控系统改造升级工作，立案查处网吧接纳未成年上网案 1 起。加大党的十九大、“两节”和高中考期间等重点时段巡查力度，确保文化市场健康有序。完成全省“扫黄打非进景区”示范点申报工作，禅源太湖旅游区成功获评全省 “扫黄打非”进基层(景区)示范点。

文化产业发展。制定《太湖县 2017 年推动文化产业、旅游业、金融业等现代服务业加快发展若干政策》，安排财政专项资金 200 万元作为文化强县引导资金。至年底，全县有规模以上文化及相关产业法人单位 11 家、民营文化及相关产业企业法人单位数 227 家。

【太湖县开展一乡一品特色文化活动】2017 年，各乡镇围绕“一乡一品”特色文化乡镇建设要求，举办系列特色文化活动，如：百里镇举办第二届中国大别山毛香文化节、寺前镇举办首届 “中国·禅源太湖朴初故里寺前旅游文化节”、刘畈乡举办大别山(太湖)首届桃花节、晋熙镇举办“生态乡村、和谐晋熙”摄影大赛、新仓镇举办安庆市新仓杯诗词大奖赛、大石乡举办“喜迎十九大·魅力新大石”摄影书画展、牛镇镇举办禅源太湖旅游区·安徽太湖牛镇首届二祖文化节、汤泉乡举办大别山(汤泉)乡土旅游文化节等。一乡一品特色文化活动有效推动全域旅游和禅源太湖 5A 级景区创建，提升了太湖的人气、名气、财气，丰富了群众文化生活，提高了群众文化素质。

【太湖县体育中心竣工】太湖县体育中心于 2015 年 1 月开工，2017 年 8 月底竣工。中心占地面积 15.16 公顷，总投资 3.5 亿元，包括“一馆两场一中心”即综合体育馆、公共体育场、室外全民健身广场、全民健身中心。其中公共体育场建筑面积 17450 平方米，座位 2 万个，内含 400 米标准塑胶跑道、标准足球场。室外全民健身广场含 3 个区域，球类区建有标准篮球场 3 个 (其中带灯光、看台篮球场 1 个)、带雨棚人造草坪门球场 1 个、足球场 1 个、网球场 2 个、小篮球板 6 个和室外乒乓球台 8 个；室外游泳区建有 50 米 8 泳道标准游泳池 1 个；健身休闲区建有 50 件健身路径及休闲器材等。室内全民健身中心建筑面积 16839 平方米，含有各种球类训练区、体能训练房、国民体质监测站、恒温游泳池。体育中心 2017 年先后承办第三届安徽省“禅源太湖·肯汀杯”名人、老年桥牌邀请赛、全省第十二届冬泳锦标赛暨第二届“砂石杯”游泳精英赛等省级赛事，12 月成功举办“金种子”杯周华健群星演唱会。

望 江 县

【文化概览】望江县位于安徽省西南边陲,长江中下游北岸,南与江西省隔江相望,是中国民间文化艺术之乡。望江县于东晋义熙元年(405)置县,隋开皇十八年(598)定为望江县,是雷池故地、三孝故里、挑花之源、戏曲之乡,成语“不敢越雷池一步”的“雷池”就是指望江县。全县辖10个乡镇,面积1357平方千米,人口40万人。境内有汪洋遗址、文庙大成殿、褒隐寺塔、陈氏宗祠、戴家墩遗址、黄家堰遗址、雷阳书院等省级重点文物保护单位7处,市级文物保护单位15处,县级文物保护单位10处。民间工艺“望江挑花”被列入国家非遗保护名录,2017年望江挑花成功申报为国家地理标志证明商标,有省级传承人2人;莲湘舞被列入省级非遗保护名录,有省级传承人2人。

文化产业发展。2017年,全县文化产业增加值2.15亿,占GDP比重1.98%。文化产业传统门类主要有文化演艺类、文化休闲娱乐业类、网络文化游戏服务业类、文化旅游类、文化用品设备制造类、文化用品销售类、印刷业等七大类,企业200多家。规模以上法人单位10个,比上年增长66.7%;文化创意和设计服务法人单位50个,增长13.6%。安徽省精英机械制造有限公司被省文化厅命名为第六届安徽省文化产业示范基地。

公共文化建设。建成村级综合文化服务中心示范点10处。文化场馆持续实施免费开放。县图书馆经过改建、升级,达国家馆二级标准,顺利完成第六次公共图书馆评估各项工作;文化信息资源共享室服务达56263人次,新进图书2700册,全年流动书籍51824册次,图书网站点击量达8万次,全县村农家书屋、各乡镇综合文化站与县图书馆全面实现“通借通还”。县博物馆组织开展送展览、送讲座进学校、进社区活动,年观众达5万人次。2017年,全县有线电视用户基本稳定,模拟用户70759户、数字用户28278户,完成农村数字电影放映1430场次,服务观众40万人次。

文艺创作生产。在第三届安庆文艺评奖中,9人获奖,其中一等奖1名、二等奖2名、三等奖6名。《望江文学精品》入选2015《安徽文学年鉴》。编辑出版《望江民间歌谣与音乐》。县剧团复排的《乌金记》、民营长江剧团复排的《卖花记》、百花剧团复排的《生死牌》等黄梅戏经典剧目在县内成功上演,长江剧团王良结、百花剧团王建华被评为国家二级演员。组织开展“脱贫攻坚、美丽乡村建设”“扎根基层、深入生活”主题实践活动。开展义务书写春联5000余副。望江书法协会被安徽省书法家协会授予“2015—2016年度安徽省优秀县书协”称号。

群众文化活动。3月,组织开展以“赏油菜花海·听黄梅乡音”为主题的第二届油菜花系列赏游活动,打造3个油菜花自然景观点和2条自驾游观赏路线,组织黄梅戏票友大赛、油菜花随手拍摄影大赛、油菜花媒体采风、油菜花水彩写生系列主题活动,望江被30位艺术家推荐为“中国油菜花最美写生创作目的地”。活动期间,赏花游客来自全国各地,累计达27万人次。举办全县少儿文艺会演,5个精品节目参与省市会演,获省级一等奖1个、二等奖1个,获市级一等奖3个。8月,望江县黄梅戏剧团应邀赴内蒙古包头市达尔罕茂明安联合旗演出,参加庆祝内蒙古自治区成立70周年、达尔罕茂明安联合旗成立65周年活动。10月,望江县长江黄梅戏剧团应央视戏曲频道《一鸣惊人》栏目组邀请,以家族式团队参加演出。启动“黄梅戏进校园”活动,全年送戏进校园51场。组织县剧团、民营长江剧团精心创排《追梦一家人》《脱贫奔小康》等黄梅小戏,开展以“黄梅飘香·孝行雷池”为主题的宣传贯彻党的十九大精神文艺巡演,推动党的十九大精神进社区、进农村、进机关、进企业、进校园。

望江龙腔《描药方》剧照

文化遗产保护。完成褒隐寺塔、雷阳书院修缮任务，对长岭文学村范家芳旌表门楼进行适度保护。黄梅戏望江龙腔、望江挑花成功亮相第十三届中国(深圳)国际文化产业博览交易会。望江挑花作品"福娃""十二生肖"等获第六届中国成都国际非物质文化遗产节奖项，皖江职校教师汤彩霞获"新生代手艺之星"奖。

文化市场管理。组织开展"扫黄打非"专项整治行动7次，查处经营场所案件7起，责令停业整顿5家，取缔2家，行政罚款40000元，下发《责令整改通知书》20份，收缴非法出版物共600多件，收缴侵权盗版出版物160多件。

精神文明建设。推选出"安庆好人"21人、"最美望江人"30人，魏雪娥获安徽省第五届道德模范提名奖，吴映婷、陈凌敏、张震宇、方雪阳4名学生获安庆市第二届"美德少年"称号，廖文静等6名学生获提名奖，其中吴映婷获安徽省第二届美德少年称号。

文明城镇建设。望江县获第四届"安徽省文明县城"称号，鸦滩镇、太慈镇、长岭镇获第四届"安徽省文明村镇"称号，华阳镇宝塔社区获第五届"安徽省文明社区"称号，望江县市场监督管理局等5家单位获第十一届"安徽省文明单位"称号。

【望江被推荐为"中国油菜花最美写生目的地"】2017年3月18日，望江召开中国油菜花最美写生创作目的地推介会，参加望江县第二届油菜花系列赏游暨水彩在线特邀的30位水彩名家集体签名，重磅推荐望江为"中国油菜花最美写生创作目的地"并授牌。望江——中国油菜花最美写生创作目的地的建立，为望江在特色乡村文化旅游的拓展上，又增添一个新的文化名片。望江是中国美丽田园，每年春分过后，几十万亩油菜花同时开放，遍地金黄，美如画卷，是最具视觉观赏震撼力的目的地，也是艺术家的理想写生、旅游、创作目的地。

【长江黄梅戏剧团赴央视《一鸣惊人》栏目献艺】2017年10月31日，望江县长江黄梅戏剧团应央视戏曲频道《一鸣惊人》栏目组的邀请，以家族式团队参加演出。该团精心编排《天仙配》选段《路遇》、黄梅戏经典对唱《爱歌》《十五的月亮》以及父子婆媳6人合演的《天仙配》《满工》对唱，精彩的表演赢得专家好评。该团王向林被省文化厅评为2017年度安徽省民营艺术院团"十大名角"；王良结被评为国家二级演员，詹玉涵、王向林、王小林被评为国家三级演员。

黄山市

【文化概览】黄山市位于安徽省最南端，地处皖浙赣3省交界处，是中国十大风景名胜区之一黄山所在地。现辖3区(屯溪区、黄山区、徽州区)4县(歙县、休宁县、黟县、祁门县)，面积9807平方千米，人口148.41万人。

黄山市自秦初置黟、歙两县以来，至今有2200多年的历史。1987年经国务院批准改地建市。拥有联合国颁发的世界级"桂冠"3项、国家级"桂冠"9大类142项。

黄山市境内既有风光秀丽的自然景观，又有底蕴丰厚的人文景观。以集世界自然与文化遗产和世界地质公园三顶桂冠于一身的黄山为中心，四周散布着"山水画廊"新安江，"黄山情侣"太平湖，"中国历史文化名城"歙县，"中国牌坊之乡"棠樾，"世界文化遗产"西递、宏村，"中国道教四大圣地之一"齐云山，屯溪老街，国家级自然保护区牯牛降、清凉峰及花山谜窟等。

黄山市历史悠久，文风昌盛。以儒学为内核的徽文化，涵盖经、史、哲、医、科、艺等诸多领域。程朱理学、新安画派、新安医学、徽派建筑、徽派盆景、徽州"四雕"以及徽剧、徽菜、徽墨、歙砚等，是中华民族传统文化园中的奇葩。徽州自古人才辈出、群星璀璨，《中国名人大辞典》中收集的4万多位1911年以前历代名人中，徽州就有800多位。著名的代表人物有活字印刷术创始人毕昇，理学家朱熹，著名戏剧家汪道昆，红顶商人胡雪岩，医学家汪机、汪昂，新安画派创立者渐江和近代著名代表黄宾虹，哲学家戴震，马克思在《资本论》中提到的唯一中国人王茂荫，珠算大师程大位，近代教育家陶行知等。

黄山市是国家级徽州文化生态保护区核心区域，拥有世界文化遗产地2处，国家级历史文化名城1座、名镇3处、名村14处、名街3处，中国传统古村落92个；拥有文物保护单位国家级31处、省级93处，可移动文物47019套/件、不可移动文物 8032 处，馆藏文物 15 万余件、珍贵文物 6878 件；拥有非物质文化遗产 14 大类 1325 项，国家级非遗生产性保护示范基地 1 处，省级传习基地(所)27 处，省级非遗教育传习基地 5 处。全市现存非遗种类和数量在安徽省地市中均位列第一，其中徽州传统木结构营造技艺、程大位珠算法被列入联合国教科文组织人类非遗代表作名录。

思想理论建设。2017 年，市委召开中心组理论学习会 14 次，学习贯彻党的十九大精神和“新理论·新成就”主题宣讲、“讲政治、重规矩、作表率”专题宣讲、“喜迎十九大形势政策宣传教育百场报告会”“砥砺奋进的五年”群众性主题教育及“圆梦中国人”百姓宣讲活动。组织“新理论·新成就”主题宣讲 520 多场次，受众 3.7 万人次。召开全市基层理论宣讲歙县现场观摩座谈会，开设“理论专栏”和“理论频道”，创新宣讲模式，进一步统一思想认识、凝聚信心干劲。8 月，市社科联与安徽大学徽学研究中心签订战略合作协议，共同打造一流的中国徽学研究和文化宣传高地，推进中华优秀传统文化特别是徽州文化创造性转化和创新性发展。

2017 年 11 月 10 日，黄山旅游节开幕式暨第六届安徽国际旅行商大会开幕。

新闻舆论宣传。做好贯彻落实党的十八届六中全会、十八届七中全会、党的十九大和习近平总书记系列重要讲话精神宣传，开设《砥砺奋进的五年》《喜迎党的十九大》《十九大精神在江淮》《十九大与我们这一行》等专栏；精心组织“讲政治 重规矩 作表率”学习教育、市第六次党代会、庆祝中国共产党成立 96 周年、建军 90 周年等重大主题宣传活动。开设《十三五开局这一年》《争创全国文明城市》《全面深化改革进行时》《扶贫攻坚在行动》《五大发展见行动》《践行社会主义核心价值观》《加快重点项目建设? 推进经济转型发展》《全力推进全域环境整治》《特色小镇建设》《四送一服》《美丽社区》《全市宣传思想文化战线风采》、黄忠诚先进事迹宣传等 10 多个重点专题专栏。新闻评论品牌“黄轩平”“徽平”日益打响，推出一批有分量的评论员文章。全年共举办新闻发布会 19 场，编发《新闻阅评》13 期。

对外宣传。围绕党的十九大主题，开展迎接盛会展示成就报道，中央电视台特别策划《还看今朝》大型直播节目聚焦黄山，两部以黄山生态保护和古民居保护为主题的专题片精彩亮相直播节目。《安徽日报》刊发 4 个彩色整版特别报道《砥砺奋进的五年·黄山篇》，并在头版刊发导读；特别报道一版刊发市委书记和市长署名文章《坚持绿水青山与金山银山有机统一 努力把黄山建设得更美丽更富裕更文明》。4 月 10 日，由黄山市主办的“徽匠神韵”故宫特展吸引大批中央媒体的目光，纷纷聚焦黄山，开展当天共刊发 30 多条原发稿件，网络等新媒体的报道转载更是闪亮京城，屡屡刷屏，发稿总量达到 1 万条次。成功举办“一带一路 昂扬在途”大型跨国文化交流”“‘洋’望黄山 品味徽州”“乡土 乡贤 乡愁——徽州文化高峰对话”论坛等活动。省级卫视真人秀节目《极限挑战》成功录制完成，通过精心策划，“梦幻黄山 礼仪徽州”城市形象广告语巧妙植入形象展示。

黄山旅游节活动现场

网络文化建设和网络宣传管理。服务保障“十九大”有力有效，组织管控演练活动1次，开展为期1个月的网络安全联合大检查活动，对37家重点网站新媒体进行现场排查，清理有害敏感信息200余条；市重点新闻网站及新媒体均开设《喜迎十九大》《十九大时光》《新时代 新征程》《十九大精神在江淮》等系列专题专栏话题，保时、保量、保质转发推送重要新闻报道评论120余篇6万余次。处置重点舆情2起，及时监控处理有害信息3起。积极开展“砥砺奋进的五年”“香港回归祖国20周年”“建军90周年”“五大发展瞰安徽”等重大主题宣传活动。在“网聚美好安徽 见证喜人变化”大型网媒采访活动中，邀请人民网、新华网等国内主流网媒一行60余名记者编辑，到黄山深入宣传贯彻落实习总书记视察安徽重要讲话精神的新举措、新成效。组织开展“温暖中国”网媒新春走基层、“好山好水出好茶”“文明新风润江淮”“全面从严治党面对面”“农村环境三大革命”“防范非法集资宣传月”等专题宣传活动。与浙江温州、上海闵行区等4省10城“大榕树”联盟开展“鸡鸣四省——寻找最美乡愁”网络作家边际行采风活动和“我眼中的最美风景”阳光发帖系列活动，30位网络作家深入黄山区太平湖镇、黟县卢村等地进行采风，推送50多篇美文。大力开展“争做中国好网民”“网络中国节”等系列网络文化主题活动，“黄山微公益”等公益组织通过网络积极开展文明志愿、慈善公益、抢险救灾、关爱留守儿童、关心孤寡老人、救助大病患者等活动。

精神文明创建。以培育和践行社会主义核心价值观为根本，大力开展社会主义核心价值观宣传、市民教育、诚信教育、道德模范和身边好人评选、道德宣讲“五项活动”，着力提升公民思想道德水平，推荐荣获安徽省第五届道德模范及提名奖4人，评选表彰黄山市第三届道德模范及提名奖42人。累计入选“中国好人”55名、“安徽好人”89名，评选出“黄山好人”274名。全市700多个道德讲堂组织宣讲1200余场，修编居民公约(村规民约)600余篇。组织文明餐桌倡议行动，张贴《文明餐桌行动倡议书》《文明餐桌公约》2万多份，制作温馨提示桌牌5万多个，开展2017年“美丽公约文明旅游”蓝丝带系列活动。全面推进城市建设，三年累计投资263.6亿元，新建改建城区道路79条、公园广场13处，改造老旧小区211个，提升公共绿地3.2万平方米。歙县、祁门县、黄山区分别成功创建申报“第二届安徽省文明示范县(市)”“第四届安徽省文明县城”和“第二届安徽省文明城区”。常态化开展“学雷锋志愿服务”等主题志愿服务活动，共建成各类志愿服务站点186个，年均参与志愿服务活动13万余人（次），人均志愿服务36小时。整治各类卫生死角上万处，拆除违搭违建50万平方米，推进91个乡镇政府驻地建成区、275个中心村的重点整治项目建设。坚持乡贤文化建设，持续发挥道德协会、红白理事会等乡“一约四会”的作用，组织举办“弘扬乡贤文化、传承优秀家风”主题活动，征集优秀家风家训1000余条。

非遗大展开幕式表演——叠罗汉

文化改革和文化事业、文化产业发展。《黄山市徽州古建筑保护条例》经省人大颁布正式实施，徽州古民居产权流转试点工作被列入全省改革创新范例。1人获第24届青少年爱国主义读书教育活动全国小学组讲故事比赛最高奖项一等奖。开展“讴歌美好安徽新成就·喜迎党的十九大”千场文艺活动。配合纪念建市30周年组织“回望三十年 喜迎十九大”成就展。完成《全国爱国主义教育示范基地巡礼·陶行知纪念馆》书稿编撰。2017年列入省“大新专”文化产业重大项目31个，128个1000万元以上重点项目完成投资逾80亿元。徽州竹艺轩、万安罗盘等7家文化企业入选2017年度安徽民营文化企业100强，竹艺轩成功入选2017—2018年度国家文化出口重点企业。现代服务业产业园、非遗创意产业园等集聚区建设强力推进，孔乙己文化传播有限公司等12家企业挂牌省股权交易托管中心文旅专板，胡开文墨厂等9家企业入选省文化产业示范基地公示名单。成功举办“文化，让

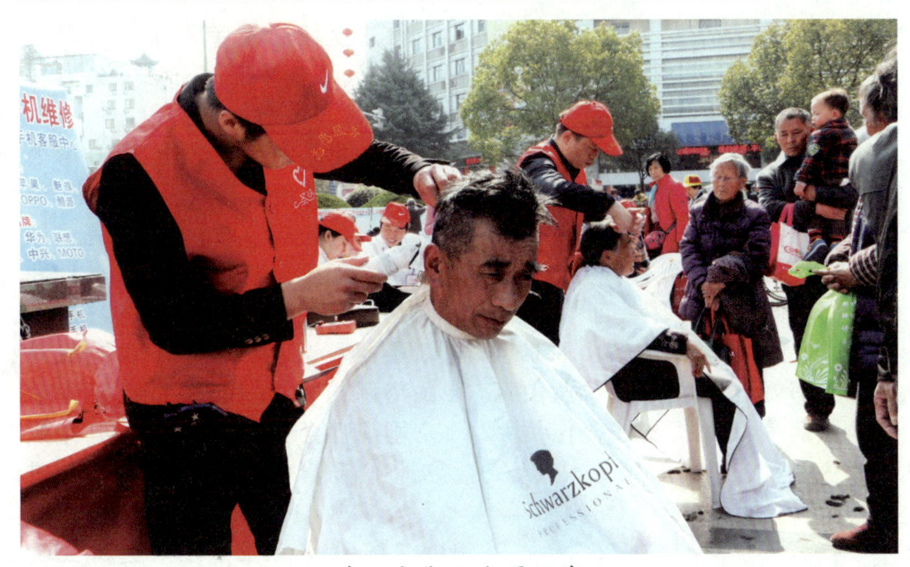

黄山市街头志愿服务

城市活起来——我为文化产业发展献一计”征文评选活动、第二届全市青年创客大赛和“文明黄山,精彩故事”全市首届微电影大赛。全面完成村史馆一期样板示范工程建设。

文化市场综合管理。市两办印发《关于进一步深化全市文化市场综合执法改革的实施意见》,文化市场体制改革稳步推进。开展党的十九大、“一带一路”高峰论坛、“两会”等重要时间节点专项整治行动,全年出动文化执法检查15842人次,检查书店、网吧、印刷厂、娱乐等场所7480家次,销毁违禁出版物、盗版光盘1万余本(盘),处罚网吧16家、停业整顿1家。

文艺精品创作。大型音乐黄梅戏《曙光曲》、歌曲《那古道》获省“五个一”工程奖,《徽州姑娘》等5个项目获2017年国家艺术基金资助(占全省20%);现代黄梅戏《远去的差距》入选全省戏曲创作孵化计划十部大戏,首演成功。少儿舞蹈《小小板凳龙》获第九届省少儿舞蹈汇演暨“小荷风采”全国少儿舞蹈大赛安徽省选拔赛第一名,表演唱《徽匠大哥》等5个原创节目入选省群星奖复赛。

【黄山市实施徽州古建筑保护利用工程】《黄山市徽州古建筑保护条例》高票获省人大常委会第四十二次会议审查批准通过,央视新闻联播、新闻直播间等进行报道。继续实施徽州古建筑保护利用工程,162个重点项目完成投资6.4亿元。开展十佳乡贤好人馆(古祠堂)、精品户外(古道)、名人故居和精品民宿(古民居)评选命名活动,公布第五批市级文物保护单位70处。全市可移动文物平台登录藏品41328件(套),《徽州文物谱系》编撰工作初步完成。

【黄山市首届社科奖评选表彰圆满完成】2017年,黄山市完成首届社科成果评选表彰工作,《徽州文化史·先秦至元代卷》等10项著作、《水资源保护投融资模式研究——以黄山市新安江流域综合治理为例》等9篇论文获得“黄山市社会科学奖”。获奖成果中,“建设中国传统村落文化大数据库的探索——以西溪南竦塘村为例”作为省社科创新发展研究课题资助类重大研究项目立项;“新形势下领导干部履职尽责的动力与激励机制研究”“安徽省特色小镇发展策略研”“‘BIM+VR’技术在徽州古建遗产保护、修缮及旅游的应用研究”等3项作为省社科创新发展研究课题资助类攻关研究项目立项;“徽州水上公社下放船民生存现状调查与精准扶贫脱贫研究”作为非省社科创新发展研究课题资助类攻关研究项目立项;《徽州故事》和《厅里徽州》获评安徽省社科普及优秀读物。

【主办新时代首届全国戴学学术论坛】2017年11月13日,黄山市社科联与安徽大学徽学研究中心、黄山学院共同主办“求是弘道 开放包容——新时代首届全国戴学学术论坛”。中国人民大学哲学院一级教授、终身博导、孔子研究院院长张立文,黄山市副市长陆群、安徽外国语学院党委书记汪良发、安徽大学副校长程雁雷、黄山学院副院长胡善风等出席。来自中国人民大学、武汉大学、中国社会科学院、复旦大学、东南大学、首都师范大学、西南交通大学、安徽大学等近30个高校和科研机构的戴学研究者,围绕戴震哲学思想、戴震思想在当代的时代意义等方面进行了学术探讨。

【黄山市举办中国非物质文化遗产传统技艺大展】中国非物质文化遗产传统技艺大展,是大型国家级展会,首届由文化部和安徽省人民政府于2012年共同主办。2017年,黄山市成功举办第三届中国非物质文化遗产传统技艺大展。本次大展紧扣故宫博物院驻安徽黄山市徽派传统工艺工作站策展,以“为民族传承,为生活创新”为主题,举行非物质文化遗产传统技艺展、明月清风——故宫博物院藏新安八家书画展、歙砚传统技艺大赛和徽派传统工艺振兴论坛等子活动,共邀请百余个传统技艺、传统美术类的国家级非遗项目参展,成为安徽省非遗保护、展示和研究的平台,形成政府主导、业界推动、民间促进、群众参与共同保护非物质文化遗产的格局。

【2017 年黄山旅游节】安徽省旅游发展委员会和黄山市人民政府于 2017 年 10 月下旬至 11 月中旬举办 2017 年黄山旅游节，并于 2017 年 11 月 10 日举办黄山旅游节开幕式暨第六届安徽国际旅行商大会。此次节会共安排七大活动:2017 黄山旅游节开幕式暨第六届安徽国际旅行商大会;安徽旅游新项目、新业态发布暨招商项目推介;2017 安徽自驾游大会;2017 中国黄山国际乡村摄影节暨第十二届中国黟县国际乡村摄影大展;皖南国际文化旅游示范区营销联盟工作研讨会;“中国旅游·黄山再出发”主流媒体安徽行;2017 中国休闲农业黄山峰会。期间,黄山市与英国德比郡高峰市,黄山风景区与德比郡峰区国家公园在黄山风景区分别签订发展友好合作关系意向书。

屯 溪 区

篁墩村史馆

【文化概览】屯溪区是中共黄山市委、黄山市人民政府驻地,面积 249 平方千米,人口 15.6 万人。

2017 年，屯溪区文化工作以满足人民群众基本文化需求为工作目标，以文化事业提质增效、文化产业转型升级为重点，全区文化事业建设和文化产业发展迈上新台阶。

精神文明建设。持续开展社会主义核心价值观宣传教育，实现公共场所公益广告全覆盖，建成屯溪人民广场核心价值观主题公园。成立屯溪区志愿服务联合会，“昱城公益”志愿服务品牌获省网信办 2017 年度网络公益“年度创新”提名奖。全区 1 人获“安徽好人”提名,10 人当选“黄山好人”,5 人获“第三届黄山市道德模范”称号或提名奖;表彰 2016 年度“最美人物暨屯溪好人”20 人、“屯溪好人”3 人、第二届“美德少年”10 人，10 人获评“屯溪区第二届道德模范”提名奖。入选全国文明村镇、文明社区各 1 个,获评省级文明单位 6 家、文明村镇 2 个、文明社区 8 个。以“城市管理提升年”活动为抓手,聚焦“脏乱差”等突出问题,持续推进全域环境整治,城乡环境持续改善,成功争创第二届安徽省文明城区。

文化事业发展。全区 10 家公共文化场馆免费开放服务、接待 55 万人次。建成篁墩村史馆,完成国保单位程氏三宅修缮工程。以“我们的节日”主题活动为载体,举办新春团拜会、春节“三下乡”、元宵民俗踩街、端午民俗展演、迎中秋京剧演唱会等大型文化活动,组织文化广场演出 40 余场次，送戏进万村演出 41 场次，农村电影放映 492 场,为农家书屋图书更新 2560 册。举办第三届屯溪美术双年展巡展。新增 16 名市级“非遗”传承人和 2 家市级文物保护单位。区阳光艺术团郑紫珊获评全省“最美文化热心人”。

文化产业发展。列入省重大文化产业项目 6 个，全年完成投资 7.94 亿元。注册成立广安控股(黄山)投资有限公司,初步形成“徽州坊”项目总体规划方案。新增规上文化企业 3 家，黄山文旅公司入选安徽省民营文化企业 100 强。胡开文墨厂成功申报省级文化产业示范基地。

对外宣传。中央电视台《朝闻天下》《新闻联播》相继报道屯溪区新安江水面生态保洁工作取得的成效，《人民日报》图文报道荷花池社区“暖心苑”党建项目。2017 年大年三十，央视《一年又一年》春晚特别节目全天直播黎阳老街；“十一”期间，央视《还看今朝》喜迎十九大特别节目直播黎阳庙会盛况。全年共配合境内外主流媒体在屯拍摄、采访 40 余批次,在《安徽新闻联播》《安徽日报》安徽广播电台等省级主流媒体发表重要稿件 40 余篇。

【篁墩村史馆建成开放】“徽州文化第一村”——篁墩,距今 2000 多年历史，与山西洪洞县老槐树、福建宁化县石壁村共称为中国三大宗族始迁地,被誉为“徽州宗族圣地”;盛行中国六七百年的程朱理学奠基者程颐、程颢和集大成者朱熹之先祖同出此地,所以又被世人称为“程朱阙里”。2017年,屯溪区着手筹建以“寻根文化”为主题的篁墩村史馆,历时10个月建成并对外开放。该馆展陈面积约200平方米,分为篁墩村史、徽州百姓之根、程朱理学之根、世界程氏之根、中华太极之根、篁墩历史文物等6部分,展出族谱、匾额、碑文、画像等文物90余件,各类图片资料100余幅。2017年9月10日举行开馆揭牌仪式,世界华人协会会长程万琦先生从香港远道而来亲自揭牌。篁墩村史馆的落成,不仅重现了篁墩的历史轨迹,更旨在延续徽州历史文脉,成为社科研究的新基地。

黄 山 区

【文化概览】黄山区地处皖南腹地,原名太平县,唐天宝四年(745)建县,是安徽省“两山一湖”黄金旅游区的集散地和休闲度假中心。全区国土面积1775平方千米,总人口16.3万人,辖9个镇5个乡。现有国家级重点文物保护单位1处、省级6处;有中国传统村落5个、中国民间文化艺术之乡1个;有国家级非遗1项;有国家级森林公园1处、国家AAAA级景区6处(全省区县之最)、高品位景区景点30余处。是全国十大名茶太平猴魁的原产地、黄山毛峰的主产地,是首批国家级生态示范区、中国十佳绿色城市、安徽省首批文学创作先进区。

理论武装。区委理论学习中心组全年开展集中学习15天次。组织开展“党的十九大精神进基层”“六团六进”等重大主题宣讲90余场次,受众6000余人次。举办各类专题讲座、专题报告会7场次,受众3000余人次,进一步夯实了全区党员领导干部的思想根基。

舆论导向。成立区委意识形态工作领导小组,制定出台《黄山区意识形态安全问题应对处置工作规程(试行)》,开展意识形态工作责任制落实情况专项检查。全年组织召开重大舆情研判处置5次。强化网络宣传,开展“清朗”专项行动,对全区400余家网站进行问题排查。与此同时,在“黄山区发布”官方微信开通舆情回应栏,回应网民关切,加大了舆论监督效应。

对外宣传。全年围绕太平湖铁人三项国际精英赛、太平猴魁茶文化节、第二届黄山玫瑰花节等一系列重大文化体育赛事活动,邀请中央电视台、安徽电视台等各级各类媒体开展聚焦报道。特别是在太平猴魁茶文化节开园宣传报道上,首次采取网络现场直播的方式,提升了猴魁茶品牌影响力。全年在市级以上主流媒体发稿1612篇(条),其中省级以上媒体650余篇(条)。

文明创建。创城工作取得新进展,市民素质显著提升。获评第二届安徽省文明城区,4个镇2个村获评省级文明村镇,4个城市社区获评省级文明社区;6家单位获评第十一届省级文明单位,53家单位获评第十二届全市文明单位,18个村镇获评第四届全市文明村镇,9所学校获评第一届全市文明校园,11户家庭获评第一届全市文明家庭。1名学生获得全省讲故事比赛一等奖和全国三等奖,黄山区荣获为“第二十四届全国青少年爱国主义读书教育活动组织优秀奖”。1人获评“安徽好人”,1人获第五届安徽省道德模范提名;9人获评“黄山好人”,1人获评第三届市道德模范;11人获评区第三届道德模范,10人入选区首届“太平好人”。

文化活动和文化产业。文化惠民工程扎实推进,全年开展“送戏进万村”90场、扶贫专场演出19场、“送戏进校园”18场、“爱国主义电影进校园”48场,“送电影下乡”951场。全年举办各级群众性文体活动260余场次。开展“扎根基层,服务人民”采风创作活动和“黄梅戏教唱班”“送春联下乡”等文化惠民活动220余场次。全年文化产业增加值占GDP比重为10.19%,增速为19.31%。丰大国际温泉度假

黄山市黄山区龙门乡雪景　　汪华辉/摄

区浩瀚天下和黄山区情义旅游开发有限公司杨家寨景区等2家文化企业成功入规，黄山丁艺徽雕有限公司获评省级文化产业示范基地。

文艺创作。全区文艺作者共在全国各级各地报刊、载体发表、展示作品近500件，其中省级以上100多件，获省级和国家级奖项15件。袁良才的小说集《一条奔跑在岸上的鱼》、项丽敏的散文集《读爱，在花开的春野》、杜德玉的散文集《小桥流水人家》等4部文学专著出版发行。文艺作品获省级以上奖项15件；4部文艺作品获市第二届文学艺术奖，其中1部获艺术类一等奖；24部优秀文艺作品受到区政府通报表彰。袁良才的短篇小说《卜白》被《小说选刊》选载后，列入河南省中牟县语文试卷；90后诗人汪艺入选安徽新青年诗人20强。区文联被评为全市“十佳”基层宣传思想文化工作先进单位，杜鹏飞等3人被评为全市“十佳”基层宣传文化工作者。

徽 州 区

情景剧《一把椅子》获安徽省第十届皖江八市群艺(小品)大赛金奖

【文化概览】 徽州区是徽州文化的典藏地和徽州古建筑的展示地，享有“徽派古建长廊”和“文物之海”的美誉，古建三绝（古祠堂、古牌坊、古民居）星罗棋布。据第三次全国文物普查统计，全区保存有明清古建筑1200处，其中登记的文物点464处。现有各级文物保护单位37处，其中潜口民宅、罗东舒祠、老屋阁及绿绕亭、呈坎村古建筑群、岩寺新四军军部旧址5处为全国重点文物保护单位。有1个中国历史文化名镇（西溪南）、1个省级历史文化名镇（潜口）、3个中国历史文化名村（呈坎村、唐模村、灵山村）、8个中国传统村落（呈坎村、唐模村、灵山村、潜口村、西溪南村、琶村、蜀源、竦塘）。区域面积423.79平方千米，人口9.56万人。2017年，徽州区积极适应文化发展新常态，深入实施徽州文化生态保护实验区建设工程，扎实推进“文化兴徽”战略。

文物保护。2017年全区实施32处徽州古建筑保护工程重点项目，总投资额7965万元。截至12月底，完成投资8575万元，占年度投资任务的107.7%。呈坎文物保护样板工程一、二期17幢古民居已完成验收并交付使用；三期资金已下达，正在制作招标清单和控制价。新增13处区级文物保护单位、5处市级文物保护单位、申报5处省级文物保护单位。完成呈坎村古建筑群消防工程设计方案编制工作。申报7个市徽州古建筑保护工程项目。深入推进古民居产权流转工作，西溪南13幢古民居完成招拍挂。2017年1—12月份争取国家重点文物保护专项资金2573万元。在岩寺新四军军部旧址内利用古民居打造徽州好人馆，并已对外开放。申报省保思恕堂修缮工程设计方案已通过。《徽州谱系》一书徽州区承担部分的编撰工作完成。

公共文化服务。认真实施公共文化场馆免费开放和农村文化建设专项补助2项文化民生工程。完成“送戏下乡”演出48场、农村公益电影放映576场。完成农家书屋图书更新2800册。11个场馆开展各类文体、民俗、培训、演出等活动30余场次。举办“灯彩徽州吉祥年”迎春灯会、上九民俗展演，区文化馆开办舞蹈、表演、摄影、葫芦丝、合唱、书法、小品等免费培训班。主办、承办庆祝“三八”表彰大会暨“弘扬礼仪孝廉、建设幸福家庭”文艺会演和徽州马拉松、黄山市第七届油菜花摄影节启动仪式文艺演出、全区书法展、美术展等活动。编创以新四军在岩寺为题材的情景剧《一把椅子》，并代表黄山市参加“安徽省第十届皖江八市群艺（小品）大赛，荣获金奖。

非遗传承。成功申报徽派建筑砖烧制作技艺为省第五批非遗项目。18人被评为黄山市第六、第七批非遗传承人，公布15人为第八批区级非物质文化遗产项目代表性传承人;全区省级以上“非遗”传承人10人(其中,国家级“非遗”传承人2人),市级“非遗”传承人57人。黄山毛峰绿茶制作技艺、徽州竹雕列入国家“非遗”名录,徽州板凳龙、上九庙会、跳钟馗、徽作家具制作技艺、徽州古建砖瓦制作技艺列入省“非遗”名录。竹艺轩雕刻有限公司成为安徽省唯一入选的第二批国家级非遗生产性保护示范基地;潜口民宅博物馆、黄山市徽派雕刻研究所、黄山市竹溪堂徽雕艺术有限公司、竹艺轩雕刻有限公司、黄山光明茶业有限公司等5家单位列入省级非物质文化遗产传习基地。做好非遗进景区工作,潜口民宅清园非遗展示实现常态化,安徽大学艺术学院安徽民歌教育实践基地在潜口民宅挂牌。呈坎景区引进竹雕、制墨、撕纸等非遗传承人入驻。洪建华徽派雕刻博物馆正在加快布展。竹艺轩、竹溪堂、徽明坊参加了故宫特展、深圳文博会、合肥博览会。组织区雕刻人才5人,赴上海参加2017年中国非遗传承人徽州雕刻研修班。

文化产业发展。永新股份、精工凹印入选2016年省民营文化企业百强。组织永新股份、精工凹印、竹艺轩、竹溪堂申报2017年省民营文化企业百强。2017年全区列入省级重点文化项目2个,分别为西溪南古村落旅游综合开发项目、灵山旅游综合开发项目,总投资29亿元,年度计划投资2亿元,2017年实际完成投资2.5亿元,超序时进度25%。2017年徽州区15个文化产业重点项目计划投资11.8亿元,1—12月完成投资13.5亿元。摸排拟上规文化企业2户,培育1户。竹艺轩、竹溪堂、徽派雕刻研究所等3户企业正式入选省第六届文化产业示范基地。竹艺轩有限公司入选2017—2018年国家文化出口重点企业。

歙 县

【文化概览】国家历史文化名城、全国文化先进县——歙县,位于安徽省最南端,北倚黄山,东临杭州,南连千岛湖,人口47.8万人,总面积2122平方千米。秦始置县,自隋朝以来,一直为郡、州、路、府所在地,府县同城1400年,是古徽州政治、经济、文化中心。

歙县文化厚重,人杰地灵,素有“东南邹鲁”“文化之邦”的美誉,是徽文化的主要发祥地,是中国徽墨之都、中国歙砚之乡、中国徽文化之乡、中国牌坊之乡、徽剧之乡,孕育了程朱理学、新安画派、新安医学、徽派盆景、徽墨、歙砚、徽剧等一大批经典文化瑰宝,诞生了渐江、黄宾虹、陶行知等一大批文化名人。

歙县现有国家级非遗项目5项、省级17项、市级50项、县级140项。有国家级非遗传承人11人、省级43人、市级240人、县级303人。有非物质文化遗产传习基地(所)8家。启动非遗“名师带徒”育才工程,经过后期严格考核,徽派盆景技艺、徽墨制作技艺、歙砚制作技艺等各项目的80名徒弟均已通过考核。

文化事业和文化产业。截至2017年年底,全县共有3个县级公共图书馆、1个文化馆、1个美术馆、1个徽班纪念馆、1个非遗展示馆、1个广播电台、1个电视台、3个数字影院、28个乡镇文化信息共享工程、259家农家书屋、60多个文化广场。2017年全省公共文化体系示范县顺利通过省验收,制定《歙县关于推进政府购买基层公益文化岗位试点工作实施方案》,确定28个村的文化协管员。编著出版图书《徽派盆景技艺大展》。全年文化产业增加值3.4亿元,比上年增长2.08%。

文化活动。举办喜迎十九大暨第十二届徽州古城民俗文化节文艺调演。全年开展有一定规模的群文活动215场,送文化下乡25场,“送戏进万村”文艺演出183场,戏曲进校园6场,送电影下乡2196场。

文化市场管理。完成了77家文化经营单位年检换证工作,其中

昌溪舞草龙

新增加网络文化经营场所1家。检查文化市场2200余人（次），检查经营单位900余家；会同公安、工商联合执法8次，其中查处文具店搭售出版物3起，查处违规经营案件5起，收缴非法出版物300余册。

【现代黄梅戏《远去的差距》入选安徽省2017年度戏曲创作孵化计划】该剧由黄山市委宣传部、市文化委、市扶贫办、歙县人民政府共同打造，讲述了歙县三阳镇梅家坞村走出来的青年女大学生洪兰花，深爱自己的家乡，不忍家乡落后于飞速发展的时代，怀着深深的乡愁和扶贫先扶志的信念，毅然决然与丈夫一起离开大都市返回家乡，抓住高铁将要在三阳设站的机遇，依托古徽州当地丰富的自然资源和文化资源，创意兴办民宿旅游合作社，带领村民共同致富奔小康，建设美丽乡村的故事。全剧精心塑造了一位心中装着群众疾苦，勇于挑起精准脱贫的重担，有理想，有担当，有作为的党的农村基层干部形象。

该剧成功入选安徽省2017年度戏曲创作孵化计划，被列为该计划十大项目之一。

休宁县

大型现代原创黄梅戏《芳满松萝》

【文化概览】休宁县位于安徽省最南端，面积2135平方千米，人口27万人，辖21个乡镇。是首批国家“绿色能源示范县”和“中国名茶之乡”、中国休闲养身之都。

公共文化服务体系建设。全县县级建有文化馆、图书馆、博物馆和美术馆。其中2017年完成改造提升的县图书馆被文化部评定为县级以上公共图书馆一级馆，县文化馆2016年被评定为国家二级馆；县博物馆在持续提升状元文化展陈水平、做大做强状元文化品牌的同时，正式启动三期工程综合馆的建设。全县21个乡镇综合文化站、21个乡镇电子阅览室、153个行政村农家书屋、926个已通电自然村的广播电视实现全覆盖；全省首批试点实施的农村应急广播系统建设，已经完成县中心机房和3个乡镇、18个行政村。新建城市数字影院2家，建成陈霞乡综合文化服务中心省级示范点，完成万安镇万新村、海阳镇琊斯中心村、东临溪镇大阜中心村等7个省级农民文化乐园试点建设。推行公益性文化岗位购买服务工作，先后在2个乡镇综合文化站、25个行政村通过购买服务聘用文化协管员27人，实现省级以上“文保”单位的文物保护员全覆盖。

文艺创作和群众文化活动。2017年重点打造了原创大型现代黄梅戏《芳满松萝》，演出圆满成功，并先后受邀参加第六届中国农民歌会和第四届安徽文化惠民消费季的展演活动。《种状元》《新安江畔美婆娘》等一批具有休宁本土特色的优秀原创节目在国家及省市大赛中获得优异成绩。创新活动方式，丰富活动形式，激发文化活力，积极提高群众参与的主动性，组织、引导城乡群众开展形式多样、丰富多彩的文化活动。如陈霞、渭桥等地文化站组织群众自办、自演文艺节目进村入户演出；鹤城乡的用功城、璜尖乡的徐家村、商山镇的阜田村等地农民自办“村晚”；榆村、溪口、汪村等地群众自办传统舞龙民俗活动等。

文化遗产保护传承。富溪牌坊、太塘牌坊、富来桥、方氏宗祠、水南桥等文物遗存成功申报成为第五批市级重点文物保护单位；全面完成富来桥、三槐堂消防工程和中宪第维修等工程施工。“孙起孟故居陈列馆”正式开馆，并被命名为民建中央爱国主义教育基地。休宁得胜鼓、徽州传统食用油木榨技艺和沛隆堂程氏内科等3个“非遗”项目成功入选第五批省级名录；积极推荐推荐陈秋香、方鑫玉等人申报市级“非遗”传承人，共有18人获得命名公布，涵盖3大类14个项目。

文化产业发展。2017年全县1000万元以上投资的皖新物流园、齐云山自由家营地、祥源小镇等

13 个重点文化产业项目，计划投资 77880 万元，实际完成投资 80210 万元。全县 6 家规上文化企业实现收入 1.3 亿元，比 2016 年增长 32%。

文化市场管理。深入推进文化市场综合执法改革，出台《关于进一步深化文化市场综合执法改革的实施意见》。加大文化市场监管力度，2017 年累计开展日常检查巡查 386 次，联合相关部门集中开展专项检查活动 7 次，重点进行校园周边环境治理、“扫黄打非”、文化市场经营场所消防安全等检查。共督办相关经营单位整改问题 20 个，查处互联网上网服务营业场所和出版物经营场所等违法违规经营行为 2 起，收缴非法出版物 560 本（册），有力地规范了全县的文化市场经营管理秩序。

【大型原创现代黄梅戏《芳满松萝》公演】 2017 年中共休宁县委宣传部、休宁县文广新局指导休宁县徽之韵黄梅戏剧团有限公司创作、编排并成功演出了大型现代原创黄梅戏《芳满松萝》。该剧以休宁传统名茶松萝茶的振兴发展为背景，讲述了女大学生胡馥芳舍弃大城市里的白领工作，回乡创业，开发传统名茶，传承振兴“松萝茶”，带领乡亲共同脱贫致富的一段励志奋斗的感人故事。整场演出既有悲欢离合的感人情节，也有跌宕起伏的人物命运，更有芳满天下的松萝茶香。整台戏剧于 2017 年 6 月 3 日在休宁县的中心礼堂成功演出后，先后受邀参加了第六届中国农民歌会和第四届安徽文化惠民消费季展演活动。

黟　县

【文化概览】 黟县始建于秦（前 221)，位于安徽省南端，面积 857 平方千米，人口 9.55 万人，辖 5 个镇 3 个乡。黟县素有“世外桃源、画里乡村”之美誉，拥有西递、宏村 2 处世界文化遗产、3 个全国重点文保单位、8 个省级重点文保单位、6 个全国历史文化名村、25 个中国传统村落、1 个全省历史文化名城，西递、宏村被誉为“中国明清古民居博物馆”“中国传统文化的缩影”。

思想引领。2017 年，掀起学习贯彻习近平新时代中国特色社会主义思想和党的十九大精神热潮，开展“党的十九大精神进基层”“六团六进”等重大主题宣讲 280 场，受众超过 2.2 万人次。县委以上率下，开展集中学习研讨 20 次，各级党委(党组)按照“学习内容规范、学习标准统一”的要求，组织集中学习均在 12 次以上。审计局、人社局党支部和西递镇党委被授予黄山市第三批学习型党组织建设工作示范点。

舆论宣传。贯彻落实《党委(党组）意识形态工作责任制实施细则》，出台《意识形态安全工作问题应对处置工作规程(试行)》，摸排 37 个意识形态风险点。保持“扫黄打非”高压态势，组织网站、网吧安全检查和检测 148 家(次)，落实网站网上备案 23 家，编发《黟县互联网舆情》58 期，未发生恶性炒作的负面网络舆情。以文化遗产宣传为载体，在省级以上主流媒体发稿 1400 余条；“一带一路 昂扬在途”跨国文化交流活动在西递启动，国际山地车公开赛、摄影大展、古城开街等重大文化宣传有序推动；推出 12 场微直播，直播时长达 22 小时，直播在线互动量累计超过百万人次。

文明创建。推动国家历史文化名城创建和美丽乡村建设，城区环境进一步提升；整治乡镇政府驻地建成区 7 个、中心村 14 个、自然村 30 个。探索形成“村庄整治塘田模式、河道治理拦河养鱼模式、行业治理宏村客栈联盟模式”等工作经验。荣获安徽省第二届文明县称号，西递镇、宏村村荣膺全国文明村镇，宏村、西递景区跻身全国文明单位。举办“庆国庆·迎中秋”经典诵读大赛、戏曲进校园、爱国主义读书教育等活动，城乡文明新风

西递创办的抛绣球选佳婿活动

持续优化。1人当选"安徽好人",12人入选"黄山好人",6人获评第三届黄山市道德模范及提名,7人当选第四届黄山市美德少年及提名。10个家庭被评为黄山市首届文明家庭,1人获评"全市最美助残者",48户被命名为县级"最美庭院"。

文化事业。出台《黟县"十三五"文化改革发展规划》,投入815万元改善提升农村基层文化设施,新增流动图书室6个,在11个村试点设立农村文化协管员。常态化落实文化场馆免费开放政策,文化进万家、送戏进万村、电影下乡和文化消费季等一系列惠民服务活动有序推进。深入开展"我们的节日""乡村春晚""书香黟县"等专题文化活动,城乡文化氛围浓厚。举办新春美术作品展、"砥砺奋进的五年"图片展和"喜迎十九大,走进革命老区"书画笔会等活动。组织龙狮祝福、元宵灯会、民俗巡游、文艺巡演丰富节日群众文化生活,碧阳镇碧山村"阳光之家"被评为全省优秀群众文化志愿辅导团队。大型原创黄梅戏《凤鸣宏村》在国家大剧院成功上演。美术作品《徽乡》和《祥和家园》入选中国画作品展,10件优秀文艺作品获评首届黟县文学艺术奖,县美术家协会、书法家协会成立。

文化产业。32个重点文化企业完成投资9.98亿元,比上年增长52%;8个文化项目列入全市重点文化项目库,增长200%。京黟公司被评为全省2017年度民营文化企业100强。新增文化经营单位11家,文化产品出口创汇实现"零"突破。徽黄旅游集团"画里乡村"商标被评为安徽省著名商标。莲花斋三雕工艺厂和艺海竹雕工艺厂转型生产,发展后劲增强。

【黟县举办第十二届国际乡村摄影大展】2017中国黄山国际乡村摄影节暨第十二届中国黟县国际乡村摄影大展于11月8—12日在黟县宏村举行。该大展已在黟县连续举办12年。此次摄影大展以"自然、家园、梦想"为主题,来自40多个国家的摄影师展出作品5000幅以上,在西递、宏村等地设7个展区。大展分为启动仪式、摄影作品展览、摄影活动交流周、自助摄影旅游发布、乡村艺术摄影特色小镇授牌(宏村、柯村)、两江源徒步摄影线路发布、摄影讲习等7大主题版块。

据统计,摄影大展拉动了黟县秋冬季旅游,来黟游客人次比上年同期增长15%以上,旅游综合收入增长20%以上,摄影助推旅游的效益十分明显。

祁门县

马山目连戏、芦溪傩舞表演队参加香港世界华人交流"中国梦万里行香港文化之旅"文艺演出。

【文化概览】祁门县位于安徽省南部,与江西省浮梁县毗邻,辖18个乡镇,面积2257平方千米,人口18.67万人,是"中国红茶之乡"。2017年,祁门县始终坚持稳中求进工作总基调,以新发展理念统领发展实践,全面做好稳增长、促改革、调结构、惠民生、防风险各项工作,促进经济平稳健康发展和社会和谐稳定。

公共文化服务体系建设。全年购买基层公益文化岗位18个,新建村级文化广场10个,改扩建农家书屋5个。全县21个城乡公共文化场馆全部免费对外开放。全年累计送戏进村132场,送电影到村1332场。县文广新局荣获安徽省2017年"送戏进万村"工作优秀单位。"三区"文化人才支持计划项目首次落户金字牌镇文化站。

城乡群众文化活动。各乡镇文化站坚持贴近民生,开展形式各异、内容丰富的免费文化活动。精心组织开展系列群众文化活动,引领全县广大文艺工作者坚持"三贴近",开展"三下乡",并紧密联系社会主义核心价值观建设,积极举办系列文化活动,宣讲党的十九大精神。

优秀传统文化传承。完成《徽

州文物谱系——祁门卷》编撰出版工作。王步和等7名传承人列入第七批黄山市市级非遗传承人名录。祁门蛇伤疗法、嵌字豆糖制作技艺、游太阳习俗被列入第五批省级非物质文化遗产代表性项目名录。胡元龙故居、祁门茶业改良场、祁门茶山公园等10处文物成功申报第五批市级文保单位。箬坑乡马山目连戏代表黄山市应邀参加全省稀有剧种展演。12月初,马山目连戏剧团、芦溪傩舞表演队应邀参加“世界华人交流中国梦万里行香港文化之旅暨元旦联欢晚会”文艺演出,获得圆满成功。截至2017年年底,全县有55处县级以上文保单位,其中国保2处、省保12处、市县保41处;有国家历史文化名村1个、国家传统村落8个;有县级以上非物质文化遗产目录19项,其中国家级4项、省级4项、市县级11项;有非遗代表性传承人国家级1名、省级14名、市级50名。

文化产业发展和文化市场管理。全县文化经营单位比2016年增加7%,1000万元以上重点文化产业项目稳步推进。文化、旅游、休闲、度假等产业联系紧密,深度融合。牯牛降生态旅游综合开发(一、二期)、曾国藩行辕保护利用、祁红文化中心、牯牛降祁红庄园、大洪古道开发、祁红小镇、九龙休闲运动基地、祁蛇博览园、国药祁红、祁红文化博览园先后投资建设。2017年,全县共出动执法人员3801人(次),检查各类文化经营场所1624家次;其中与公安、工商、消防多部门开展专项执法检查32次,检查网吧143家次、娱乐场所107家次,检查新闻出版场所207家次,收缴非法出版物507本(片)。

【马山目连戏、芦溪傩舞表演队赴香港演出成功】2017年12月1日至6日,马山目连戏剧团、芦溪傩舞表演队应邀参加“世界华人交流中国梦万里行香港文化之旅暨元旦联欢晚会”文艺演出,向世界展示徽州目连戏、傩舞的精彩,博得在场专家和观众的好评,演出获得圆满成功。

【祁门蛇伤疗法、嵌字豆糖制作技艺、游太阳习俗被列入省级非物质文化遗产项目名录】此次入选的3个项目,是继徽州手工瓷制作技艺、采茶扑蝶舞、安茶和胡氏骨伤科后,祁门县又一次入选的省级非遗名录项目。“祁门蛇伤疗法”始于清朝同治年间,以其疗法独特、治愈率高、救人无数而享誉海内外具有重要的医学价值。“嵌字豆糖”是明清以来祁门县百姓逢年过节招待客人的传统糕点,具有浓郁的地方风味,美味可口,深为群众喜爱,是皖南古徽州饮食文化的瑰宝。“游太阳”是流传于祁门县东路金字牌洪村、石川、横联、莲花塘、社景(原蛇井)与黟县七都霭岗渔亭、南玛一带,以祭祀隋末英雄汪华的一项民俗表演活动。

黄山风景区

【文化概览】2017年7月21日,原黄山风景区文化发展中心变更为黄山风景区文化事业管理办公室(文物管理所、博物馆、书画院),由黄山管委会政治处直属机构调整为内设机构。

2017年,完成两桥(麟趾桥、送子桥)一坊(南大门牌坊)一庵(松谷庵)修缮工程,完成国保摩崖石刻加固保护工程(一期)方案设计项目招标并启动方案设计,完成国保观瀑亭修缮项目立项报告及修缮方案编制并通过审批。

景区大力加强文物保护,实施文物修缮工作。一是投入112.58万元,完成国保两桥(麟趾桥、送子桥)修缮工程;投入10.1万元,完成黄山南大门牌坊修缮工程,并由政治处与规划处联合划定了保护范围和建设控制地带;指导完成松谷庵修缮工程,投入12.9万元。二是启动国保项目观瀑亭修缮工程,立项报告及修缮方案分别通过国家、省文物局审批,已上报争取专项资金(预算68.47万元)支持。三是结合景区实际分步推进摩崖石刻加固保护工程项目。一期方案设计编制及预算(234.99万元)已通过管委会审批和完成公开招标,并正式启动实地技术勘测及相关实验工作。开展文物监测巡查,首次启动景区古墓普查,新发现一批古迹遗存;文化遗产挖掘利用与文化宣传交流取得新成绩,对上争取专项资金66万元。

【举办第十三届中国黄山国际登山大会】2017年11月12日,以“全

南大门修缮前后效果对比

2017 年全国群众登山健身大会

民健身促健康、同心共筑中国梦”为主题的 2017 年全国群众登山健身大会暨第十三届中国黄山国际登山大会、安徽省第一届健身休闲大会登山比赛在黄山风景区举行。大会共吸引 3400 多名户外登山爱好者参加，其中有来自哈萨克斯坦、巴基斯坦、坦桑尼亚、科特迪瓦等多个国家的近 200 名国外登山爱好者。比赛设立 10 千米健身全程组与 5 千米健身半程组两个组别，从黄山北大门门坊处出发，经过二龙桥、芙蓉岭、翡翠池等，半程组以太平索道下站为终点，全程组至北海广场止。其中半程组难度较低，旨在让没有运动经验的普通人士特别是年轻人，能够积极加入全民健身的队伍当中。此次登山大会是落实全民健身战略的生动实践，也是“旅游+”促进全域旅游发展的重要举措。作为国内著名山岳型景区，黄山拥有独特的山体资源，适合开展登山健身、越野跑步等体育活动。黄山国际登山大会迄今为止已经举办了十三届，每年都吸引数千名登山爱好者参加。

六 安 市

【文化概览】六安市位于安徽省西部，东临省会合肥，南接安庆市和湖北省黄冈地区，西与河南省信阳地区毗邻，北靠淮南市和阜阳市，是大别山区域中心城市，全市总面积 15028 平方千米，总人口 579 万人，现辖霍邱、金寨、霍山、舒城 4 个县和金安、裕安、叶集 3 个区，另有国家级的六安经济技术开发区。六安文化历史悠久、人文荟萃，历史名人有司法鼻祖皋陶、三国名将周瑜、国画巨擘李公麟、兽医学鼻祖喻本元、喻本亨，近代有杰出爱国人士朱蕴山、无产阶级革命家军事家许继慎、著名作家蒋光慈。六安文化灿烂，皋陶文化、红军文化、山水文化、茶文化源远流长，艺术门类丰富，民歌、民舞、曲艺、灯会和民间剧目种类繁多、特色鲜明，折射出江淮地区和大别山区劳动人民的勤劳与智慧。

迎接宣传贯彻十九大。2017 年，六安市把迎接宣传贯彻十九大作为全年宣传工作主题主线，策划开展以“新理论、新成就”为主题的送理论进基层宣讲，组建由 15 名宣讲专家组成的宣讲团，精心安排 18 场宣讲。策划开展发展成就宣传，市直媒体开设“砥砺奋进的五年”“喜迎党的十九大” 等宣传专栏，其中，《清明祭英烈 遗志永传承》《精准扶贫 攻坚克难 践行庄严承诺》《完善体制机制推进精准扶贫》等报道三上央视《新闻联播》头条，省、市领导批示表扬。举办六安市迎接党的十九大 30 场主题新闻发布会。十九大召开后，制定《关于认真学习宣传贯彻党的十九大精神的实施意见》，部署全市学习宣传贯彻十九大精神；举办党的十九大文件及学习辅导读物六安首发式，赠送辅导读物 2 万余册。深化党的十九大精神宣讲，以市委文件印发《党的十九大精神宣讲工作方案》，制定《六安市学习贯彻党的十九大精神宣讲提纲》。成立全部由市委常委任成员的高规格市委宣讲团，由十九大代表、专家、干部、群众、青年、行业代表的“六大宣讲队”，组建艺术化宣讲“轻骑兵”，精心策划组织开展“七主体、七送到”党的十九大精神宣讲活动，市级共开展各类宣讲 100 余场次，受众 10 余万人，受到省委充分肯定。开展党的十九大精神重大主题宣传，印发《党的十九大精神宣传工作方案》《党的十九大精神网上宣传引导工作方案》等文件，统筹内宣、外宣和网络宣传，全方位、立体化、高频率宣传党的十九大精神，推出整

党的十九大精神及学习辅导读物六安首发式

版报道70多个、相关报道500余篇(条)。

理论武装工作。抓好党委(党组)理论中心组学习,市委中心组全年共学习22次,学习内容涵盖党的十九大精神、习近平总书记视察六安重要讲话精神、精准脱贫、绿色发展及“7·26”讲话解读等内容。在全省率先出台《加强和改进县处级单位党委(党组)中心组学习的意见》,推进中心组理论学习规范化、制度化。举办全市中心组学习秘书和哲学社会科学骨干培训班,170余名社科理论工作者参训。加强对基层中心组学习工作指导,对县区党委中心组学习情况半年通报常态化。加强哲学社会科学工作,召开市社科联一届二次全会,设立经济、文化、法制、党建、教育以及红色六安研究等6个社科专委会,加强社科理论研究平台建设,筹建“红色六安研究中心”和“意识形态和思想政治工作研究中心”。编写《2016安徽文化发展蓝皮书(六安篇)》《党的十八大以来安徽创新型文化强省建设研究(六安卷)》,系统总结和回顾文化强市的历程和经验。《从金寨到陕北的英雄史诗》《金寨对长征的历史性贡献》分获省社科联“三项课题”研究一、二等奖。

落实意识形态工作责任制。推动成立由市委书记任组长、市委分管负责人任副组长的意识形态工作领导小组。召开涉意识形态议题常委会议、工作会议和中心组学习等会议10余次,及时传达学习中央和省委关于意识形态工作决策部署。制定印发县区和市直单位《意识形态工作目标责任制督查细则》,采用百分制形式,从8个方面50个考核指标对市直单位和各县区落实意识形态工作责任制情况进行考核,省委宣传部《宣传工作》予以重点关注并全省推介。建立新媒体从业人员、网络意见人士和相关重点人等名册。强化属地管理责任与网站主体责任,与县区签订责任书,集中开展“净化网上舆论环境专项整治”,深入开展“清朗”等系列专项行动,先后关闭商业网站3个、删除各类贴文30余条,上报政治类有害信息122条。高度重视网络安全,扎实开展互联网知识和《网络安全法》学习培训,抓好突发事件和敏感问题舆论引导,开设“六安时评”专栏,擦亮“皋城新语”评论品牌,出台《网上涉六安市突发敏感舆情应急管理工作办法》,举办新闻发布会近100场次,成功处置“方克友看守所死亡案”“南屏苑公租房小区停放多辆豪车”等多起重大舆情,重大负面舆情比上年下降42.86%。组织开展文明网站创建和第二届文明网站评选。推进“扫黄打非”工作,组织开展清源、净网、秋风、护苗、固边五大专项行动,开通扫黄打非官方微信公众号,承办的两起大案入选全国扫黄办“护苗2017”行动第一批案件。印发《全市印刷复制和出版物市场清查整治行动方案》,加强出版市场监管。完成全市1702个正版办公软件的招标采购和安装工作。深入开展广播电视安全大检查,签订党的十九大安全保障责任书,加快推动市级广播影视监管调度中心建设,全面做好十九大全市安全播出及网络安全。全年保持打击“黑广播”、非法台的高压态势,开展非法使用地面卫星接收设施专项整治,查处“黑广播”1个、取缔非法设立卫星地面接收设施5处。加强公共文化场所监管,共计出动执法人员1.5万人次,检查各类经营场所2987家次,受理举报24件,查办案件26件,警告380家次,责令改正165家次,责令停业整顿10家,依法取缔电子游戏赌博场所5家、“黑网吧”2家、擅自从事歌舞娱乐活动1家,监管营业性演出3场。

新闻宣传工作。出台《关于推动传统媒体和新兴媒体融合发展的实施意见》。探索在皖西日报社、市广播电视台建立新闻采编中心,启动《六安新周报》以及霍邱县的媒体融合发展试点,六安发布政务微信微博稳居全省前列。紧紧围绕市委市政府中心工作,持续深化脱贫攻坚、从严治党、构建“五大高地”、推进绿色发展“六大平台”及家风建设活动宣传。《皖西日报》展现六安扶贫全景的报道做法,被省委宣传部新闻阅评专期刊发。策划开展“魅力中国城”竞演,成功入选“全国十佳魅力城市”,四登央视舞台展示“魅力六安”风采。深化“中央、省级媒体看六安”活动，结合淠史杭开工60周年、刘邓大军千里跃进大别山70周年等重要事件，中央、省级媒体发表专题采访报道百余篇，《淠史杭治水记》一文网络阅读量达1860多万次。与今日头条合作策划开展“了不起的城市·六安”大型形象宣传，40余名国内网络知名大V走进六安，相关话题微博阅读量超千万次，点赞数超1.6亿次。金寨县花石乡大湾村村民陈泽申入镜最新“国家形象宣传片”《中国进入新时代》。

精神文明创建。强化红色精神宣传教育，扎实开展“老区精神集中学习宣传季”，组织开展红色六安宣讲报告会、老区精神宣传进基层、红色电影进社区等10余项特色活动，制作并推动红色宣讲微视频进网络。大力实施“红色基因传承工程”，深入推进“红色足迹大家走”“红色故事大家讲”“红色六安宣讲进校园”等系列活动，在皖西学院、金寨一中等地举办6场宣讲报告会，直接受众达6000余人。创新运用新媒体传播手段传承红色基因，中国红色微电影盛典落户金寨。征集提炼“淠史杭精神”表述语，宣传推介“大别山精神”。传承红色好家风，制定《六安市家庭文明建设工作实施意见》，开展“寻找最美家庭 传承文明家风”等九项活动，举办领导干部红色家风报告会、红色家风学习研讨等活动。编辑出版以“家风”“家书”“家训”为主要内容的28万字《六安好家风》一书。举办青少年爱国主义读书教育活动四项主题比赛，丰富爱国主义教育基地展陈内容，新增1家全国爱国主义教育示范基地，现有全国爱教基地数位列全省各地市第一。统筹推进城乡文明创建，六安市荣获第四届安徽省文明城市称号，入选全国文明单位5家。制定《六安市创建全国文明城市工作行动方案(2018—2020年)》，明确“八项环境创优”和“八大提升工程”。推进农村文明创建行动，开展“三线三边”环境治理暨乡风文明建设督查考评，推动移风易俗，培树文明乡风。修订完善《六安市文明单位标准》和《六安市文明单位测评细则》，评选第九届六安市文明单位。深化核心价值观培，继续推动“图说我们的价值观”“讲文明树新风”公益广告宣传，发布党的十九大公益广告宣传400余幅，打造3条公益广告示范路。深入开展市民文明素质提升“八个一批”活动。大力选树各级各类好人和道德模范人物，3人当选第五届安徽省道德模范，2人入选中国好人榜，12人入选安徽好人榜(提名)，举办3场好人发布会。成功举办道德讲堂总堂活动46期，组织评选表彰第三届市十佳道德讲堂。组建六安市志愿服务联合会，开展2017环保宣传周清除“牛皮癣”志愿服务活动，千名志愿者参与、近百家小区受益，策划上线“2元助力孤儿成长”公益筹款项目，成功筹集300多万元公益款项。4例志愿组织(个人)当选全省优秀志愿服务典型“月评十佳”。

第六届大别山山水文化旅游节——开茶节

文化事业产业发展。制定《六安市“十三五”时期文化发展改革规划纲要》，出台《关于加快文化体育旅游产业融合发展的实施意见》，制定《六安市文艺精品创作生产奖励办法(试行)》，起草《关于进一步深化文化市场综合执法改革的实施意见(征求意见稿)》，文化发展政策保障体系逐步健全。全面完成公益性文化事业单位理事会试点，搭建公共文化单位与社会资源整合利用平台。完成霍山县博物馆、霍邱县文化馆、金寨县文化馆、舒城县图书馆等7家公益性事业单位法人治理结构试点工作。组建六安市志愿服务联合会等六项年度文化体制改革重点工作稳慎推进、全面完成。制定市属国有文化企业领导班子发展考核与评分标准，积极协调市财政、国资、人社、城管等部门，着力解决皖西演艺传媒有限公司院团转企改制一系列遗留问题，确保其健康、有序发展。推进文艺精品创作生产，拍摄电视纪录片《人间天河——淠史杭》、红色题材电影《那条河》，电视剧《守婚》、庐剧《又见桂花开》、歌曲《家风谣》、图书《赤卫师长车厚桥》等4部作品，入选安徽省第十四届精神文明建设“五个一工程”优秀作品奖，入选数位居全省第一。少儿舞蹈《翻菱角》摘得全国展演大赛最高荣誉“小荷之星”金奖。大型青春庐剧《美丽村官》入选省级戏曲剧本孵化计划，组织开展庐剧《信义人家》专题巡演。成功举办第六届大别山（六安）山水文化旅游节、鄂豫皖三省四市首届大别山歌会，深入开展文化科技卫生“三下乡”“书香六安 悦读人生”全民阅读、送戏曲进校园等品牌文化活动。深化与西藏措美县的文化交流，举办“全国名刊名家六安行”、第三届大别山文化文学笔会等大型文艺活动，文化小康建设成效初显。压茬推进融合发展重点项目，大别山革命历史纪念馆展陈提升项目即将完成，大别山国际旅游度假区项目加快推进，特色小镇建设取得实质性成效，“大别山仙人冲画家村”入选全国第三批“中国乡村旅游创客示范基地”，“兴茂·悠然南山”等入选全国首批运动休闲特色小镇，金安区毛坦厂镇入选第二批全国特色小镇。中国·月亮湾作家村正式开村。编印《六安市文化产业重点招商项目》，策划项目32个，投资约10亿元的皋陶文创园、投资约2.5亿元的《大别山之恋》实景演出和“长征”主题红色教育体验园等一批重大文化产业项目落户六安市。组织评选全市第四批文化体育产业示范基地（园区、企业），7家企业入选省民营文化企业100强，28个文化产业项目列入省文化产业重点投资和储备计划项目。组织文化企业和文化产品参展第十三届深圳文博会。

文化科技卫生三下乡活动

公共文化服务体系建设。全面落实《关于加快构建现代公共文化服务体系的实施意见》，统筹推进市、县、乡、村四级公共文化服务设施建设，开工建设8个市级乡镇综合文化服务中心示范点、32个村综合文化服务中心示范点、2个社区综合文化服务中心示范点，建成农村综合文化服务中心示范点122个、文化信息共享工程村级点1869个、留守儿童候鸟书屋40家。全市现有6个公共图书馆、7个文化馆、6个博物馆（纪念馆）、140个乡镇综合文化站全部免费开放。选聘232名民间艺人、文化能人担任基层文化协管员。完成668个村社数字农家书屋升级改造。市文化馆、图书馆基本建成，市体育中心开工建设。全力实施“百县万村综合文化服务中心示范工程”，管好用好第一批57个示范点，建成开放第二批32个示范点，实现全市国贫县每个乡镇至少有一个村综合文化服务中心的目标任务。文化信息资源共享工程建设扎实深入，投入315.1万元，完成全年任务量的84%；开展农村文化活动1712场，完成全年任务量的92%；农村公益电影放映2.2万次，累计受惠观众300余万人。农村电影放映1.2万场，完成全年任务量的55%；农家书屋出版物更新11.2万册。全面推进白鹭洲古墓葬群环境整治一期工程；基本完成双墩一号汉墓木质文物保护大棚建设；修改完善《王陵墓地保护规划》和《一号汉墓本体保护工程技术方案》。地方文化传承保护深入实施，成功举办清明公祭皋陶典礼和皋陶文化研讨会。召开全市非遗工作座谈会，认真谋划非遗“四进”活动。举办了首个“文化和自然遗产日”全市非遗展示展演活动，认真组织市内非遗项目参加省内外交流展示。开展第五批市级非遗代表性传承人评选。皖西博物馆先后举办“银装霓裳——赣东南少数民族服饰展”“喜迎十九大皖西书画院第二届作品展”等7场临时展览，接待观众达9.8万人次。

【深入开展“老区精神集中学习宣传季”活动】2017年7月至9月，六安市委宣传部牵头组织开展了“老区精神集中学习宣传季”活动。在市委领导的高度重视下，全市立足实际抓创新、精心组织求实效，整个学习宣传季活动内容丰富、特色鲜明、深受欢迎、成效显著。六安市“老区精神集中学习宣传”活动已连续开展3年，逐渐成为弘扬老区精神、打造红色高地的重要平台，为老区精神的传播、六安精神高地的打造做出了重要贡献。2017年，市委宣传部结合习近平总书记视察六安重要讲话精神，围绕市四次党代会提出“全力打好老区精神接力战，努力构建红色基因传承高地”的要求，在往年“宣传月”的基础上，扩展为“宣传季”，通过各种形式的学习宣传活动，持续弘扬以忠诚、牺牲、奉献、创新为核心的老区精神，不断凝聚人心、鼓舞士气、汇集力量，引领全市上下全力以赴，共同唱响红色主旋律。

“老区精神集中学习宣传季”活动，形式多样、内容丰富，既有适应时代发展特点的传播方式，如“六安红色故事微视频展播”“红色宣讲进校园”等，也有贴近群众生活的活动内容，如“百场红色电影进社区”主题放映活动、“老区精神在基层”采访活动等，更有充分挖掘革命历史的图书作品，如《六安好家风》《有一种红叫金寨红》等，它们丰富了群众精神生活，弘扬了红色精神，为打造六安精神高地增添了浓墨重彩的一笔。

【纪念建军 90 周年活动丰富多彩】 7 月 12 日，金寨县举行了纪念中国人民解放军建军 90 周年暨“两源两地”研讨会。研讨会采取以文参会形式，从 3 月中旬起面向全国征文，共收到各类文章 110 篇，其中论文 81 篇、非论文 29 篇。经军事科学院、安徽省军区、安徽省党史研究室、安徽大学等单位专家匿名评审，共评出各类奖项 56 个。霍邱县组织党员干部走向县内和市内红色教育基地，感受红色基因积蓄正能量，切实增强了党员干部传承优良传统、致力改革发展的信念。霍山县在中国第四个烈士纪念日到来之际，在大化坪镇红色纪念园隆重举行纪念活动。市县领导与解放军官兵和学校师生等各界代表一起，来到革命烈士纪念碑前，追忆革命烈士的丰功伟绩，表达弘扬先烈精神、传承革命先烈遗志，建设美好六安的信心和决心。

【六安市开展“社区一家亲 文化进万家”品牌文化活动】 六安市共有 113 个社区，其中六安主城区有 53 个。因撤地设市较晚，全市社区建设起步较晚，功能配套薄弱。2015 六安市人民政府出台《关于加强社区文化建设的实施意见》，明确社区文化设施达到“1112”标准，即建设一场（不少于 1000 平方米的文体活动广场）、一员（文体专管员）、一团（业余文化团队）、两室（不少于 100 平方米的图书报刊与公共电子阅览室和文化活动室），以满足社区开展文化活动需要。

2016 年起，中共六安市委宣传部、六安市文广新局和六安市广播电视台联合打造六安市“社区一家亲 文化进万家”活动。这是为社区量身定做的一项系列群众文化活动，旨在丰富社区群众的文化生活，扩大群众的文化参与面，促进邻里和谐，提升百姓的幸福指数，提高居民的综合素养，探索创新社区服务管理新模式，更是文化惠及百姓的又一创举。

2017 年，“社区一家亲 文化进万家”系列群众文化活动主要有 3 个板块：一是送演类。每周六晚上 7:00 在主城区红街演艺大舞台演出一场戏，全年共演出 40 场次。二是自娱类。通过政府补贴由各社区结合节庆采取联合联办的方式自行组织各类文艺演出活动，全年社区共演出 20 场次。三是展演类。举办青年歌手大赛、“小小传承人”少儿文艺展演、民族器乐大赛、原创作品展演、京剧表演专场、社区春晚等。为社区群众通过更多的展示机会和平台，丰富社区居民的文化生活。

“社区一家亲 文化进万家”系列群众文化活动，为社区百姓搭建一个开放的舞台，是一个没有围墙的百姓大剧场，既为全市社区群众提供了免费享受文化生活好去处，也为各单位、学校、艺术培训机构（团体）及个人提供了一个展示自我、宣传区域文化的大舞台。

金 安 区

【文化概览】 金安区位于六安东部，毗邻省会合肥，是六安市主城区，为皖江城市带和合肥都市圈的重要组成部分，是全市唯一的全境省级重点开发区域。全区国土面积 1657 平方千米，人口 87 万人，辖 17 个乡镇、5 个街道，设六安市承接产业集中示范园区、省级金安经济开发区。全区拥有国家历史文化名镇 1 家、安徽大别山（六安）国家地质公园 3 家、国家 AAAA 级旅游景区 8 家、国家 AAA 级旅游景区 3 家；其中，毛坦厂镇元亨兄弟马政文化，张店镇刘铭传江淮圩堡文化，大别山红色文化，朱蕴山、高一涵廉政文化，大华山和昭庆寺佛教文化，悠然兰溪皋陶文化等各具特色，影响深远。

金安历史悠久，是上古四圣之一司法鼻祖皋陶部族的聚居地，历史遗存有皋陶墓、汉王墓等，是兽医双圣元亨兄弟、清代兵部尚书涂宗瀛、台湾道台熊一本、杰出爱国民主人士朱蕴山的故里，是全国著名的十大将军县(区)之一。金安生态优良，森林覆盖率达 36%，举世闻名的淠史杭灌区总干渠穿境而过，常年保持国家 2 级饮用水标准，并向合肥市、淮南市供水。金安风景秀丽，有佛教圣地大华山、千年庙宇昭庆寺、洞里云霞嵩寮岩，以及东石笋、皖西大裂谷、大别山石窟、皖西博物馆、悠然南山、悠然蓝溪等 8 个 AAAA 级景区。

理论武装。2017 年，把学习宣传贯彻十九大精神作为首要政治任务，制定《关于认真学习宣传贯彻党的十九大精神的实施意见》

《党的十九大精神宣讲工作方案》等文件。成立由区领导(党员)组成的高规格宣讲团，深入乡镇街、园区宣讲23场，组织干部、专家、青年骨干和艺术化宣讲“轻骑兵”，开展“七主体、七送到”十九大精神宣讲200余场，受众15万多人。区委中心组及时组织学习中央、省市委最新决策部署，举办集中学习18次。“金安大讲堂”邀请中央党校、南开大学等教授、专家先后讲授《共产党人的历史使命》《修身齐家——家风建设》等6场报告。

新闻宣传。去年8月，中央电视台《新闻联播》头条播发《砥砺奋进的五年——完善体制推进精准扶贫》，对金安区精准扶贫向纵深发展进行了长达两分钟的报道。金安区脱贫攻坚、经济发展、美丽乡村等460多篇报道先后在安徽新闻联播、安徽日报、新华网、人民网等中央和省市主流媒体上报道。全力做好六安市第九届桃花节、2017国际网球金安公开赛、金安区第二届荷花旅游文化节、2017大别山国际马拉松等重要活动宣传工作，组织开展“家风建设与脱贫攻坚共建结合”媒体集中采访、“梦之路·作家金安九十里山水画廊”采风活动、淠史杭开工建设60周年媒体采风行、昔日战场·今日画廊——刘邓大军千里跃进大别山(张家店战斗)胜利70周年六安形象宣传推介、“五大发展美好安徽闯新路”采访团等，积极组织为六安市竞演魅力中国城宣传投票，在央视的舞台上隆重推介毛坦厂筑梦小镇，全面展示金安魅力和发展机遇，金安的知名度、美誉度和影响力不断提升。

精神文明建设。坚持“城乡统筹、和谐共进”的创建理念，深入推进城乡文明创建。金安区荣获安徽省第二届“文明城区”称号，金安区人民检察院获评第五届全国文明单位，区人社局、地税局、人民路小学等6家单位获评第十一届安徽省文明单位，区委宣传部荣获第二十四届全国青少年爱国主义读书教育活动组织优秀奖，三十铺镇再次荣获“全国文明村镇”称号，毛坦厂镇、东河口镇、张店镇获评第四届安徽省“文明村镇”称号，东苑社区、阳光社区、江淮社区、前进社区、北苑社区获评第五届安徽省文明社区。家风建设扎实推进，效果明显，得到省委常委、市委书记孙云飞的充分肯定。评选表彰第三届金安区道德模范15人(含提名奖)，首届金安区“文明小区”18个、“文明楼道”30个、最美家庭29户。

文化事业。围绕“文化育民、文化乐民、文化富民”目标，持续深入推进文化体制改革。全区“两馆一站”发挥公益性文化服务功能。“送戏进万村”演出303场，农村电影放映全年3759场。继续打造六安百姓演艺大舞台——“红街周末有戏”品牌广场文化活动。成功举办区首届春晚、区桃花节文艺演出、第三届广场舞大赛、区家风建设文艺演出。区黄梅戏演艺公司精心创排大型黄梅戏——《在那桃花盛开的地方》，以小中见大的视角讲述扶贫干部的生活故事，在全区巡演近百场次，被列入全省扶贫巡演重点剧目。歌曲《家风谣》荣获安徽省第十四届精神文明建设“五个一”工程奖，歌舞《九拐十八巷》在央视魅力中国城的舞台上展示，还创作黄梅戏小品《一个不能少》、音乐快板《精准扶贫“十子”歌》、主题歌曲《红土地上的好家风》等一批脍炙人口的作品。

2017年5月8日，六安市金安区人民政府与兴茂集团隆重举行悠然蓝溪皋陶文创园签约仪式。

【中国·悠然蓝溪皋陶文创园】2017年5月8日，六安市金安区人民政府与重庆市兴茂产业发展(集团)有限公司成功签约中国·悠然蓝溪皋陶文创园项目。该项目融入历史悠久的皋陶文化，以皋陶兴“五教”、定“五礼”，立“九德”、创“五刑”为主线，分为五教乐园、五礼城堡、五刑魔宫、九德圣境、九族部落5个主题，致力于打造科技、文化、艺术、娱乐为一体的智趣乐园，成为安徽有影响力的文化体验基地、研学旅游基地、科普教育基地。项目旨在弘扬传统文化、展示国学底蕴、培育民族精神、提升公民思想道德和文化素质，建成后将助力东部新城产业升级与可持续发展，助推中国·悠然蓝溪成为国家旅游特色小镇、国家文化旅游示范项目。皋陶文创园项目为悠然蓝溪文化旅游度假区二期重点项目，位于金安区三十铺镇境内，总投资20亿元，总占地面积约469亩，预计两年内建成。

【金安黄梅戏演艺有限公司】成立于1959年的原安徽省六安市金安区黄梅戏剧团于2010年12月完成转企改制，注册成立六安市金安黄梅戏演艺有限公司（国有企业），主要从事以黄梅戏为主的舞台艺术表演。现有各类高中级专业技术人才50多人，技术力量齐备，人才结构合理。通过6年的市场化运作和50多年的建团历史，公司已闯出一条经济效益与社会效益“共赢”之路。

公司始终坚持“两为”方向、“双百”方针，坚持以弘扬社会主义先进文化为己任，常年开展送戏下乡、送戏进社区活动。先后荣获“全省文化体制改革工作先进单位”“全省三下乡先进单位”“安徽省送戏下乡先进单位”安徽省“巾帼文明示范岗”等称号；2015年获评全国优秀基层戏曲院团称号，2017年获六安市优秀巾帼志愿服务队称号。

公司相继成立了营销部、艺术生产部、礼仪部、演出市场部、舞台工程部、财务部等部门，一边生产节目，一边进行市场推销。公司拥有多支签约团队，例如民乐团、军乐队、舞狮队、锣鼓队、模特队等。现有大型舞台车、木制舞台等500多平方米，拥有先进的灯光和音响设备以及面积达1000多平方米的办公、排练场所。

改制以来创作编排各类文艺作品100余件。其中，以关注留守儿童为主题创排大型儿童剧《永不凋谢的花朵》，获戏剧类“六安市首届精神文明建设‘五个一工程’优秀作品奖”；以弘扬主旋律、构建和谐社会为主题创排大型现代黄梅戏《百面人生》，参加第六届中国（安庆）黄梅戏艺术节新剧目展演并获得剧目奖、组织奖、表演奖。以诠释“无论富贵与贫贱，和睦的日子才甘甜”的生活哲理，描写和谐家庭的新改编的大型古装黄梅戏《辞店》参加第七届中国（安庆）黄梅戏艺术节获优秀表演奖、表演奖，并参加第十一届安徽省艺术节展演。以廉政为主题创排黄梅小戏曲《县官赶驴》参加安徽省小戏折子戏调演获优秀作曲奖；以弘扬传统美德“孝道”创排黄梅戏小戏曲《七斤》，被推荐参加第七届省小戏小品大赛暨第六届中国戏剧奖小戏小品安徽赛区调演获导演、作曲、演员三等奖等。

2013年起，国家将农村文艺演出活动纳入民生工程。公司以此为契机，进一步组织文艺演出活动，认真编排和演出了歌舞、小品、戏曲等丰富多彩、主题明确、贴合实际的文艺节目，送戏进村，让农民群众充分享受这份文化精神大餐。经过竞标，2017年获得金安区160场、裕安区60场、六安开发区8场演出任务。据统计，自2013年实施文化惠民政策以来，黄梅戏演艺公司“送戏万进村”演出1300余场次，观众60余万人次，涵盖金安区、裕安区和六安经济开发区，得到老百姓的广泛称赞。

裕安区

【文化概览】裕安区地处安徽省西部，大别山北麓，1999年底伴随六安撤地建市应运而生，全区总面积1926平方千米，山区、岗区、湾畈各占三分之一，辖22个乡镇街，设1个省级经济开发区，总人口100万左右。裕安区是全国九大将军（县）区之一，著名的六霍起义、苏家埠战役发生于此。全区现有国家级重点文物保护单位9处、省级7处，有国家级非物质文化遗产、省级非物质文化遗产“六安瓜片”制作技艺项目1个。

文体旅融合发展。2017年，邀请省社科院专家组完成《裕安区“十三五”文化改革与发展规划》编制和“365里乡愁走廊”设计。出台《文体旅融合发展实施意见》，精心打造文体旅产业品牌，将文体旅农融合发展重要内容纳入《裕安区旅游业重点项目建设三年行动计划》。坚持文化产业“走出去”和“引进来”战略，组织赴宿州、合肥、重庆等处开展文化旅游推介会，组织康宁竹编亮相深圳文博会；积极招商《再忆大别山》实景剧

裕安区紫荆花怡养小镇

落户紫荆花颐养小镇;设计淠河西路“城市记忆——六安古八景”概念性方案。

文化阵地建设。在苏埠镇、城南镇等7个乡镇、街道开展农家书屋数字化转型试点工作,建成78个村(居)数字农家书屋。新增韩摆渡镇百市集中心村、独山镇虎头潭中心村等12个村综合文化服务中心(农民文化乐园),实现村级综合文化服务中心乡镇全覆盖;打造省级社区综合文化服务中心示范点1个(平桥乡月亮岛社区)、六安市群众文化活动示范点17个;创建市级乡镇(社区)综合文化服务中心示范点4个;三馆一中心已开工建设,初步形成区、乡、村(社区)三级公共文化服务阵地。成立裕安区文化艺术创作中心,制定《裕安区文化艺术创作中心工作办法》,充实了文艺创作阵地。

节庆文化活动。积极培育和提升重点文化节庆品牌,先后举办桃花节、蒿子粑粑节、山地自行车赛、七夕婚纱节等江淮果岭系列活动;成功举办2017年春晚、南楼村农民“村晚”、文艺采风活动、皖藏文化交流、大别山歌会等主题活动;持续打造“科技文化三下乡”“第四届文化惠民消费季”“社区一家亲文化进万家”等文化品牌,丰富群众精神文化生活。全年开展特色活动近20场、开展文艺调演会演展演近10次。

文化助力文明创建。城区河滨小区打造全市首个十九大精神宣传主题广场,城南南河大道打造十九大精神宣传示范路;建成全市首座农村核心价值观主题公园,拍摄主题微电影6部;组建专家宣讲团、百姓宣讲团、文艺宣讲团进机关、进企业、进村居活动,全年开展理论宣讲近百场;组织开展“百年追梦·全面小康青少年爱国主义读书教育活动”和“红色故事大家讲”宣传教育活动;组织开展“敬业奉献点亮道德灯塔,良好家风引领文明风尚”为主题的道德讲堂活动,讲述身边人的道德故事,学习身边的道德榜样;精心打造凤凰传奇公园、苏埠南楼农民文化公园等家风家训主题阵地,进一步培树典型,弘扬优良家风,编印《裕安好家风》。

裕安区苏埠南楼农民文化公园

叶　集　区

【文化概览】叶集位于安徽省西部,地处豫皖两省结合部,区位独特、交通便捷,素有“大别山门户”“安徽西大门”之称,沪陕、沪蓉、济广3条高速,G312、G105两条国道,宁西、合武、阜六3条铁路在叶集周边形成东进西出、南下北上的快速交通网络,距合肥新桥机场仅1小时车程。全区辖6个乡镇街和1个省级经济开发区,区域面积568平方千米,总人口27万人。

理论武装。制定《2017年区委中心组理论学习计划》,健全相关学习制度,成立区委讲师组,完善外请报告备案制度。紧紧围绕习近平总书记系列讲话精神、党的十九大精神以及中央、省、市、区委重大发展战略和决策部署等内容,区委理论学习中心组全年集中学习28次。扎实开展“讲政治、重规矩、作表率”专题教育活动,进行4次交流研讨。组建“百姓宣讲团”,深入村社、敬老院宣讲家风建设、扶贫政策和十九大精神。举办领导干部“好家风”评选、“讲述最美家庭故事”暨“最美家庭成员”事迹巡回宣讲等系列活动。积极开展党员教育“三项活动”和形式多样的送理论送政策送法规送知识下基层活动。成立十九大精神区委宣讲团,进基层集中宣讲十九大精神。

文化事业。东部生态新城文化中心开工建设。未名湖湿地公园主体工程基本完成,香樟森林公园建成并向市民开放。投入310万元,支持脱贫攻坚出列村文化旅游产业发展。设立300万元文化发展资金,用于文化事业和文化产业建设。制定印发《六安市叶集区文艺精品创作生产奖励办法(试行)》,大力支持文化精品创作,创作生产《平安就是幸福》《雨夜修车》《旱船调》《四季相思》等一大批本土原创作品。《旱船调》获得三省四市大别山歌会一等奖。中国家居业中部发展高峰论坛暨中至信家居安徽叶集工业园落成庆典新闻宣传活动荣获六安新闻外宣创意策划奖。木榨榨油技艺成功入选安徽省第五批省级非物质文化遗产名录。举办全市小戏小品曲艺调演、非遗展演文艺活动和“喜迎十九大·皖藏情深携手前行”西藏措美县文化交流演出活动。举办了首届少儿春节联欢晚会、第二届桃花·梨花艺术节、第二届农耕文化节、大别山歌会叶

措美县皖藏基层文化交流巡演走进叶集

客接待中心、停车场、农家乐、公厕等建设,创造优良的采摘、休闲环境。培植“桃品牌”,连续3年围绕桃花举办文化旅游节,推出摄影大赛、环园骑行、桃园亲子游、桃园相亲会、特色美食品鉴等系列活动,年吸引游客近10万人次。依托万亩桃园基地,结合芮祠知青文化等,打造集踏青赏花、户外休闲、美食品鉴、乡村体验于一体的旅游模式,举办桃花·梨花艺术节、鲜桃采摘节、蟠桃大会等品牌节会活动,积极推动“平岗鲜桃”申请国家地理标志证明商标。盘活“桃经济”,创新开展“众筹约桃约梨”活动,建立常年众筹认领机制。2017年共认领桃树710棵,贫困户户均增收3400元。游客还可通过掌上六安微信公众号等平台参与。2017年桃花梨花艺术节期间,已认筹桃树梨树980余棵,筹集扶贫资金14万余元。

集区分赛等活动。“书香叶集 文化惠民”全民阅读活动有声有色,农民文化乐园文娱活动红火开展。

新闻宣传。中央电视台新闻联播和安徽电视台新闻联播栏目,对叶集产业发展助力脱贫攻坚进行大篇幅报道。精心组织全国知名大V六安行活动,有效地提升叶集的对外知名度。全年在市级以上广播电视台播放新闻328条,其中央视1条、安徽卫视11条、安徽公共频道4条、安徽综艺频道1条、省广播电台2条。在市级以上报纸杂志刊登新闻971条,其中省级以上报刊21条。

精神文明建设。持续深入创建省级文明城区。集中开展城区环境综合整治、农村垃圾集中清理和国省干线公路沿线环境综合整治3场攻坚战。全面推进“三线三边”环境综合整治工作和城乡环卫一体化环境综合治理工作。成功组织开展皖西市场整治提升工程集中行动,投入1200万元,对皖西市场进行改造提升。开展文明交通引导志愿服务活动和交通违规有奖“随手拍”行动。

【叶集区举办桃花·梨花艺术节】 2017年3月24日,叶集区第三届桃花·梨花艺术节在平岗街道拉开序幕,桃花节以“百花竞放果岭游,产业发展助脱贫”为主题,吸引周边大量游客前来游玩。打造“桃花源”,在荒岗地上栽种优质品种桃树1万余亩,完善桃园内路网、沟渠等基础设施建设,分南北两区重点打造江淮果岭实施路线。推进游

霍 山 县

【文化概览】 霍山县位于安徽省西部大别山腹地、淮河一级支流淠河源头,县域面积2043平方千米,人口36.3万人,辖16个乡镇、1个省级经济开发区、1个省级现代产业园区、1个省级高端装备产业战新基地;地貌特征“七山一水一分田、一分道路和庄园”,是一个典型的山区、库区、革命老区县,也是发展特色鲜明的国家级生态县。先后荣获全国文明县城、全国文化先进县、国家卫生县城、国家园林县城、全国科技进步先进县、全国平安建设先进县等称号,连续两次捧回全国综治最高奖“长安杯”。

理论武装。深入学习宣传贯彻党的十九大精神和习近平新时代中国特色社会主义思想,制定印发《关于认真学习宣传贯彻党的十九大精神的实施意见》《党的十九大精神宣传工作方案》等文件。集中开展“七主体、七送到”党的十九大精神宣讲活动,共作宣讲报告400余场,直接听众达2万人次。制定《贯彻落实党委(党组)理论中心组学习规则的实施意见》,推动全县各党委(党组)中心组设立学习秘书,县委中心组先后开展16次集中学习和交流讨论,举办4期美丽霍山大讲堂。

文化事业。出台《霍山县加快构建现代公共文化服务体系的实施意见》,积极推进公共文化服务标准化均等化。重点文体设施建设稳步推进,县体育中心正式开工建设;五馆合一的“霍山县文化艺术活动中心”全体建筑已封顶。大力实施文化扶贫工程,通过“送戏进村”“送电影下乡”等平台宣传解读扶贫政策。在全县77处易地搬迁

集中安置点建设公共文体设施。在18个美丽乡村中心村,按照中宣部"七个一"标准建设村级综合性文化服务中心。在43个重点贫困村开展"演戏送政策"活动。成功举办文化科技卫生"三下乡"、春节文化周、环江淮自行车万人骑行大赛、皖藏基层文化交流演出、大别山歌会等群众文化体育活动。加强文艺精品创作,开展"喜迎十九大、歌颂新霍山"原创文艺作品征集评选活动,图书《赤卫师长车厚桥》获省"五个一工程"奖,情景剧《信义哥嫂》获全市群众文艺调演一等奖。编制文化产业招商手册,继续推进文化产业发展。组织开展"但家庙体育特色小镇"、两个市级文化体育产业示范基地申报工作。文化旅游融合加快发展,东西溪月亮湾作家村正式开村,诸佛庵仙人冲画家村发展迅速,初步形成东西呼应的"文化双村"现象。

主题教育。扎实开展"老区精神集中宣传季"活动,印发《霍山县"红色基因传承工程"实施方案》。爱国主义教育建设深入推进,霍山县烈士陵园被命名为全国爱国主义教育示范基地。启动西镇暴动纪念馆维修改造、重新布展工程,完善舒传贤革命烈士活动旧址群室内布展。成功举办第24届青少年爱国主义读书教育活动,1人获省特等奖、全国三等奖,县委宣传部获全国优秀组织奖。

新闻宣传。大力宣传十八大以来砥砺奋进五年的丰硕成果,围绕精准扶贫、生态建设、"两学一做"等重点工作进行宣传。精心组织报道"山水文化旅游节""老区精神宣传季""扶贫攻坚看霍山""迎驾生态文化笔会""全国名家名刊六安行"等系列宣传活动。全年在上级党报党刊发稿489条,其中《人民日报》2条;电视类发稿542条次,其中中央电视台发稿6条;广播发稿287条。《安徽霍山:扶贫"三十六计"让贫困户步步有计》《霍山:项目化管理打造党建特色品牌》分别被《新华精准扶贫智库报告》《新华社安徽领导专报》重点推送。全面开展党的十九大精神宣传工作,开设党的十九大精神宣传专栏,及时转载理论文章,并积极采写刊播相关稿件100余篇。

中国·月亮湾作家村开村仪式在霍山县东西溪乡举行

精神文明建设。大力加强社会主义核心价值观宣传教育,全县新增主题公益广告500余处5000余平方米,电视、电子屏滚动播出5000余条。着力推进"好人霍山"建设,举办道德讲堂55期;推报获评"六安好人"2人、"安徽好人提"名1人,六安志愿典型个人1人、集体1个,安徽志愿典型集体1个,第三批省学雷锋活动示范点1个。扎实开展家风建设,编印《薪火相传好家风》《霍山好家风》。持续推进城乡环境治理和乡风文明建设,加强河塘沟渠、房前屋后及县乡村道的环境治理;以"四倡四反"为重点,大力推动移风易俗。深入推进群众性文明创建活动,县地税局获评第五届全国文明单位,衡山镇顺利通过全国文明村镇复核,成功争创第四届省文明县城及第三届省未成年人思想道德建设工作先进县。

【中国·月亮湾作家村开村】2017年10月30日,中国·月亮湾作家村开村仪式在霍山县东西溪乡举行。文化部原部长、著名作家王蒙先生等省内外著名作家,新闻界资深记者编辑130余人出席开村仪式。建设作家村对推动文学事业和文化发展,带动山区群众文化脱贫都有一定的促进作用。

霍山县磨子潭镇黑虎尖日出

霍邱县

【文化概览】霍邱县地处安徽省西北部，大别山北麓，淮河中游南岸，东邻六安裕安区、寿县，西与河南省固始县毗邻，南与金寨接壤，北与颍上、阜南隔淮河相望。辖21个镇、9个乡，设1个省级经济开发区，面积3242平方千米，人口163万人。

理论武装。认真组织开展习近平新时代中国特色社会主义思想和党的十九大精神的学习及宣讲活动。用习近平新时代中国特色社会主义思想凝心聚魂，把习近平新时代中国特色社会主义思想作为各级党委中心组和党员干部理论学习的重中之重。不断增强理论学习实效，创新开办"理论微课堂"学习平台，制定《关于进一步加强和改进党委(党组)理论学习中心组学习工作的意见》。2017年县委理论学习中心组共集中学习14次。严格落实意识形态工作责任制。在全市率先制定《关于加强户外广告整治管理的意见》，在县直媒体主动设置相关议题，组织相关人员撰写"霍轩平"网络评论员文章，引导舆论舆情，回应社会关切，帮助广大党员干部、群众明辨是非、澄清谬误，自觉抵制错误思想的侵蚀。

舆论宣传。内宣紧紧围绕县委、县政府中心、重点工作，在县直媒体开设精准扶贫等30多个专栏专题，并制作电视专题片10多部，专题节目10余期，开设"砥砺五年霍邱发展"等专题、专栏，为全县经济社会发展营造积极和谐向上氛围。外宣着眼树立霍邱良好形象，主动对接上级媒体，组织开展"主流媒体聚焦霍邱"活动。十九大召开前，宣传部用9个整版篇幅在中央、省、市六家纸媒，图文并茂地宣传霍邱县十八大以来取得的重大成就，较好地树立了霍邱的对外形象。全县在市级以上报纸发表稿件310余篇，在市级以上网站发表新闻590余条，电视广播在中央台发稿17条，全市领先，省台发稿130多条，位列全省县区台前5名。霍邱县2位扶贫书记被新华社全媒体报道，《烙在心底的红手印——献给战斗在扶贫一线的"第一书记"们》一文在社会上引起很大反响，省委书记李锦斌专门做出批示，"红手印"一文入选全国"砥砺奋进的五年"大型成就展。着力推进新兴媒体融合发展，积极打造"霍邱手机台"。"霍邱手机台"自上年9月底上线，得到迅速发展，总访问量已突破500万人次，安装用户近万户，实现广播电视的"移动化""口袋化"，牢牢掌握县域新闻舆论制高点，确保了党对新闻舆论的话语权。

2017年霍邱县宣口系统学习宣传贯彻党的十九大精神工作会

文化事业。打造文化品牌工程，推动全县文化事业产业繁荣发展。设立文化强县专项资金100万元，专门用于支持文化体制改革和文化事业建设。传承发展地域文化，启动李氏庄园二期修缮工程，成功申报李特故居、留城寺古遗址等29处成为市级文保单位，出台城乡建设规划中对文物、文化遗产的保护政策。霍邱水利农耕文化博物馆建成使用，打造出古蓼文化展示的新亮点。坚持每周开展一次县文艺沙龙活动，为全县艺术工作者提供更好的沟通与交流平台。组织优秀文艺节目参加市首届少儿网络春晚、市群众文艺调演、市第二届"小小传承人"少儿文艺展演、"魅力中国城"六安竞演、大别山歌会等比赛等并取得佳绩。县小兰花艺术团舞蹈作品《淮河弯弯俺的歌》获全国"小荷风采"少儿舞蹈展演选拔赛第二名，《翻菱角》荣获第九届"小荷风采"全国少儿舞蹈展演大赛金奖，并在央视综艺频道"舞蹈世界"栏目播出。张子雨中篇小说《玫园》被《安徽文学》重点推介。在六安市小戏、小品、歌曲优秀作品征集评审中，霍邱县作品荣获一等奖2个、二等奖3个、三等奖3个，总成绩名列全市前茅。群众文体活动不断丰富，先后举办"迎新春、闹花灯"正月十五灯会展演、新春演唱会、教师才艺大赛、皖藏基层文化交流、小兰花艺术团童心向党、第七届广场舞大赛、百姓歌手大奖赛、第三届农村文艺会演、社区文艺会演等群众文化活动。公共文化建设加强。县文博馆项目幕墙、院内景观等工程正在有序建设，2017年完成7个村级综合文化服务中心示范点建设任务，县图书馆外借室、少儿阅览室、电子阅览室、多功能厅等窗口全部实现免费开放。文化馆法人治理结构改革进行试点,成立由财政、人社、编制、文化等部门代表、资深文化专家、法律界人士等组成的文化馆理事会,制定理事会章程。

文明创建。开展评选“霍邱好人”活动,利用网络平台积极举荐身边好人线索,在霍邱新闻网、手机台开设“霍邱榜样”专栏,在镇、村、社区设立好人好事榜,在城区和龙潭等乡镇打造社会主义核心价值观主题广场,建设好人路,大力宣传好人事迹。设置“道德基金”用于对各级好人、道德模范的奖励,共发放慰问金5.5万元,确立好人好报的价值导向。2017年,全县共有1人被评为“安徽好人”,2人获得“安徽好人”提名奖,12人被评为“六安好人”,获评“六安好人”数量连续四个季度位居全市第一。其中无偿献血17年,把自己遗体捐献供医学研究,并将眼角膜移植让两位受捐者眼睛复明的陈显耀被评为第五届安徽省道德模范,形成了独特的“大义霍邱”现象。在精神文明创建中,出台《霍邱县农村文明创建实施方案》,广泛开展“传家训、立家规、扬家风”等家风建设主题实践和文明县城、文明单位、文明村镇、文明家庭等创建活动,获得“安徽省文明县城创建工作先进县”称号,6家单位获评为第十一届安徽省文明单位,长集镇等4村镇获评为第四届安徽省文明村镇。广泛开展“文明霍邱、大爱蓼城”关爱他人等志愿服务活动和扫黄打非工作,在师范附小建设了县青少年“扫黄打非”教育基地。加快推进乡村学校少年宫建设,持续推进“三线三边三地”环境综合整治工作。

【霍邱县开设理论微课堂】2017年5月8日,霍邱县“理论微课堂”正式开通。“理论微课堂”主要宣传习总书记系列重要讲话和十八届三中、四中、五中、六中全会、党的十九大精神,解读最新理论成果和政策,通过霍邱新闻网、手机台、霍邱发布、霍邱报等县内主流媒体同步推送,文章短小精悍、图文并茂、易学易懂。微课堂的建设为县委中心组成员及全县党员、群众更好地了解党的最新理论成果、政策信息,更好地服务霍邱发展提供切实的帮助,是霍邱县理论学习宣讲形式的一大创新。截至2017年年底,已推送理论文章100多篇,浏览次数超过3万多次。

金寨县

茶山花海开幕式

【文化概览】金寨县地处安徽西部大别山腹地,鄂豫皖三省结合部,总面积3814平方千米,辖23个乡镇,设1个现代产业园区,总人口68万人,是安徽省面积最大、山库区人口最多的县。金寨是人民军队的重要发源地,走出了洪学智、皮定均等59位开国将军,被誉为“红军的摇篮、将军的故乡”。2017年,县体育和全民健身推广中心被国家体育总局授予2013—2016年度全国群众体育先进单位,南溪镇综合文化站荣获第七届“全国服务农民、服务基层文化建设先进集体”称号,金寨县被省文化厅授予首批公共文化服务体系示范区创建优秀地区,奚立新被授予2013—2016年度全国群众体育先进个人。国家文物局局长刘玉珠、副局长顾玉才先后于2017年4月13日、7月15日到金寨调研革命文物保护工作。

文化体育建设。县图书馆申报国家一级馆,并顺利通过验收。县文化馆建立法人治理结构。实施中西部贫困地区11个村(社区)公共数字文化服务项目。完成46个村农民文化乐园建设,其中贫困村39个。实施南溪镇综合文化站省级电影室内固定放映点标准化建设。完成226个村数字农家书屋建设、6个乡镇60公里登山步道建设。组织开展金寨县乡村及社区群众文艺团队星级评定,评出5星级团队5家,4星级团队10家,3星级团队12家,补助90余万元。新成立体育协会3个,全县体育协会达到18个。

文化体育活动。公共文化场馆站、农民文化乐园全部免费对外开放,县图书馆、文化馆实行晚间对外开放。送戏进村、进社区、进校园304场,放映公益电影2712场,更新农家书屋图书13560册,开展农村体育活动226场。县图书馆联合安徽渠成文化有限公司共同举办“2017共建书香金寨,开启全民阅读”活动，开展讲座12场、暑期中小学生游科大活动1次、受赠图书20000册。成功举办中国体育彩票2017全国新年登高健身大会(金寨站)、中宣部“我们的中国梦”——文化惠民进万家、安徽省歌舞剧院文化扶贫进金寨、六安市第二届“小小传承人”少儿文艺展演、鄂豫皖三省苏区体育协作区篮球邀请赛、2017中国山地自行车公开赛(金寨站)等重大文体赛事活动，广泛开展双拥杯职工运动会、广场舞大赛等群众文化活动。

文艺精品创作。圆满完成省文化厅“深入基层 扎根人民”赴金寨文艺采风活动。编辑出版《金寨民间故事》《金寨年味》。编印《金寨文艺》2期，新创作小戏5部、小品3件、歌曲6件。启动由省新闻出版广电局、中国电影家协会与六安市人民政府主办，金寨县人民政府承办的中国红色微电影盛典；实施由县人民政府与省广播电视台联合摄制的6集红色纪录片《八月桂花遍地开——金寨红色纪事》拍摄。

文化市场监管。聘请20名文化市场社会监督员，参与文化市场监管。县文广新局联合县文明办、综合行政执法局、安广网络等部门开展卫地设施清理，集中整治惠民家园等小区卫地设施。2017年立案查处文化市场违法案件17件，其中3家被停业整顿，1家被吊销营业执照。开展清理整顿报刊乱摊派、专项整治广播电视涉性低俗和虚假违法广告等行动。开展“护苗”、中小学校园周边出版物市场、非法出版物活动源头等“扫黄打非”专项行动，共收缴盗版图书150册、非法期刊1500册、音像制品200张。

文化遗产保护。启动实施金寨县革命博物馆改扩建项目。县政府公布第六批文物保护单位70处，成功申报第三批市级文物保护单位23处，完成第八批市保升省保申报推荐工作。完成《安徽大别山区革命文物保护利用规划》金寨部分的资料收集整理和金寨县2017—2019年重点文物维修保护及展陈三年规划编制。实施6处重点文物保护单位维修保护和县以上文保单位标志碑安装。推光漆入选第五批六安市非物质文化遗产代表名录。启动第二批县级非物质文化遗产名录申报工作。

【金寨县公布第六批县级文物保护单位】2017年3月7日，县政府发文公布红32师红军总医院等70处不可移动文物为县级文物保护单位。至此，全县319处不可移动文物已有136处、168个点址纳入县级及以上文物保护单位，其中国家级文物保护单位2处8个点址(革命文物1处7个点址)，省级文物保护单位6处26个点址（革命文物5处20个点址)，市级文物保护单位32处38个点址(革命文物26处29个点址)，县级文物保护单位96处(革命文物59处)。一批濒临坍塌的革命文物得到积极有效的抢救性维修保护，为传承红色革命基因、弘扬大别山精神提供了丰富的历史遗存。

舒城县

【文化概览】舒城县位于大别山东麓，总面积2092平方千米，人口102万人，辖21个乡镇，设2个省级经济技术开发区、1个国家AAAAA级风景区。舒城历史悠久，名人辈出，古遗迹、古遗址众多，文化底蕴丰厚。

文化产业。拥有规模以上文化产业单位20家。2017年，3家文化传媒公司获得省级称号，1家文化传媒公司入围第四批全市文化产业示范企业，安徽未来文化传播有限公司入选2017年全省民营文化企业100强。

文化事业。现有乡镇综合文化站21个、村级综合性文化服务中心(农民文化乐园)34个、乡镇公共电子阅览室21个、农家书屋446家，广播电视村村通实现了全覆盖，县电影公司被授予第七届“全国服务农民服务基层文化建设先进集体”称号。

公共文化服务体系建设。完成5个村级综合文化服务中心建设(农民文化乐园)，建设9个县级农民文化乐园，成立县图书馆第一届理事会，选聘38名文化协管员和9名文物保护员，新招录4名本科生。2017年共开展4期精准培训，培训200余人次。

群众文化活动。全年共举办群众性文化活动近百场。大型活动如全县春节联欢晚会、全市群众文艺调演、皖藏基层文化交流文艺会演、“文艺扶贫携手小康”惠民演出、“五年大发展筑梦小康路”摄影图片展、“翰墨飘香迎盛会丹青溢彩绘龙舒”书画展、“弘扬红色精神致力绿色发展”摄影大赛、“书写辉煌成就讲好舒城故事”征文比赛、文化拥军之书画艺术进军营，等等。成立舒城县作家协会，同时开展舒城县首届文学艺术评奖活动并兑现奖励。全年超额完成全县412个行政村(社区)每年4944场公益电影放映任务；积极参与全省“文化惠民消费季活动”，受益群众20多万人次；县文化馆、图书馆和21个乡镇综合文化站全部实施免费对外开放，在全市率先完成全年“送戏进万村”活动；为412个农家书屋配送164种3.7万册图书，完成“文化惠民·携手小康”惠民演出活动63场。

文艺创作。文艺精品不断涌现,共有反映农民喜获丰收的歌曲《晒秋》,反映军民鱼水的庐剧《心愿》,反映文明乡风的小戏《养女阿菊》等20多个原创节目。创作选送诗朗诵《家风颂》和舞蹈《我等你》参加市"树优良家风 扬清风正气"文艺汇演。市作协会员杨定祥诗集《春天的律韵》出版发行。民间音乐创作人陈世慧的《迎春的花朵》等40多首诗歌在国家和省市级刊物上发表。

新闻宣传。全年在中央、省、市、县级主流媒体共推出2000多篇文字报道,其中在《安徽新闻联播》发稿16条,在《六安新闻联播》发稿340条。积极开辟新媒体的宣传渠道,尤其紧抓人民网安徽频道、新华网安徽频道、中安在线、六安新闻网等宣传阵地,发稿1600多篇,达到量和质的双突破。拓宽本土宣传载体,精办广播电视栏目。县广播、电视、《舒城宣传》期刊、舒城传媒网等4个宣传平台联动,共播(刊)发新闻稿件18960条次,电视栏目170期,电视标语1590条,广播栏目6600档,广电台微信公众号发布新闻1900条。制作电视专题14部,协助CCTV-7拍摄1部舒城美食宣传片,制作公益广告50篇,全年共播出18000条次。

文化遗产保护和利用。完成省保单位"新四军四支队驻舒旧址"维修改造,配合高峰乡实施新四军皖西革命纪念馆展陈提升工程,完成全县"大别山革命文物普查"工作,完成万佛湖连接线工程沿线文物保护方案的编制工作;完成藏品库房改造,实行"天网"远程安全监控,文物库房实现第39个安全年;完成毛泽东视察舒茶休息室旧址等3处市保单位第八批省保申报工作,成功申报中共舒城"特支""特区"机关旧址、平田烈士墓园、安菜烈士墓园、龙头塔等4处文物点为第三批市级文物保护单位;完成县保单位汪氏祠堂维护修缮。完成全县非物质文化遗产保护与传承工作专题调研和"小三线"文化保护开发专题调研,配合中央人民广播电台对大别山民歌省级传承人程泽林录制民歌小调《送郎》,选送市级非遗项目——"显杨冲叉"参加六安市首届非遗展演;推荐舒席制作技艺传承人查勇参加在成都举办的第六届中国国际非物质文化遗产节暨2017年"文化和自然遗产日"活动,其竹编画作品《群虾图》《翁孙图》《骏马图》在博览园亮相,查勇荣获中国传统工艺竞技新生代传承之星奖。

舒城风光

文化市场管理。全年开展6次文化市场安全生产大检查行动,共排查安全隐患52处,责令整改24家,停业整改1家。

【安徽未来文化传播有限公司】该公司成立于2000年3月,公司现有各类专业技术人才50多人,演职人员160多人;下设演出策划部、舞台工程部、演出部、市场调查部、影视制作部、广告设计部、展览业务部、赛事承办部等部门,拥有戏曲演出团和歌舞演出团两个艺术团队;服务项目有:文化传播、礼仪服务、各类演出承办,明星经纪业务、戏剧、曲艺、器乐表演,广告设计、制作、发布、展览、展示、代理,文化艺术交流策划、体育赛事活动策划、会展、影视动漫,建筑装修装饰工程、展览展示工程施工,文化工艺用品销售等。

经过十多年的发展,现拥有演出设施设备等固定资产达4000多万元,其中铝合金升降舞台2000多平方米,电脑灯600多台,LED灯600多台,德国大型线阵4套、JBL音响40多对,流动舞台车2辆,其他车辆10多张。2008年被授予安徽省十大文化产业示范基地,同年受到省委省政府召开的非公经济表彰大会表彰,参加全省改革开放30周年调演,并获得了十大创新节目大奖。2009年被评为全省精神文明建设先进单位、全省首批百佳剧团、全省先进文艺表演团体;2010年荣获安徽省第九届艺术节优秀剧目展演并获优秀组织奖和优秀演出奖;2012年被评为六安市首批文化产业示范企业。2013—2017年连续入选安徽省民营文化企业100强,2014—2015连续两年被评为全省民营艺术院团“十大名团”，2015—2017年连续被评为安徽十大演出经纪机构，第五、六届安徽省文化产业示范基地，2016年再次被评为安徽省民营艺术百佳院团。2017年被评为全国演出行业诚信单位，同时获得安徽省质量服务诚信承诺示范单位荣誉称号，9月获文化部财政部特别奖励。在安徽省第二、三、四届民间杂技艺术节中，公司选送的节目都获得金、银大奖。

近几年，公司参与并承办上千场大型活动，如：安徽省第二届健身休闲大会开幕式，六安市第七届大别山山水文化旅游节暨第四届六安茶谷开茶节开幕式，第一至第三六安茶谷舒城兰花谷开茶节，安徽省慰问（宜兴、温州）在外创业人士文艺演出，安徽省第四届民间杂技艺术节开幕式，百家旅行商万佛湖采购大会暨国家AAAAA级旅游景区揭牌仪式，中央人民广播电台中国乡村之声“广播惠农 爱在乡村”系列公益活动，第五、六届全国全民健身操舞大赛（安徽赛区），安徽省第四届中等职业学校田径运动会开幕式，全国四体会，全国青少年户外营地夏令营（安徽站）开幕式，“万佛湖”富硒生态农业旅游文化节开幕式，全国登山大赛暨第三届山水文化节开幕式，第一至十一届省直机关万佛湖健身走开幕式，第十五届亚洲赛艇锦标赛开、闭幕式，第二届中国大别山（六安）山水文化旅游节暨海峡两岸十大华语电影颁奖晚会演出，“齐心合力”（齐秦、辛晓琪）明星演唱会，等等。

池 州 市

池州平天湖

【文化概览】池州市位于安徽省西南部，北临长江，南接黄山，西望庐山，东与铜陵、芜湖相接。辖贵池区、东至县、石台县、青阳县，设有九华山风景区、江南产业集中区、经济技术开发区、平天湖风景区，总面积8272平方千米，人口162万人。素有“千载诗人地”之誉，为省级历史文化名城。境内有重要的国际性佛教道场——“莲花佛国”九华山，被誉为“中国鹤湖”的国家级湿地自然保护区——升金湖，华东动植物基因库——牯牛降，地处九华山麓幽深宁静的九华山国家森林公园，还有被誉为“中国第一诗村——杏花村”等。池州市历史文化底蕴深厚，有国家级非遗项目4个、省级非遗项目29个；有国家级文物保护单位9处、省级文物保护单位45处。进入国家级传统村落名录的有16个、进入省级传统村落名录的有35个。有8个村镇获评全国文明村镇、26个村镇获评安徽省文明村镇。池州市以其源远流长的佛文化、诗文化、戏文化、茶文化，生态文化享誉海内外。

精神文明建设。培育和践行社会主义核心价值观，组织开展九大系列活动，推动核心价值观落地生根。全年策划组织开展家风家训、市民文明行为养成、诚信建设、移风易俗、我们的节日、网络文明传播等9大系列活动8600余场次，参与群众近30万人次，有效推动社会主义核心价值观落细落小落实。其中，组织专家深入基层一线宣讲中国特色社会主义和中国梦310余场次，直接受众4.2万多人次；征集好家风家训196条、故事

110篇,评选表彰“最美家庭”标兵10户、“最美家庭”60户、“最美家庭成员”30名;举办礼仪知识培训,印制发放《池州市民文明手册》10万余册;刊载不文明行为照片2872张、评论8882条,点击量达212万人次;举办社区亲子运动会、演讲征文比赛、优秀童谣传唱、红领巾相约中国梦、经典诵读、戏曲进校园等德育实践活动600余场次;广泛开展我推荐我评议身边好人、好人365、文明池州、德耀池州等网络文明传播活动100余场次,发布“社会主义核心价值观”等专题38个,市民点击量突破百万人次。

公民思想道德建设。注重选树先进典型,打造“好人池州”。深化“我推荐我评议身边好人”活动,向中央文明网推报好人线索25.1万条,1人当选“全国道德模范”、5人荣膺“中国好人”、1户家庭当选“全国最美家庭”,池州日报社被中央文明委授予“第五届全国文明单位”称号。15人当选“安徽省道德模范”“安徽好人”及提名奖;持续开展“池州好人”“最美池州人”等道德典型推荐评选表彰活动,命名表彰22名“最美池州人”及提名奖和81名“池州好人”,举办两场“池州好人”颁奖典礼暨道德模范与身边好人现场交流活动,开展“最美池州人”“最美家庭”“最美家庭成员”表彰暨道德典型和传承好家风巡展巡讲活动,组织“学习道德典型、争做池州好人”主题巡讲巡展活动12场,受众2000余人;切实关爱帮扶道德模范,对100名符合条件的道德模范授信2229万元,组织部门、社会公益团体在传统节日、重大节庆日期间走访慰问生活困难道德典型120余人次。

志愿服务。广泛组织《志愿服务条例》学习宣传活动,积极推进全市志愿者实名注册工作,全市注册志愿组织194个,实名注册志愿者6.4万人;开展各类志愿服务培训300余次,培训骨干志愿者500余人,培训志愿者1.5万人次;强化志愿服务队伍和站点建设,以“六有一落实”标准建设志愿服务站点310余个,成立各级志愿服务组织585个,培育发展志愿服务队伍1296支,建立志愿者培训基地30个、志愿服务组织孵化基地12个;搭建活动平台,策划活动项目,常态开展党员进社区、邻里守望、精准扶贫、清洁家园、关爱慰问、文明旅游、文明传播活动5300余场次,参与志愿者8.3万人次;大力培树志愿服务优秀典型,评选表彰全市志愿服务“四个十佳”40名,向中央及省文明办推报“四个一百”项目4个、“江淮志愿服务优秀典型”12个;深化志愿服务品牌建设,打造“点亮生活”“981爱心车队”“三献志愿者协会”“情暖夕阳”等特色志愿服务活动品牌42个。

农村文明创建。深入推进文明县(城)、文明村镇创建工作,实现了市域省级文明县城全覆盖,8个村镇获评全国文明村镇,26个村镇获评安徽省文明村镇。拓展“三线三边”环境治理工作领域,推动治理工作由“三线三边”向县乡道路、集镇周边、村庄屋边等区域拓展延伸,沿线沿边环境明显提升;制发《池州市进一步深化移风易俗工作实施方案》,扎实推进移风易俗“六大行动”,全市农村乡风民风明显好转;大力实施美丽乡村建设提升工程,全面启动农村环境“三大革命”,全市51个乡镇、48个乡镇政府驻地、629个行政村全部完成陈年垃圾清理工作,累计清理各类垃圾5.3万吨。

文化体制改革。一是健全意识形态问题应对处置机制,出台《意识形态工作考核内容及评分标准》,定期向市委汇报意识形态工作,接受省巡视组检查指导,对各县区及市直单位进行督查。二是成立网络安全和信息化工作领导小组。三是贯彻落实关于繁荣发展社会主义文艺的政策,出台《中共池州市委关于繁荣发展社会主义文艺的实施意见》和《任务分工方案》。四是深化文化市场综合执法改革:出台《关于进一步深化文化市场综合执法改革工作方案》。五是出台和落实文化经济政策,出台《池州市人民政府关于进一步加强文物保护工作的实施意见》,提升文保工作制度化、规范化水平;下发《关于开展池州市第二批非物质文化遗产“名师带徒”工程申报工作的通知》,持续推进非遗传承发展。六是推动传统媒体与新兴媒体融合发展,根据《池州市关于推动传统媒体与新兴媒体融合发展的实施意见》,指导各地及市直新闻单位融合发展工作。通过突出重点,推进融合机制、龙头项目、人才支撑“三项建设”,实现新闻时效、精品佳作、经济效益“三个提升”。七是精准实施文化扶贫,落实中央、省专项资金112万元,市财政配套资金40万元,按中宣部“七个一”标准,建成石台县第二批四个村级综合文化服务中心。

文化产业发展。青阳县朱备镇被命名为全省首批产业发展特色小镇(文化产业类),该镇加强产业规划中的文化介入,丰富建设单位文化内涵,被国家发改委中国特色小(城)镇指数研究课题组评为全国特色小镇50强。开展文化惠民消费季活动,全市共开展文化惠民活动18项,其中“喜迎十九大”系列文艺展演,杏花村文化旅游区“健康旅行、品味文化”活动,“六世书香、百年家风”系列展示展演等三项活动被列为省重点项目。在“五看”活动中,市财政配套资金20万元。全市共刷卡消费52294人次,交易5895018元,补助552646元,人均消费金额、补助总额及参与人数比例位居全省前列。2017年共有21个项目入选省重点建设项

禅修小镇——朱备秋景

目库，总投资额 134.66 亿元，全年完成投资 25.48 亿元；15 个项目入选安徽文化产业重点招商项目库。

摄影产业发展。第一批最佳摄影点的标识牌已全部完成安装，配套设施建设工作稳步推进，贵池杏花村、石台七井、青阳陵阳、九华山花台等地的最佳摄影点已发挥以点带面的辐射作用，有效推动当地经济发展。相继开展“绿色诗城·魅力池州”全国摄影大展、“中国好风光”诗意杏花村全国摄影大展、“中国原生态最美山乡——安徽石台”全国摄影大赛、“修身福地·灵秀青阳”全国摄影展、“神奇九华·魅力花台”全国摄影展等展赛活动 13 场。通过摄影活动，吸引大批来自全国各地的摄影团体在池采风创作，仅端午节期间就有 8 个团队到杏花村文化旅游区摄影创作。九华山花台景区在摄影活动启动后，仅 6 月份，接待游客即达 1—5 月的总和。

抓好产业项目带动。组织各地新申报文化产业项目 19 个，进一步充实完善文化产业项目库。5 月份向省文化厅申报中央文产专项资金项目 8 个，其中池州美帝雅旅游制品有限公司的贷款贴息 162 万元项目和贵池区黄梅戏集团有限公司为优秀剧团项目获得省文化厅核准并报文化部。推荐九华山旅游(集团)有限公司、安徽杏花村集团有限公司、安徽富贵陵阳文化旅游有限公司等 14 家企业申报第六届安徽省文化产业示范基地。推荐杏花村、陵阳镇、仙寓镇、东流镇、九华镇和杜村 6 个文化特色小镇申报省文化特色小镇。

文化遗产保护。文博工作力度不断加大。市政府出台《关于进一步加强文物保护工作的实施意见》，促进各级政府将文保工作做到“五纳入”。市文广新局与市财政局联合出台《文物保护专项资金管理办法》，强化文保项目资金管理。启动第八批省保单位申报工作，推荐张氏宗祠等 17 处市保单位。遴选张氏宗祠等 9 处重点市保单位组织修缮。完成《池州古道保护和利用规划》编制工作。博物馆先后举办七星墩出土文物展、“春风画扇”兰花·菖蒲·奇石·扇面展、“5·18”国际博物馆日——池州民间佛像艺术专题陈列展等。继续开展中小学生走进博物馆活动。以馆际联盟为平台，与秀山门博物馆联合推出《池州馆藏木雕集萃》画册。非遗保护传承活力不断增强。省政府 11 月 14 日公布第五批省级非遗名录，池州市九华民歌等 9 个非遗项目入选。实施非遗传承人信息采录工作，对唐茂华、姜秀珍等 8 位 70 岁以上非遗项目代表性传承人开展信息记录，已完成视频信息采录工作，正在进行后期制作。启动市级非遗资金申报工作，共有 9 家单位、13 个非遗项目申报，已完成专家评审和资金拨付。继续实施“名师带徒”工程，共有 12 个非遗项目、16 名非遗传承人和 62 名徒弟入选。大九华水磨玉骨绢扇入选中国第三届非遗大展，池州傩入选 2017 中国文化馆年会非遗项目展。常态化举办非遗展演活动，春节期间举办各类傩事活动近百场，《人民日报》《新京报》等多家中央、省、市媒体争相报道。5 月 28 日在杏花村文化旅游区举办了“2017 池州非物质文化遗产展演”。6 月 7 日，举办第十二个“文化遗产日——非遗进高校”系列宣传活动，开展非遗展演、非遗图片展和非遗知识问答，现场发放宣传资料。组织开展 12 场非遗进校园演出活动。

群众文化活动。举办“迎接党的第十九大——池州市美术书法摄影作品展”，展览美术书法摄影作品 220 幅。举办“砥砺奋进的五年”进社区、进军营图片展 10 场，每场展览图片 80 幅；开展“喜迎十九大”——送戏曲进社区、进军营演出活动 5 场，共表演戏曲节目 65 个；举办喜迎十九大池州诗歌朗诵会，朗诵诗歌 220 首；举办庆祝党的十九大胜利召开“池州市首届民俗文化展”，展出展品 300 多件；开展“我们的节日”群众文化活动。元旦春节期间，全市组织开展展览、演出、影视、活动 4 大类 39 项百余场群众文化活动，包括年味摄影之百家宴、2017 乡村春晚百县万村联动、池州市文化馆美术书法摄影展、“迎新春、猜灯谜、送春联”、送电影下基层等活动。元宵节期间举办“我们的节日·元宵——热热闹闹看大戏”专场戏曲演出、2017 年度青山庙会等活动。端午节期间赴

东至县泥溪镇朱村村开展“走进帮扶村,关爱伴我行”戏曲专场演出暨党员志愿慰问行动。市图书馆开展端午节专题书目推荐活动和电影放映活动。贵池区举办“欢乐贵池 夏月清风”——迎端午社区广场文艺演出。石台县开展秋浦渔村端午节祭祀屈原典礼文化活动。国庆、中秋期间共组织展览、演出、活动、电影4类30余场群众文化活动。组织编排少儿舞蹈《呀拉索》《家乡灯儿红》、贵池民歌《开园歌》参加2017全省六一少儿文艺调演,《呀拉索》获二等奖,《家乡灯儿红》《开园歌》获三等奖,市文广新局获组织奖。组织创作编排小品《风景这边独好》《贷款风波》参加第十届安徽省皖江八市群艺大赛,《风景这边独好》获金奖,《贷款风波》获银奖,市文广新获组织奖。

优秀作品创作。实施戏曲创作孵化计划,组织全市国有、民营剧团积极申报,推荐大戏《千年傩》《将军玫瑰》《百年家风》和小戏《一品锅》等4个项目申报戏曲创作孵化项目,其中大型舞台艺术作品《千年傩》入选。开展了“仰望九华”大型文学采风创作活动,20多篇采风作品在省级以上期刊发表。组织全市社科专家学者开展“三项课题”研究,在全省“三项课题”研究评选中,获得三个二等奖、三个三等奖、四个优秀奖的良好成绩,市社科联也获得优秀组织奖。

文化交流活动。2017年6月邀请鲁迅文学院第三十二届中青年作家高级研讨班64位作家到池州开展为期4天的社会实践活动;与忻州、舟山、乐山市文联联手,于6月、8月在四川乐山市和和山西忻州市分别举办“四大名山书法精品联展”第三和第四场展览,四大名山各展出书法作品40件,共160件;邀请了浙江建德市文联来池开展文化考察和交流活动;与《清明》杂志社共同主办《清明》2018年创作与发展论坛,9月6日至7日,来自全省各地的优秀骨干作家以及文学爱好者100余人汇聚一堂,携手畅谈;与贵州省黔南州文联联合举办“黔南州·池州书法精品联展”,联展共展出两地书法家的精品力作100幅。召开“杏花村历史文化与杏花村文化旅游区建设”学术研讨会,来自省内各界的50余名学者及杏花村管委会工作人员出席了会议,收到论文20余篇。

新闻宣传工作。池州日报社认真贯彻中央和省委、市委关于传统媒体和新兴媒体融合发展的部署和要求,在全省市级党报率先建成融媒体中央大厨房并投入使用。“池报融媒”现已扩容建成池州本土最齐整最强势的新媒体集群,集纳“四网两报七微三博一端一监一论坛”为一体,实现报纸内容在各种传播渠道的全覆盖,传统媒体和新兴媒体总受众达90多万人。

2017年以来,还通过开展常态化非遗展演,系列群众文化活动,绿色诗城·魅力池州全国摄影大展等摄影展赛活动,吸引了《人民日报》、新华社、《新京报》《中国摄影报》等主流媒体和新浪网、腾讯网等新媒体的关注,其中《人民日报》8次报道池州文化工作。1月22日《人民日报》的《要闻》版刊发《农民画 助增收》;2月12日,《人民日报》的《要闻》版《新春走基层——让传统文化活起来传下去》栏目,报道《一曲民歌映春来》,《新农村周刊》版《家乡美味——品味舌尖上的农村》栏目,刊发《野果变豆腐 爽滑嚼劲足》;2月21日,《人民日报》《要闻版》《让传统文化活起来传下去》栏目,报道《千年傩戏如何生生不息》;4月1日,《假日生活》版,《跟着唐诗宋词去旅游》栏目报道《诗意杏花村》,并以《安徽池州·水墨古韵梦江南》一文介绍池州的杏花村;5月30日,《人民日报·海外版》8版刊发《欢歌飞出罗城古村》;6月5日《人民日报·海外版》12版刊发《跟着古村志 游览杏花村》;7月25日《人民日报·海外版》的《美丽中国》栏目刊发《深谷飘出马兰香》。

组织撰写系列池州拍摄地介绍文章和池州景观图片在《中国摄影报》发表,扩大了池州影响力。《中国摄影报》刊登的文章有《池州:自古齐山多胜景》《石台:访蓬莱仙洞,赏钟乳奇观》《烟波浩渺大湖水韵—— 池州:山水相映平天湖》《池州:寻古问今秀山门》《九华山:深山藏古寺 一去“误终

杏花村文化旅游区牧之楼

身”》。《人民日报》《中国摄影报》在重要版面，以较大篇幅和图文并茂的方式13次聚焦池州，隆重推介池州的传统文化和池州美景，对进一步提升池州传统文化在全国乃至世界的影响力具有重要意义。

【禅修小镇——朱备镇】禅修小镇位于九华山脉东部的青阳县朱备镇，山水绮丽，人文荟萃，内含AAAA级九子岩风景区，系经安徽省特色小镇建设领导小组审议并经省政府批准的第一批省级特色小镇。

文化是特色小镇的独特气质，禅修小镇有着源远流长的佛教文化历史，唐朝时期，金地藏卓锡九子岩，孕育了九华佛教文化。120年前，翠峰寺开创了中国伽僧教育史上设立华严大学之先河；而中华人民共和国成立后第一尊肉身菩萨——大兴和尚就在双溪寺发出“好人好自己、坏人坏自己”的妙语。

【华龙洞陈列馆】华龙洞遗址位于安徽省池州市东至县境内，2014—2017年，中国科学院古脊椎动物与古人类研究所、安徽省文物考古研究所、东至县文物管理所联合组队，对华龙洞遗址进行连续考古发掘，取得一系列重大成果。迄今，华龙洞遗址累计发现包括1件古人类头骨化石在内的20余件古人类化石、古人类制作使用的石器50余件、大量有人工切割或砍砸痕迹的骨片和40余种脊椎动物化石。此外，还发现疑似的燃烧、用火证据。

华龙洞是继周口店、蓝田、和县、南京之后，在中国发现的又一处重要的直立人(猿人)化石地点。依托历年来考古发掘的丰富化石资源，2017年10月建成华龙洞陈列馆。共设3个展示单元：第一单元为人类化石，展示包括华龙洞猿人头骨、牙齿、额骨化石在内的多件人类化石；第二单元为人类文化，展示华龙洞猿人砍砸、切割、刮削的工具，包括石核、石片、石器、砸击器、拼合标本、刮削器等古工具24件；第三单元为动物群化石，展示包括东方剑齿象、巴氏大熊猫、巨貘、谷氏大额牛在内的动物化石21件。华龙洞遗址陈列馆是集展示、收藏、科研、教育、服务等功能为一体的自然科学陈列馆。

【九华山投资开发集团有限公司进入安徽文化企业百强】在2017年由安徽省委宣传部、省文化厅、省新闻出版广播电视局联合评定的“安徽省文化企业100强”名单中，九华山投资开发集团榜上有名。九华山投资开发集团已在九华山地区依托佛教名山形成集文化投资、旅游投资、体育投资、旅游地产投资、商贸经营为一体的综合性集团公司。公司以完善九华山旅游产品结构、充分满足游客消费需求为发展经营理念，抓住“皖南国际旅游文化示范区”上升为国家战略层面示范区的契机，谋划了大愿文化园二期莲花小镇、九华大典、皖南300村、九华书院、瑜伽中心、度假村等一批综合效益好、带动系数大，能与大皖南、大九华及项目之间产生联动反应的标杆项目。其中嘉润凯莱大饭店、茶溪小镇度假村、“九华大典”等项目是安徽省“861”计划重点工程和“皖南国际旅游文化示范项目”。

贵池区

【文化概览】贵池区北临长江，南接黄山、九华山，是池州市政治、经济、文化中心。辖区面积2516平方千米、人口67万人，辖9个镇、11个街道。贵池历史悠久，文化底蕴深厚，有“千载诗人地”之美誉。贵池傩戏被誉为“戏剧活化石”而列入国家级非物质文化遗产名录。贵池民歌被列入省级非物质文化遗产名录。

群众性文化活动。开展文化科技卫生“三下乡”活动，在唐田镇和平村和平法治文化广场举行2017年文化科技卫生“三下乡”活动启动仪式。创新文化品牌，继续推进贵池区社区文化活动基地项目建设，开展“欢乐贵池”“和谐贵池”“健康贵池”系列活动。举行“喜庆十九大 共筑中国梦”广场舞大赛，全区14支参赛队伍参加比赛。全省少儿艺术大赛暨群众艺术普及舞蹈类教学成果展中，区文化馆选送的《娃娃看灯》《梦》荣获全省一等奖，《清》荣获三等奖。在城关小学等10余所学校开展戏曲进校园活动；梅街镇中心学校、墩上中心学校等创新形式，编写傩戏和罗城民歌等乡土教材。首届罗城民歌艺术节在墩上街道罗城村渚湖姜村拉开序幕，有民歌演出、茅坦杜“祭茅镰”和山湖傩戏等活动。区黄梅戏剧团改编的大型古装黄梅戏《梁山伯与祝英台》在秋浦影剧院首演，并赴上海等地演出。写作、美术、书法、摄影、音乐舞蹈、戏剧、民间文艺等7个文艺家协会的文艺创作会员300余名，其中国家级会员10名、省级会员83名。成立秋江社区健身队等30多个由社区组织的文艺团体、120余个由群众自发组织的活动团队。

文化民生工程。实施农村文化建设专项补助项目，其中农村文艺演出项目由区黄梅戏剧团全年送戏下乡190场次；农村电影放映项目由区电影公司全年赴农村放映2232场次；实施农家书屋运行维护，为全区每个农家书屋更新

2017年10月15日，中国池州国际马拉松赛开赛。

图书100册、杂志3种。实施文化馆（站）等公共文化设施开放。举办贵池区首届文化辅导员培训班，举办书画、曲艺、表演等艺术形式的文艺爱好者辅导班12个班次，开展一对一辅导文艺节目120余个。镇街综合文化站免费借阅图书1万册次以上，电子阅览室接待群众1.2万人次，举办文化活动100余场，开展各类技能培训班30余班次。开展群众文化结对辅导示范基地创建工作，区文化馆与高岭中心小学文化结对辅导示范基地获省文化厅授牌。选定20个村作为试点村，设立基层公益文化岗位，配置17名村级文化协管员和3名文物保护员。加强对省级重点文物保护单位太和章氏宗祠维修监督，启动省级重点文物保护单位荡里姚氏宗祠100万元整体维修工程和市级文物保护单位西华姚氏宗祠抢救维修任务。非遗进景区取得进展，市级非遗名录鱼鹰捕鱼进入杏花村景区表演；对具有表演价值的手狮舞、罗城民歌等非遗项目进行编排整理。

精神文明创建。2017年被评为安徽省第二届文明城区，霄坑村、元四村等4个村荣获全国文明村称号，孝肃社区、古舜社区等9个社区荣获第五届安徽省文明社区称号，陈昕荣获2017年7月“中国好人”称号，何宗文荣获第五届安徽省道德模范提名奖。区国税局、区市容局等7家单位荣获第十一届安徽省文明单位称号。2017年全区开展各级道德讲堂活动百余场。举办池州市2017年第一季度池州好人颁奖典礼暨道德模范与身边好人现场交流活动。推荐程新益为“最美基层文化人”人选。第二十三届青少年爱国主义读书教育活动中，4名选手荣获市级一等奖，1名选手荣获省级二等奖。命名中共贵东县委机关旧址为贵池区爱国主义教育基地；在梅村、牌楼、江口、涓桥4所中心学校建立区级乡村少年宫。开展创建全国文明城市社会宣传，制作3万余块公益宣传牌，发放创城宣传品10万余件。整治背街小巷、老旧小区、农贸市场、农村环境等薄弱区域，抓实“三线三边”环境整治提升工作。区委宣传部荣获“全省基层理论宣讲工作先进集体”称号，墩上街道罗城村被评选为“安徽省理论宣讲示范基地”。

【贵池区加快杏花村文化旅游区建设】推进项目建设、招商引资、宣传营销等工作，2017年完成固定资产投资21亿元，实现财税收入3000万元；招商引资签约项目4个，到位资金6.7亿元；游客接待量120万人次，旅游总收入1.2亿元。《人民日报》两次刊文专题报道杏花村，央视、新华网、人民网等40余家媒体走进杏花村报道。成功举办第二届杏花村文化旅游节、杏花村龙舟嘉年华品牌活动，吸引数十万人次的游客，龙舟嘉年华活动获央视《新闻直播间》栏目连续两天现场直播。同时成功承办2017池州国际马拉松等活动，提升了贵池美誉度。

杏花村文化旅游区龙舟赛

东 至 县

【文化概览】东至县由原东流、至德两县于1959年合并组建成立，取其首字而得名。东至县位于安徽省西南部皖赣交汇处，长江中下游南岸，是八百里皖江的起点，安徽省的西南门户。面积3261平方千米，辖15个乡镇，人口55万人。东至县素有尧舜之乡美誉，现拥有国家级自然保护区1处，国家级旅游示范点1处；有国家级非物质文化遗产1项、省级7项、市级11项、县级14项；有省级重点文物保护单位10处、市级4处、县级文物保护单位12处。

群众文化活动。2017年，组织开展系列群众文化活动，举办东至县首届春节联欢晚会和《百年家风》情景剧演出，开展庆端午、“六一”等各类文艺演出160多场；举办庆“五一”国际劳动节“五月颂歌”第二届歌咏大会，“永远的辉煌”——东至县庆祝建党96周年歌咏比赛，东至县喜迎党的十九大美术书法作品展。两节期间开展送戏演出50余场，送春联1000余副，协调指导相关单位开展文艺晚会8台，其中胜利镇姜东村第十一届春晚由文化部全程网络直播。举办东至县第四届才艺大赛。

文化民生工程。县图书馆顺利通过省市第三方评估，全年接待读者28000余人次；县文化馆接待群众3100余人次。通过公开招标，从县内外多家民营剧团中选择优秀团体下乡演出。“送戏进万村”、送电影下乡等文化民生工程持续开展，全年送戏下乡468场，放映公益电影2808场；开展农村文化活动234场，文艺下基层演出100余场，基层组织的文化活动达360余次。2017年9月在全市率先完成广播电视直播卫星“户户通”安装任务1500套，受到省、市通报表扬。

文化遗产保护。开展文保单位维修工作，修缮省保单位许世英故居及陶公祠；启动市级文保单位皖赣特委旧址修缮工程；启动省级文物保护单位周馥接官厅及周氏宗祠省级维修专项经费申报工作。完成华龙洞遗址陈列馆建设和布展，对接华龙洞遗址申报全国文物保护单位工作，配合中科院、省考古所对华龙洞遗址进行第四次考古发掘。开展国家、省、市级非遗项目保护申报工作，官港民歌成功申报为省级非遗项目；推选东至花灯“磨盘灯”参加市非遗展演。泥溪镇元潘村举行第439届福主庙会，木塔乡举行平安草龙灯展演。

精神文明建设。东至县获评第二届安徽省文明县和第三届安徽省未成年人思想道德建设工作先进县。成功推报“池州好人”18人，1人获评“安徽好人”，3人获“安徽好人”提名，2人推报为“中国好人”候选人，1人被评为“中国好人”。完善东至周氏家风馆建设并对外开放，接待各级各类干部群众10000多人次。组织开展第23届青少年爱国主义读书教育活动。报县委县政府命名首批16处县级爱国主义教育基地。承办全市县区戏曲进校园活动启动仪式暨首场演出。东至县委宣传部获评全省2017年度“扫黄打非”先进集体。

2017年9月4日，东至县文联召开第二次代表大会。

【东至县文联完成换届】2017年7月，县文联换届工作正式启动。此次换届将文联原来所属6个协会整合成5个协会，新增2个协会，共设7个协会，即东至县文学创作协会、东至县音乐舞蹈协会、东至县民间艺术（戏曲）协会、东至县摄影协会、东至县文化创意协会、东至县书法美术协会、东至县融媒体文化传播协会。其中，县级成立文化创意协会和融媒体文化传播协会，系全省首创。8月20—27日，东至县文联7个专业协会相继完成换届（成立）工作，选举产生新一届理事会和领导班子。2017年9月4日，东至县文学艺术界联合会第二次代表大会召开，县文联7个专业协会、县直有关单位、各乡镇100名代表参加。会议审议通过文联工作报告和《东至县文学艺术界联合会章程》，选举产生东至县文学艺术界联合会第二届委员会、主席团，李永中当选为主席。

石台县

2017 月明秋浦·画中矶滩旅游文化联谊会演出现场

【文化概览】石台县是国家重点生态功能区，森林覆盖率达84.5%，大气负氧离子平均值每立方厘米6000~14000个，是9个“中国天然氧吧”之一；全县98%的国土面积富含硒元素，是全国为数不多的富硒地之一。石台旅游资源丰富，集“山、水、洞”为一体，有以牯牛降为代表的山岳风光、以秋浦河为代表的湿地特色、以蓬莱仙洞为代表的溶洞地貌、以大山富硒村为代表的田园景观。正式对外开放景区景点11个，其中国家AAAA级旅游景区7个，被誉为“中国原生态最美山乡”。县域面积1413平方千米，人口11万人。

社会宣传。通过举办形势报告会、图片展、书画作品展、文艺会演、开辟专题专栏等形式，全面展示全县经济社会发展取得的成就。出台《纪念建军90周年宣传工作方案》。以“百年追梦全面小康”为主题，组织开展第二十三届青少年读书教育活动，获市级比赛二等奖1名、三等奖4名。组织开展年度文化科技卫生“三下乡”活动，赠送图书、教学用具和学习用品，开展科技宣传咨询服务、义诊、发放春联、科普宣传和文艺会演等活动。

新闻宣传。发挥县“一报一台”主流媒体作用，先后组织策划县“两会”、重点项目建设、民生工程实施、美丽乡村建设、文明创建、脱贫攻坚、“讲重作”专题教育等重要活动和重点工作的宣传报道。《池州日报·石台新闻》在保留原有的《旅游快递》《招商动态》《记者走基层》和《深入践行两学一做》等栏目基础上，新开辟《好人就在身边》《争创先进党支部 争当优秀共产党员》和《十九大精神在江淮》等栏目。县广播电视台坚持“三贴近”，在办好《游在石台》《石台先锋》《生活热线》和《谁不说俺家乡好》等栏目的基础上，先后推出《脱贫攻坚坚在行动》《学习贯彻党的十九大精神》《聚焦脱贫攻坚，全面建成小康社会》等新栏目。完成大型风光纪录片《诗意秋浦河》拍摄制作，微电影《茶乡村警》入围公安部微电影排行榜。

扶贫工作宣传。在矶滩乡沟汀村、县城老大桥桥头等地设立大型户外脱贫攻坚宣传标牌。邀请新华社、人民网、《安徽日报》、安徽电视台、安徽广播电台、池州电视台、《池州日报》等主流媒体来石台县开展集中采访报道，深入挖掘全县脱贫攻坚典型做法和先进事迹。县广播电视台、《池州日报·石台新闻》采编室开辟脱贫攻坚专题专栏，制作播出公益广告和宣传片花，及时报道上级会议精神，宣传报道全县脱贫攻坚工作的新动态、新成果和先进典型，转载脱贫攻坚文件和相关政策信息。通过“醉美石台人”“文明石台”微信公众号推送脱贫攻坚工作信息。印制扶贫宣传工作手册3000份，发放到县、乡镇、村组三级扶贫干部手中。印制脱贫政策顺口溜宣传画8000张，免费发放到全县贫困户手中。联合县扶贫办、县文联，举办以“精准扶贫、精准脱贫”为主题的摄影、诗歌、散文、剧本征稿大赛。扶贫小品剧本《风景这边独好》在安徽省第十届皖江八市群艺(小品)大赛中喜获金奖。通过深入广泛宣传报道，石台县产业扶贫模式得到李国英省长充分肯定，七都镇河口村第一书记、驻村扶贫工作队长李朝阳先后荣获全国脱贫攻坚贡献奖和“中国好人”称号。

公共文化建设。石台县已建成8个乡镇综合文化站，全县78个行政村和县城6个社区都建有农家书屋，实现农家书屋全覆盖；农民文化乐园建成12个，与此同时为贡溪村等33个村每个村配置2万元文化器材，组织实施仙寓镇综合文化服务中心示范点创建项目建设。已建立以县文化馆、图书馆、剧团为支撑，以乡镇综合文化站为载体，以农家书屋、农村文化信息资源共享工程基层服务点、公共电子阅览室为基础的县、乡、村三级一体化的城乡公共文化服务网络，公共文化服务能力得到有效提高。覆盖城乡的公共文化服务体系基本建立，公共文化服务惠及全县11万人民。

民生文化工程建设。完成送电影下乡936场，文化信息共享工程补助15.6万元，农村文艺演出活动"送戏进万村"完成102场，农村体育活动完成110场，农家书屋更新出版物不少于7800册，文化信息共享工程正常开展运行。先后举办"春涌秋浦"2017年新春联欢晚会、2017非遗展示和元宵灯会、"不忘初始心 新春伴我行"迎新诵读会、石台县第十四届茶叶节开幕式文艺演出、端午节龙舟大赛、"喜迎十九大"——第三届石台县广场舞大赛、石台县第四届好声音歌唱大赛、"皖南风韵·山乡黄花"2017安徽·石台油菜花海全国摄影作品展暨中国名家"画石台"启动仪式等大型群众文化活动。举办文艺进社区、景区、进军营、开展"文化敬老"等系列活动350余场次。举办各类文化演艺培训，通过全县公共文化服务业务知识培训、少儿书画戏曲培训、全民阅读等分门别类系列活动，培训人员2000多人次。

精神文明建设。成功创建第四届安徽省文明县城，推荐"中国好人"线索25950余条，共有11人当选"池州好人"。在全县开展道德模范巡讲1次，直接受众达200余人。开展道德讲堂总堂2期，受众达400余人；更新公益广告达1000平方米，利用石台县文明网和"文明石台"微信公众号等新媒体宣传社会主义核心价值观等内容，不断提高公民思想道德素养。开展美好校园建设。结合清明、"五一""六一""七一""十一"等重要时间节点，开展网上祭英烈、学习雷锋、做美德少年、向国旗敬礼等主题教育实践活动。在全县上下开展河道"清白"行动、清理秋浦河城区段河道种菜专项行动、"牛皮癣"专项整治等行动，加强对"三线三边"环境综合治理工作的督查指导。

【举办2017月明秋浦·画中矶滩旅游文化联谊会】 2017年9月28日，2017月明秋浦·画中矶滩旅游文化联谊会在秋浦河的低吟浅唱与两岸青山的传情中拉开帷幕。此次联谊会的举办旨在喜迎中秋佳节，推进文旅结合，进一步促进秋浦河诗文化挖掘，提升全县旅游发展综合品位，树立地方全新旅游对外形象，丰富广大游客和群众的业余生活，宣传推介石台旅游文化。演出在朗朗诵读声中，以情景剧演出的形式，再现唐代大诗人李白在游览秋浦河时，吟诗作对的场景。色彩斑斓的大型灯光秀和形式多样，内容丰富的地方文艺节目吸引了约2000名游客和群众观看。期间，秋浦诗歌文化、徽道水路，茶文化、秋浦河渔猎文化、目连戏、慢生活、农家夜宴及中秋河灯祈福等篇章的地方民俗展演和旅游文化推介获得观众的阵阵掌声。矶滩乡位于秋浦河中游，唐代诗人李白曾五度游秋浦，写下《秋浦歌十七首》组诗作品，流传千古。

青阳县

【文化概览】 青阳县位于长江中下游南岸、皖南山区北部，南依黄山，北枕长江，著名的佛教圣地九华山雄踞县境西南，县境地势南高北低，南部群峰峭拔，中部丘陵绵延，北部以平原、圩区为主，素有"七山一水一分田，一分道路和庄园"之称。县域面积1811平方千米，人口27.33万人。

文旅融合发展。全县拥有国家A级旅游景区9个，山、水、洞、林等自然景观200余处，有三星级以上旅游饭店13家、省级以上农业旅游示范点4家、安徽省三星级以上"农家乐"78家、省级旅游乡镇5个、省级旅游示范村9个，2017年接待游客1280万人。青阳县是皖南国际文化旅游示范区北入口，区位条件十分优越，文化旅游资源丰富，先后被评为安徽省生态县、安徽省森林城市、全省双拥模范县（连续6次）、全市社会管理综合治理先进县、中国21世纪议程试点地区、国家生态经济示范区、皖江城市带承接产业转移示范区。庙前镇华阳圣境、蓉城镇芙蓉湖公园、朱备镇九子田园风光、蓉城镇莲峰云海、陵阳镇九华大峡谷、陵阳镇黄石溪、陵阳镇太平山房、朱备镇天柱仙踪等8处摄影点被公布为全市第一批"最佳摄影点"。联合《中国摄影报》举办"修身福地·灵秀青阳"全国摄影展，被授予"全国摄影创作基地"。陵阳镇"全国第二家摄影小镇"连续举办两届摄影大展。朱备禅修小镇入选安徽省首批特色文化小镇。

文化产业发展。2017年，全县13家规模以上文化企业实现营业收入4.2亿元，比上年增长18.8%，增幅在池州市最高。文化产业增加值保持持续增长态势，2017年增至5亿元，较上年增长10.8%，占全县GDP的比重由"十二五"初的不到1%提高到4%以上。先后引进德懋堂、富贵陵阳、皖南300村、杜村花海、飞马娱乐等一批文化旅游项目，建成大地影院、嘉谊影院2座3D数字影院，初步形成包括文化旅游、文化休闲、动漫游戏等在内的产业体系。大九华圣武雕塑和九华山雕塑馆2家文化产业实体获评第六届安徽省文化产业示范基地。

文化服务能力建设。全县现有图书馆1座,馆舍建筑面积2500余平方米,建有全国文化信息共享工程县级支中心,总藏书量8万余册(件);存有古籍图书1140余册,其中善本40余册,古籍图书《新刊性理集要八卷》入选国家古籍珍贵古籍名录。有文化馆1座,为国家一级馆。有博物馆1座,馆藏新石器至明清时期可移动文物藏品1700余件,其中一级文物6件、二级文物9件、三级文物229件;馆内青铜大铙堪称国之瑰宝,一对带座元代青花兔纹净瓶为镇馆藏品。有影剧院、广播电视台各1个。有乡镇综合文化活动室110个、农家书屋126个,年接待群众25万人次。全年开展送戏进万村110场,被评为安徽省送戏进万村先进单位;放映农村公益电影1320场,被评为安徽省农村电影放映优秀基层单位。围绕庆祝"4·23"世界读书日,连续两年成功举办省公共图书馆阅读推广联盟"华夏韵"主题经典诵读晚会,由中国文化网络电视面向全国同步现场直播。

非遗保护与传承。2017年,完成对省保单位宁氏宗祠、市保单位谢氏宗祠和主教堂(民国小学旧址)的修缮,实施对县保王懿修墓的修缮和环境整治。申报天主教堂、谢氏宗祠、文昌阁3处市保项目纳入第八批省级重点文物保护单位备选名单。全县已查明的古遗址、古墓葬、古建筑等各类不可移动文物191处,其中被列入国家级重点文保单位3处,分别为曹氏宗祠、太平山房、李氏宗祠;省级重点文物保护单位4处,分别为宁氏宗祠、汪珊墓、程九万墓、净信寺;县级重点文物保护单位21处。全县现有非物质文化遗产40项,分别为国家级非遗青阳腔;省级非遗青阳农民画、大九华玉骨绢扇、酉华唱经锣鼓、九华民歌、九华布鞋制作技艺、青阳生漆夹纻技艺、杜村十番锣鼓;市级非遗4项,县级非遗28项。青阳腔剧目、影像资料数字化工程和少数珍本线装本影印工程正在实施。现已搜集整理青阳腔相关戏曲文物、物件共20余件,老剧目156本,影像资料100盘。《青阳农民画助农增收》获《人民日报》专题报道,《徽乡迎新年》和《喜读新报》两幅农民画作品入选2017年"中国精神·中国梦"全国农民画创作展,31幅"诚信"主题农民画作品入选第六届中国农民歌会喜迎十九大农民画作品展,精选60幅农民画在安徽画廊举办"灵秀青阳·美丽乡村"专题画展。

摄影小镇——陵阳古镇

体育事业发展。现有国家级乡镇全民健身广场1个、省级全民健身广场8个、全民健身苑17个、晨晚练点46个。建成环县芙蓉湖10千米城市生态健身步道、芙蓉湖到朱备镇莲峰云海景区20千米的绿色自行车道,成功举全国健身瑜伽总决赛、全国健身气功站点联赛总决赛、海峡两岸暨港澳地区群众交流比赛大会、全国第11届马拉松自行车大赛青阳县资格赛等有影响力的赛事。

【摄影小镇——陵阳镇】陵阳镇位于青阳县东南部,地处皖南国际文化旅游示范区核心区域。公元前109年(即汉武帝元封二年),置县治于陵阳,县衙设香池里(今香池尚在)。战国时期屈原曾顺江而下,驻足陵阳9年;汉代著名道家、陵阳首任县令窦子明垂钓成仙的传说引人入胜;谢朓、李白、贾岛、杜牧、杜荀鹤、袁枚等历代诗人均在陵阳有诗赋。全镇150余栋古民居,40余座古桥保存完好。所村村跻身中国传统村落,谢村村、上章村入选安徽省传统村落,陈氏宗祠(太平山房,国保)、李氏宗祠(国保)、曹氏宗祠(国保)、宁氏宗祠(省保)及谢氏宗祠为代表的"陵阳八大姓"宗族文化源远流长。文昌阁、南流桥、东山桥(屈原生活遗迹)、长生桥、绣花楼、千年银杏等为代表的古街古巷、古桥古树古民居颇具特色,盛世徽韵美从中来。

全镇四面环山,溪水纵横,徽韵依依,钟灵毓秀,先后获得全国重点镇、省千年古镇、省历史文化名镇、省文明村镇、省优秀旅游乡镇、省特色景观旅游名镇、省十佳宜居宜业乡镇、省摄影家协会美丽乡村创作基地等称号。原国家代主席董必武赞誉“富贵陵阳镇·风流谢家村”。位于陵阳镇西南的黄石溪，被称为“小九寨”，知名度颇高。黄石溪是九华山脉的几大主要溪流之一，沿途滩、潭、急流、飞瀑遍布峡谷，溪水清澈回环，聚翠掩碧，绵延于峰峦叠嶂之中。其中的“龙门一跃”“雪滩三级”“美女潭”“百丈岩”瀑布等最为著名，最高落差高达60余米。两侧山势高耸陡峻，植被茂密，山坞中茶园、翠竹成片，掩映着鳞次栉比的山居村落，组成一副多彩的山水田园画卷。此外，九华神龙谷、白沙岭、楼台山等自然风光闻名遐迩，吸引了大批摄影爱好者前往摄影采风。

九华山风景区

【文化概览】九华山风景区位于安徽省池州市境内，是中国佛教四大名山之一，首批国家“AAAAA”级旅游区，首批国家重点风景名胜区，首批中国国家自然与文化双遗产，全国文明风景旅游区，是世界级旅游胜地和国际性佛教道场。

唐代大诗人李白，以山的九峰似天然削制成的九朵莲花，而改旧名九子山为九华山。从此，九华山盛名远扬，流传至今。2001年4月，省编委批复撤销原九华山管理处，成立九华山风景区管理委员会(副厅级)，为池州市政府派出机构，现辖九华镇、九华乡，人口2.03万人，面积67.6平方千米。

2017年，风景区大力整合资源、挖掘特色、扩大交流，有力地推进了文化、旅游深度整合和发展。

文化活动。坚持文化服务旅游，大力营造旅游热闹氛围。充分利用元旦、春节、“三八”、国庆等重大节假日，先后组织开展广场舞大赛、趣味比赛、有奖猜灯谜、非遗展演展示、大型广场晚会等活动13场(次)，观看并参与活动的群众及游客达16万余人次。同时，组织电影放映72场、体育活动8场，丰富了景区群众文化生活。积极借助社会力量开展文化活动，政治处通过协调联系，根据部分在山企业的需求和意愿，成功协调贵池区黄梅戏剧团与皖土开发公司合作，由该企业出资，举办九华山戏曲节活动，剧团每个双休日来景区送戏，让群众和游客免费享受戏剧文化。大力实施文化旅游活动，推出了“体验九华荤年素年民俗游”“九华新春祈福许大愿”“上莲花佛国，体验佛家弟子过年味”“佛国九华拜财神”“启愿九华——新年七天乐”“寻找九华最地道的年味”“新年上九华——给孩子一个不一样的寒假”“九华瑜伽课特别体验”等新型文化旅游产品，加大游客参与性，增加活动吸引力，深受广大游客追捧。

文化交流。注重佛教文化交流，注重发挥佛教界在对外文化交往、联谊中的桥梁纽带作用，上线九华山佛教网，创办《九华山佛教》《甘露》等佛教文化刊物，鼓励佛教界通过举办学术研讨会、讲经交流会、书画展等活动，展示佛文化品牌影响力和辐射力。注重视频媒体交流，积极协助《开放的中国——牵手世界的安徽》专题宣传片、《地藏之光》电影纪录片、8集《大江淮》专题片、《皖南山水诗仙路》纪录片摄制组来九华山拍摄或取景工作，稳步推进新版《九华山》宣传片拍摄工作。注重网络交流，利用“互联网+”优势，大力发展智慧旅游的营销，通过旅游资讯网、微信、微博、手机APP等新兴互联网平台，借助知名网站(如同程、今日头条)的平台，宣传推广九华山旅游资源。大力开展活动交流。举办了第三届“大愿九华·福佑泉州”千人斋答谢会，开展了“美丽中国——2017年港澳地区主题旅游宣传推广活动”。邀请五台山、峨眉山、普陀山参加了第35届九华山庙会活动。应邀参加了第四届四川（峨眉山）国际旅游交易博览会、第三届中国风景名胜区佛教联盟工作会议、第十五届普陀山观音文化节，加强了与其他三大佛教名山的文化旅游交流与合作。

文化产业。抓好省市文化产业

九华山花台

九华山雾凇

项目、基地申报及评选工作，成功推荐大愿文化园、九开集团和水街等文化产业企业纳入文化发展规划工作，致力景区文化产业升级。大力推进大愿文化园二期工程九华大典项目建设，2016年初该项目开工启动，通过一年来建设，工程整体进展快速。该项目是大愿文化演出之所，以实景演出、“水墨安徽”、休闲购物、佛教交流为中心支点，建成后将带动九华山文化、购物、休闲度假、禅修等旅游产品突破和发展。依托九华山自然景观、佛教历史和民俗文化旅游资源，围绕旅游市场需求，对国家、安徽省摄影家协会会员和影视拍摄剧组提供免票入山、免票乘坐索道等优惠待遇。同时，加大摄影产业基础性建设，积极为游客、摄影爱好者和影视剧组提供拍摄平台。摄影点选址分为九华新区、九华街区及百岁宫一线景区、闵园及天台景区和花台景区等四大片，选定最佳摄影点39处，并加快道路、摄影平台、标牌等修建和设立。同时，风景区对影视拍摄基地作拍摄功能区划，建立以九华老街及重点寺庙等为场景的古建筑拍摄选景点，以大愿文化园、涵月楼为场景的文化园拍摄选景点，以花台、天台闵园竹海等自然风景为场景的景观拍摄选景点，以九华乡代村、二圣村、桥庵村为场景的美好乡村拍摄选景点，以九华山庙会为场景的民俗拍摄景区点等6个影视拍摄点。景区先后有17批次影视拍摄组来山踩点和取景，30余万人次摄影爱好者进山采风拍照。

文物保护。积极发挥文化文物在旅游中的作用。公布文保单位保护范围和建设控制地带，加强各级文物保护单位古建筑安全巡查。启动天台摩崖石刻及道泰灵塔文物修缮工程。加强馆藏文物保护与对外宣传，利用触摸屏和VR现代科技技术动态展示文物背后故事等信息。举办九华山第35届传统庙会，使这项国家级“非遗”得以较好的展演和传承。通过展板、景区户外LED电子大屏幕等，大力宣传和展示九华山国家级和省级“非遗”项目，组织省级“非遗”佛教音乐参加全市“非遗”展演，获得较好的效果。认真开展九华民歌整理和开发，九华民歌在被列入市第三批“非遗”名录后，被省列入第五批“非遗”名录。

【纪录片《地藏之光》在九华山开机】2017年3月25日，由中国电影家协会指导，江苏民达影视公司牵头策划，江苏省新闻出版局报经国家广电总局许可拍摄的大型电影纪录片《地藏之光》在九华山风景区开机拍摄。该片时长60分钟，由中国电影家协会副主席、国家一级编剧康健民任总监制，江苏民达影视公司董事长郭新民为出品人，中国电影创作之家原主任、中影协办公室原主任吴品泉任总制片人，张鑫担任总导演。影片将通过叙述金地藏（金乔觉）从人到菩萨的传奇经历，解读九华山在应化为金地藏道场的过程中当地人文文化与佛文化交融的历史，向观众展示以大愿、孝道文化为精髓的地藏文化、九华山神奇灵秀的自然风光以及丰富多彩的民俗文化，从而展示中国博大精深的佛教文化和传统文化的魅力。该片共有6个摄制组同时拍摄。

纪录片《地藏之光》在九华山开机

宣 城 市

【文化概览】宣城市位于皖东南，是以宣纸、徽墨、宣笔、宣砚为代表的中国文房四宝之城。宣城为中国优秀旅游城市、国家级皖江城市带承接产业转移示范区南翼城市、皖南国际文化旅游示范区核心地区、长三角优秀自驾游目的地和南京都市圈城市发展联盟成员，是一座拥有两千多年建城史的文化名城。宣城市坐落在黄山之北、天目山之西、九华山之东的皖苏浙3省交汇处，系安徽省东南门户。全市现辖宣州、郎溪、广德、宁国、泾县、绩溪、旌德7个县市区，总面积12340平方千米，户籍人口280.4万人。

2017年，全市地区生产总值1188.6亿元，比上年增长8.5%；财政总收入220.2亿元，增长8.8%；规模以上工业主营业务收入1859.9亿元，增长16%；固定资产投资1580.5亿元，增长11.8%；社会消费品零售总额475.8亿元，增长12.6%；进出口总额15.3亿美元，增长1.7%；城镇居民人均可支配收入33547.8元，增长8.7%；农村居民人均可支配收入14590.3元，增长9.1%。

2017年，全市文化战线深入学习贯彻党的十九大精神，以习近平新时代中国特色社会主义思想为指导，以宣传贯彻党的十九大为主线，围绕"文化名市"发展战略，编制完成《宣城市文房四宝产业发展规划(2017—2025)》，以实施"宣传思想工作创新提升年"为抓手，统筹推进文化建设各项工作，为全市上下实施"五大发展行动"、打造"四个特色之城"提供了坚强思想保证和强大精神力量。

*社会主义核心价值观培育。*精心组织开展"三个一百"群众性主题教育活动和"砥砺奋进的五年"群众性主题宣传教育活动，广泛设置和刊播宣传标语和公益广告，大力营造喜迎十九大胜利召开的浓厚社会氛围。广泛张贴刊播十九大精神系列标语和公益广告，部署开展以学习贯彻十九大精神为主题"新时代、新宣城"的群众性主题宣传教育活动，组织开展"讴歌新时代·宣传十九大"等学习宣传贯彻十九大精神系列文艺活动，推动十九大精神进机关、进企业、进学校、进军营、进社区、进农村。牵头组织实施核心价值观入脑入心、优秀传统文化传承、"好人宣城"品牌提升、学雷锋志愿服务普及、精神文明建设创优、公益广告提量提档和文明社会风尚培育等市民素质提升"七大行动"，部署开展48项宣传教育活动，推动社会主义核心价值观深入人心，为成功创建全国文明城市打下坚实基础。连续三年在市区实现"文明创建知识"宣讲进社区全覆盖。广泛开展"大手牵小手，文明路上一起走""我为社会主义核心价值观代言"活动。推广"宣城市未成年人美德在线APP"。开展"美德少年"评比表彰和学习宣传活动，评选表彰一批校级、县级美德少年、市级美德少年。加强爱国主义教育，出台《宣城市爱国主义教育示范基地管理办法》，王稼祥事迹陈列馆(王稼祥故居)被中宣部命名为全国爱国主义教育示范基地。举办宣城市第一届爱国主义教育基地讲解员大赛，举办全市青少年"百年追梦·全面小康"爱国主义读书教育活动。加强诚信教育，制发《关于进一步把社会主义核心价值观融入法治建设的实施方案》，组织开展"百城万店诚信建设"主题活动，命名一批示范店和示范街。开展"学雷锋示范岗"和

宣城新貌

“岗位学雷锋标兵”评选推荐活动，1个单位和1名个人被命名为安徽省学雷锋活动示范点和安徽省岗位学雷锋标兵。组织开展“最美中国人”之“宣城笑脸”照片征集展示等活动。

文明城市创建。2017年11月，宣城市获第五届全国文明城市称号，首轮参加全国文明城市创建即获成功，树起了宣城发展史上的一座丰碑。将2017年确定为创建全国文明城市“决战决胜年”，制定出台工作方案，组织开展五大决战，以20项行动为抓手，着力推进150项具体工作。结合测评体系，修订宣城市2017年争创全国文明城市测评体系任务分解表，印发全国文明城市2017年实地考察点测评标准指引和公益广告宣传设置指引，精准对标达标。四大班子主要领导带头，每个月至少一次到创建一线开展创建活动。继续推进老旧小区整治改造工作，全年累计投资8000万元，完成8个小区、9204户、33.92万平方米改造任务。完成九洲小区等50个小区、78条路段及背街后巷、3个市场的杆线整治。累计更换表箱近2000个，维修（护）表箱2.1万个，更换井盖1300余套，迁移杆线380余根。完成梅溪路、宛溪南路、法制路全线约6.6公里范围内沿街建筑立面整治，并对昭亭路、薰化路、中山中路等部分零星建筑实施整治，涉及建筑物82栋，累计粉刷、出新外墙面积约92700平方米，安装空调格栅1200余套，更换雨棚450余套，投入约850万元。累计完成27180平方米人行道、6370平方米盲道、69510平方米沥青路面、4550平方米混凝土路面维修；完成沥青灌缝95700米；更换各类窨井盖570座、各类侧平石16120米；施划各类标线62930平方米，完成人行道铺装25000平方米、人行道硬化10000平方米。完成叠嶂路（宛溪路至火

2017年4月11日，第一届中国宣纸发源地文化旅游交流会在泾县丁家桥镇小岭村隆重举办。

车站）、鳌峰路（宛溪路至梅溪路）等重要路段改造，其中白改黑19120平方米、微表处理23000平方米，累计投入4500万元。投入建设资金610余万元，对宝城路等10余条道路和大坝塘游园等5个公园广场进行绿化专项提升。累计补植各类乔木约770余株，色块苗12.8万平方米、行道树树池1.5万平方米，栽植麦冬、铺设草坪3万平方米。按照“一场一策”策略，确定20个市场的创建举措，明确“市场长”工作职责。强力推进西林菜市场、中心菜市场、开达菜市场基础设施提升改造，最大限度改善环境，优化管理机制。坚持“以罚为主，强制入轨”原则，严肃查处各类交通违法行为，大力整治道路通行秩序。对市区道路老旧、模糊交通标线施划出新，在市区一块板道路非机动车道施划非机动标识和“非机动车道”提示字样，共清除老旧交通标线1万余平方米，施划交通标线4万余平方米。协调市城管局对市区停车泊位全面增补施划，共施划泊位1000余个，标线8000余米。在市区主要路段建设14个机动车不礼让行人违法行为抓拍设备，进行非现场抓拍处罚。采用志愿劝导、重点曝光、严管重罚等方式，集中“六乱”现象整治行动，共警告行人乱扔垃圾、随地吐痰等违规行为44656起，实施经济处罚3254起、16270元，处罚车窗抛物1421起，查处各类交通违法106282起。全面清理文鼎中学、四小等校园周边200米范围内全部KTV、网吧、足浴店等娱乐场所，净化校园周边秩序，营造良好的未成年人成长环境。组织开展4轮干部集中入户走访，实现对市区所有住户入户宣传全覆盖，在“干部入户”信息管理系统中录入走访记录8.6万条。开展“网友看创建”活动，征求意见建议，引导正面发声参与。建立市民投诉举报处理台账，共处理问题137个，及时向市民进行回访反馈，接受市民监督。每月开展“市民创建之星”评选，吸引群众参与、支持创建。深化文明家庭创建，评选表彰市级首届文明家庭30户。在报纸、广电台开辟专题专栏，做到每天有文字、有声音，宣传车、小喇叭覆盖主城区，街面上大屏、商户显示屏全天候滚动播放，创建宣传深入人心。建立工作协调处置机制，及时梳理双月考核和宣州区、市开发区巡查发现的需要市直单位解决的问题，制发交办单，限期整改，并对问题整改落实情况进

行回查回访。5—8月，将街道文明创建双月考核调整为每月考核，持续高压推进。组建妇女考官、城管信息员、啄木鸟志愿服务队、文明观察团等4支巡查队伍，合计594人，每日常态化在居民小区和街面开展巡查活动；发现问题坚持每日交办，累计发现、交办问题44378个，总整改率约85%。决战办累计开展公园广场、窗口单位、模拟测评问题整改等专项督查34次，交办整改各类问题508个。网上申报严格把关，先后完成7轮高质量材料审核，确保网上申报工作圆满完成。

公共文化。出台政府购买公共文化服务指导性意见和目录，市财政每年安排资金22万元推动送戏下乡。开展优秀文化遗产进校园、进社区，推进送戏、送书、送电影下乡等项目和优秀出版物推荐活动。增加文化专业技术人员，组建业余文艺创作队伍。抓好重大主题文艺创作，创作皖南花鼓戏、徽剧、民俗文化特色系列作品。开展“敬亭山文学艺术奖”评奖，激励创作优秀作品。打造文房四宝文化旅游节、“三月三民俗文化旅游月”等活动。加快公共文化服务数字化建设，实施文化信息资源共享、数字图书馆博物馆文化馆建设、直播卫星广播电视公共服务、农村数字电影放映、数字农家书屋、城乡电子阅报屏建设等项目。

文化市场治理。出台《关于进一步深化文化市场综合执法改革的实施意见》，持续开展网吧转型升级试点和绿色网吧创建，对21家“绿色网吧”、8家“互联网上网服务场所转型升级优秀示范店”进行表彰。结合“扫黄打非”、校园周边环境整治工作，开展“扫黄打非·护苗2017”“扫黄打非·清源2017”专项行动，查堵出版物市场港台政治性出版物专项行动。收缴非法地面卫星接收设施数10台套，办理散发非法出版物、发行非法出版物案件2起。加强娱乐场所监管力度，连续开展专项检查，确保文化市场安全稳定。

新闻报道。将迎接十九大、学习十九大、宣传十九大作为首要政治任务。精心制定和组织实施《迎接党的十九大宣传工作方案》《党的十九大精神宣传工作方案》。组织各地各媒体以“系列专栏+专题+专刊+特刊”为特色，以“消息+通讯+特写，文字+图片+音视频”为载体，汇聚“党报党台+新媒体+线上线下”的传播矩阵，以多样的形式和丰富的内容贯穿十九大宣传全过程。组织实施新闻舆论引导“四化工程”，策划开展“落实五大发展行动”“打造四个特色之城”“向苏浙对齐 在全省争先”“改革进行时”“城市大建设”“脱贫攻坚”“从严治党”等专题宣传。探索组建新闻报道小组，开展了农村“三大革命”、农村“三变”改革调研采访、“走进扶贫一线”蹲点采访，推出一批重点报道。组织宣城日报编发《新闻内参》供市主要领导参阅，继续巩固提升《百姓问政》《百姓热线》等品牌栏目影响力。在2016年度“安徽新闻奖”评选中，获一等奖1个、二等奖2个、三等奖6个。

对外宣传。着力推动重点报道，全面展示经济社会发展新动态。积极构建大外宣工作格局，建立健全定期会商、集中谋划、报送选题、常态化组织主题采访等工作机制，修订《“宣传宣城好新闻奖”评选办法》。组织人民网“图说安徽”摄影团、“五大发展美好安徽闯新路”采访团等到宣采访活动。据不完全统计，全年共接待各类媒体43批次350人次，在传统主流媒体和新媒体分别刊发稿件1800余篇(条)、8000余篇(条)。获“优化安徽投资环境对外宣传好稿奖”一等奖1篇、三等奖2篇和组织工作奖。着力推广魅力城市形象，全面展示城乡发展新面貌。充分利用亚洲山地自行车锦标赛、文房四宝文化旅游节、“开放中国：锦绣安徽，迎客天下”全球推介活动、“东盟十国主流媒体暨中央重点外宣媒体走进中国皖南国际文化旅游示范区”集中采访、国家外文局“砥砺奋进的五年”主题采访等活动契机，广泛开展城市形象展示。首次在台北、合肥轨道交通线投放城市宣传广告，继续在人民网安徽频道等平台开辟宣传窗口。着力推进新闻发布，全面展示阳光高效政务新环境。实现新闻发布工作常态化，全年共组织发布会42场次。加强“一把手”新闻发布，6个市直单位“一把手”主动开展新闻发布，分管副市长也首次走进发布会。注重提升发布实效，实现网上互动与网下互动、会上发布与会下采访、会议宣传与深度报道“三个同步”。

互联网宣传管理。浓墨重彩做好党的十九大网上宣传和舆论引导，持续开展25期“网民学习党的十九大精神”知识有奖竞答活动，开展“十九大精神走进宣城论坛”宣讲和“宣城·这五年”摄影图片展网络公益活动。5篇作品在全省“建设五大发展美好安徽、争做中国好网民”网络原创优秀文化作品评选中获奖。制发《网上涉宣舆情抄告反馈制度》《重大事项网络舆情风险评估办法（试行）》《网络新媒体信息发布规则(试行)》等文件，切实完善互联网管理体制。修改完善《宣城市网络评论员考核办法》，实行季通报、年考核，对全市130余名骨干网评员实行分类管理。对全市21家重点网站落实主体责任情况开展专项检查。加强网上舆情日常监控，做到早发现、早报告、早处置。全年共交办各类舆情252件，编发182期《互联网舆情快报》，其中市委市政府主要领导批示49份。全年市直单位共回复网民政民互动所提问题1638个，举办7期

"在线访谈"，组织开展7期"网友看宣城"活动，组织网友代表列席参加市委市政府重要会议40余次。

媒体融合。深入落实《关于推动传统媒体与新兴媒体融合发展的实施意见》。宣城日报社成为全省首家与今日头条安徽区域合作新媒体项目的市级党报，"421"新媒体方阵用户数稳定在50万+人次。市广播电视台成立宣城市广电新媒体有限公司并正式运营。统筹资源，启动宣城市融媒体中心项目建设，打造"四位一体"网络阵地和市、县、乡、村四级联动的新媒体矩阵，努力打造本土知名"两微一端"，提高议题设置和有效发声能力。

文化产业发展。32个项目入选省重点文化产业招商项目，入选数量居全省第1位，4个项目入选国家文化部《中国文化产业重点项目手册》。7家企业入选2016年度安徽民营文化企业100强。26个项目入选省2017年重点招商项目；39个项目入选2017年省重点项目投资计划和储备计划，入选数量位居全省第2位。组织参加第十三届深圳文博会，2件作品分别获文博会中国工艺美术创意银奖和铜奖。市委宣传部连续第五年获得优秀组织奖，4家参展企业获评优秀展示奖。开展2016年度宣城市优秀文化企业评选，4家企业入选"金梧桐奖"南京都市圈最具投资价值文化企业30强，入选数量位居南京都市圈城市第二位。7个项目入选文化强省资金扶持范围。

文艺精品创作。牵头部署2017年元旦春节期间群众性系列文化活动，举办"闻鸡起舞、逐梦宣城"2017年新春大型群众文艺演出。组织开展第二届敬亭山文学艺术奖评选活动。做好安徽省第十四届精神文明建设"五个一工程"评选推荐申报工作，皖南花鼓戏《好人曹二贵》和电影《石头的夏天》入选安徽省第十四届精神文明建设"五个一工程"优秀作品奖。组织开展重点文艺项目选题策划报送工作，推动一批重点文艺项目实施，大型皖南花鼓戏《母亲河》首演。组织推荐申报全国第七届服务农民、服务基层文化建设先进集体和安徽省"最美文化热心人"和"最美基层文化人"。配合双拥模范城建设创作《宣城舰舰歌》，完成《梦在宣城》词曲创作和初级合成。出版"宣城名人家训"书法精品集《品端行正》，出版宣城历史文化名人传记《君子儒梅光迪》，出版诗集《敬亭诗韵》。

"三月三"敬亭山民俗文化旅游月活动

【宣城文房四宝】文房四宝是中国古代传统文化中的文书工具，即笔、墨、纸、砚。"文房"一词最早起源于南北朝时期，指官府掌管文书之处，唐代以后则专指文人书房；自宋代，文房已包括了纸、墨、笔、砚等文房用品。宣城是宣纸、宣笔、徽墨、宣砚的发源地和重要集散地，也是国内唯一的"中国文房四宝之城"。

宣纸。宣纸始于唐代，是中国古代劳动人民在长期的生产活动中创造出来的一种独特的手工艺品，是用于中国传统书法绘画的最优良的手工纸。宣纸具有"轻似蝉翼白如雪，抖似细绸不闻声"，且"光而不滑、细腻匀整、吸水润墨、色泽耐久、不蠹不腐""纸寿千年"之誉。郭沫若曾题词赞曰："宣纸是中国劳动人民所发明的艺术创造，中国的书法和绘画离了它，便无从表达艺术的妙味。"

宣纸产于宣城市泾县，泾县因此被命名为"中国宣纸之乡"和"宣纸原产地域"。宣纸生产主要以生长在皖南山区的青檀树枝的韧皮和沙田稻草为原料，经精心加工制作而成。2009年，宣纸传统制作技艺列入人类非物质文化遗产名录。泾县有宣纸生产企业15家，2017年宣纸产量约为600吨，产值约2亿元。其中，宣纸产业的龙头企业中国宣纸股份有限公司2017年产宣纸400吨，产值1.5亿元。另外，泾县书画纸产量约为1.4万吨，产值约10亿元，主要集中在泾县丁家桥镇，该镇是中国文房四宝协会评定的"宣纸书画纸生产基地"。

宣笔。宣笔始于秦，盛行于唐、宋。据韩愈《毛颖传》记载，公元前223年，秦将蒙恬南伐楚国，路过中山（即现在宣州、泾县一带），得到毛纯质佳的兔毫，遂制造出第一批改良秦笔，后人因称蒙恬为笔工之祖师。近年来，宣城市宣笔产量以及质量均得以不断提升，泾县三兔宣笔有限公司生产的“三兔牌”宣笔和宣州宣笔厂(张苏笔庄)生产的“海鸥牌”宣笔曾荣获省、部优质产品和“国之宝”称号。泾县及黄村为“中国宣笔之乡”。2008年,宣笔制作技艺被列入国家级非物质文化遗产名录。宣笔主要集中在泾县黄村镇及宣州区溪口镇。全市宣笔生产企业10家左右，手工作坊50余家，宣笔从业人员约1000人，2017年全市年产宣笔约900万支，产值约5800万元。

徽墨。徽墨是原徽州地区所产墨的总称,是中国书法与绘画必备的用品。绩溪制墨历史悠久,从唐末至今,已有1000多年的历史,为“中国徽墨之乡”。徽墨素有“拈来轻、磨来清、嗅来馨、坚如玉、研无声、一点如漆、万载存真”的美誉。宋代以来,徽墨行业“流派纷呈,名工辈出”，制墨名家见诸史册的多达百余人,在选料、配方、炼烟、用胶等工艺方面,均有独到之处。明清时期,绩溪徽墨达到鼎盛，清代墨业四大家当中绩溪就占两位，分别是胡开文和汪近圣，因此自古就有“天下墨业在绩溪”之说。1915年，胡开文地球墨荣获巴拿马万国博览会金奖。2006年，徽墨制作技艺入选国家级非物质文化遗产名录。宣城市徽墨生产主要集中在绩溪县和旌德县。全市现有徽墨生产企业（含家庭作坊)10家左右,2017年徽墨产量440吨，产值4900万元。

宣砚。宣砚是历史名砚。宣砚始产于东晋,闻名于盛唐,没落于清代。诗仙李白在《草书歌行》写道“笺麻素绢排数厢，宣州石砚墨色光……”。北京故宫博物院珍藏的明崇祯年间由吴去尘制作的“墨光歌”墨,墨面阳识隶书“墨光歌”中称赞“宣州石砚雪洒残,翰走烟云儿卤起”。虽然宣砚在唐、宋、明朝书中有记载,但在此后漫长的历史岁月里,宣砚逐渐销声匿迹。近年来,宣城市旌德县、绩溪县境内均发现砚矿石资源。2012年,旌德县成立安徽宣砚文化有限公司,着手宣砚品牌开发和产品生产。2017年宣砚产量1100方,产值960万元。2014年旌德县获评“中国宣砚之乡”，旌德宣砚小镇入选全国首批特色小镇。

【中国宣纸文化园】中国宣纸文化园由中国宣纸股份有限公司建设运营,该公司按照“统一规划、分步实施”的原则,建成集宣纸技艺展示、文化旅游、休闲观光于一体的综合性文化旅游园区。园区现由中国宣纸博物馆、宣纸技艺体验园、三丈三巨宣车间等部分组成。2016年荣获首批20家“全国研学旅游示范基地”称号,创建4A级景区已通过专家评审。

中国宣纸博物馆是文化园核心项目之一,集宣纸历史、宣纸技艺、宣纸与书画艺术、历代宣纸产品展陈等为一体,是全国首个系统性综合宣纸博物馆。该馆建筑面积1万多平方米,总投资超1.1亿元,历时4年于2015年12月建成开馆。建筑主体为钢结构,外观为膜结构,外围为景观水系。建筑外观形似一摞错落有致的宣纸。该馆共三层,一楼为宣纸历史与技艺展示区,二楼为馆藏宣纸与书画精品展示区,三楼为书画展展厅。曾成功举办中国国家画院国画展、中国国家博物馆书画家作品展、中国书协副主席包俊宜新作展,取得显著的社会、经济和文化效益。该馆的建成开馆,是宣纸发展史上的一件大事,也是宣纸事业继往开来、转型发展的重要里程碑。

【安徽宣砚文化有限公司】安徽宣砚文化有限公司位于“中国宣砚之乡”——安徽省宣城市旌德县白地镇。公司成立于2012年10月,是全国唯一一家集宣砚生产、研发、销售为一体的综合型文化企业。

“中国宣砚”古名“宣州石砚”，始产于东晋,闻名于盛唐。李白《草书歌行》中写道:“墨池飞出北溟鱼,笔锋杀尽中山兔,笺麻素绢排数厢,宣州石砚墨色光。”现藏于北京博物馆的明崇祯吴去尘《墨光歌》中写道:“空斋清昼陈帘里,新水才添白玉洗;宣州石砚雪洒残,翰走烟云儿卤起。”清中叶以后,由于天灾人祸致使宣砚石的光华渐被历史的尘埃遮掩而销声匿迹。

该公司成立以来,多次应邀参加全国大展,研讨等活动,不断吸取营养、提高产品质量,扩大公司在各界的影响。按照高品位、高质量的要求,精心选料、设计、精雕细琢,创作出了一批代表宣砚实力的精品砚作,屡获金银大奖。主要产品有:大师绝品砚、高档籽石砚、仿古精品砚、文化创意砚、商务礼品砚和文房日用砚6大系列。

【宣城市举办第四届“三月三·敬亭山”民俗文化旅游月活动】2017年3月30日上午,第四届“三月三·敬亭山”民俗文化旅游月活动开幕。宣城市市长张冬云宣布开幕,市领导徐德美、张黎勇、唐佑文及市政府秘书长王华,中国摄影家协会副主席、人民日报摄影部主任李舸出席开幕式。本届“三月三·敬亭山”民俗文化旅游月活动包括中国诗词大会走进敬亭山特别节目、新诗一百年再回敬亭山、国际大马戏表演、石涛纪念馆开馆仪式暨石涛艺术座谈会、广教寺素食文化节、全民健身登山比赛、青年交友大会、全国地方戏展演等活动。活动期间,广大市民和游客不仅可以品尝到正宗的皖南时令素食,体验健康自然的饮食文化,还能参与徒步登山比赛亲密接触大自然,观看有趣的马戏表演，聆听精彩戏曲演唱，感受宣城厚重的人文底蕴和浓郁的文化氛围。

宣州区

【文化概览】宣州区地处安徽东南部,毗邻苏浙沪,辖26个乡镇、街道,面积2533平方千米,人口85万人。

文化产业。2017年,紧紧围绕"文化名区"战略,着力提升全区文化产业竞争力,全区规模以上文化制造业产值达6.7亿元;新增规模以上文化企业7家,新增中、小民营文化企业达150多家。安徽艾兰竹木工艺制品有限公司入选第六届安徽省文化产业示范基地,英特颜料有限公司入选2017年度安徽省民营文化企业100强。多措并举推进文化创意设计等文化新业态,"0563创客街"、宣州科创中心、"互联网+翰宣国品"平台等特色文创集聚区初步形成。组织开展宣州区第二届优秀文化企业评选活动,评选表彰8家文化企业,安徽华艺、宣城一朵轩等文化企业入选市级第二届优秀文化企业。评选出8名首批"宣州工匠"。周王镇龙潭村成功入选首届"寻找安徽避暑旅游目的地",提升了"龙潭文化小镇"知名度。组织安徽宣州宣笔厂参加第十三届深圳文博会,连续4年对外展现宣州文化名片。

文化活动。扎实开展"喜迎党的十九大宣州区美术、书法、摄影作品展""学习十九大精神网络书法展""皮影戏宣讲十九大"等系列活动。举办宣州区第二届"鳌峰"文学艺术奖评选、首届临帖书法展、宣州书法公益大讲堂等活动。上海美协和安徽美协水东写生创作基地揭牌并举办海派画家水东写生作品展。编印《鳄城文学》四期。依托中华诗词之市等文化品牌,重点打造民俗文化展演、诗歌吟诵会等系列品牌,举办宣酒小窖万人游、首届"水阳马拉松赛"、5·19中国旅游日暨"跟着房车游宣州"、宣州水东2017蜜枣文化旅游节、第二届昆山湖帐篷节、江浙苏皖赣露营峰会等活动,着力加强对外文化交流。创新开辟《耳尖上的宣州》栏目,播放旅游专访节目和宣州乡村旅游广告。

公共文化服务。举办宣州区第四届安徽文化惠民消费季活动。区图书馆与18个乡镇综合文化站、1个村级农家书屋签订总分馆协议,形成互借互还一卡通总分馆机制。完成狸桥镇400户直播卫星户户通工程,被省新闻出版广电局表彰为直播卫星户户通工程阶段性工作先进单位。创新政府购买文化服务形式,实施文化惠民工程,开展"送戏进万村"演出、"公益性电影放映""戏曲进校园"等活动。加强非物质文化遗产的保护与传承工作,将皖南剪纸等非物质文化遗产代表性项目搬进校园;成功申报水阳太平灯、草编艺术、传统宣扇制作技艺等6项非遗项目为宣城市市级非遗项目,9位非遗项目代表性传承人成功入选宣城市第三批市级非遗项目代表性传承人。

新闻宣传。成立新媒体工作室,稳步运营"今日宣州"微信公众号,先后开通今日头条号"宣州区发布"、新华社现场云"宣州发布"直播账号,适时推出H5页面,综合运用多种手段,拓展新媒体宣传效果。持续推进新闻发布提质增效,全年召开新闻发布会11场次,涉及经济、民生、党建等多个工作领域,同时加强融媒体宣传展示力度,扩大新闻发布的社会参与度和群众知晓率。

网络安全管理。实施网络内容建设工程,加强网络生态综合治理。通过打造品牌工程,通过对各类活动开展网上直播、在本地民间媒体上不断发声等举措,加大网络内容工程建设力度。加强互联网分级分类管理,强化网站主体责任,增强网站及新媒体从业人员的社会责任意识。推进文明办网、文明上网,引导广大网民争当"中国好网民",从而净化网络环境;建立健全全区网络安全和信息化工作管理体系,深入贯彻落实网络安全责任制的相关要求。

核心价值观培育。组织实施市民素质提升工程,推进社会主义核心价值观入脑入心,为成功创建全

水东镇皖南皮影戏传承演出

国文明城市打下坚实基础。建立“宣州好人”月评机制,全年共评选产生“宣州好人”75人,其中“中国好人”1人、“安徽好人”4人、“宣城好人”18人。开展“六乱”专项整治、弘扬社会主义核心价值观文艺作品征集、“用镜头记录文明城市进程”、好家风好家训征集等活动。皖南花鼓戏《好人曹二贵》和电影《石头的夏天》获安徽省第十四届精神文明建设“五个一工程”优秀作品奖,《金剪刀》入选2017年全省小戏优秀剧目展演。

【《好人曹二贵》《石头的夏天》获安徽省精神文明建设“五个一工程”优秀作品奖】大型皖南花鼓戏《好人曹二贵》由宣城市青年花鼓戏剧团创作演出。该剧获评2015年文化强省专项资金扶持项目、安徽省文化厅2016年民营剧团优秀新创剧目、安徽省第十一届艺术节演出剧目。《石头的夏天》2016年上映,片长86分钟,在宣州区水东镇取景。2017年,皖南花鼓戏《好人曹二贵》和电影《石头的夏天》获安徽省第十四届精神文明建设“五个一工程”优秀作品奖。

【宣州区举办第二届鳌峰文学艺术奖评选活动】为繁荣宣州文化艺术事业,鼓励文艺精品创作,根据《宣州区“鳌峰”文学艺术奖评选奖励办法(试行)》精神,宣州区设立鳌峰文学艺术奖,这也是宣州区文学艺术类最高奖项。2017年宣州区组织开展第二届鳌峰文学艺术奖评选,经过单位或个人申报、专家评议、部长办公会研究、公示等诸多环节,共产生获奖作品14件、新锐奖2件、终生艺术奖3件。

【水东镇以“文化+”理念推动文化产业发展】近年来,宣州区水东镇立足文化资源优势,进一步提升文化引领发展能力,持续推动文化资源优势转化为品牌优势,推动文化产业发展壮大,进一步彰显中国历史文化名镇魅力。

“文化+旅游”。水东大景区项目已入选2016年全国优选旅游项目名录,正在按照“一花七叶、金道银廊”的空间布局加速建设,2017年完成投资约7亿元,5大片区19个子工程均在有序推进。水东镇进一步挖掘自然景观中蕴含的地方人文特色,在“一花七叶”概念规划基础上,对以自然景观为主的旅游景点进行补充,相继建成皖南皮影博物馆、游客集散中心、水东古镇研学中心等旅游景点。双峰山乡村文化旅游片区、龙泉湖文化旅游片区等地方主题公园已完成规划编制,征迁工作正在推进。招商引进的亲心谷文化旅游项目,总投资15亿元,占地677公顷。

“文化+节庆活动”。水东镇全方位、多角度开展节庆活动,力争形成特色文化品牌。2017年成功举办宣州区水东镇龙泉音乐节,吸引2万余游客参与其中。成功举办首届中国·宣城水东蜜枣旅游节,通过游览水东老街、专场文艺晚会、舞狮巡演、水阳江龙舟赛、群众文艺演出及焰火晚会、新人幸福旅游团游水东、旅游风光摄影大赛和民间庆祝活动等丰富活动,展现宣州深厚的历史文化、奇丽的自然风光、多彩的民俗习惯、优越的生态资源和良好的投资环境。枣花节、“六月六”河灯节等群众自发组织的一系列文化旅游节庆活动吸引大批周边游客,活动中的民歌演唱、民俗表演极具地方特色。

“文化+特色小镇”。深度谋划文化类特色小镇申报,以民俗文化体验中心、枣文化产业园区、亲心谷休闲度假区等为主体,合理编制文化类特色小镇规划。广泛挖掘民间故事、童谣等,积淀文化底蕴。

宁国市

【文化概览】宁国市地处安徽省东南部,是皖南山区之咽喉,南北商旅通衢之要道。面积2487平方千米,辖19个乡镇(办事处),总人口38.09万人。2017年全市生产总值285亿元,财政收入44.7亿元,规模以上工业增加值143.4亿元,完成固定资产投资335.3亿元。全市现有省级非遗项目3个(畲族民歌、畲族婚嫁、龙窑制陶)、宣城市级非遗项目13个、宁国市非遗项目94个。

意识形态工作。2017年制定出台《市委意识形态工作领导小组成员单位职责》《市委意识形态工作领导小组会议制度》等7项制度,完善工作机制,推动责任落实。加强各类意识形态阵地管控,开展“绿书签2017”“扫黄打非”等系列主题活动,确保意识形态领域安全平稳。

理论武装。以迎接党的十九大胜利召开、学习宣传党的十九大精神为主线,做好宣传宣讲、学习阐释、集中培训、走访调研等工作。着力抓好全市理论武装工作,全年共组织市委理论中心组集中学习13次,举办三津大讲堂4场。扎实推进集中开展党的十九大精神大宣讲活动,制定“7+5+1”宣讲工作方案,市级领导带头深入基层宣讲,全市7支宣讲队伍累计开展各类宣讲1100余场次,受众50000余人次。加强学习型党组织建设,甲路镇党委、霞西镇机关党支部、西津派出所党支部被评为宣城市首批学习型党组织建设工作示范点。在全市遴选宣讲骨干60人,组建

市理论政策宣讲团,深入开展“理论政策进基层”活动。探索建立社科类和思想政治类理论调研激励机制,全市立项并通过结项的社科类调研课题18个,推荐到宣城市立项并通过结项课题4个。

文明创建。以全国县级文明城市创建为统揽,加快城市基础设施建设,深化联点共建、志愿服务活动。开展老旧小区“十二乱”专项整治,不断优化美化城市环境。开展“我的中国梦”“小手牵大手”“寻找身边的文明”“礼让斑马线”等主题活动,扎实推进公民思想道德建设。持续开展文明单位、文明村镇、文明家庭创建评选活动,市委组织部、市福利院荣获全国文明单位,南山街道万福村荣获全国文明村镇,宁国市获评第二届安徽省文明示范县(市)及第三届安徽省未成年人思想道德建设工作先进县(市)、“三线四边”环境治理提升工作先进县(市)。广泛挖掘发现身边好人和先进典型,全市推选“中国好人”25名、“安徽好人”44名、“宣城好人”176名、“宁国好人”447名,各级道德模范15名。

新闻宣传工作。统筹部署新闻宣传工作,制发《宁国市新闻宣传工作例会制度》《宁国市重点新闻宣传选题策划会制度》。加强传统媒体与新媒体融合,“爱宁国”手机APP移动客户端正式上线。以市委、市政府中心工作为主线,聚焦迎接和宣传党的十九大精神、“三个年活动”等重大主题,深入宣传全市经济社会发展成果、重点工作推进成效和先进典型经验,全年市内媒体共刊播新闻9600余篇(条),组织宣传专版300余个、电视专题310余期、广播专题3000余条。与“今日头条”合作推出《了不起的城市——宁国》,点击阅读量达380万次。举办新闻发布会11场,外宣片《首出庶物 万国咸宁》正式对外发布。全年在市外综合媒体上稿达1124篇(条),其中中央级媒体56篇、省级媒体268篇(条)。

网络建设与管理。加大网络舆情监管力度,制发《关于做好服务保障党的十九大网络安全工作的实施方案》《网上涉宁舆情抄告反馈制度(试行)》。加强网络舆情监测引导,在全市建立164人的网评员队伍,围绕征收征迁、城区划片招生等热点、敏感事件,积极组织网络正面引导。全年共举办“在线访谈”12期,监测网络舆情170余起,妥善处置突发舆情事件27起,编写《涉宁舆情快报》《网上涉宁舆情抄告单》4期。

2017年9月28日,举办第五届宁国山核桃文化节暨中秋文艺晚会。

文化事业。加大文化惠民工作力度,新建农民文化乐园4个,图博馆、大剧院项目建设正式启动。以“我们的节日”为主题,开展春节、元宵、端午、中秋群众性民俗文化活动,丰富节日文化内涵。举办第五届宁国山核桃文化节暨中秋文艺晚会,第三届端午龙舟赛吸引4万多市民现场观看。大力实施文化精品工程,电影《天网狼蛛》举行首映式,音乐《放飞梦想》、舞蹈《幸福畲娃核桃情》入选安徽省群星奖,《变脸》获第四届安徽省民间杂技艺术节银奖。举办首届皖南花鼓戏小品小戏创作大赛,积极申创“皖南花鼓戏之乡”。

文化产业。首次将文化产业发展工作纳入全市目标管理考核,制定《宁国市文化产业发展奖励扶持政策》,设立300万元文化产业奖扶资金。安徽金太阳文化旅游发展有限公司获得第六批省级文化产业示范基地命名。安徽金太阳文化旅游发展有限公司、安徽津桥包装印刷有限公司、宁国广申竹木制品有限公司、宁国市兴宏工艺标本有限公司获得“宣城市优秀文化企业”称号。2017年,全市文化产业增加值5.79亿,比上年增长14.03%。

【宁国举办第五届山核桃文化节暨迎中秋文艺晚会】2017年9月28日,第五届宁国山核桃文化节暨中秋文艺晚会在市奥林匹克体育中心举办。晚会以“辉煌二十年,欢歌迎盛会”为主题,分为“核桃飘香、激情飞扬、再谱华章”3个篇章15个节目,通过歌舞、戏曲、语言、杂技等多种艺术形式,集中展示了宁国市撤县设市20年来取得的卓越成就,体现了“开放包容、敢为人先、艰苦创业”的宁国精神。

郎 溪 县

2017 年第二届美丽郎川行巡演

【文化概览】 郎溪县古称建平，建县于北宋端拱元年(988)。郎溪县位于安徽省东南部皖、苏、浙 3 省交界处，素有“三省通衢”之称。辖 7 个镇、2 乡，设 2 个省级开发区，面积 1104.8 平方千米，人口 32.8 万人。现有国家级重点文物保护单位 2 处、省级 5 处；有国家级非物质文化遗产 1 项、省级 7 项。郎溪县被誉为“中国绿茶之乡”和“中国休闲小城”。

文化遗产保护。2017 年，制定《郎溪县古民居建筑保护实施方案》，侯村祠堂二期维修工程通过验收。2017 年 4 月申报市级非遗项目 7 项、项目传承人 6 人；申报文物保护单位县级 28 处、市级 30 处、省级 12 处。截至 2017 年年底，全县共有文物保护单位 44 处，其中国保 2 处、省保 5 处、市保 35 处、县保 2 处。深度挖掘幸福人灯、凌笪茶灯舞、十字皖南大鼓、飞鲤小马灯、姚村云舞等非遗资源；开展非遗进校园、戏曲进校园活动，加大跳五猖、降福会、大小锣鼓等非遗项目的传承。

文化活动。全年开展“送戏进万村”“农村公益电影放映”“美丽郎川行——走进各乡镇”等文艺演出活动，送戏下乡 110 余场次，放映电影 1100 多场。组织参加全市少儿文艺调演、戏曲大赛及皖江 8 市小品小戏调演，推出一批原创作品。全力做好凌笪茶灯舞的编创及完成飞鲤车轿、新发大马灯的挖掘整理。2 月举办“民俗文化闹新春”系列活动、郎溪县首届(梅花)文化旅游节活动，4 月开展中华诗文诵读比赛，6 月在县图书馆举办文化遗产系列图片展，7 月完成郎溪县第二届青年歌手大奖赛活动，9 月开展纪念孔子国学知识推广活动，10—11 月完成第二届 “美丽郎川行”走进新发、梅渚、凌笪等乡镇文艺巡演活动。

文化市场管理。严把行政审批入口关，同时为经营单位做好相关服务，实现行政审批事项办结率、群众非常满意率两个 100%。以春节、“两会”和高中考期间为重点时段，全面排查全县文化市场经营场所安全隐患，将存在安全隐患的经营场所作为安全生产重点监管对象，确保市场安全稳定。深入开展“扫黄打非”工作，成立“扫黄打非”领导组，制定并开展“清源”“净网”“秋风”“固边”“护苗” 五大专项行动方案。开展“绿色网吧”创建活动，促进郎溪县互联网上网服务业转型升级，从硬件设施与文明素养两大层面，助力省级文明县创建。

公共文化建设。县图书馆于 2017 年完成评估定级工作，工作人员多次前往周边发达地区进行学习交流，为新场馆建设打好基础；年购书经费 20 万元，已列入财政预算。文化馆定期开展免费培训课程，组织少儿舞蹈、器乐声乐培训及少儿合唱团、成人合唱团排练工作等，并积极创作艺术作品参加省市各项活动。乡镇文化站利用乡镇、社区现有特色文化资源和场所设施，针对人群特点，精心设计活动载体，丰富群众文化生活。定期组织教育培训，提升群众文明素质，广泛开展群众性精神文明创建活动。县文化馆、图书馆及各乡镇综合文化站全年实行免费开放。

【郎溪县以“三个到位”做好“送戏进万村”演出活动】 一是组织领导到位。为扎实做好该项文化民生工程，县文旅委成立工作领导小组，年初召开专题会议，对“送戏进万村”演出作全面部署。同时立足实际，精心谋划，从 3 月初开始启动，确保“送戏进万村”演出任务圆满完成。二是宣传引导到位。全县 9 个乡镇、1 个开发区分别将演出地点、时间、节目内容等提前利用宣传册、LED 显示屏等多种形式进行宣传并通知到各村，让村里有充分时间组织村民观看演出。同时在演出过程中，穿插开展 33 项民生工程政策解读、发放民生工程宣传资料，以此提高广大村(居)民对民生工程政策的知晓率和满意度。2017 年郎溪县“送戏进万村”任务数为 93 场，截至 6 月底已完成 126 场，惠及全县 93 个行政村的广大群众，超额完成全年“送戏进万村”演出任务。三是考核监督到位。演出结束后由演出单位填写《安徽省2017年“送戏进万村”演出服务回执单》,经演出地行政村委会盖章,县文广新存档备案,并全程监管“送戏进万村”演出服务活动,演出效果交由群众评价,作为来年“送戏进万村”招标采购评分的重要依据,真正做到群众看戏、群众评价、政府买单。县文旅委还组织人员成立督查组,定期或不定期进行明察暗访,提高“送戏进万村”演出活动质量,增强实施效果,受到群众一致好评。

泾　县

【文化概览】泾县面积2054.5平方千米,人口35.4万人,位于安徽省东南部。泾县历史悠久,迄今已有2100余年历史。李白曾三次游览泾县,留下18首精美诗篇,吸引着历朝历代的文人墨客到泾县追寻诗仙游踪,为这片神奇的土地增添无尽的诗情画意。

泾县文化灿烂,是宣纸的原产地和宣笔故里,蕴藏着桃花潭、查济古建筑群、黄田“洋船屋”等历史遗迹,享有“中国宣纸之乡”“中国宣笔之乡”“中国木梳之乡”美誉。泾县是红色圣地。以云岭新四军军部旧址、皖南事变烈士陵园、厚岸王稼祥故居为主要景点的红色之旅线路,已成为享誉全国的红色旅游经典。泾县山清水秀,镶嵌在“两山一湖”之间,交织着青山黛色与潺潺溪水,拥有国家AAAA级景区7家,AAA级景区6家,是休闲娱乐、寻幽体验、旅游度假的天堂,已纳入皖南国际文化旅游示范区核心区,荣获国家级生态县、全国深呼吸百佳小城、中国最美生态休闲旅游目的地、中国最具投资潜力特色示范县、全国科技进步先进县、全国绿化模范县、全国生态示范区建设试点县、全国休闲农业与乡村旅游示范县、全国有机农业(茶叶)示范基地、全省首批旅游强县等称号。

泾县现有文化旅游经营单位360多家,从业人员3万多人;有不可移动文物点841处,其中国家级重点文物保护单位5处、省级重点文物保护单位10处;有人类非物质文化遗产项目1个(宣纸制作技艺)、国家级非物质文化遗产项目1个(宣笔制作技艺)、省级非物质文化遗产项目9个,有国家级非遗项目代表性传承人3人、省级非遗项目代表性传承人11人。

首届中国宣纸发源地文化旅游交流会

2017年,共安排公共文化服务体系建设专项资金135万元,开展4个乡镇综合文化服务中心、两个社区综合文化服务中心试点建设及6个省级美好乡村农民文化乐园建设。制定《关于开展泾县政府购买基层公益文化岗位试点工作实施方案》,安排专项资金41万元,在全县首批选择21个试点行政村,配备21名文化协管员和19名文物保护员。

【“泾上丹青·全国中国画作品展暨当代中国名人名家精品展”举办】2017年12月19日,“泾上丹青·全国中国画作品展暨当代中国名人名家精品展”开幕式在“中国宣纸之乡”——泾县隆重举行。中共安徽省委常委、宣传部部长虞爱华宣布展览开幕;安徽省文联党组书记何颖致辞。

精品展由中国美术家协会、安徽省文学艺术界联合会主办,安徽省美术家协会、中国宣纸股份有限公司承办。本次活动共收到作品5800余件,经初评、复评,共评出入选作品255件、获入会资格作品59件;“当代中国名人名家精品展”共展出刘大为、吕章申、杨晓阳、徐里等当代中国名人名家创作的精品力作36幅。这些参展作品题材、形式多样,反映了中国画创作现状与水平。

活动期间,还举办“宣纸与当代中国画创作学术研讨”活动,邀请多位美术理论家和获奖作者、宣纸大师齐聚一堂,共同探讨新时代宣纸与中国画的发展。

【泾县举办“美丽泾川心向党”喜迎十九大专场文艺会演】2017年10

月12日，“美丽泾川心向党”泾县喜迎十九大胜利召开专场文艺会演在县行政中心第一会议室举行。此次专场文艺会演由中共泾县县委、泾县人民政府主办，县纪委、县委组织部、县委宣传部、县文旅委承办。文艺会演在鼓舞《盛世欢歌》中拉开大幕，气势恢宏的鼓舞让人热血沸腾。舞蹈《我的祖国》时而铿锵有力，时而优美舒展，传递出浓浓的爱国情；诗朗诵《砥砺奋进、筑梦泾川》文辞优美、激情澎湃，展现了泾川儿女不忘初心，共筑“中国梦”的情怀；小品《赡养》、情景剧《文明礼貌去郊游》集中体现泾县近年来文明创建成果；快板《乡村路上话扶贫》、歌曲《南山南》则展现了泾县近年来精准扶贫、精准脱贫和城市建设管理取得的成就。一个个精彩节目将文艺演出推向一个又一个高潮，激励全县人民不忘初心，砥砺奋进，为落实“五大发展行动计划”、建设美好泾县做出新的更大贡献。

【黄田村文物保护样板工程项目建设进展顺利】黄田村文物保护样板二期工程共包含洋船屋、敬修堂等12处古建筑维修，2017年年底，除敬修堂住户自愿放弃维修外，其余11处维修工程均告竣，并通过省文物局组织的技术验收。与此同时，还完成了样板四期工程维修方案的编制，已上报省文物局审批；完成了样板一期工程竣工决算的审计，并申请国家文物局追加资金811.5万元。黄田村古建筑群消防工程完工并交付使用，水西双塔文物保护设施建设工程完成90%以上，查济古建筑群诵清堂维修工程已竣工并通过验收；云岭新四军军部司令部种墨园旧址维修工程竣工，消防工程正按计划实施；省保单位茂林西洪吴氏宗祠维修工程竣工报验，丁家桥张氏支祠维修工程正在实施。

绩溪县

【文化概览】绩溪县位于宣城市东南部，县域面积1126平方千米，辖11个乡镇，人口18万人。是国家重点生态功能区、首批国家生态文明示范县、国家森林城市、国家历史文化名城、中国天然氧吧、中国徽菜之乡、中国厨师之乡、中国徽墨之乡、皖南国际文化旅游示范核心区。现有国家级自然保护区1处、AAAAA级景区1处、AAAA级景区4处、AAA级景区6处、省级风景名胜区1处；有国家级重点文物保护单位4处、省级重点文物保护单位13处；国家级非物质文化遗产2项、省级非物质文化遗产22项；有国家级非遗传习基地1家、省级非遗传习基地5家、徽州文保区4家；有国家级代表性非遗传承人1人，省级代表性非遗传承人23人。

文化事业和文化产业。皖南海峰印刷包装有限公司、胡开文墨业有限公司入选“2016年度安徽省民营文化企业100强”，良才墨业有限公司“年产400吨高端纯天然液态墨生产线技改项目”获2017年省级文化强省建设专项资金补助。龙川旅游开发有限公司、皖南海峰印刷包装有限公司、金汇玩具有限责任公司入选南京都市圈“金梧桐奖”最具投资价值文化企业30强。新增1家规模以上文化企业。与中国社科院马克思主义研究院联合开展调研，推出《文化事业与文化产业如何协调发展——来自安徽省绩溪县的数据报告》等重要成果。4月16日、18日《安徽新闻联播》以《冯良才：心怀大义 徽墨人生》为题，连续报道绩溪县徽墨大师冯良才。创作推广中国梦主题歌曲《追梦路上》，先后被国家级杂志《歌曲》和《安徽群众文化》刊登。

文化惠民活动。11个乡镇开展惠民消费季“五看”刷卡消费折扣优惠活动。举办“欢乐大舞台·乡风文明颂”惠民文艺演出。先后举办华阳桃花节、家朋油菜花节、扬溪笋竹文化体验节、板桥农耕节、瀛洲第二届乡村文化旅游节、上庄安苗节、临溪文化旅游体验节、金沙漂流文化音乐节、家朋尚村晒秋赏葵、马拉松骑行大会等特色节庆活动。全年开展群众文化活动60余场次，受惠群众2万余人次；举办戏曲、舞蹈、诵读、美术等免费艺术培训班20期，参学人员近600人。

焕然一新的绩溪图书馆

聘任140余人担任县级辅导员，设立18个群文辅导点，举办全县辅导员培训班，开展群众文化义务辅导工作。

精神文明建设。全力推进文明县创建暨“三线四边”环境治理工作，获第二届安徽省文明示范县（市）及2016年度宣城市文明示范县（市）称号。大力开展月评“绩溪好人”及季评“志愿服务标兵”活动，全年有60人获评“绩溪好人”、20人获评“宣城好人”，陈国全当选2017年7月“安徽好人”，胡渡芳获评2016年度感动宣城十佳人物。共20人（组织）获评“绩溪县志愿服务标兵”，汪佑平、许韧、谭立波、程筱媚、岭南志愿服务队、县红十字会“人人学急救，大家益起来”志愿服务项目、华阳镇东山社区环保志愿服务项目、县供电公司“光明驿站”关爱留守儿童志愿服务项目被评为市优秀志愿服务典型，五龙社区关爱资助藏区贫困学生志愿服务项目、汪佑平分别当选2017年10月、11月安徽省十佳志愿服务优秀典型。县文化馆“书画笔会基层行”项目获省优秀群众文化志愿辅导项目。开展“传承好家训、培育好家风”系列主题活动，完成《绩溪家训》初稿，举办2016年度绩溪县“最美家庭”“最美家庭成员”表彰活动。

文化遗产保护与传承。积极开展非遗传承保护，新增省级第五批项目5项，成功申报磡头老鼓、徽派明清家具制作等6项为第五批市级非遗代表性项目，程吉女、周义兵等14人为市级非遗项目代表性传承人，公布第四批县级非遗代表性项目22项。结合乡村旅游系列节庆活动，开展代表性传承人培训和文化传承。积极开展非遗进校园活动，实验小学徽戏童子班《水淹七军》、上庄学校《贵妃醉酒》分别获市二、三等奖；扬溪小学草龙舞、实验小学手龙舞参加宣城市春晚演出，手龙舞应邀参加第二届全市运动会闭幕式表演；伏岭小学徽剧登录安徽卫视，《绩溪挞粿徽娃传》参加第八届文房四宝文化旅游节开幕式文艺演出。

【绩溪县图书馆改造升级】2017年初，绩溪县图书馆新馆建设在县政府、县文旅局的大力推动下有序进行。经多方论证选址，由县政府划拨原文体中心大楼，重新装修改造成新图书馆。新馆建设装修改造及空调安装工程于2017年12月初开始施工。新馆由亚瑞建筑设计有限公司设计，其设计基于对绩溪自然风貌和人文景观的理解，以“墨院”为设计主题。遵循方便、舒适、实用的设计原则，在“以人为本”的设计宗旨下，努力探索符合现代图书馆发展的建筑模式，使图书馆真正成为发挥学习、研究、休闲、交流、审美等作用的综合性建筑。馆内设有综合阅览室、少儿阅览室、亲子阅览室、艺廊展厅、基础书库、采编中心、历史文献室等功能模块。馆址位于老城区花园一号文体中心内，建筑面积约为6000平方米，占地面积约为3000平方米。

【举办中国·绩溪第九届油菜花乡村文化旅游节】2017年3月25日，中国·绩溪第九届油菜花乡村文化旅游节在绩溪县家朋乡正式开幕。本次旅游节主题为“走进全国首家摄影小镇，行摄绩溪家朋大美风光”，内容包括开展全国首届“摄影小镇”观摩会（高峰论坛）、“摄影小镇——家朋”全国摄影大赛、花海探秘、民俗活动展、摄影展、网易直播、赏花之旅等系列活动。游客在欣赏家朋壮美油菜花梯田景观的同时，还可以领略当地风光旖旎的特色生态，感受原汁原味、淳朴质诚的民风民俗，品味含蓄低调、底蕴深厚的徽文化，进一步体验和见证家朋“英雄故里、花海家朋、摄影小镇”等旅游品牌的魅力。油菜花节开幕当天，游客接待量达到4.3万人次，旅游综合收入3620万元。

自2007年以来，绩溪县已连续成功举办九届油菜花文化旅游节。以节为媒，打响家朋乡全国首家“摄影小镇”品牌，逐步提高了绩溪“全国休闲农业与乡村旅游示范县”的知名度和影响力。

市级非遗项目磡头老鼓表演

旌 德 县

中国孔庙保护协会第二十次年会开幕式

【文化概览】旌德县位于安徽省南部，东邻宁国市，南接绩溪县，西连黄山区，北临泾县，总面积904.8平方千米。唐宝应二年(763)建县，现设10个镇、7个居委会、61个村委会，人口15万人，其中回、壮、畲、苗等少数民族百余人。现有文物国保单位2处、省保单位3处；有省级非物质文化遗产4项、市级6项。县城旌阳镇位于县境中部偏东南，217省道、323省道两路交汇，合福高铁穿城而过并设站，徽水河、白沙河双水穿城，淳源桥、黄济桥、驾虹桥3桥锁翠。旌德是“中国灵芝之乡”“中国宣砚之乡”“安徽民间文化艺术之乡”，也是全国第一批“绿水青山就是金山银山”实践创新基地。

绿色文化创建。结合文明县创建，培育绿色文化，出台实施意见，全面开展绿色机关、绿色社会、绿色企业、绿色出行创建工作，着力打造绿色文化样板。6家机关、2所学校、2家企业、2家宾馆、30户家庭分别被评为全县首批绿色机关、绿色学校、绿色企业、绿色宾馆和绿色家庭。

公共文化服务体系建设。2017年，开展一系列群众文化活动，完成送戏进万村61场、戏曲进校园19场、送戏进敬老院进社区19场，承办“百馆千村结对文艺巡演”活动3场。在县城建成13处图书漂流屋。在11个村进行试点聘用文化协管员11人，县文化馆全年免费培训1790余人次，县图书馆增加新书5070册、书架90米，完成高铁新区县图书馆分馆的建设工作和25个村的数字化农家书屋建设。器乐联奏《青春舞曲》在第十一届中国音乐金钟奖安徽赛区获二等奖。2017年6月，旌德县被评为中华诗词之乡，兴隆镇、旌阳一小被评为“中华诗教先进单位”。

文化产业发展。2017年，全县实现文化产业增加值0.7亿元，比上年增长32.1%，占GDP比重1.95%；有规模以上文化企业4家，新增文化及相关产业法人单位15家，新增文化创意和设计服务业法人单位30家。扎实开展第四届安徽“文化惠民消费季——旌德”活动，发放宣传资料3000余份，参与人数8500多人次，销售总额68.53万元，群众刷卡享受补贴4.93万元。

文明创建工作。2017年6月被授予“安徽省文明县城”“宣城市文明示范县”称号。市对县文明创建考核测评成绩优异。蔡家桥等5个镇村获评安徽省第四届文明村镇，新桥等3个社区获评安徽省第五届文明社区，县政府办等6家单位获评第十一届安徽省文明单位，县纪委等28家单位获评第八届宣城市文明单位，县委政法委等32家单位获评第八届旌德县文明单位。获评“宣城好人”17人次，师丰收获安徽省第五届道德模范、第六届全国道德模范提名奖。评选出第四届旌德十大好人。举办“健康旌德·好人在身边”旌德好人故事大赛。围绕“同创”行动，深入推进文明县创建。

文化市场规范管理。采取“四不两直”“双随机”等多种方式，开展执法检查360余家次，出动执法人员200人次，扎实推进文化市场专项整治工作。开展2017扫黄打非集中行动，现场销毁非法音像制品430余盘、赌博游戏机53台，实施“扫黄打非·护苗2017”“绿书签”活动并向中小学生派发绿书签6000余张。出台《关于进一步深化文化市场综合执法改革的实施意见》，实施文化市场综合执法改革工作。

文物保护和非遗传承工作。完成江村古建筑群修缮工程和消防工程、旌德文庙环境整治和复原展陈工程、旌阳三桥的淳源桥修缮工程。白沙村凌云塔古建筑群、孙村贞节牌坊成功申报第三批文物保护单位；开展江村申遗工作，成功举办中国孔庙保护协会第二十次年会。2017年入选市级非遗2项、市级非遗传承人2人。公布县级第一批非遗名录148项、非遗传承人29人。加强非遗知识的宣传普及，非遗展厅常年免费开放。成功举办第四届民风民俗展演。

【旌德县成功申创“中华诗词之乡”】自2014年开始,旌德县着手申创“中华诗词之乡”,成立了县委、县政府主要负责人为组长、各乡镇和县直各单位为成员的创建小组,扎实推进“诗词六进”工作,创建“中华诗词之乡”氛围浓郁。不断更新《旌德诗苑》,共刊登诗、词、歌、赋、文章等10万余首(篇)。申创期间特别出版《旌德县创建“中华诗词之乡”诗词专辑》2本,总计出版发行诗词书刊21300本。发展一大批新会员,其中省级会员33名、市级会员62名。全县获评省市级诗教先进单位共8家,其中省级4家,分别为朱旺景区、县文化馆、三溪社区、新桥中心小学;市级4家,分别为旌阳二小、县文旅委、县供电公司、三溪镇路西村。2017年6月,旌德县通过中华诗词学会验收,被评为“中华诗词之乡”;兴隆镇、旌阳一小被评为“中华诗教先进单位”。

【旌德县成功举办中国孔庙保护协会第二十次年会】2017年11月22—24日,由中国孔庙保护协会主办,旌德县文旅委、县文物管理局承办,县旅游发展公司协办的中国孔庙保护协会第二十次年会在旌德县举行。来自全国82家孔庙单位的240余名代表齐聚旌德,对一年来全国孔庙保护工作进行系统总结,围绕“孔庙的历史作用与现代价值”这一主线,开展“孔庙保护与开放管理、孔庙的历史作用和文化传承、孔庙与儒学研究”3个不同主题的业务研讨。23日上午举行开幕式;24日在旌德文庙举办祭孔大典,20多名学童体验正衣冠拜师、朱砂启智、击鼓明志、描红拜师的开笔礼。

年会期间,举办第四届旌德县民俗民风展演,将舞草龙、跑竹马、打棍求雨、哭嫁、跑旱船、徽水晨洗、打莲湘、剪纸龙、打年糕和鼓舞旌德等10个旌德非遗及民俗节目进行展示,还举办旌德文化旅游商品展、菊花摄影节等活动。

宿松县

【文化概览】宿松县位于安徽省西南部,辖9个镇、13个乡,面积2394平方千米,人口83万人,是中国民间文化艺术之乡、中国诗歌之乡。宿松县有国家级森林公园1处,有国家级重点文物保护单位1处、省级重点文物保护单位5处。宿松县是黄梅戏的发源地之一;被誉为“戏曲古化石”的文南词被列为国家级非物质文化遗产,断丝弦锣鼓和小孤山传说为省级非物质文化遗产。

公共文化服务体系建设。2017年,通过加强基础文化设施建设和公共文化服务活动的开展,有效提高了人民群众的文化获得感。

农村综合文化服务中心建设。2016年洲头乡官洲村、隘口乡小圩村、北浴乡廖河村等3个村被列入中宣部第二批贫困地区村综合文化服务中心示范点,于2017年实施并于6月底全部完成建设任务。截至年底,全县22个村综合文化服务中心示范点严格按照中宣部一个文化活动广场、一个文化活动室、一个简易戏台、一个宣传栏、一套文化器材、一套广播器材和一套体育设施的“七个一”建设标准完成建设任务,村综合文化服务中心已成为当地农村思想道德科学文化建设的主阵地和广大农民群众

天门夜色

的精神乐土。

文化民生工程。在完成2293场送电影进村任务的同时，启动爱教片进校园工作，让116所学校近5万名学生更好地接受爱国主义教育。“送戏进万村”完成全县22个乡镇191个行政村的巡回演出，共演出191场次，受益群众达30万人次。为每个乡镇学校送3场高质量的好戏，戏曲进校园、进乡村、进社区工作如期完成。累计为全县191个村文化信息共享工程服务点配送文艺、科技、少儿等视频光盘3620盒，为10家较为完善的农民文化乐园电子阅览室配备电脑40台，为全县210个农家书屋均新增图书100册(种)、杂志3种。县文化馆、图书馆、博物馆及22个乡镇综合文化站全面实现免费开放。

公共文化服务。为驻地武警官兵新春送去图书300余册。开展“助扶贫、献爱心、送春联”为主题的文化下乡慰问等系列活动，共展出楹联30幅、赠出春联300幅。开展赠送各类书籍1000册。相继组织开展了凉亭镇“经典诵读大赛”、下仓镇“崇德向善、爱我家园、携手小康”等百姓明星送欢乐区域文化活动50余场次，成功举办2017年宿松春节联欢晚会。

精神文明建设。2017年，全县精神文明建设工作牢牢把握培育和践行社会主义核心价值观这条主线，按照“做实、做深、做精、唱响”的工作思路，加强统筹谋划，狠抓工作落实，价值引领深入人心，文明创建成果显著，城乡环境持续改善，品牌建设亮点纷呈，各项工作呈现出蓬勃发展的良好态势。先后获评“第二届安徽省文明县”和“第三届安徽省未成年人思想道德建设工作先进县”，北浴乡迎宾村荣获“第五届全国文明村镇”称号，洲头乡继续保留“全国文明村镇”称号，县建行继续保留“全国文明单位”称号，柳坪乡邱山村等3个村获“第四届安徽省文明村镇”称号，孚玉镇古塔社区等3个社区获评“第五届安徽省文明社区”，县供电公司等8个单位获评“第十一届安徽省文明单位”。

乡贤文化建设。发挥县乡贤文化研究会作用，各乡镇乡贤文化研究分会、村(社区)乡贤参事会和“乡贤调解工作室”相继成立。出台《宿松县乡镇、村(社区)“乡贤馆”建设的指导意见》，建成乡贤馆116个。编撰完成《宿松历代乡贤》《宿松民俗》《宿松家训》乡贤文化丛书，均已交付出版。召开全县乡贤文化工作现场推进会，持续开展乡贤文化进厅堂、进课堂、进讲堂、进礼堂“四进”主题活动，涵育重德家风，培树崇文学风，引导清明政风，淳化质朴民风。积极传颂“古贤”、引进“今贤”、培育“新贤”，开展第三批宿松县“新乡贤”评选活动，马树霖等18人获评宿松县“新乡贤”称号。实施“乡贤+精准扶贫”“乡贤+乡村治理”“乡贤+志愿服务”“乡贤+乡风文明”等举措，助推全县经济健康发展、社会和谐稳定、公益事业进步、农村文化繁荣。宿松县创新发展乡贤文化做法列入安徽省思想道德建设工作创新案例，全年中央、省、市级主流媒体聚焦宣传推介发稿28篇(条)。

宿松县“推动移风易俗、树立文明乡风”活动启动仪式

好人文化建设。推动好人评选制度化、规范化，建立好人线索推报制度，潘香英等5人获评“安徽好人”或提名，叶怡德等28人获评“安庆好人”，王平岭等57人获评“宿松好人”；陶云龙被授予第五届安徽省道德模范提名奖，余顺华被授予第四届安庆市道德模范称号。组织开展全县见义勇为评选表彰活动，赵书宏、胡水宏、肖伟峰等3人被县见义勇为评审委员会表彰。充分发挥宿松好人馆和网上好人馆及基层宣传阵地作用，广泛开展学习宣传好人模范活动。落实好人模范褒奖礼遇，建立分层分类礼遇好人模范帮扶机制，县农商行推行“道德信贷”并发放首笔授信款。

志愿服务制度化建设。组织召开全县志愿服务工作座谈交流会，在全县宣传普及《志愿服务条例》、推广使用全国志愿服务信息系统，志愿者注册率不断增加。结合“两学一做”学习教育，开展“党员先锋·志愿创城”主题志愿服务活动，全县各单位党员齐上阵、干部职工作表率，主动到包保社区、责任区域开展“做一天城管、做一天交警、做一天环卫工、做一天文明宣传员”系列志愿服务活动,充分彰显党员先锋模范作用和干部职工责任担当精神,此项工作列入安徽省志愿服务工作创新案例。突出关爱他人、关爱社会、关爱自然“三关爱”主题,推进志愿服务主题月系列活动,实现月月有主题、长年不断线;“服务春运·暖冬行动”“千名青年下基层·青春扶贫志愿行”“圆梦微心愿”等志愿服务项目活动深受群众欢迎。推荐评选志愿服务和学雷锋活动优秀典型,石彩红获2017年安徽省“向上向善好青年”称号,李凯敏等2人获评2017年安徽省“向上向善好青年”提名,县医院获第三批安庆市学雷锋活动示范点称号,蔡灿萍获第三批安庆市岗位学雷锋标兵称号。

社会诚信建设。发挥县社会信用体系建设联席会议制度作用,县政府印发《宿松社会信用体系建设工作方案》《宿松县“构建诚信、惩戒失信”合作备忘录》《信用宿松》网上公共信用信息共享平台建设完成。依法建立并及时发布诚信“红黑名单”制度,实现全社会信用信息互联互通、共享共用。不断加大对失信行为打击力度,以张贴公告、电视台公告、户外视频滚动播出、网上发布等方式曝光失信被执行人,对309名失信被执行人限制消费,累计将3283名被执行人纳入黑名单。积极将诚信建设渗透到生产、流通、消费各环节,开展“3·15”消费者权益日、食品安全宣传周、诚信兴商宣传月等活动,倡导遵纪守法,引导文明诚信。

【宿松非物质文化遗产展厅对外开放】2017年4月19日,经过精心设计和制作,宿松县非物质文化遗产展厅对外正式开放。该展厅位于宿松县文化馆一楼,面积100平方米,以实物、图片、多媒体等形式展示全县所有非物质文化遗产代表性项目。其中,国家级非物质文化遗产保护名录的代表性项目1项、省级项目8项、县级项目59项。

广德县

【文化概览】广德县位于安徽省东南部,苏浙皖3省8县(市)交界处,素有“三省通衢”的美誉。广德古称桐汭,建县已有1800余年的历史。东汉建安八年(203),孙吴析故鄣置县,取名广德,寓意“皇恩浩荡,帝德广大”。面积2165平方千米,人口52万人,辖9个乡镇。

广德是“中国竹子之乡”“中国板栗之乡”,县内旅游资源丰富,有万亩竹海、千顷卢湖和“天下四绝”之一的国家风景名胜区太极洞,是全国十佳生态休闲旅游城市、中国生态旅游经济百强县。全县有AAAA级景区1家(太极洞风景区)、AAA级景区7家(灵山大峡谷风景区、箐箐庄园景区、宣木瓜文化旅游景区、桃姑迷宫景区、横山国家森林公园、和合生态景区、紫金寺景区);有省优秀旅游乡镇5个、乡村旅游示范村6个。广德本地多种文化交织融合,既是遍及江淮和东南沿海广大地区的祠山文化发源地,又受吴文化、徽文化、移民文化的多重熏陶,呈现多元的文化特性。

公共文化建设。截至2017年年底,占地806公顷、总建筑面积81150平方米、投资5亿元的县文化中心(规划展示馆、博物馆、图书馆、档案馆、文化馆、大剧院)主体工程已全部完工。2017年度确定2个乡镇、28个行政村(社区)为综合文化服务中心建设示范单位。全县136场“送戏进万村”年度演出任务全面完成。全县12家公共文化馆(站)服务水平全面提升,保障广大人民群众基本文化权益。“送电影下乡”年度放映任务完成率达100%。推进卫星电视“户户通”建设工程,完成了9000户“户户通”工程安装任务。

群众文化活动。2017年度先后举办“广德茶文化节”“广德经济开发区第四届职工文化艺术节”“‘喜庆十九大 欢度重阳节’专场文艺晚会”“‘颂歌献给党’庆祝十九大专场文艺晚会”“第六届中国·广德环东亭国际山地自行车赛”“原味四合——兰·茶文化节暨第四届皖南书画院笔会”。组织少儿舞蹈《女儿鼓》参加全省“六一”少儿文艺调演,推荐选送少儿舞蹈《快乐六一》《疯狂节拍》参加宣城市“六一”少儿调演演出;选送黄梅戏《到底人间欢乐多》、京剧《智斗》参加宣城市少儿戏曲大赛,分别获得优秀奖;制作广德特色彩车,参加宣城市第八届文房四宝文化旅游节。2017年度县百花文化艺术交流协会荣获省“优秀群众文化志愿辅导服务团队”称号,陈林霞、李丹荣获省“优秀群众文化辅导员”称号。

非物质文化遗产保护与传承。开展“送非遗进校园”活动。制作第二辑《广德民歌》MV光碟，免费向社会发放千余盘。成功将《祠山张勃传说》《火狮灯》《西坞马灯》《皖南竹刻》和《高峰唐氏竹篮编织技艺》等5项非遗项目申报为省级非遗代表性项目；广德县第二批县级非遗名录传承人公布，计45项55人。

文艺创作。出台《广德县“桐汭文艺奖”评选奖励办法》，涵盖文学、戏曲、摄影等六大类别，每两年评选一次。举办第二届“山水柏垫、长寿茅田”摄影大赛，评选获奖作品21幅；与《旅游视野》杂志合作，推出“风景独好”——柏垫镇茅田专题。开展“文化走亲”活动，联合浙江省安吉县书法家协会举办两地书法作品联展，共展出书法家作品80幅。举办第四届“最美广德”迎新精品展，共展出摄影、美术、书法、根雕艺术作品百余幅，并结集出版。县书法家协会会员甘恢明入展全国第四届草书展，县美术家协会会员柏龙华师生联展在芜湖举办，县美术家协会会员汪文广开展中学美术互动。组织原创皖南花鼓小戏《县长推车》参加安徽省第十届皖江八市群艺(小品)大赛，荣获金奖。

2017年9月29日，广德县举行太极洞五色谷开园仪式。

文化产业。2017年，省重大项目投资计划文化产业类项目实际完成投资4.77亿元，较2016年增加2.2亿元，增长85.6%；文化及相关产品出口额为354.25万美元，增长5.05%；全县规模以上文化企业数为20个，较2016年新增7家，增长53.8%；全部文化产业单位数为372个，其中文创单位数为139个，新增58家，增长71.6%。2017年度入选全省民营文化企业100强2家，入选第六届安徽省文化产业示范基地1个，2家文化企业荣获市级优秀文化企业称号。组织明德折扇参加第十四届中国（深圳）国际文化产业博览交易会。

社会主义核心价值观培育。2017年共评出“广德好人”89人，入选“中国好人”1人、“安徽好人”4人，推荐身边好人线索约2.4万条。常态化开展好人故事巡讲进社区(村)及好人故事微宣讲40余场次；编印《2015—2016年广德好人志》，收录216名“身边好人”的典型事迹；拍摄好人主题微视频，运用网络、电视持续刊播。深化寻找“最美家庭”活动，2017年，获评全国最美家庭1户、省最美家庭7户。编印《广德县家风纪事》，收录全县优秀家风故事135篇。在宣城市举办的2017年度“讲文明树新风”公益广告征集活动中，广德县作品分获二等奖、优秀奖。开展2017年广德县中华诗文诵读活动，《新时代城乡建设者颂》获宣城市第八届中华诗文诵读比赛二等奖。全年发布4次诚信红黑榜，公布“红榜”上榜企业(个人)80个、“黑榜”上榜企业(个人)36个。

2017年4月13日，广德县举行2017年“最美广德人”年度人物颁奖典礼。

志愿服务活动。组织开展各项志愿服务活动，围绕重要节点、重要场所、重点人群，开展“爱心护考”“慰问孤寡老人和留守儿童”“关爱困难职工、助残志愿服务”“学雷锋志愿服务月”等多项志愿服务活动，大力弘扬志愿服务文化，传承志愿服务精神。建立完善志愿服务激励回馈办法，评选表彰

2016 年度优秀志愿者、志愿服务组织和志愿服务项目。积极培育志愿服务品牌,创成市级优秀志愿服务项目 3 个、优秀志愿服务组织 1 个、优秀志愿服务个人 1 名。广泛开展志愿服务活动,各地各部门及民间志愿服务组织开展各类志愿服务活动达 2000 余次,参与志愿者近万人次。

【广德县四合乡乡贤文化馆开馆】 2017 年 1 月 3 日,广德县四合乡乡贤文化馆在宏霞村正式开馆。四合乡乡贤文化馆是由邹恩雨故居改建而成,整个乡贤馆占地 200 平方米,馆内展览主要分为儒乡家风、故里乡贤、综艺大观三大板块。通过整理四合耿、焦、刘、裘四大姓的历史变迁、故里乡贤和人物事迹,以及由此衍生的独具四合特色的非物质文化遗产,展陈乡贤文化对四合社会发展的贡献,同时以图片、文字及声光电等新技术集中展示多名乡贤的故事,旨在以乡贤为楷模,探寻文化血脉,弘扬中华文化传统。

【太极洞五色谷开园】 2017 年 9 月 29 日,太极洞五色谷景区正式对外开放。五色谷文创博览园项目总投资 3 亿元,其中文博园花海一期项目投资 3400 万元,主要提供珍稀花卉种植、四季球形花海育苗大棚等观赏类产品,婚庆基地、亲子乐园、花艺客栈、花道养生馆等体验型产品,旅游纪念品小站、花艺酒吧、特色小吃等服务型产品。同时,园内还设有“非物质文化遗产”皖南根雕、大学生实践创作写生基地、竹编技艺展馆等科普教育基地。

【2017 广德茶文化节】 4 月 21 日,“2017 广德茶文化节”在广德县日月商城隆重开幕,县领导及省茶叶协会、茶文化研究会、省农科院茶叶研究所相关负责人出席开幕式。广德茶文化节已成功举办 5 届。本次文化节以“多姿多彩广德茶”为主题,活动期间,除茶叶展示、展销和茶艺表演外,还特地安排品茶、赛茶、万亩茶园参观和茶叶发展座谈会等诸多系列活动。2017 年,全县共发展茶园 10 万余亩,茶叶总产量 7000 余吨,总产值超过 10 亿元,茶产业已逐渐成为广德支柱产业之一。

【举办中国·广德全域旅游杭州新闻推介会】 2017 年 9 月 22 日上午,广德县在浙江省人民大会堂隆重举行“山水竹乡 品味广德”为主题的中国·广德全域旅游杭州新闻推介会。县主要领导以及澎湃新闻、浙江工人日报、科技金融时报等 30 余家杭州新闻媒体和 20 余家旅游单位代表出席推介会。县旅游局推介茅田山长寿养生旅游度假区、海棠旅游小镇、东亭自行车主题公园等 12 个旅游招商项目和生态休闲之旅、原生态食材溯源之旅 2 条精品旅游线路。太极洞风景区管委会、东亭乡、四合乡分别推介景区和特色小镇,县旅行社代表与杭州旅行社代表互签旅游合作协议。与会媒体、旅游单位代表与广德县有关乡镇、项目负责人等进行现场交流。

【举办第六届中国·广德环东亭国际山地自行车赛】 2017 年 10 月 29 日,由安徽省体育局、宣城市政府主办,广德县政府承办的第六届中国·广德环东亭国际山地自行车赛在该县阳岱山村鸣枪开赛。自 2012 年首次启动以来,环东亭国际山地自行车赛已经成功举办 5 届。该赛事不仅由最初的乡级比赛发展成为省级比赛,专业性和国际化水平也进一步提升。在以往赛事的基础上,本届赛事除来自国内 25 个省、直辖市 662 名运动员参赛外,还吸引英国、法国、德国、约旦和以色列等 23 个国家的 45 名外籍选手参赛,参赛运动员总数达到 707 名。本次赛道选址位于东亭乡阳岱山村,赛段单圈 6.5 千米。整条赛道以砂石泥地路面为主,呈环形状,选手骑行过程中可穿越水库、竹林和茶园,极具挑战性和观赏性。

2017 年 10 月 29 日,第六届中国广德环东亭国际山地自行车赛鸣枪开赛。

安徽省行政区划统计表

单位	市辖区	县(县级市)	街道	镇	乡
合肥市	**4**	**5**	**45**	**65**	**17**
蜀山区			8	4	
庐阳区			9	1	1
瑶海区			14	1	
包河区			8	2	
巢湖市			6	11	1
长丰县				9	5
肥东县				12	6
肥西县				8	4
庐江县				17	
淮北市	**3**	**1**	**15**	**18**	
相山区			8	1	
杜集区			2	3	
烈山区			5	3	
濉溪县				11	
亳州市	**1**	**3**	**10**	**72**	**7**
谯城区			3	20	2
涡阳县			4	20	
蒙城县			3	12	2
利辛县				20	3
宿州市	**1**	**4**	**12**	**71**	**23**
埇桥区			12	15	9
砀山县				13	
萧　县				18	5
灵璧县				13	6
泗　县				12	3
蚌埠市	**4**	**3**	**19**	**43**	**12**
蚌山区			7		2
龙子湖区			6	1	1
禹会区			5	2	1
淮上区			1	5	
怀远县				15	3
五河县				12	2
固镇县				8	3
阜阳市	**3**	**5**	**18**	**125**	**24**
颍州区			5	8	1
颍东区			3	8	1
颍泉区			2	4	
界首市			3	12	3
临泉县			5	21	2
太和县				30	1
阜南县				20	8
颍上县				22	8

(续表)

单　位	市辖区	县(县级市)	街道	镇	乡
淮南市	**5**	**2**	**19**	**59**	**12**
田家庵区			9	4	1
大通区			1	3	1
谢家集区			5	4	2
八公山区			3	2	
潘集区			1	9	1
凤台县				15	4
寿　县				22	3
滁州市	**2**	**6**	**16**	**82**	**12**
琅琊区			9		
南谯区			2	8	
明光市			4	12	1
天长市			1	14	
来安县				8	4
全椒县				10	
定远县				16	6
凤阳县				14	1
六安市	**3**	**4**	**10**	**87**	**43**
金安区			5	11	6
裕安区			3	12	7
叶集区			2	3	1
霍邱县				21	9
舒城县				15	6
金寨县				12	11
霍山县				13	3
马鞍山市	**3**	**3**	**13**	**33**	**2**
雨山区			4	2	1
花山区			9	1	
博望区				3	
当涂县				10	1
含山县				8	
和　县				9	
芜湖市	**4**	**4**	**18**	**44**	
鸠江区			7	4	
弋江区			6		
三山区			4	1	
镜湖区			1		
芜湖县				5	
繁昌县				6	
南陵县				8	
无为县				20	
宣城市	**1**	**6**	**15**	**60**	**18**
宣州区			9	12	3

(续表)

单位	市辖区	县(县级市)	街道	镇	乡
宁国市			6	8	5
郎溪县				7	2
广德县				6	3
泾　县				9	2
旌德县				10	
绩溪县				8	3
铜陵市	**3**	**1**	**3**	**27**	**7**
铜官区				1	
郊　区			3	2	1
义安区				6	2
枞阳县				18	4
池州市	**1**	**3**	**11**	**37**	**8**
贵池区			11	9	
东至县				12	3
石台县				6	2
青阳县				10	3
安庆市	**3**	**7**	**18**	**84**	**47**
大观区			7	1	2
迎江区			6	1	3
宜秀区			2	3	2
桐城市			3	12	
怀宁县				15	5
潜山县				11	5
太湖县				10	5
宿松县				9	13
望江县				8	2
岳西县				14	10
黄山市	**3**	**4**	**4**	**58**	**43**
屯溪区			4	5	
黄山区				9	5
徽州区				4	3
歙　县				15	13
休宁县				10	11
黟　县				5	3
祁门县				10	8

总计:16个省辖市(地级市),6个县级市,55个县,44个市辖区,246个街道办事处,1240个乡镇[其中965个镇,275个乡(7个回族乡,1个回族满族乡,1个畲族乡)]。

注:数据截至2017年12月31日。

人物

杜鹏飞题

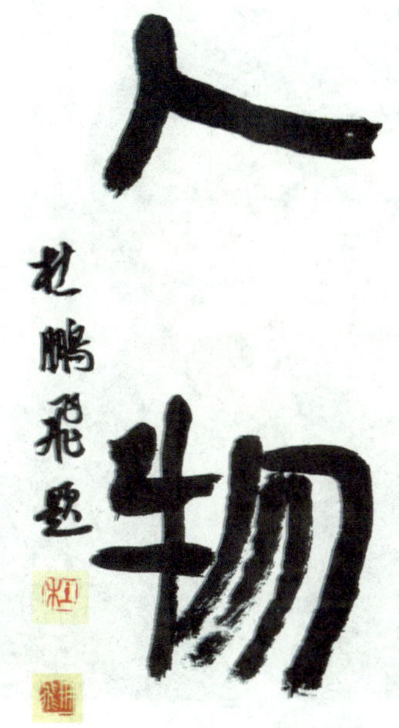

□ 第六届全国道德模范陈贤、曹旭律师

□全国五好家庭——程彩玲家庭

□全国文明家庭——王忠心家庭

□时代楷模——张劼

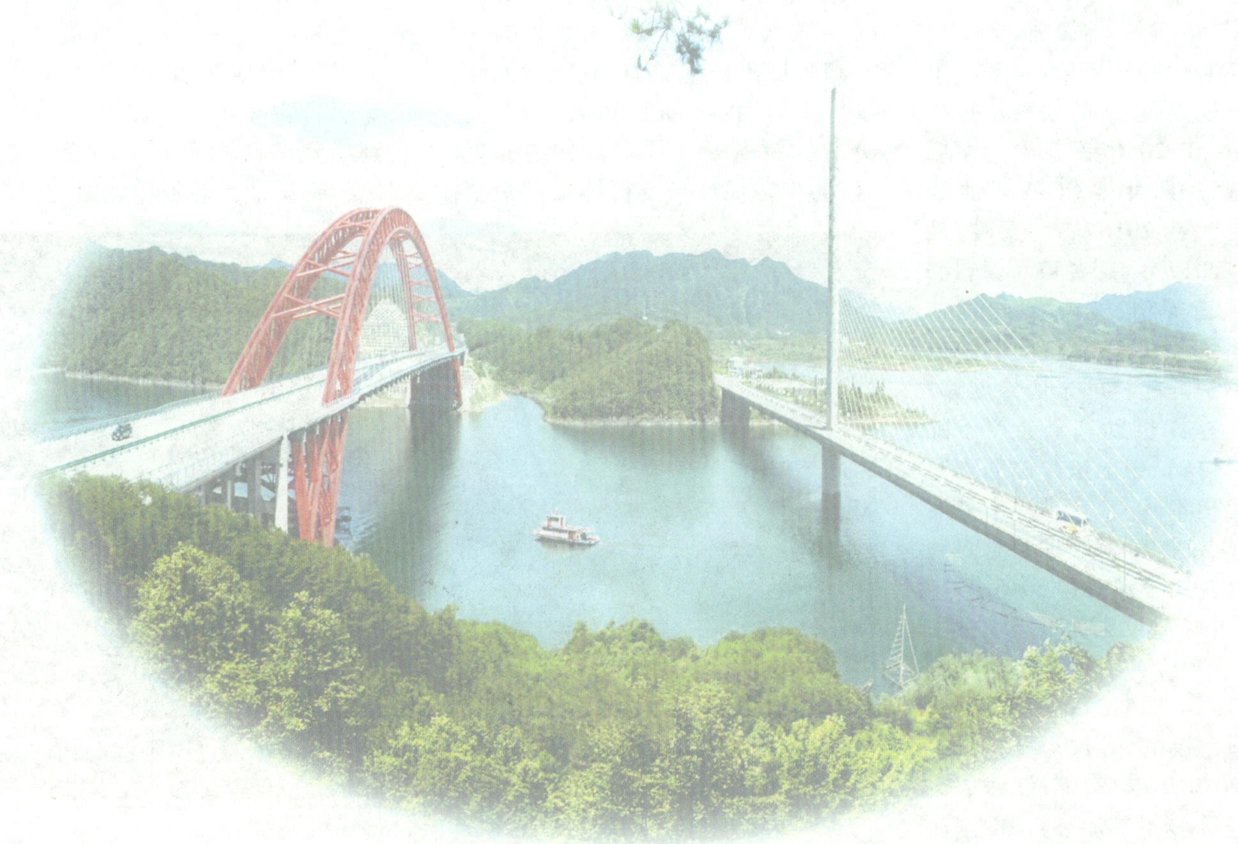

第六届全国道德模范陈贤、曹旭律师

"1+1"中国法律援助志愿者行动律师志愿者陈贤、曹旭

陈贤，女，汉族，1972年8月生；曹旭，男，汉族，1971年9月生。二人系夫妻，均为安徽省滁州市定远县开仁律师事务所律师。

2015年，陈贤律师被评为"2015年度十大中国正义人物"(由最高人民检察院发起，检察日报社正义网主办)。2016年，陈贤与曹旭一起当选"2016年度CCTV十大法治人物"，当选2016"心动安徽·最美人物"。2017年，陈贤被新疆司法厅记个人三等功，被评为"全国司法行政系统劳动模范"，受到中央政法委书记孟建柱的亲切接见。7月，中国法律援助基金会授予陈贤、曹旭"'1+1'中国法律援助志愿者行动突出奉献奖"，十届、十一届全国政协副主席李兆焯为他们颁奖。陈贤、曹旭分别荣登2016年12月、2017年7月助人为乐类"中国好人榜"。2017年，陈贤、曹旭夫妇当选第五届安徽省道德模范，第六届全国道德模范。

自2014年以来，陈贤、曹旭夫妇二人连续多年参加"1+1"中国法律援助志愿者行动（陈贤连续四年、曹旭连续两年参加），是中国法律援助志愿者行动全国唯一一对"夫妻志愿者"。在开展志愿服务期间，陈贤、曹旭凭着无私奉献的爱心和坚韧不拔的毅力，克服常人难以想象的困难，先后辗转西藏、内蒙古、新疆等条件艰苦的边疆地区，为少数民族贫弱群体提供免费的法律帮助。他们的大爱善举让众多边疆地区贫弱群众感受到了法治阳光的温暖、感受到了公平正义，他们的感人事迹得到各级领导的肯定和认可。时任中央政治局常委、全国政协主席俞正声，安徽省委书记李锦斌，省长李国英，省委常委、政法委书记姚玉舟，省委常委、宣传部部长虞爱华等中央和省领导先后做出重要批示，对陈贤、曹旭律师扎根祖国边疆、推进法治建设的感人事迹表示敬意。2017年11月17日，在人民大会堂举行的"全国精神文明建设表彰大会"上，陈贤、曹旭夫妇受到习近平总书记亲切接见。

2014年，陈贤报名参加"1+1"中国法律援助志愿者行动，远赴西藏开展志愿服务，成为安徽省首位援藏女律师。2015年，在陈贤的感召下，丈夫曹旭也追随妻子脚步参加志愿服务，成为全国唯一一对法律援助志愿者夫妻。

2014年，陈贤走进西藏昌都市卡若区，成为当地第一个职业律师。恶劣的气候环境、严重的高原反应、艰苦的生活条件没有让陈贤退缩。当陈贤办理完第一个案件，拿到工伤赔偿的藏族女孩紧紧抓住她的手激动得热泪盈眶时，陈贤

陈贤、曹旭在新疆法律援助时的留影

感受到发自心底的快乐。一年里，陈贤办结58件案件，是该地区上年度办结案件总数的近3倍，为群众直接挽回经济损失100多万元。援助任务到期后，她主动向司法部申请留下来，组织上将她派往内蒙古巴彦淖尔市乌拉特中旗。这一年，她的丈夫曹旭也报名参加“1+1”中国法律援助志愿行动，被派往内蒙古乌海市海南区，他俩重新成了“夫妻档”。夫妻俩虽同在内蒙古，却相隔300多公里，辗转7个小时才能相见。大雪封山时，两人有时几个月都见不上一面。在内蒙古的一年里，陈贤共办结85件案件，为当事人挽回直接经济损失200多万元。同年，曹旭办理民事、刑事、劳动仲裁案件31件，挽回经济损失60余万元。

2016年，陈贤和曹旭再次报名参加法律援助志愿行动，夫妻俩一起远赴新疆开展“1+1”法律援助志愿者服务。在新疆开展援助期间，陈贤在乌鲁木齐经济开发区劳动人事争议仲裁院法援工作站，代理80多起劳动争议仲裁案件，大部分以调解结案。曹旭在昌吉州阜康市人民法院法援工作站办结援助案件30多件，解答法律咨询300多人次。

2017年7月，陈贤第四次参加“1+1”中国法律援助志愿者行动，继续留在乌鲁木齐经济开发区劳动人事争议仲裁院法援工作站，为边疆少数民族地区困难群众提供法律援助。

全国五好家庭——程彩玲家庭

程彩玲的家，在安徽省黄山市休宁县榆村乡岭脚村，是农村一户普通的家庭，拥有着幸福的六口之家：丈夫、一双儿女和公公婆婆。她的家庭没有什么轰轰烈烈的事迹，但全家人用自己的勤劳、朴实和宽容守护着最真实的幸福，享受着最舒心的生活。

20多年来，夫妻共同创业，儿女懂事好学，公公婆婆勤劳善良，受到了乡邻们的一致称赞和好评。她创办的岭脚“徽姑娘农家乐”，注重品牌打造，坚持以诚信经营赢取了客户的信任和支持；她义务帮助村民代销各种农产品，不收任何费用；她坚持带领周边群众共同致富，先后手把手帮助村民创办6家农家乐。在村里开展的环境整治活动中，她第一个带头无条件拆除了自家的路边旱厕，给村民树立了标杆，给岭脚村后来的环境整治工作带好头，开好路。作为母亲，坚持从小培养子女良好的道德作风；作为儿媳，她无时无刻不记挂公婆，再忙都定期陪他们去医院做检查；作为妻子，关心体贴丈夫；作为邻居，热心帮助村中留守老人理发剪指甲等。先后获安徽省最美家庭、最美休宁人、休宁县道德模范等称号。2017年获全国五好家庭称号。

全国五好家庭——程彩玲家庭

全国文明家庭——王忠心家庭

王忠心与母亲及妻子合影

王忠心，黄山市休宁县海阳镇汪金桥村人，现任火箭军某旅一级军士长。王忠心 1986 年 12 月入伍，在部队政治氛围的熏陶感染下，王忠心始终把听党话、跟党走当作人生最有意义的事，把练精兵、打胜仗看作人生最有价值的事，把尽职责、做奉献视作人生最光荣的事。当兵 32 年，扎根一个连队 30 年，当班长 29 年，多次受到习主席接见，光荣当选为十二届全国人大代表。他都熟练操作 3 种型号导弹武器，精通测控专业全部 19 个号位，实装操作上万次，无一差错；参与执行重大任务 28 次，操作和指挥发射多型号导弹武器，发发命中；培养和帮带出 200 多名技术骨干，40 多人进入火箭军和基地技术尖子人才库，成长为士官专家、班长标杆、老兵楷模。妻子始终理解支持她，默默承担照料家庭的重担。女儿传承父亲优秀品质，于 2015 年考入军校。王忠心先后被评为全军爱军精武标兵、践行强军目标模范士官、全军优秀共产党员，4 次获全军士官优秀人才奖，立二等功 1 次、三等功 2 次。2015 年，王忠心获评第五届敬业奉献类全国道德模范和第四届敬业奉献类安徽省道德模范。2016 年，王忠心家庭获“全国文明家庭”称号。2017 年，王忠心获“八一勋章”。

时代楷模——张劼

张劼

张劼，男，汉族，安徽蚌埠人，中共党员，1980 年 3 月出生，2000 年 12 月参加公安工作，现任蚌埠市公安局特警支队一大队教导员。从警 17 年来，他一直战斗在特警反恐处突第一线，工作表现突出，曾获得全国“五四青年奖章”、首期全国“公安楷模”“全国公安系统二级英雄模范”、全国特级优秀人民警察、“中国好人”、第五届安徽省道德模范、安徽省优秀共产党员、“全省优秀人民警察”、安徽省“五四青年奖章”、安徽省先进生产工作者、“全省禁毒先进个人”、蚌埠市“优秀青年卫士”等多项荣誉；先后荣立三等功 2 次、受嘉奖 5 次。张劼所带中队还荣立集体三等功 2 次，并连续两年被评为“全市公安机关岗位争先活动先进基层所队”。

□ 2017 年宣传文化大事记

宣傳文化大事記

汤永志

2017年宣传文化大事记

1月

6日　由安徽省社会主义学院、安徽中华文化学院主办的首届"徽文化论坛"暨"安徽地域文化与统战工作"学术研讨会在肥召开。全国政协文史和学习委员会副主任、中央社会主义学院原党组书记、著名学者叶小文出席并作主旨演讲，省政协副主席、民革省委主委、安徽省社会主义学院院长、安徽中华文化学院院长夏涛出席并致辞。本次研讨会共收到参会论文80篇。来自全国及省内有关机关、高校、文化研究机构的研究人员共100余人与会。

7日　由文化部、故宫博物院与安徽省合作共建的故宫博物院驻安徽黄山市徽派传统工艺工作站、故宫学院(徽州)、故宫博物院博士后工作站(徽州)在黄山成立，文化部副部长项兆伦、故宫博物院院长单霁翔、安徽省副省长谢广祥为工作站揭牌。

7日　首届安徽当代原创文学作品研讨会在合肥市举行。会议特邀中国作协副主席、茅盾文学奖获得者徐贵祥等国内重点评论家50余人参加研讨。

8日　省委副书记信长星赴安徽出版集团调研。省委常委、宣传部部长虞爱华陪同调研。

10日　由中宣部、文化部、国家新闻出版广电总局、中国文联主办的2017年"我们的中国梦——文化进万家文化惠民"演出活动在金寨红军广场开幕。中宣部副部长景俊海致辞并宣布活动启动。文化部副部长董伟，中国文联副主席左中一，省委常委、六安市委书记孙云飞等出席活动。省委常委、宣传部部长虞爱华出席活动并致辞。

11日　2017年全省文化科技卫生"三下乡"启动仪式暨集中服务月活动在宿州市灵璧县钟灵文化广场举行。省委常委、宣传部部长虞爱华出席并宣布活动启动。

12日　2016年度"心动安徽·最美人物"颁奖典礼在安徽广播电视台举行。

13日　全省"扫黄打非"工作会议在合肥召开。

13日　《宁国府续志》付梓。

26日　安徽省承担的"国家基层综合性文化服务中心"和马鞍山市承担的"基本公共文化服务标准化建设"两项试点通过验收，并升级为全国示范。

21日　《六安市非物质文化遗产图典》出版。

23日　省非物质文化遗产研究会成立大会在合肥举行，省委常委、宣传部部长虞爱华出席会议并讲话。

24日　全省宣传工作会议在合肥召开。省委书记李锦斌出席会议并讲话，省委副书记信长星主持会议，省委常委、省委秘书长唐承沛，副省长谢广祥出席会议，省委常委、宣传部部长虞爱华做工作报告。

24日　安徽文化产业发展网暨安徽文化产业政策"一站式"网络服务平台正式上线，省委常委、宣传部部长虞爱华出席启动仪式。

25日　全省广场舞大赛在亳州市举办，全省16支代表队、近500名参赛选手参赛。

25日　滋芜新著《历代黄山图题画诗考释》学术研讨会在合肥市举行。

2月

8日　铜陵市举办"丁酉新春鸡文物图片联展"。

9日　台湾大学生"徽文化"冬令营在合肥师范学院举办。

9日　全省少儿电视舞蹈大赛决赛在淮南市举行。

10日　《图说皖西文化》新书发布，该书填补国内相关研究空白，开创系统研究皖西地域文化先河。

10日　中国徽州文化博物馆晋级国家一级馆。

17日　由教育部高校思想政治理论课教指委和安徽师范大学共同主办的"学习贯彻全国高校思想政治工作会议精神研讨会"在芜湖召开。省委常委、宣传部部长虞爱华出席会议并讲话。

3月

3日　中央文明办"中国好人群星灿烂——我推荐我评议身边好人"活动座谈会在宣城召开。

9日　"春之韵——2017安徽文艺精品进万家"活动开票仪式在合肥市举行，11台精品剧目惠民展演21场。

18日　芜湖市成为国家文化消费试点。

18日　铜陵·马鞍山首届中青年油画交流展在铜陵市美术馆开幕。

24日　省政协举行"保存城市文脉培育特色文化"专题协商会情况通报会，省政协副主席李修松主持会议。

24日 由知名演员闫学晶、孙涛主演的30集电视剧《回家的路有多远》在铜陵开拍。

25—27日 涡阳举行老子祭祀大典。

29日 中宣部新命名一批全国爱国主义教育示范基地，安徽新增3个，总数达13个。

29日 国家广播影视科技创新实验基地、安徽省创意文化产业集聚发展合肥基地、滨湖卓越城项目暨2017年包河·滨湖重点项目集中签约开工仪式在合肥市举行，签约项目45个，总投资逾500亿元。省委常委、宣传部部长虞爱华，省委常委、合肥市委书记宋国权出席仪式。

31日 全省国家级贫困地区村综合文化服务中心建设现场会在寿县召开。省文化发展改革办公室以及宿州、亳州、安庆等7个市、20个县相关负责人与会。

4月

6日 “徽墨禅韵利乐江淮”佛教书画展在合肥市举行。

10日 徽匠神韵——安徽徽州传统工艺故宫特展在京举行。省委书记李锦斌，文化部党组书记、部长雒树刚，省委副书记、省长李国英，文化部党组成员、副部长项兆伦，文化部党组成员、故宫博物院院长单霁翔，省领导唐承沛、虞爱华、谢广祥出席。

12—14日 国家文物局局长刘玉珠一行在皖调研文物保护利用工作，副省长谢广祥陪同部分调研。

13日 安徽省争创全国文明城市新闻发布会召开，安徽6市进入百个地市级全国文明城市提名城市测评前30位。

14日 安庆获批“中国地方戏曲剧种传承发展基地”。

18日 黄梅交响清唱剧《红梅赞》在合肥市上演。

22日 2017年“书香安徽”全民阅读活动启动仪式及第八届“省直机关读书月”游园活动在合肥举行。

27日 省委宣传部和六安市在金寨县召开省属文化企业助推六安革命老区扶贫攻坚对接会。

27日 庐江“诗情山水”吟诗大会开幕。

5月

5日 “文艺扶贫 携手小康”——惠民演出活动在亳州市举行，7000余名观众观看演出。省委常委、宣传部部长虞爱华出席。

6日 泾县查济古镇荣获全国“森林文化小镇”称号，成为全国首批10个森林文化小镇之一，也是安徽省唯一获此荣誉的村镇。

8日 “翰墨情缘——铜陵市、上海奉贤区书法联展”在铜陵美术馆开展，共有120幅风格各异的优秀书法作品参展。

10日 黄梅戏《大清名相》入选中国戏剧节演出剧目。

11日 第九届“文化企业三十强”发布，安徽新华发行集团入围，科大讯飞获提名。

11日 国家广播影视科技创新实验基地·安徽省创意文化产业集聚发展(合肥)基地招商推介会暨项目签约仪式在深圳会展中心举行。省委常委、宣传部部长虞爱华出席并致辞。

11日 黄梅戏《唐诗宋词》在深圳市精彩展演。

11—15日 第十三届中国(深圳)国际文化产业博览交易会在深圳市举行。中共中央政治局委员、中央书记处书记、中宣部部长刘奇葆，中共中央政治局委员、广东省委书记胡春华，在省委常委、宣传部部长虞爱华的陪同下参观安徽展区。文化皖军再获“丰收”，安徽发布文化产业招商项目267项，33个投融资项目入选《2017中国文化产业重点项目手册》，入选项目数位列全国第一。

13—14日 国标舞全国公开赛在皖举办，来自全国各地以及俄罗斯的85支代表队逾5000名选手展开精彩角逐。

14日 天长建成孝文化展示中心。

16日 徽剧《惊魂记》唱响“五羊城”。

17日 由中国机电产品进出口商会、安徽省文化厅承办的“文化创意产业与中部创新发展交流研讨会”在合肥市举行。

18日 徽州文博馆晋级国家一级馆。

18—19日 全国“扫黄打非”工作小组专职副组长李长江一行在皖就2017年“扫黄打非”专项行动进行督导检查。省委常委、宣传部部长、省“扫黄打非”领导小组组长虞爱华陪同督查。

19日 由省委宣传部、中国—东盟中心主办的“2017东盟十国主流媒体暨中央重点外宣媒体走进中国皖南国际文化旅游示范区”大型采访活动，在合肥举行启动仪式。省委常委、宣传部部长虞爱华出席仪式，并向采访团授旗。

19日 皖南国际文化旅游示范区旅游营销联盟启动仪式在黄山市举行。

22日 安徽省徽京剧院青年演员汪育殊凭借在徽剧《惊魂记》中的精彩表现喜登“梅花奖”榜首；安庆市黄梅戏艺术剧院创排的大型黄梅戏《大清名相》获曹禺剧本奖。

23日 芜湖铁画协会成立。

24—25日 全国社科联联席会议在合肥市召开。省委常委、宣传部部长虞爱华出席并讲话。

31日 全省媒体融合见学班

在杭州举办。省直新闻单位、网络媒体负责人,以及各市宣传系统负责新闻舆论工作的同志共 57 人参加了培训。

6 月

1 日 第 25 届“瓦尔纳之夏”国际戏剧节在保加利亚海滨城市瓦尔纳拉开帷幕。在开幕式上安徽徽京剧院《惊魂记》惊艳亮相。

5 日 刘铭传漫画展在安徽名人馆开幕。

6 日 萧县首部以孝文化为主题的微电影《鞭打芦花》首映。

8 日 2017 年首场安徽省道德模范与身边好人现场交流活动在马鞍山举办。省委宣传部副部长、省新闻出版广电局党组书记、局长车敦安出席活动并致辞。

9 日 纪录片《大黄山》登陆哈萨克斯坦。

16 日 由安徽广播电视台和合肥市委宣传部联合摄制的纪录片《台湾首任巡抚刘铭传》,在肥西县刘铭传故居举行开机仪式。

21 日 由蚌埠市花鼓灯歌舞剧院创排的大型民族舞剧《大禹》,在北京国家大剧院精彩上演。中宣部副部长、文化部党组书记、部长雒树刚,中国文联党组书记李屹,全国政协科教文卫体委员会副主任胡振民,文化部副部长董伟,国家文物局局长刘玉珠,中国文联书记处书记李前光、陈建文,省委常委、宣传部部长虞爱华,省人大常委会副主任王翠凤等出席观看。

23 日 安徽戏剧网上线仪式暨第四届合肥青年戏剧节闭幕式在合肥市举行。

27 日 黄梅戏《大清名相》亮相第 15 届中国戏剧节。

30 日 中国文联在皖举办研讨班。

7 月

4 日 大型民族舞剧《李白》入选 2017 年度国家艺术基金大型舞台剧和作品创作资助项目。

6 日 《市场星报》创刊 25 周年暨《安徽画报》复刊、安徽画报网上线启动仪式在合肥举行。

8 日 纪录片《摇摇晃晃的人间》在合肥市首映。

11 日 海峡两岸(安徽)青年徽文化交流周在合肥市启动,省政协副主席夏涛出席启动仪式。

11—12 日 全省“扫黄打非”进基层工作培训暨现场会在滁州市来安县召开。

13 日 黄梅戏《青山鉴》亮相全国基层院团戏曲会演。

14 日 全省地方戏曲剧种普查完成。

14 日 皖 3 个美术项目入选全国展览。

16 日 全球首家共享书店在合肥市启动运营。省委常委、宣传部部长虞爱华,省委常委、合肥市委书记宋国权出席启动仪式。

18 日 由中国文联、中国舞蹈家协会、上海市教育委员会、上海市文联共同主办的第九届“小荷风采”全国少儿舞蹈展演,在上海国际舞蹈中心剧场隆重举行。霍邱县少儿舞蹈《翻菱角》荣获“小荷之星”金奖。

19 日 安徽再芬黄梅文化艺术股份有限公司的黄梅戏《邓稼先》、马鞍山市艺术剧院有限公司的民族舞剧《李白》入选“大型舞台剧和作品创作资助项目”。

22 日 张恨水故居修复开放。

22 日 六安市举办茶文化节。

23 日 新闻公益活动“红灯记·文明行”在合肥市启动。

24 日 由省关工委、省国动办、六安市关工委联合主办的“放飞中国梦 传承红基因”——纪念中国人民解放军建军 90 周年主题教育活动在六安市裕安区独山镇举行。

25 日 泾县举办“铁军精神”廉政文化主题活动。

27 日 省政协举办“保存城市文脉,培育特色文化”专题协商会。省政协主席徐立全,省委常委、宣传部部长虞爱华出席并讲话。省政协副主席李修松主持会议,秘书长王启敏出席。

28 日 《张英年谱》出版。

28 日 全国柳琴艺术展演在皖举行。

29 日 “书香剑气”书画展在含山县开幕。

31 日 全省公共文化服务现场推进会在安庆市召开,副省长谢广祥出席并讲话。

31 日 “强军梦 鱼水情”——合肥市庆祝中国人民解放军建军九十周年文艺晚会举行。省委常委、宣传部部长虞爱华,省委常委、合肥市委书记宋国权观看演出。

8 月

1 日 为庆祝中国人民解放军建军 90 周年,中央新闻单位驻皖机构“红色文化行”主题采访活动走进岳西、金寨、临泉等地,探访红色遗迹,追寻红色记忆,报道安徽革命故事,传播安徽红色文化。

1 日 “安徽军民抗战宣传画展”入选国家重大主题展览。

1 日 纪录片《八月桂花遍地开——金寨红色纪事》(暂定名)开机仪式暨新闻发布会在金寨县革命烈士纪念塔前隆重举行。

1 日 全省宣传部长会议在合肥市召开,省委常委、宣传部部长虞爱华在全省宣传部长会议上强调学习宣传贯彻好习近平总书记“7·26”重要讲话精神是当前全省宣传思想文化战线首要任务。

2日　以“唱响主旋律·喜迎十九大”为主题的安徽“梦之声”合唱节在合肥市拉开帷幕。

4日　《梦天歌海》出版发行。

4—6日　安徽省庄子研究会第二届学术交流会在蒙城县举办，100余位专家学者与会。

8日　由中国文化管理协会主办的“一带一路 昂扬在途”大型跨国文化交流项目，在黄山市黟县西递村启动。

10日　中国戏曲文化展在希腊开展，黄梅戏将亮相希腊戏剧之乡。

10日　大型文学采风作品集——《有一种红叫“金寨红”》首发仪式在六安市举行。

11日　省艺术研究院申报的《黄梅戏消费及生产双向激励模式研究》获文化部2017年度文化艺术智库项目立项。

11日　第九届全国残疾人艺术会演(东部赛区)在山东省会大剧院开幕，安徽共有2个声乐类节目、2个器乐类节目、2个舞蹈类节目和1个戏曲类节目参赛。

12日　滁州市首届灯光音乐节启幕。

13日　由省委宣传部、省政府参事室、省文史研究馆、省文联联合主办的“锦绣中华·当代新徽派版画作品展”在北京中国美术馆启幕，这是继1983年首次进京之后，“新徽派版画”时隔34年再次以整体形象进京展示。国务院参事室主任王仲伟，省委常委、宣传部部长虞爱华出席开幕式并致辞。

15日　安徽再芬黄梅文化艺术股份有限公司韩再芬、合肥演艺股份有限公司孙邦栋、六安市皖西演艺传媒有限公司武克英3位戏曲表演艺术家入选“名家传戏”工程。

15日　淮南八公山景区灯光艺术节启幕。

18—20日　亳州市举行老庄思想学术论坛。

23—27日　第24届北京国际图书博览会举行，安徽展团与国外出版机构签署版权输出与合作协议517项，实现全国省份版权输出排名“十连冠”。23日，全国政协副主席、民进中央常务副主席罗富和参观安徽展团主展区，国家新闻出版广电总局副局长吴尚之等陪同参观。24日，中共中央政治局常委、中央书记处书记刘云山，中共中央政治局委员、中央书记处书记、中宣部部长刘奇葆参观安徽展区。

26日　安徽省亳文化研究会成立大会暨第一届会员代表大会在合肥市举行。

28日　2017中国黄山书会开幕式在安徽图书城举行。省委常委、宣传部部长虞爱华出席并宣布开幕。

28日　安徽新华发行集团WWIN文化产业峰会暨重点项目签约仪式在合肥市举行。省委常委、宣传部部长虞爱华出席并讲话。

9月

1日　大型京剧《程长庚》在合肥市演出。

4日　第五届省道德模范和第二届省美德少年评选揭晓，陈贤曹旭夫妇等30人（组）荣获第五届“安徽省道德模范”称号，王怀芬等26人(组)荣获“安徽省道德模范提名奖”，马玉会等10人荣获第二届“安徽省美德少年”称号，张语洋等10人荣获第二届“安徽省美德少年提名奖”。

5日　亳州市举办国际五禽戏大赛。

8日　第三届中国非物质文化遗产传统技艺大展在黄山市开幕。故宫博物院院长单霁翔、文化部副部长张旭、副省长谢广祥出席开幕式。

8日　省政府新闻发布“四位一体”矩阵和《看安徽》外宣电视栏目正式上线开播，省委常委、宣传部部长虞爱华出席启动仪式。

9日　萧县发现3000多年前岳石文化时期遗址。

9日　社科知识普及活动月在合肥市启幕，省委常委、宣传部部长虞爱华出席开幕式。

10—11日　中宣部组织人民日报、新华社、光明日报等中央主要媒体到皖深入采访安徽创新驱动发展的典型经验和做法。

11日　第十二届中国北京国际文化创意产业博览会在京开幕。安徽代表团携近4000件文创产品参展。

11日　由中国侨联、省委宣传部、省委统战部、省侨联主办，安徽演艺集团承办的“亲情中华·美好安徽”——安徽省侨界喜迎党的十九大文艺演出在安徽大剧院精彩上演。

15日　第六届中国农民歌会在“大包干”发源地滁州市唱响。文化部部长雒树刚宣布歌会开幕，省长李国英致辞。农业部总农艺师孙中华，全国政协常委、中国文联副主席赵化勇，省领导信长星、王翠凤、赵韩出席开幕式。副省长谢广祥主持开幕式。

19日　鲍加油画作品展在京开幕。

20日　第九届“党是阳光我是苗”少幼儿书画大赛在合肥市举行颁奖仪式并展出优秀作品。省委常委、宣传部部长虞爱华，省关工委主任张俊出席。

22日　iTV“有戏安徽”专区上线，省委常委、宣传部部长虞爱华出席上线仪式。

24日　中日韩学者交流亚洲教育文化。

25日　省直机关喜迎党的十九大红色经典诵读展演活动在合肥市举行。省委常委、宣传部部长虞爱华出席活动，并带领现场全体党员重温《入党誓词》。

26 日　全省宗教界“我们的价值观我们的中国梦”文艺会演在肥举行,省委常委、统战部部长刘莉出席并观看演出。

27 日　省第四届残疾人读书达人演讲比赛在合肥市举办。

27 日　大型坠子戏《闵子骞》亮相合肥。

27 日　中宣部第十四届精神文明建设“五个一工程”奖在京揭晓,根据安徽女孩黄凤真实故事创作的《板车女孩》获优秀作品奖,并在广播剧类中排名第一位。

28 日　安庆黄梅戏展演周开幕。

28 日　《金兴安研究》出版座谈会在合肥市举行。

28 日　马鞍山市举办第三届“邻里节”。

29 日　“翰墨寄情 助力扶贫——安徽当代书画艺术家助力扶贫”捐赠活动在合肥市举办。

29 日　“讴歌美好安徽新成就,喜迎党的十九大”书画摄影展在合肥市开展。

29 日　安徽省健康文化旅游产业促进会在合肥市成立。

30 日　黄山黎阳庙会暨第五届黎阳文化艺术节开幕。

30 日　由省委宣传部主办,省文明办、省委讲师团、省演讲学会承办的全省“好家庭、好家风、好故事”演讲比赛在合肥举行。

10 月

1 日　亳州市举办金秋菊花展。

1 日　“乡约独山·首届安徽裕安国际当代艺术作品展”在大别山深处的“将军镇”——独山镇六安茶谷开展,共展出国内外 133 位艺术家 185 件作品。

9 日　皖新十分钟学校上线,省委常委、宣传部部长虞爱华出席上线仪式。

11 日　黄梅戏《太白醉》献艺省城。

11 日　全省读书演讲电视大奖赛在合肥市举行,省委常委、宣传部部长虞爱华出席。

11 日　以“中国梦·劳动美·安徽篇章——喜迎党的十九大”为主题的全省职工书画摄影集邮联展在马鞍山市举办。

11 日　扶贫剧《春风化雨》在宿州市首演。

12—13 日　全省“扫黄打非”办案经验交流会暨现场推进会在宿州市召开。

13 日　四川诗书画院创作成果(安徽)巡回展在合肥市启幕。

14 日　“驿路·丝路·复兴路”——“行走新丝路,喜迎十九大”2017 全国集邮巡回展安徽站启动。

17 日　安徽省组织报送的《好人》入选“中国梦”主题新歌。

24—25 日　合肥市原创民族革命舞剧《立夏》在北京天桥艺术中心拉开全国巡演大幕。

27 日　第十一届合肥国际文化博览会开幕。省委常委、宣传部部长虞爱华,省委常委、合肥市委书记宋国权,省委宣传部副部长操龙灿等巡视文博会展馆。

27—30 日　宣城市举办第八届文房四宝文化旅游节,宣城文房四宝吉祥物——四个“文房四宝娃娃”将首次亮相。

28 日　涡阳县出土 4 件汉代文物。

29 日　安徽地域文化论坛——2017“文化黄山”研讨会在黄山市举行。省政协副主席李修松出席。

30 日　合肥第十一届文博会落幕。

30 日　“中国墨文化保护与传承(国家级)高级研修班”在黄山市举办。

30 日至 11 月 5 日　全国民间文艺人才培训班在太和县举办。

11 月

1 日　中日韩围棋名人混双赛在合肥市开幕。

2 日　“不忘初心 牢记使命”——宣传贯彻党的十九大精神首场文艺演出在合肥举行。省委常委、宣传部部长虞爱华观看演出。

3 日　第十六届全国文学院院长联席会议在合肥市举行。中国作协副主席、鲁迅文学院院长吉狄马加,省委常委、宣传部部长虞爱华出席并致辞。

3 日　第 29 届马鞍山李白诗歌节开幕式暨民族舞剧《李白》首映式在马鞍山大剧院举行。

4 日　教育部马克思主义理论类专业教学指导委员会 2017 年年会在合肥市召开。省委常委、宣传部部长虞爱华出席并讲话。

6 日　中宣部授予霍山县烈士陵园全国爱国主义教育示范基地称号。

9 日　皖 4 人当选第六届全国道德模范,本届当选数和历届当选总数均居全国第一。

10 日　中央宣讲团党的十九大精神报告会在合肥举行。中央宣讲团成员、国家发展改革委副主任、国家统计局局长宁吉喆作宣讲报告。省委书记李锦斌主持会议并讲话。省委常委、宣传部部长虞爱华参加报告会。

12 日　安徽文化论坛在宣城市举行。省委常委、宣传部部长虞爱华出席并讲话。

13 日　全民终身学习活动周在合肥市开幕。

14 日　新一届全国文明城市揭晓,淮北、蚌埠、宣城、安庆当选第五届全国文明城市,当涂、天长、巢湖获评首届全国县级文明城市,合肥、马鞍山、铜陵、芜湖通过复查确认,安徽省新入选数位居全国第一。

17日　皖新增亳州市亳州古城、淮南市寿州古城、滁州市醉翁亭文化园、宣城市中国宣纸文化园、黄山市徽州古城等5家“中国华侨国际文化交流基地”。截至11月份,安徽已拥有15家。

18日　由省委宣传部、滁州市委市政府主办的“文艺扶贫 携手小康”惠民演出在定远县举行。

18—19日　由省文化厅主办,省文化馆和全省文化馆活动联盟承办的第二届安徽省群星奖（音乐）评选演出在安徽艺术剧场举行。共有43个原创音乐节目参演。

20日　第八届全国小戏小品曲艺大展在合肥市开幕。

21日　富阳竹纸制作传承人进中科大研修造纸术。

21日　安徽卫视推出谈话节目《家风中华》。

23日　第六届安徽美术大展陶瓷艺术作品展在黄山市开展,此次共展出新彩、青花、颜色釉、青花斗彩、瓷画、综合装饰作品161件。

23—25日　中国报业十九大融合传播峰会在江苏省盐城市举行。安徽日报选送的《为了总书记的嘱托》特刊和《学报告 看安徽》系列报道,在峰会上分获“中国报业十九大融合传播优秀作品报道类十佳”和“中国报业十九大融合传播优秀作品”奖。

27日　铜陵市首届文化名家工作室挂牌成立。

28日　《姜昆“说”相声》亮相合肥。

28日　皖苏鲁豫四平调展演在砀山县落幕。

29日　中国文化馆年会在马鞍山举行,“国家公共文化云”正式开通。

29日　吴玉叶词曲作品演唱会在合肥市举行。

30日　“盛世琳琅——故宫博物院珍藏清代宫廷玉器特展”在安徽博物院开幕。

12月

1日　“新时代 新安徽”十九大精神情景宣讲首场活动在肥西县举办。

1日　第五届中国国际动漫创意产业交易会在芜湖市开幕。

3日　鄂豫皖三省四市首届大别山歌会总决赛在六安市落幕。

4日　安徽司法陈列与廉政法治教育基地揭牌。

10日　2017合肥大学生文化艺术季汇报演出在合肥大剧院举办。来自合肥工业大学、安徽大学、安徽农业大学、安徽医科大学等15所高校的同学参加表演。

13日　蒙城县获授“中国曲艺之乡”称号。

18日　歙县入选非遗保护传承观察点。

18日　由安徽广电传媒集团旗下五星东方影视公司等联合出品的当代题材电视剧《生逢灿烂的日子》创口碑、收视双高。

19日　由中国美术家协会、安徽省文学艺术界联合会主办,安徽省美术家协会、中国宣纸股份有限公司承办的“泾上丹青·全国中国画作品展暨当代中国名人名家精品展”在泾县中国宣纸博物馆举行。省委常委、宣传部部长虞爱华宣布开幕。

21日　凤台花鼓灯《家乡的红绣球》荣获第十五届中国人口文化奖歌舞类一等奖。

26日　全国首家地铁共享书店亮相合肥。

29日　皖剧《生逢灿烂的日子》研讨会在京举行。

30日　国家京剧院在皖慰问演出。

全省国家级非物质文化遗产项目一览表

（共4批计72项，按国务院公布顺序排列）

一、民间文学（共3项）

1 桐城歌 第二批
2 孔雀东南飞传说 第四批
3 老子传说 第四批

二、传统音乐（共9项）

4 当涂民歌 第一批
5 巢湖民歌 第一批
6 五河民歌 第二批
7 大别山民歌 第二批
8 徽州民歌 第二批
9 道教音乐（齐云山道场音乐） 第二批
10 凤阳民歌 第三批
11 唢呐艺术（砀山唢呐） 第三批
12 唢呐艺术（灵璧菠林喇叭） 第四批

三、传统舞蹈（共7项）

13 花鼓灯 第一批
14 灯舞（东至花灯舞） 第二批
15 火老虎 第二批
16 傩舞（祁门傩舞） 第二批
17 灯舞（无为鱼灯） 第三批
18 傩舞（跳五猖） 第四批
19 龙舞（手龙舞） 第四批

四、传统戏剧（共17项）

20 青阳腔 第一批
21 高腔（岳西高腔） 第一批
22 徽剧 第一批
23 庐剧 第一批
24 黄梅戏 第一批
25 泗州戏 第一批
26 目连戏（徽州目连戏） 第一批
27 傩戏（池州傩戏） 第一批
28 坠子戏 第二批
29 文南词 第二批
30 花鼓戏 第二批
31 二夹弦 第二批
32 嗨子戏 第三批
33 淮北梆子戏 第三批
34 庐剧（东路庐剧） 第三批
35 黄梅戏 第三批
36 四平调 第四批

五、曲艺（共2项）

37 凤阳花鼓 第一批
38 渔鼓道情 第三批

六、传统体育、游艺与杂技（共2项）

39 马戏（埇桥马戏） 第二批
40 华佗五禽戏 第三批

七、传统美术（共9项）

41 徽州三雕 第一批
42 盆景技艺（徽派盆景技艺） 第二批
43 剪纸（阜阳剪纸） 第二批
44 挑花（望江挑花） 第二批
45 竹编（舒席） 第二批
46 柳编（黄岗柳编） 第三批
47 柳编（霍邱柳编） 第三批
48 竹刻（徽州竹雕） 第四批
49 刻铜（杜氏刻铜） 第四批

八、传统技艺（共15项）

50 界首彩陶烧制技艺 第一批
51 芜湖铁画锻制技艺 第一批
52 万安罗盘制作技艺 第一批
53 宣纸制作技艺 第一批
54 徽墨制作技艺 第一批
55 歙砚制作技艺 第一批
56 漆器髹饰技艺（徽州漆器髹饰技艺） 第二批
57 纸笺加工技艺 第二批
58 宣笔制作技艺 第二批
59 绿茶制作技艺（黄山毛峰、太平猴魁、六安瓜片） 第二批
60 红茶制作技艺（祁门红茶制作技艺） 第二批
61 徽派传统民居营造技艺 第二批
62 桑皮纸制作技艺 第二批
63 毛笔制作技艺（徽笔制作技艺） 第四批
64 豆腐传统制作技艺 第四批

九、传统医药（共2项）

65 中医诊法（张一贴内科疗法） 第三批
66 中医诊疗法（西园喉科医术） 第四批

十、民俗（共6项）

67 肥东洋蛇灯 第二批
68 抬阁（肘阁抬阁） 第二批
69 界首书会 第二批
70 珠算（程大位珠算法） 第二批
71 庙会（九华山庙会） 第三批
72 祭祖习俗（徽州祠祭） 第四批

□ 关于进一步深化文化市场综合执法改革的实施意见

□ 安徽省实施中华优秀传统文化传承发展工程工作方案

□ 安徽文化产业统计表

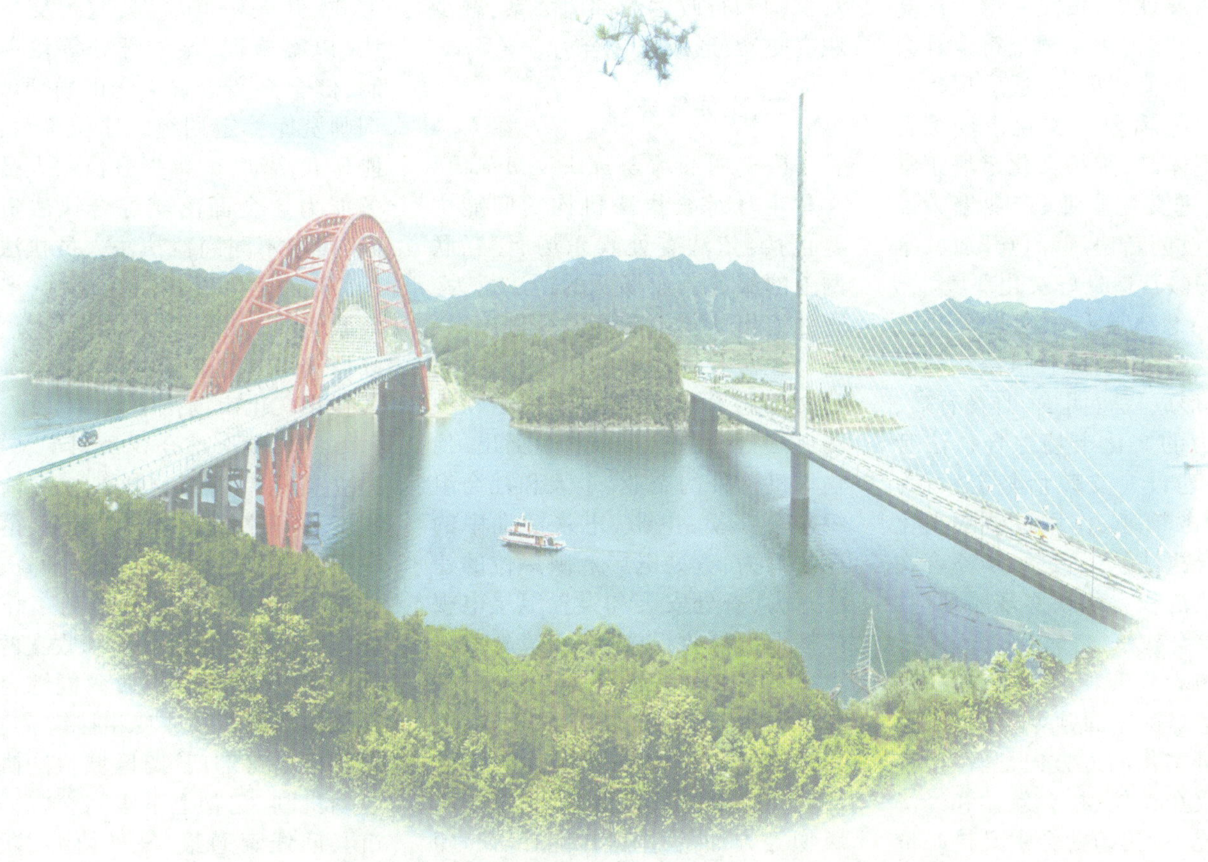

关于进一步深化文化市场综合执法改革的实施意见

为贯彻落实《中共中央办公厅、国务院办公厅印发〈关于进一步深化文化市场综合执法改革的意见〉的通知》,进一步深化文化市场综合执法改革,促进文化市场持续健康发展,结合我省实际,现提出如下实施意见。

一、总体要求

(一)指导思想。高举中国特色社会主义伟大旗帜,以邓小平理论、“三个代表”重要思想、科学发展观为指导,全面贯彻党的十八大和十八届三中、四中、五中、六中全会精神,深入贯彻习近平总书记系列重要讲话特别是视察安徽重要讲话精神,围绕统筹推进“五位一体”总体布局和协调推进“四个全面”战略布局,牢固树立和贯彻落实五大发展理念,按照省第十次党代会决策部署,建立健全符合社会主义核心价值观要求、适应现代文化市场体系需要的文化市场综合执法管理体制,维护文化市场正常秩序,促进文化事业、产业繁荣发展,为建设创新协调绿色开放共享的美好安徽营造良好文化环境。

(二)总体目标。通过深化改革,建设文化市场综合执法法规支撑体系;形成权责明确、监督有效、保障有力的文化市场综合执法管理体制;建设一支政治坚定、行为规范、业务精通、作风过硬的文化市场综合执法队伍;进一步整合文化市场执法权,加快实现跨部门、跨行业综合执法。

(三)基本原则

——坚持党的领导。坚持社会主义先进文化前进方向,坚持把社会效益放在首位、社会效益和经济效益相统一,弘扬社会主义核心价值观,通过有力有效的文化市场综合执法,加强思想文化阵地建设,向社会传导正确价值取向,维护国家文化安全。

——坚持依法行政。坚持法定职责必须为、法无授权不可为,严格规范公正文明执法。加强执法监督,完善执法责任制,提升执法公信力。

——坚持分类指导。针对不同层级综合执法机构职责,确定工作任务和执法重点;针对不同地区经济文化差异,科学设置综合执法机构;针对不同执法事项的特点,采取有效方式加强监管。

——坚持权责一致。落实市场主体守法经营责任、综合执法机构执法责任、行政主管部门监管责任和属地政府领导责任。厘清综合执法机构和行政主管部门关系,减少职责交叉,形成监管合力。

二、主要任务

(一)明确综合执法适用范围。文化市场综合执法机构的职能主要包括:依法查处娱乐场所、互联网上网服务营业场所的违法行为,查处演出、艺术品经营及进出口、文物经营等活动中的违法行为;查处文化艺术经营、展览展播活动中的违法行为;查处除制作、播出、传输等机构外的企业、个人和社会组织从事广播、电影、电视活动中的违法行为,查处电影放映单位的违法行为,查处安装和设置卫星电视广播地面接收设施、传送境外卫星电视节目中的违法行为,查处放映未取得《电影片公映许可证》的电影片和走私放映盗版影片等违法活动;查处图书、音像制品、电子出版物等方面的违法出版活动和印刷、复制、出版物发行中的违法经营活动,查处非法出版单位和个人的违法出版活动;查处著作权侵权行为;查处网络文化、网络视听、网络出版等方面的违法经营活动;配合查处生产、销售、使用“伪基站”设备的违法行为;承担“扫黄打非”有关工作任务;依法履行法律法规规章及政府赋予的其他职责。

(二)加强综合执法队伍建设。严格实行执法人员持证上岗和资格管理制度,执法资格考试合格后方可从事执法活动。落实综合执法标准规范,加强队容风纪管理,使用统一执法标识、执法证件和执法文书。实施文化市场综合执法能力提升计划,贯彻落实国家、省级综合执法业务技能培训要求,健全省、市、县三级培训网络,创新培训方式,开展精准培训,完善交叉执法、以案施训、案卷评查等培训机制,健全充实全省文化市场管理培训师资库,定期组织岗位练兵、技能比武活动,大幅提升执法人员业务能力。全面落实综合执法责任制,确定不同岗位执法人员执法责任,建立健全责任追究机制,严格廉政纪律,通过实施党内监督、行政监督、社会监督、舆论监督等方式强化文化市场执法监督。

(三)健全综合执法制度机制。建立文化市场综合执法权责清单制度和行政裁量权基准制度,落实举报办理、交叉检查、随机抽查、案件督办、应急处置等各项工作规程。严格执行罚缴分离和收支两条线制度,严禁将罚没收入同综合执法机构利益直接或变相挂钩。建立文化市场跨部门、跨区域执法协作联动机制,完善上下级间、部门间、市县间线索通报、案件协办、联合执法制度。健全完善文化市场行政执法和刑事司法衔接机制，坚决防止有案不移、有案难移、以罚代刑现象。推进政务信息公开，落实行政处罚信息公示制度，向社会公开执法案件主体信息、案由、处罚依据及处罚结果，提高执法透明度和公信力。

（四）推进综合执法信息化建设。全面推广应用文化市场技术监管与服务平台，加强与相关行政部门信息平台系统的衔接共享，全面落实文化市场行政许可与行政执法在线办理，规范审批和执法行为，实现互联互通。通过文化市场经营场所视频监控、在线监测等远程监管措施，加强非现场监管执法。采用移动执法、电子案卷等手段，提升综合执法效能。推动信息化建设与执法办案监督管理深度融合，运用信息技术对执法流程进行实时监控、在线监察，强化内外监督，建立开放、透明、便民的执法机制。构建文化市场重点领域风险评估体系，形成来源可查、去向可追的信息链条，切实防范区域性、行业性和系统性风险。

（五）建立文化市场信用体系。建设全省文化市场基础数据库，完善市场主体信用信息记录并与省公共信用信息共享服务平台、国家企业信用信息公示系统（安徽）联网，建立文化市场守信激励和失信惩戒机制。实施文化市场信用分类监管和文化市场警示名单、黑名单制度，对从事违法违规经营、屡查屡犯的经营单位和个人，依法公开其违法违规记录，使失信违规者在市场交易中受到制约和限制。落实市场主体守法经营主体责任，指导其加强事前防范、事中监管和事后处理工作。推动行业协会建立健全行业经营自律规范、自律公约和职业道德准则，引导行业健康发展。

（六）建立健全综合执法运行机制。综合执法机构依据法定职责和程序，相对集中行使文化（文物）、新闻出版广电（版权）等部门文化市场领域的行政处罚权以及相关的行政强制权、监督检查权，开展日常巡查、查办案件等执法工作，认真落实各有关行政部门的工作部署和任务，及时反馈执法工作有关情况，形成分工负责、相互支持、密切配合的工作格局。省文化厅负责指导全省文化市场综合执法工作，统筹综合执法队伍建设，依法履行执法指导监督、跨区域执法协作、重大案件查处等职责。省文化厅、省新闻出版广电局、省旅游局、省体育局等有关部门在各自职责范围内指导、监督综合执法机构开展执法工作，省公安厅、省工商局、省通信管理局等相关部门依据各自职责配合做好文化市场综合执法工作。文化、旅游和体育行政管理职能已合为一体的地方依据本级政府赋予职责，进一步整合执法力量，依法监管，做好跨行业综合执法工作。

三、组织实施

（一）加强组织领导。省文化体制改革和发展工作领导小组统一领导全省深化文化市场综合执法改革工作。省委宣传部、省网信办、省文化厅、省新闻出版广电局根据本实施意见要求统筹推进改革，涉及互联网信息内容的执法工作由省网信办统筹协调。各市、县（市、区）党委、政府要高度重视，将深化文化市场综合执法改革工作列入重要议事日程，周密计划，加快推进，制定本级工作方案，确保改革各项措施落实到位，确保执法人员、经费保障等方面存在的问题解决到位。

（二）完善管理体制。建立健全省、市、县三级文化市场管理工作领导小组，领导小组由同级党委宣传部部长任组长，同级政府有关负责同志任副组长，统一领导本行政区文化市场管理和综合执法工作，推动文化领域跨部门、跨行业综合执法。充分发挥各部门职能作用和资源优势，加强统筹、协调和指导。领导小组办公室职责由同级文化行政部门承担。

（三）规范机构设置。各地要充分把握文化市场管理的特殊性和新型文化业态迅速发展的新形势，切实加强文化市场综合执法机构建设和专业队伍建设，积极探索改革的新经验新做法。市级可整合市、区两级文化市场综合执法队伍，充实市级文化市场综合执法队伍，形成监管合力，提升执法效能。市级文化市场综合执法机构名称统一为文化市场综合执法支队、县级统一为文化市场综合执法大队。有关执法机构的性质、规格等，继续按照省委办公厅、省政府办公厅《关于印发〈关于整合组建市县文化市场综合执法机构的实施方案〉的通知》（厅〔2010〕25号）规定执行。对经济发达、城镇化水平较高的乡镇，县级市和县文化广电新闻出版行政部门可根据需要和条件通过法定程序委托乡镇政府行使部分文化市场执法权。

（四）落实人员参公管理和经费保障。文化市场综合执法机构干部任免参照宣传文化单位干部管理规定办理。市、县文化市场综合执法机构按照规定的条件、程序报批后，列入参照公务员法管理范围，综合执法人员依法依规纳入参照公务员法管理。各地要把解决好机构性质、执法人员身份和妥善安置问题作为做好文化市场管理工作的重要内容加以推进；要依据工作实际，认真编制预算，将工作经费和能力建设经费列入同级政府财政预算，确保日常办公、队伍建设、人才培养、执法办案等经费足额到位。在公务用车改革中，根据执法需要，合理配备综合执法车辆，确保执法工作正常开展。

（五）强化督查考核。省文化体制改革和发展工作领导小组负责组织对改革进展情况进行监督检查，适时组织省直相关部门对各地特别是对改革推进不力的市、县贯彻落实情况，进行专项督查，定期研究解决深化文化市场综合执法改革中的重大问题，将文化市场综合执法改革纳入文化体制改革台账。文化市场综合执法工作纳入社会治安综合治理成效评价体系，推动各级党委和政府履职尽责。省文化厅会同省新闻出版广电局等部门健全文化市场综合执法绩效考评制度，加强对各地依法行政、市场监管、社会服务效能等方面的监督和评估。充分发挥“12318”文化市场举报电话和网络平台作用，畅通公众意见反馈渠道。探索建立文化市场综合执法工作第三方评价机制和群众评议反馈机制，增强综合执法工作评价的客观性和科学性。推动综合执法机构依法行政，提高文化市场综合执法工作法治化水平。

中共安徽省委办公厅

安徽省人民政府办公厅

安徽省实施中华优秀传统文化传承发展工程工作方案

为贯彻落实《中共中央办公厅、国务院办公厅印发〈关于实施中华优秀传统文化传承发展工程的意见〉的通知》精神，推动我省优秀传统文化传承发展，提升人民群众文化素养、增强文化软实力，加快建设创新型文化强省，结合安徽实际，特制定本方案。

一、总体目标要求

1.指导思想。高举中国特色社会主义伟大旗帜，全面贯彻党的十八大和十八届三中、四中、五中、六中全会精神，坚持以马克思列宁主义、毛泽东思想、邓小平理论、“三个代表”重要思想、科学发展观为指导，深入学习贯彻习近平总书记系列重要讲话精神和治国理政新理念新思想新战略，深入学习贯彻习近平总书记视察安徽重要讲话精神，坚持以人民为中心的工作导向，坚持以社会主义核心价值观为引领，坚持创造性转化、创新性发展，坚守中华文化立场，传承中华文化基因，不断增强我省优秀传统文化的生命力和影响力，为加快建设五大发展美好安徽提供强大精神动力和文化支撑。

2.基本原则。坚持正确方向导向，牢牢把握社会主义先进文化前进方向，大力弘扬社会主义核心价值观，培育民族精神和时代精神，不断巩固马克思主义在意识形态领域的指导地位、巩固全省人民团结奋斗的共同思想基础。坚持以人民为中心的工作导向，不断增强人民群众的文化参与感、获得感和认同感。坚持创造性转化和创新性发展，坚持辩证唯物主义和历史唯物主义，秉持客观、科学、礼敬的态度，取其精华、去其糟粕，扬弃继承、转化创新，不复古泥古，不简单否定，不断赋予新的时代内涵和现代表达形式，不断补充、拓展、完善，使中华民族最基本的文化基因与当代文化相适应、与现代社会相协调。坚持社会效益优先，正确处理社会效益与经济效益的关系，坚持把社会效益放在首位、社会效益和经济效益相统一，增强经济社会发展的价值引领力、文化凝聚力、精神推动力。坚持开放包容，大力推动文化走出去，积极构建全方位、多层次、宽领域对外文化开放格局，讲好中国故事、安徽故事，在交流互鉴中丰富和发展我省优秀传统文化。坚持统筹协调，加强党的领导，充分发挥政府主导作用和市场积极作用，突出特色优势，系统化规划、整体性联动、项目化运作，以打造文化品牌为突破口，带动资源高效整合，促进机制创新完善，提升整体实力和竞争力。

3.主要目标。从2017年起，每年推出一批研究阐发、典籍出版成果，建成一批学术研究、传播交流平台，开展一系列普及教育、实践养成活动，实施一批重大文化工程项目，汇聚一批传统文化研究普及人才。

到2025年，我省优秀传统文化传承发展体系基本形成，研究阐发、教育普及、保护传承、创新发展、传播交流等方面协同推进并取得重要成果，具有安徽特色、安徽风格、安徽气派的文化产品更加丰富，文化品牌更加响亮，文化自觉和文化自信显著增强，文化软实力和影响力显著提升。

二、重点行动任务

坚持系统设计与项目带动并举，以中华优秀传统文化核心思想理念、中华传统美德、中华人文精神为主要内容，精心组织实施“九大行动”，形成以研究梳理为基础，以融入国民教育、融入道德建设、融入文化创造、融入生产生活为支撑的工作格局，推动我省优秀传统文化传承发展工作各项任务落到实处。

4.中华优秀传统文化挖掘阐发行动

实施我省优秀传统文化基础研究工程，加强安徽文化与中华文化、社会主义先进文化等关系的研究，深入阐释安徽文化的历史渊源、发展脉络、基本走向，准确把握安徽文化的历史演变与当代发展的内在逻辑，着力建设系统完整的安徽文化思想体系、学术体系、话语体系。开展老庄哲学、建安文学、徽州文化、桐城文化等地域文化的创新性研究，注重提炼其中的有益思想艺术价值。传承弘扬皋陶、包公、管仲、淮南子等法治思想，打造安徽法治文化品牌。支持建设一批人文社科研究基地，努力推出一批在海内外有影响的研究成果和普及读物。实施中华文化资源普查工程，构建准确权威、开放共享的省级文化资源公共数据平台。深入挖掘安徽历史名人文化资源，编纂《皖籍思想家文库》，出版《安徽历史名人传记》丛书。深入推进安徽省古籍保护工程，加强文化典籍整理编纂出版工作。加强史志及相关档案编修，挖掘史志价值，丰富文化内涵。

5.中华优秀传统文化教育普及行动

以中小学为重点，完善中华文化课程体系，加强地方文化校本课程建设，探索中华文化地方课程，强化中华文化教育。以课堂教学、主题活动、校外实践等多种形式开展青少年传承中华传统美德系列教育活动。推动高校开设中华优秀传统文化必修课，在哲学社会科学及相关学科专业和课程中增加中华优秀传统文化的内容。加强高校、科研机构人文学科建设，重视保护和发展具有重要文化价值和传承意义的“绝学”、冷门学科。推进职业院校民族文化传承与创新示范专业点建设。探索创建一批优秀传统文化传承学校。推进黄梅戏、徽剧等传统戏曲和书法、高雅艺术、传统体育等进校园。推进我省优秀传统文化数字化，建设安徽非遗网、安徽戏剧网、安徽文学网等重点网站和网上博物馆、图书馆。推出一批彰显安徽地域特色的优秀传统文化在线开放课程。实施中华经典诵读工程，组织开展“书香安徽”全民阅读活动。开设中华文化公开课，抓好传统文化教育成果展示活动。做好典籍选编、品读导读以及乡土教材编写等工作。配合做好国民语言教育大纲的研究制定，开展好国民语言教育，组织实施国家语言保护工程安徽方言保护项目，建设安徽方言基本数据库。

6.文化遗产保护利用行动

全面贯彻“保护为主、抢救第一、合理利用、加强管理”的方针，加强文物保护利用工作。加强对历史遗迹遗存资源的动态调查研究，适时更新登记建档，分类制定保护规划，重点做好世界文化遗产、国保、省保单位的保护管理工作。以各级文物保护单位为责任主体，全面保护与优秀传统文化、历史名人相关的遗迹遗存，对重要遗迹遗存特别是重大濒危文物予以抢救性保护。推进皖南国际文化旅游示范区文物保护利用工作。重视新型城镇化和新农村建设中的文物保护，加强重大建设工程中的文物保护工作。实施中国传统村落保护工程，做好传统民居、历史建筑、革命文化纪念地、农业遗产、工业遗产保护工作。加强大运河文化遗产(安徽段)等遗址保护利用，建成含山凌家滩、凤阳明中都皇故城国家考古遗址公园并对外开放。推进地名文化遗产保护。实施非物质文化遗产记录工程，对国家级非物质文化遗产代表性传承人实行抢救性记录。加强非物质文化遗产整体性保护，大力推进徽州文化生态保护区建设。积极申报联合国教科文组织非物质文化遗产代表作名录及国家级非物质文化遗产代表性项目名录。组织徽州文书申报世界记忆遗产名录。实施非物质文化遗产传承人群研修研习培训计划，加强非物质文化遗产保护利用设施建设。注重发挥省非物质文化遗产研究会等民间组织的作用。

7.民族民间文化传承发展行动

加强对民间文学、民俗文化、传统音乐舞蹈戏曲的研究整理和保护。深入挖掘城市历史文化价值，结合当地自然、历史、文化、建筑、园林等特色资源，确定城市特色定位，注重城市特色要素表达，延续城市历史文脉。进一步加大历史文化名城名镇名街名村、历史文化街区、传统村落保护力度，维护好整体风貌和特定环境。实施乡村记忆工程，挖掘整理传统建筑文化。加强“美丽乡村”文化建设，建设一批特色文化小镇，打造一批民间文化艺术之乡。用优秀传统文化的精髓涵养企业精神，培育现代企业文化。实施中华老字号保护发展工程，支持一批文化特色浓、品牌信誉高、有市场竞争力的中华老字号、安徽老字号做精做强。加强对传统历法、节气、生肖和饮食、医药等文化的研究阐释、活态利用。实施中医药文化素养提升工程和中医药健康文化推进行动，加强华佗医学和新安医学等特色中医文化推广。大力发展文化旅游，充分利用历史文化资源优势，规划设计推出一批专题研学旅游线路。继续评选公布安徽省研学旅行基地。发展传统体育，抢救濒危传统体育项目，把传统体育项目纳入全民健身工程。开展少数民族特色文化保护和特色村镇建设。

8.传统工艺保护振兴行动

实施传统工艺振兴计划，让现代设计走进传统工艺，让传统工艺融入现代生活，推动安徽文房四宝等传统工艺与现代艺术的融合创新。加强传统工艺的挖掘、记录和整理，对濒危传统工艺项目，加快实施抢救性记录，落实保护与传承措施。建立省级传统工艺振兴目录，对列入振兴目录的项目，予以重点支持。提升传统工艺产品的整体品质，培育笔、墨、纸、砚等一批具有民族特色的知名品牌。建设传统工艺传习基地和技能大师工作室，积极推行现代学徒制，大力培养各领域能工巧匠。举办中国非物质文化遗产传统技艺大展，加快推进与故宫博物院战略合作，建好故宫博物院驻黄山市徽派传统工艺工作站，引进全国知名文创设计单位、文创企业，促进传统工艺振兴发展。

9.传统美德培育弘扬行动

围绕“践行核心价值打造好人安徽”，注重文化熏陶，凝聚美好安徽向上向善的强大力量。加强国民礼仪教育。利用公益广告、微电影、广播剧等形式，大力普及文明礼仪规范。加大对国家重要礼仪的普及教育与宣传力度，在国家重大节庆活动中体现仪式感、庄重感、荣誉感，彰显中华传统礼仪文化的时代价值。研究提出承接传统习俗、符合现代文明要求的社会礼仪、服装服饰、文明用语规范，建立健全各类公共场所和网络公共空间的礼仪、礼节、礼貌规范，推动形成良好的言行举止和礼让宽容的社会风尚。弘扬孝敬文化、慈善文化、诚信文化、君子文化等，开展节俭养德全民行动，广泛开展学雷锋志愿服务活动，大力推进志愿服务制度化常态化。组织评选安徽省道德模范。开展文明家庭创建活动，评选安徽省文明家庭，大力宣传文明家庭建设先进典型。挖掘和整理家训、家书文化，用优良的家风家教培育青少年。培育和扶持乡村文化骨干，推动有条件的地方建设一批家风家训馆。实施传统节日振兴工程，深化拓展“我们的节日”主题活动，丰富春节等传统节日文化内涵，通过民俗传承、经典诵读、文艺展演等群众性文化活动，推动地方民俗文化活动与中华优秀传统文化理念相融合，培育和形成积极健康文明的节日习俗。

10.红色文化保护展示行动

实施红色文化保护、传承和弘扬工程，加强资源保护、设施建设、展示传播和实践体验。加强革命文物工作，扎实做好革命遗址、遗迹及有关重要纪念设施的保护和利用。实施革命旧址维修保护行动计划、馆藏革命文物修复计划。重点做好小甸集特支纪念馆、新四军军部旧址、淮海战役及渡江战役总前委旧址、金寨县革命博物馆、“大包干”纪念馆等维修保护和展示利用工作。编制完成《大别山区革命文物保护规划》，建立保护利用项目库。组织开展红色文化主题活动，建设安徽红色文化虚拟现实实体体验馆、“安徽省爱国主义教育基地网上展馆”“安徽红色文化网上展馆”，扩大红色文化的传播力和影响力。积极推动红色文化与旅游深度融合，加强精品线路建设，发挥全国爱国主义教育示范基地、全国红色旅游经典景区等的作用。鼓励有条件的地方打造红色实景演出和红色教育体验园。创办红色文化高端论坛和节庆活动，打造具有全国影响力的红色文化交流平台。

11.文艺精品创作生产行动

善于从中华文化资源宝库中提炼题材、获取灵感、汲取养分，科学编制重大革命和历史题材、现实题材、爱国主义题材、青少年题材等专项创作规划，提高创作生产组织化程度，推出一批底蕴深厚、涵育人心的优秀文艺作品。加强对中华诗词、音乐舞蹈、书法绘画、曲艺杂技和历史文化纪录片、动画片、出版物等的扶持，举办书画精品全国巡展。实施戏曲振兴工程，建立戏曲分级保护机制。挖掘采集傩戏、青阳腔、怀腔、弹腔、高腔等原始唱腔和地方民歌，组织开展稀有剧种(戏曲声腔)展演活动。在安庆市建设我省首个“全国地方戏传承发展示范基地”、在怀宁县建设石牌戏曲特色小镇和徽班博物馆。加大戏曲精品剧目创作扶持力度，推动徽剧、黄梅戏、庐剧、泗州戏、花鼓戏、梆子戏等地方特色戏曲向更高水平发展。继续举办中国(安庆)黄梅戏艺术节。开展送戏进万村活动。创新举办中国农民歌会。实施网络文艺创作传播计划，推动网络文学、网络音乐、网络剧、微电影等传承发展优秀传统文化。实施经典民间故事动漫创作工程、中华文化电视传播工程，组织创作生产一批传承中华文化基因、展示徽风皖韵的动画片、纪录片和节目栏目。组织拍摄《百年安徽》等系列历史文化专题纪录片，继续办好《相约花戏楼》等电视栏目。加强和改进文艺评论，定期举办当代安徽原创文学作品研讨会。

12.优秀传统文化走出去行动

加强对外文化交流合作，创新人文交流方式，丰富文化交流内容，不断提高文化交流水平。实施对外传播能力建设工程，建设用好讲好中国故事、安徽故事“五支队伍”，重点打造若干个海外新媒体平台。围绕我省重大对外文化交流活动，策划实施一批新闻出版、视觉艺术、舞台艺术、文化贸易等具有引领性、带动性的重点项目。培育一批文化出口重点企业，拓展对外文化交流渠道，主动响应国家“一带一路”倡议，加入“丝绸之路影视桥工程”和“丝路书香工程”，参与“长江中上游——伏尔加河”沿岸联邦区文化交流工程。支持省内文化团体承接“欢乐春节”“中国文化年”等海外演出任务。在境外办好“中国安徽电视周”“中国文化年·安徽周”等品牌活动，实施皖版图书、皖产影视剧、安徽地方戏曲和特色工艺品的海外贸易、输出和演出，不断拓展安徽文化走出去新领域、新途径。积极与我国驻外使(领)馆和海外中国文化中心、孔子学院、华文学校、华文媒体等海外中国文化传播机构建立广泛联系，充分利用我省友好城市、友好机构、国际知名人士和海外华侨华人等资源优势，不断扩大安徽品牌文化影响力。开展多领域的皖台文化交流，继续打好“铭传牌”“包公牌”“亲情牌”，组织我省出版、发行、广播、影视、演艺、文创等文化企业在台湾举办安徽文化周。鼓励港澳台艺术家参与“中国文化年·安徽周”、省艺术节等品牌活动，增强港澳同胞、台湾同胞的国家认同、民族认同、文化认同。

三、组织保障措施

优秀传统文化传承发展工程是一项长期性系统工程。要加强组织领导，科学周密实施，充分调动全省各地各方面的积极性创造性，为工作推进提供坚强保障。

13.加强组织领导。各级党委和政府要切实增强文化自觉和文化自信，把优秀传统文化传承发展工作摆上重要日程，纳入经济社会发展总体规划，纳入落实意识形态工作责任制的重要内容，纳入精神文明创建考核评价体系。建立由省委宣传部牵头、省直有关单位参加的省优秀传统文化传承发展工作联席会议制度，制定任务分工方案，明确责任主体，加强统筹指导和督促检查。各级党委宣传部门要充分发挥综合协调作用，建立健全党委统一领导、党政群协同推进、有关部门各负其责、全社会共同参与的工作格局。各有关部门和群团组织要按照责任分工，制定落实具体推进方案。

14.加强政策保障。加大各级财政支持力度，统筹整合现有相关资金，支持中华优秀传统文化传承发展重点项目。加大对国家级、省级重要文化和自然遗产，国家级、省级非物质文化遗产等珍贵遗产资源保护利用设施建设的支持力度。完善相关奖励、补贴政策，落实税收优惠政策，引导和鼓励企业、社会组织及个人捐赠或共建相关文化项目。创新文化管理相关体制机制，建立优秀传统文化传承发展相关领域和部门合作共建机制。有关部门要研究出台入学、住房保障等方面的倾斜政策和措施，用以倡导和鼓励自强不息、敬业乐群、扶正扬善、扶危济困、见义勇为、孝老爱亲等传统美德。实施优秀传统文化重点项目自主申报、专家评审、跟踪评估机制，落实重点项目责任制。

15.加强人才队伍建设。大力实施人才兴文战略，完善相关政策措施，健全人才培养工作机制。加强领军人才建设，深入实施全省宣传文化领域拔尖人才、青年英才工程，实施高端紧缺文化人才培养计划，建立健全省优秀传统文化传承发展重大项目首席专家制度，争取我省有更多人物入选人民喜爱、有国际影响的中华文化代表人物。扶持民间文艺社团、演出团体和业余文化队伍，重视发现和培养扎根基层的乡土文化能人、民族民间文化传承人特别是非物质文化遗产项目代表性传承人，加快补齐基层文化人才队伍“短板”。按照有关规定，完善我省优秀传统文化传承发展的激励表彰制度。

16.优化文化法治环境建设。制定我省文物保护和非物质文化遗产保护专项规划。制定和完善历史文化名城名镇名村和历史文化街区保护的相关政策。修订安徽省实施文物保护法办法。制定安徽省实施公共文化服务保障法办法等相关地方性法规和规章。在教育、科技、卫生、体育、城乡建设、互联网、交通、旅游、语言文字等领域相关地方性法规、规章的制定修订中，增加中华优秀传统文化传承发展内容。加大涉及保护传承弘扬中华优秀传统文化法律法规的施行力度，加强对法律法规实施情况的监督检查。充分发挥各行政主管部门在传承发展中华优秀传统文化中的重要作用，建立完善联动机制，严厉打击违法经营行为。加强法治宣传教育，增强全社会依法传承发展优秀传统文化的自觉意识，形成礼敬守护和传承发展优秀传统文化的良好法治环境。各市县要根据本地传统文化传承保护的现状，制定完善相关政策措施。

17.营造良好社会氛围。加大宣传教育推广力度，综合运用报纸、书刊、电台、电视台、互联网站等各类载体，融通多媒体资源，统筹宣传、文化、文物等各方力量，发挥图书馆、文化馆、博物馆、美术馆、少年宫和基层综合性文化中心等公共文化机构作用，推动中华优秀传统文化进农村、进企业、进社区、进机关、进学校。把中华优秀传统文化思想理念体现在社会规范中，与制定市民公约、乡规民约、学生守则、行业规章、团体章程等相结合，推动形成良好的社会风尚。坚持全党动手、全社会参与，各类文化单位机构、各级文化阵地平台都要担负起守护、传播和弘扬优秀传统文化的职责，各类企业和社会组织要积极参与文化资源的开发、保护与利用。发挥领导干部的带头作用、公众人物的示范作用、青少年的生力军作用、先进模范的表率作用、非公有制经济组织和社会组织从业人员的积极作用，以及文化志愿者、文化辅导员、文艺骨干、文化协管员、文化经营者的重要作用，推动形成人人传承发展优秀传统文化的良好导向和社会环境。

中共安徽省委办公厅
安徽省人民政府办公厅

安徽文化产业统计表

2011—2017 年全省国民经济和社会发展主要指标

指 标	计量单位	2011 年	2012 年	2013 年	2014 年	2015 年	2016 年	2017 年
人口								
年末常住人口	万人	5968	5988	6030	6083	6144	6196	6254.8
城镇人口	万人	2674	2784	2886	2990	3103	3221	3345.7
女性人口	万人	2958	2981	2994	3001	3031	3072	3095.5
就业								
全社会从业人员	万人	4121	4207	4276	4311	4342	4362	4377.9
第三产业就业人员比重	%	36.0	37.3	38.3	39.1	39.5	39.7	40.1
城镇登记失业率	%	3.7	3.7	3.4	3.2	3.1	3.2	2.9
国民经济核算								
生产总值	亿元	15300.7	17212.1	19229.4	20848.8	22005.6	24117.9	27018.0
第三产业所占比重	%	32.5	32.7	34.2	35.4	39.1	41.3	42.9
人均生产总值	元	25659.3	28792.3	32000.9	34424.6	35996.6	39091.8	43401.4
固定资产投资								
固定资产投资总额	亿元	12147.8	15055	18251	21256	23965.6	26758.1	29186
相当于生产总值的比例	%	79.39	87.47	94.91	101.95	108.9	110.9	108.0
国内贸易								
社会消费品零售总额	亿元	5288.2	6142.8	7044.7	7957.0	8908.0	10000.2	11192.6
对外贸易								
海关进出口总额	亿美元	313.4	393.2	456.3	492.7	488.1	443.8	536.4
实际利用外商直接投资	亿美元	66.3	86.4	106.9	123.4	136.2	147.7	159
财政								
财政收入	亿元	2633.0	3026.0	3365.1	3663.0	4012.2	4373.2	4858
相当于生产总值的比例	%	17.2	17.6	17.5	17.6	18.2	18.1	18.0
财政支出	亿元	3303.0	3961.0	4349.7	4664.1	5239.0	5523.0	6204
相当于生产总值的比例	%	21.6	23.0	22.9	22.4	23.8	22.9	23.0
物价								
居民消费价格指数	上年=100	105.6	102.3	102.4	101.6	101.3	101.8	101.2
人民生活								
农村常住居民人均可支配收入	元	6232	7161	8098	9916	10821	11720	12758
城镇常住居民人均可支配收入	元	18606	21024	23114	24839	26936	29156	31640
农村居民家庭恩格尔系数	%	41.1	39.3	39.6	35.6	35.8	34.2	33.5
城镇居民家庭恩格尔系数	%	39.8	38.7	39.1	33.3	33.7	32.5	32.1

2014—2017 年全省文化及相关产业增加值

指　标	2014 年	2015 年	2016 年	2017 年
文化及相关产业增加值(亿元)	724.8	833.7	976.3	1088.3
比上年增长(%)	—	15.0	15.8	11.5
文化及相关产业增加值占 GDP 比重(%)	3.48	3.79	4.0	4.03
比上年提高(个百分点)	—	0.31	0.21	0.03

2011—2017 年全省生产总值

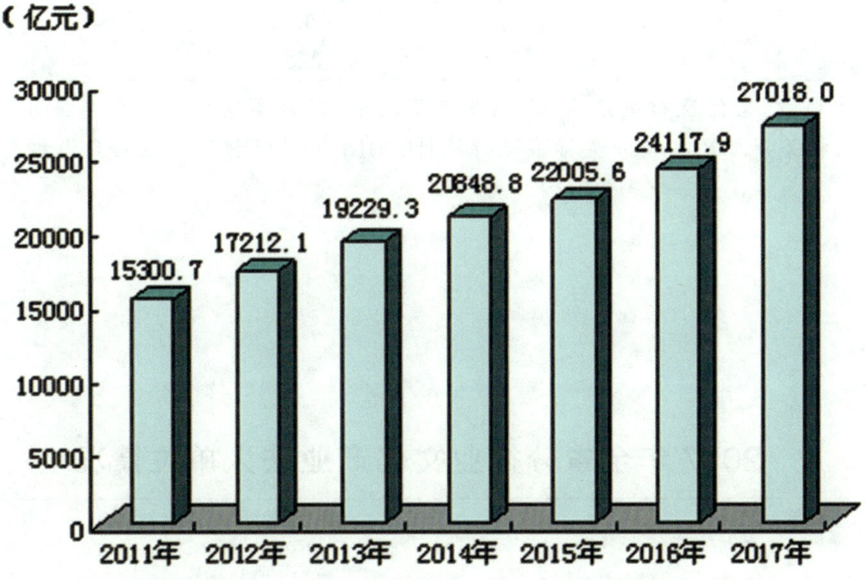

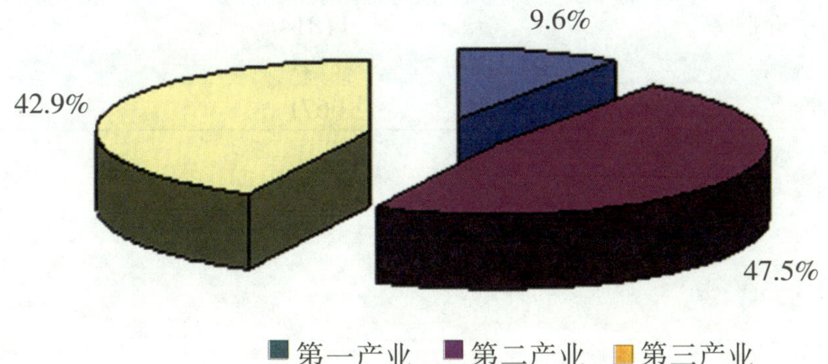

■第一产业 ■第二产业 ■第三产业

2017 年全省分行业文化及相关产业增加值

指 标	增加值(亿元)	占 比(%)
合 计	1088.3	—
一、新闻信息服务	71.3	6.5
二、内容创作生产	189.0	17.4
三、创意设计服务	121.9	11.2
四、文化传播渠道	64.6	5.9
五、文化投资运营	10.1	0.9
六、文化娱乐休闲服务	157.4	14.5
七、文化辅助生产和中介服务	204.4	18.8
八、文化装备生产	43.9	4.0
九、文化消费终端生产	225.7	20.7

注:2018 年,国家统计局对《文化及相关产业分类》进行了调整,新分类包括新闻信息服务、内容创作生产等 9 个大类。2017 年文化及相关产业已按新分类标准进行统计,2016 年及以前年份数据未做调整。

2017 年全省分行业文化产业法人单位情况

指 标	单位数	
		规模单位
合 计	73539	2449
一、新闻信息服务	11897	70
二、内容创作生产	2516	581
三、创意设计服务	24363	294
四、文化传播渠道	4300	235
五、文化投资运营	231	17
六、文化娱乐休闲服务	10506	159
七、文化辅助生产和中介服务	11814	493
八、文化装备生产	1241	97
九、文化消费终端生产	6671	503

2017年全省分行业规模以上文化产业单位主要经济指标

单位：个、人、万元

指 标	法人单位数	期末从业人员	资产总计	营业收入	主营业务收入	营业税金及附加	主营业务税金及附加	营业利润	利润总额	应交增值税
合 计	12449	262292	28997368.4	27037905.7	26712456.8	144280.1	134615.6	1693721.2	1841736.4	492463.1
一、按产业类型分组										
文化制造业	1011	153895	11490511.5	15847852	15778351.2	84324.4	81836	983352	1037806.2	340975.6
文化批发和零售业	463	15310	4257860.4	5708842.2	5687574.5	14965.9	14573.5	240504.9	271892.1	32312
文化服务业	975	93087	13248996.5	5481211.5	5246531.1	44989.8	38206.1	469864.3	532038.1	119175.5
二、按十大类别分组										
新闻信息服务	70	8911	447642.5	448420.7	437491.6	4865.1	4649.6	13944	22423.5	7726.5
内容创作生产	581	62520	4753592.1	4733777.9	4669970.1	22504.7	21711.7	279371.8	313702.3	90786.9
创意设计服务	294	22045	2738149	1939873.9	1850835.2	14322.5	11014.9	153189.4	162313.7	53602.5
文化传播渠道	235	16078	3595237.1	2254788.4	2218778.1	9936.2	9516.7	217919.8	260566.2	17270.8
文化投资运营	17	3765	1980599.5	92142.1	90554.5	1342.2	1178.3	45799.5	45787.9	3553.1
文化娱乐休闲服务	159	16310	3507300.3	428343.8	380780	8442.5	6448	54612.9	60225.5	8014.2
文化辅助生产和中介服务	493	54050	5976803.1	6542451.4	6505115.6	38108.9	37878.9	420350.2	459876.6	153262
文化装备生产	97	16428	892816.9	1611989.5	1608667.1	12658.8	12560.8	93285.5	97711.2	21296.9
文化消费终端生产	503	62185	5105227.9	8986118	8950264.6	32099.2	29656.7	415248.1	419129.5	136950.2

2017年分地区规模以上文化产业单位主要经济指标

单位：个、人、万元

指标	法人单位数	期末从业人员	资产总计	营业收入	主营业务收入	营业税金及附加	主营业务税金及附加	营业利润	利润总额	应交增值税
合计	2449	262292	28997368.4	27037905.7	26712456.8	144280.1	134615.6	1693721.2	1841736.4	492463.1
合肥市	554	91974	14641294.9	10254038.3	10117350.7	46828.1	43769.1	640926.9	695466.9	169512.9
淮北市	37	3655	198217.8	339614.7	336105.9	2504.1	2489	16308.5	16237.5	6019.8
亳州市	91	6538	218445.6	393723.2	391556.2	2084	1481.3	23292.8	23522.8	2770.8
宿州市	164	11363	905158.2	1512289.9	1480015.5	6708.5	6514.6	67639.7	68858.8	19940.6
蚌埠市	145	10832	824937	2061542.6	2060162.2	7386.2	7171.9	42818.3	46575.6	14239.2
阜阳市	258	22728	1101669	1889840.4	1887870.2	10100.1	9543.2	85814.5	93555.3	48911.5
淮南市	65	2906	183763.7	200850.4	198632.4	949	917.7	2260.6	3092.2	2642.4
滁州市	183	28241	1081593.8	2668129.5	2656319.1	13232.8	12880.9	265906.1	280614	70297.9
六安市	77	10856	764547.6	799722.4	796126.9	2621.4	2614.1	27054.9	27866.2	6827.1
马鞍山市	104	10669	2985977.6	1492649.3	1477444.8	11693.8	10996.1	121187.1	148826.2	49172.7
芜湖市	268	17549	1518370.9	2447156.1	2373381.8	20483.9	17370	154718.5	166700.5	37229.5
宣城市	137	12482	604795.2	690232.1	684067.7	3678.5	3555.5	40467.7	45225.2	18027.1
铜陵市	85	3956	560752.2	257357.8	252387.1	2054.8	1762.5	13990.6	15074.4	4656.6
池州市	73	7450	879143.3	325328.3	321407.9	3296.4	3154.9	32413.6	38474.4	10292.8
安庆市	150	13040	925613.6	1087893.9	1080943.8	6554.3	6468.1	77097.2	88425.7	14476.2
黄山市	58	8053	1603088	617536.8	598684.6	4104.2	3926.7	81824.2	83220.7	17446

2017年全省分行业规模以上文化制造业企业法人主要经济指标

单位：个、人、万元

指 标	法人单位数	期末从业人员	资产总计	营业收入	主营业务收入	营业税金及附加	主营业务税金及附加	营业利润	利润总额	应交增值税
合 计	1011	153895	11490511.5	15847852	15778351.2	84324.4	81836	983352	1037806.2	340975.6
雕塑工艺品制造	30	2608	145194.8	304206.3	303040	1363.3	1359.1	13950.4	14341.1	2304.6
金属工艺品制造	17	1660	91672.4	101940.3	101940.3	295.3	258.9	4984.9	5403.6	526.2
漆器工艺品制造	3	306	21701.9	44612.1	43797.4	230.7	230.7	4160.7	4139.7	472.3
花画工艺品制造	5	336	10247.7	42118.2	42118.2	201.9	201.9	1233.7	1233.7	525.2
天然植物纤维编织工艺品制造	89	11049	432539.2	646151	646118.8	2128.4	2099.5	32606.4	33242.6	10854.2
抽纱刺绣工艺品制造	11	1636	29026.1	75520.2	75520.2	720.2	720.2	3635.7	4051.1	1146.5
地毯、挂毯制造	6	807	51338.6	183626.6	183369.7	324.5	324.5	1462.8	2271.3	368.3
珠宝首饰及有关物品制造	3	341	20326.3	24466.2	24466.2	176.9	176.9	2088	2088	229.3
其他工艺美术及礼仪用品制造	125	11343	478505.4	1071516.5	1071235.6	5617.8	5513.9	40166.7	44718.6	35270.2
陈设艺术陶瓷制造	7	1988	69454.3	61688	61688	140.2	140.2	−19.2	354.4	1226.2
园艺陶瓷制造	3	890	22561.2	80120	80120	492.1	492.1	2893	2893	212.3
机制纸及纸板制造 *	65	8457	2651668.6	1782492.8	1776848.2	12243.8	12243	140256.3	163925.7	64717.1
手工纸制造	19	2262	114987.9	138368	138368	1136.8	1136.3	7344.4	7919.1	3310.6
油墨及类似产品制造	13	798	68130.6	106287.4	106249.1	606	606	6881.5	6980.2	1942.1
工艺美术颜料制造	8	1319	99822.6	204406.2	201723.4	1557.9	1557.9	13077.6	13058.8	6258.3
文化用信息化学品制造	8	728	86324.2	111412.6	111392.6	430.1	430.1	2135.2	2198.7	685.1
书、报刊印刷	23	3987	312667.6	264239	262157	1336.8	1278.2	7459.9	9450.3	3647
本册印制	12	996	49268.4	100420.9	100420.9	482.7	482.7	5477.8	5513	984.8

2017年全省分行业规模以上文化制造业企业法人主要经济指标(续1)

单位:个、人、万元

指　标	法人单位数	期末从业人　员	资产总计	营业收入	主营业务收入	营业税金及附加	主营业务税金及附加	营业利润	利润总额	应交增值税
包装装潢及其他印刷	291	32623	2263339.8	3689694.3	3663501.1	18559	18494.9	232791.2	243339.1	69884.9
装订及印刷相关服务	4	346	14965	36463.6	36449.9	86.2	86.2	1933.6	1949.6	435.1
记录媒介复制	1	44	6247.1	2654.3	2654.3	11.1	11.1	175.4	175.4	25
印刷专用设备制造	17	2017	142392.5	245400	245142	1214	1214	9318.7	10106.5	4057.7
复印和胶印设备制造	2	253	10893.4	14549.3	12952.5	167.8	167.8	324.8	493.1	273.2
广播电视节目制作及发射设备制造	2	280	8856.3	101781.9	101781.9	398	398	24226.6	24346.7	4376.4
广播电视接收设备制造	5	2802	73512.2	279609.8	279609.8	777.7	777.7	3468.1	4505.6	1088.5
广播电视专用配件制造										
专业音响设备制造										
应用电视设备及其他广播电视设备制造	6	3013	165204.9	230573.3	229836.8	1815.5	1777.5	−1225.8	−1213.6	1220.4
电影机械制造										
智能无人飞行器制造 *										
幻灯及投影设备制造	2	513	80027.9	75093.1	75089	95.9	95.9	−99.5	−99.5	−154
照相机及器材制造	2	306	15859.9	9691	9661.5	201.4	201.4	−163.8	584.1	596.6
舞台及场地用灯制造	24	3458	187764.6	259596.8	258903.1	965.9	905.9	19207.4	19907.8	6054.6
音响设备制造	14	4162	80716	156577.5	152898.8	1113.6	1113.4	5784.7	6169	2663.8
露天游乐场所游乐设备制造	6	686	13945.2	39591.5	39591.5	153	153	730.4	843	834.2
游艺用品及室内游艺器材制造	6	1323	94700.7	168900.3	168900.3	5873.1	5873.1	28059.7	28059.7	498.5
其他娱乐用品制造	9	795	23993	86065.9	86065.9	318.4	318.4	3189.9	3175.7	381.9

2017年全省分行业规模以上文化制造业企业法人主要经济指标(续2)

单位：个、人、万元

指 标	法人单位数	期末从业人员	资产总计	营业收入	主营业务收入	营业税金及附加	主营业务税金及附加	营业利润	利润总额	应交增值税
中乐器制造										
西乐器制造	2	127	3224.7	15786.7	15786.7	54	54	30.9	176.8	253.3
电子乐器制造										
其他乐器及零件制造										
文具制造	18	2638	92719.3	304245.7	303350.6	1868	1835.6	16572.1	16657.1	5207.4
笔的制造	19	2203	96808.8	136579.8	136579.8	599.7	599.7	7998.5	8351.4	3377
墨水、墨汁制造	1	126	1657.6	2101.6	2101.6	26	26	33	47	163.8
电玩具制造	2	232	2642	13518.9	13518.9	2.7	2.7	52	73	26.2
塑胶玩具制造	6	634	13129.4	30466.9	30466.9	97	97	2123.2	2145.7	664.3
金属玩具制造										
弹射玩具制造										
娃娃玩具制造	32	8586	137425.8	333151.7	333151.7	2139.3	2090.6	28477.2	28587.5	12263.1
儿童乘骑玩耍的童车类产品制造	14	3223	68682.7	140188.2	140188.2	406.3	406.3	4507.8	5049.6	1083.2
其他玩具制造	39	7007	153774.3	429505.6	429505.6	2308.3	2249.3	27301.2	27494.2	6778.6
焰火、鞭炮产品制造										
电视机制造	11	10620	1094445.8	2482373.4	2467006.3	7582.6	6126.4	153487.4	153929	52904.4
影视录放设备制造	5	649	47533.4	53980.2	53976.4	562.8	562.8	5587.7	6264.6	1549.2
可穿戴智能设备制造 *	3	1386	147517.1	271211.2	271211.2	1674.3	1674.3	40776	41941.2	9254.3
其他智能消费设备制造 *	21	12332	1693094.3	894907.2	887895.3	5767.4	5270.9	78887.8	80964	20533.7

注：本资料中，带 * 的表示该行业仅有部分生产经营活动归入文化产业统计。

2017年分地区规模以上文化制造业企业法人主要经济指标

单位：个、人、万元

地区	法人单位数	期末从业人员	资产总计	营业收入	主营业务收入	营业税金及附加	主营业务税金及附加	营业利润	利润总额	应交增值税
合计	1011	153895	11490511.5	15847852	15778351.2	84324.4	81836	983352	1037806.2	340975.6
合肥市	115	34135	3785311	3475581.8	3451208.4	22143	20889.3	200455.8	206132.1	74466.3
淮北市	18	2906	160455.2	289901.1	289721.1	1915.7	1915.3	14786.9	14885.4	5349.1
亳州市	32	4018	128196.5	251736.7	251186.5	1286.5	789.8	19062.9	19366.6	1835
宿州市	74	7545	499356.9	1126518.6	1119006.7	3926	3916	49449	51441	8360.4
蚌埠市	74	8079	495926	1515625.9	1515445.3	5589.2	5580.3	35159.9	37772.9	12280.5
阜阳市	200	19964	820197	1695795	1695249.8	8568.5	8132.5	78254.3	83281.2	47032.4
淮南市	15	1267	115675.5	70743.8	70485.6	441.6	441.6	-860.2	581.4	1384.5
滁州市	111	24907	872820.9	2507973.5	2502638	11970.2	11830.1	255765.2	261953.1	68700.3
六安市	53	8566	440884.9	619085	618199.5	1604.5	1604.5	16206.6	16436.7	4591.6
马鞍山市	44	7853	2321622.9	1075828.6	1074072.7	8545	8541	93640	113981.5	42951.2
芜湖市	60	7639	417784.6	905275.2	903830.4	5480.6	5457	52600.6	53652.8	22776.6
宣城市	72	9739	382790.6	577529.1	575588.8	3079.3	3015.2	35379	38748.6	15441.8
铜陵市	22	1607	97572.7	126336.2	123689.5	778.6	742.6	4579.9	4946	2198
池州市	24	1816	86814.1	156120.6	152441.9	1152.6	1149.6	10747.7	11807.1	5485.2
安庆市	78	9140	491211	966516.1	964878.9	5014.1	5002.2	72842	76224.2	12804.1
黄山市	19	4714	373891.7	487284.8	470708.1	2829	2829	45282.4	46595.6	15318.6

2017年全省上市文化企业主要财务状况

单位：万元

企业名称	证券代码	行业类别	资产总额	营业收入	利润总额
黄山旅游	A股600054 B股900942	文化娱乐休闲服务	955677	356781	119550
山鹰纸业	600567	文化辅助生产和中介服务	2693057	1746968	223016
科大讯飞	002230	文化消费终端生产	1334034	544469	57705
时代出版	600551	新闻信息服务	674140	660651	32818
皖新传媒	601801	新闻信息服务	1228796	870951	115328
三七互娱	002555	新闻信息服务	916014	618883	191662
永新股份	002014	文化辅助生产和中介服务产	240128	200824	24631
九华旅游	603199	文化娱乐休闲服务	119395	44632	11279
科大国创	300520	文化消费终端生产	126333	60786	1066
集友股份	603429	文化辅助生产和中介服务	75565	23388	11976

全省新三板挂牌文化企业(截至 2017 年年底)

序号	企业名称	挂牌时间	所属地区
1	安徽华博胜讯信息科技股份有限公司	2014 年 1 月	合肥市
2	安徽励图信息科技股份有限公司	2014 年 1 月	合肥市
3	合肥金诺数码科技股份有限公司	2014 年 7 月	合肥市
4	合肥中鼎信息科技股份有限公司	2014 年 8 月	合肥市
5	合肥九星娱乐股份有限公司	2014 年 8 月	合肥市
6	安徽一拓通信科技集团有限公司	2014 年 12 月	合肥市
7	安徽通宇电子股份有限公司	2015 年 4 月	合肥市
8	安徽富煌科技股份有限公司	2015 年 8 月	合肥市
9	安徽天虹数码技术股份有限公司	2015 年 9 月	合肥市
10	星光珠宝集团股份有限公司	2016 年 3 月	合肥市
11	合肥志诚教育股份有限公司	2016 年 4 月	合肥市
12	安徽地平线建筑设计事务所股份有限公司	2016 年 4 月	合肥市
13	梯升科技发展(合肥)股份有限公司	2016 年 4 月	合肥市
14	合肥演艺股份有限公司	2016 年 8 月	合肥市
15	安徽紫金新材料科技股份有限公司	2016 年 5 月	宿州市
16	蚌埠高华电子股份有限公司	2015 年 7 月	蚌埠市
17	蚌埠天成包装科技股份有限公司	2016 年 8 月	蚌埠市
18	界首市天鸿新材料股份有限公司	2015 年 6 月	阜阳市
19	安徽华宇工艺品股份有限公司	2016 年 5 月	阜阳市
20	安徽华印机电股份有限公司	2014 年 4 月	淮南市
21	马鞍山新马精密铝业股份有限公司	2015 年 1 月	马鞍山市
22	安徽海洋风文化传媒股份有限公司	2015 年 1 月	马鞍山市
23	安徽达尔智能控制系统股份有限公司	2015 年 7 月	芜湖市
24	经纶传媒股份有限公司	2016 年 1 月	马鞍山市
25	马鞍山数字硅谷科技股份有限公司	2016 年 1 月	马鞍山市
26	安徽小马创意科技股份有限公司	2016 年 4 月	马鞍山市
27	安徽金禾软件股份有限公司	2016 年 8 月	马鞍山市
28	安徽康海时代科技股份有限公司	2015 年 9 月	芜湖市
29	铜陵铜官府文化创意股份公司	2015 年 7 月	铜陵市
30	安徽新视野科教文化股份有限公司	2015 年 11 月	铜陵市
31	安徽中汇规划勘测设计研究院股份有限公司	2016 年 1 月	铜陵市
32	安徽咏鹅家纺股份有限公司	2015 年 6 月	安庆市
33	万邦特种材料股份有限公司	2016 年 4 月	安庆市
34	合肥城市云数据中心股份有限公司	2016 年 7 月	合肥市
35	途居露营地投资管理股份有限公司	2017 年 3 月	芜湖市
36	安徽金色田园木结构制造股份有限公司	2017 年 3 月	滁州市

2011—2017 年全省平均每百户城镇和农村居民拥有耐用文化消费品数量

指　标	2011 年	2012 年	2013 年	2014 年	2015 年	2016 年	2017 年
每百户城镇居民家庭拥有							
彩色电视机(台)	140.1	145.0	122.2	130.0	129.6	129.2	133.8
家用电脑(台)	74.0	79.6	62.7	69.1	74.0	71.2	71.2
组合音响(套)	16.8	16.2	4.9	6.7	6.2		
摄像机(架)	5.9	7.9	5.5	5.1	4.4	4.0	
照相机(架)	32.2	34.9	29.8	30.3	27.5	20.6	20.3
中高档乐器(个)				3.4	3.8	4.0	4.9
健身器材(套)	2.5	3.3	2.3	2.8	3.7		5.1
移动电话(部)	190.1	202.6	186.2	208.1	216.8	221.9	229.8
每百户农村居民家庭拥有							
彩色电视机(台)	113.5	116.2	117.2	119.6	121.3	124.6	127.4
照相机(架)	1.9	2.2	3.1	4.0	3.5	2.8	3.9
移动电话(部)	163.7	174.8	181.1	193.2	205.3	221.6	230.1
家用电脑(台)	10.4	13.9	15.6	18.1	19.4	20.3	22.3

2011—2017 年全省城镇和农村常住居民人均教育文化娱乐支出情况

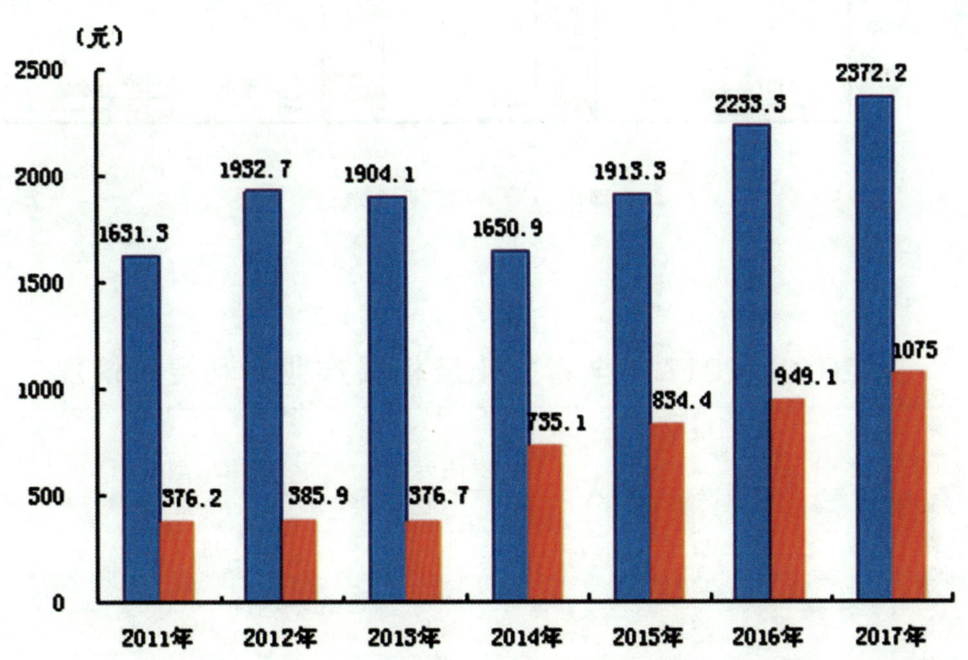

2010—2017 年全省文化产品进出口情况

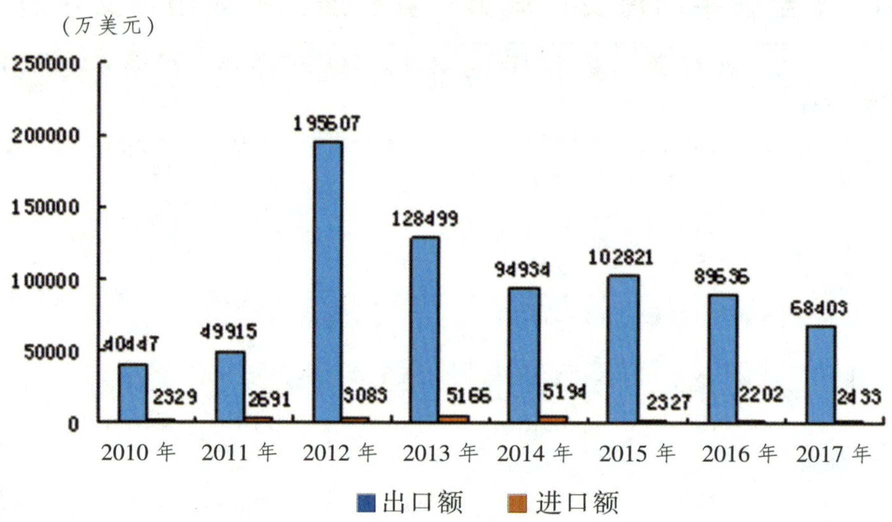

2017 年全省文化产品进出口情况 (按商品类别分)

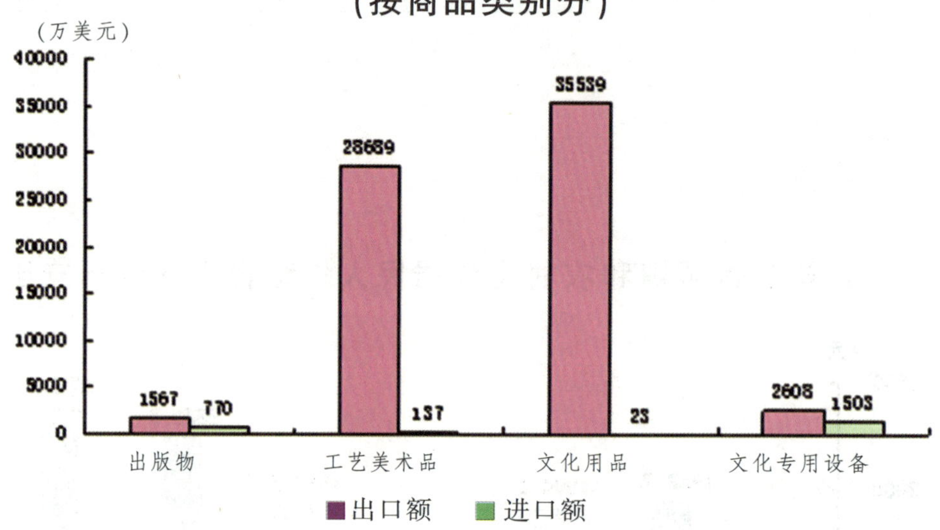

2010—2017 年全省文化及相关产业专利授权情况

单位:件

年　份	专利授权总数			
		发明专利	实用新型专利	外观设计专利
2010 年	781	34	194	553
2011 年	2151	53	378	1720
2012 年	2403	65	516	1822
2013 年	2219	108	958	1153
2014 年	1600	98	790	712
2015 年	5637	897	3365	1375
2016 年	5998	1173	3114	1711
2017 年	5787	1182	2817	1788

2017年全省分地区文化及相关产业专利授权情况

单位：件

地　区	合　计	发　明	实用新型	外观设计
合　计	5787	1182	2817	1788
合肥市	2385	612	1128	645
淮北市	102	11	35	56
亳州市	198	45	84	69
宿州市	77	14	37	26
蚌埠市	306	48	73	185
阜阳市	238	15	95	128
淮南市	148	16	102	30
滁州市	368	50	147	171
六安市	272	16	162	94
马鞍山市	266	64	173	29
芜湖市	649	165	356	128
宣城市	145	34	78	33
铜陵市	136	27	59	50
池州市	80	3	67	10
安庆市	315	41	165	109
黄山市	102	21	56	25

2017年全省分行业民营文化企业法人单位情况

单位：个、亿元

指　标	单位数		规模单位主营业务收入
		规模单位	
合　计	68911	2303	2486.7
一、新闻信息服务	10861	317	235.0
二、内容创作生产	1925	295	259.5
三、创意设计服务	23931	253	140.1
四、文化传播渠道	3754	221	213.6
五、文化投资运营	199	12	6.8
六、文化娱乐休闲服务	10228	144	29.5
七、文化辅助生产和中介服务	10732	481	631.9
八、文化装备生产	1132	102	150.5
九、文化消费终端生产	6149	478	819.8

2017 年全省分地区民营文化企业法人单位情况

单位：个、万元

地 区	单位数		规模单位主营业务收入
		规模单位	
合 计	68911	2303	2486.7
合 肥 市	22927	490	909.3
淮 北 市	1286	33	31.6
亳 州 市	3638	88	38.9
宿 州 市	3369	161	147.4
蚌 埠 市	4003	139	168.4
阜 阳 市	5406	255	188.3
淮 南 市	2338	61	18.6
滁 州 市	3141	175	263.3
六 安 市	2296	73	75.2
马鞍山市	3800	99	146.5
芜 湖 市	6061	261	231.7
宣 城 市	2725	130	57.1
铜 陵 市	1609	81	22.0
池 州 市	1832	64	25.7
安 庆 市	2571	142	106.3
黄 山 市	1909	51	56.7

首批省级文化产业示范园区

序号	园区名称	地区
1	安徽出版集团数字印刷文化产业园	合肥市
2	合肥国家级文化和科技融合示范基地	合肥市
3	亳州老子文化生态园	亳州市
4	蚌埠星宇文化创意产业园	蚌埠市
5	滁州中国文具产业示范园	滁州市
6	芜湖方特非遗文化游乐园	芜湖市
7	芜湖国家级动漫产业基地	芜湖市
8	宣城中国宣纸文化产业园	宣城市
9	池州九华山大愿文化园	池州市
10	黄山徽文化艺术长廊	黄山市

国家级文化产业示范基地(园区)

序号	基地(园区)名称	地区
1	安徽演艺集团有限责任公司	合肥市
2	合肥安达创展科技股份有限公司	合肥市
3	合肥国家级文化和科技融合示范基地	合肥市
4	蚌埠光彩投资有限责任公司	蚌埠市
5	蚌埠大禹文化产业示范园区	蚌埠市
6	芜湖市文化创意产业园广告产业试点园	芜湖市
7	中国宣纸集团	宣城市
8	绩溪胡开文墨业有限公司	宣城市
9	安庆市五千年工艺美术有限公司	安庆市
10	桐城市佛光铜质工艺品有限公司	安庆市
11	安庆帝雅艺术品有限公司	安庆市
12	黄山市屯溪老街	黄山市

省级文化产业集群专业镇

序号	专业镇名称	产业类别	所在地区
1	庐阳区大杨镇	包装印刷	合肥市
2	瑶海区大兴镇	造纸加工	合肥市
3	阜南县黄岗镇	柳编工艺	阜阳市
4	太和县马集乡	毛发制品	阜阳市
5	天长市冶山镇	玩　具	滁州市
6	天长市郑集镇	雕刻工艺品	滁州市
7	舒城县桃溪镇	童车童床	六安市
8	霍邱县临淮岗乡	柳编工艺	六安市
9	霍山县诸佛庵镇	竹制品	六安市
10	泾县丁家桥镇	宣　纸	宣城市
11	泾县泾川镇	宣　纸	宣城市
12	泾县榔桥镇	木竹制品	宣城市
13	绩溪县上庄镇	雕刻徽墨	宣城市
14	广德县东亭乡	竹加工	宣城市
15	桐城市新渡镇	包装印刷	安庆市
16	休宁县万安镇	工艺品	黄山市
17	黟县渔亭镇	旅游工艺品	黄山市
18	屯溪区黎阳镇	徽文化传统旅游产品	黄山市

2011—2017 年全省主要文化机构

单位:个

指　标	2011 年	2012 年	2013 年	2014 年	2015 年	2016 年	2017 年
新闻出版							
图书出版社	11	11	11	11	11	11	11
出版物发行网点	8858	8588	8568	8742	8275	8073	7772
广播电视台					79	79	79
省级广播电台					1	1	1
市级广播电台					16	16	16
县级广播电台					62	62	62
文化艺术							
艺术表演团体	1294	1016	992	988	1615	1879	2639
艺术表演场所	67	72	48	48	76	88	91
艺术教育机构	7	6	6	6	6	5	4
文艺科研机构	11	11	11	11	11	11	11
文物保护							
文物保护管理机构	91	92	92	94	95	95	93
文物科研机构	1	1	1	1	1	1	1
其他文物机构	1	4	8	9	9	9	10
博物馆	131	141	154	164	171	171	196
文物商店	2	2	2	2	1	1	1
公共图书馆	100	102	107	113	122	123	124
省级图书馆	1	1	1	1	1	1	1
市级图书馆	14	15	17	18	21	21	21
县级图书馆	85	86	89	94	100	101	102
档案							
行政管理机构	123	124	125	125	126	124	123
档案馆	155	151	156	155	155	158	152
档案室(处、科)	8754	8754	8754	8990	8890	8860	8852
群众文化							
省、市级群众艺术馆、文化馆	14	14	15	15	16	16	17
县级文化馆	106	107	105	105	106	105	106
文化站	1410	1433	1437	1437	1437	1438	1438
文化娱乐							
文化市场经营机构	11507	10708	10522	8996	11918	11406	14251
公园	265	287	312	348	374	392	

2011—2017年全省主要文化机构从业人员

单位:人

指 标	2011年	2012年	2013年	2014年	2015年	2016年	2017年
新闻出版							
图书出版社	874	946	991	1030	1091	1089	1036
出版物发行网点	32496	30989	30495	32303	43895	44544	46215
广播、电视	21821	22714	22517	23071	22614	22998	33832
艺术团体							
艺术表演团体	18207	17459	19827	20796	30896	34932	46573
艺术表演场所	1398	1295	1261	1172	1446	1780	2249
艺术教育机构	589	442	508	494	415	403	139
文艺科研机构	150	144	134	141	139	141	142
文物保护							
文物保护管理机构	518	457	466	472	542	467	488
文物科研机构	44	45	42	42	46	45	45
其他文物机构	32	94	90	95	94	54	69
博物馆	1832	2236	2510	2675	2781	2641	2948
文物商店	56	53	48	46	39	36	36
公共图书馆	1267	1312	1412	1410	1510	1559	1558
档案							
专职	5962	6187	6079	6120	6303	6395	6638
兼职	14263	15018	14419	15852	16220	15655	15616
群众文化							
省、市级群众艺术馆、文化馆	284	283	313	303	316	324	332
县级文化馆	1234	1225	1221	1170	1158	1149	1132
文化站	4264	4635	4621	4506	4418	4491	4610
文化娱乐							
文化市场经营机构	69582	67335	66537	61598	79873	55953	90542

2011—2017 年全省出版机构基本情况

指　标	计量单位	2011 年	2012 年	2013 年	2014 年	2015 年	2016 年	2017 年
图书出版社								
机构数	个	11	11	11	11	11	11	11
从业人员	人	874	946	991	1030	1091	1089	1036
数字出版								
机构数	个	3	12	14	17	17	19	19
从业人员	人	254	866	886	1186	1219	1235	1235
出版物印刷(含专项印刷)								
机构数	个	261	268	256	280	293	306	302
从业人员	人	18979	15405	15491	16515	12493	14511	15534
图书、报纸、期刊、音像电子零售								
机构数	个	4329	4050	4020	4108	3458	3193	3776
从业人员	人	17316	19412	19270	20740	13331	13160	13470
图书出版社								
种数	种	7804	9094	9440	9934	8902	9441	9745
# 新出版	种	4087	5202	5469	5227	4832	5212	4864
总印数	亿册	2.52	2.45	2.58	2.56	2.73	2.49	3.07
总印张数	亿印张	18.63	17.44	20.04	19.24	20.77	18.28	23.52
期刊出版								
种数	种	180	180	180	180	180	180	180
每期平均印数	万册、份	397	405	397	355	313	291	259
总印数	万册	5948	6172	6227	5627	5351	5017	4399
总印张数	亿印张	2.47	2.57	2.60	2.45	2.46	2.33	2.00
报纸出版								
种数	种	98	98	98	98	98	98	98
每期平均印数	万份	505	514	517	500	430	363	325
总印数	亿册	12.08	12.58	12.47	12.12	10.46	7.94	7.16
总印张数	亿张	52.81	52.65	50.91	46.46	37.54	20.12	15.56

2011—2017 年全省广播影视综合情况

指 标	计量单位	2011 年	2012 年	2013 年	2014 年	2015 年	2016 年	2017 年
广播电视台数	座					79	79	78
广播节目套数	套	106	106	105	105	106	104	104
广播节目制作时间	小时	191932	183679	172742	179638	169776	162808	177955
电视节目套数	套	117	117	114	114	111	109	109
电视节目制作时间	小时	76953	86881	76886	76278	77470	72526	76538
中、短波发射台	座	23	23	23	23	23	24	25
中波发射机功率	千瓦	1082	1112	1416	1446	1436	1364	1137
调频转播发射台	座	393	367	325	291			
调频发射机功率	千瓦	574.9	613.2	803.0	797.0	904.5	887.5	793.13
电视转播发射台	座	146	142	142	136		–	–
电视发射机功率	千瓦	846.5	859.8	945.5	1003.7	949. 9	1053.8	1024.6
有线广播电视传输干线网络总长	千米	46529	48612	50112	51038	59481	62066	32938
有线广播电视用户数	万户	490. 8	518.8	708.3	769.5	830.0	878.1	837.39
#数字电视用户数	万户	259.7	293.9	348.0	386.3	507.4	585.2	550.85
#付费数据电视用户数	万户	24.4	32.1	36.7	43.3	48.8	61.7	67.77
卫星地球站	个	1	1	1	1	1	1	1
微波实有站数	个	106	106	100	100	106	108	92
微波传送线路长度	千米	3831.1	3951.1	3754.1	3858.1	3936.1	4074.4	3399.4
广播人口综合覆盖率	%	97.62	97.85	98.34	98.55	98.77	98.89	99.04
电视人口综合覆盖率	%	97.92	98.10	98.57	98.72	98.93	99.03	99.19
电影制片单位数	个	1	1	1	1	1	1	1
影片产量	部	8	17	23	35	61	41	
#故事片	部	8	17	23	31	48	36	78

2011—2017 年全省有线广播电视用户数

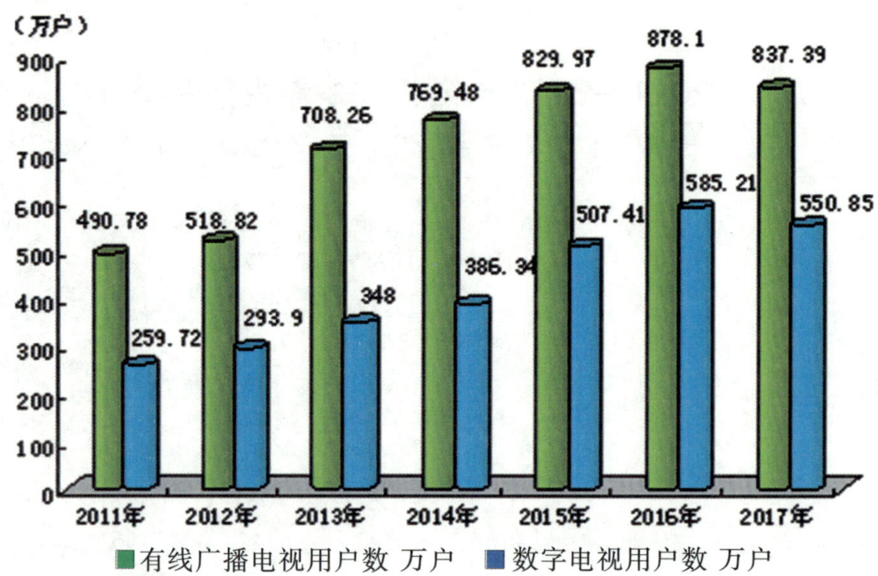

2011—2017 年全省公共图书馆总藏量

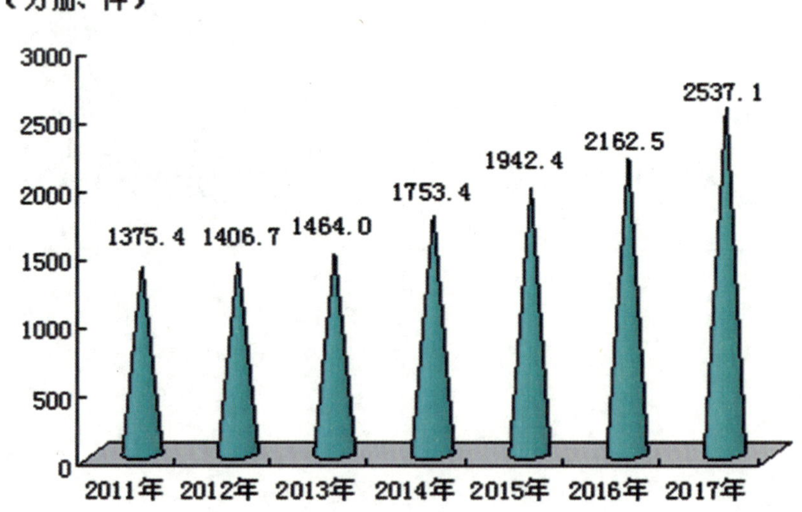

2011—2017 年全省艺术表演团体情况

指 标	计量单位	2011 年	2012 年	2013 年	2014 年	2015 年	2016 年	2017 年
剧团数	个	1294	1016	992	988	1615	1879	2639
话剧、儿童剧、滑稽剧团	个	2	25	23	50	312	405	428
歌舞、音乐类	个	222	68	74	91	111	103	84
戏曲剧团	个	177	136	203	225	286	318	530
曲艺、杂技、木偶、皮影团	个	793	659	200	365	92	557	117
综合性艺术表演团体	个	100	128	492	257	814	496	1480
从业人员	人	18207	17459	19827	20796	30896	34932	46573
# 高级职称	人	412	461	361	350	345	379	408
中级职称	人	1076	1324	936	971	942	1004	1022
本团创作首演剧目	个	82	337	96	53	51	54	41
演出场次	万场	14.9	25.1	37.8	29.0	39.1	45.9	58.2
# 国内演出	万场	14.5	23.7	31.7	28.9	39.0	45.8	58.1
农村演出	万场	7.4	18. 6	24.5	23.5	23.2	38.7	42.8
国内演出观众人次	万人次	11821.1	6932.0	8683.1	14095.7	10681.4	32968.4	25330.6
演出收入	万元	28278	39745	64653	64283	80997	99902	119779
平均每一国内演出场次的观众人数	人	814	292	273	488	274	718	436
平均每一演出场次的演出收入	元	3264	2842	2034	2220	2073	2177	2058
年末固定资产原值	万元	52640	116194	81421	23671	25341	23110	29027
建筑面积	万平方米	8.7	19.7	21.9	26.6	39.1	58.6	58.9
# 排练练功用房	万平方米	2.5	7.3	4.8	2.0	2.1	2.1	2.2

2011—2017 年全省文物保护管理情况

指 标	计量单位	2011 年	2012 年	2013 年	2014 年	2015 年	2016 年	2017 年
机构数	个	226	240	257	270	277	277	301
文物保护管理机构	个	91	92	92	94	95	95	93
博物馆	个	131	141	154	164	171	171	196
文物商店	个	2	2	2	2	1	1	1
从业人员	人	2482	2885	3146	3312	3502	3243	3586
藏品	件	833904	876437	929951	1005945	1021742	1006694	1023988
# 一级品	件	1996	2113	2173	2678	2608	2550	2694
举办陈列、展览	次	988	1023	789	991	973	944	1019
参观人次	万人次	2703	2262	2198	2610	2914	2996	3390
# 未成年人	万人次	943	816	798	844	917	932	947
总收入	万元	39004	44611	44634	65764	81623	67353	86942
总支出	万元	38552	40364	45659	59476	69166	72565	92110
# 文物保护专项经费	万元	2185	2970	2981	4478	6410	51223	52670
年末固定资产原值	万元	63970	71774	102132	150940	143411	164050	221095
公用房屋建筑面积	万平方米	52.9	53.0	55.3	70.6	79.4	81.5	89.1
# 陈列展览用房	万平方米	23.4	25.2	28.9	33.9	37.8	36.8	43.1
文物库房面积	万平方米	3. 9	4.1	4.8	5.8	6.6	6.2	6.6

2011—2017 年全省博物馆基本情况

指　标	计量单位	2011 年	2012 年	2013 年	2014 年	2015 年	2016 年	2017 年
机构数	个	131	141	154	164	171	171	196
综合性	个	66	66	76	79	81	82	89
历史类	个	38	45	44	47	48	47	55
艺术类	个	6	8	11	12	15	15	17
自然科学类	个		2	4	6	6	6	7
其他	个	21	20	19	20	21	21	28
从业人员	人	1832	2236	2510	2675	2781	2641	2948
馆内藏品	件	527660	607637	670942	715617	733703	743837	755266
一级品	件	1664	1777	1873	2331	2205	2246	2354
二级品	件	4136	4321	4674	5192	4970	5104	5469
举办陈列、展览	次	469	518	732	880	862	867	940
参观人次	万人次	2571.2	2164.9	2049.2	24056.8	2679.9	2797.6	3182.8
#未成年人	万人次	895.9	787.4	739.1	749.8	801.2	843.9	879.4
本年收入合计	万元	24910	26993	28958	41961	46718	45920	55294
财政拨款	万元	20542	19781	21442	33387	36720	36199.7	46042.9
事业收入	万元	776	1555	1420	1421	950	1507	1761.9
经营收入	万元	164	195	279	453	165	734	221.3
本年支出合计	万元	24557	26851	32401	44103	47027	52136	64856
固定资产原值	万元	55176	65144	96971	137744	128031	147807	158084
公用房屋建筑面积	万平方米	39.7	45.8	49.7	63.8	77.1	79.5	79.2
#展览用房	万平方米	21.1	23.8	27.4	31.7	33.9	34.4	40.7
文物库房	万平方米	2.9	3.2	4.0	5.2	5.8	5.8	6.1

全省国家级重点文物保护单位分布(截至2017年年底)

单位:个

地 区	合计	古遗址	古墓葬	古建筑	石窟寺及石刻	近现代重要史迹及代表性建筑
合 计	130	28	13	63	6	20
合肥市	6	1				5
淮北市	5	4	1			
亳州市	7	2	1	4		
宿州市	3	2				1
蚌埠市	7	3	3			1
阜阳市						
淮南市	2	1				1
滁州市	3	1			1	1
六安市	10	1	3	5		1
马鞍山市	5	2	2	1		
芜湖市	8	3	1	1		3
宣城市	17	3	1	11		2
铜陵市	1	1				
池州市	9	1		7	1	
安庆市	16	3	1	7	2	3
黄山市	31			27	2	2

2017年全省非物质文化遗产保护中心基本情况

指 标	计量单位	合 计	省 级	市 级	县(区)级
机构数	个	97	1	15	81
工作人员数	人	589	13	59	517
#高级职称	人	32	2	6	24
中级职称	人	145	5	16	124
宣传展示培训活动					
举办展览	个	668	5	142	521
参观人次	万人次	104.6	5	42.2	57.4
举办演出	场	2252	2	272	1978
观众人次	万人次	165.6	0.03	34.6	130.9
举办民俗活动	次	642	0	157	485
参与人次	万人次	116.3	0	16.9	99.3
开展培训班班次	次	1147	0	167	980
参与人次	万人次	6.2	0	0.6	5.6

索　引

主题词索引

本索引采取主题分析索引法，按索引词首字汉语拼音字母排序，同声同韵按声调、同音字按笔画顺序排列，若首字相同则按第二字音序排列，以此类推。索引词后的阿拉伯数字表示该词所在页码，数字后的英文字母 a、b、c 分别表示该页文字的左、中、右栏。

A

B

C

D

E

F

G

H

J

K

L

M

N

P

Q

R

S

T

Y

Z

图表索引

图表索引按图表在书中的页码排序，文字后的阿拉伯数字表示图表所在页码

人名索引

人名索引按汉语拼音排序,首字母相同则按第二字音排序,以此类推。人名后阿拉伯数字表示人名所在页码,英文字母 a、b、c 分别表示左、中、右。

A

B

C

D

F

G

H

J

K

L

M

N

O

P

Q

R

X

Y

编写人员名单

单　位	审稿人		撰稿人		
省委宣传部	黄前锋		黄前锋	王启超	黄海月
			韩晓军	许海涛	朱雅娴
			汤　亚	李　旭	谭克玲
			张　璇	吴金华	栗　莉
省委讲师团	肖文婷		宋雁冰		
江淮杂志社	强昌洋		姚启俊		
省文化厅	何长风		黎德标	李一兵	
省教育厅	庆承松	胡晓云	国　旗		
省体育局	秦　旭	张礼平	董恒丽		
省新闻出版广电局	朱训义	李诗谊	李忠根		
省旅游局	彭克云		方少坤		
安徽日报报业集团	王　甄		范春晓	聂恒玉	
省广电台	檀　民		张宇阳		
省社科院	何长辉		王　磊		
省文联	何　颖		史培刚	何冰凌	
省社科联	卜幼凡		曹　刚		
省民委(宗教局)	陆有勤	张旭东	陆正海	阮　元	屈蔓曼
安徽出版集团	林清发		张　利		
安徽演艺集团	范　伟		孙得峰		
安徽发行集团	程文俊	韩　琴	杨大丽		
安徽广电传媒产业集团	王　胜		孙明扬		
安徽新媒体集团	段西贝		刘　宝		
省直工委	董　鑫		雷世银		
省纪委	陈　军		杨　燕		
安徽省武警总队	董联星		洪昆鹏		
合肥市	王　浩		黄世军		
瑶海区	谢后平		张　勇		
庐阳区	方　志		魏晓娟		
蜀山区	周　艳		李燕茹		
包河区	刘圣才		刘亚明		
巢湖市	李珊珊	吴英鹏	温跃明	宋邦文	
肥东县	孔玲玲		李　然		
肥西县	唐光柱		王运楠		
长丰县	孔忠云		严太高		

庐江县	宛　雷	张晶晶
宿州市	解福来	赵　建
埇桥区	张　迅	曹　璇
萧　县	赵阶合	侯敬利
砀山县	魏志玉	闵　俊
灵璧县	曹义明	田元元
泗　县	王永乐	付泽宇
淮北市	吴鸿雁	郜　锋
相山区	罗秀萍	贾玉环
烈山区	方　惠	陈鹏鸟
杜集区	刘学清	苗　红
濉溪县	亓　峰	李运良
阜阳市	柳廷峰	张　雷、方振东
颍州区	许建华	李文文、迟　祥
颍泉区	刘海燕	杜俊涛
颍东区	蒋祥虎	苗恩和
界首市	于　礼	陈振强
临泉县	郑中民	朱清永
阜南县	郎　君	刘宝库
太和县	葛保富	史浩然
颍上县	左　琴	曹　帅
亳州市	修　薇　徐　旸	安淑萍　佘树民
谯城区	徐　丽	王　慧
利辛县	邵　杰	陆　琳
涡阳县	任晓峰	蒋庆章
蒙城县	袁　辉	侯廷飞
蚌埠市	何延之	孟　波
龙子湖区	刘　冰	唐宏伟
蚌山区	童浩平	余晓海
禹会区	蒋敏娣	何蝉均
淮上区	李丹丹	吕亚骅
怀远县	刘学军	张云清
固镇县	王中华	李　斌
五河县	张元永	刘秀玲
淮南市	许承通	姚尚书　陈　杰　孙　磊
大通区	焦　伟	王　亮
田家庵区	汪晓玲	程　锎
谢家集区	余　刚	王　涛
八公山区	孙　博	石　成
潘集区	王　靖	平兆芝
寿　县	李　琼	成　冰
凤台县	王　毅	王　刚
毛集实验区	朱家新	陈士根

滁州市	于晓波	李国金
琅琊区	孙燕舟	张琳君
南谯区	史传华	赵　爽
天长市	刘兴民	谢宏华
明光市	秦　浩	陈玉凤
全椒县	朱维宏	陈　勇
来安县	黄昌林	刘　亚
凤阳县	王启虎	肖明敏
定远县	陈韶峰	罗培宇
马鞍山市	梁发年	赵　宇
花山区	张晓涧	谌开斌
雨山区	花　月	伍　伟
博望区	汤德生	苏　诚
当涂县	周开林	宣海龙
和　县	刘金星	成茂奇
含山县	曹　峰	毛世冬
芜湖市	罗智全	洪　宏
镜湖区	张云龙	张云龙
弋江区	姚　祥	陈几明
鸠江区	黄　静　钱其红	江　辰
三山区	陆宗文	程依宝
芜湖县	崔　敢	杨　涛
繁昌县	季益棠	张天浩
南陵县	张艳平	周飞舟
无为县	王　梅	计　磊
铜陵市	张文林	杨　健
铜官区	杨友进	王皓莹
义安区	江　虹	陈　斌
郊　区	朱世木	杨纲要
枞阳县	杨贤招	许真益
安庆市	江宏滨	王　勇
迎江区	王　勇	黄　莹
大观区	王　勇	王志强
宜秀区	王　勇	江加春
桐城市	王　勇	陈守国
怀宁县	王　勇	王　萍
潜山县	王　勇	叶文胜
太湖县	王　勇	朱剑良
望江县	王　勇	查敬兵
岳西县	王　勇	程凤霞
黄山市	蒋红卫	王晓敏
屯溪区	江　健	汪子珺
黄山区	王金才	汪少飞

徽州区	罗建中	张纯栋
歙　县	江俊锋	吴晓山
休宁县	吴金虎	沈方明
黟　县	王政权	韩永林
祁门县	刘东升	钱礼平
黄山风景区	张天天	程勇军
六安市	关传兵	陈时红
金安区	邵有常	刘明福
裕安区	鲁　敏	鲁　敏
叶集区	张正富　黄　杰	王文竹
霍邱县	郭祥杰	陈　宇
金寨县	王观全	董策伟
霍山县	汪九斌	朱兴龙
舒城县	马文斌	徐　莉
池州市	姚红英	姜华芳
贵池区	左克飞	谢海龙
青阳县	陈忠德	刘馨泽
石台县	舒建安	薛兴刚
东至县	李永中	陈美红
九华山风景区	朱建恒	田士润
宣城市	郑　华	宁欢欢
宣州区	李继国	刘潇丽
宁国市	杨　明	储　超
郎溪县	沈勤强	叶　蕾
泾　县	马春笋	左　炎
绩溪县	穆鲜明	曹阳燕
旌德县	唐凤霞	陈卫军
宿松县	高翠玉	石茂林
广德县	夏元平	安建华

特约撰稿人　王守亚　钱念孙